Eugene Davidson

WIE WAR HITLER MÖGLICH?

Eugene Davidson

WIE WAR HITLER MÖGLICH?

Der Nährboden einer Diktatur

Econ Verlag
Düsseldorf · Wien

Titel der amerikanischen Originalausgabe:
The Making of Adolf Hitler
Original Verlag: Macmillan Publishing Co., Inc., New York
Deutsch von Hermann Kusterer

Gesetzt aus der Times der Linotype GmbH.
Satz: Zobrist & Hof AG, CH-Pratteln.
Papier: Papierfabrik Schleipen GmbH, Bad Dürkheim.
Druck und Bindearbeiten: Bercker, Graphische Betriebe, Kevelaer
Printed in Germany.
ISBN 3 430 12011 X

SUZETTE MORTON DAVIDSON
gewidmet

INHALT

DANK

Mein herzlicher Dank gilt Fritz T. Epstein, der trotz widrigster
Umstände das Manuskript gelesen hat. Die Zeit, mit der sich dieses
Buch befaßt, kennt Professor Epstein nicht nur als Gelehrter,
sondern er hat sie aus erster Hand miterlebt; seine kritischen
Hinweise waren mir unschätzbar.

Dank schulde ich auch meiner Sekretärin Maria Abbadi für die
Mühe der Reinschrift und Richard Meier von der University of
Chicago für die sorgfältige Durchsicht der Quellenangaben und
Anmerkungen. Fred Honig und die Lektoren bei Macmillan waren
mir ebenso große Hilfe wie die Mitarbeiter der Regenstein-Biblio-
thek der University of Chicago und des Instituts für Zeitgeschichte
in München.

ÖSTERREICH

»1920 fand ich bei meinem Freunde Clemens zu Franckenstein, der damals die Lenbachvilla bewohnte, einen seltsamen Heiligen vor, der nach Angaben des Dieners Anton partout sich nicht hatte abweisen lassen und schon eine volle Stunde dort saß. Er war es, er selbst! Bei Clé, der bis zur Revolution ja Generalintendant der Königlichen Hofbühne gewesen war, hatte er sich Eintritt verschafft unter Berufung auf sein Interesse für Operninszenierung, die er mit seinem früheren Beruf in Zusammenhang brachte und die er sich vermutlich als eine Kette von Dekorateurs- und Tapeziererkunststücken vorstellte. Gekommen war er, damals noch ein unbekannter Outsider, sozusagen ›en pleine carmagnole‹, hatte für diesen Besuch bei einem Unbekannten sich mit Reitgamaschen, Reitpeitsche, Schäferhund und Schlapphut ausstaffiert und wirkte auf diese Weise zwischen diesen Gobelins und diesen kühlen Marmorwänden seltsam wie ein Cowboy, der es für richtig befunden hatte, mit Lederhosen, Monstersporen und Coltrevolver sich auf den Stufen eines Barockaltars niederzulassen. So – damals noch hager und scheinbar sogar ein wenig verhungert – saß er da mit dem Gesicht eines stigmatisierten Oberkellners, fühlte sich durch die Anwesenheit eines leibhaftigen ›Herrn Baron‹ ebenso beglückt wie gehemmt, wagte aus lauter Ehrfurcht gewissermaßen nur auf der einen Hälfte seines asketischen Allerwertesten zu sitzen und schnappte nach den liebenswürdig-kühlen Zwischenbemerkungen des Hausherrn, beglückt wie ein verhungerter Straßenköter, dem man einen Brocken Fleisch zuwirft. Vom Hundertsten ins Tausendste kommend, bestritt er die Unterhaltung durchweg allein, predigte dabei wie ein Divisionspfarrer und geriet, ohne etwa in Differenz mit uns geraten zu sein, lediglich in unbewußter Erinnerung an die gewohnte Akustik des Zirkus Krone, dermaßen ins Schreien, daß schließlich Franckensteins Hauspersonal, einen Auftritt zwischen Hausherrn und Gast befürchtend, zusammenlief und zum Schutz meines Freundes ins Zimmer kam. Als er ging, saßen wir schweigend und in einer gewissen Ratlosigkeit uns gegenüber ... keineswegs amüsiert, sondern mit jenem peinlichen Gefühl, das man haben mag, wenn der einzige Mitreisende, mit dem man ein Coupé geteilt hat, sich als ein Geistesgestörter erweist. Lange saßen wir, ohne daß ein Gespräch in Gang kommen wollte. Schließlich stand Clé auf, öffnete eines der riesigen Fenster und ließ von draußen die föhnwarme Frühlingsluft herein. Ich will nicht sagen, daß jener trübe Gast unsauber gewesen wäre und die Atmosphäre auf die in Bayern landesübliche Weise verdorben hätte, gleichwohl wurden wir nach ein paar Atemzügen unseren beklemmenden Eindruck los. Es war kein unsauberer Leib, wohl aber der unsaubere Geist eines Mißratenen im Zimmer gewesen.« [1]

So lautet das wenig schmeichelhafte, übrigens nicht absolut fehlerfreie Urteil (Hitler war nie Dekorateur und Tapezierer) eines Zeitgenossen über Adolf Hitler, und viele andere, die Hitler in der Frühzeit seines politischen Lebens sahen und hörten, empfanden ähnlichen Ekel. Schriftsteller, Soldaten und Politiker von links bis rechts äußerten solchen Abscheu ebenso wie fast sämtliche Zeitungen des Reiches mit Ausnahme ganz weniger Blätter, die den meisten Deutschen genauso übergeschnappt erschienen wie die nationalsozialistische Parteizeitung *Völkischer Beobachter*. Noch 1928, als Hitler sein Evangelium von Haß und Heil schon neun Jahre lang gepredigt hatte, stimmten in den Reichstagswahlen weniger als drei Prozent (genau 2,63%) der deutschen Wähler für seine Partei.

Wie konnte es geschehen, daß dieser Mann, der nach Meinung eines Beobachters aussah wie ein Strandfotograf in einem schäbigen Badeort, der kaum eine Erziehung genossen hatte und nur über magere Finanzmittel verfügte, binnen weniger Jahre zum mächtigsten Mann Deutschlands und eine Zeitlang der Welt aufstieg? Diese Frage läßt sich weder mit dem Charakter dieses Mannes beantworten noch als eine Art abartiges deutsches Wunder abtun, und obwohl schon viel darüber geschrieben worden ist, ist sie weiterer Forschung wert, denn das Rätsel ist bis heute ungelöst.

Adolf Hitler wurde in einer der provinziellsten Gegenden einer buntgewürfelten germanischen Gemeinschaft geboren. In *Mein Kampf* beschreibt Hitler seinen Vater als einen Mann von Welt, aber der k. u. k. Zollamtsoberoffizial, der es vom Schustergesellen zum gehobenen Beamten gebracht hatte, war von dieser Idealvorstellung ebensoweit entfernt wie die meisten seiner Nachbarn. Auf sich selbst zurückgezogen, lebten diese Kleinbauern in streng abgegrenzten ethnischen Enklaven inmitten eines Vielvölkerstaates und beäugten sofort argwöhnisch alles und jeden, der anders war als sie. Sie lehnten nicht nur Juden ab, sondern jeden Außenseiter – die protestantischen Deutschen und die katholischen Italiener, die sich in Österreichs Tiroler Berge teilten, genauso wie die anderen bedauernswerten Nationalitäten, aus denen sich das österreich-ungarische Reich zum Teil zusammensetzte: Polen, Tschechen, Ladiner, Slowenen, Kroaten, Serben, Slowaken, Ruthenen, Walachen und dergleichen mehr.

Die Doppelmonarchie bestand im wesentlichen aus einer losen Vermengung von Stämmen, die allesamt eifersüchtig über ihr Besitztum wachten und beim geringsten Anzeichen eines Machtanspruchs einer anderen Nationalität die Stacheln stellten, weil solche Macht ja immer nur auf Kosten der eigenen Unversehrtheit und Selbstachtung gehen konnte. Die Völker Österreich–Ungarns lebten in einer Atmosphäre unduldsamer Stammestreue und scharfer Stammeskonflikte in einer Monarchie, die sich »Kaiserlich-und-Königlich« nannte, denn der Kaiser von Österreich war gleichzeitig König von Ungarn und König von Böhmen, Dalmatien, Kroatien, Slowenien, Jerusalem und vielen anderen Gebieten und Herrscher über mehr als ein Dutzend in der Monarchie ansässiger ethnischer und religiöser Minderheiten.

Die Mischvolkgeschichte Österreichs reicht weit zurück. 400 Jahre vor Christi Geburt waren die Kelten, aus Spanien kommend, hier eingewandert; Römer, Germanen, ein Hunnenvolk namens Awaren sowie Slawen – sie alle hatten sich hier niedergelassen und das Land und dessen Bevölkerung auch dann geprägt, wenn sie selbst später wieder weitergezogen waren. Im Deutschen hießen die römischen Eindringlinge Walsche oder Welsche, und Namen wie Walgau, Walchensee und Seewalchen erinnern an einstige römische Siedlungen. Slawische Namen haben sich in Feistritz (aus *bistrica* – »reißendes Wasser«), Fladnitz (aus *blatnica* – »Sumpfwasser«), Liesing (aus *lesnica* – »Waldbach«), Görach (aus *gora* – »Berg«) und Görtschak (aus *gorica* – »Hügel«) erhalten. Aus dem römischen Namen Anula wurde Anif, aus Lentia wurde Linz, aus Janiculum Gnigl und aus Cucullae Kuchl. Noch im achten Jahrhundert war Salzburg unter seinem lateinischen Namen Juvavia ebenso bekannt wie mit seiner deutschen Bezeichnung. Wien hieß unter den Römern Vindobona (nach einem ähnlichen keltischen Namen) und im neunten Jahrhundert dann Wenia oder Venia.

Die Dörfer in Niederösterreich, aus denen die Hitlers oder Hied-

13

lers oder Hüttlers (auch dieser Name hatte mehrere Varianten) zusammen mit den Schicklgrubers (was etwa »Heckengräber« bedeutet) und Pölzls auf Hitlers mütterlicher Seite stammten, waren wie die meisten österreichischen Siedlungen äußerlich homogen; zwar gab es auch ein paar nichtdeutsche Elemente darin, die aber im Verhältnis zur überragenden deutschsprachigen Mehrheit nicht zählten und auch in keiner Weise auffielen. Immerhin hatten in diesen Provinzen Familien nichtgermanischen Ursprungs in deutsche Familien eingeheiratet; in anderen Fällen waren sie unverdaute Fremdkörper geblieben.

Adolf Hitler war gerade 15 Jahre alt, als es in Innsbruck zu Straßenkämpfen kam. An der Innsbrucker Universität war eine italienische juristische Fakultät genehmigt worden (an den österreichischen Universitäten war Latein Lehrsprache, bis es Ende des achten Jahrhunderts durch Deutsch ersetzt wurde); italienische Studenten hatten sich zur Feier des Ereignisses in einem Gasthaus versammelt, und im Verlauf von Gegendemonstrationen waren viele Italiener festgenommen worden, bei denen 46 Revolver sichergestellt wurden. [2] Seit jeher waren die Deutschösterreicher davon überzeugt, ihre Sprache und Kultur gegen ihre fremdländische Umgebung verteidigen zu müssen, obschon sie teilweise mit ihr verwandt waren.[1]

Adolf Hitlers Großonkel Nepomuk[2] war möglicherweise sowohl väterlicher- wie mütterlicherseits sein Großvater, und der Name Hitler ist vielleicht tschechischen Ursprungs, aus Hidlar oder Hidlarček eingedeutscht. Und obwohl Hitler und Tausende seiner Landsleute eh und je das Bild des hochgewachsenen, blonden und blauäugigen Deutschen als Erztypus der teutonischen Familie verehrten, der sie zugehörten, ähnelten sie nur in seltenen Fällen dieser angebeteten Gestalt. Hitler war, was die Anthropologen seiner Zeit einen alpinen Typ nannten, offenkundig gemischten Bluts, braunhaarig und von mittlerem Wuchs; nur seine blauen Augen entsprachen dem idealisierten Urbild.

Als seine Kinder geboren wurden, hatte Hitlers Vater Alois ein erkleckliches Stück auf der sozialen und wirtschaftlichen Leiter erklommen. Alois Hitler war ein uneheliches Kind der Maria Anna Schicklgruber, die aus dem winzigen Flecken Strones stammte und Alois im Alter von 42 Jahren gebar. Sie mußte hart arbeiten und verdiente sich ihren Lebensunterhalt als Hausgehilfin. Weder sie noch ihr Mann Johann Georg Hiedler, den sie siebenundvierzigjährig ehelichte, bewohnten je ein eigenes Haus, obwohl Maria Anna nicht ganz unbetucht war. Zur Zeit von Alois' Geburt belief sich ihr von der Mutter Ererbtes auf 168 Gulden, etwas weniger als die Hälfte dessen, was damals ein kleines Anwesen kostete, und der Hof ihrer Eltern hatte den beträchtlichen Wert von 3000 Gulden. Der Müllergeselle Johann Georg Hiedler dagegen war sein Leben lang arm. Warum er Maria Anna heiratete, nachdem sie schon fünf Jahre zuvor ihr (und vielleicht sein) Kind zur Welt gebracht hatte, das er in seinem ganzen Leben nie vor dem Gesetz anerkannte und für das er nie etwas übrig hatte, ist Anlaß zu interessanten Spekulationen. Jedenfalls blieb Alois zu Lebzeiten von Johann Georg Hiedler und noch lange über den Tod seines angeblichen Vaters hinaus unehelich, und wenn auch in Österreich und Süddeutschland wie in anderen Teilen der katholischen Welt unehelichen Kindern nie das Stigma anhaftete wie in puritanischeren Gebieten (40% der zu jener Zeit in Niederösterreich geborenen Kinder waren illegitim und wurden gewöhnlich später legitimiert), so wirkte diese Tatsache doch selten sozial förderlich.[3] Alois Hitler (oder Schicklgruber, wie er bis zu seinem 40. Lebensjahr hieß) mußte einen langen und beschwerlichen Weg zurücklegen, bis er zum angesehenen Beamten des Zolldienstes der k. u. k. Monarchie avancierte. Mit 19 war es ihm, obwohl er lediglich Volksschulbildung besaß, gelungen, die schon mit 14 Jahren eingegangene Schusterlehre zu verlassen und in den Zolldienst einzutreten, in dem er bis zu seiner Frühpensionierung im Alter von 56 Jahren verblieb. Im Zolldienst wurde er regelmäßig befördert, leistete nicht weniger als seine Kollegen, die an einem Gymnasium ihr Abitur gemacht hatten, von dessen Besuch er nicht einmal hätte träumen können. Er erhielt mehrere Posten in Oberösterreich: in Saalfelden bei Salzburg, in Linz und in Braunau am Inn, wo er als Zollkontrolleur tätig war und wo Adolf geboren wurde.

Alois Hitler war ungemein stolz auf seine Karriere (einer Verwandten seiner Mutter schrieb er einmal:»Seit du mich vor 16 Jahren zuletzt gesehen hast, bin ich ... sehr hoch aufgestiegen« [3] und auf seinen Rang in der dörflichen Gesellschaft, wo er als fortschrittlicher Denker und regelmäßiger Kunde der Wirtshäuser galt, obwohl er Bier und Wein nur mäßig trank.

Als äußeres Zeichen seiner Bedeutung trug er dieselbe Barttracht wie sein Kaiser Franz Josef, und bei Anlässen wie Kaisers Geburtstag trat er in voller Uniform als Beamter in kaiserlichen Diensten auf.

Wer Alois' Vater war, ist nicht bekannt. Die ausgefallenste

Geschichte hierzu berichtet Hans Frank, ergebener Anhänger Adolf Hitlers, Rechtsberater der NSDAP während ihres gewaltsamen Aufstiegs zur Macht und später Generalgouverneur in Polen. 1930 wurde Frank von Adolf Hitler beauftragt, wegen der häßlichen Gerüchte über einen nichtarischen Fleck in Hitlers Stammbaum das Geheimnis um die Geburt Alois Hitlers zu lüften. Vor seiner Hinrichtung in Nürnberg schrieb Frank, um 1930 seien in verschiedenen Zeitungen Geschichten erschienen, die ein »Stiefbruder« Adolf Hitlers verbreitet habe und wonach der Führer Judenblut in seinen Adern habe.[4]

Bei seinen Nachforschungen entdeckte Frank, oder meinte jedenfalls entdeckt zu haben, daß Fräulein Schicklgruber in einem jüdischen Familienhaushalt mit Namen Frankenberger in Graz bedienstet gewesen sei und der junge Sohn der Familie, in der sie arbeitete, Vater ihres Kindes gewesen sein könnte. Frank schrieb, die Frankenbergers hätten der Schicklgruber Alimente bezahlt, bis das Kind 14 gewesen sei, und nachdem sie ihre Stellung aufgegeben habe, habe sie noch jahrelang mit der Familie freundschaftlich korrespondiert.

Diese Geschichte hält aber näherer Nachprüfung nicht stand. So ist nachgewiesen worden, daß Frankenberger gar kein jüdischer Name ist; alle Träger dieses Namens in Graz waren katholisch. Außerdem hatten sie gar keinen Sohn gehabt, der Alois' Vater hätte sein können. Der Sohn Frankenberger war jünger als Alois.

Man weiß auch nicht, woher Frank diese Darstellung hatte und warum er sie in seinem Buch *Im Angesicht des Galgens* veröffentlichte. Frank, der Mann, der in Nürnberg sagte,»1000 Jahre werden vergehen, und diese Schuld Deutschlands wird immer noch nicht getilgt sein«, war einer der fanatischsten Judenhasser aller Nazis, und wenngleich er in Nürnberg seine Schuld an seiner und seiner Partei leidvoller Vergangenheit voll und ganz eingestand, kann es sehr wohl sein, daß er gewissermaßen die Juden in ihren eigenen Völkermord implizieren wollte. Vielleicht auch hat er die Geschichte geglaubt, die man ihm erzählt hatte. Eine Reihe von Gerüchten über Adolf Hitlers jüdische Vorfahren waren im Umlauf, und so idiotisch sie auch sein mochten, gab es doch eine ganze Menge Leute, die sie gerne wahrhaben wollten. Ein Josef Greiner, der Hitler zu kennen behauptete und ihn ganz gewiß nicht mochte, hat gesagt, der Name komme von *Hut* (in der Doppelbedeutung von »Kopfbedeckung« und »auf der Hut sein«) und sei deshalb wie alle jüdischen Namen ein Kunstname.

STAMMBAUM

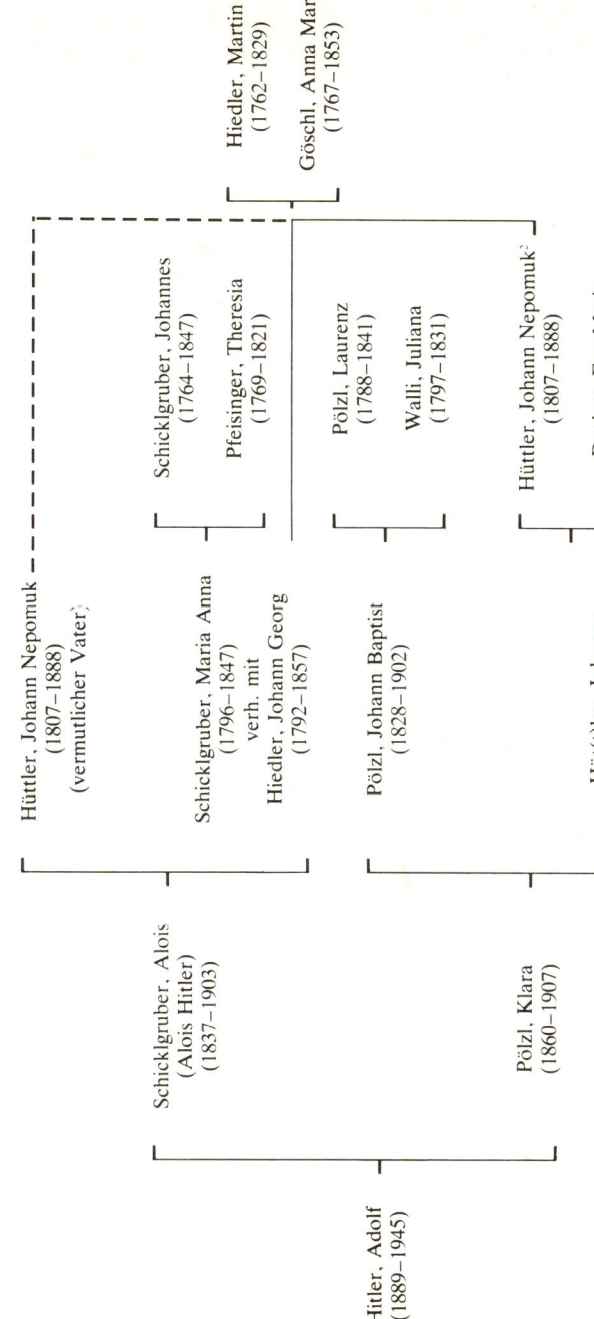

NB.: 1 und 2 ist ein und dieselbe Person

Hitler, Adolf
(1889–1945)

Schicklgruber, Alois
(Alois Hitler)
(1837–1903)

Pölzl, Klara
(1860–1907)

Hüttler, Johann Nepomuk
(1807–1888)
(vermutlicher Vater)

Schicklgruber, Maria Anna
(1796–1847)
verh. mit
Hiedler, Johann Georg
(1792–1857)

Pölzl, Johann Baptist
(1828–1902)

Hüt(t)ler, Johanna
(1836–1906)

Schicklgruber, Johannes
(1764–1847)

Pfeisinger, Theresia
(1769–1821)

Pölzl, Laurenz
(1788–1841)

Walli, Juliana
(1797–1831)

Hüttler, Johann Nepomuk²
(1807–1888)

Decker, Eva Maria
(1792–1873)

Hiedler, Martin
(1762–1829)

Göschl, Anna Maria
(1767–1853)

.Am 14. Oktober 1933 erschien im Londoner *Daily Mirror* ein Artikel mit dem Bild von einem Grabstein auf einem Judenfriedhof in Budapest mit hebräischer Inschrift und dem Namen Adolf Hittler, angeblich eines Großvaters des Führers. Dieser Hittler hatte jedoch vor seiner Beerdigung, die von einer jüdischen philanthropischen Gesellschaft bezahlt wurde, seinen Namen von vormals, Avraham Eliyohn, geändert und war folglich nicht gerade der beste Beweis für einen jüdischen Hitler. Dennoch gab es tatsächlich Juden dieses Namens in Osteuropa, obwohl keine Aufzeichnungen darüber bekannt sind, ob je einer von ihnen nach Österreich emigriert ist oder, falls ja, ob zwischen einem von ihnen und den Hiedlers oder Hüttlers irgendeine Verbindung besteht.

Viel plausibler ist die Annahme, nicht Johann Georg, sondern dessen Bruder Johann Nepomuk sei Alois Hitlers Vater gewesen. Johann Nepomuk war ein wohlhabender Bauer, in dessen Haus Alois bis zu seinem sechzehnten Lebensjahr aufwuchs. Durch Nepomuk wurde Alois im Juni 1876, 19 Jahre nach Johann Georgs Ableben, aufgrund der Aussage von drei Zeugen legitimiert, von denen keiner lesen und schreiben konnte und die deshalb unter die vier vom Pfarrer für sie vorbereiteten Zeugenaussagen nur ein Kreuz machten.⁵ Sie bezeugten, daß Johann Georg in ihrer Anwesenheit vor seinem Tode 1857 seine Vaterschaft anerkannt habe, und versetzten damit den Pfarrer in Döllersheim in die Lage, mit Zustimmung seiner kirchlichen Vorgesetzten und der bürgerlichen Behörden die Legitimierung auf den Namen Hitler vorzunehmen. Offenbar verhörte sich der Pfarrer in der Aussprache des Namens Hiedler oder wahrscheinlich Hüttler und schrieb fälschlicherweise »Hitler«.

Vieles deutet darauf hin, daß Nepomuk der Vater Alois' war. Dazu gehört unter anderem seine Fürsorglichkeit dem Jungen gegenüber, seine Bereitschaft, ihn als Familienmitglied zu betrachten, dem Nepomuks Frau zustimmen mußte, eine um 15 Jahre ältere, eigensinnige Dame, die sehr wohl heftig reagiert haben würde, hätte Nepomuk offen zugegeben, daß Alois sein Sohn sei. Ein weiteres Indiz ist, daß Johann Georg, als er Maria Anna Schicklgruber fünf Jahre nach der Geburt ihres Sohnes heiratete, weder damals noch später Alois als seinen eigenen Sohn legitimiert hat. Warum sollte er eine Siebenundvierzigjährige ehelichen, nicht aber ihr Kind legitimieren, wenn es tatsächlich ihr gemeinsames Kind war? Überdies hatte Alois' Mutter Johann Georg weder bei Alois' Taufe noch bei der Heirat mit Johann Georg als Vater angegeben, obgleich sie den örtlichen Gebräuchen folgend beides hätte tun können. Hinzu kommt, daß Alois Hitler 1888, im Sterbejahr Nepomuks, ein ansehnliches Anwesen bei Spital im Werte von 4000 Gulden gekauft hat. Nepomuk vermachte seinen eigentlichen Erben nichts, und bis zu diesem Zeitpunkt hatte Alois keinerlei Käufe solcher Größenordnung getätigt, hätte es aus seinen Bezügen als Zollbeamter auch nicht so leicht gekonnt. Es ist ganz und gar nicht unwahrscheinlich, daß Nepomuk seinen nicht gerade wohlhabenden Bruder dazu überredet hat, Maria Anna zu heiraten und Nepomuk damit die Möglichkeit zu geben, den Jungen in seinem Hause großzuziehen und ihn schließlich auch legitimieren zu lassen. Aber auch das ist natürlich nur eine Vermutung.

Sicher ist dagegen, daß es in Adolf Hitlers Vorfahrenschaft Inzucht gegeben hat. Alois Hitler heiratete Klara Pölzl, deren Großvater mütterlicherseits Johann Nepomuk Hüttler war, womit Nepomuk, wenn er Alois' Vater war, Adolf Hitlers Großvater väterlicherseits und Urgroßvater mütterlicherseits war. Und obwohl nicht Nepomuk, sondern Johann Georg vor dem Gesetz als Vater von Alois genannt wurde, brauchten Alois und Klara, um heiraten zu können, wegen ihrer engen Verwandtschaft einen besonderen Dispens von Rom.

Es nimmt nicht wunder, daß Alois Hitler, der unter Ungebildeten aufgewachsen war und seinen Aufstieg in die Mittelschicht vor allem seinen autodidaktischen Anstrengungen und seiner Strebsamkeit verdankte, seine Söhne dazu anspornte, den von ihm eingeschlagenen Weg nach oben fortzusetzen. Drei seiner Kinder – zwei Söhne und eine Tochter starben noch in früher Kindheit, ein weiterer Sohn im Alter von sechs Jahren. Vier Kinder überlebten: Adolf, seine Schwester Paula, die Halbschwester Angela und der Halbbruder Alois. Der Vater war für seine Söhne so ehrgeizig, bestand so sehr darauf, daß sie den errungenen Platz in der Mittelschicht behaupteten, daß er seinen Sohn Alois im Alter von 14 Jahren aus dem Haus jagte. Daraufhin ging dieser nur gelegentlich einer Arbeit als Kellner und Taglöhner nach. Zweimal wurde er wegen Diebstahls verhaftet. Später lebte er in Paris und Irland, wo er heiratete und wo sein Sohn Patrick geboren wurde. Wiederum wurde er verhaftet, diesmal in Hamburg wegen Bigamie. Und schließlich, als sein Halbbruder Reichskanzler geworden war, eröffnete er in Berlin ein Restaurant namens Alois.

Hitlers Vater hatte bei dem Versuch, aus Adolf einen ehrbaren Studenten zu machen, kaum mehr Glück als mit Alois. Adolf war seinem Vater viel zu ähnlich, als daß er ein gefügiger Sohn gewesen wäre und getan hätte, was seine Eltern von ihm verlangten; auch er war starrköpfig und eigensinnig, aber in genau umgekehrter Richtung. In *Mein Kampf* schrieb er, schon als Schüler habe er gewußt, was er werden wolle – Kunstmaler –, und noch genauer habe er gewußt, was er nicht gewollt habe, nämlich der Linie des Lebenslaufes des Vaters folgen. In der Volksschule, die er fünf Jahre lang besuchte, zeigte er sehr gute Leistungen; erst als er widerwillig in die Realschule in Linz und danach Steyr kam – gegen die er genauso dickköpfig opponierte, wie sein Vater ihn dorthin drängte –, ließ seine Lernfreudigkeit sehr zu wünschen übrig. Adolf mußte die erste Klasse in der Linzer Realschule wiederholen; in der dritten Klasse fiel er in Französisch durch und konnte erst nach einer Wiederholungsprüfung die vierte Klasse in einer anderen Realschule, diesmal in Steyr, anfangen. In Steyr sind Hitlers Leistungen zu Semesterende Februar 1905 in Deutsch, Französisch, Mathematik und Stenographie »Nicht genügend«; Jahre später erzählte er, bei der Feier des Semesterendes in einer Bauernwirtschaft habe er das erste und letzte Mal in seinem Leben einen Rausch gehabt und im Laufe des Abends sein Schulzeugnis versehentlich als Klosettpapier benutzt. Die Endnoten für das Schuljahr 1904/05 waren dann jedenfalls besser, aber damit war Hitlers Schulausbildung auch schon zu Ende. [4] Insgesamt verbrachte Adolf zehn Jahre in der Schule, schloß während dieser Zeit neun Klassen ab, wobei er mühsam durch die letzten vier durchstolperte.

Vor wie nach Alois' Pensionierung bekam Adolf seinen Vater nur wenig zu Gesicht. Sein Vater war viel weg von zu Hause, verbrachte die Zeit auf seinem Zollposten, als leidenschaftlicher Bienenzüchter bei seinen Bienen oder abends in der Schenke, und wenn sich die zwei mal wirklich sahen, dann gerieten sie meist wegen Adolfs schlechter Noten in Streit. In *Mein Kampf* spricht Hitler von seinem Vater pflichtschuldig als »dem alten Herrn« und als einem »Mann von Welt«; er brachte es fertig, die Stellung seines Vaters als Beamter abzulehnen und gleichzeitig stolz auf sie zu sein. Hitlers Jugendfreund August Kubizek[6] berichtet, in ihren Gesprächen habe Adolf unentwegt die Bedeutung der Stellung seines Vaters betont, und ein weiterer Biograph, Josef Greiner, schreibt, als sich Adolf um die Aufnahme in die Akademie der Bildenden Künste bewarb, habe er seine Aussichten für gut gehalten, weil die dortigen Professoren Regierungsbeamte wie sein Vater seien. Aber der bloße Gedanke an eine Laufbahn wie die seines Vaters war ihm äußerst zuwider. Adolf träumte davon, viel Größeres zu leisten, wobei er glaubte, sich die langweiligen Präliminarien schenken zu können.

Seiner Mutter stand Adolf viel näher; allerdings gelang es ihr genausowenig wie ihrem Mann, ihn von der Notwendigkeit guter Leistungen an der Realschule zu überzeugen. Alois Hitler starb, als Adolf 13 Jahre alt war, und Gustav Kubizek beschreibt Hitlers schwere Trauer beim Verlust des Vaters. Dennoch dürfte sich in seine Empfindungen auch ein willkommenes Gefühl der Befreiung von der ständigen Nörgelei gemischt haben, und schließlich gewann Hitler ja auch seine Schlacht gegen die Realschule. Zwei Jahre nach Alois' Tod erlaubte Hitlers Mutter ihm, die Schule zu verlassen. Er war dankenswerterweise an einer Krankheit erkrankt, die ihn wochenlang zu Hause festhielt. Um welche Krankheit es sich handelte, ist nicht genau bekannt; Hitler selbst spricht von einem Lungenleiden, und ein Arzt, der ihn allerdings nie sah, ist der Meinung, möglicherweise könnte es eine Gehirnhautentzündung gewesen sein. [5] Jedenfalls befreite ihn diese Krankheit von der unnützen Schule, und er brauchte zwei Jahre lang keinerlei Brotverdienst nachzugehen, wie er es nannte.

Klara Pölzl war eine nachsichtige Mutter; sie verlangte wenig von Adolf, und als Gegenleistung scheint er ihr ergeben gewesen zu sein, soweit er das überhaupt konnte. 1906 gestattete sie ihm zuerst einen zweimonatigen Besuch und danach den ständigen Aufenthalt in Wien, bis sie dann so krank wurde, daß sie ihren Haushalt und ihre Tochter Paula nicht mehr versorgen konnte. Daß Hitler ihre Zuneigung erwiderte, wird – wenn man Kubizek glauben darf – dadurch bewiesen, daß er bei seiner Rückkehr nach Linz die gesamte Hausarbeit (Angela hatte 1903 geheiratet) – Waschen, Kochen, Putzen und Bodenschrubben – übernahm und auch Paulas Hausaufgaben durchsah. Vielleicht aber stimmt diese Geschichte auch nicht, denn immerhin waren ja Klara Pölzls Schwester Johanna – und auch Angela – da, die bei der Hausarbeit mithelfen konnten.

Mit seiner Schwester und Halbschwester unterhielt er kühle, aber freundschaftliche Beziehungen; ein paar Jahre später verzichtete er nach dem Tode seiner Mutter zugunsten Paulas auf seinen Anteil an der Waisenrente. Obwohl er nicht bei Angela und ihrer Familie wohnte, deren Mann er nicht ausstehen konnte, sollte er sie eines Tages bitten, ihm den Haushalt in seinem Berchtesgadener Haus zu führen, und ihre Tochter »Geli« wurde später die große Liebe seines Lebens.

Eines freilich lernte Hitler auf der Realschule (und daraus wurde

21

ein viel dauerhafteres geistiges Gepäck als der Französischkurs, den er wiederholen mußte, oder irgendein anderes dort gelehrtes Fach): die Grundlagen seines lebenslangen Antisemitismus. In *Mein Kampf* schrieb Hitler, bevor er nach Wien gekommen sei, habe er keine besondere Animosität gegen die Juden empfunden, und das Wort »Jude« habe er vor dem vierzehnten oder fünfzehnten Lebensjahr nie gehört; bis dahin habe er sie einfach als Deutsche angesehen. Erst in Wien habe ihn der Anblick des »*Handlöh*«, des osteuropäischen Krämerjuden, mit seinen langen Seitenlocken, seinem Kaftan und seinem breitrandigen Hut derart bedrückt, daß er angefangen habe, antisemitische Broschüren zu lesen, die ihm den Weg wiesen zur erschöpfenden Leidenschaft seiner politischen Karriere, ja seines ganzen Lebens: zu seinem Judenhaß.

Diese Geschichte ist unecht. Hitler war Antisemit, längst bevor er nach Wien kam. Die meisten seiner Lehrer und viele der Schüler an der Linzer Realschule waren Alldeutsche und wie Alois Hitler Anhänger Georg von Schönerers, des fanatischen Verfechters eines deutschen Österreich ohne die Habsburger, das das deutsche Sudetenland ein- und Ungarn ausschlösse und Teil des deutschen Reiches wäre. Schönerer kam wie Alois Hitler aus Niederösterreich; er war eine der führenden Erscheinungen in der völkischen Bewegung, deren Anhänger glaubten, die Ärgernisse in der industriellen Ordnung – die Härte, das Unpersönliche, das rauhe Geschäft, die rücksichtslose Spekulation – seien nur durch Rückkehr zum Urdeutschtum, zur Deutschgemeinschaft, zu den alten Teutonengöttern und zu einer von allen minderwertigen, fremden Einflüssen gereinigten deutschen Gesellschaft zu beheben. Nationen könnten zwar solche Fremdelemente ertragen, aber ein Volk sei eine organische Einheit mit einem gemeinsamen biologischen Erbe. *Das* Kulturvolk der Welt sei das deutsche, es sei allen anderen Rassen unvergleichlich überlegen. Vornehmste Aufgabe eines deutschen Staates sei es deshalb, namens des Volkes zu handeln und zu regieren; alles Internationale sei minderwertig und deshalb abzulehnen. Eine gesunde Wirtschaft beruhe auf der Landwirtschaft und nicht auf der Industrie mit ihren internationalen, insbesondere jüdischen Einflüssen; und in der Religion müsse ein deutscher den jüdischen Gott ablösen.[7] Schönerer und seine Anhänger waren folglich antikatholisch und antisemitisch; oft wirkten sie einfach lächerlich. Im Verlauf seines Kreuzzugs für Wotan schrie Schönerer im Reichsrat »Heil!« und brandmarkte die Juden als Todfeinde mit Worten, die später die Nazis übernehmen sollten. Zu seinen Schlagwörtern gehörte »Los von Rom«; dennoch führte er bis 1888 die sogenannten Vereinigten Christen. In diesem Jahr wurde er wegen seines aufrührerischen Betragens mit Gefängnis bestraft, denn er war in die Redaktionsräume von *Das Neue Wiener Tageblatt* gestürmt und hatte die »jüdischen« Redakteure verdroschen, weil sie die Nachricht vom Tod des deutschen Kaisers Wilhelm I. vorzeitig veröffentlicht hatten. Nach Abbüßen der viermonatigen Haftstrafe und Verlust seines Adelstitels wurde Schönerer Chef einer kleinen Splittergruppe, der »Alldeutschen Partei«.

Schönerers Ideen fanden in Linz zahlreiche Anhänger, und der einzige Lehrer, den Adolf Hitler in der Realschule bewundert zu haben scheint, war der Schönerer-Jünger Leopold Poetsch. Poetsch gab Geschichte, neben Zeichnen und Leibesübungen eines der drei Fächer, in denen Hitler überdurchschnittliche Noten hatte. Wie fast alle seine Kollegen war auch Poetsch Großdeutscher[*] und Leser der in Innsbruck erscheinenden und von Schönerer herausgegebenen Monatsillustrierten *Der Scherer*. Es war dies eine satirische Zeitschrift, die regelmäßig antikatholische und antisemitische Artikel mit Zeichnungen fetter Pfarrer und hakennasiger Juden brachte, dem prototypischen Judenbild, das später im nationalsozialistischen *Stürmer* wieder auftauchte.

Solche antisemitischen Zeitschriften und Zeitungen erschienen in beträchtlicher Anzahl in Österreich-Ungarn, das zu den zwar kleineren, aber doch bedeutenden Schwerpunkten des europäischen Antisemitismus zählte. Der völkische Antisemitismus war lediglich eine seiner zahlreichen politischen, wirtschaftlichen, religiösen und sozialen Spielarten. Besonders aktiv waren darin das zaristische Rußland und Polen, in denen Pogrome an der Tagesordnung waren; in seiner verhältnismäßig bescheidenen und zumeist gewaltlosen Art stand der österreichische Antisemitismus jedoch ziemlich obenan. Judenfeindliche Maßnahmen waren nichts Neues. Im Dezember 1821 wurden alle Karlsbader Juden aus der Stadt vertrieben, und in Reichenberg erging an alle Juden mit Ausnahme der zeitweilig geduldeten jüdischen Handelsleute die Aufforderung, die Stadt zu verlassen. Auch den Geduldeten war verboten, andere in Miete zu nehmen; an Markttagen waren alle durchreisenden Juden an besonders berechtigte Gasthäuser zu verweisen, und auch sie hatten binnen drei Tagen die Stadt wieder zu verlassen. Privatpersonen durften keine Juden aufnehmen. [6] 1836 wurden wiederum 14 Juden aus Karlsbad ausgewiesen und zwei Jahre später zehn weitere aufgefordert, die Stadt innerhalb von 48 Stunden zu verlassen. [7]

1895 wurde der antisemitische Führer der Christlich-Sozialen Partei, Karl Lueger, zum Bürgermeister von Wien gewählt, trat sein Amt jedoch erst 1897 an, weil Kaiser Franz Josef zweimal sein Veto einlegte. Luegers antisemitische und antitschechische Auffassungen fanden bei einem großen Teil der Wiener Bevölkerung Anklang, und da er außerdem eine Reihe ehrgeiziger öffentlicher Bauten und Reformen unternahm, wurde er bis zu seinem Tode im Jahre 1910 regelmäßig wiedergewählt. Unter Lueger übernahm die Stadtverwaltung die vorher in britischem Besitz befindlichen Elektrizitätswerke, Gaswerke und Straßenbahnen; eine Standardbegründung dafür, die bei den Wählern verfing, hieß, die Versorgungsbetriebe befänden sich in der Hand von Juden, die die übrige Bevölkerung schamlos ausbeuteten. Lueger, hinsichtlich dessen Absichten der höhere Klerus Vorbehalte geltend machte, war praktizierender Katholik; als Politiker verband er sozialistische Reformen mit strenger Rechtgläubigkeit in religiösen und ethnischen Fragen. Schönerer wurde mit seinen Los-von-Rom-Grundsätzen bei seinen Anhängern für fortschrittlicher gehalten als Lueger, doch war beiden unausweichlich der Glaube gemeinsam, die Juden seien die Hauptquelle allen Übels in Österreich.

Zweifellos kam Hitler, der sich nicht besonders auf seine Schularbeiten konzentrierte, mit *Der Scherer* in Berührung, der in Linz wie in ganz Österreich zum Verkauf auslag; desgleichen las er aufmerksam die *Linzer Fliegende Blätter*, die zu den dort verfügbaren alldeutschen, antisemitischen Schriften gehörten. *Der Scherer* erschien erstmals im Mai 1899, wobei er diesen Monat nach dem Ort des Sieges der Teutonen über die römischen Legionen *Noreja* nannte. *Noreja* gehörte zu den Wörtern, die *Der Scherer* und andere völkische Zeitungen ausgruben, um damit das heldenhafte Teutonenerbe aufzumöbeln; später allerdings genossen deutsche Worte den Vorzug, auch vor Begriffen, die an große militärische Siege erinnerten. In den völkischen Veröffentlichungen hatte jeder Monat seinen germanischen Namen: anstatt *Noreja* hieß der Mai später »Wonnemonat«, der Oktober »Gilbhart«, der November »Neblung« und der Juni »Brachmond«. Dies war der positive, gewissermaßen religiöse Pol der völkischen Bewegung; am negativen, dämonischen Pol befürwortete *Der Scherer* die gewaltsame Revolution, und in seinem völkischen Drang nach Beseitigung der antigermanischen Kräfte unterstützte er sogar Anarchisten, Marxisten und andere Linksrevolutionäre gegen die Regierung des Zaren. *Der Scherer* stellte sich auf die Seite des Antikatholizismus gegen die neukatholische Duldung der Juden und verfocht gegen den christlich-jüdischen Gott das Pantheon des Nibelungenlieds; für viele Alldeutsche sprach er die absolute Wahrheit aus, als er schrieb: »Wir sind des Nordens blonde Rasse, wir sind das Edelvolk der Welt.« [8]

Der Scherer griff Juden und Priester getrennt und zusammen an. Auf einem Bild waren ein Jude und ein Priester zu sehen, die dick und schwer auf einem Haufen protestierender, sich windender Opfer saßen, die das Volk darstellten. Ein anderes zeigte, wie ein edler Ritter einen Juden und einen Pfarrer wegtrug, und die Unterschrift lautete: »Müssen wir uns immer mit den beiden abgeben?« Ein andermal erschien der Teufel mit dem Höllenfeuer im Hintergrund und einer Aufschrift: »Bad für Juden und Jesuiten«. *Der Scherer* veröffentlichte eine Reihe von Illustrationen, die Vorläufer der späteren Angriffe des *Stürmer* auf die angeblichen sexuellen Gewohnheiten der Juden darstellten. Das erste Bild einer Bildreihe (5. Januar 1902) zeigt einen Isaac Goldbaum, der ein Christenmädchen einstellt; im nächsten Bild ist das Mädchen wieder in Goldbaums Büro, hält diesmal aber ein Baby in den Armen, und er sagt dazu: »Bin ich nicht ä nobler Mann? Ich hab' dich noch nicht rausgeschmissen und sogar die kleine »Zulag« haste von mich. Willste haben noch eine?«

Der Scherer wurde nicht nur in Österreich gelesen, sondern auch in Frankreich und England, konnte daher zustimmende Briefe des Herausgebers des *Chrétien Français* und *Le Siècle* sowie eines Querschnitts ergebener Leser einschließlich Gymnasiasten und Mittelschüler veröffentlichen. Ein Einsender unterschrieb mit »Adolf«, doch handelt es sich mit ziemlicher Sicherheit nicht um den künftigen Autor von *Mein Kampf*. *Der Scherer* benutzte schon einige Symbole und viele Schlagworte der künftigen Nationalsozialisten; er verwendete ein Hakenkreuz als Geheimsymbol des Deutschtums sowie Worte und Begriffe wie »Volksgenossen«, »Heil«, »Unser Volk erwacht!«, »Kauf nur bei Deutschen« und sogar »Ein Volk, ein Gott, ein Reich«, das mit nur einer Veränderung wieder zu hören sein sollte, als Hitler in Deutschland die Macht übernahm.

Nun war *Der Scherer* keineswegs eine einsame Stimme in der Wüste. Auch Tageszeitungen veröffentlichten beißende Angriffe auf die Juden, die Jahrzehnte später wortwörtlich als Nazi-Parteiliteratur oder Hitlerreden hätten ausgegeben werden können. Eine Leserzuschrift im *Vorarlberger Volksfreund* vom 4. Februar 1905 verwendete genau die Formel, die in den zwanziger und dreißiger

25

Jahren das Briefende vieler guter Nationalsozialisten zieren sollte: »Mit deutschem Gruß«. *Die Deutschen Tiroler Stimmen*, die *Tiroler Post, Die Linzer Post, Die Wiener Monatszeitung* und Dutzende anderer Zeitungen[9] griffen regelmäßig die Juden an, die nach ihrer Darstellung überall an den Wurzeln der Wirtschaft und der alten germanischen Tugenden nagten. Ganz wie die späteren Nationalsozialisten ließen die österreichischen antisemitischen Schriften den Juden kaum einen Ausweg offen. Trotz der formalen Position der Kirche glaubten viele Katholiken, genauso wie die Schönerers, getaufte Juden seien weiterhin Juden und oft sogar noch gefährlicher als die ungetauften. Die völkischen Antiklerikalen warfen die Juden mit der reaktionären Kirche in einen Topf, die klerikalen Antisemiten brachten sie mit den völkischen Heiden in Verbindung, und beide zusammen warfen ihnen vor, sie unterböten die Arbeitsqualität der Zunftmitglieder, Arbeiter und Ladenbesitzer und unterminierten damit deren Existenz. Je nach Feindbild waren die Juden entweder gottlose Sozialisten oder kapitalistische Ausbeuter, Verfechter des Manchester-Liberalismus oder die heimlichen internationalen Herren der Finanz- und Geisteswelt. Überall hatten sie ihre Hand im Spiel; der Mord am amerikanischen Präsidenten McKinley wurde von *Der Tiroler* einem jüdischen Anarchisten zugeschrieben (3. Januar 1905).

Die allgemeine Angst und Abscheu vor allem Fremden hatten hinsichtlich des Juden einen hohen Grad erreicht, als das Christentum die heidnischen Götter verdrängte. Die Anhänger des Friedensfürsten brachten nicht etwa den Frieden, sondern das Schwert. Die Kirche und der fromme Christ des Mittelalters erblickten im Juden den Teufel, der denn auch häufig mit jüdischen Zügen gemalt wurde. Diese mittelalterliche Tradition verschwand nie vollständig. Das christlich-soziale Blatt *Tiroler Post* erzählte am 7. März 1903 wieder einmal die Geschichte der Ermordung eines Christenkindes durch Juden im 15. Jahrhundert und warnte gleichzeitig seine Leser vor der »Verjudung« Tirols. Dieses katholische Blatt schrieb, was Hitler selbst oftmals wiederholen sollte, das Ziel des Juden sei die Weltherrschaft, er sei der Träger des Bazillus der Zerstörung, und zitierte lobend die *Linzer Post*, die geschrieben habe, der Antisemitismus sei »nichts anderes als ein gesunder Egoismus, der Selbsterhaltungstrieb der Völker«. [9] Die weltlichen Angriffe konnten freilich noch viel wütender sein. So erzählte die völkische *Deutsche Tiroler Stimmen* ihren Lesern am 7. März 1906, die Juden schlachteten nicht nur Tiere, sondern auch Angehörige des Menschengeschlechts, und am 30. Mai 1906 schrieb sie, die jüdische Rasse müsse ausgerottet werden. Die Zeitung sprach von der »bestialischen Grausamkeit« dieser Rasse und davon, wie die Juden, »diese Raubtiere in menschlicher Gestalt, auch jetzt nur darauf lauern ... sich auf die arischen Völker stürzen zu können«, und daß sie Frauen und Kinder abschlachteten. Am 11. Mai 1907 erklärte dasselbe Blatt, Juden könne man nicht durch die Taufe verändern; wenn sie Christen und in manchen Fällen gar Priester und Bischöfe würden, so täten sie das nur, um die wahre Lehre zu verdrehen und die Gläubigen zu verwirren. Solche unechten Bekehrungen und Priesterberufungen habe es in Spanien gegeben, und nun träten sie offenbar auch in Österreich auf, wo 1904 einem Erzbischof Kohn Vergehen wie Verletzung des Beichtgeheimnisses, Einlassung in dunkle Finanzgeschäfte und Geldmacherei während seiner religiösen Tätigkeit vorgeworfen worden seien. Erzbischof Kohn, so das antisemitische Blatt, sei nach Rom gerufen worden, um Rechenschaft für seine Sünden abzulegen, und der Papst habe ihn von seinen Missetaten absolviert.[10]

Derartige Berichte bestärkten die die österreichischen Katholiken vertretenden christlich-sozialen Zeitungen in ihrem Antisemitismus, untermauerten die schlimmen Praktiken der Wirtschaftsliberalen und schürten den Antisemitismus der völkischen Blätter. Am 30. Mai 1906 verbanden die *Deutsche Tiroler Stimmen* ebenso wie *Der Scherer* die Geheimpolitik von Jesuiten und Juden zu einer Verschwörung zur Erlangung der Weltherrschaft. In langatmigen Einzeldarstellungen war in österreichischen Zeitungen die Rede von ausgekochter jüdischer Doppelzüngigkeit. So klagte die christlich-soziale *Tiroler Post* beispielsweise am 5. August 1903 darüber, im Schaufenster eines jüdischen Geschäfts seien kroatische Volkstrachten ausgestellt, und mit solcher Unverschämtheit werde es über kurz oder lang so weit kommen, daß die von den Innsbrucker Frauen und Mädchen getragenen Tirolertrachten verschwänden. Der jüdische Geschäftsinhaber entgegnete zwar, er biete weder kroatische noch Tiroler Trachten feil, aber jedes Dementi verpuffte stets wirkungslos bei den Artikelschreibern ebenso wie bei denen, die ihnen nur zu gern glaubten. Immer wurden die Fälle als Beispiele für die »Verjudung« des österreichischen Lebens angeführt, und war der eine Fall aufgeklärt, folgte schon der nächste. Regelmäßig warf man den Juden vor, sie unterböten die österreichischen Händler, was häufig zutraf, wobei diese Praxis aber doch offensichtlich den Gefallen jener fand, die die gewünschten Waren billiger kaufen konnten, als

27

es sonst der Fall gewesen wäre. Trotzdem wurde mit solchen Geschichten der Vorwurf dokumentiert, die Juden untergrüben die Existenzgrundlage der deutschen Innungen und Handwerker und wollten einen freien Markt, der ihnen als Plünderer und Zerstörer des österreichischen Lebens freie Bahn gäbe. Der Jude gewinne unheimlichen Zulauf, meinte die *Tiroler Post* am 9. Dezember 1903 und zitierte erneute Passagen aus der bekannten Litanei: er verwässere den Wein, er verkaufe Brennstoffe zu niedrigeren Preisen, weil er die Arbeiter ausbeute, und er verführe seine weiblichen Angestellten. Versündigten sich Christen, dann waren es immer Einzelpersonen, die solche Untaten begingen; bei den Juden war es immer gleich die ganze Rasse, waren es alle Juden.

Damals wie heute waren Geschichten von Mord und Totschlag an der Tagesordnung. Die *Lienzer Zeitung* vom 7. Januar 1905 brachte den Bericht über eine Frau, die mit ihrem Schwager eine Liebschaft hatte und ihren Mann umzubringen versuchte, indem sie Blei in sein Essen mischte. Das gelang ihr zwar nicht, aber sie tötete ihr gemeinsames Kind und steckte die Familienscheune in Brand. Sie erhielt dafür zehn Jahre Zuchthaus.

Das *Salzburger Tagblatt* vom 13. Januar 1905 erzählte von einem ungarischen Grafen, Paul Czapary, dem früheren Präsidenten des Parkclubs in Budapest, der mit Geld aus dem Stadtsäckel durchgebrannt sei. Als einer der reichsten Aristokraten habe er ungeheure Summen beim Spiel verloren, und seine Frau, die persönlich ein Vermögen von zehn Millionen Mark besitze, habe es abgelehnt, für seine Schulden aufzukommen. Czapary sei nach Paris geflohen und habe dort bei der Schlafwagengesellschaft *Wagons-Lits* Arbeit gefunden. In keinem dieser Fälle wurde irgendein Bezug zur Rasse, Klasse oder Religion des Verbrechers hergestellt. Es war die Geschichte eines Einzelverbrechens, und damit basta. Aber jedes Vergehen oder jedes nicht ganz lupenreine Geschäft eines Juden wurde in der antisemitischen Presse als Beispiel der Verbrecherhaftigkeit eines ganzen Volkes dargestellt.[11]

Ziemlichen Raum widmeten die *Tiroler Post* und andere antisemitischen Blätter der Veröffentlichung des Buches *Die Grundlagen des 19. Jahrhunderts*, das der gebürtige Engländer und Antisemit Houston Stuart Chamberlain geschrieben hatte und in dem er u.a. den Nachweis führte, Christus sei kein Jude, sondern Arier gewesen.[12] Von den *Grundlagen* wurden große Auszüge abgedruckt und mit positiven Kommentaren versehen. Alle Zeitungen brachten häufig Berichte über die Jahr für Jahr in Rußland stattfindenden

Pogrome, und auch da wurden in den Artikeln der antisemitischen Presse die hingeschlachteten Juden als die Aggressoren und Mörder dargestellt. Nach den Pogromen in Homel und Kischinew rechtfertigte ein Bericht das Vorgehen mit der Erklärung, jüdische Heckenschützen hätten die Soldaten des Zaren heimtückisch beschossen und andere Feigheiten begangen, wofür sie ihre gerechte Strafe bezogen hätten. [10]

Der junge Hitler hatte also die Wahl, welcher Art Antisemitismus er sich zuwenden wollte. Er besaß eine solide religiöse Erziehung, und sein Vater war ein Anhänger Schönerers. Mit neun Jahren hatte er bei der Messe gedient und im Chor des alten Benediktinerstifts zu Lambach bei Linz gesungen, und eine Zeitlang wollte er sogar Abt werden. Aber es war weder der theologische noch der politische Antisemitismus, der schließlich von Adolf Besitz ergriff, er kombinierte diese Spielarten vielmehr – wie er vieles kombinierte, was er las und dachte – mit dem völkischen Bild von den Juden, das sie für absolut unheilbar hielt, was immer sie auch tun mochten. Der Jude wurde für ihn, was Eric Voegelin das »Counterimage« genannt hat, ein Konglomerat aller Übel des Menschen und seiner Gesellschaft, ein Bild, an das man sich um so fester klammert, je weniger man das erreichen zu können glaubt, worauf man Anspruch zu haben meint. Das Counterimage ist das Antiideal, der erfolgreiche Feind, der alle Laster verkörpert. Wie das Bildnis des Dorian Gray kann auch das Counterimage die Züge der eigenen Unzulänglichkeit annehmen, von denen man dann selbst unbefleckt bleibt. Eben wegen dieses im Counterimage gefangenen Feindes bleibt der Herzenswunsch unerfüllt; er versperrt den Weg zu den weltlichen und geistigen Tröstungen für den, der sie doch gerade seiner besonderen Tugenden willen verdient hätte. In Österreich, in einer Zeit gewaltigen wirtschaftlichen und sozialen Wandels, da Tausende von Geschäftsleuten gegen die durch große Kapitalkonzentrationen möglich gewordene harte Konkurrenz ums schiere Überleben kämpften, stellten in den Augen der kleineren Geschäftsleute die Juden, die Inhaber und arroganten Eigentümer der Großkaufhäuser[13] und Fabriken, die unlautere Konkurrenz dar, und genauso waren in den Augen der antisemitischen Mitläufer die Juden die Spekulanten, Bankiers, Plutokraten, Radikalen, Fremden – kurzum: Die Juden waren der Ursprung aller Enttäuschungen für jene, deren Zugriff sich ein glänzendes Leben entzog, ebenso wie für jene, die ein solches Leben genossen und es für gefährdet hielten.

Wie andere Jugendliche, die vorzeitig von der Schule abgehen, verlor sich auch der junge Hitler nur allzugern in solchen Feindvorstellungen und Phantastereien. Als er einmal ein Los der staatlichen Lotterie kaufte, wähnte er sich schon im Besitz des großen Loses und machte detaillierte Pläne, wie er das Geld ausgeben werde. Als dann das Unglaubliche eintrat und er eine Niete gezogen hatte, sagte er zu Kubizek, der Vielvölkerstaat habe die Ziehung manipuliert.

Der neun Monate ältere Polstererlehrling und Musiker August Kubizek war Hitlers einziger Freund. Hitler pflegte stundenlang auf Gustl einzureden, und gemeinsam gingen sie in die Oper, ins Konzert und Theater. Von Wagner waren sie hingerissen, Verdi dagegen lehnte Hitler mit Ausnahme der *Aida* ab, und als sie einmal eine Drehorgel »*La donna è mobile*« spielen hörten, sagte Hitler, die Drehorgel sei für solche Musik genau das richtige Instrument. Große Musik war für ihn deutsch: Beethovens Neunte, *Lohengrin, Tristan, Tannhäuser, Der Ring.* Zwei Jahre – vom Verlassen der Schule im Herbst 1905 im Alter von 16 Jahren bis zu seiner Abreise nach Wien im September 1907 – brachte Hitler damit hin, in den Tag hinein zu träumen, zu lesen, Gedichte zu schreiben, Klavierstunden zu nehmen und mit Gustl lange Spaziergänge zu machen. Hitlers Leidenschaft galt nicht etwa Menschen oder einer beruflichen Laufbahn, sondern der Oper und der Neugestaltung von Linz, der einzigen österreichischen Stadt, für die er jemals Zuneigung empfand. Über 30 Jahre später sagte er zu Albert Speer, Linz sei herrlicher gelegen als Budapest oder Wien, und er habe mit Linz noch Großes vor. Tag für Tag zeigte Hitler Kubizek, was noch zu tun war: der Bahnhof müsse aus dem Gedränge der Innenstadt aufs Land verlegt werden, Rathaus und Konzerthalle müßten umgebaut, ein Schloß wieder hergerichtet und in den Außenbezirken ein Berghotel hingestellt werden. Häuser müßten verlegt werden, um die Schönheit des Rathausplatzes zur Geltung zu bringen; das Museum sei so zu verbreitern, daß seine Fassade die größte in Europa werde; eine Donaubrücke sei durch eine andere – die imposanteste der ganzen Welt – zu ersetzen; und eine gewaltige Ruhmeshalle müsse die ganze Stadt überragen. Diese Pläne skizzierte Hitler nicht etwa bloß, sondern er erlebte sie so intensiv, daß daneben nichts anderes mehr zählte. Hitler schenkte Kubizek eine Villa, d.h. einen Entwurf dafür, aber die Geste war so großartig in dieser Spielwelt, in der sich die beiden bewegten, als existiere das Gebäude tatsächlich. Gleichzeitig, so erfahren wir, las Hitler wahllos alles, was ihm in die Hände fiel. Er war einer Leihbücherei beigetreten und fraß unter dem Einfluß des deutschnationalen Leopold Poetsch in Linz und später selbständig in Wien und in Deutschland die Bücher nur so in sich hinein: Nietzsche, Treitschke, Martin Luther, Schiller, Karl May, Bücher über Krieg und Heer, griechische und deutsche Klassiker, Bücher über deutsche Mythologie, Soziologie, Geschichte, Philosophie, Literatur – alles (so jedenfalls seine Bewunderer, angefangen von Kubizek), worüber je geschrieben worden ist. Albert Speer berichtet jedoch, Hitler habe nach eigener Feststellung meist nur das letzte Kapitel eines Buches gelesen, denn dort sei das Wichtige enthalten, und dank seines ausgeprägten Gedächtnisses konnte er zweifellos den Eindruck erwecken, er wisse mehr über ein Thema, als er tatsächlich wußte. Zwei Bücher, die ihn sehr beeindruckten, waren Gustave Le Bons *Psychologie der Massen* und William McDougalls *The Group Mind: A Sketch of the Principles of Collective Psychology*, wobei allerdings unsicher ist, wieviel er von McDougalls Buch tatsächlich gelesen hat. *The Group Mind* ist nie ins Deutsche übersetzt worden, und Hitlers Englischkenntnisse waren lückenhaft bis inexistent, so daß er möglicherweise die Gedanken des Buches nur aus deutschen Buchbesprechungen kannte.[14] In seinen Gesprächen bezog er sich oft auf Goethe und Schopenhauer und meinte über *Faust*, das sei mehr, als der menschliche Geist begreifen könne. Fraglos war er in Kunst- und Architekturgeschichte gut bewandert. Sein Gedächtnis war außergewöhnlich. Von vielem, was er gelesen hatte, behielt er so viele Einzelheiten, daß seine Zuhörer, darunter auch viele Fachleute, darüber Zeit seines Lebens staunten. Ein Beobachter bemerkte einmal über den Zwanzigjährigen, er habe mehr gelesen als die meisten Universitätsprofessoren.

Es gibt aber keine unmittelbaren Anhaltspunkte, daß von Hitlers Lesen in seiner Jugend in Linz oder Wien viel hängengeblieben ist. Im Gegenteil, seine Postkarten und Briefe an Kubizek verraten einen unerfahrenen, angeberischen, ungebildeten und unordentlichen Geist. Im August 1908 schrieb Hitler an Gustl einen Brief, aus dem seine mittelmäßige Beherrschung der elementarsten deutschen Rechtschreibung und Grammatik deutlich hervorgeht, ganz zu schweigen von der Entwicklung zusammenhängender Gedanken. Die Handschrift ist kindlich, zwei Worte sind ausradiert und überschrieben, andere Wörter sind orthographisch falsch, die Interpunktion ist dem Zufall überlassen, und der Stil ist fahrig und zusammenhanglos. Obwohl die deutsche Rechtschreibung dem Schüler keineswegs die Schwierigkeiten bereitet wie etwa das Englische mit seinen schwindelerregenden Worten wie *though, touch, read, colonel, psalm*, sondern ziemlich regelmäßig ist, steckte sie für den jungen Hitler doch voller Fallstricke. Die Rechtschreibung in dem genannten Brief bleibt dem Zufall überlassen; aus *dann* wird *dan, sofort* wird zu *soffort, Katarrh* schreibt er *chartar, dies* mit Doppel-*s*, und so weiter. Auch die Verwendung von Großbuchstaben in seiner Korrespondenz bleibt dem Zufall überlassen.[15] Satzzeichen läßt er einfach weg. Im Augustbrief benutzt er ebensowenig ein Fragezeichen wie in anderen Briefen. »Wer hat den die Zeitung eigentlich herausgegeben die ich Dir zum letzten mal schickte« bleibt ohne Fragezeichen, desgleichen der Satz: »Hast Du den letzten Entscheid des Gemeinderats in Bezug des neuen Teaters gelesen«, bei dem Theater auch ohne *h* steht. Auch bei »Weißt du näheres« fehlt das Fragezeichen. *Sie* schreibt Hitler groß, wenn es in der dritten Person gebraucht ist, desgleichen andere persönliche Fürwörter nach Lust und Laune. Wörter zieht er hoffnungslos zusammen, in einem Fall nicht weniger als sieben zu einem wahren Wortungetüm.

Inhaltlich wandert der Augustbrief von einem Thema zum andern, in einer Weise, die fast schon wie freie Assoziation anmutet. Hitler bittet Kubizek um Verzeihung, so lang keinen Brief geschrieben zu haben; er dankt ihm für die Übersendung seines Mietanteils an »unsere Zimmerfrau«; Kubizeks Musikverein sei wohl in der Krise. In Wien ist schönes angenehmes Wetter; es regnet nämlich sehr stark, des Himmels Segen im Jahre der Backofenhitze.

Hitler kehrt zu seinem ewigen Thema zurück, dem Bau des neuen Theaters, und wirft dem zuständigen Planungskomitee vor, es habe davon gerade soviel Ahnung wie ein Nilpferd vom Violinspielen. Wenn sein Handbuch der Architektur nicht schon so miserablich ausschaun täte, möchte er es sehr gern einpacken und mit (hier folgen die sieben Worte) »Teater-Gründungsvereinsentwurfsbauausführungskomiteegemäßer« Adresse diesem gräßlichen Komitee versenden.

Vor uns steht also das Bild nicht etwa eines Wunderkindes, sondern eines Jungen, dessen vorgeblich umfangreiches Lesen ihm am Schädel heruntergelaufen ist. Er schreibt einen orthographisch und grammatikalisch unsauberen Brief an einen Freund, von dem er weiß, daß er ihn leicht beeindrucken kann, und reitet eine Attacke gegen Baupläne, die er sich nicht etwa zu kritisieren bemüßigt fühlt, sondern von denen er nur behauptet, er könne sie verbessern, indem er dem Komitee ein Buch zuschickt, das ein anderer geschrieben hat.

Obwohl Bildung ihm bitter not getan hätte, war er offenkundig auf etwas ganz anderes aus, als etwa die Schule programmiert, nämlich darauf, entweder ein dilettierender Landstreicher zu werden, der in späteren Jahren endlos reden würde, wenn er einen geneigten Zuhörer wie z.b. Gustav Kubizek fände, oder aber, falls sich das Schicksal ihm geneigt zeigte, in einer bislang nicht näher definierten Laufbahn sein gemischtes und noch im Embryozustand befindliches Talent zu nutzen. Zu jedem Konzert, zu jeder Oper, die er und Kubizek besuchten, hatte er eine Meinung. Im Zentrum seiner Tagträume stand das Bauen; der Um- und Aufbau von Linz und später Wien im neoklassischen und neogothischen und zugleich monumentalen Stil und das Bedürfnis, sich in Vorstellungswelten riesigen Ausmaßes zu ergießen, haben ihn nie verlassen. Er lebte voller Erregung in seiner eigenen Innenwelt und versuchte, ihr die reale Außenwelt so weit wie nur irgend möglich anzugleichen. Als er sich verliebte, war er überzeugt, das Mädchen sei genauso in ihn verliebt, obwohl er nie ein Wort mit ihr wechselte. Sie hieß Stephanie, und Hitler und Kubizek sahen sie abends auf der Landstraße zur Kirche gehen. Sie wurde Adolfs große Liebe, als er 16 war, und die Flamme brannte in ihm zwei oder drei Jahre lang und nährte sich während dieser ganzen Zeit von nichts anderem als einem gelegentlichen Lächeln oder einem leichten Kopfnicken der jungen Dame, wenn sie am Arm ihrer Mutter vorbeiging. Seiner Liebe zu Stephanie stand nur noch die Verachtung gleich, die er für die jungen Offiziere empfand, die er manchmal mit ihr gehen sah. Adolf konnte sich nicht dazu überwinden, Stephanie anzusprechen, denn er wußte, sie würde ihn unvermeidlich fragen, womit er seinen Lebensunterhalt verdiene, und was hätte er da sagen sollen? Als er 1906 für zwei Monate nach Wien fuhr, bat er Kubizek, Stephanie zu sagen, er sei Student an der Kunstschule, was er zweifellos nur allzu gerne gewesen wäre. Aber auch hier sollte sein Traum nicht in Erfüllung gehen. Sein Antrag vom Herbst 1907 auf Aufnahme in die allgemeine Malerschule der Akademie der Bildenden Künste in Wien wurde abgelehnt, obwohl er den ersten Teil der Aufnahmeprüfung bestand, in der er und seine Mitbewerber Kompositionsaufgaben zu biblischen Themen wie »Austreibung aus dem Paradiese« und »Episode aus der Sintfluth« sowie zu Standardthemen wie »Morgen«, »Bauarbeiter«, »Musik«, »Gebet« und »Nacht« zu bewältigen hatten. Von den 112 Bewerbern blieben in diesem Prüfungsteil bereits 33 hängen, doch als Hitler seine Arbeiten für den zweiten Prüfungsteil vorlegte, wurde er mit der pedantischen

Begründung abgewiesen, seine Probezeichnungen enthielten zu wenig Köpfe. Mit ihm fielen weitere 51 Probezeichner durch. Offensichtlich fehlte es ihm nicht an einer gewissen künstlerischen Begabung, und die Schule hätte ihn genausogut ablehnen können, wenn diese Begabung größer gewesen wäre, denn Akademien haben schon Maler durchfallen lassen, die viel besser waren als er.

Im November 1907 wurde er zu seiner todkranken Mutter nach Linz gerufen, und als sie einen Monat später an Krebs starb, war er völlig aufgelöst. Ihr jüdischer Arzt Eduard Bloch schrieb, er habe in seiner fast vierzigjährigen Praxis nie einen jungen Menschen so schmerzerfüllt und leidgebrochen gesehen wie Adolf Hitler. [11] Klinische Beobachter haben im Verlust der Mutter und in Adolfs Ressentiment gegen Dr. Bloch, der als Arzt die Mutter sehr intim kannte, eine Quelle von Hitlers heftigem Antisemitismus sehen wollen. Im Rahmen so weitreichender Spekulation ist auch eine umgekehrte Auslegung möglich. Hätte Hitlers Antisemitismus nicht genausogut von einer verdrängten Dankesschuld gegenüber Dr. Bloch kommen können, der Frau Hitler sehr ergeben war, für seine Dienste nur sehr wenig verlangte und einer Rasse angehörte, die – wie Hitler in *Mein Kampf* schrieb – ihre besonderen Qualitäten (wie Hitler selbst) der Inzucht verdankte? Wahrscheinlich ist das allerdings nicht, aber es gibt andererseits auch keinerlei Beweis für eine sexuelle Eifersucht Hitlers auf Dr. Bloch. Bloch war auch Hitlers Arzt, und entweder Adolf selbst oder seine Mutter schenkten ihm einige seiner Aquarelle. Offenbar empfand der Arzt tiefes Mitgefühl für den Jungen in seinem Schmerz, und abgesehen von den geschenkten Aquarellen wissen wir einfach nicht[16], was Hitler von ihm hielt. Jedenfalls gehörte Dr. Bloch zu einer Reihe von Juden, denen Hitler freundschaftlich verbunden war.

Ebenso sicher ist, daß Hitler Weihnachten 1907 weitgehend gewollt völlig allein verlebte und es ablehnte, sich Angela und ihrer Familie anzuschließen, und daß er – unter der oberflächlichen Vormundschaft des Amtsvormundes und Bürgermeisters von Leonding – keinem Menschen als sich selbst Rechenschaft schuldig war. Sobald nach dem Begräbnis der Mutter die finanziellen Fragen der Erbschaft und des Waisengeldes erledigt waren, kehrte er nach Wien zurück. Dort stieß Kubizek zu ihm, der am Konservatorium Musik studieren wollte, und die beiden wohnten gemeinsam in einem verwanzten Zimmer im Bezirk Mariahilf. Wiederum warf sich Hitler auf die selbstgestellte Aufgabe eines Umbaus ganzer Teile der Stadt, deren vielsprachige Bevölkerung er haßte.[17] Desgleichen nahm er sein Lesen wieder auf, entlieh Bücher aus der reichbestückten Hofbibliothek und schrieb eine Oper. Kubizek äußerte sich höflich über die Qualität der Oper, da er aber selbst Musiker war, beeindruckte ihn Hitlers musikalisches Talent bei weitem nicht so wie seine Leistungen in Architektur und Literatur. Kubizek kehrte im Juli 1908 nach Linz zurück, wo er ein paar Monate bei seiner Familie verbrachte, ehe er zum Wehrdienst eingezogen wurde, und als er im November wieder nach Wien kam, war Adolf weg. Hitler hatte keine Adresse hinterlassen; er war einfach verschwunden. Von diesem Zeitpunkt an wohnte Hitler allein und zog von einem Mietshaus ins andere um, zweifellos mit dem Ziel, dem Schicksal seines Freundes Gustl, der Einberufung zum Wehrdienst, zu entgehen.

Hitler machte ein weiteres Zugeständnis an die reale Welt: Zur Vorbereitung auf die Aufnahme in die Akademie der Bildenden Künste nahm er Stunden bei einem Wiener Bildhauer namens Panzholzer, und im Herbst 1908 bewarb er sich erneut voller Hoffnung um Aufnahme in die Akademie. Diesmal wurde er nicht einmal mehr zur Vorlage von Probezeichnungen aufgefordert. Der Rektor sagte ihm, seine Arbeiten deuteten eher auf eine Eignung auf dem Gebiet der Architektur, und er solle sich daher um Aufnahme in die Bauschule der Technik bewerben. Im Lichte dessen besehen, was von Hitlers Arbeiten übriggeblieben ist, scheint diese Kritik richtig; sie ähneln viel eher Architektenzeichnungen als der Darstellung der Innenwelt eines Malers. Dennoch konnte Hitler nicht in die Technische Hochschule aufgenommen werden. Drei Jahre höhere Schule waren zuwenig für die Zulassung zu einer Universität oder Hochschule. Man brauchte dafür das Abitur.

Hitler schrieb später, er habe bitter dafür bezahlen müssen, daß er die Schule verlassen habe, aber eine Rückkehr in die Realschule faßte er nie ins Auge, und er scheint damals wie auch später unfähig gewesen zu sein, sich zu disziplinierter Arbeit zu zwingen, die ihm ein anderer auferlegte. Er gehörte zu den jungen Leuten, die nicht hören wollen, eigensinnig ihren selbstgewählten Weg gehen und dabei weder auf Drohungen noch auf Versprechungen reagieren, ein *underachiever,* wie man in der modernen Erziehungswissenschaft sagen würde. Er war eindeutig intelligent – in der Volksschule hatte er in allen Fächern eine Eins –, und seine Lehrer in der Realschule konnten sich seine schlechten Leistungen nur mit mangelndem Interesse erklären. Mit sich selbst war er total nachsichtig; er tat immer das, was er wollte, und er tat nur das. Zwischen dem, was er seiner Meinung nach leisten konnte, wenn die Welt ihn nur halb soviel verstünde wie er sie, und den mittelmäßigen Leistungen, die seine Vorgesetzten tatsächlich feststellten, klaffte eine riesige Lücke, und gerade das machte seine Phantastereien so zwingend und ermöglichte es ihm, in seiner Vorstellungswelt so viel leichter zurechtzukommen als in der nackten Realität.

In Wien las er die Schriften des in Wien geborenen Dr. Jörg Lanz von Liebenfels, eines antisemitischen Schreibers, der ein mit Hakenkreuz verziertes Blatt namens *Ostara* herausgab. Lanz hatte weder promoviert noch war das »von« echt, aber in späteren Jahren behauptete er, Hitler sei einer seiner hervorragendsten Anhänger, eine Behauptung, die freilich darunter litt, daß Lanz auch Lenin und Lord Kitchener in die Reihen seiner Schüler einbezog. Lanz' *Ostara* erhob den Anspruch auf eine Leserschaft von 100 000, denen er die Doktrin der Überlegenheit der edlen, blonden und blauäugigen Rasse predigte. Für sie gründete er den »Orden des Neuen Tempels«, dem nur blonde und blauäugige Männer beitreten konnten, die sich verpflichteten, Frauen gleicher Farbgebung zu heiraten. Die übrigen Rassen tat Lanz als »Sodom-Affen« ab. Im Falle Adolf Hitlers predigte er freilich dem schon Bekehrten, aber gegen Wiederholungen zu diesem Thema hatte Hitler nie etwas einzuwenden.

Nicht Lanz' biologischer Antisemitismus ärgerte Hitler in späteren Jahren, sondern vielmehr sein Pseudomystizismus, aus dem er als eine Art Papst dieses mönchischen Ordens hervorstieg, und als Österreich 1938 Teil des Reiches wurde, erhielt Lanz Veröffentlichungsverbot.

Hitler beschrieb später die fünf Wiener Jahre als Leidensjahre, denen er es verdanke, hart geworden zu sein und hart sein zu können. »Die Göttin der Not«, schrieb er in *Mein Kampf*, habe ihn in die Arme genommen, doch wie vieles, was er über sich selbst zu sagen hatte, ist auch dies erheblich übertrieben. Sein erster ernsthafter Biograph, Konrad Heiden, erzählt von Hitlers Leidensjahren in Wien – oft hungrig, ohne Mantel im Winter, habe er in Herbergen, Toreinfahrten oder auf einer Parkbank geschlafen –, aber diese Geschichten beruhen auf Erzählungen, die Hitler seinen Zuhörern gerne glauben machen wollte, und auf der Darstellung von Leuten, die jede Beziehung zu einer plötzlich zu Berühmtheit gelangten, umstrittenen Gestalt dramatisierten.[18]

Ein verweichlichtes Dasein führte Hitler in Wien sicherlich nicht, aber es ging ihm wahrscheinlich um einiges besser als vielen jungen Leuten seines Alters. Nachdem seine Mutter verwitwet war, lebten sie, Paula und Adolf, ziemlich bequem von monatlich etwa 120 Kronen. Als seine Mutter starb, erhielten er und Paula je eine Waisenrente von 25 Kronen, außerdem hatte er monatlich 58 Kronen aus dem Familienerbe, das hauptsächlich aus dem Erlös des Verkaufs des Hauses floß, das sein Vater Alois einst erworben hatte.

Von diesem Betrag konnte er um so leichter leben, als er weder trank noch rauchte und seine Bedürfnisse außer Nahrung und Unterkunft sowie Opern- und Theaterbesuchen bescheiden waren. Die Miete kostete 2 Kronen, und da sie nach Kubizeks Darstellung fast täglich im Theater waren, dürfte hierin die Hauptausgabe bestanden haben. Als er nach dem Tod seiner Mutter nach Wien zog, entsprach sein monatliches Einkommen etwa dem eines jungen Juristen oder eines Lehrers, der in den ersten fünf Anstellungsjahren monatlich 66 Kronen verdiente, oder auch eines Postangestellten, der monatlich 60 Kronen hatte.[19] Außerdem erhielt Hitler nach 1911 noch eine Erbschaft von seiner Tante Johanna Pölzl, der Schwester seiner Mutter, und scheint folglich viel besser dran gewesen zu sein, als er je später zugab, wenn er von der Not seiner Wiener Jahre faselte.[20] Wahrscheinlich mußte er 1909–1910 ein paar Monate lang mit mageren Einkünften auskommen, als die monatlichen Zahlungen aus dem Familienerbe ausblieben, aber bis 1911 hatte er stets seine Waisenrente von 25 Kronen monatlich, und danach war er immerhin so gut gestellt, daß er die Waisenrente seiner Schwester Paula abtreten konnte. Die Rente wäre ihm bis zu seinem 24. Lebensjahr 1913 bezahlt worden.

Nach *Mein Kampf* nahm Hitler irgendwann 1909 – ein genaues Datum gibt er nicht an – eine Beschäftigung an einem Bauvorhaben an, der er jedoch nicht lange nachging. Wenn es einen solchen Arbeitsplatz wirklich gegeben hat, dann war es das erste und einzige Mal, daß Hitler für jemand anderen als für sich selbst, die Partei oder den Staat gearbeitet hat. In *Mein Kampf* schrieb er, er habe die Arbeitsstelle verlassen müssen, weil seine Arbeitskollegen Sozialdemokraten gewesen seien und seine Politik als Schönerer-Anhänger mit der ihrigen in Widerstreit gestanden habe. Aber es gab andere als bloß politische Gründe, die ihn von seinen Arbeitskameraden absonderten. Er war schließlich ein Beamtensohn, und diese Arbeiter waren Arbeitersöhne. Er konnte sie weder sozial noch geistig als seinesgleichen ansehen. August Kubizek war zwar Polstererlehrling gewesen, aber auch Musikstudent und – wichtiger noch – ein eifriger Zuhörer für Adolfs Vorträge und Schimpfkanonaden, und das waren Hitlers Bauarbeiter ja nun gerade nicht.

In Wien war Hitler in jeder Gesellschaftsschicht ein Außenseiter. Die Schulen wollten ihn nicht aufnehmen. Vom atemberaubenden Leben der Hauptstadt erhaschte er nur gelegentlich einen Blick auf der Straße oder in den Wandelhallen von Oper und Theater. Die reich gekleideten Männer und Frauen der Oberschicht, die behäbigen Bürger, die Bohème der Künstler und Musiker – all das war ihm unzugänglich. Er paßte nirgends hinein, und er haßte sie alle, vor allem die Juden, auch wenn er mit ihnen Geschäfte machte. Als er seine Einkünfte mit dem Malen von Postkarten und kleinen Darstellungen der städtischen Bauwerke und Wahrzeichen in Wasserfarbe und Öl aufmöbelte, war einer der Leute, die sie für ihn verkauften, ein ungarischer Jude namens Neumann, desgleichen waren eine Reihe der Kunsthändler und Geschäftsleute, die sie abnahmen, Juden. Hitler lernte Neumann in einer Herberge kennen, in die er im Dezember 1909 einzog. Es war ein Männerheim der Stadt Wien, ein sauber gehaltenes Haus, in dem Hitler bis 1913 mit pensionierten Offizieren und jungen Arbeitern wohnte, den bescheidenen Betrag von 50 Hellern pro Tag bezahlte, und wo er tagsüber malen konnte, was er im Obdachlosenasyl nicht hatte tun können.

Außer Gemälden des Wiener Parlamentsgebäudes, von Theatern, Kirchen, dem Rathaus und dergleichen stellte Hitler Bleistiftzeichnungen, Plakate und Werbematerial, z.B. für Kosmetika, Schuhe, Schuhcreme und Frauenunterwäsche her.

Nach einer zweifelhaften Darstellung verliebte sich Hitler in Wien hoffnungslos in ein Mädchen, das er über einen Bekannten (Greiner) kennenlernte. Trotz seiner Liebesschwüre entschied sie sich schließlich, einen Halbjuden zu heiraten. Ob diese Geschichte nun stimmt oder nicht – Hitlers Interesse für Frauen scheint damals weitgehend in der Phantasie bestanden zu haben, verbunden mit seinen Tagträumen; er hatte kein gewöhnliches Verhältnis wie ein Junge, der eben mit einem Mädchen geht. In Wien lebte er allein, in einer frauenlosen Männerwelt, obwohl weibliche Begleitung nicht schwer zu finden war. Kubizek beschreibt, wie sie einmal durch einen Prostituiertenbezirk gegangen seien. Auf dem ganzen Weg habe Hitler seine Abscheu vor der Prostitution geäußert, vom einen Ende ihres Weges bis zum anderen und wieder zurück. Bei anderer Gelegenheit, auf Zimmersuche, habe die Vermieterin, nicht mehr ganz jung, aber sehr elegant, wie Kubizek sagt, den Schlafmantel aufgemacht, so daß sie hätten sehen können, daß sie darunter nicht mehr als ein Seidenhöschen angehabt habe.

Hitler sei durch diese Unverschämtheit so verwirrt gewesen, daß er aus dem Haus geflohen sei, sein Freund ihm auf den Fersen. Kubizek sagt, in der Oper hätten sie Stehplätze lieber in der Promenade als in der Galerie genommen, weil Hitler die aufgeregten Weiber auf der Galerie nicht habe ausstehen können. Hitler sprach oft zu Kubizek davon, daß man die »Flamme des Lebens rein« erhalten müsse, und seine Beziehungen zu Frauen in seiner Jugend, als die Flamme hätte hoch lodern sollen, beschränkten sich entweder auf ein höfliches »Küß die Hand«, oder aber sie waren autoritär wie etwa gegenüber seiner Nichte »Geli« und Eva Braun, die er beide als bloße Hausgenossen behandelte – auf etwas höherer Ebene als seine Schäferhunde. Hitlers Geschlechtstrieb scheint ziemlich schwach gewesen zu sein; Frauen gegenüber war er so enthaltsam wie beim Essen und Trinken; nur in seltenen Fällen konnte er sich hemmungslos dem hingeben, was man damals Fleischeslust nannte. Sowjetische Ärzte berichteten 1945, bei einer Sektion an einem verkohlten Leichnam, den sie für Hitlers Leichnam hielten, hätten sie nur den rechten Hoden gefunden. Geht man davon aus, daß der linke Hoden nicht von einem Andenkenjäger entnommen worden war, und geht man weiter davon aus, daß die Russen tatsächlich Hitlers Leiche sezierten, dann würde diese medizinische Feststellung Hitlers Sexualgelüste weder entkräften noch bestätigen. Falls der sowjetische Bericht stimmt, wäre es jedenfalls seltsam, daß keine frühere ärztliche Untersuchung Hitler als monorchid schildert.

Das Wien, in dem Hitler lebte, gehörte zu den strahlendsten Städten Europas, solange man es von außen oder von oben her betrachtete. Seine geographische Lage zwischen Ost und West, sein Rassengemisch und seine Verschwendung machten es zu einem ungemein regen Mittelpunkt eines glänzenden gesellschaftlichen und geistigen Lebens. Wiens medizinische Fakultät gehörte zu den besten Europas, und die juristische Fakultät, die Technische Hochschule und Forschungsinstitute aller Art waren durchweg mit erstklassigen Wissenschaftlern und Gelehrten besetzt. Zu den angesehenen Denkern, die Österreichs Rassengemisch hervorbrachte, gehörten Ludwig Wittgenstein, Edmund Husserl, Martin Buber und Ernst Mach, dessen Name als Bezeichnung der Überschallgeschwindigkeit erhalten blieb. Mach war deutschstämmig, Buber und Husserl waren Juden, und Wittgenstein hatte deutsche und jüdische Vorfahren. Zu den österreichischen Schriftstellern gehörten der charmante und bezaubernde Hugo von Hofmannsthal, begabte Dichter wie Arthur Schnitzler und Robert Musil und später Rainer

Maria Rilke und der in Prag geborene Franz Kafka, aber ebenso eine bemerkenswert weitgespannte Gruppe von Feuilletonisten, die zu allem und jedem ihre Meinung äußerten. In Wien arbeitete Sigmund Freud an seinen Theorien über die Natur der menschlichen Psyche, revolutionierte Max Reinhardt das Theater und leitete Gustav Mahler die Oper. Johannes Brahms hatte sich lieber in Wien als in seinem Geburtsland Deutschland niedergelassen, und dorthin folgten ihm Mahler, Richard Strauss, Oscar Straus, Karl Goldmark und Arnold Schönberg. Es gab kaum einen Platz in der Welt, der es in Literatur, Naturwissenschaften, Musik oder weltmännischer Lebensart mit Wien aufnehmen konnte.

Hier strömten alle Völkerschaften Mittel- und Osteuropas zusammen und verdienten irgendwie ihren Lebensunterhalt; manche, wie etwa die magyarischen Magnaten, lebten völlig sorgenfrei von den Einkünften aus ihren riesigen Gütern in Ungarn; andere waren in so verzweifelter Lage, daß sie, halb verhungert und obdachlos, kaum ihr Leben zu fristen vermochten. Ihnen allen obwaltete ein Hof mit einem fest verkrusteten Ritual, der von ausländischen Beobachtern – denen er, wie beispielsweise Mrs. Trollope, die die Stadt 1837 besuchte, als Metternich noch eine ihrer Zierden war, geradezu den Atem verschlug – als der herrlichste Hof bezeichnet wurde, den sie je gesehen hätten. Manchmal erhaschte Adolf Hitler einen Blick von Kaiser Franz Josef, der seit der Mitte des Jahrhunderts eine stets gefährdete Herrschaft aufrechtzuerhalten wußte, wenn er in der kaiserlichen Karosse vorbeifuhr, und was immer Hitler auch sah, es bekräftigte ihn in seiner Verachtung für die Monarchie, die ihm so fern erschien wie die Hauptgestalten der Opern vom Promenadenstehplatz aus, und so unfähig zur Herrschaft im Namen der Deutschen über die Mischrassenvölker des Kaiserreichs.

Trotz seiner vielgestaltigen Probleme prosperierte Österreich-Ungarn nach den Statistiken, an denen die europäischen Staaten Wachstum und Fortschritt maßen, doch recht gut. Die Bevölkerung war von 35 812 000 im Jahre 1869 auf 46 974 000 im Jahre 1900, und 1910 nach der Annexion von Bosnien und Herzegowina auf 51 390 000 gestiegen. Die Bevölkerung Wiens, die von 431 000 im Jahre 1851 auf 827 000 im Jahre 1890 angewachsen war, lag zur Jahrhundertwende bei 1 891 000. [12] Die Juden machten nur einen kleinen Teil dieser Bevölkerung aus – 1910 waren es 8,63 %.

Die Jahre vor dem Ersten Weltkrieg waren eine Zeit ungeheuren Wachstums der Industrieproduktion und des Handels im Habsburgerreich, das all seinen heterogenen Völkerschaften mehr oder weniger Freihandelsraum bot. Dank der unmittelbar verfügbaren Kohlereserven Böhmens, Mährens und Schlesiens besaß Österreich eines der größten Stahlwerke Europas, und es stand an der Spitze der Erzeugung von Elektrizität, Maschinen, Textilien, Leder, Glas und Rübenzucker. Der Wiener Haushalt, der 1880 noch ein Defizit aufgewiesen hatte, wurde 1890 zum Überschußhaushalt. Nur: Der Wohlstand breitete sich nie auf die gesamte Gesellschaft aus. Handwerker und Bauern waren wie in ganz Europa in Scharen vom Lande in die Stadt gewandert, und von allen Städten des Festlandes litt Wien unter der schlimmsten Wohnungsnot – 51 Personen pro Haus im Vergleich zu 45 in Budapest, 31 in Berlin, 30 in Paris und acht in London.

Tausende Stadtbewohner lebten in Armut; es gab ihrer einfach zu viele für die verfügbaren Arbeitsplätze. In einigen Stadtvierteln machten die Kinder bedürftiger Arbeiter bis zu 80% der Schulkinder aus, und obwohl die Stadt ihnen ein freies Mittagsmahl gewährte, blieben sie oft hungrig, um das Essen ihren Eltern nach Hause bringen zu können. Die Arbeitslosigkeit war hoch, vor allem im Winter, wenn Bauarbeiten eingestellt oder eingeschränkt werden mußten und die Bauarbeiter, um nicht zu verhungern, auf Suppenküchen und auf das angewiesen waren, was ihre Kinder heimbrachten. Viele schliefen auf Parkbänken und unter Brücken. Auf einer damaligen Karikatur sind zwei zerlumpte Männer auf einer Parkbank zu sehen; der eine sagt in breitem Wiener Dialekt: »Mein Gott, ist das kalt.« Und der andere antwortet: »Ja, aber nicht so kalt wie die Menschen.«

Die Gesetzgebung zum Schutze des Arbeiters und seiner Familie gehörte zur fortschrittlichsten Europas, Frauen- und Kinderarbeit waren eingeschränkt, 1885 wurde Kinderarbeit gänzlich verboten [13], Herbergen wie das Obdachlosenasyl und Männerheim, in denen Hitler wohnte, wurden unterhalten, die Arbeitgeber mußten Unfallversicherungen abschließen, für Krankheitsversicherung war gesorgt. Dennoch blieb das Los der Arbeiter hart.

Obwohl private und städtische Wohlfahrtseinrichtungen den Armen Hilfe boten, ließ doch die Suche nach Arbeit, die es oft nicht gab, und die enttäuschte Hoffnung auf ein besseres Leben, die Tausende in die Stadt gelockt hatte, eine potentiell revolutionäre Bewegung in einem Land entstehen, das ohnehin infolge des Drängens der Minderheiten auf Selbständigkeit und Unabhängigkeit aus den Nähten zu platzen begann. 1907 waren die marxistisch orientierten Sozialdemokraten die größte Fraktion im Parlament, zu dem alle Männer über 24 wahlberechtigt waren. Die Sozialdemokraten stellten 87 Abgeordnete gegenüber 67 der Christlich-Sozialen, 52 der Deutschnationalen, 13 der Deutschradikalen und nur drei der Schönerers. Die Christlich-Sozialen konnten aber auf die Unterstützung von 30 katholischen Konservativen – lauter Deutschen – rechnen, während sich die Sozialdemokraten aus 50 Deutschen, 23 Tschechen, 7 Polen, 2 Ruthenen und 5 Italienern zusammensetzten, die sich gegenseitig nicht besonders leiden mochten. Insgesamt gab es 28 Fraktionen, die nicht nur politische, sondern auch nationalistische Gruppierungen vertraten: Italiener, Slowenen, Ukrainer, Kroaten, Rumänen, Serben und sogar Zionisten. Das Parlament war demokratisch, die Regierung jedoch bei weitem nicht. Die Minister wurden von der Krone ernannt und waren ihr verantwortlich. Die österreich-ungarische Außenpolitik war konservativ in dem Sinne, daß es den Verantwortlichen vor allem darum ging, das Flickmuster-Reich gegen die Panslawen, die Alldeutschen und die magyarischen, tschechischen und italienischen Nationalisten zu erhalten, die es allesamt zerstören wollten. Österreich-Ungarn war nicht in der Lage, eine große weltpolitische Rolle zu spielen. Sein einziges Aktionsgebiet war der Balkan, wo es bestenfalls die kaiserliche Position dadurch sichern konnte, daß es sich ein paar Brocken aus dem türkischen Reich einverleibte, das sich an seiner Schwelle langsam auflöste, um so Rußland daran zu hindern, seinen ohnehin schon mächtigen Einfluß unter den wegstrebenden Minderheiten noch zu verstärken.

Für Hitler waren das Kaiserreich eine Absurdität, Wien sein monströser Mittelpunkt und die Juden die alles zerfressenden Termiten in seinen Ruinen. Die Wiener Juden hatten sich stets um Assimilierung bemüht. Der Anteil der Männer war größer als der der Frauen, weshalb es zu häufigen Mischehen mit den Christen kam. Aber nicht nur für Hitler, sondern auch für die Schönerers wie für Mrs. Trollope kam Assimilierung ganz und gar nicht in Frage. Für die Antisemiten und Nationalisten hatten Juden – von den reichen und gebildeten, die im gesellschaftlichen Leben der Oberschicht eine herausragende Rolle spielten, bis hin zu den von Hitler beschriebenen Handlöhjuden – in einer deutschen Ordnung nichts zu suchen. Auch die Tschechen, Polen, Slowenen, Magyaren und anderen Unterrassen nicht, aber sie konnte man vielleicht noch in ethnischen Enklaven zusammenhalten, während man den Juden einfach loswerden mußte.

In dieser spezifischen Form der Antihaltung erblickten Leute wie

Theodor Herzl, die früher einmal an die Assimilierung geglaubt hatten, die Hauptquelle der weitverbreiteten Ablehnung der Juden. Herzl hatte viele Jahre in Wien gelebt, aber sein Kreuzzug für den Zionismus wurde durch seine Erfahrungen in Frankreich während des bitteren Streits um die Dreyfus-Affäre ausgelöst. Auf seltsame Weise gelangten Herzl und Hitler zum selben Schluß: Die Juden konnten niemals Bestandteil des europäischen Lebens werden; die Assimilierung funktionierte nicht. Die Juden mußten ihre getrennte Identität akzeptieren, so flüssig sie auch die Sprache des von ihnen gewählten Landes sprechen und so fleißig sie sich auch darum bemühen mochten, vollgültige Bürger zu werden.

Hitlers Schlußfolgerung hatte aber wie die der Schönerers und der Mitglieder des»Ordens des Neuen Tempels« viel verhängnisvollere Auswirkungen als bloß die soziale und politische Ablehnung als solche, die Absicht, den Einfluß der Juden im Wirtschafts- und Geistesleben eines ihnen wesenhaft fremden Landes zu beschneiden. Das religiöse Counterimage, das im Mittelalter Königen und Potentaten als Rechtfertigung für die Landesverweisung der Juden gedient hatte, wenn Pest oder Katastrophen eintraten, war bei ihm sakularisiert. Die Juden hatten im Drama des christlichen Counterimage eine wesentliche Rolle gespielt, der Teufel wurde in die christliche Theologie assimiliert, und die Kirche hatte letztlich die Pflicht, für die Erlösung der Juden zu arbeiten. Im rassischen Counterimage dagegen gab es für Erlösung keinen Platz. Als Adolf Hitler 1913 Wien verließ und nach München ging, machte auch er sich auf in ein Gelobtes Land, in dem Deutsche regierten und in dem er nebenbei die Chance hatte, dem Militärdienst für die Habsburger zu entgehen. Wien sah er erst 25 Jahre später wieder, als Österreich seinen heimkehrenden Sohn als Befreier begrüßte und die Wiener zu Tausenden stundenlang geradezu psychotisch einem Führer zujubelten, von dem sie nie etwas gehört hatten – und höchstwahrscheinlich auch nie etwas hätten hören wollen –, als er noch unter ihnen weilte.

KAPITEL 2

DAS GELOBTE LAND: DEUTSCHLAND

Als Adolf Hitler am 24. Mai 1913 in München ankam, stand Deutschland im Zenit seiner Macht. Was 1780 kaum mehr als ein durch das Band der Sprache lose verbundenes Gebilde aus Dutzenden von Territorien gewesen war, darunter unabhängige Staaten, aber oft auch nur eine Burg oder ein Dorf, war zu Ende des 19. Jahrhunderts zu einer Nation geworden, die zu den mächtigsten und nach den damaligen Wertvorstellungen eindrucksvollsten der Welt gehörte. In Bildung, Natur- und Geisteswissenschaften, industrieller Ausrüstung und fortschrittlicher Sozialgesetzgebung zugunsten der arbeitenden Bevölkerung stand dieser Staat an der Spitze Europas und der Welt.[1] »Am deutschen Wesen soll die Welt genesen« schien sich in vielerlei Hinsicht zu bestätigen, als die Ideen und Techniken der deutschen Gelehrten, Forscher und Techniker ihren Siegeszug durch die Welt antraten und mit ihnen die Erzeugnisse der Unternehmer als greifbarer Nachweis deutscher Tüchtigkeit und Zuverlässigkeit. Die Güteprodukte des Reiches fanden ihren Weg überallhin, in die Länder Nord- und Südamerikas, des Orients, Afrikas, des Nahen Ostens und ganz Europas. Kein Mann der Wissenschaft kam am deutschen Fachwissen vorbei, die Lehrbücher der geistigen Disziplinen standen voller Fußnoten und Verweise auf die Arbeiten deutscher Forscher. R. W. Bunsen in der Chemie, Wilhelm Röntgen in der Strahlenkunde, Robert Koch in der Medizin, Rudolf Diesel im Motorenbau, Alexander von Humboldt in der Geographie, die Gebrüder Jakob und Wilhelm Grimm in der Sprachkunde, Leopold von Ranke und Theodor Mommsen in der Geschichte, Albert Einstein und Max Planck in der Physik – sie alle hatten den Horizont der natur- und geisteswissenschaftlichen Erkenntnisse erweitert. Studenten aller Nationalitäten fühlten sich zu den deutschen Universitäten und zur Wiener Universität hingezogen, weil sie dort mehr über ihr Fach lernen konnten als irgendwo anders.

Seit 1800 hatte sich die Bevölkerung verdreifacht und seit 1875 mehr als verdoppelt, Städte wie Berlin zählten zehnmal mehr Einwohner als früher, und der Lebensstandard war der zweithöchste Europas gleich nach dem Großbritanniens mit seinem Weltreich und seiner jahrhundertealten Entwicklung als Nation. Die deutsche Industrieerzeugung hatte die aller anderen Länder Europas einschließlich Englands hinter sich gelassen. Frankreich war um 1870 überholt worden, und um 1910 übertraf die deutsche Produktion die Englands um ein beträchtliches. [1] Im Außenhandel stand zwar weiterhin England mit seinen Aus- und Einfuhren von 21 Milliarden Mark im Vergleich zu Deutschlands 17,8 Milliarden Mark an der Spitze, aber zwischen 1891 und 1911 stieg der deutsche Außenhandel um 143 %, der Englands dagegen nur um 66 %, der Frankreichs um 10,5 % und der der USA um 70 %. Die deutsche Handelsflotte, 1870 nur halb so groß wie die Frankreichs, war 1913 doppelt so groß wie die französische.[2]

Neben dieser wissenschaftlichen und technischen Blüte revolutionierten deutsche Philosophen (im weitesten Sinne des Wortes) die langgehegten Vorstellungen vom Menschen und seiner Gesellschaft. Wie Charles Darwin in England und Sigmund Freud in Wien krempelten sie die ganze zeitgenössische Weltanschauung so völlig um, daß sie kaum mehr wiederzuerkennen war. Arthur Schopenhauer, Friedrich Nietzsche und Georg Wilhelm Friedrich Hegel bewegten und erschütterten das 19. Jahrhundert, und zu ihnen traten Marx und Engels, die den Aufstand von Arbeitern wie Intellektuellen gegen die ungeheure Dynamik der kapitalistischen Wirtschaft mobilisierten, der Deutschlands schneller Aufstieg vom Feudal- zum Industriestaat hauptsächlich zu verdanken war.

Auch Deutschlands Wehrkraft war gewaltig. Die preußischen Armeen hatten zunächst Österreich und dann, im Verbund mit anderen deutschen Staaten, Frankreich in zwei kurzen, brillanten Feldzügen niedergeworfen. An die Stelle der Paradebataillone der Zwergfürsten, die ihre Soldaten als Söldner vermieteten, und des von Napoleon schmählich besiegten, überalterten Offizierskorps Preußens von 1806 waren ein Kaiserlicher Generalstab, ein Offizierskorps und eine Armee getreten, die ihresgleichen nicht hatten. Männer, die sich wie Clausewitz und von der Goltz nicht nur mit Rüstungsfragen befaßten, sondern auch darüber nachdachten, welchen Zwecken sie zu dienen hatten, traf man vor allem in Deutschland an. Der wohltrainierte Generalstab, der als Ersatz für das unberechenbare Militärgenie Napoleons dienen sollte, analysierte, berechnete und löste militärische Probleme mit der Gründlichkeit, mit der Forscher in stilleren, akademischeren Disziplinen ihrer Arbeit nachgingen.[3] Außerdem war die deutsche Kriegsmarine – größenmäßig nur ein Viertel der britischen, aber sehr gut ausgebildet – ein schlagkräftiges Instrument, von den Schlachtschiffen bis hin zu den noch unerprobten U-Booten. Der Offizier, vor allem der Heeresoffizier, genoß in Deutschland bedeutend mehr Ansehen als in anderen Ländern, die ihre Existenz ja auch nicht in gleichem Maße dem Militär verdankten. Nachdem die preußische Armee in der Schlacht bei Jena vernichtend geschlagen worden war, wurde das Offizierskorps gesäubert und umorganisiert; jetzt konnten jüngere und manchmal höchst intelligente junge Leute Offizier werden, die sich nicht mehr nur dadurch auszeichneten, daß sie moralische Tugenden wie Mut, Treue, zündenden Kampfgeist an den Tag gelegt und im Kampf auf Leben und Tod einen kühlen Kopf bewahrt hatten, wie es ihr Beruf forderte, sondern auch dadurch, daß sie eine Erziehung genossen und das Abitur[4] gemacht hatten und über ungewöhnliche geistige Fähigkeiten verfügten. Preußen war der weitaus größte Staat im Deutschen Reich und umfaßte fast ein Drittel des Gebiets und der Bevölkerung, und die preußische Armee bildete das Rückgrat des kaiserlichen Heeres. Selbst nach Einführung der allgemeinen Wehrpflicht war die preußische Armee nie ein Volksheer, und nach ihrem Vorbild blieb auch das kaiserliche Heer die Armee des Königs, deren Offiziere und Mannschaften den Treueeid auf die Person des Souveräns ablegten, der gleichzeitig ihr Oberbefehlshaber und im Kriege »Oberster Kriegsherr« war. Den Staat Preußen mit seinen offenen Grenzen, seinem kargen Boden und seiner heterogenen Bevölkerung aus Deutschen, Polen, Litauern und Dänen hatte die Armee zusammengehalten, die nach Auffassung mehrerer ausländischer Beobachter »ein Staat im Staate« war. Die preußische Armee hatte dem König und seinem Volk zu dienen, und dafür standen ihre Offiziere in seiner Wertschätzung und in der staatlichen Hierarchie an oberster Stelle. Waren zur Zeit Friedrichs des Großen noch neun Zehntel der Offiziere Adlige, so kamen 1913 infolge der Wehrpflicht und des Massenheers 70 % der preußischen Offiziere und 48 % der Obristen und Generale aus dem Mittelstand. In der Artillerie und bei den Pionieren stellten Söhne des Mittelstandes und bei letzteren oft auch Handwerkersöhne die Offizierskader, dagegen waren die Offiziere bestimmter Regimenter – der preußischen Garde und der Kavallerie zum Beispiel – fast durchweg adliger Abstammung. Jeder Leutnant der preußischen Armee war »hoffähig«.[5] In Bayern waren nur Stabsoffiziere »hoffähig«, wobei in Bayern – obschon auch dort bestimmte Regimenter das Reservat des Adels waren – der Anteil der bürgerlichen Offiziere viel höher lag als in Preußen. Stand die höchste Rangebene der Armee – der Generalquartiermeister und sein fünfköpfiger Stab – ausnahmslos dem Adel zu, so kamen die Offiziere des kaiserlichen Generalstabs 1913 in etwa zu gleichen Teilen aus Adel und Bürgertum, während sie noch 1906 zu 60 % dem Adel entstammten.[6] Nach preußischer Tradition stand jeder Offizier in einem besonderen persönlichen Treueverhältnis zum Kaiser, weil historisch die Offiziere des Königs seine Lehnsmänner gewesen waren, die ihm vor allem Gehorsam schuldeten, und der König von Preußen hatte seine Stellung als deutscher Kaiser denn auch den Siegen der Armee zu verdanken.

1831 schworen die preußischen Offiziere und Mannschaften zu Gott »dem Allwissenden und Allmächtigen« einen »leiblichen« Eid, dem Könige in allen und jeden Vorfällen, zu Lande und zu Wasser, in Krieges- und Friedenszeiten, und an welchen Orten es immer sei, getreu und redlich zu dienen und des Allerhöchsten Souveräns Nutzen und Bestes zu befördern. [2]

Die Truppen des Deutschen Reiches schworen 1871 und auch 1878, als Mannschaften elsaß-lothringischer Landesangehörigkeit eintraten, einen fast identischen Eid, dem Kaiser »in allen Vorfällen« zu dienen.[7] Höheren Offizieren nahm der Kaiser den Eid persönlich ab. Nur Mennoniten waren ihres Glaubens wegen von der Eidesleistung befreit; sie wurden nur durch Handschlag verpflichtet. [3]

Im 16. und 17. Jahrhundert waren Soldaten kaum mehr als ein bunter Haufe, bereit, wie schon Shakespeare bemerkte, Linnen von allen Zäunen zu stehlen. [4] Es waren Männer, die nichts zu verlieren hatten als ihr Leben und die die übrige Bevölkerung verachtete und fürchtete. Noch im 18. Jahrhundert hing bis zum Ausbruch der Französischen Revolution die soldatische Disziplin ganz vom Gutdünken der jeweiligen Offiziere ab. Als preußische Truppen auf dem Rückzug nach der Schlacht bei Jena in der Nähe eines Holzplatzes biwakierten, nahmen sie sich nicht ein einziges Scheit für ihre Lagerfeuer. Holz war Privateigentum, war nicht zu ihrem Verbrauch da, aber die Einhaltung solcher Regeln verlangten damals ihre Offiziere.[8] Generell war man der Auffassung, der einfache Soldat sei nur durch Furcht und Zwang zur Pflichterfüllung zu bewegen, und wahrscheinlich wäre jeder europäische Befehlshaber mit Friedrich dem Großen einiggegangen, der einmal gesagt hat, der Soldat müsse den Korporalstock des Unteroffiziers mehr fürchten als die Kugel des Feindes. [5]

Die Französische Revolution brachte jedoch mit dem Prinzip der allgemeinen Menschenrechte eine ungeheure Umwälzung, und so war im 19. Jahrhundert der Soldat zum achtbaren Individuum geworden. 1808 wurde in der preußischen Armee die körperliche Züchtigung abgeschafft, und die Einführung des Massenheers machte es notwendig, die Treue der Mannschaften zu gewinnen und nicht mehr nur zur erzwingen.

Die Soldaten unterlagen immer noch einer scharfen Disziplin, insbesondere seitens der Unteroffiziere, die streng darauf achteten, daß kein Knopf lose war und jeder Gewehrlauf, jedes Koppelschloß und jeder Stiefel blitzblank glänzten. Wurde einerseits oft grotesker Kadavergehorsam verlangt, so war doch jedenfalls in der Theorie niemand, weder Offiziere noch Mannschaften, verpflichtet, einem ungesetzlichen Befehl seines Vorgesetzten Folge zu leisten. Im 18. Jahrhundert verweigerte der preußische Offizier Graf Georg von der Marwitz die Ausführung eines Befehls Friedrichs des Großen, ein sächsisches Schloß zu plündern, weil Plünderung zum Ehrenkodex des Offiziers in Widerspruch stand; er zog es vor, den Dienst zu quittieren. Auf seinen Grabstein ließ er die Worte setzen: »Wählte Ungnade, wo Gehorsam Unehre gebracht hätte.« [6] Im Ersten Weltkrieg wurde jeder deutsche Soldat belehrt, daß er nur gesetzmäßige Befehle auszuführen habe, und seltsamerweise galt dieser Zustand auch nach der Machtergreifung durch die Nationalsozialisten und während des ganzen Zweiten Weltkriegs. [7] Galt freilich nur in der Theorie, denn tatsächlich wurden ungezählte ungesetzliche Befehle erteilt und ausgeführt. Vor dem Ersten Weltkrieg war das Heer die Armee des Kaisers, und als Wilhelm II. 1891 seinen preußischen Rekruten bei einer Vereidigung sagte, er erwarte von ihnen die Ausführung seiner Befehle auch dann, wenn sie auf ihre Brüder und Schwestern, ihre Väter und Mütter zu schießen hätten, war das nicht nur Ausdruck seiner Großmannssucht, sondern auch ein Verstoß gegen geltende Heeresvorschriften.[9]

Parallel zu seinem industriellen Aufschwung gehörte Deutschland auch zu den größten Agrarstaaten Europas. Ein Großteil der Bevölkerung lebte von der Landwirtschaft, wobei 80 % des Landbesitzes den Bauern selbst gehörte.[10] Die Großgrundbesitzer, deren Meinung beim Kaiser Gewicht hatte, waren vor allem ostpreußische

Adlige; die Offiziere und höheren Beamten des Wilhelminischen Hofes kamen fast alle aus der gleichen Schicht. Mochte auch das aufstrebende Bürgertum, wie es Thomas Mann in seinen *Buddenbrooks* beschrieb, weitaus gebildeter sein und weit mehr die Hauptstütze des auf seine Industriemacht gebauten deutschen Staates darstellen als die ostelbischen Junker, so war doch ein Reserveoffizierspatent bei diesen Bürgern ein viel wichtigeres Statussymbol als in irgendeinem anderen Land.[11] Wahrscheinlich waren die Klassenunterschiede in der deutschen Gesellschaft nicht ausgeprägter als in England oder Frankreich, aber die Durchlässigkeit zwischen den Klassen war geringer. Ein Arbeitersohn blieb in aller Regel in der Klasse seines Vaters, denn der Weg nach oben führte über ein Erziehungs- und Beförderungssystem, das Geld kostete und eine psychologische Vorbereitung erforderte, die der Sohn eines Arbeiters oder Bauern kaum leisten konnte. Trotzdem war in Deutschland, wenn auch unter Schwierigkeiten, ein Aufstieg möglich, wie ihn Adolf Hitlers Vater in Österreich geschafft hatte. So war beispielsweise der Gründer der Nationalarmee Gerhard Scharnhorst der Sohn eines Bauern, der bei den Hannoveranern als Kavalleriewachtmeister gedient hatte. Leichter gelang der Aufstieg vom Mittelstand in höhere Schichten. Viele Mitglieder des Mittelstands kauften Güter, bauten große Häuser, gaben üppige Feste und lebten in einer Großspurigkeit, die weit entfernt war von der Welt des Fabrikbesitzers im 18. Jahrhundert, der in einem Häuschen neben seiner Fabrik gewohnt hatte. Bürgerliche konnten geadelt werden, und manch einer wurde danach zum unnachgiebigsten Verfechter der Sonderprivilegien des Standes, dem er eben erst beigetreten war. Einen Monat nach Hitlers Ankunft in München debattierte der Reichstag über die Bevorzugung des Adels, der in den höheren militärischen Rängen und in bestimmten Moderegimentern weitaus in der Überzahl war.

In diesem Streit kamen die eingewurzelten Ressentiments der Draußenstehenden gegen die drinnen zum Ausbruch. Im 19. Jahrhundert hatte eine Schicht intelligenter, tüchtiger und dynamischer Geschäftsleute, die in den deutschen Staaten viel kleiner war als in England, Frankreich oder den Niederlanden, einen schnellen Aufschwung erlebt. Man machte sich über sie etwa so lustig wie Molière über den *Bourgeois gentilhomme* des 17. Jahrhunderts. Von den Neureichen hieß es, sie hätten überhaupt keine eigenen Normen und könnten nur die Aristokratie nachäffen oder mit gespreiztem Getue zu imponieren versuchen. 1870 reiste der König von Preußen im gewöhnlichen Eisenbahnwagen, während der neureiche Geschäftsmann oft seinen eigenen Salonwagen hatte. Man warf dem Neureichen auch vor, er verschwende sein Vermögen in unverantwortlicher, an Hollywood gemahnender Weise, fülle Goldfischteiche mit Champagner und prahle mit seinem Überfluß. [8] Gewiß, die Buddenbrookse hatten daran keinen Anteil; sie lebten reich und bescheiden zugleich, umgeben von Büchern und Gemälden, und leiteten umsichtig ihre Reedereien oder Industriewerke, von denen das Land lebte. Dennoch blieben ihnen, ihren Frauen und Kindern oft bestimmte Reservate verschlossen, zu denen die Junker automatisch Zugang hatten – hohe Positionen in Staat und Armee, von wo aus sich die gesamte Außenpolitik und ein Großteil der Innenpolitik beeinflussen ließen. Der Kaiser schloß Verträge und entschied über Frieden und Krieg, und die Männer, deren Rat er sich holen mochte, kamen selten aus Handel und Industrie. Und doch bildeten gerade die Unternehmer und der kleinere Mittelstand die Hauptquelle der Steuern, mit denen alles bezahlt wurde – Glanz und Flitter des Hofes, die großen Schiffe, die Universitäten und die Eliteregimenter, denen ihre Söhne nicht beitreten konnten.

So ging es denn in der Reichstagsdebatte vom Juni 1913 scharf und beißend hin und her. Hauptsprecher des Adels war ein gewisser Herr von Graefe, der – wie seine liberalen Gegner betonten – selbst Sohn eines Arztes und erst ein paar Jahre zuvor geadelt worden war. Ein Oppositionssprecher nannte ihn einen Talmijunker, und ganz offensichtlich war er weder der eleganteste noch der beredteste Sprecher seiner neuen Klasse. Er trug das Anliegen der Privilegien mit einem Feuereifer und einer Taktlosigkeit vor, die die Opposition in Rage versetzten und ihm auch viele der Leute entfremdeten, für die er zu sprechen vorgab. Er argumentierte teilweise mit Halbwahrheiten, so z.B., der Adel habe in gewissen Regimentern verhältnismäßig mehr Söhne verloren als andere Stände. So seien am 14. März 1814 vor Paris drei Viertel der Preußischen Garde gefallen, eines der Eliteregimenter, denen man einseitige Bevorzugung adliger Offiziere vorwarf; 1866 sei es die Garde gewesen, die die Mitte des österreichischen Heeres durchbrochen habe; in der Schlacht bei Vionville 1870 seien ein Drittel ihrer Soldaten und über drei Viertel der Offiziere gefallen. Nun war gewiß die Schlachtgeschichte der Elitekorps heldenhaft, aber viele Ruhmestaten waren doch unter schweren Verlusten von Formationen vollbracht worden, die neben adligen auch bürgerliche Offiziere in ihren Reihen zählten, wenngleich ihr Offizierskorps mittlerweile ausschließlich aus dem Adel stammte. [9]

Graefes Hauptgegner in der Reichstagsdebatte, der Abgeordnete der Fortschrittspartei Müller-Meiningen, stimmte ihm hinsichtlich der bemerkenswerten Waffentaten der Preußischen Garde zu, bemerkte aber dann, sein Vorredner komme ja nun nicht aus der Klasse, die in jenen Schlachten ihre Söhne geopfert habe, und wies darauf hin, Bismarcks Hauptgegner seien eben jene Junker gewesen, die von Graefe in den Himmel hebe. Es sei schädlich für die Moral der Truppe, wenn man die Armee so in Klassen aufteile. 1910 hätten von den 44 Gcnerallcutnants 37 dcm Adel und nur 7 dem Mittelstand angehört, seien 75 Generalmajore adliger und 35 bürgerlicher Abstammung gewesen. Nicht Tradition mache ein Heer, sondern sein Korpsgeist, und dieser Geist werde nicht etwa von Privilegien, sondern von Gerechtigkeit gezeugt. Ein nationalliberaler Oppositionsredner meinte, natürlich ließen sich Männer adliger Abstammung nennen, die tapfer gekämpft hätten, aber dasselbe gelte auch für zahllose andere aus dem Mittelstand.

Von Graefes Argumente führten ihn in noch tieferes Wasser; er schlug eine antisemitische Note mit der Bemerkung an, bei den Teilnehmern an den deutschen Kolonialkriegen in Afrika habe es keinen Moses und keinen Kohn gegeben. Daraufhin fragte ihn ein Sozialist, wie viele Gemeine denn neben den Adligen in Afrika gefallen seien, und bemerkte säuerlich, in diesen Feldzügen sei kein einziger Unteroffizier zum Offizier befördert worden. Und was die Juden angehe, so könne man in den Heiratsanzeigen der deutschen Zeitungen ja nachlesen, wie viele preußische Offiziere adliger Geschlechter nach einer »goldenen Rebecca« Ausschau hielten, und er fragte, wie viele andere sich denn wohl über Wasser hätten halten können, wenn es ihnen nicht gelungen wäre, unter den Töchtern des auserwählten Volkes eine Braut zu finden. Auch Müller-Meiningen griff von Graefe wegen seines Antisemitismus an und sagte, echte Konservative der alten Schule würden sich in ihrem Grab herumdrehen, wenn sie von Graefe hören könnten. Er nannte die Namen von Juden, die sich ums Vaterland verdient gemacht hätten, wie etwa Elia Dusniz Abramowitsch, der vor kurzem bei einem Zeppelin-Probeflug ums Leben gekommen sei, und Emin Pascha, einen der größten Kolonialhelden Deutschlands. Der erste, der im Kampf gegen die Hereros gefallen sei, sei der jüdische Leutnant Bendix gewesen, dem Deutschland ein Denkmal errichtet habe. Dann stürzte sich von Graefe erneut ins Getümmel mit der Darstellung, wie wunderbar in England die Dinge liefen mit dem dortigen politischen Elitesystem, und fiel damit in eine selbstgeschaufelte

Grube, weil er sich von seinen Gegnern sagen lassen mußte, der britische Premierminister sei ein Jude namens Disraeli.

Mit seinen Angriffen auf die Juden schlug von Graefe eine Taktik an, die nach ihm noch mancher Demagoge für nützlich halten sollte. Vor dem Ersten Weltkrieg wollten vor allem zwei Leute in Deutschland den Antisemitismus salonfähig machen. Es waren dies Heinrich von Treitschke, ein glühender Nationalist und hervorragender Historiker, und der lutherische Hofprediger Adolf Stoecker. Anfänglich griff Stoecker die Juden aus religiösen Gründen an, wobei er Argumente benutzte, die denen des Kaisers nicht unähnlich waren, der seinen Truppen sagte, nur ein Christ gebe einen guten Offizier ab. Eine Zeitlang predigte Stoecker, nur Christen (einschließlich getaufter Juden) könnten gute Deutsche sein; später indes griff er die Juden aus rassischen Gründen als Feinde Deutschlands an, und zwar alle Juden, auch wenn sie getauft waren.

Mit seinem Rassenkrieg hatte er einen gewissen Erfolg. Sprach er über das Alte Testament oder Themen wie »Stimmt die Bibel?«, so war seine Zuhörerschaft klein, zwei- oder dreihundert, fiel er aber über die Juden her, dann schwollen seine Hörerzahlen auf zwei- bis dreitausend an. Brachte der Antisemitismus auch immer eine Menge Hörer, so doch nie nennenswerte politische Gefolgschaft. 1893 schickten die antisemitischen Parteien einschließlich der von Stoecker gegründeten Christlich-Sozialen 16 Abgeordnete in den Reichstag, 1894 waren es 24 und bei den Reichstagswahlen 1907 wurden es 25. Dies war die höchste Zahl, die sie je erreichten, und auch diese schafften sie erst zwei Jahrzehnte später noch einmal. Man schätzt die Zahl der damaligen antisemitischen Stimmen in einer Gesamtwählerschaft von 65 Millionen auf höchstens 500 000.

1912 errangen in dem 397 Abgeordnete zählenden Reichstag die Sozialdemokraten weitaus die meisten Mandate. Die Konservativen fielen von 60 Mandaten im Jahre 1907 auf 43 im Jahre 1912; auch die Liberalen und das hauptsächlich katholische und dem Mittelstand zugehörige Zentrum mußten Verluste hinnehmen, die Liberalen gingen von 54 Sitzen 1907 auf 45, das Zentrum von 105 auf 91 zurück, während die Sozialdemokraten von 43 Mandaten auf 110 anschwollen. In dieser letzten Reichstagswahl vor dem Kriege gewannen die Antisemiten 4 Sitze. Treitschkes Einfluß – er prägte das später von den Nationalsozialisten übernommene Wort »Die Juden sind unser Unglück« – wirkte im wesentlichen nur bei ein paar Intellektuellen. Sein Schüler Heinrich Class war einer der führenden Köpfe der Alldeutschen Bewegung. Class machte sich

Treitschkes Antisemitismus zu eigen und hieb auf die Juden als Kapitalisten und Materialisten ein. Andere dagegen, so der Historiker Theodor Mommsen, waren gegenteiliger Auffassung. Mommsen griff Treitschke in einem Artikel mit der Überschrift »Auch ein Wort über Judentum« an, der die Meinung der meisten deutschen Publizisten und Intellektuellen widerspiegelte. Trotzdem gab es einen gewissen Antisemitismus in allen Bevölkerungsschichten, bei Geistlichen, im Mittelstand und in der Oberschicht, bei Katholiken und Protestanten, in der völkischen Bewegung und vor allem bei den Bauern. Die Bauern kämpften in einem sich schnell industrialisierenden Deutschland ums Überleben, blieben oft nur mit geliehenem Kapital solvent und versuchten nach Kräften mit dem ständig steigenden Lebensstandard der Industriearbeiter mitzuhalten. Zur Finanzierung der Betriebe und des steigenden Bedarfs an Maschinen und Kunstdünger brauchte man Geld, brauchte man Anleihen, und die Juden wurden nur allzuleicht den aalglatten Ausbeutern aus der Stadt gleichgestellt, die Anleihen vergaben. Auch unter dem Landadel gab es Antisemiten, obgleich ein Junker wie Bismarck viel zu intelligent war, als daß er sich ihre Meinung zu eigen gemacht oder sich ihnen gar angeschlossen hätte. Das Reich hatte keinen Lueger, der eine politische Massenbewegung hätte anführen können; außer Treitschke und Stoecker (der schließlich seinen Posten als Hofprediger einbüßte) waren die Antisemiten ziemlich obskure Leute. Es gab ein paar kleine Fische wie etwa den Dr. Buecker, der seine antisemitische Standarte unter den Bauern aufzog und zwei Zeitschriften gründete, die *Wucherpille* und den *Reichsherold*, die unter der ländlichen Bevölkerung mäßigen Absatz fanden. Gegen die antisemitischen Kampagnen stand andererseits die geschlossene Front der Arbeiterbewegung, der Sozialdemokraten, der liberalen Intellektuellen, die die Bücher und Theaterstücke verfaßten und in den angesehenen und weitverbreiteten Zeitschriften und Zeitungen schrieben. Dazu gehörte auch der *Simplicissimus*, dem es besondere Freude bereitete, den katholischen Klerus, die geckenhaften Offiziere, das pseudoelegante Bürgertum und die saft- und kraftlose Oberschicht mit Hohn zu übergießen. Wieviel Verachtung der *Simplicissimus* für den Antisemitismus hegte, ging schon daraus hervor, daß er nicht zögerte, die Juden und ihre Feinde in einem Atemzug madig zu machen. Auf einer Karikatur fragt eine elegante junge Dame einen Grafen, wie er sich denn jetzt als Schwiegervater einer jüdischen Firma fühle, worauf er zur Antwort gibt: »Früher war ich der Clou, jetzt bin ich der Clown.« Auf einer anderen ganzseitigen Karikatur sind unter der Überschrift »Streng nach Befehl« zwei dandyhafte Offiziere auf dem Exerzierplatz zu sehen. Der ranghöhere sagt zu seinem Untergebenen: »Herr Leutnant, loben sie den Einjährigen Kohn nicht so oft, sonst merkt er noch, daß er mehr kann als die drei Offiziersaspiranten. Ich möchte nicht gern ungerecht sein.«

Im 19. und frühen 20. Jahrhundert war der Antisemitismus in Deutschland weitgehend latent. Deutschland hatte keine Dreyfus-Affäre, die die Rechte und Linke in einander wütend bekämpfende Lager gespalten und, wie Proust schrieb, die französische Bourgeoisie und den Adel auf dem gemeinsamen Boden des Chauvinismus und Antisemitismus zusammengeführt hätte. Der deutsche Antisemitismus war bei weitem nicht so todbringend wie der russische und mitteleuropäische, wo Juden in teilweise spontanen, teilweise wohlorganisierten Pogromen zu Dutzenden hingeschlachtet wurden. Trotzdem schlich er sich wie in anderen europäischen Ländern und in den Vereinigten Staaten überall ein und galt als Selbstverständlichkeit. Wie sehr sich der Jude auch um Assimilierung bemühen mochte, er blieb in Deutschland ebenso erkennbar wie im übrigen Europa und in Amerika; und sein Anderssein schloß ihn aus und wertete ihn ab. Diese Lesart des Antisemitismus, die von der höflichen bis zur ausgesprochenen Ablehnung reichte, galt gemeinhin als Nebenerscheinung einer zivilisierten Duldung der Juden, doch erblickten die Liberalen, Sozialisten und die Hauptsprecher des industrialisierten Deutschland im marktschreierischen Antisemitismus ein auszumerzendes Überbleibsel der Feudalzeit. Der Satz »Oremus pro perfidis Judeis« in der Karfreitagsliturgie der katholischen Kirche war mit »Lasset uns beten für die heimtückischen Juden« oder »Lasset uns beten für die treulosen Juden« ins Deutsche übersetzt. Erst Mitte des 20. Jahrhunderts wurden diese Worte unter Papst Pius XII. umgeändert in »Lasset uns beten für die ungläubigen Juden«.

Das schwarze Schaf für die Rechte in Deutschland waren aber nicht etwa die Juden, sondern die Sozialdemokraten, und wenngleich die beiden oft in einen Topf geworfen wurden, waren es in den Augen nicht nur der Konservativen, sondern auch aller anderen nichtsozialistischen Parteien die wirtschaftlichen und sozialen Irrlehren der Anhänger von Karl Marx und seiner Jünger August Bebel und Wilhelm Liebknecht, die den Bestand des Reiches bedrohten. Die Umerziehungsversuche der Armee bei den nach Auffassung der Heeresleitung vom Cholerabazillus der marxistischen Weltanschauung angesteckten Rekruten bedienten sich nicht etwa des Antisemitismus, sie beruhten vielmehr auf der Überzeugung, die Offiziere brauchten ihren Mannschaften lediglich die tiefere Bedeutung von Treue und Pflichterfüllung dem Kaiser gegenüber, den Sinn des Gehorsams gegenüber dem Vorgesetzten und die Notwendigkeit der Anerkennung der gottgewollten Einteilung in Oben und Unten, in Besitzende und Habenichtse zu erläutern, und schon würde ihnen der linke marxistische Aberglaube wie Schuppen von den Augen fallen. Natürlich fand derlei Sinneswandel niemals wirklich statt; die jungen Sozialdemokraten, auch die Unteroffiziere unter ihnen, leisteten ihre Dienstzeit ab, taten ihre Pflicht und taten sie oft gut, hörten sich die Kritik der Armee an der Partei und ihren Führern an und kehrten dann zu beiden zurück, sobald ihr Militärdienst vorbei war. Das stellten die Heeresberichte mit ebensoviel Freimut wie Schrecken fest.

Nach den Reichstagswahlen von 1912 stellten die Sozialdemokraten die größte Fraktion. Ihre internationalistisch und antimilitaristisch gesinnten, nach sozialer Gerechtigkeit und der Beendigung der Privilegienherrschaft strebenden Anhänger waren nicht gerade leicht davon zu überzeugen, daß der bestehende Zustand der denkbar beste sei, den sie sich zu eigen machen sollten. Armeeoffiziere berichteten, Sozialdemokraten gäben ausgezeichnete Soldaten ab; einer sagte, er müsse zugeben, wie gut sie dienten, und sie seien auch ganz und gar nicht vaterlandslos. Und wie die folgenden Jahre beweisen sollten, traf dies auch zu. In einer Zeit der nationalen Gefahr war die Sozialdemokratische Partei dem Vaterland so treu ergeben wie jede andere, und das, obwohl Marx gelehrt hatte, Vaterlandsliebe sei nichts als ein bürgerlicher Fallstrick, um die Arbeiter zu gängeln. Zwar sprachen Sozialdemokraten davon, sie wollten im Kriegsfalle einen Generalstreik ausrufen, aber ihr Führer August Bebel schloß davon den Verteidigungskrieg aus, schon gar gegen das zaristische Rußland, das auf dem Festland, aber auch in England den Abscheu aller erregte, die links von der Mitte standen, und gegen das die Sozialdemokraten nach Bebels Worten wie ein Mann marschieren würden. Das zaristische Rußland war der Buhmann der Sozialdemokraten. 1892 hatte Bebel auf dem Parteitag in Erfurt gesagt, »der deutsche Boden, das deutsche Vaterland, gehört uns, den Massen, ebensogut und mehr wie jenen. Greift Rußland, der Hort der Grausamkeit und Barbarei, der Feind aller menschlichen Kultur, Deutschland an, um es zu zerstückeln und zu vernichten, und das kann nur der Zweck eines solchen Krieges sein ...

werden wir Seite an Seite mit denen kämpfen, die heute unsere Gegner sind, nicht, um sie und ihre Staats- und Gesellschaftsordnung zu retten, sondern um Deutschland, d.h. uns selbst zu retten ...« [10] 1913 ging Bebel in dem, was von sozialdemokratischer Seite als sein politisches Testament bezeichnet wurde, noch weiter. In der Budget-Kommission des Reichstags erklärte er, es gebe in Deutschland keinen Menschen, der sein Vaterland wehrlos fremden Angriffen preisgeben möchte. Deutschland müsse mit der Möglichkeit eines Angriffskrieges von außen rechnen, der beim heutigen Stand der Waffentechnik zum Weltkrieg würde und Deutschland vielleicht vor die Frage von Sein oder Nichtsein stelle. Jedermann wolle einen solchen Krieg vermeiden; komme er aber, so rechtfertige sich nicht nur die Wehrhaftmachung jedes Mannes, sondern sie sei eine notwendige Forderung. Ähnlich äußerten sich Karl Liebknecht und andere führende Sozialdemokraten. Was sie wollten, war eine »Volkswehr«, in der jeder Bürger Soldat und jeder Soldat Bürger sei; was sie bekämpften, war die Idee eines elitären stehenden Heeres. [11]

Sie verstrickten sich dabei in logische Widersprüche. Nach ihrer Auffassung bestand das Offizierskorps per se aus Klassenfeinden, gleichzeitig konnte das Heer aber ohne Offiziere nicht funktionieren. Die Sozialdemokraten stimmten beständig gegen jede Gesetzesvorlage, die eine Anhebung der Militärausgaben vorsah, und doch hielten sie eine mächtige Armee für lebensnotwendig; Deutschland mußte verteidigt werden, und Sozialdemokraten wollten Schulter an Schulter mit ihren Klassenfeinden in der Armee des Kaisers gegen jeden fremden Feind antreten. Eines ihrer Hauptziele war die Abschaffung der Privilegien und inneren Widersprüche eines politischen und sozialen Systems, das Krieg unvermeidbar machte. So lehnte das Parteiprogramm das Wahlsystem in Preußen und Sachsen ab, das sich danach richtete, wieviel Steuern ein Bürger zahlte; Deutschland sollte nicht mit Gewalt, sondern mit parlamentarischen Mitteln verändert werden, weil die Gesellschaftsordnung trotz ihrer eingefleischten Mängel auch viele Vorzüge hatte.[12]

Als marxistische Partei gedachten die Sozialdemokraten dennoch mit einer nicht marxistischen Strategie an die Macht zu kommen. Bismarck hielt die Sozialdemokratie für die Vorhut der Revolution, die auf den Sturz der Monarchie sann, der Kaiser sah in ihr optimistisch eine vorübergehende Phase; Oberschicht, Bürgertum und Bauern hielten es mit Bismarck und hofften gleichzeitig, daß der Kaiser recht habe, denn nach ihrer Überzeugung waren sie selbst und ihre widersprüchlichen Meinungen die Wurzel eines gesunden und integren Staates. Und was die Armee betraf, so hatte die Heeresleitung Marx immerhin so weit gelesen, daß sie überzeugt war, die Sozialdemokraten seien auf Revolution aus und wollten sie, sobald die Zeit reif war, gewaltsam durchführen.

So wurden Sozialdemokraten beispielsweise nicht als aktive Offiziere zugelassen, ebensowenig wie Juden. Daß Juden sowohl als aktive als auch als Reserveoffiziere in Preußen und Sachsen nicht in Frage kamen (in Bayern gab es einige wenige), wurde religiös und nicht rassisch begründet;[13] der Kaiser selbst sagte, nur ein braver Christ könne einen guten Offizier abgeben[14], und er und sein Heer verstanden unter einem braven Soldaten einen vom Christentum durchdrungenen Mann, der schon von sich aus jede politische Häresie ablehnt. Juden waren keine Christen, waren oft Linke oder für linke Weltanschauungen aufgeschlossen (wenn auch viele Juden Bankiers oder Geschäftsleute waren und Marx und alle seine Werke verabscheuten); und so hielt man sie am besten ganz aus dem Offizierskorps heraus.[15]

Der 1908 amtierende preußische Kriegsminister Karl von Einem bezeichnete es als unstatthaft, Einjährig-Freiwilligen und Reserveoffiziersbewerbern die Beförderung zum Offizier aus religiösen Gründen zu verweigern, und 1909 wiederholte er in einer Rede vor dem Reichstag, es sei nicht zulässig, einem qualifizierten jungen Mann die Beförderung zum Reserveoffizier nur deshalb vorzuenthalten, weil er Jude sei. Sein Nachfolger Josias von Heeringen dagegen erklärte im Reichstag, derartige Ernennungen stießen oft auf erheblichen Widerstand, und bei aller Ungerechtigkeit müsse auch diese Auffassung berücksichtigt werden.

Adolf Hitler fühlte sich also in Deutschland zu Hause. Sein österreichischer Dialekt unterschied sich nur wenig vom Bayerischen, und die Leute, denen er in München begegnete, waren in der Regel Deutsche, und nicht wie in Wien ein buntes Sortiment aus allen Teilen Europas. Er mietete sich bei dem Münchner Schneider Josef Popp ein und führte fast dasselbe Leben wie in Wien. Er malte Bilder – z.B. das Hofbräuhaus und das Rathaus –, die er jetzt allerdings nicht mehr wie in Wien durch Straßenhändler, sondern über regelrechte Münchner Kunsthändler verkaufte. Die Popps mit ihren zwei Kindern verlangten nichts von ihm, boten ihm aber ein bequemes Dach über dem Kopf und eine aufmerksame Zuhörerschaft, und so kam er gut mit ihnen aus. Nur eines hätte fast unangenehme Folgen gehabt: Die österreichischen Behörden spürten ihn auf. Sie hatten die Münchner Polizei gebeten, ihn ausfindig zu machen, denn sie warfen ihm vor, sich dem Wehrdienst entzogen zu haben. Hitler entzog sich dieser Gefährdung seiner Zuflucht in Deutschland mit kaltblütiger Berechnung. Die Münchner Kriminalpolizei hatte seine Adresse, fand ihn am 10. Januar 1914, unterrichtete die österreichische Polizei über seinen Aufenthaltsort und händigte Hitler eine Woche später eine Aufforderung aus, sich am 20. Januar in Linz zu stellen. Am 19. Januar brachte ihn die Münchner Polizei zum österreichischen Konsulat in München, wo Hitler eine solche Überredungskunst an den Tag legte, daß weder die Münchner Polizei noch das österreichische Konsulat ihn nach Linz schafften, wo er am folgenden Tag erscheinen sollte, sondern beide ihm erlaubten, in München zu bleiben, und sein Erscheinen in Linz auf den 5. Februar verschoben. Daraufhin schickte Hitler dem Linzer Magistrat ein Telegramm mit der Bitte, ihm zu gestatten, in Salzburg zu erscheinen, das viel näher bei München lag, und als diese Bitte abschlägig beschieden wurde, schrieb er dem Magistrat einen reumütigen, klagenden Brief, in dem er seinen ganzen Lebensweg darlegte, alles erklärte und wiederum mit der Bitte schloß, doch zur Musterung nach Salzburg anstatt nach Linz gehen zu dürfen.

Seit seinem letzten Brief an Gustav Kubizek vom Sommer 1908 war er beträchtlich gereift. Sein Brief an den Linzer Magistrat ist voller Flunkereien, voll pathetischer Appelle an die menschlichen Empfindungen Wohlmeinender; ein kleines Drama, in dem er die Rolle des armen, ritterlichen, strebsamen Courths-Mahler-Helden spielt, eines jungen Mannes, der viel durchgemacht hat, aber trotz aller Widerwärtigkeiten tapfer seine Pflicht zu erfüllen versucht. Nie sei es ihm eingefallen, sich der Gestellung zu entziehen; er sei Waise, mache trotz schwerster Hindernisse seinen Weg, habe Hunger und Not erfahren, sei aber ein aufrechter Mann mit Grundsätzen geblieben, ein junger Künstler, der sich allein durchschlage und nach Höherem strebe. Die Themen des Briefes waren die Leitmotive, die in späteren Schriften – auch in *Mein Kampf* – noch oft auftauchen sollten, auch die sentimentale Bitte um Verständnis für den harten physischen wie moralischen Kampf des selbstlosen, geradlinig tugendhaften Mannes, der nur seine Pflicht erfüllen will. Das hatte er sich als seine Geschichte zurechtgelegt, und sie sollte ihm noch lange reichen.

Er wußte, womit man österreichische Bürokraten am meisten

beeindrucken konnte, Männer, die sich ihrer Wichtigkeit bewußt waren und sich als wertvollen Teil des Mittelstandes fühlten, die dafür bezahlt wurden, daß sie Bittsteller aufmerksam anhörten, ihnen Gerechtigkeit widerfahren ließen und dann ihre Papiere abstempelten. Wie hätten sie den Bitten eines jungen Künstlers widerstehen können, der sich tapfer durchs Leben schlug und jeder Versuchung aus dem Weg ging, der sich vielleicht einer kleinen Unterlassungssünde schuldig gemacht hatte, gewiß, der aber im Grunde ein guter, ja bewundernswerter Kerl war, und dessen Vater überdies österreichischer Beamter war wie sie selbst?

In seinem Brief an den Linzer Magistrat erläuterte Hitler, er habe die Stellungsvorladung am »Sonntag Den 18ten halb 4 h Nachmittags« erhalten. Sonntags aber sei alles geschlossen und am Montag würden Staatsämter erst um 10 Uhr aufgemacht, er hätte aber schon am 19. nachmittags abfahren müssen, so daß ihm kaum Zeit zur einfachsten körperlichen Reinigung, etwa einem Bade, geblieben wäre. Mehr noch, es habe ihm in dieser kurzen Frist – sechs Stunden nach seiner Rechnung – nicht gelingen können, die dazu benötigten Geldmittel aufzubringen.

In der Vorladung sei er als Kunstmaler bezeichnet; tatsächlich führe er diesen Titel auch seit einigen Jahren, aber wenn er ihn auch zu Recht führe, sei er dennoch nur bedingt richtig. Wohl verdiene er sich seinen »Unterhalt als selbständiger Kunstmaler«, jedoch nur, »um mir, da ich ja gänzlich vermögenslos bin, (mein Vater war Staatsbeamter) meine weitere Fortbildung zu ermöglichen ... da ich mich als Architektur-Maler noch immer erst ausbilde.« Sein Einkommen sei daher ein sehr bescheidenes, gerade so groß, daß er sein Auskommen finde. Zum Beweis lege er seinen Steuerausweis bei, der sein Einkommen mit 1 200 M angebe, eher zu viel als zu wenig, und es sei nicht so zu verstehen, daß da nun genau auf den Monat 100 M fielen. »O nein. Das Monats-Einkommen ist sehr schwankend, jetzt aber sicher sehr schlecht, da ja der Kunsthandel um diese Zeit in München etwa seinen Winterschlaf hält, und es leben, oder wollen wenigstens leben, gegen 3 Tausend Künstler hier.« Von »Ersparrnissen« irgendeiner Bedeutung könne da nicht die Rede sein, da seine Auslagen bedeutend größere seien als etwa die eines gleich gut gestellten Arbeiters.

Er bitte deshalb die Behörden gütigst einsehen zu wollen, daß ihm eine Befolgung der Stellungs-Vorladung unmöglich gewesen sei »innterhalb der kurzen kaum einen halben Tag betragenden, mir zur Verfügung stehenden Frist«. Bereits am Montag sei er um Rat bittend auf das Konsulat gegangen und habe ein Telegramm mit der Bitte um Aufschub gesendet und von der verneinenden Antwort erst am 21. um 9 Uhr vormittags Kenntnis erhalten. Bei alledem – das räumt er ein – treffe ihn gewiß auch ein Verschulden: er habe sich im Herbst 1909 nicht gemeldet. Diese habe er jedoch im Februar 1910 beim Konskriptionsamte in Wien nachgeholt, ein Gesuch unterschrieben, sich in Wien stellen zu dürfen, und eine Krone gezahlt. Dann habe er nie mehr etwas davon gehört. Es sei ihm nie eingefallen, sich der Stellung zu entziehen ... Umso betroffener sei er über die Vorladung gewesen, Die [seine Großschreibung] schon in der Form der Zustellung so gehalten gewesen sei, als würde er bereits einer oder der anderen Vorladung keine Folge geleistet haben. Und was seine Unterlassungssünde im Herbst 1909 anlange, »so war dies für mich eine unendlich bittere Zeit. Ich war ein junger unerfahrener Mensch, ohne jede Geldhilfe und auch zu stolz eine solche auch nur von irgend jemand anzunehmen geschweige den zu erbitten. Ohne jede Unterstützung nur auf mich selbst gestellt, langten die wenigen Kronen oft auch nur Heller aus dem Erlös meiner Arbeiten kaum für meine Schlafstelle.« Und dann folgte der Satz, der fast Wort für Wort viele Jahr später wieder auftauchen sollte:»Zwei Jahre lang hatte ich keine andere Freundin als Sorge und Not, keinen anderen Begleiter als ewigen unstillbaren Hunger. Ich habe das schöne Wort Jugend nie kennengelernt. Heute noch nach 5 Jahren sind die Andenken in Form von Frostbeulen an Fingern, Händen und Füßen. Und doch kann ich nicht ohne gewisse Freude mich dieser Zeit erinnern, jetzt da ich doch über das Ärgste empor bin. Trotz größter Not, inmitten einer oft mehr als zweifelhaften Umgebung, habe ich meinen Namen stets anständig erhalten, bin ganz unbescholten vor dem Gesetz und rein vor meinem Gewissen bis auf jene unterlassene Militärmeldung, die ich damals nicht einmal kannte. Es ist das Einzige, wofür ich mich verantwortlich fühle.« Deshalb hoffe er, daß eine bescheidene Geldstrafe genügend Sühne biete, die er auch willig leiste. Er schrieb:»Ich sende dieses Schreiben unabhängig von einem ebenfalls heute abgefaßten Protokoll daß ich am Konsulate unterzeichnete. Ich bitte auch daß man mir die weiteren Verfügungen durch das Konsulat zugehen läßt, und bitte überzeugt zu sein daß ich Ihre pünktliche Erfüllung nicht versäumen werde.« Die Konsulatsbehörde sei großherzig genug gewesen und habe ihm die Hoffnung ausgesprochen, sich dafür zu verwenden, daß er seiner Stellungspflicht in Salzburg genügen könne. Wenn er dies nun auch kaum mehr zu hoffen wage, so bitte er doch, daß ihm die Linzer Behörde die Sache nicht unnötig erschwere.

Der Brief wirkte genau wie erwartet. Hitler durfte in Salzburg zur Musterung erscheinen und wurde dort zum Waffendienst für untauglich befunden. »Zu schwach«, hieß es.

In der österreichischen Vorladung war sein Name fälschlich mit »Hietler« angegeben; Hitler selbst benutzte weiterhin veraltete Formen und machte Schreibfehler wie früher. Bei ihm hieß es immer noch »giebt« anstatt »gibt«, er schrieb persönliche Fürwörter wie in seinem Brief an Kubizek an der falschen Stelle groß, und mit der Syntax stand er auf Kriegsfuß. Keine Schwierigkeit dagegen hatte er, den richtigen Ton zu treffen und die beabsichtigte Wirkung zu erzielen. Der Brief ging glatt ins Ziel und war dort erfolgreich, wo manche stilistisch-grammatikalisch bessere Erklärung vielleicht versagt hätte. Wie konnten wohlgenährte und wohlmeinende Bürokraten das Plädoyer des Sohnes eines Mannes ihres eigenen Berufsstandes überhören, eines jungen Mannes, der sich nur eines einzigen Vergehens für schuldig bekannte – 1909 nicht zur Musterung erschienen zu sein? Alles andere war völlig einleuchtend erklärt, auch wenn an der ganzen Erklärung nichts stimmte.

Seine Geldknappheit war ebenso erfunden wie seine Frostbeulen, die er in diesem Brief allerdings zum ersten und letzten Mal ansetzte. Er war alles andere als mittellos, denn bis zum Tode seiner Mutter bekam er Geld von der Familie, und danach verfügte er über sein Erbe, zu dem noch die Waisenrente und seine eigenen Einkünfte aus dem Bilderverkauf hinzukamen. Und was die Verwendung seiner knappen Ersparnisse für die Architekturausbildung anbelangte, so erschöpfte sich diese Weiterbildung in den bildenden Künsten darin, daß er Woche für Woche fast täglich ins Theater oder in die Oper ging. In Wirklichkeit war es das Hauptziel seiner jungen Jahre und sicher ein Hauptgrund für seinen Wohnungswechsel nach München, sich dem Militärdienst in dem von ihm verachteten österreichischen Heer zu entziehen. In seinem ganzen Brief kam die Feststellung, daß er 1909 nicht zur Musterung erschienen war, der Wahrheit noch am nächsten, aber das war der österreichischen Behörde, die ihn in dem Brief an die Münchner Polizei als »Stellungsflüchtling« bezeichnete, ja nun auch mit Sicherheit bekannt. Seine bemerkenswerte Fähigkeit, die Sympathien eines Zuhörerkreises zu wecken und ganz und gar in die selbstgestrickte Rolle des unerschrockenen jungen Mannes zu schlüpfen, der tragikumwittert inmitten einer bösen Welt seine moralische Reinheit fleckenlos bewahrt – das war Hitlers Erfolgsrezept, und diese Geschichte war keineswegs von A bis Z erlogen. Er hatte sich tatsächlich nicht dem Laster ergeben, war nicht der Verführung von Frauen, Alkohol oder Tabak oder einem sonstwie ausschweifenden Leben erlegen, obgleich seine Abstinenz wenig mit Selbstdisziplin zu tun hatte. Diese Dinge interessierten ihn einfach nicht oder stießen ihn ab.

Jahre später bezeichnete er die Monate in München als die glücklichsten seines Lebens, und da sagte er vermutlich die Wahrheit. Seine langen, ausführlichen Feldpostbriefe an Herrn und Frau Popp, in denen er gemeinsame Bekannte erwähnte, und an den Münchner Justizassessor Ernst Hepp zeigen, daß er nicht mehr ganz der einsame Trauerlappen in einer fremden Stadt war wie vorher in Wien. Er hatte Kontakt gefunden zu diesen Menschen und anderen Bekannten, die er grüßen ließ, sowie zu Kunsthändlern, und er lebte einigermaßen zufrieden in einer Stadt und einem Land, die ihm viel artverwandter waren als Wien und Österreich. Die deutschen Zeitungen brachten Berichte, die Hitlers Vorstellungen von der Größe Deutschlands und der Dekadenz Österreich-Ungarns nur bestätigten. Die Affäre des Stabschefs des Prager Armeekorps, Oberst Redl, der Selbstmord verübte, als man herausfand, daß er wichtige militärische Informationen an Rußland gegeben hatte, war für Hitler, die Alldeutschen und die Deutschnationalen nur ein weiteres Beispiel österreichischer Unzuverlässigkeit. Eine Zeitlang hatte man gemunkelt, der homosexuelle Redl habe den Russen auch die deutschen Mobilisierungspläne verraten, aber Berlin dementierte das mit dem Hinweis, Redl habe zu diesen Plänen keinerlei Zugang gehabt, womit bewiesen war, daß sich Deutschland sehr wohl nicht nur der Einkreisung durch seine Feinde, sondern auch des Verrats eines Verbündeten zu erwehren wußte.

Am Tage vor Hitlers Ankunft in München weilten der König von England und der Zar von Rußland, beide Vettern des Kaisers, mit ihren Gemahlinnen in Potsdam zur Hochzeit der Hohenzollernprinzessin Victoria Luise mit Prinz Ernst August von Cumberland, Herzog von Braunschweig und Lüneburg. Morgens hatte es genieselt, aber für die Feierlichkeit waren die Wolken verflogen. Die Menschen erblickten darin ein gutes Omen, denn sie ersehnten nichts ernsthafter als günstige Vorzeichen für bessere Beziehungen zwischen den Ländern dieser Monarchen, die nicht nur durch Blutsbande, sondern auch in ihrem hohen gottgegebenen Amt miteinander verwandt waren. Der Zar empfing während seines

Besuches auch den Staatssekretär des Auswärtigen, Gottlieb von Jagow, zu einer langen Audienz, in der man ein weiteres gutes Zeichen sah, und die Zeitungen äußerten die Hoffnung, daß auch der Besuch Georgs V. in Berlin die Spannungen zwischen England und Deutschland habe mildern helfen. In einer von den Festlichkeiten verbreiteten Atmosphäre der Freundschaft und des Wohlwollens fuhr der Kaiser wenige Tage nach der Hochzeit mit dem Zaren und seiner Begleitung zum Anhalter Bahnhof in Berlin und verabschiedete sich dort von den nach St. Petersburg Zurückreisenden. Dennoch konnte jeder, der die Presse las, erkennen, daß die Gefahr für den Frieden keineswegs gebannt war. Krieg und Kriegsvorbereitungen nahmen darin sehr viel mehr Raum ein als irgendwelche Feierlichkeiten internationaler Verständigung und gegenseitiger Wertschätzung. Die Neujahrsausgabe des *Simplicissimus* zeigte auf dem Titelbild eine Gestalt aus der Apokalypse: Der Tod reitet aufs Tor der Burg Europa zu, und drinnen ducken sich die erschreckten Menschen und beten, daß er vorübergehe. Auf einer anderen *Simplicissimus*-Karrikatur sind zwei verrufen dreinschauende alte Generäle unbestimmter Nationalität und hinter ihnen reihenweise Leichen zu sehen. Einer der Generäle sagt:»Wir haben hunderttausend Menschen umgebracht, wir sind jetzt Kulturvölker.«

Die Linke sah den Kampf um den Markt zwischen den kapitalistischen Staaten als Kriegsursache, gegen die sich praktisch alle sozialdemokratischen Parteien Europas wandten. Für die europäischen Intellektuellen war der Krieg ein barbarisches Überbleibsel einer primitiven Vergangenheit, und für die Geschäftsleute war er eine Bedrohung ihrer Unternehmen. Große stehende Heere entzogen der Landwirtschaft und Industrie die zu ihrer Entwicklung notwendigen Arbeitskräfte. Rekruten schienen in Müßiggang ausgebildet zu werden. Der moralische Widerstand galt allerdings einem großen europäischen Krieg, nicht kleineren, begrenzten Konflikten wie dem Krimkrieg, Kriegen Preußens gegen Österreich und Frankreich, dem Russisch-Japanischen Krieg oder dem Burenkrieg. Die 100 Friedensjahre, die Europa seit den Napoleonischen Kriegen genoß, waren generell Jahre der Ruhe in Europa, wenn auch keineswegs völlig kriegslos. Nie hatte Europa eine solche Zeit erlebt, und außer den Chiliasten glaubte auch niemand, daß dies in absehbarer Zukunft so bleiben werde. Der Nationalstaat war immer schon bereit, zur Wahrung der Grenzen und des inneren Friedens letztlich auch Gewalt einzusetzen. Eindeutige Pflicht des Staatsmannes war es, Wohlstand, Ansehen und Sicherheit des eigenen Landes jederzeit und überall mit allen vertretbaren Mitteln zu mehren.

Auf dem Balkan flammte Krieg auf, fiel wieder in sich zusammen und brach erneut los. Die europäischen Restbesitzungen der revolutionszerrissenen Türkei standen zur Neuverteilung an, als Österreich-Ungarn 1908 Bosnien und die Herzegowina förmlich annektierte[16], und im September 1911 griff Italien die Türkei an, um auch seinerseits einen Anteil an der türkischen Mittelmeerküste zu erlangen, wo es bislang ohne Erfolg gegen Frankreich und Österreich konkurriert hatte. Der unter russischen Auspizien im Frühjahr 1912 gebildete Balkanbund machte sich den italienisch-türkischen Konflikt zunutze und stand, nachdem ihm Montenegro beigetreten war, gegen das zerfallende Ottomanische Reich auf, um seine Landsleute und Mitchristen in Mazedonien, Thrazien und Albanien von der langen ottomanischen Herrschaft zu befreien. Österreich verleibte sich auf Kosten der Türkei zwei weitere, hauptsächlich von Slawen bewohnte Provinzen ein. Italien, wie Deutschland erst vor kurzem eine einheitliche Nation geworden, wurde mit Tripolitanien und der Cyrenaika abgefunden, während sich die Balkanländer in den Rest teilten.

1912 drohte ein allgemeiner europäischer Krieg, als der österreichische Außenminister Berchtold und der Stabschef Freiherr Conrad von Hötzendorff forderten, Serbien müsse durch bewaffnete Eingriffe daran gehindert werden, sich an den unruhigen Grenzen Österreichs weiteres Gebiet und einen Hafen an der Adria anzueignen. Rußland unterstützte dabei Serbien, und Frankreich stand hinter Rußland. Der Krieg wurde aber vermieden, da sowohl Deutschland als auch England deutlich machten, in einem ihren zentralen Interessen so fernliegenden Krieg würden sie ihren Bündnisverpflichtungen nicht nachkommen. Im Sommer 1913 brach auf dem Balkan wieder ein Krieg aus, den diesmal Serbien, Montenegro und Griechenland, denen sich noch Rumänien anschloß, gegen ihren Vorjahrsverbündeten Bulgarien führten. Eine hoffnungslose Angelegenheit für Bulgarien, das denn auch die meisten gerade hinzugewonnenen Gebiete wieder verlor. Rußland hatte in diesem Krieg Serbien gegen Bulgarien unterstützt, folglich suchte Bulgarien bei künftigen Zusammenstößen beim deutsch-österreichischen Bündnis Hilfe. Wie heute waren auch damals Bündnisse nichts anderes als Zweckzusammenschlüsse, vorübergehende Strukturen, die von einem Tag auf den anderen umgestoßen und neu zusammengestellt werden konnten, und das stärkste Bindemittel war allemal ein gemeinsamer Feind. Napoleons Versuch einer Einigung Europas unter französischer Vorherrschaft hatte Rußland, Österreich, Preußen und England in der festen Entschlossenheit zusammengeführt, Napoleon zu stürzen und damit den imperialen Anspruch Frankreichs auf Beherrschung Europas zu brechen, den Napoleon mit Ludwig XIV. gemeinsam hatte. 1871 nahm Deutschland den lange Zeit von Frankreich besetzten Platz ein. Der Aufstieg Deutschlands zu einer großen Militär- und Industriemacht mit einem starken Heer und einer großen Flotte hatte alle früheren Berechnungen, auf denen die europäische Sicherheit beruhte, über den Haufen geworfen. Zwar bestanden alte Rivalitäten fort, aber das überragende Faktum, an dem keine Hauptstadt mehr vorbeikam, war die Macht Deutschlands. England hatte 1902 ein Bündnis mit Japan geschlossen, ein gegen Rußland und die von ihm ausgehende Bedrohung britischer Interessen in Afghanistan, Persien und Tibet gerichteter Schritt. 1907 war es England und Rußland jedoch gelungen, sich zu akkommodieren. Das 1904 von Japan wider alle Erwartung katastrophal geschlagene Rußland durfte keineswegs im Osten England und gleichzeitig auf dem Balkan das von Deutschland unterstützte Österreich herausfordern. 1904 brachte die Entente cordiale zwischen England und Frankreich das Ende jahrhundertealter bitterster Rivalität und den Abschluß der Kriege, die diese beiden Mächte fast rund um den Erdball gegeneinander geführt hatten. Frankreich erkannte den Vorrang der britischen Interessen in Ägypten an und erhielt als Gegenleistung freie Hand in Marokko.

Ursache dieser Neuordnungen war das geeinte Deutschland. Seit langem schon betrachtete England die jeweils mächtigste Nation auf dem europäischen Festland als seinen Feind – Frankreich, Spanien, sogar die Niederlande. Das Inselreich war für seine Sicherheit auf eine überragende Seemacht, die dafür notwendigen Stützpunkte in der ganzen Welt und außerdem auf ein Kräftegleichgewicht auf dem Festland angewiesen, das jede Nation von einem Angriff auf seine Küsten abhalten sollte. England mußte also mit anderen Worten jede Macht, wer immer sie sei, daran hindern, daß sie Europa einigte oder beherrschte; seine Sicherheit beruhte auf der Rivalität der europäischen Mächte; seiner Flotte oblag die doppelte Aufgabe, die Lebensadern der Versorgung offen- und jeden Feind von der englischen Küste fernzuhalten. Vor seiner Einigung war Deutschland nie Englands Feind gewesen, im Gegenteil: Zahlreiche Heere deutscher Staaten waren mit britischem Geld eingekleidet und versorgt worden, und es war Preußen gewesen, das gemeinsam mit England und Rußland Napoleon den Garaus gemacht hatte. Auch Deutschland und Frankreich waren nie die Erbfeinde gewesen, als die sie jetzt die Publizisten beider Länder darstellten. Frankreichs Feind im 16. und 17. Jahrhundert hieß Österreich mit seinen habsburgischen Verbündeten in Spanien, Italien und Burgund. Danach hieß der Feind England. Nicht nur Madame de Stael hatte das deutsche Wesen bewundert, sondern ganze Generationen von Franzosen hatten aus den Werken Goethes, Schillers und der deutschen Philosophen geschöpft. Bayern war Napoleons Verbündeter gewesen, und Friedrich Wilhelm III. von Preußen hatte die Hälfte seines Heeres mit Napoleon nach Moskau marschieren lassen. Solange Deutschland zersplittert blieb, hatte es dem vor- und nachrevolutionären Frankreich sowohl Verbündete als auch geistige Anregung geliefert. Seit Richelieu war die Erhaltung der Spaltung Deutschlands ein Hauptziel französischer Außenpolitik. Ein geeintes Deutschland fügte der langen Liste der Feinde – England, Spanien, Österreich, Rußland – einen weiteren hinzu, mit denen Frankreich auf dem Festland rang und gegen die es ausnahmslos langwierige und wenig schlüssige Kriege ausgetragen hatte, mit dem Ziel, seine Sicherheit zu stärken und Europa zu beherrschen. Das war der Grund, warum Frankreich die Niederlage von 1870 nicht hinnehmen konnte. Als Napoleon 1815 durch die europäische Koalition besiegt worden war, hatte sich der Machtkampf zwischen den dynamischen Nationalismen eine Zeitlang auf andere Kontinente verlagert, wo der Wettlauf um Stützpunkte und Kolonien einen Gutteil der früher auf Kriege im eigenen Kontinent verwendeten Energien beanspruchte. Die Niederlage Frankreichs von 1870 aber war etwas völlig Neues. An Frankreichs Pforten war eine viel stärkere Großmacht entstanden und hatte ihm zwei Provinzen entrissen, das (historisch keineswegs mehr französische als deutsche[17]) Elsaß-Lothringen, das von nun an zum Inbegriff der Katastrophe wurde, die Frankreich erlitten hatte. Deutschland mit seiner fleißigen Bevölkerung, seiner steigenden Geburtenrate und seiner industriellen, militärischen und organisatorischen Vormachtstellung hatte Frankreich vom Platz der führenden Macht Europas verdrängt, und seine relative Stärke wuchs Jahr für Jahr. Damit waren jetzt Rußland mit seiner antiösterreichischen Balkanpolitik und seinen unerschöpflichen Menschenreserven und England mit seiner Flotte und der traditionellen Gegnerschaft gegen die beherrschende europäische Macht Frankreichs natürliche Verbündete, wie sie vorher, als Frankreich noch stark war, dessen natürliche Feinde gewesen waren.

Jedes Land fühlte sich bedroht: Österreich-Ungarn von Rußland und den Panslawen; England durch die deutschen Seemachtansprüche in Verbindung mit der Vormachtstellung auf dem Festland; Deutschland von der Einkreisung durch Frankreich, Rußland und England; Frankreich von der bloßen Existenz eines deutschen Einheitsstaates; Rußland durch seine im japanischen Krieg zutage getretene politische und militärische Schwäche, die in völligem Widerspruch zu seinen aktivistischen und expansiven Zielvorstellungen stand. Jeder Schritt jedes Landes in jedem Block bedeutete Gefahr, gegen die es als einziges Mittel nur die Stärkung der Militärmacht gab.

Der Rüstungswettlauf war teuer. 1902 gab England für Heer und Flotte mehr Geld aus als irgendein anderes Land der Erde. In deutscher Währung berechnet, kostete die britische Rüstung jährlich pro Kopf 46,5 Mark, verglichen mit 24 Mark in Frankreich und 16,6 Mark in Deutschland. 1909 waren es für England und Frankreich je 28,1 und Deutschland 21,5 Mark, und 1913 stand Frankreich mit 33,5 Mark an der Spitze, gefolgt von England mit 32,9 und knapp dahinter Deutschland mit 31,3. [12]

So lagen denn die langen Zündschnüre zu den europäischen Arsenalen zündbereit da, wie viele königliche Feste die Staatsoberhäupter auch feiern mochten. War Deutschland erst einmal geeint, dann fand das deutsche Genie sein Betätigungsfeld in der Organisation einer Armee, die mächtiger war als alles, was Frankreich je aufzustellen hoffen konnte. Angesichts seiner kleineren Bevölkerungszahl und niedrigeren Geburtenraten mußte sich Frankreich, um dem Gewicht der deutschen Armee Paroli bieten zu können, auf die Streitkräfte seiner Verbündeten, Kontingente aus seinen afrikanischen Kolonien, den Schutz durch die britische Flotte und die Anwesenheit einer britischen Expeditions-Streitmacht auf europäischem Boden verlassen. Zur Entente bewogen die Briten nicht nur die deutsche Industriekonkurrenz und Vormachtstellung auf dem Kontinent, sondern auch die zunehmende Stärke der deutschen Flotte, aber auch die oft hemmungslosen Äußerungen des Kaisers und seiner weltpolitisch zumeist unerfahrenen Diplomaten, von denen nur wenige wußten, daß es auch Entscheidungen gab, die eben erheblich mehr verlangten als bloßes Säbelrasseln. Aber um Frankreich daran zu hindern, sich des Kontinents zu bemächtigen, hatte England gegen gute wie schlechte Könige und sogar gegen Heere gekämpft, die von einer Frau und Heiligen geführt wurden. Temperament und Charakter der bekämpften Herrscher spielten keine besondere Rolle: Was zählte, das waren Anzahl und Kampfkraft der Streitkräfte, die der führenden Kontinentalmacht für den Weg über den Ärmelkanal zur Verfügung standen.

Wir sprechen pauschal von Frankreich, Deutschland, Rußland, England; aber natürlich gab es in jedem Land unterschiedliche Auffassungen in der Frage, wie sich Sicherheit und Wohlstand am besten erhalten und heben ließen. Da waren die Gesellschaft für deutsch-englische Verständigung, die international orientierten sozialistischen Parteien, die Friedensgesellschaften, und in den einzelnen Regierungen gab es sporadische Versuche, die Dinge so zu wenden, daß der drohende große Krieg nicht unausweichlich wurde.

1897 hatten Rußland und Deutschland im Fernen Osten zusammengearbeitet und sich freundschaftlich in chinesisches Gebiet geteilt – die Deutschen bekamen Kiautschou und die Russen Port Arthur. Ein Jahr später deutete der britische Kolonialminister Joseph Chamberlain, wegen des russischen Vordringens in China und der französischen Rivalität in Westafrika beunruhigt, dem deutschen Botschafter in London, Graf von Hatzfeldt, die Möglichkeit eines radikalen Umschwungs der britischen Festlandpolitik an, bei dem Deutschland zu Englands Hauptverbündeten würde. Er fügte allerdings wahrheitsgemäß hinzu, eine solche radikale Veränderung der Politik müßte vom Parlament gebilligt werden. Das Auswärtige Amt zögerte. Es fürchtete, angesichts der starken deutschfeindlichen Stimmung in England und einer entsprechenden antibritischen Haltung in Deutschland könnte ein solcher Vorschlag nur allzuleicht abgelehnt werden, was nicht nur auf die Beziehungen zwischen den beiden Ländern, sondern auch bei anderen Mächten – insbesondere Rußland – verheerend wirken würde. Und als der Kaiser das britische Angebot dem Zaren hinterbrachte und ihn fragte, wozu sich Rußland bereit fände, wenn Deutschland das Angebot ablehne, mußte er sich sagen lassen, die Engländer hätten dem Zaren gerade vor zwei Monaten dasselbe Angebot gemacht – wodurch sich Wilhelm und das Auswärtige Amt in ihrer Skepsis nur noch bestätigt fühlten. Die Gespräche über ein Bündnis wurden vertagt, wobei der Weg für eine spätere Wiederaufnahme des Gedankens offenblieb. Tatsächlich kam es auch 1901 zur Wiederaufnahme der Gespräche, als der deutsche Botschaftsrat Freiherr von Eckardtstein in London, selbst starker Verfechter eines Defensivbündnisses zwischen den beiden Ländern, nach Berlin berichtete, die Engländer seien jetzt wieder zu Bündnisgesprächen bereit. Aber die Aussichten verloren sich ins Ungewisse, als beide Länder vor Verpflichtungen zurückschreckten, die ihrer Meinung nach der Gegenseite zu viele Vorteile brachten. Der britische Vorschlag eines lediglich auf das Mittelmeer begrenzten Paktes wurde vom Auswärtigen Amt in dem Glauben abgelehnt, bei einer solchen Abmachung hätte Deutschland lediglich die Mittelmeerinteressen Englands gegen Frankreich und Rußland zu verteidigen. Den Briten andererseits behagte die deutsche Anregung nicht, sie sollten dem Dreibund mit Österreich und Italien beitreten. Derart kurzlebige Sondierungen waren nichts Ungewöhnliches. Nachdem Japan 1895 China besiegt hatte, schlossen sich Rußland, Deutschland und Frankreich in einer gemeinsamen Front gegen eine weitere Ausdehnung Japans im Fernen Osten zusammen. Zur Zeit des Boxeraufstandes 1900 regten Frankreich und Rußland eine gemeinsame französisch-russisch-deutsche Front gegen die Ausdehnung britischer Interessen in China an, und zuvor, im März desselben Jahres, hatte der Zar ein Eingreifen der drei Mächte angeregt, um im Burenkrieg zu einem Friedensschluß zu kommen.

Die Gesetze des nationalen Überlebens, wie sie sich den Staatsmännern darboten, waren viel zu mächtig, als daß solchen Umschichtungsvorschlägen viel Substanz hätte anhaften können, und bald schon fielen die Großmächte wieder auf ihre ursprünglichen Positionen und den großen Rüstungswettlauf zurück.

1913 führte die Balkankrise zu einer mit neuen französischen Anleihen finanzierten Anhebung der russischen Heeresstärke von 1 200 000 auf 1 420 000 Mann sowie einer Ausweitung des relativ schwachen österreichischen Heeres.[18] Deutschland reagierte auf die russische Heeresvermehrung[19] mit einer Verstärkung seines Heeres um 136 000 Mann binnen zwei Jahren, und dies hatte wiederum zur Folge, daß die französische Regierung als Ausgleich für diese zusätzliche Bedrohung die Dienstzeit der Wehrpflichtigen verlängerte. Da Frankreich ohnehin schon jährlich 82 % aller Tauglichen (verglichen mit 54 % in Deutschland) zu den Fahnen rief, ließ sich die Lücke in der Mannschaftsstärke nur durch eine Verlängerung der Wehrpflicht von zwei auf drei Jahre schließen. [13] Frankreich und Rußland verfügten über viel stärkere Streitkräfte als die Mittelmächte. Die russischen und französischen Feldheere zählten 5,3 Millionen im Vergleich zu 3,8 Millionen in Deutschland und Österreich. Im Frühjahr 1914 umfaßte das stehende Heer Deutschlands

748 000 Mann, das französische 750 000 bei dreijähriger Wehrpflicht, wobei die Kolonialtruppen und Eingeborenenkontingente nicht mitgezählt sind.

Die Debatte vom Sommer 1913 in der Chambre des Députés über die Verlängerung der Wehrpflicht war langwierig, ging heftig hin und her und war begleitet von verstreuten Meutereien französischer Soldaten in Belfort, Toul, Chalons, Rouen, Bar-le-Duc und Orleans. Die Meutereien hatten Hausdurchsuchungen zur Folge, bei denen die Polizei nach den zivilen Anstiftern suchte, und innerhalb wie außerhalb der Kammer hielten die Linken und Rechten leidenschaftliche Reden. Kriegsminister Etienne sprach von einer angeblichen zahlenmäßigen Unterlegenheit der französischen Truppen, erklärte in der Kammer, der französische Entschluß, die Wehrdienstzeit zu verlängern, habe in Deutschland »wie ein Donnerschlag« gewirkt, und fragte die Abgeordneten, ob sie deutsche Trabanten werden wollten, worauf sie laut »Nein, nein« schrien. [14] »Wir werden unser Ziel verfolgen und bis ans Ende gehen«, sagte er in der Kammer. »Wir verlangen einen würdigen Frieden; ... wenn aber unglückseligerweise ein Krieg ausbricht, dann werden wir mit unserem unvergleichlichen Offizierskorps, das die Bewunderung und Eifersucht aller fremden Armeen hervorruft ... und mit unseren vorzüglichen Unteroffizieren zum Siege schreiten.« [15] In Vichy erklärte er vor einer Versammlung französischer Turner, sie hätten »den Sieg von morgen« vorzubereiten. [16] In einer Jeanne-d'Arc-Feier in Orleans sagte ein Geistlicher, Bischof Penon, seinen Zuhörern: »Wie einst Israel, so ist heute Frankreich das erwählte Volk Gottes.« Er forderte seine Gläubigen auf, sich daran zu erinnern, daß »Gott, indem er euch durch ein Wunder befreite ... aus euch ein unsterbliches, zum Herrschen bestimmtes Volk gemacht hat ... Mit schweigender, aber unvergänglicher Hoffnung wird von den treuesten Kindern Frankreichs der große Tag erwartet.« [17] Im Juni 1913 betonten Redner in der Deputiertenkammer die zahlenmäßige Schwäche des französischen Heeres im Vergleich zum deutschen und nannten dabei Zahlen, die zu Recht von der deutschen Presse widerlegt wurden. Der französische Ministerpräsident Barthou erklärte in der Kammer, die zahlenmäßige Lücke müsse geschlossen werden, denn auch das Heldentum von 1870 habe den schrecklichen Verlust von zwei Provinzen nicht verhindern können. Barthou, der gleichzeitig Erziehungsminister war, erklärte die Lehrergewerkschaft zu einer linken und militärfeindlichen Organisation und sagte, sie sei nicht berechtigt, sich den

Protesten der Gewerkschaften gegen eine Verlängerung der Wehrpflicht anzuschließen. Er drohte mit der Auflösung aller Gewerkschaften, deren Agitation gegen den Dreijahres-Gesetzesentwurf ungesetzlich sei, denn ihnen sei lediglich erlaubt, wirtschaftliche Reformen zu fordern. [18] André Lefèvre, früher Minister in einem Kabinett unter Briand, erklärte in der Kammer, Frankreich habe in den letzten 30 Jahren für Rüstung Milliarden Francs weniger ausgegeben als Deutschland, und wenn Frankreich auch friedfertig sei, so habe es doch den Verlust Elsaß-Lothringens nie vergessen. Aber selbst wenn Straßburg noch französisch wäre, wäre das neue Gesetz notwendig; die russische Mobilisierung würde langsam vonstatten gehen, ein deutscher Angriff aber plötzlich geschehen. Jene, die 1867 die Mittel zur Verstärkung der Armee verweigert hätten, hätten den Krieg heraufbeschworen, zu dem es wahrscheinlich nie gekommen wäre, wäre Frankreich stark gewesen. Ein sozialistischer Abgeordneter, Guesde, beantwortete diese Argumente mit dem Hinweis, jenen Krieg habe Napoleon III., und nicht etwa französische Schwäche, heraufbeschworen, worauf Lefèvre den Abgeordneten sagte, wenn sie, die Geschlagenen und Söhne der Geschlagenen, den Fehler der Generation von 1870 wiederholten, dann würden auch sie zermalmt. An dieser Stelle erhob sich ein anderer sozialistischer Abgeordneter, Colly, und nannte Lefèvre einen »komödiantenhaften Patrioten«. [19]

1870 und die Demütigung waren ewig wiederkehrende Themen. Ein Sprecher der Armee, Le Hérrissé, sagte, als Kind habe er die traurige Niederlage erlebt und wolle sie nicht noch einmal erleben. [20] Auf einer Rede in Toulon sagte Staatspräsident Poincaré seinen Zuhörern, seit Jahren hätten sie eine schwere Steuerlast zu tragen, aber dies sei der Preis, den die Sicherheit fordere, damit jeder Versuch einer erneuten Demütigung zum Scheitern verurteilt sei. Sollte ein solcher Versuch gemacht werden, »dann wird er uns stark, ruhig und stets bereit finden«.

Die Oppositionsredner führten in hitzigen Debatten die verschiedensten wirtschaftlichen und politischen Argumente ins Feld. Der Abgeordnete Chautemps sagte, der Vorschlag einer dreijährigen Wehrpflicht schade dem Ansehen Frankreichs im Ausland und werde dort als Provokation betrachtet. Der Zuwachs der deutschen Armeestärke sei keineswegs abnorm, und die Alldeutschen, deren ausfallende Reden die Regierungsseite anführe, besäßen keinerlei Einfluß. Ein regierungsfreundlicher Sprecher, Pugliesi, rief Chautemps zu, er rede wie der deutsche Kriegsminister. Ein anderer

Oppositionsredner sagte, Frankreichs niedrige Geburtenrate hindere es, eine der deutschen gleichwertige Armee zu haben, und der Sozialistenführer Jaurès bemerkte, die Deutschen könnten die französischen Grenzbefestigungen doch gar nicht einnehmen, wenn diese in ordentlichem Zustand seien. Ein anderer Abgeordneter ließ sich dahingehend vernehmen, es werde Frankreich zu wirtschaftlichem Schaden gereichen, wenn es 200 000 junge Leute in die Kasernen statt auf die Felder und in die Werkstätten schicke. Sozialisten und andere protestierten gegen die ständigen Hausdurchsuchungen, bei denen die Polizei nach Drucksachen suchte, die zur Subversion der Truppen, zur Auslösung von Streiks und zur Propaganda gegen die Gesetzesvorlage benutzt würden. Trotz allem aber verabschiedete die Kammer schließlich die Vorlage am 29. Juli mit 358 gegen 204 Stimmen. Nachdem der französische Senat ebenfalls zugestimmt hatte, trat das Gesetz am 7. August in Kraft.

Der Chauvinismus der französischen und russischen Regierung beunruhigte ihre Verbündeten. Deutsche Zeitungen berichteten, in der amtlichen englischen *Westminster Gazette* sei die Frage gestellt worden, ob Frankreich allmählich zu einer russischen Satrapie werde. In einem Kommentar zur französischen Gesetzesvorlage habe die Zeitschrift bemerkt, hier solle nicht etwa das französische Personalproblem gelöst werden, vielmehr sei die längere Wehrpflicht während Poincarés Moskau-Besuch im Vorsommer von Rußland vorgeschrieben worden. Auch Clemenceau, so schrieb die *Gazette*, beteilige sich an der deutschfeindlichen Kampagne und würde sich nicht nur für eine dreijährige, sondern sogar für eine fünfjährige Wehrdienstzeit aussprechen, ein Vorschlag, der die Grenzen des gesunden Menschenverstandes übersteige. Mit seiner niedrigen Geburtenrate und seiner schwachen Wirtschaftskraft könne sich Frankreich unmöglich mit Deutschland auf einer Stufe halten, und ein relativ kleines Opfer des deutschen Volkes könnte »ein einfach verhängnisvolles für Frankreich« nach sich ziehen. Der Artikel wies deutlich darauf hin, Frankreich dürfe in einer aggressiven Bewegung von England auf keinerlei Ermutigung oder Hilfe rechnen. [21] Die deutschen Zeitungen widmeten den Ereignissen in Frankreich und dem dort herrschenden Emotionsfieber ziemlich breiten Raum. Anfang Juni berichtete die *Frankfurter Zeitung* über eine in Frankreich kursierende Geschichte, wonach ein mit elf Offizieren besetzter Zeppelin in der Nähe von Lunéville gelandet sei, was ungeheure Erregung verursacht habe. Nach dieser Darstellung habe die Menge den Ballon zerstört und die deutschen Offiziere mißhandelt. Da die amtlichen Stellen mit Paris keine Verbindung bekommen hätten, habe sich Panik breitgemacht, alle Banken seien sofort gestürmt worden, weil die Bürger ihre Einlagen hätten abheben wollen. Wie sich nachher herausstellte, war die ganze Geschichte nichts als ein übler Scherz, den sich ein paar Spitzbuben mit einer Nachrichtenagentur erlaubt hatten; die antideutschen Empfindungen in Frankreich allerdings waren keineswegs übertrieben. Wahr dagegen war der Bericht von einer polizeilichen Warnung, wonach das Tragen deutscher Uniformen auf französischen Bühnen und in Kinofilmen zu unliebsamen Zwischenfällen führen könnte. Der Polizeipräfekt wollte deshalb vorher unterrichtet werden, falls in einer Varieté- oder Filmszene Partien in deutscher Soldatenuniform vorkämen. [22]

Auch in Deutschland war die Überzeugung, das Vaterland sei in Gefahr, in allen Bevölkerungsschichten stark verbreitet. Sogar in den Augen der sozialistischen Arbeiter war das Reich, vom meerbeherrschenden England, von Rußland und seinen unermeßlichen Horden im Osten und von Frankreich im Westen, von einem Ring von Feinden eingekreist. Den österreichischen Verbündeten schätzte man als schwachen Partner ein, maß seiner heterogenen Armee nur zweifelhaften Wert zu, und noch weniger konnte man sich auf die Italiener verlassen, die sich mit Österreich genausoviel wie mit jedem anderen Nachbarn wegen Gebietsstreitigkeiten in den Haaren lagen und in einem Konflikt, wenn er Italien nicht sofort großzügige Vorteile einbrächte, bestenfalls neutral bleiben würden. Dem Kaiser und seinen Ratgebern war es ein Rätsel, warum so viele Staatsmänner in Europa dem Reich und seiner Außenpolitik mißtrauten. In den Augen seiner Führung war Deutschland ein Staat, der in Europa keinerlei Gebietsansprüche erhob und von keiner nagenden Rachelust geplagt war; es verlangte lediglich das gleiche Mitspracherecht in Weltfragen, wie es die anderen Großmächte ganz selbstverständlich für sich in Anspruch nahmen. Englands Feindseligkeit schrieb man der Eifersucht zu, der industriellen Konkurrenz Deutschlands und seinen Ansprüchen auf Kolonien oder Einflußsphären in der Welt, die die Briten arroganterweise als ihre ureigenste Domäne ansahen. Und was Frankreich anbelange, so habe es eben die Niederlage von 1870 und den Verlust Elsaß-Lothringens nicht verwunden, das aber ohnehin nicht französischer als deutsch sei. Frankreich, so schrieben die deutschen Zeitungen, betreibe in den Provinzen fortlaufend antideutsche Propaganda, regelmäßig würden deutschfeindliche Flugschriften verbreitet, und in Frankreich selbst sei es genauso. Der Kaiser, der im Zaren einen schwachen, seiner ständigen Anleitung bedürftigen Vetter sah, schrieb Nikolaus in schöner Regelmäßigkeit und bediente sich dabei des vertrauten *Du* als Anrede, desgleichen korrespondierte er regelmäßig mit dem Kaiser von Österreich und den deutschen Fürsten und verteilte seine herablassenden Ratschläge und Ermahnungen. Nicht zu Unrecht glaubte er den Zaren von deutschfeindlichen Ratgebern umgeben, die keine Gelegenheit ausließen, in Rußland, Frankreich und auf dem Balkan Streitkräfte für eine Schlacht aufzubauen, aus der der Zar als Herr über Osteuropa und die Dardanellen hervorgehen sollte. Das Gegenstück zu diesen Hypernationalisten und Panslawen bildeten in Deutschland die Mitglieder der 1891 gegründeten Alldeutschen Gesellschaft und in England die Anhänger der von Cecil Rhodes, Joseph Chamberlain und Rudyard Kipling vertretenen Pax Britannica. Die Alldeutschen waren englandfeindliche Imperialisten und wollten Deutschland zu einer Weltmachtstellung verhelfen, wie sie seinen überlegenen moralischen und geistigen Qualitäten entspräche, und die Stimme dieser Weltmacht sollte in allen Teilen der Erde genauso vernehmlich klingen wie die Englands.

Wilhelm II. war zwar kein Alldeutscher, brachte es aber doch fertig, seiner Stimme bei vielerlei Anlässen Gehör zu verschaffen, und dies oft in einem Ton, der deutsche wie fremde Ohren beleidigte. Der Kaiser war ein wankelmütiger, neurotischer Herrscher, er besaß ungewöhnliche Fähigkeiten, sprach ausgezeichnet Englisch und Französisch, erfaßte schnell das Wesentliche eines komplizierten Problems, unterlag aber auch ausgeprägten Stimmungsumschwüngen, die von tiefer Niedergeschlagenheit bis zur Euphorie reichten. Viele Leute, von den Redakteuren des *Simplicissimus* bis hinein in ausländische Regierungskanzleien, nahmen Anstoß an seinen bombastischen Äußerungen und theatralischen Posen – Zeugnisse der Persönlichkeitsstruktur eines Mannes, der sich zwar für sein hohes Amt von Gott auserwählt fühlte, aber nicht recht wußte, wie er sich anderen Staatsoberhäuptern gegenüber verhalten sollte. Beim Kaisermanöver führte er mit Vorliebe die letzte, rasante Kavallerieattacke am Ende eines Kriegsspiels an, in dem nach protokollarischer Vorschrift die vom Kaiser befehligten Truppen zu siegen hatten. Diese eindrucksvolle Leistung, die Jahr für Jahr wiederkehrte, stellte den barocken Höhepunkt der Manöver dar, von dem jeder Stabsoffizier wußte, daß er mit der Wirklichkeit moderner Kriegsführung überhaupt nichts gemein hatte. Ganz ähnlich nahm sich Wilhelms Diplomatie aus, die viel eisernen Willen an den Tag legte und die Position der Gegenseite kaum der Berücksichtigung wert fand. Ein britischer Beobachter hat einmal gesagt, die Deutschen träten in Verhandlungen ein, als sei jede ihrer Forderungen absolut endgültig und bedürfte nur noch der Zustimmung der Gegenseite. Und doch bestand keinerlei Zweifel, daß der Kaiser bei all seiner Großsprecherei wesentlich ein Mann des Friedens war, der keineswegs sein Land oder seinen Thron in einem allgemeinen europäischen Krieg riskieren wollte. Hätte er den Krieg gewollt, dann wäre 1900 dafür ein günstiges Jahr gewesen, als England gegen die Buren kämpfte, oder auch 1904-1905 anläßlich des russischen Debakels im Fernen Osten und der Aufstände im Zarenreich. Tatsächlich hatten weder England noch Deutschland in einem allgemeinen europäischen Krieg irgend etwas zu gewinnen, was auch nur entfernt die schweren Risiken eines Krieges aufgewogen hätte.

Dennoch ließen sich in beiden Ländern Stimmen vernehmen, die lautstark nach Krieg riefen. Der Befehlshaber der britischen Flotte, Lord Fisher, wollte die deutsche Kriegsmarine in einem Präventivschlag »kopenhagen«[20], zerstören. Der ehemalige deutsche Generalstabsoffizier Friedrich von Bernhardi schrieb ein 1912 veröffentlichtes Buch mit dem Titel »Deutschland und der nächste Krieg« und erklärte darin, Deutschland müsse entweder eine Weltmacht werden oder untergehen, und deshalb müsse es Kolonien erwerben, Frankreich noch entscheidender besiegen als 1870 und eine mitteleuropäische Allianz unter deutscher Führung organisieren. Bernhardis Programm war fast mit dem der Alldeutschen und ihres Vorsitzenden, des Treitschke-Schülers Heinrich Class, identisch. Die rund 25 000 Mitglieder zählende Bewegung verlangte nicht nur Kolonien, sondern auch die Errichtung eines europäischen Wirtschaftsblocks, der unter deutscher Führung Mitteleuropa sowie Italien und Finnland umfassen sollte. Deutschland müsse eine Weltmacht wie England werden und gleichzeitig gegen eine britische Blockade gefeit sein. Doch weder Fishers noch Bernhardis und der Alldeutschen Meinung fand in England und Deutschland großen Widerhall.[21]

Als aber der Krieg einmal in Gang gekommen war, gewannen sie Anhänger in vielen Kreisen, von denen sie bis dahin als Spinner abgetan worden waren.

Kriegslüstern waren die Nationen, deren langfristige Ziele sich nur durch einen Krieg erreichen ließen, Rußland, Frankreich und Österreich also, jede von ihnen aus Gründen, die ihren verantwortlichen Politikern überwältigend einleuchtend und ihren Gegnern geradezu lachhaft erschienen. Rußland mußte nach Meinung seiner militärischen und diplomatischen Führung seinen Einfluß auf dem Balkan erweitern und nach den Dardanellen greifen. Zuallermindest mußte es jeden Dritten daran hindern, die Gewalt über die Dardanellen zu erlangen, und langfristig der Türkei die Beherrschung der Meerengen entreißen.[22] Rußland glaubte seine slawischen Brüder unterstützen und Schiedsrichter ihrer Beschwerden sein zu müssen, wenn es auf dem Balkan die vorherrschende Macht bleiben wollte, und sobald die durch Japan erlittene Niederlage teilweise verdaut war, ging es daran, seine entscheidende Macht und seinen ausschlaggebenden Einfluß nunmehr dort unter Beweis zu stellen. Staatsmänner außerhalb Rußlands wollte es scheinen, als sei der Balkan für Rußland nur von peripherem Interesse, dagegen für Österreich-Ungarn ein lebenswichtiges Anliegen. Rußland blieb auch ohne panslawischen Bund und ohne Expansionsbestrebungen immer noch ein Imperium; trotz aller militärischen Niederlagen und aller Aufstände gegen die zaristische Zwangsherrschaft blieb es immer noch ein großes Reich mit einem intakten Gebiet. Gleiches ließ sich von dem wackligen Gebilde des Vielvölkerstaates Österreich-Ungarn nicht sagen. Die panslawische Agitation mit ihrer serbischen Speerspitze bedrohte nicht nur die politische Stabilität, sondern den Bestand dieses Staates. Die russischen Befürchtungen waren nicht etwa Ausfluß von Rußlands Sicherheitsbedürfnis, sondern seiner Bestrebungen und Zielsetzungen. Als Berlin eine Militärmission unter General Liman von Sanders in die Türkei entsandte, die die türkische Armee reformieren (in Wirklichkeit befehligen) sollte, sah man darin in St. Petersburg eine tödliche Gefahr für den russischen Drang zu den Dardanellen. Sollten Deutschland und Österreich ihre Macht und Rußlands Schwäche noch einmal auf dem Balkan demonstrieren, dann ginge der Traum von einem Großreich in Scherben. Und was Frankreich anlangte, das seine Stellung als europäische Führungsmacht verloren hatte, weil der Parvenü Preußen Deutschland geeint hatte, Frankreich, das an diese neue Macht Jahr für Jahr wirtschaftlich und demographisch an Boden verlor, an diese Macht, die es so lange darniedergehalten hatte, so konnte seine Sicherheit nur darin liegen, daß es dieses Deutschland wieder in die Zersplitterung zurückführte, die es gerade überwunden hatte.

Als England und Deutschland während der Balkankrise von 1912 einen europäischen Großkrieg verhinderten, hatten sie diesen einen Funken zwar ausgetreten. Der leicht entzündbare Balkan aber glimmte weiter, und sowohl Österreich als auch Rußland war überzeugt, es dürfe keinesfalls zulassen, daß die unerträgliche Kriegslust der anderen Seite wiederauflebe. Dieses eine Mal noch hatten Deutschland und England die Waagschale zugunsten des Friedens neigen können, weil – wie die *Westminster Gazette* deutlich machte – England keineswegs gewillt war, in dem französischen oder russischen Chauvinisten opportun erscheinenden Augenblick einen großen Krieg zu führen, und weil auch Deutschland die serbische Provokation nicht für ausreichend hielt, dem österreichischen Verbündeten zuliebe einen Großkrieg zu riskieren.

Die Deutschen, die sich als Opfer einer Einkreisung durch eifersüchtige und nur auf ihren Sturz erpichte Nationen sahen, hatten wenig Verständnis für das, was andere Länder an der deutschen Art, die Übel der Welt zu heilen, auszusetzen hatten oder bedrohlich finden wollten. Der Kaiser hegte Überzeugungen, von denen manche zutrafen, andere nur teilweise zutrafen und wieder andere ganz und gar nicht zutreffend waren. Er sah sich als Streiter in leuchtender Rüstung im Kreuzzug gegen die gelbe Gefahr und ebenso als Friedensapostel in einer haltlosen Welt. So hatte er zur Zeit des Russisch-Japanischen Krieges Rußland nach Kräften unterstützt und erwartete nun vom Zaren auch entsprechende Dankbarkeit. Als Monarch hielt er die königliche Berufung hoch in Ehren; infolgedessen hegte er eine übersteigerte Wertschätzung für das russische Offizierskorps mit seiner mystischen Zarenverehrung, eine Einschätzung, die keiner seiner Offiziere teilte. Ihnen schien weder der Zar noch sein Regime überhaupt fähig, einer wirklich leistungsfähigen Regierung oder Armee vorzustehen, und es war für sie ganz und gar nicht unnatürlich, daß Rußland die »brennenden und mordenden Serben« unterstützte, wie eine deutsche Zeitung einen Bericht über die von den Serben im Krieg gegen Bulgarien begangenen Greueltaten betitelte. [23] Die Deutschen konnten auch nicht begreifen, warum Ausländer in ihnen plötzlich unangenehme Eigenschaften entdeckten, die den Bewunderern des 19. Jahrhunderts, wie Carlyle und Königin Viktoria, offenbar entgangen waren. Der Amerikaner Price Collier schrieb einen Artikel über den Charakter der Deutschen, der in den *Frankfurter Nachrichten* abgedruckt wurde und in dem sich mehr oder weniger das niederschlug, was andere Ausländer über die Deutschen des 20. Jahrhunderts zu sagen hatten. Collier schrieb, in Deutschland gebe es zu viele Verbote, sei mehr verboten als erlaubt. Den Bürgern sei es untersagt, Papier auf den Gehsteig zu werfen oder Wiesen zu betreten; man schreibe ihnen vor, wann und wo sie rauchen dürften, und es gebe präzise Vorschriften, wie in Züge ein- und auszusteigen sei. Die Deutschen wüßten nur höchst selten, wie sie sich zu benehmen hätten, es sei denn, man schreibe es ihnen vor. Ob man denn wirklich nach 100 Jahren Eisenbahn den Reisenden noch sagen müsse, daß es gefährlich sei, während der Fahrt abzuspringen? Oder daß es gefährlich sei, brennende Zigarren aus dem Abteilfenster zu werfen? Weiter meinte Collier, Frauen hätten es in Deutschland besonders schwer, und es sei in keinem anderen Land der Welt schwieriger für eine Frau, selbständig zu bleiben. Er stellte fest, in anderen Ländern nähmen die Leute Uniformen und Titel nicht ins Privatleben mit. Aber der Deutsche fühle sich ohne Uniform oder Titel nicht wohl. Sogar die Frauen seien von dieser Titelmanie befallen. Die Frau eines Postmeisters nenne man *Oberpostmeistersgattin,* eine furchtbar lange Bezeichnung, die ihr aber in diesem säuberlich eingeteilten Land einen ehrenhaften Platz verschaffe. Die Deutschen warteten in vollkommenster Ruhe halbe Stunden lang auf die Elektrische, säßen halbe Nächte auf einem Platz im Bierhaus und politisierten mit Worten endlos und entsetzlich langsam. Deutschland habe sich in kurzer Zeit aus Armut zu Wohlstand heraufgearbeitet, aber die Deutschen stellten sich ungeschickt an, ihn zu gebrauchen. Wichtig sei ihnen nur eine Verbesserung des geistigen Lebens und materiellen Behagens. In keiner anderen Stadt der Welt gebe es so viele Vergnügungsplätze wie in Berlin. In den Großstädten säßen die Familien sonntags den ganzen Nachmittag in den Biergärten und Restaurants, die Kinder und reichlichen Mundvorrat nähmen sie dabei mit. Selbst den einfachsten Hygieneansprüchen widmeten sie erst dann Aufmerksamkeit, wenn man ihnen eine Verbotsliste in die Hand drücke. [24]

Solcherlei Meinungen druckte die deutsche Presse widerspruchslos ab. Andere Kommentare waren schon ernster; die Autoren beklagten sich darüber, die Deutschen seien grob, brutal, kriecherisch, obrigkeitshörig und unfähig, etwas ohne genaue Anweisungen zu tun. Die Liste war lang, aber sie war auch neu. Zwar hatten schon die Römer den *furor teutonicus* bemerkt, aber im 19. Jahrhundert hatte fast ganz Europa das Volk der Dichter und Denker entdeckt und verehrt, bis dann das Reich geeinigt war und sich infolgedessen die Konkurrenz zu den etablierten Mächten auf dem Festland einstellte.

Zu den von Ausländern unverstandensten und ungeliebtesten Deutschen gehörte der Kaiser selbst. Er war zutiefst unsicher und schnob sich gerade immer dann in gesteigertes Selbstvertrauen hinein, wenn er von der Richtigkeit einer simplistischen oder theatralischen Vorstellung am wenigsten überzeugt war. Er hielt sich für einen Herrscher von Gottes Gnaden, aber so arrogant er war, so bescheiden konnte er sein. Einmal tat er versehentlich Zucker und Sahne in eine Tasse Bouillon, die er und seine Gastgeberin für Kaffee gehalten hatten, und er trank die Tasse heroisch aus, ohne ein Wort zu sagen. [25] Er sah sich als romantischen Prinzen einer heldenhaften deutschen Vergangenheit, der in blitzender Uniform auf dem Streitroß dahinfliegt und seine Krieger zum Siege führt. Als er nach der Ermordung des deutschen Botschafters in Peking die deutschen Expeditionstruppen in den Krieg gegen die Boxer entsandte, sprach er zu ihnen von einer Redekanzel, die hoch über dem Pier errichtet worden war, von dem sie abfuhren. Seine Worte sind in Deutschland wie im Ausland unvergessen geblieben. Er sagte:»Pardon wird nicht gegeben, Gefangene werden nicht gemacht! Wie vor tausend Jahren die Hunnen unter König Etzel sich einen Namen gemacht haben, der sie noch jetzt in Überlieferung und Märchen gewaltig erscheinen läßt, so möge der Name Deutscher in China auf tausend Jahre durch euch in einer Weise bestätigt werden, daß niemals wieder ein Chinese es wagt, einen Deutschen auch nur scheel anzusehen.« [26] Außenminister Fürst von Bülow erschrak zutiefst, revidierte unverzüglich den Text und bat die Zeitungen, nur den von ihm korrigierten Wortlaut abzudrucken. Das taten sie denn auch in vaterländischer Gesinnung, aber selbst nachdem die schlimmsten Passagen herausgenommen waren, war die Rede immer noch schlimm genug, und 14 Jahre später ließ es sich die Entente nur allzu angelegen sein, die Welt mit dieser Rede daran zu erinnern, gegen welche Hunnen sie kämpfe. Tatsächlich verhielten sich die deutschen Truppen in China gegen die mörderischen Boxer um kein Haar besser oder schlechter als die Soldaten der anderen Koalitionsmächte, aber dank Wilhelm war die Welt nur allzu geneigt, in ihnen eher die Hunnen als die Vertreter des Volkes der Dichter und Denker zu sehen.

Obwohl der Kaiser in Uniformen geradezu vernarrt war – er pflegte sie täglich mehrmals zu wechseln –, ließ er sich bei seinem Englandbesuch so vom britischen »understatement« beeindrucken, daß er einige Zeit lang Zivil trug. Als er die deutsche Flotte nach Kiautschau entsandte, befahl er deren Befehlshaber,»mit eiserner

Faust« dreinzuschlagen, obwohl von der praktisch inexistenten chinesischen Flotte nicht allzuviel Widerstand zu erwarten war. Mit seinen Feudalvorstellungen geriet er oft in Widerspruch zum Zeitgeist des Industriezeitalters, und der Kaiser zweifelte dann noch mehr an sich selbst, wenn er feststellen mußte, wie sehr er mit seiner Zeit außer Tritt geraten war. Als Umgebung wollte er ein »persönliches Regiment« aus Männern, denen er trauen und die er beeinflussen konnte. So bildete sich der Kaiser zum Beispiel ein, er könne sich binnen weniger Monate die Geheimkunst der öffentlichen Finanzen aneignen, und dann werde der Finanzminister bei ihm Rat suchen und den Haushalt billigen lassen. Auch Bismarck war dem Wunsch des Kaisers, es möglichst vielen Leuten möglichst recht zu machen, zum Opfer gefallen. Wilhelm hatte Bismarck sehr bewundert, aber er ertrug einfach keinen hartnäckigen Rivalen in der Gestaltung der Politik. So gelang es Wilhelm also oft, sich mit aller Welt – auch mit sich selbst – zu überwerfen. Bei seiner Thronbesteigung schrieb er den deutschen Fürsten und betonte seine Vormachtstellung ihnen gegenüber, obschon Deutschland verfassungsmäßig ein Bund souveräner und halbsouveräner Staaten war. Lange Zeit lehnte er die Aushandlung eines Flottenvertrages mit England ab, mit dem der Umfang der deutschen Kriegsmarine begrenzt und das gegenseitige Verhältnis beider Flotten bestimmt werden sollte[23], aber er lehnte auch den Vorschlag von Männern wie dem damaligen Chef des Stabes, General von Schlieffen, und Baron von Holstein im Auswärtigen Amt ab, gegen Frankreich einen Präventivkrieg zu führen, solange sich Rußland noch unter den Auswirkungen der Niederlage durch die Japaner und innerer Unruhen wand. Er drängte Österreich zum Ausgleich mit Serbien auf Kosten Bulgariens, und kaum ein Jahr später sagte er im festen Glauben, der Zar werde niemals Königsmörder stützen, den Österreichern die Unterstützung Deutschlands sogar bei Forderungen zu, deren Zugeständnis durch Serbien höchst unwahrscheinlich war.

Am 28. Oktober 1908 gewährte er einem Engländer, Oberst Stuart Wortley, eine Audienz. Da das Interview dazu dienen sollte, die unfreundlichen Empfindungen der britischen öffentlichen Meinung positiv zu beeinflussen, erlaubte der Kaiser den Abdruck im *Daily Telegraph*. Der Kaiser erklärte Wortley, er sei einer der wenigen englandfreundlichen Deutschen und habe es beispielsweise während des Burenkrieges abgelehnt, die Burendelegation zu empfangen, die auf der Suche nach Unterstützung Europa bereist habe; desgleichen habe er es abgelehnt, sich Frankreichs und Rußlands

Aufforderung an England zur Beendigung des Krieges anzuschließen. Außerdem habe er seiner verehrten Großmutter, Königin Viktoria, einen Plan geschickt, wie die Buren zu besiegen seien, und das sei genau der strategische Plan gewesen, den England später mit Erfolg angewandt habe. Dann fuhr er fort, die deutsche Flotte, die von England so mißtrauisch beäugt werde, diene lediglich dem Schutz des deutschen Handels, und es könne sehr wohl sein, daß England angesichts des Aufstiegs Japans und des chinesischen Erwachens das Vorhandensein der deutschen Flotte eines Tages noch begrüße. Diese Äußerungen waren auf geradezu meisterhafte Weise dazu angetan, alle Welt vor den Kopf zu stoßen – die öffentliche Meinung im In- und Ausland, das Auswärtige Amt, England, Frankreich, Rußland und Japan –, und das alles nur, um den Engländern zu zeigen, wie wohl er ihnen gesonnen sei. Zwar hatte der Kaiser beim Auswärtigen Amt um Genehmigung der Veröffentlichung des Interviews nachgesucht und sie auch erhalten, aber den Text hatte nicht etwa der Außenminister Fürst von Bülow, sondern irgendeine untergeordnete Charge gelesen und routinemäßig genehmigt, in der Annahme, der Kaiser wolle den Text veröffentlich sehen. Die Briten gerieten in Rage wegen der Feststellung, sie verdankten ihren Sieg dem Kaiser, Franzosen und Russen waren überzeugt, Wilhelms Enthüllungen seien zu dem Zweck gemacht worden, ihr Bündnis mit England zu zerstören, Japan war beleidigt – kurzum: Das Interview war eine Meisterleistung an Borniertheit. Die Deutschen waren wütend, und Fürst von Bülow schob die gesamte Verantwortung eiskalt dem Kaiser zu, obwohl Wilhelm den protokollarischen Gepflogenheiten Genüge getan und die Zustimmung des Auswärtigen Amtes zur Veröffentlichung eingeholt hatte. Wilhelm fühlte die Erde unter seinen Füßen beben, und Bülow versprach in seinem Namen dem Reichstag, künftig werde der Kaiser auch in privaten Unterhaltungen »die Zurückhaltung üben, die für die Belange einer konsequenten Außenpolitik unabdingbar sei ...« [27] Aber diese Zusicherungen waren nur ein Pflaster auf einer schwärenden Wunde, und die tiefste Wunde trug Wilhelm selbst davon. Diese ganze Episode hatte seine Schwächen so deutlich zutage treten lassen, daß zweifelhaft ist, ob er sich je ganz von ihr oder vom Schock der gegen ihn gerichteten, heftigen öffentlichen Reaktion erholt hat. Sogar Konservative in Deutschland stimmten jetzt in Überlegungen ein, ob es nicht besser wäre, wenn er zugunsten seines Sohnes abdankte; und obwohl der Kaiser blieb und auch die Anfälle übersteigerter Selbstsicherheit wiederkehrten, war dies doch ein Trauma, das seine tiefsten Zweifel und seine innere Unsicherheit nur noch verstärken konnte.

Trotz aller Anflüge unverantwortlichen Verhaltens spielte der Kaiser aber eine wichtige Rolle nicht nur bei der Wahrung des Friedens, sondern auch bei der Verkündung einer umfassenden Sozialgesetzgebung, mit der die Sonntagsarbeit untersagt und die zulässige Arbeitszeit für Frauen und Kinder eingeschränkt wurde, und er hatte sogar eine internationale Konferenz einberufen wollen, auf der solche Maßnahmen auch auf andere Länder ausgedehnt werden sollten. Verschiedene Kommentatoren haben sein körperliches Gebrechen (Schwäche des linken Armes) als hauptsächliche Erklärung dafür ins Feld geführt, warum er so laut und so oft mit dem Säbel rasselte, aber Napoleon III. war auch ein Säbelraßler und -schmieder, ebenso Clemenceau und Poincaré und Russen wie Sasonow, von denen jeder Kriegsrisiken auf sich nahm, vor denen der Kaiser zurückschreckte, und keiner von ihnen hatte einen schwachen Arm. Auch der britische Außenminister war körperlich völlig gesund und dennoch von getrübter Urteilskraft. 1906 genehmigte er Militär- und Marinegespräche zwischen dem französischen und britischen Generalstab, in denen die beiden Länder militärische Geheiminformationen austauschten und detailliert die Frage erörterten, wie sie im Falle eines Krieges mit Deutschland zu operieren gedächten. In einer privaten Denkschrift vom Februar 1906 rang Grey schwer mit einer Entscheidung, entschloß sich aber dann doch zur Unterstützung Frankreichs, obwohl, wie er schrieb, der Krieg fürchterlich werden würde. Frankreich glaube, daß England es im Kriegsfalle unterstützen werde; täte England dies nicht, dann würden ihm die Franzosen das nie verzeihen, die Vereinigten Staaten würden England verachten, und Rußland und Japan würden andere Wege verfolgen. In seinen Memoiren schrieb Grey später, er habe sicher einen Fehler gemacht, als er am 31. Januar 1906 dem französischen Botschafter Paul Cambon in London ohne vorherige Befragung des Kabinetts von einer wahrscheinlichen britischen Unterstützung gesprochen habe, die zu einem »Defensivbündnis« führen könnte. Von dieser Zusage erfuhren das britische Parlament und Volk erst im August 1914. [28] Obwohl Grey keinerlei bindende schriftliche Abmachungen traf und Cambon ausdrücklich versicherte, ein förmliches Bündnis bedürfe der Zustimmung des Parlaments, führte doch das, was Grey sagte und tat, in direkter Linie zum Abkommen von 1912 über den Abzug der französischen Flotte aus dem Atlantik, wodurch der Schutz der französischen Westküste

ausschließlich der britischen Marine oblag. Bei diesen verhängnis-
vollen Entscheidungen standen die traditionelle Feindschaft Englands gegen die führende Kontinentalmacht und der Aufbau der
deutschen Flotte Pate. Sie ermutigten die Kriegspartei in Frankreich
und Rußland, welche Mahnungen zur Vorsicht auch später vorge-
tragen und welche Warnungen vor einer Entfesselung eines Krieges
ohne hinreichenden Grund nachher veröffentlicht werden mochten.

Nun mag Greys Geheimdiplomatie zwar sowohl methodisch als
auch in ihren Folgen falsch gewesen sein, aber andererseits konnte
er die strategische Bedrohung Englands durch Deutschland kaum
anders einschätzen. Für Deutschland war eine große Flotte nichts
als die Befriedigung eines Anspruchs, eines Prestigebedürfnisses,
nicht aber, wie etwa für England, eine Frage von Leben und Tod.
Obwohl Deutschland mit der Schaffung einer großen Flotte nach
den Vorstellungen von Großadmiral Tirpitz[24] England keineswegs
die Beherrschung der Meere streitig machen, sondern nur erreichen
wollte, daß England im Krisenfall Deutschland seinen Willen nicht
aufzwingen konnte, gelang es weder der deutschen Admiralität
noch dem Auswärtigen Amt zu irgendeinem Zeitpunkt, Leute wie
Grey oder Churchill oder Fisher davon zu überzeugen, daß diese
Flotte und das große Heer einzig und allein Defensivzwecken
dienen sollten. Als Reaktion auf die deutsche Land- und Seemacht
geriet die britische Politik immer mehr in den Sog einer moralischen
Verpflichtung gegenüber Frankreich, die genauso bindend empfunden wurde wie irgendein förmlicher Bündnisvertrag.

Der Krieg näherte sich in taumelnden Schritten, als sei ein riesiger
Rube-Goldberg-Mechanismus in Gang gesetzt worden, der jeden
Augenblick noch einmal aufgehalten werden oder in sich zusam-
menbrechen konnte, noch ehe das letzte Tau riß, an dem die Axt
hing. Als Hitler vom Mord an Erzherzog Franz Ferdinand und
dessen Gemahlin am 28. Juni 1914 in Sarajewo erfuhr, erfaßte ihn
zunächst Sorge, die Mörder könnten vielleicht deutsche Studenten
sein, die diesen proslawischen Thronfolger zu töten beschlossen
hätten, und er fühlte sich erleichtert, als er später erfuhr, daß dieser
große Slawenfreund das Opfer slawischer Fanatiker geworden war.
[29] Franz Ferdinand war dafür bekannt, daß er sich in Ungarn
gegen den Versuch einer »Magyarisierung« des Landes zum Für-
sprecher der slawischen Interessen gemacht hatte. Er war dafür
eingetreten, den Slawen bei der Verwaltung der österreichisch-
ungarischen Monarchie dasselbe Mitspracherecht wie den Deut-

schen und Ungarn einzuräumen, und später befürwortete er das allgemeine Wahlrecht, um die slawische Vertretung in der Regierung zu verstärken.

Die österreichischen Behörden waren von Anfang an überzeugt, daß zwischen dem Attentat und der serbischen Regierung mindestens indirekt eine Verbindung bestand. Die Attentäter waren bosnische Serben, die Mordwaffen – Bomben und Browning-Revolver – stammten aus serbischen Heeresbeständen. Serbische Beamte hatten den Verschwörern das Überschreiten der Grenze mit ihren Waffen erlaubt, und was im übrigen Europa der Frevel von Sarajewo genannt wurde, feierte die serbische Presse als Triumph. Tatsächlich stellte sich später heraus, daß die Ermordung auf das Konto von Mitgliedern der »Union des Todes« – bekannter als »Gesellschaft der Schwarzen Hand« – ging, eine terroristische Untergrundbewegung unter Führung eines Obersten des serbischen Generalstabs, die außerdem in gewissem Umfang vom Netz der *Narodna Odbrana* (»Nationale Verteidigung«) unterstützt worden waren, einer weiteren antiösterreichischen serbischen Propagandaorganisation, die ihrerseits enge Beziehungen zur serbischen Regierung unterhielt.

In Serbien gab es zwar zwischen den Führern der Radikalen Partei unter Leitung des Ministerpräsidenten Nikola Pašić und den Führern der Schwarzen Hand, Oberst Dimitrijević und anderen Offizieren, scharfe Meinungsverschiedenheiten, die sich aber auf die Verwaltung der der Türkei abgenommenen Territorien bezogen und mit der Politik gegenüber Österreich nichts zu tun hatten. Jedenfalls waren die Beziehungen zwischen der regierungsgestützten *Narodna Odbrana* und der Schwarzen Hand so eng, daß sie bei den Vorbereitungen des Attentats zusammengearbeitet haben konnten.

Wäre Österreich sofort nach dem Attentat in Serbien einmarschiert, so wäre das in den meisten europäischen Hauptstädten, einschließlich Londons, möglicherweise als verständliche Maßnahme gegen die Handlanger eines abscheulichen Verbrechens hingenommen worden, in das die serbische Regierung mindestens mittelbar verwickelt war. Statt dessen aber gingen der österreichischen Repressalie Schachzüge und Gegenzüge sowie ein unbeugsames Ultimatum voraus, und damit kam die verhängnisvolle Mechanik der Bündnissysteme in Gang. In seinem Glauben an das Gottesgnadentum sagte der Kaiser diesmal den Österreichern sofort zu, er werde jede ihrer Forderungen an Serbien unterstützen, und begab sich dann auf die seit langem geplante Nordseekreuzfahrt. Er war ganz sicher, daß der Zar unmöglich die Mörder des erzherzoglichen Paares stützen könne. Die Österreicher, mit diesem Blankoscheck in der Hand und in der Erkenntnis, daß ihre staatliche Existenz durch einen terroristischen Anschlag bedroht war, der sicherlich Teil eines organisierten Versuchs zur Zerstörung der Doppelmonarchie bildete, waren fest entschlossen, den serbischen Provokationen ein Ende zu machen – der britische Historiker Seton-Watson sagt, der Mord sei die sechste Freveltat in weniger als vier Jahren gewesen –, und Deutschland war voll und ganz willens, sich hinter seinen Verbündeten zu stellen. Wozu Deutschland und Österreich tatsächlich bereit waren, das war notfalls ein lokalisierter Krieg, im Balkan und auch in Europa ganz und gar nichts Neues, und beide hielten harte Forderungen gegenüber dem Land, das den Terroristen zumindest geholfen, wenn nicht gar sie rekrutiert hatte, für vollauf gerechtfertigt.

Anders sah es mit der Haltung der jeweiligen Kriegspartei in Frankreich und Rußland aus. Der französische Staatspräsident Raymond Poincaré gehörte zu den führendsten Vertretern des *Réveil national*, und seine Gegner in Frankreich warfen ihm vor, er habe unter den Botschaftern alle gemäßigten Männer durch Chauvinisten und Marionetten ersetzt. Poincaré kam am 20. Juli zu einem dreitägigen Besuch nach St. Petersburg; die Reise war im Januar vereinbart worden. Es war der zweite derartige Besuch binnen zweier Jahre, und die französische Linke hegte solche Zweifel hinsichtlich Poincarés Absichten, daß der Sozialistenführer Jean Jaurès in der Deputiertenkammer noch den Versuch unternahm, die Bereitstellung der Gelder für Poincarés Reise zu unterbinden.[25] Viele Vorgänge während Poincarés Aufenthalt sind unbekannt geblieben, weil entgegen aller Gepflogenheit von seinen Gesprächen keinerlei Niederschrift gefertigt wurde. Diese Lücken sind um so seltsamer, als der französische Ministerpräsident und Außenminister René Viviani, der 1912 das Protokoll der Sitzungen geführt hatte, auch diesmal den Präsidenten begleitete.

Von den Gesprächen Poincarés mit hohen russischen Politikern bei diesem Besuch waren keinerlei Aufzeichnungen auffindbar. Die einzigen Telegramme zwischen St. Petersburg und Paris, die eine französische Kommission auf der Suche nach Niederschriften der Gespräche Poincarés ausgrub, betrafen ausschließlich innerfranzösische Angelegenheiten. [30]

Aber Poincaré war ja nun nicht nach Rußland gereist, um innerfranzösische Dinge zu besprechen. Es waren andere Themen, die er mit dem Zaren, mit Außenminister Sasonow und russischen Militärs erörterte, und von einigen Gesprächen weiß man auch, worum es ging. Sergej Sasonow war ein wankelmütiger Geist, der sich nicht leicht zu harten Entschlüssen durchrang; immerhin aber hielt er Sarajewo für die Buße des von Österreich bei der Annexion Bosniens und der Herzegowina begangenen Verbrechens, und Sasonow sah sich auch seitens seines Amtsvorgängers und jetzigen russischen Botschafters in Paris, Alexander Iswolski, ständig dem Druck ausgesetzt, etwas zu unternehmen. Iswolski sagte ihm immer wieder, diesmal könne Rußland der deutschen Herausforderung nicht ausweichen, und Frankreich sei nun schon seit über einem Jahr über die russische Passivität in für Frankreich entscheidenden Angelegenheiten erstaunt. Desgleichen sagte er zu Sasonow, wenn Rußland auch dieses Mal untätig bleibe, sei das Bündnis mit Frankreich in tödlicher Gefahr. [31] In diese Kerbe schlug auch der heftig antideutsche Botschafter Frankreichs in St. Petersburg, Maurice Paléologue, der Sasonow zu einer harten Linie gegen die Mittelmächte drängte und ihm die volle Unterstützung Frankreichs in Aussicht stellte. Selbst wenn er damit nicht gerade Poincarés eigene Worte wörtlich wiederholt haben mag, konnte er doch gewiß nichts dergleichen ohne dessen Zustimmung gesagt haben. Überdies war am Zarenhof kein Mangel an Persönlichkeiten – Armeebefehlshaber und hochstehende Leute der Regierung wie der Großherzog und andere Würdenträger –, die unter dem Druck innenpolitischer Unruhen standen (während Poincarés Besuch steckte Petersburg mitten in einem großen Streik, einem der vielen Vorboten der bevorstehenden Umwälzung) und denen sehr daran lag, nach der Niederlage gegen Japan die russische Ehre wiederherzustellen.

Bei einem Diner, das Großherzog Nikolaus am 22. Juli zu Ehren Poincarés gab, unterhielt sich Paléologue mit der Großherzogin Anastasia und ihrer Schwester, beide montenegrinische Prinzessinnen. Anastasia zeigte ihm ein Schächtelchen, das sie bei sich trug und das »echte lothringische Erde« enthielt, und die Ehrentafel war mit Disteln geschmückt – lothringischen Disteln, wie sie verdeutlichte. Sie sagte zu dem Botschafter, es werde Krieg geben, sie habe das von ihrem Vater, dem König von Montenegro, gehört; Frankreich werde Elsaß-Lothringen zurückgewinnen, und Österreich und Deutschland würden zerstört. [32] Einen Tag später spielte eine Militärkapelle beim Vorbeimarsch russischer Truppen zu Ehren Poincarés den Marsch »Sambre et Meuse«, zusammen mit dem

Marsch »Lothringen«. Das also war die Stimmung in St. Petersburg, und sie war Musik in den Ohren Poincarés, Paléologues und vieler Gleichgesinnter in Frankreich und Rußland.

Als der Krieg dann kam, war es ein Krieg, den weder Grey noch der Kaiser gewollt hatten, obwohl beide zu seinem Ausbruch beigetragen hatten. Für Hunderttausende in Deutschland und Frankreich bedeutete er eine große Befreiung. Nun würde Deutschland endlich den eisernen Ring der Einkreisung sprengen; nun würde Frankreich endlich des deutschen Alptraums ledig. Hitler schrieb Jahre später, er habe Gott auf den Knien dafür gedankt, an diesem Krieg teilnehmen zu dürfen, und die Ausschnittvergrößerung einer Photographie, auf der er zu sehen ist, wie er mit Tausenden auf dem Münchner Odeonsplatz die Nachricht von der Kriegserklärung erfährt, zeigt seine ganze Begeisterung. Hingerissen steht er da, ein breites Lächeln geht über sein Gesicht, und er schwenkt seinen Hut bei der Nachricht, daß nun endlich der Tag gekommen war, an dem er seine Rolle im großen Schauspiel der Geschichte übernehmen, Deutschland zu Hilfe eilen und mit ein bißchen Glück das Ende des österreich-ungarischen Reiches erleben konnte. Anfänglich werden Kriege von Menschen, die seit langem unter ihrer Drohung leben müssen, meist ebenso begrüßt wie von denen, die im Vergleich zu ihren Ruhmesträumen ein miserables Leben fristen, und Hitler machte da keine Ausnahme. Der Krieg würde ihm seine Chance geben, der Krieg würde ihm zum erstenmal seit Verlassen der Schule einen ehrenwerten Platz in der Gesellschaft verschaffen. Und Hitler tat, was Millionen anderer deutscher Soldaten im Laufe des Krieges taten – er diente hingebungsvoll und mutig, meldete sich sofort freiwillig und wurde fast ohne jede Ausbildung an die Front geschickt. Am 1. August wurde der Krieg erklärt. Hitler bot seine Dienste sofort König Ludwig III. von Bayern an und erhielt am Tage darauf die Mitteilung, er könne sich bei einem bayerischen Regiment seiner Wahl melden. Er entschied sich für das 16. Reserve-Infanterieregiment, das später nach seinem Obersten, der Ende Oktober 1914 fiel, List-Regiment genannt wurde; 65 Tage später war Hitler auf dem Weg zur Front.

Diese gut zwei Monate waren alles, was er an militärischer Ausbildung genoß; wie so vielen anderen gab man ihm eine Uniform und schickte ihn in die Schlacht, aus dem Zivilleben heraus in den Krieg, der für Hitler den Anfang einer Laufbahn und für Millionen andere das Ende der ihren bedeutete.

KAPITEL 3

DER KRIEG UND DER GEFREITE

Jedes Land hatte sich auf den großen Krieg vorbereitet, und doch war keines auf den Verlauf gefaßt, den er nahm. Wie der deutsche Generalstab vorhergesehen hatte, fielen die Russen in den ersten Tagen des Konflikts in Ostpreußen ein, während sich die Masse der deutschen Armee nach Westen wälzte, nach Belgien und dann Frankreich. Zwei Wochen lang folgte der Krieg den Linien, die ihm der Generalstab vorgezeichnet hatte; danach folgten die Generäle dem Lauf des Krieges. Nach den Plänen des Generalstabs sollten kleine deutsche Streitkräfte gegen die riesigen, aber oft schlecht geführten russischen Feldheere Hinhalteaktionen vornehmen; man wollte ihnen vorübergehend ein Eindringen nach Ostpreußen gestatten, während der Hauptteil der deutschen Armee den linken Flügel der Franzosen aufrollte; Paris sollte genommen werden, und erst wenn die französische Armee in die Knie gezwungen und das britische Expeditionsheer an den Kanal zurückgeworfen waren, sollte sich das deutsche Heer mit voller Wucht gegen die Streitkräfte des Zaren wenden.

Geschwindigkeit war das entscheidende Element des deutschen Plans. Nur die Deutschen standen an zwei Fronten einem größeren Feind gegenüber, und diese zahlenmäßige Überlegenheit konnten sie nur wettmachen, indem sie sehr schnell zunächst den einen und dann den anderen niederwarfen. In Verfolg eines Blitzsieges mußten sie nach Auffassung ihrer Strategen durch Belgien vorgehen. Die Invasion Belgiens war eine militärische Notwendigkeit, eine Maßnahme, die auch die Entente verschiedentlich ins Auge gefaßt hatte und die ihre Militärs bei ihren Regierungen hartnäckig verfochten hatten. 1906 hatten zwischen britischen und belgischen Offizieren Gespräche stattgefunden, in denen die Landung von 100 000 – später 150 000 – Mann britischer Truppen auf belgischem Boden erörtert worden war; 1912 arbeitete das britische Oberkommando erneut an einem Plan, nach dem eine Armee nach Belgien geschickt werden sollte, um den Deutschen zuvorzukommen. Desgleichen wollte General Joffre mit französischen Truppen in Belgien einfallen, aber obwohl Poincaré grundsätzlich mit dem Plan einverstanden war, wurde er doch aus politischen Gründen fallengelassen, als Belgien Einwände erhob. Die britischen und belgischen Generalstabsbesprechungen hatten sich mit sämtlichen Einzelheiten bis hin zu Uniformen, Nachschub und Requirierung befaßt, die eine gemeinsame Operation notwendig machte, und darin lag zumindest technisch eine Verletzung des Völkerrechts, wie der belgische Generalstabschef selbst zugab. [1] Der englische Plan hatte außerdem eine Verletzung der niederländischen Neutralität in Form einer Landung in der Scheldemündung vorgesehen.

Der Unterschied zwischen den politischen Entscheidungen der Entente und der Deutschen lag lediglich darin, daß in Deutschland die Oberste Heeresleitung die entscheidende, bei der Entente der Generalstab nur eine zweitrangige Rolle spielte. Folglich führte die Entente, die politische gegen militärische Überlegungen abwog, derartige Pläne nie bis zum Ende durch, während sich die Deutschen, deren militärische Lage viel prekärer war, zu ihrer Anwendung entschlossen.

Deutsche Heerführer wie General Ludendorff waren ohnehin überzeugt, die von den Großmächten garantierte belgische Neutralität sei nichts als bloßer Schein. Ludendorff wies nach dem Krieg darauf hin, alle belgischen Befestigungen seien gegen die deutsche Grenze gerichtet gewesen, dagegen habe es an der französischen keine oder fast keine gegeben. Aber wie so viele von der eigenen Redlichkeit überzeugte Menschen vergaß er zu erwähnen, daß deutscherseits seit langem Invasionspläne vorbereitet worden waren, was den Belgiern natürlich nicht verborgen blieb.

Wie dem auch sei – der Einfall in Belgien am 4. August 1914 war ein klarer Bruch eines von Preußen unterschriebenen Vertrages und versetzte Sir Edward Grey, der acht Jahre zuvor Frankreich zugesagt hatte, England werde zur Verteidigung der Entente auch in den Krieg ziehen, in die Lage, im britischen Kabinett die Stimmen der noch schwankenden Mitglieder zu gewinnen, die ihn und seine Zusagen sonst ganz hübsch in der Luft hätten hängen lassen können.[1] Am 1. August hatte Paul Cambon Sir Edward an die britische Beistandsverpflichtung Frankreich gegenüber erinnert, die sich aus der Marineabmachung von 1912 ergebe, aufgrund derer Frankreich seine Flotte vom Atlantik ins Mittelmeer und England die seinige aus dem Mittelmeer in den Atlantik verlegt hätten, womit England die Verteidigung der französischen Atlantikküste übernommen habe. In der Nacht vom 1. zum 2. August hatte England seine Flotte mobil gemacht, und am 2. August konnte Grey – nachdem die Führer der oppositionellen Unionspartei, Bonar Law und Lord Lansdowne, Premierminister Asquith der Unterstützung ihrer Partei versichert hatten – Cambon mit Zustimmung des Kabinetts[2] sagen, die britische Kriegsmarine werde die französische Küste vor jedem deutschen Angriff schützen. Mit dem Einfall in Belgien hatten die Deutschen Sir Edward Grey, Winston Churchill und den anderen Verfechtern der traditionellen englischen Politik der Feindschaft gegen die führende Militärmacht auf dem Festland die Munition geliefert, die sie vielleicht brauchten, um Kabinett und Parlament zur Kriegsentscheidung zu überreden, aber die Zusagen und Maßnahmen einer Unterstützung Frankreichs mit Land- und Seestreitkräften waren der Invasion in Belgien schon voraufgegangen und standen damit in keinerlei Zusammenhang.[3] [2]

Der entscheidende Akt für die Entfesselung eines allgemeinen europäischen Krieges war die russische Mobilmachung, die am Abend des 29. Juli angeordnet, vom schwankenden Zaren ein paar Stunden lang rückgängig gemacht und dann am 30. Juli unwiderruflich befohlen wurde. Bis zu diesem Zeitpunkt hätte eventuell ein allgemeiner europäischer Krieg noch abgewendet werden können. Das österreichische Ultimatum an Serbien vom 23. Juli unter der Bezeichnung »Befristete Démarche«, in Form einer mit einer Frist versehenen Note (sie war binnen 48 Stunden zu beantworten), war zwar scharf, angesichts der österreichischen Versicherungen, Österreich stelle Belgrad keinerlei territoriale Forderungen, jedoch keineswegs unerträglich.[4] Hätte Rußland Serbien zur Annahme der Bedingungen des Ultimatums, eventuell mit geringfügigen Änderungen, gedrängt, so hätte der Friede sehr wohl gewahrt werden können. Und auch als Österreich die Antwort für unbefriedigend hielt[5] und den Krieg erklärt hatte, hätten sich möglicherweise die Feindseligkeiten auf die Formel des Kaisers, nämlich den Marsch auf Belgrad,[6] lokalisieren lassen, wenn Serbien und Österreich von ihren jeweiligen Verbündeten dazu kräftig gedrängt worden wären. Mit anderen Worten: Hätte Rußland nicht mobil gemacht und hätten die Großmächte genügend Druck ausgeübt, um den neuesten Zusammenstoß auf dem Balkan zu entschärfen, dann hätte das Ganze sehr wohl wie schon andere Balkankrisen zuvor enden können, nämlich in einem Kompromiß, der zwar niemandem gefallen, aber doch immerhin funktioniert hätte.

Die russische Mobilmachung war es, die jeden Kompromiß oder weitere Verhandlungen unmöglich machte. Daß die Mobilmachung einer Kriegserklärung gleichkam, war dem Zaren ebenso klar (weshalb er seinen ersten Befehl am 29. Juli noch einmal zurücknahm) wie dem russischen und dem französischen Generalstabschef und den Oberbefehlshabern aller Großmächte. 1892 war in Verhandlungen zwischen dem französischen General Boisdeffre und dem russischen General Obrutschew ganz offen erklärt worden, daß Mobilmachung gleichbedeutend sei mit Krieg, und als General Boisdeffre diese Worte dem Zaren Alexander III. gegenüber wiederholte, hatte der Zar erwidert: »Das ist ganz meine Auffassung.« [3] Diese Auffassung wurde 1912 ausdrücklich bestätigt, als der russische Generalstab den Kommandierenden General des Warschauer Bezirks unterrichtete, daß »das Telegramm bezüglich einer Mobilmachung gleichzeitig als ... Eröffnung der Feindseligkeiten gegen Österreich und Deutschland ... anzusehen ist«. [4] Später wurde der Befehl aus technischen und politischen Gründen rückgängig gemacht, aber militärisch gesehen blieb der Tatbestand derselbe. Der für Mobilmachung zuständige russische General Doborolski bestätigt dies in seiner Niederschrift über die russische Mobilmachung von 1914. Er schreibt: »Der ganze Plan der Mobilmachung ist bis zu Ende in allen Einzelheiten ausgearbeitet. Ist der Moment gewählt, so ist nur auf den Knopf zu drücken, und der ganze Staat beginnt automatisch mit der Genauigkeit eines Uhrwerks zu arbeiten... Auf die Wahl des Augenblicks wirkt ein Komplex mannigfaltiger politischer Ursachen ein. Ist dieser Zeitpunkt aber einmal festgelegt, so ist alles erledigt; es gibt kein Zurück mehr: er bestimmt mechanisch den Beginn des Krieges voraus.« [5] Eben diesen entscheidenden Befehl bemühte sich Frankreich weder aufzuhalten noch seine Zurücknahme zu erreichen, obwohl die russische Mobilmachung einen Bruch des Zweiverbands darstellte, da sie ohne vorherige Konsultation mit Frankreich angeordnet war.

Deutschland reagierte, wie zu erwarten war und wie auch das russische und französische Oberkommando erwartete, nämlich mit der Forderung nach Entmobilisierung Rußlands binnen zwölf Stunden; andernfalls werde Deutschland seinerseits die Mobilmachung befehlen. Gleichzeitig wurde der deutsche Botschafter in Paris, Baron von Schoen, beim französischen Außenminister Viviani vorstellig mit der Frage, ob Frankreich im Falle eines russisch-deutschen Krieges neutral bleiben werde; die Antwort werde binnen 18 Stunden erwartet. Am folgenden Tag sagte Viviani zu von Schoen lediglich, Frankreich werde im Einklang mit seinen Interessen handeln. Mit dieser Antwort hatten das deutsche Oberkommando und das Auswärtige Amt gerechnet; hätten die Franzosen jedoch erklärt, sie würden neutral bleiben, so hatte Baron von Schoen Weisung, für die Dauer des Krieges die Besetzung der Forts von Verdun und Toul durch die Deutschen zu verlangen, als Garantie für Frankreichs Neutralität und um zu vermeiden, daß das deutsche Heer von rückwärts angefallen würde, während es im Osten gegen die Russen stand. Diese deutsche Forderung ist jedoch nie ausgesprochen worden, da Frankreich zu keinem Zeitpunkt neutral zu bleiben gedachte, gleichgültig, ob damit bestimmte Bedingungen verbunden waren oder nicht. 20 Stunden nach der russischen Mobilmachung mobilisierte das österreich-ungarische Heer seine gesamten Streitkräfte (für den Krieg gegen Serbien war nur eine Teilmobilmachung angeordnet worden), und Frankreich und Deutschland ordneten fast gleichzeitig die Generalmobilmachung an.

Reichskanzler von Bethmann Hollweg brachte in seiner Reichstagsrede vom 4. August und in seinem Gespräch mit dem britischen Botschafter Sir W. E. Goschen später am gleichen Tag Argumente vor, die deutsche Ohren stets überzeugten, der Entente jedoch so viel Propagandamaterial lieferten, daß sie damit nicht nur während des ganzen Krieges, sondern auch noch darüber hinaus auskam. Anhand von Informationen, die ihm zweifellos das deutsche Oberkommando geliefert hatte, warf Bethmann Hollweg Frankreich vor, es habe die Grenze überschritten und die Truppen mit Kavalleriepatrouillen angegriffen sowie eine deutsche Eisenbahnstation beschossen – beides stimmte nicht –, und sagte dann dem Reichstag, was er selbst und alle seine Mitglieder für offenkundig hielten. Rußland habe die Fackel ins Haus geschleudert, sagte er und fragte: »Sollten wir jetzt weiter geduldig warten, bis etwa die Mächte, zwischen denen wir eingekeilt sind, den Zeitpunkt zum Losschlagen wählten? Dieser Gefahr Deutschland auszusetzen, wäre ein Verbrechen gewesen! Darum fordern wir noch am 31. Juli von Rußland die Demobilisierung als einzige Maßregel, welche noch den europäischen Frieden retten könnte.« Rußland sei die Antwort schuldig geblieben, und so sei Deutschland gezwungen gewesen, am 1. August mobil zu machen. Bethmann Hollweg sagte, er habe Frankreich gefragt, ob es im Falle eines russisch-deutschen Krieges neutral bleiben würde, und Frankreich habe ausweichend geantwortet, es werde tun, was ihm seine Interessen geböten. Bethmann Hollweg fuhr fort: »Wir sind jetzt in der Notwehr, und Not kennt kein

Gebot! Unsere Truppen haben Luxemburg besetzt, vielleicht schon belgisches Gebiet betreten. Meine Herren, dies widerspricht den Geboten des Völkerrechts ... Das Unrecht – ich spreche offen –, das Unrecht, das wir damit tun, werden wir wiedergutzumachen suchen, sobald unser militärisches Ziel erreicht ist.[7] Wer so bedroht ist wie wir, und um sein Höchstes kämpft, der darf nur daran denken, wie er sich durchhaut.« [6]

Am Abend des 4. August empfing Bethmann Hollweg den britischen Botschafter in Berlin, und im Laufe des Gesprächs, in dem er sein tiefes Bedauern darüber ausdrückte, daß seine Verständigungspolitik mit England zusammengebrochen sei, machte er eine Bemerkung, die für die alliierte Propaganda ein gefundenes Fressen werden sollte. Bethmann hatte die Überzeugung gehegt, daß weder England noch Deutschland den Krieg wollten und ihn durch ihr Zusammenwirken auch abwenden konnten. Nachdem nun alles, was er aufzubauen versucht hatte, zusammengebrochen war, fragte er Sir Edward Goschen: »Wie kann wegen eines bloßen Worts, ›Neutralität‹ – ein in Kriegszeiten so oft beiseite geschobenes Wort –, ein Stück Papier, Großbritannien gegen eine verwandte Nation zu Felde ziehen, die sich nichts Besseres wünschen kann, als mit ihm in Freundschaft zu leben?« So wurde ein weiterer verdammender Satz geprägt, der der Rede des Kaisers über Etzels Hunnen nicht nachstand: Für Deutschland war ein Vertrag nichts als »ein Fetzen Papier« [7].

Solche Doppelbödigkeit beflügelte die Eloquenz der alliierten Staatsmänner, obgleich jedes Wort, das Bethmann Hollweg sagte, in Zeiten der Not für die Staatshandlungen all der Amtsträger gegolten hatte, die jetzt in frommer Bestürzung ihre Hände wuschen; freilich waren sie auch nie so dumm gewesen, das laut zu sagen. Nur Deutschland und England hatten während der Balkankrisen Kompromißversuche gemacht. Auch 1914 hatte Deutschland wieder den Versuch unternommen, Österreich dazu zu bewegen, mit dem Marsch auf Belgrad auf halbem Wege haltzumachen; Frankreich hatte weder vor noch nach der russischen Mobilmachung irgend etwas Entsprechendes unternommen, um Rußland zur Zurückhaltung zu bewegen.

Präsident Poincaré, der fest entschlossen war, den Fehler Napoleons III. von 1870 – nämlich als erster anzugreifen – nicht zu wiederholen, untersagte diesmal den französischen Truppen, einen zehn Kilometer breiten Streifen vor der deutschen Grenze zu betreten, aber der Präsident und seine Abgesandten waren es auch, die

die Russen drängten, festzubleiben, und ihnen für den Kriegsfall die Unterstützung Frankreichs zusagten. Mit Hilfe stümperhafter deutscher Reden war es ihnen gelungen, Deutschland zum Angreifer zu stempeln, und doch war es eine französische Zeitung, *Le Matin*, die am 1. August darauf hinwies, nie werde der Zeitpunkt für einen Krieg günstiger sein.

Der Schlieffen-Plan, der seit der Jahrhundertwende das deutsche Strategiedenken beherrscht hatte, sah den Einsatz weit überlegener Kräfte auf dem deutschen rechten Flügel vor; in diesem kritischen Abschnitt sollte das Verhältnis zwischen deutschen und französisch-britischen Truppen sieben zu eins betragen, während das hügelige Gelände Elsaß-Lothringens mit seinen schroffen Klüften mit relativ schwachen Kräften verteidigt werden sollte. Der französische Plan sah eine Offensive durch Elsaß-Lothringen vor, der, wenn alles gut ging, der Übergang über den Rhein folgen sollte, während die russische Dampfwalze auf Berlin vorstieß. Schlieffen hatte im Osten nur eine Defensivschlacht vorgesehen, einen planmäßigen Rückzug, bei dem den Russen zwei Monate lang die Besetzung eines Großteils von Ostpreußen zugestanden wurde; dann sollte nach Niederringung der französischen Armee eine weitere übermächtige Offensive die Russen verjagen.

Aber wie Ludendorff später schrieb, berücksichtigte diese Strategie ganz und gar nicht den Horror der ostpreußischen Bevölkerung, die sich den Kosaken ausgeliefert sah, noch auch die Ströme der sich vor den Truppen des Zaren ängstigenden Flüchtlinge, noch auch die Lage des österreichischen Heeres, das gleichzeitig an zwei Fronten gegen Serbien und Rußland vorgehen wollte und an keiner der beiden so recht vom Fleck kam. In den ersten Kriegswochen wurden 300 000 Mann der k. u. k. Armee getötet, verwundet oder gefangengenommen, darunter die Blüte des Offizierskorps. Der deutsche und der österreichische Generalstab hatten keinerlei abgestimmte Vorbereitungen getroffen – Schlieffen hatte (mit gutem Grund, wie der Fall Redl zeigte) befürchtet, daß aus dem österreichischen Generalstab manches durchsickern könnte –, und so wußte keiner, welche Operationen der andere plante. Das Bündnis war vor allem ein politisches gewesen; die Österreicher planten ihre militärische Strategie auf eigene Faust, und diese Strategie war denn auch in Wirklichkeit nicht viel besser, als ihre Kritiker schon immer gedacht hatten. Die gleichzeitige Offensive der Österreicher gegen beide Feinde lief sich sofort tot, und die Rußlandfront drohte zusammenzubrechen. Die deutsche Heeresleitung mußte ihre Strategie gleich zu Kriegsbeginn umstellen, mit dem Ergebnis, daß Hindenburg und Ludendorff bei Tannenberg Ende August einen großen Sieg errangen und Anfang September die Westfront verhängnisvoll steckenblieb. Bei Tannenberg hatten die brillanten Operationspläne des Obersten und späteren Generals Hoffmann Hindenburg und Ludendorff in die Lage versetzt, mit einem Heer von 153 000 Mann eine russische Invasionsarmee von 190 000 zu vernichten.[8] Nur 2000 russische Soldaten entkamen, alle anderen wurden getötet oder gefangengenommen. Ostpreußen war befreit, die österreichischen Heere waren entlastet, aber der deutsche Stoß nach Frankreich war verhängnisvoll stumpf geworden. Zwar schlugen Hindenburg und Ludendorff die Russen mit den schwachen Kräften, die schon im Osten standen, aber die Heeresleitung hatte doch geglaubt, die Ostarmee mit zwei Armeekorps aus dem Westen verstärken zu sollen, und wenn der Sieg im Osten auch die schönsten Erwartungen erfüllte, so führte er doch im Westen zum Fehlschlag der entscheidenden Offensive. Überdies blieb trotz des Ausmaßes der Niederlage bei Tannenberg die Masse der russischen Armeen intakt und bedrängte das verbündete Österreich-Ungarn hart, das deshalb ständig nach Unterstützung rief. Denn neben Rußland und Serbien mußten die Österreicher bald auch ihren früheren Verbündeten Italien ins Kalkül einbeziehen, der bei Kriegsbeginn zwar seine Neutralität verkündet hatte, bald aber dank alliierter Subventionen und ansehnlicher Versprechungen auf Zugewinn österreichischen Gebiets gegen seine Partner aus dem Dreibund auf den Plan trat.

Für seine Verdienste in der Schlacht bei Tannenberg erhielt Ludendorff das Eiserne Kreuz II. Klasse, eine Auszeichnung, die er, sicher ohne es zu ahnen, bald mit einem Gefreiten in der bayerischen Armee, einem gewissen Adolf Hitler, gemeinsam hatte, dem sie zwei Monate später verliehen wurde. Hitlers Regiment war Mitte Oktober an den Rhein und danach nach Belgien verlegt worden, wobei sein Weg über Aachen führte, wo es wie die Truppen überall im Lande von einer wogenden, vieltausendköpfigen Menge begrüßt wurde, in der sich wie nie zuvor in Deutschland Menschen aller Klassen und Stände in vollkehliger Kameradschaft fanden. Sein Zug fuhr durch Lüttich, Löwen, Brüssel und Tournai (das Hitler in einem Brief »Dournay« schrieb) und kam am 23. Oktober in Lille an.

Am 29. Oktober kam das Regiment bei Ypern zum Einsatz und

erlitt dabei ziemlich schwere Verluste, die Hitler jedoch in einem Brief an Herrn Popp noch übertrieb. Von 3600 Mann, schrieb er, seien nach der viertägigen Schlacht noch 611 übriggeblieben. Tatsächlich waren am 29. August, dem Tag, an dem die Schlacht begann, 349 Mann gefallen, und zwischen dem 30. Oktober und 24. November stieg die Zahl der Gefallenen um weitere 373. Während des gesamten Krieges verlor das Regiment 3754 Offiziere, Unteroffiziere und Mannschaften, also mehr als die ursprüngliche Regimentsstärke. [8]

Dies ist im kleinen die Geschichte dessen, was nun im großen zu einem endlosen Abnutzungskrieg wurde. Die deutsche Offensive war so schnell durch die stark verteidigten belgischen Forts nach Nordfrankreich durchgebrochen, daß Anfang September deutsche Patrouillen 40 Kilometer vor Paris standen. Dort aber, an der Marne, wurde der Vormarsch durch britische und französische Gegenoffensiven zum Stehen gebracht, die in die Lücke zwischen der 1. und 2. Armee stießen. Nach dem Schlieffen-Plan hätte es eine solche Lücke nicht geben dürfen, aber bei der tatsächlichen Truppenaufstellung fehlte den deutschen Streitkräften die Überlegenheit, die notwendig war, um die französische Flanke so zu überrennen, wie Schlieffen gefordert hatte. Mitte September wurde die Westfront zu jenem mörderischen Grabenkrieg, der auf beiden Seiten Millionen hinschlachten sollte.

Der deutsche Generalstab hatte am Schlieffen-Plan katastrophale Veränderungen vorgenommen. Nicht nur war am rechten Flügel die geplante Überlegenheit von sieben zu eins auf drei zu eins reduziert worden, sondern gleichzeitig wurden starke Kräfte an der Front und in der Reserve gegen die französischen Truppen an der relativ statischen Elsaßfront zurückgehalten, während sie weiter westlich so dringend notwendig gewesen wären.

Am 1. November wurde Hitler zum Gefreiten befördert, und obgleich er belegtermaßen tapfer diente und fünfmal ausgezeichnet wurde, behielt er diesen Dienstgrad während des gesamten Krieges; es war der höchste Grad, den er im deutschen Heer einnahm, bis dann rund 20 Jahre später sein Oberster Befehlshaber wurde. Am 2. Dezember 1914 erhielt er das Eiserne Kreuz II. Klasse und wurde eine Woche später als Meldegänger zum Regimentsstab versetzt, wo er Befehle zur Front zu bringen hatte, und diesen Posten behielt er während des ganzen Krieges. Weder in seinen Briefen noch nach den Erinnerungen seiner Kameraden zeigte er je irgendwelche Anzeichen eines Zweifels oder Zögerns hinsichtlich der Sache, für die er und seine Kameraden kämpften; er glaubte vom ersten bis zum letzten Tag an den Krieg und an die heilige Pflicht zur Verteidigung des deutschen Vaterlandes, die er treu erfüllte, und als er verwundet wurde, konnte er es kaum erwarten, bis er endlich wieder an die Front durfte.

Warum er nicht weiter befördert wurde, ist schwer zu sagen. Den einzigen Anhaltspunkt gibt uns einer seiner Vorgesetzten, der Adjutant des List-Regiments, Fritz Wiedemann, der später gesagt hat, Hitler habe nicht die Eigenschaften eines Unteroffiziers besessen; offensichtlich fehlte es am militärischen Auftreten, an den äußeren Zeichen der Führungsfähigkeit, wie man sie von solchen Leuten erwartete. Wiedemann fügte hinzu, Hitler habe auch selber gar nicht zur Beförderung vorgeschlagen werden wollen. [9] Jedenfalls aber führte er gefährliche Aufträge aus und nahm an über 30 Schlachten teil, setzte täglich sein Leben ein mit soviel Schwung und Verwegenheit, daß er sich gegen Kriegsende, am 4. August 1918, das Eiserne Kreuz I. Klasse verdiente. Es war eine Auszeichnung, wie sie viele Tausend Soldaten erhielten, die wie Hitler tapfer kämpften, und wie sie ebenso Tausenden anderen vorenthalten wurde, die nicht weniger tapfer waren, aber aus dem einen oder anderen, oft belanglosen Grund unerkannt blieben. Einige seiner Kameraden berichteten, Hitler sei auch in der Armee ein Einzelgänger gewesen und habe zu den wenigen gehört, die keine Eßpakete von zu Hause oder Freunden und kaum Post erhielten. Man nannte ihn den »Spinner«. Auf Fotos mit seinen Kameraden lacht er zwar nicht, ist aber doch ein typischer Landser, und seine Kameraden bezeichneten ihn als einen braven Mann, der seine gefährliche Arbeit genauso gut oder sogar besser als andere tat, jederzeit zu Sonderaufgaben bereit war und sie eifrig ausführte.

Einige Leute, die ihn kannten, äußerten sich über ihn auch abschätzig. Einer seiner früheren Vorgesetzten, ein Unteroffizier namens Hans Mend, erklärte, Hitler habe 1918 das Eiserne Kreuz nur durch Zufall bekommen, nachdem er eine Gruppe kampfmüder französischer Gefangener eingebracht und seinem Hauptmann, Michael Freiherr von Godin, eine völlig übertriebene Geschichte von einer Heldentat aufgetischt habe, der ihm daraufhin spontan die Auszeichnung verliehen hätte. Mend nennt Hitler einen Rekruten von kurzer Frontdienstzeit. [10] Mends Geschichte widerlegt sich von selbst. Hitler war kein Rekrut, sondern hatte schon vier Jahre Fronterfahrung und wurde zweimal mit dem Eisernen Kreuz, einmal mit dem Militärverdienstkreuz III. Klasse mit Schwertern, einmal mit einem Regimentsdiplom für hervorragende Tapferkeit und einmal mit dem Verwundetenabzeichen ausgezeichnet. Desgleichen genoß er das einstimmige Lob der Offiziere des Regiments, u.a. auch des Oberleutnants der Reserve, der ihn für das Eiserne Kreuz I. Klasse vorschlug.

Dieser Vorschlag stammte nämlich nicht etwa von Oberstleutnant von Godin, sondern vom Regimentsadjutanten, einem Juden namens Hugo Gutmann, und die NSDAP gab sich später alle Mühe, diesen Tatbestand zu verbergen. Viele Leute, die wie Mend Hitler schon vor seinem Aufstieg zur Macht gekannt hatten, gefielen sich darin, ihn nachher madig zu machen, und was sie schrieben, war oftmals bösartig oder eben das, was ihrer Meinung nach ihre Kundschaft gerne hören wollte. Tatsächlich scheint Hitler ein ausgezeichneter Soldat gewesen zu sein, und er dürfte der Armee genausoviel verdankt haben wie sie ihm. Zum erstenmal in seinem Leben gehörte er zum Establishment; im November 1914, als er das EK II bekam, konnte er den Popps schreiben, sie sollten doch bitte die Zeitungsmeldung, in der er als einer der Ausgezeichneten aufgeführt war, für ihn ausschneiden und aufbewahren. Seine Briefe [11] waren jetzt bescheiden. Seine Auszeichnung spielte er herunter, sagte, andere hätten sie ebensogut verdient, aber die meisten seien tot, und bei den vielen Verlusten sei er glücklicherweise ungeschoren davongekommen, und obwohl er viel und lange schrieb, entschuldigte er sich, nicht öfter zu schreiben. Anstatt des ganzen Gewebes aus Lüge und Erfindung, das er für Kubizek, für die österreichischen Militärbehörden und zweifellos auch für sich selbst geknüpft hatte, konnte er jetzt wahrheitsgemäß als Soldat des Reiches, als ein wegen Heldenhaftigkeit ausgezeichneter Mann mit klaren Meriten auftreten, als einer, der so gut wie jeder andere in die germanischen Ideale von Opfergeist, Selbstlosigkeit und mutigem Einsatz des Lebens für das Vaterland hineinpaßte.

Er fand auch Zeit für Skizzen der Szenen, die er erlebte – marschierende Soldaten, von denen einer einen Regenschirm mitträgt, die Scheune, in der er und sein Zug Etappe machen, eine zerschossene Stadt, die kahle Flandernfront – und sie waren im selben Stil wie seine Skizzen vom Sendlinger Tor in München oder einer Wiener Kirche. Menschen porträtierte er nicht, machte keine Skizzen mehr wie einst, als er seinen Lehrer an der Linzer Realschule karikiert hatte; er zeichnete Gebäude oder anonyme Gruppen oder bestimmte Plätze. Falls er überhaupt irgend jemandem nahestand, dann dringt das weder in seinen Zeichnungen noch in seinen Briefen durch. Er schreibt von dem, was gerade zu tun ist, oder aber vom Abstrakten – von Deutschland, von der Schlacht ums Vaterland, vom Siegeszug.

Aus den Briefen sprechen ein gutes Auge für die Schlacht und ein gutes Ohr für die Töne des Kampfes. Er beschreibt einen Pferdekadaver vor seinem Biwak, schildert, wie sie alle unter Kälte und Feuchtigkeit und Angst leiden; aber Deutsche sind Helden: Wie ein Mann rufen sie dem einzig überlebenden Offizier, einem Leutnant, zu, er solle sie zum Sturm führen gegen den Feind, der ihre Kameraden getötet hat. Er bemitleidet sich nicht und klopft sich nicht auf die Schulter. Es ist, als habe er endlich, endlich den Platz erreicht, wo er sich sicher fühlt, wo es genügt, wenn man die wirkliche Welt aus Tod und Vernichtung und das deutsche Heldentum beschreibt, wozu er jetzt gehört. In dieser Welt gibt es keine bösen Juden oder degenerierte Habsburger. Auch wenn es ein Jude ist, der ihn fürs Eiserne Kreuz vorschlägt – nirgends findet sich dazu ein Kommentar Hitlers. Selbst der Feind auf der anderen Seite wird distanziert beschrieben; Hitler sagt, die ersten Franzosen, die er (in einem Kriegsgefangenenlager) gesehen habe, seien erstaunt gewesen, wie viele Deutsche an ihnen vorbeimarschiert seien, aber er setzt die französischen oder auch britischen Truppen niemals herunter. Jetzt, da er seine Launen und Spinnereien im Kampf abreagieren kann und dafür ausgezeichnet wird, ist es ihm kein Bedürfnis, langatmig zu erklären, was er tut oder warum er es nicht besser gemacht hat.

Der Krieg, in dem Hunderttausende ihr Leben ließen bei dem Versuch, ein paar Meter blutgetränkten Bodens zu gewinnen, hat Adolf Hitler zu dem gemacht, was er war. Später sollte er schreiben, diese Erfahrung sei soviel wert gewesen wie 30 Jahre Universitätsstudium, und gemessen an seinen seelischen Bedürfnissen stimmt das wahrscheinlich sogar. Die Verluste aller beteiligten Länder an Toten und Schwerverwundeten waren kaum vorstellbar.[9] Da es sich bei den Gefallenen fast durchweg um junge Leute handelte, ging hier praktisch eine ganze Generation und die Saat für die Zukunft zugrunde, und selbst unter den Eroberern gab es keinen, der glaubte, daß auch nur ein Sieg das Opfer wert war, das seine Erringung gekostet hatte. Ein Erdbeben hatte Europa verwüstet, und die Vorkriegslandschaft konnte nie wiederhergestellt werden; in jedem Neuaufbau blieben die Risse, Löcher und Spalte stets offenkundig. Österreich-Ungarn und das zaristische Rußland wurden vom Krieg zerschlagen. Frankreich sollte niemals die Sicherheit erlangen, für die es gekämpft hatte; obgleich Elsaß-Lothringen in seinen Schoß zurückkehrte, stand doch weiterhin an seiner Grenze ein vereintes Deutschland, und 1 300 000 junge Franzosen mußten ihr Leben lassen für das, was – wie Frankreichs Führung befürchtete – bestenfalls ein paar Jahre Atempause bis zum nächsten großen Aderlaß sein konnte. Für England bedeutete der Krieg das Ende seiner Beherrschung der Meere und den Anfang vom Ende seines Empire. Für Deutschland brachte der Krieg nicht nur den Verlust von Millionen junger Menschen, sondern auch den Anfang einer Zeit der Verzweiflung, Demütigung und Unruhen, die schließlich in einer Revolution des Nihilismus mündete. Auch Italien erntete trotz des Zugewinns großer Teile Österreichs[10] nur bittere Enttäuschung, Revolution und wieder Krieg. Europa als Ganzes erholte sich nie vollständig von den katastrophalen Auswirkungen des Ersten Weltkrieges, der Zweite Weltkrieg war nur eine dieser Auswirkungen.

Die deutschen Heere erwiesen sich als viel zäher, als die Entente für möglich gehalten hatte. Obwohl an allen Fronten zahlenmäßig unterlegen, brachten sie die russische Armee zum Stehen und fügten ihr schließlich eine überwältigende Niederlage zu, wodurch der ganze Komplex des Zarenstaates einstürzte. Trotz Blockade und riesiger Materialüberlegenheit der Alliierten brachte die deutsche Armee an der Westfront eine Offensive nach der anderen zum Stehen[11] und schließlich führte 1917 einer der katastrophalsten Angriffe unter General Nivelle zu einer Revolte großer Teile der französischen Armee. Nur durch das Eingreifen einer nichteuropäischen Macht, der Vereinigten Staaten von Amerika, wurde der entscheidende Sieg der Alliierten von 1918 möglich, und auch das sollte wiederum für Europa wie Amerika langfristige Folgen zeitigen, die keinem der beiden zum Vorteil gereichten.

Bis zum Eingreifen amerikanischer Kräfte hatte ein Verhandlungsfriede möglich geschienen, einer jener Friedensschlüsse, wie sie seit Jahrhunderten in großer Zahl europäische Kriege beendet hatten, etwa in der Art des Wiener Vertrags, der immerhin 100 Jahre gehalten hatte. Beide Seiten hatten schwere Verluste erlitten, und in beiden Lagern waren neben den polternden Forderungen der Militanten, dem Feind müsse das Rückgrat gebrochen werden, damit er nie wieder einen solchen Krieg führen könne, auch Stimmen der Vernunft zu vernehmen. In seiner Thronrede vom 4. August hatte der Kaiser erklärt, Deutschland habe keinerlei Eroberungsgelüste, und obwohl mächtige Verfechter von Gebietsgewinnen, von politischen und wirtschaftlichen Vorteilen für das Reich, ihr Anliegen bis Kriegsende immer wieder vorbrachten, stimmte doch im wesentlichen das, was der Kaiser gesagt hatte. Deutschland erhob keine Gebietsansprüche in Europa, die auch nur entfernt vergleichbar waren mit dem besessenen Drängen der Franzosen auf die Rückkehr Elsaß-Lothringens und die Schmälerung deutscher Macht und deutschen Gebiets; der Status quo ante war vorteilhaft genug gewesen, dem Reich einen schnellen Aufstieg zu großem Einfluß und Ansehen zu ermöglichen, und wollten auch der Kaiser und zweifellos das ganze Land Deutschland als Weltmacht sehen, so hegten diesen Wunsch auch alle seine Hauptfeinde für sich selbst. Die Entente wertete einen Frieden auf der Basis des Status quo ante als Niederlage, und daher kam er für sie nicht in Betracht, obwohl sie ihn hätte ernsthaft in Erwägung ziehen müssen, hätten nicht die Amerikaner in den Krieg eingegriffen. Als der Krieg einmal begonnen hatte, wollte allerdings sogar Bethmann Hollweg mindestens strategische Grenzen, die der Einkreisung ein Ende bereiten würden. Er hatte ein Europa im Rahmen einer Zollunion unter deutscher Führung im Auge, bei der jedoch die gesamte europäische Völkergemeinschaft zumindest nominell gleichberechtigt gewesen wäre. Er verfolgte eine »Politik der Diagonale« zwischen der alldeutschen Phantasmagorie und dem nüchternen Denken von Männern wie Philipp Scheidemann, der sich namens der Sozialdemokraten für einen Frieden ohne Gebietserwerb aussprach.

Mit den deutschen Siegen kam auch der Appetit. Die Alldeutschen und bedeutende Industrielle wie Hugenberg und Stinnes planten eine deutsche Beherrschung Belgiens und der französischen Küste bis zur Sommemündung sowie die Besetzung französischer Forts von Verdun bis Belfort. Desgleichen wollten sie aus Toulon einen deutschen Hafen machen. Die französischen und belgischen Besitzungen in Afrika sollten ebenso deutsch werden wie die baltischen Staaten und das russische Polen. Dagegen wollte General Hoffmann, das fähigste Mitglied des Generalstabs, keinen Fußbreit belgischen Gebiets; dasselbe galt für die sehr friedensbereiten Sozialdemokraten.

So ging es denn hin und her, war der Sichtkreis je nach Kriegsglück und politischer Plattform des Beobachters mal enger, mal weiter gezogen. Ähnlich übertriebene Forderungen wurden seitens der Alliierten erhoben. Frankreich zielte auf die Annexion eines Teils der preußischen Rheinlande und der Pfalz ab; Schleswig-Holstein sollte an Dänemark fallen; Rußland sollte Südschlesien und Westgalizien bekommen; Österreich sollte in drei Teile aufgeteilt werden, wobei Bosnien, die Herzegowina und Nordalbanien zu Serbien kämen. Des weiteren machte der Zar dem französischen Botschafter Paléologue den Vorschlag, Rußland solle einen Teil Ostpreußens absorbieren, und das Pariser Kabinett stimmte all dem zu. [12]

Das österreichische Oberkommando meldete ebenfalls weitreichende Ansprüche an; es wollte Serbien, Montenegro, Albanien und Russisch-Polen einschließlich Galiziens annektieren, stieß dabei aber frontal mit Ansprüchen von Deutschen wie Ludendorff zusammen, der Österreich ganz und gar nicht in Polen sehen wollte und deshalb ein unabhängiges Polen unter deutscher Vormundschaft befürwortete.

Aber all diese himmelstürmenden Programme waren kaum mehr als zügelloses Wunschdenken verschiedenster Leute, denen eines gemeinsam war: der Traum von einer Art minipolitischem Paradies hienieden, in dem ihre innere Ruhe am besten gedeihen konnte. Solche Tagträume waren ganz und gar nichts Ungewöhnliches, es gab sie in jeder Nation: Spanier, Franzosen, Engländer, Araber und Israelis haben ihnen ebenso gehuldigt wie Amerikaner, Tataren und die christlichen wie moslemischen Kreuzfahrer. Sie alle wurden jeweils unsanft wachgerüttelt durch die Gegenforderungen anderer Völker und die Grenzen ihrer eigenen Möglichkeiten.

Die wesentlichen Unterschiede zwischen den Positionen der Alliierten und der Deutschen werden etwa in dem Friedensvorschlag deutlich, den Bethmann Hollweg in einer Reichstagsrede am 12. Dezember 1916 namens des Kaisers und seiner Verbündeten vortrug. Bethmann Hollweg sagte, Deutschland sei zu einem Verständigungsfrieden bereit, der jedem Land die Möglichkeit gebe, sich in Ehre und Freiheit zu entfalten. Deutschland und seine Verbündeten seien zwar fähig und willens weiterzukämpfen, aber auch bereit, Frieden zu schließen. Er hielt seine Rede nach dem blutigen Scheitern der alliierten Somme-Offensive, dem Zusammenbruch Rumäniens und russischen Niederlagen an der Ostfront, doch die Alliierten lehnten den Vorschlag entrüstet ab. Ihre Ablehnung von Verhandlungen kleideten sie in einen Nebel der Rhetorik: sie hätten sich zur Verteidigung der Freiheit der Völker zusammengeschlossen, Deutschland habe gar kein Friedensangebot gemacht, vielmehr ein Kriegsmanöver vollzogen, Deutschland habe den Krieg angefangen, Deutschland habe erklärt, Not kenne kein Gebot und Verträge seien Papierfetzen – kurzum, die Alliierten würden nicht mit ihm verhandeln.

In krassem Widerspruch zu diesen erhabenen Äußerungen der Moral stand freilich der Wortlaut des Geheimvertrages vom 26. April 1915, aufgrund dessen Italien in den Krieg eingetreten war und den außer Grey und Paul Cambon auch italienische und russische Vertreter unterzeichnet hatten; die bolschewistische Regierung veröffentlichte ihn elf Monate nach Bethmanns Rede, im November 1917. Dieser Vertrag sprach Italien neben Dalmatien, Triest und den Dodekanes-Inseln auch rein österreichisches Gebiet zu und erlaubte ihm, zusammen mit seinen neuen Verbündeten bei der Aufteilung der Türkei mitzuwirken. Desgleichen sollte Italien für die Erweiterung des französischen und englischen Kolonialbesitzes in Afrika auf Kosten Deutschlands durch Erweiterung seines Besitzes in Eritrea, Somaliland und Libyen kompensiert werden und denjenigen Teil der Kriegskontribution erhalten, der dem Maß seiner Opfer und Anstrengungen entspreche. [13]

Neben diesem Vertrag hatte Italien einen Pakt mit Rußland unterzeichnet, den die sowjetische Regierung ebenfalls zur Veröffentlichung freigab. Er war einen Monat früher, im März 1915, geschlossen worden. Der Außenminister des Zaren, Sergej Sasonow, hatte mit Zustimmung der britischen und französischen Regierung – unter der Voraussetzung der erfolgreichen Beendigung des Krieges und der Erfüllung von Wünschen Frankreichs und Englands – die russischen Wünsche bezüglich der Einverleibung türkischen Gebiets als Ergebnis des Krieges dargelegt. Die Stadt Konstantinopel, die Westküste des Bosporus, des Marmarameeres und der Dardanellen, Südthrazien sowie weitere Gebiete in diesem Raum sollten ohne Antasten der Sonderrechte Frankreichs und Englands an Rußland fallen; die neutrale Zone Persiens sollte in die englische Einflußsphäre einbezogen werden, Rußland dafür die Gebiete der Städte Isfahan und Jesd erhalten. [14] Des weiteren veröffentlichte die bolschewistische Regierung eine Note des zaristischen Ministers des Auswärtigen, Pokrowskij, an den französischen Botschafter Paléologue in Petersburg vom 14. Februar 1917 mit der Bestätigung, daß die Regierung des Zaren die Ansprüche Frankreichs auf Elsaß-Lothringen und erweiterte strategische Grenzen, Einverleibung des Saarreviers, völlige Abtrennung des linken Rheinufers von Deutschland und Bildung eines autonomen und neutralen Staatswesens durch die dem Bestand des französischen Territoriums nicht einverleibten linksrheinischen Gebiete unterstütze, die so lange von französischen Truppen zu besetzen seien, bis Deutschland alle Friedensbedingungen erfüllt habe. [15] Und am 6. März 1917 hatten

England, Frankreich und Rußland die im Frühjahr 1916 begonne-
nen Verhandlungen über die künftige Verteilung ihrer Einflußsphären und territorialen Erwerbungen in der asiatischen Türkei und
Kleinasien mit einer Abmachung abgeschlossen. [16]
Die Alliierten konnten derartige Abmachungen weder veröffentlichen noch ohne deren Bekanntwerden die Grenzen Europas nach
dem Stand vom August 1914 wiederherstellen. Obwohl im alliierten
Lager viele Leute, von den pazifistischen Gruppen bis hin zu Sir
Edward Grey, Ende 1916 zweifellos zu Friedensverhandlungen
bereit gewesen wären, wollten Männer wie Lloyd George, Winston
Churchill, Clemenceau und Poincaré von Verhandlungen nichts
hören. Wie hätte man auch die Geheimverträge oder die vom
Comité des Forges verfolgten Pläne, wonach die Saar und das linke
Rheinufer Frankreich, Friesland den Niederlanden, Schleswig- Holstein Dänemark und Posen und die untere Weichsel Polen zufallen
sollten, öffentlich bekannt werden lassen dürfen, wo doch die
Alliierten der Welt und Präsident Wilson unablässig erklärten, sie
kämpften für Freiheit und Recht aller Menschen.[12]
Schwand mit dem Kriegseintritt der Vereinigten Staaten im April
1917 und der Aussicht auf die riesige und unverbrauchte amerikanische Armee auch jede Hoffnung auf Verhandlungen, so befanden
sich die Alliierten doch in einer höchst unangenehmen Lage, wenn
die amerikanische Intervention nicht rechtzeitig und in großem
Umfang eintrat. Der französische Kriegsminister Paul Painlevé
sagte nach dem katastrophalen Scheitern der Nivelle-Offensive im
Mai 1917, zwischen Soissons und Paris stünden nur noch zwei
verläßliche französische Divisionen, und im französischen Offizierskorps erhoben sich Stimmen und fragten, ob jetzt nicht der Zeitpunkt gekommen sei für einen maßvollen Frieden. Am 8. Juni
erklärte General Henry Wilson dem britischen Kabinett, ohne
großen politischen oder militärischen Sieg könne Pétain keinesfalls
einen vierten Winter überstehen. Lloyd George bekräftigte dies mit
der Feststellung, nur die britischen und deutschen Truppen zeigten
noch echten Kampfgeist, und nach einem Frankreichbesuch berichtete er dem Kabinett, die französische Armee habe praktisch zu
kämpfen aufgehört. [17]
Bald sollten sich die Dinge für die Entente noch weiter ver-
schlechtern. Die letzte russische Offensive unter der provisorischen
Kerenski-Regierung brach im Sommer 1917 ebenso zusammen wie
der britische Durchbruchversuch bei Ypern im Westen. Im Oktober
wurden die Italiener am Isonzo verheerend geschlagen; die deut-

schen und österreichischen Streitkräfte machten 250 000 Gefangene. In England und Deutschland kam es zu Streiks, und unter den Matrosen der bedrängten deutschen Kriegsmarine zeigten sich immer deutlichere Anzeichen der Unruhe. Überall hatten die Menschen den Krieg von Herzen satt, einen Krieg, der nur noch eine Massenschlächterei war.

Es war eine Zeit, in der sich sehr wohl ein Friede hätte schließen lassen, wobei freilich keine Seite ihre Bedingungen hätte diktieren können. Die amerikanischen Truppen standen noch ein Jahr und über viereinhalbtausend Kilometer entfernt, und das zaristische Rußland war am Ende. Am 26. Juni 1917 hatte – wie der deutsche Diplomat Kurt Riezler später enthüllte – der päpstliche Nuntius in München, Erzbischof Pacelli,»in der sanften und zugleich treffenden Art«, die vatikanische Diplomaten häufig an den Tag legten, beim Auswärtigen Amt angefragt, ob deutscherseits Konzessionen denkbar seien, die den Feindmächten übermittelt werden und zu Friedensverhandlungen führen könnten. Bethmann Hollweg hatte dem Nuntius geantwortet, es gebe eine solche Möglichkeit. Unter welchen Umständen? fragte Pacelli. Ob Deutschland beispielsweise bereit wäre, Gebiete zurückzugeben, die nach Auffassung Frankreichs unveräußerlich französisch seien? Bethmann Hollweg erwiderte, Deutschland sei tatsächlich bereit, auf der Basis von »rectifications réciproques des frontières« zu verhandeln, worunter, wie Erzbischof Pacelli sehr wohl begriff, nach Riezler – Geheimer Rat und enger Freund und Berater Bethmann Hollwegs – zu verstehen war, daß Deutschland zu territorialen Zugeständnissen hinsichtlich Elsaß-Lothringens bereit sei, möglicherweise im Tausch für die Erz- und Kohlevorkommen von Longwy und Briey. Pacelli fragte, ob Bethmann Hollweg mit Billigung des Kaisers spreche, und Bethmann bejahte dies, denn er habe die Angelegenheit mit dem Kaiser besprochen, und die Worte Seiner Majestät seien eben die gewesen, die er zitiert habe.[13] Doch die Friedensbemühung des Vatikans führte zu nichts, weil auch hier die Alliierten wiederum jede Verhandlung glatt ablehnten.

Lloyd George, der einflußreichste Mann im britischen Kabinett, hatte einem amerikanischen Journalisten gesagt, was England wolle, sei ein »K.-o.-Schlag«, und genau das forderten auch die Vertreter der harten Linie in Frankreich. Freilich lag es nicht in der Macht der Alliierten, diesen Schlag auch auszuführen; das einzige Land der Welt, das die Kraft für einen entscheidenden Sieg aufbringen konnte, waren die Vereinigten Staaten, deren Präsident vieldeutig von »zu stolz zum Kämpfen«, von einem »Frieden ohne Sieg« und vom Kampf für Freiheit und Demokratie redete. [18] Doch wenn Herr Wilson nur die Muskelkraft für den K.-o.-Schlag lieferte, ließ sich zu gegebener Zeit mit seinen rhetorischen Ergüssen schon wieder fertig werden. Mochten auch viele seiner Äußerungen Clemenceau oder Poincaré einen Schauer über den Rücken jagen, so bot doch gerade er die sicherste Garantie dafür, die meisten Ziele der Geheimverträge schließlich doch noch zu erreichen. Auf dem politischen Schachbrett waren viel kompliziertere Züge notwendig als auf den Schlachtfeldern. Den Armeen war die relativ einfache Aufgabe gestellt, eine Schlacht, einen Feldzug oder einen Krieg zu gewinnen; für den Frieden aber mußten zutiefst widersprüchliche Forderungen innerhalb jedes Landes, aller Alliierten, des Feindes und sogar der Neutralen auf einen Nenner gebracht werden. Schon im September 1915 war es in der Schweiz zu einer Zusammenkunft deutscher und französischer Sozialisten gekommen. In einer gemeinsamen Erklärung der beiderseitigen Delegierten hieß es: »Dieser Krieg ist nicht unser Krieg«, wurde die Verletzung der belgischen Neutralität aufs entschiedenste verurteilt, die Wiederherstellung Belgiens in seiner ganzen Integrität und Unabhängigkeit gefordert und erklärt, daß die deutschen und französischen Sozialisten niemals Eroberungsplänen ihrer Regierungen zustimmen würden. Die Ursachen des Krieges lägen in der imperialistischen und Kolonialpolitik sowohl Frankreichs als auch Deutschlands, und beide trügen die Verantwortung dafür. Die hier erklärten Ziele sollten ein paar Jahre später von der bolschewistischen Regierung in Rußland aufgegriffen werden: ein Friede ohne Annexion und unverbrüchliche Achtung des Selbstbestimmungsrechts der Völker. [19]

Am 12. Juni 1917, drei Monate nach dem Ausbruch der russischen Revolution, beriefen die sozialistischen Parteien Europas eine Konferenz nach Stockholm ein, der die deutschen Sozialdemokraten beiwohnten, denen ihre Regierung Visen gewährte, während die alliierten Regierungen ihren Delegationen keine Reiseerlaubnis erteilten. Die deutschen Sozialdemokraten wiederholten die von den deutschen und französischen Sozialisten 1915 in der Schweiz erhobenen Forderungen, die im März 1917 vom Petersburger Arbeiter- und Soldatenrat erneut vorgeschlagene Formel eines Friedens ohne Annexionen und Kontributionen auf der Grundlage nationaler Selbstbestimmung. Die Sozialdemokraten verlangten auch die Wiederherstellung eines unabhängigen Belgiens, das weder ein Vasallenstaat Deutschlands noch der Entente werden solle. Zu Elsaß-Lothringen jedoch wiesen sie darauf hin, nur 11,4 % der Bevölkerung sprächen Französisch als Muttersprache, und erklärten, dieses Gebiet müsse Teil des Deutschen Reiches bleiben, in voller Gleichberechtigung mit den anderen deutschen Bundesstaaten.[14] [20]

Derartige Forderungen standen in beträchtlichem Widerspruch zu den Plänen des deutschen Oberkommandos. Am 23. April 1917 – etwa zwei Wochen nach dem amerikanischen Kriegseintritt – unterzeichnete Bethmann Hollweg bei den sogenannten Kreuznacher Besprechungen mit der Obersten Heeresleitung, vertreten durch Hindenburg und Ludendorff, eine Aufzeichnung über die Kriegsziele. Darin heißt es: die Ostseegebiete Kurland und Litauen seien für das Deutsche Reich zu gewinnen; wenn es gelinge, die deutsche Vorherrschaft in Polen militärisch, politisch und wirtschaftlich zu sichern, sollten die Grenzlinien für Polen günstiger verlaufen, wobei Deutschland jedoch in jedem Falle im Besitz militärisch wichtiger Grenzgebiete bleiben müsse. Im Westen solle Belgien so lange in deutsche militärische Kontrolle genommen werden, bis es politisch und wirtschaftlich für ein Schutz- und Trutzbündnis mit Deutschland reif sei; Lüttich und die flandrische Küste verblieben jedoch dauernd in deutschem Besitz. Luxemburg werde deutscher Bundesstaat; das Erz- und Kohlenrevier von Briey-Longwy in Frankreich müsse für Deutschland erworben werden. Weitere Grenzverbesserungen kleinerer Art gegenüber Frankreich waren vorgesehen; als Entschädigung sollte Frankreich ein kleiner Teil belgischen Gebiets bei Marienbourg angeboten werden, den Napoleon III. bereits gewollt habe. [21]

Dieser Friedensplan entsprach den Forderungen der deutschen Heeresleitung, aber die Regierung mußte ihn wenige Monate später wieder fallenlassen, weil er ganz offenkundig unerreichbar war. Deutschland hatte zwar bemerkenswerte Siege errungen, aber wie Hindenburg selbst feststellte, war es ihm bis 1917 nicht gelungen, mit Ausnahme Montenegros auch nur eine Armee eines Gegners aus der Zahl der Feinde auszuschalten. [22] Belgien hatte eine Armee im Felde stehen, ebenso Serbien und Rumänien; die Einkreisung stand zwar auf etwas wackeligen Beinen, aber sie stand, und die stets nötige Hilfe an Österreich, die Türkei und Bulgarien zehrte mächtig an der ohnehin angespannten Material- und Personallage Deutschlands.

Mitte 1917 zeigten die Mittelmächte (wie übrigens auch die

Entente), obwohl Rußland praktisch aus dem Konflikt ausgeschieden war, unverkennbare Anzeichen einer an Erschöpfung grenzenden Kriegsmüdigkeit. Wenige Monate nach den Kreuznacher Besprechungen stand für die deutsche politische Führung fest, daß nur ein Verhandlungsfriede für das Reich noch Hoffnung barg. Am 14. Juli 1917 griff der Reichstag die Erklärung der Sozialdemokraten und des Petersburger Sowjet auf und verkündete Deutschlands Bereitschaft zum Frieden, einem Frieden ohne Annexionen und Kontributionen, einem Frieden der Verständigung und dauerhaften Aussöhnung, einem Frieden also, wie ihn auch Wilson zu befürworten erklärte, ein Friede, für dessen Erhaltung eine internationale Organisation sorgen sollte, der die Freiheit der Meere achten und wirtschaftliche Restriktionen abschaffen würde.

Es war eine Zeit, in der Verhandlungen immer noch möglich schienen, und im September forderte die Mehrheit des britischen Kabinetts, die deutschen Friedensvorschläge jetzt näher kennenzulernen. Auch Lloyd George gehörte zu jenen, die glaubten, Deutschland sei eventuell zu großen Zugeständnissen bereit, aber als Painlevé von ihm ein öffentliches Versprechen verlangte, England werde so lange weiterkämpfen, bis die Franzosen Elsaß-Lothringen wiederhätten, willigte er müde unter der Voraussetzung ein, Painlevé versichere ihm ein Ausharren Frankreichs. Wann immer einmal Bereitschaft zu einer Verständigung bestand, war sie nach kurzer Zeit verflogen. Wenn nur irgendwie möglich, sollte Deutschland zum Eingeständnis der Niederlage gezwungen werden, und Symbol der Niederlage war Elsaß-Lothringen. Ganz auf dieser Woge reitend, erklärte der frühere Premierminister Asquith im Parlament, die deutsche Besetzung Elsaß-Lothringens sei ein Verbrechen, und da in Deutschland von ganz links bis ganz rechts kein Mensch eine solche Voraussetzung akzeptieren konnte (das höchste der Gefühle war die Erklärung der Unabhängigen Sozialdemokraten gewesen, die eine Volksabstimmung verlangt hatten), fiel jeder Versuch einer Verhandlung sofort ins Wasser. Staatssekretär von Kühlmann beantwortete für das Auswärtige Amt Asquiths Äußerungen mit einem Sturzbach patriotischer Redekunst, der nichts mehr mit dem gemein hatte, was Bethmann Hollweg zu Erzbischof Pacelli gesagt hatte. Asquith, so sagte Kühlmann, habe den französischen Anspruch auf Elsaß-Lothringen mit der Wiederherstellung Belgiens auf eine Stufe gestellt. Die Völker Europas vergössen aber ihr Blut nicht für die Wiederherstellung Belgiens, sondern für die Zukunft Elsaß-Lothringens. England habe erklärt, es werde für die

Rückgabe Elsaß-Lothringens an Frankreich so lange kämpfen, wie Frankreich selbst an dieser Forderung festhalte. Darum – so Kühlmann – wolle er die deutsche Stellung dazu doch einmal klarstellen. Unter dem tosenden Beifall des ganzen Reichstags fuhr er dann fort, Deutschland werde Elsaß-Lothringen nie und nimmer aufgeben, solange eine deutsche Faust eine Flinte halten könne; es gehöre zum glorreichen Erbe, das den Deutschen von ihren Vätern überkommen sei, es sei das Symbol der deutschen Einheit. [23]

So blieben die fundamentalen Differenzen zwischen der Position der Entente und der der Mittelmächte ungebrochen. Elsaß-Lothringen, nicht Belgien, war der springende Punkt. Deutschland konnte einen Frieden auf der Grundlage des Status quo annehmen, die Alliierten dagegen nicht, womit sich freilich auch gewisse Zweifel an ihrer Behauptung erhoben, es sei Deutschland, das auf Eroberung aus sei. Wenn die Alliierten durchhalten konnten und die Vereinigten Staaten die Stelle Rußlands einnahmen, dann wurde nicht nur die Rückkehr Elsaß-Lothringens, sondern sogar der K.-o.-Schlag noch viel wahrscheinlicher als zu der Zeit, als sich die Heere des Zaren wie eine Dampfwalze nach Berlin hatten wälzen wollen. Und ein K.o. bot den Urhebern der Geheimverträge eine viel glänzendere Aussicht als irgendein Kompromißfriede. Selbst in den dunkelsten Stunden des Krieges hatten sich die nicht zu beschwichtigenden Verfechter einer glasharten Linie in Paris, Petersburg und London mit der wohlbegründeten Hoffnung getröstet, Amerika werde auf die eine oder andere Weise in den Krieg eintreten und damit die Möglichkeit bieten, den Verträgen reale Gestalt zu geben.

Die proalliierten Auffassungen und Maßnahmen der amerikanischen Regierung waren von Anfang des Krieges an unverkennbar, obgleich die Gründe für einen Kriegseintritt Amerikas manchen damaligen und erst recht späteren Kritikern alles andere als zwingend erschienen. Gleich zu Anfang, Mitte August 1914, hatte sich Präsident Wilson der Auffassung der Alliierten angeschlossen, sie kämpften namens der Zivilisation gegen einen bösen Feind, und er war bereit, ihnen zu helfen[15]; gleichzeitig sah er sich aber auch als Mann des Friedens, als Schiedsrichter zwischen den kriegführenden Lagern und als Schöpfer eines erhabenen Bauwerks internationaler Verständigung – einer Liga der Amerikanischen Staaten zuerst, später des Völkerbundes.

Von Anfang an war also Herrn Wilsons Ausgewogenheit und Neutralität nur fiktiv. Er pflichtete der britischen Regierung bei, britische Handelsschiffe dürften gegen U-Boot-Angriffe mit »Defensivwaffen« (wie er und die Briten es nannten) bestückt sein und dennoch als Handelsschiffe gelten; sie konnten also auch amerikanische Häfen benutzen, während er und die britische Regierung gleichermaßen bewaffnete deutsche Handelsschiffe als Kriegsschiffe ansahen. Nach amtlicher britischer und amerikanischer Lesart waren britische Schiffe zu Zwecken des Selbstschutzes bewaffnet, deutsche Schiffe dagegen zum Zweck der Zerstörung des Handels. Unter einem dünnen Mäntelchen aus symbolischen Protesten akzeptierte Wilson die britischen Blockademaßnahmen gegen Deutschland, obwohl sie nach den bei der Haager Konferenz und im späteren Londoner Abkommen von 1909 verankerten Bestimmungen völkerrechtswidrig waren.[16]

Die Londoner Erklärung bekräftigte das etablierte Völkerrecht, wonach »eine Blockade nicht über den Hafen oder die Küsten hinausgehen darf, die dem Feind gehören oder von ihm besetzt sind«, daß ein Schiff auf dem Weg zu einem nicht blockierten Hafen ungeachtet seiner Endbestimmung nicht gekapert werden dürfe und daß Blockadestreitkräfte den Zugang zu neutralen Häfen oder Küsten nicht verwehren dürften. Nach Völkerrecht wie nach der Erklärung galt als Kontrabande das für die kämpfenden Kräfte einer kriegführenden Macht bestimmte Material – Waffen, Munition, Pulver, Militärbekleidung, gepanzerte Kriegsschiffe usw. Als *bedingte Kontrabande* galten Gegenstände, die von den kämpfenden Streitkräften benutzt werden konnten – Bekleidung, die Soldaten tragen konnten, Nahrungsmittel für die Armee, Gold und Silber, Ballone und Flugmaschinen, Stacheldraht usw.

Nach traditionellem Völkerrecht durften Waren, die sowohl militärisch als auch zivil verwendet werden konnten, nur dann beschlagnahmt werden, wenn der Beschlagnahmende nachweisen konnte, daß sie zur Verwendung durch die feindliche Armee oder Kriegsmarine bestimmt waren. Sie galten als relative Kriegs-Konterbande, aber 1916 hatten die Engländer diese Unterscheidung verworfen; von jetzt an mußte der Eigentümer der Ladung den Nachweis führen, daß seine Güter nie nach Deutschland gingen. Die Engländer gingen davon aus, da alle in neutrale Länder verschifften Waren irgendwann nach Deutschland gelangen könnten, bedürfe jede Einfuhr eines neutralen Landes der britischen Genehmigung. In der Praxis erklärten die Engländer alles und jedes, einschließlich Lebensmittel, zu *Kontrabande*, und schon im September 1914 machte das amerikanische Außenministerium klar, daß es gegen die britische Position keine ernsthaften Einwendungen erheben werde. Ebensowenig wandte sich die amerikanische Regierung irgendwie ernsthaft gegen die von den Engländern aufgestellten schwarzen Listen von Firmen, mit denen kein Handel getrieben werden dürfe, obwohl die schwarze Liste gegen die Rechte der Neutralen einschließlich der Vereinigten Staaten verstieß. Zweck der Liste war es, eine amerikanische Firma am Handel mit einer Firma irgendwo in der Welt zu hindern, die die Engländer verboten hatten, was nicht nur bedeutete, daß eine amerikanische Firma beispielsweise nicht nur mit keiner Niederlassung eines deutschen Unternehmens in Chile Handel treiben durfte, sondern auch nicht mit einer chilenischen Firma, die auf der schwarzen Liste stand. Kanada, das im Kriege stand, lehnte die Annahme der britischen schwarzen Liste ab, wurde aber vom neutralen Washington schließlich doch dazu bewogen. [24]

Wie sagte doch Sir Edward Grey, dessen Auffassung das Weiße Haus teilte:»Natürlich sind viele der von uns vorgenommenen Beschränkungen, die erheblich in ihren Handel eingreifen, unvernünftig, aber Amerika muß daran denken, daß wir nicht nur für uns, sondern auch für Amerika um die Rettung der zivilisierten Welt kämpfen.« [25]

Und doch wurde der deutsche U-Boot-Einsatz und die amerikanische Reaktion darauf zur Ursache des Kriegseintritts der Vereinigten Staaten. Bei Kriegsausbruch war das Unterseeboot noch eine unerprobte Waffe, aber trotz geringer Stückzahl wurde sie bald zu einer schweren Gefährdung des britischen Seetransports und sogar der englischen Kriegsschiffe. Das U-Boot war etwas Neues, und eine neue Waffe stellt sich denen, die ihre Überlegenheit mit älteren Waffen behaupten können, fast immer als etwas Verwerfliches dar.[17] Die U-Boote konnten sich nicht an die Regeln der Überwasser-Kriegführung halten, denn da wurden sie meist versenkt. Ein Unterseeboot war mit einem einzigen Kanonenschuß, der von irgendeinem Schiff abgegeben wurde, zu verwunden, und die britische Admiralität wies im Februar 1915 ihre Handelsschiffe an, auf jedes U-Boot zu schießen, sobald es in Sichtweite kam, oder es, wenn ihm anders nicht zu entkommen war, zu rammen. Wie schwer, wenn nicht unmöglich, es war, von einem U-Boot die Einhaltung von Regeln zu erwarten, die für Überwasserschiffe konzipiert waren, hat der amerikanische Botschaftsrat im Außenministerium und spätere Außenminister Robert Lansing deutlich beschrieben, der einer einseitigen Neutralität nicht weniger als andere das Wort redete. Lansing schrieb 1915:»Sie werden sich an den Fall *Baralong* erinnern, wo ein deutsches U-Boot ein Schiff beschoß, dessen Mannschaft schon in die Boote gegangen war, als sich ein Auswandererdampfer unter amerikanischer Flagge näherte. Das U-Boot blieb über Wasser und wartete auf den Dampfer, der beim Näherkommen die amerikanische Flagge einholte, die britische Flagge aufzog und mit einer achtern angebrachten Kanone (nach unserer vorher abgegebenen Definition eine Defensivwaffe) das Feuer eröffnete, das deutsche Boot versenkte und dabei die gesamte Mannschaft tötete.«[IX] [26]

Trotz ihrer klarsichtigen Erkenntnis, was es in Wirklichkeit bedeutete, wenn ein Unterseeboot die Regeln der Überwasser-Kriegführung einzuhalten versuchte, blieben die Herren Wilson und Lansing dabei, die U-Boote hätten sich an diese zu halten; wie ein Oberflächenfahrzeug müsse auch ein U-Boot zunächst ein Prisenkommando auf sein Opfer schicken, um festzustellen, ob es Kontrabande mitführe oder nicht, und bejahendenfalls Passagiere und Mannschaft in Sicherheit bringen, ehe das aufgebrachte Schiff versenkt werde. Diese Forderung ging an dem, was Lansing so deutlich gezeigt hatte, achtlos vorbei, daß nämlich ein U-Boot mit einer einzigen, zu sogenannten Defensivzwecken auf einem Handelsschiff montierten Kanone versenkt werden konnte und auch tatsächlich versenkt worden war. Herr Wilson pflichtete also nicht nur der Bewaffnung der britischen Handelsschiffe bei, die trotzdem als friedlich zu gelten hätten, sondern er verweigerte gleichzeitig der deutschen Regierung das Recht auf die einzig mögliche Gegenmaßnahme gegen die britische Blockade, die ja nun keineswegs rechtmäßiger war als das Verhalten der deutschen U-Boote. Die Verluste unter der deutschen Zivilbevölkerung, wo Menschen aus Mangel an Nahrung und Medikamenten starben, präsentierten sich zwar nicht mit derselben Dramatik wie die Versenkung eines britischen Schiffes, aber an der Blockade starben erheblich mehr Zivilisten als infolge des U-Boot-Krieges. Doch Herr Wilson ging noch weiter. Er erfand ein Völkerrechtsprinzip, nach dem amerikanische Staatsbürger überallhin reisen durften, ganz wie es ihnen beliebe, sogar in Kriegsgebiete, und wenn sie entweder als Passagiere oder als Matrosen auf englischen Schiffen führen, besitze das betreffende Schiff Immunität vor jedem Angriff. Eine ganz neuartige Doktrin, die mit Völkerrecht nichts zu tun hatte, denn völkerrechtlich richtet sich die Nationalität eines Schiffes nach Registrierung und Flagge und befinden sich die Passagiere und Mannschaften auf einem fremden Schiff auch auf fremdem Territorium.

Als daher die *Lusitania* am 7. Mai 1915 auf der Höhe der irischen Küste versenkt wurde, hatte es nach Herrn Wilsons Aussage überhaupt nichts zu besagen, daß sie ebenso wie ihr Schwesterschiff *Mauretania* gleichzeitig als Hilfskreuzer und als Passagierschiff galt,[19] noch auch, daß ein Großteil der Ladung der Lusitania aus Kriegsmaterial bestand. Herr Wilson war nicht nur ein Mann des Friedens, sondern gleichzeitig ein kräftiger Verfechter jener einseitigen internationalen Moral, die allzuleicht zum Kriege führt. Seine an die deutsche Regierung gerichteten Proteste waren beredt und drohend zugleich, aber zur gleichen Zeit, da er seine erste Note an Berlin ausarbeitete, hielt er am 10. Mai 1915 vor eben erst naturalisierten Amerikanern eine Rede, in der er, vielleicht weil er nicht recht wußte, welchen Kurs er eigentlich steuerte, seiner Friedensliebe freien Lauf ließ. Er sagte:»Das Beispiel, das Amerika gibt, darf nicht nur deshalb Beispiel des Friedens sein, weil Amerika nicht kämpfen will, sondern ein Beispiel des Friedens, weil der Friede, und nicht der Konflikt, die heilende und erhebende Kraft in der Welt ist. Es gibt so etwas wie zu stolz zum Kämpfen zu sein.« [27] Drei Tage später jedoch erklärte Wilson in seiner Note an die deutsche Regierung, die Zerstörung unbewaffneter Handelsschiffe ohne vorherige Durchsuchung lasse sich durch nichts rechtfertigen, und indem er den Protest der deutschen Regierung, die Versenkung der Lusitania sei vertretbar gewesen, weil sie bewaffnet gewesen sei und Munition geladen gehabt habe, zurückwies, sagt er in Wiederholung der Worte, die er ein paar Monate vorher im Februar benutzt hatte, wenn sich eine solche Versenkung wiederhole, würden die Vereinigten Staaten Deutschland dafür»unnachsichtig zur Rechenschaft ziehen«. In einer zweiten Note sagte er den Deutschen,»nur tatsächlicher gewaltsamer Widerstand oder anhaltende Fluchtversuche trotz des Befehls zu stoppen haben je als Rechtfertigung dafür gegolten, daß das Leben der Passagiere und Besatzung verfallen ist«.[20] [28]

Die Versenkung der Lusitania mag politisch ein schwerer Fehlgriff gewesen sein, ließ sich aber militärisch sehr wohl rechtfertigen. Die von den britischen Marinebehörden beabsichtigte Verwendung des Schiffes im Kriege wird daraus ersichtlich, daß eine Silhouette der Lusitania in *Jane's Fighting Ships* für 1914 abgebildet und sie wie erwähnt in Brassey's *Naval Annual 1914* als Handelskreuzer und im *British Naval Pocket Book* als bewaffnetes Handelsschiff aufgeführt war. Selbst wenn sie keine Rüstungsgüter an Bord hatte, so hatte sie doch wie alle anderen britischen Handels- oder Passagierschiffe –

wie die deutsche Admiralität aus erbeuteten Dokumenten wußte – Befehl, U-Boote zu rammen, sobald sie in Sicht kamen. Der britische Journalist Colin Simpson hat kategorisch erklärt, Anfang August sei die Lusitania ins Trockendock gegangen, um dort mit Kanonen ausgestattet zu werden, und am 17. September sei sie ins Flottenregister der Admiralität und ins Hauptbuch von Cunard als bewaffneter Hilfskreuzer eingetragen worden, eine Feststellung, die heiß umstritten ist. [29] Immerhin waren in den Konstruktionszeichnungen der Lusitania Standorte für zwölf Seegeschütze vorgesehen, und nach Colin Simpson herrschte die Meinung, sie und ihr Schwesterschiff, die Mauretania, könnten eine schwerere Breitseite abgeben als die Kreuzer der E-Klasse, die den Kanal verteidigten. [30] Wertvollster Teil der Ladung der Lusitania waren 4200 Kisten mit insgesamt 4 200 000 Schuß Gewehrmunition und einem Pulvergewicht von über 10 Tonnen sowie 1248 Kisten Granathülsen.

Sowohl die britische als auch die amerikanische Regierung dementierten, daß die Lusitania bewaffnet gewesen sei, und das mag auch stimmen. Trotzdem sind noch nach über einem halben Jahrhundert das Dementi und der Hintergrund der Torpedierung umstritten. Auch wenn es keine glaubhaften zeitgenössischen Aussagen von Augenzeugen gibt, daß tatsächlich Geschütze montiert waren, haben doch zwei Tiefseetaucher, die Anfang der sechziger Jahre mehrmals bis zum Rumpf der Lusitania getaucht sind, die Geschichte, die Lusitania sei bewaffnet gewesen, am Leben erhalten. Einer der beiden, der Amerikaner John Bright, sagte, im Halbdunkel der Tiefe habe er Umrisse gesehen, die auf ein Geschütz schließen ließen, und sein Kompagnon äußerte sich noch deutlicher. Sie berichteten auch, mittschiffs hätten sie eine rechteckige Öffnung gesehen, und genau an dieser Stelle war in den Konstruktionszeichnungen der Lusitania ein Geschützstandort vorgesehen. Bailey und Ryan weisen in ihrer sorgfältigen Untersuchung jedoch darauf hin, am besten würden solche Waffen entweder am Bug oder achtern angebracht, und mittschiffs sei als Standort für ein oder zwei Geschütze, an denen damals ja Mangel herrschte, ziemlich unwahrscheinlich.

Ob nun die Lusitania bewaffnet war oder nicht – die Versenkung war eine menschliche Tragödie; 1138 Passagiere, davon 138 Amerikaner, ertranken, darunter viele Frauen und Kinder. Obwohl die deutsche Regierung trotz der von ihr veröffentlichten amtlichen Warnung, nicht mit diesem Schiff zu reisen, den Familien der Toten Entschädigung anbot und auch zahlte, ließ sich der Schrecken und

Schock der amerikanischen Öffentlichkeit und Regierung nicht durch Äußerungen des Bedauerns oder Geldzahlungen besänftigen. Nach Wilsons Doktrin hatten die Amerikaner dieses kriegführende Schiff nicht auf eigene Gefahr benutzt, obschon sie genausogut ein amerikanisches Schiff hätten nehmen können, das am selben Tag ablegte wie die Lusitania und weder bewaffnet war noch Munition geladen hatte. Herr Wilson vertrat die Auffassung, die Amerikaner hätten sich zu Recht auf der Lusitania befunden und mit ihrer Anwesenheit hätten die Deutschen jeden Anspruch, sie zu versenken, verwirkt gehabt.

Ziemlich viele Leute machten sich seine Sicht der Dinge keineswegs zu eigen, so z.b. Außenminister William Jennings Bryan, der zurücktrat, weil er überzeugt war, Wilsons Kurs führe unweigerlich zum Krieg mit Deutschland, Marineminister Josephus Daniels, Senator La Follette aus Wisconsin und andere, die mit Bryan der Meinung waren, mit Kontrabande beladene Schiffe einer kriegführenden Nation könnten nicht durch die bloße Anweisenheit von Amerikanern an Bord geschützt sein. Seltsamerweise ging auch der britische Admiral der Flotte zur Zeit der Versenkung der Lusitania, Lord Fisher, der nach seinem Rückzug ins Privatleben mit seinem früheren Gegenspieler, dem deutschen Admiral Alfred von Tirpitz, einen freundschaftlichen und geheimen Briefverkehr pflegte, keineswegs mit dem Präsidenten einig. Fisher schrieb Tirpitz am 29. März 1916:»Ich tadle Sie nicht wegen der U-Boot-Sache; ich selbst hätte genauso gehandelt.« [31] 20 Jahre später vertrat der Earl of Cork and Orrery ziemlich dieselbe Meinung. In einer Rede vor der *United Service Institution* sagte er 1936:»Blickt man auf den letzten Krieg zurück, so muß man sagen, daß der große Vorteil der Alliierten gegenüber dem Feind ... in der britischen Handelsmarine lag; trotzdem hoben wir in beschwörendem Abscheu die Hände, wenn die Deutschen unsere Schiffe versenkten ... Sehr oft verurteilten wir diese feindlichen Operationen mit der Begründung, auf den Schiffen befänden sich Nichtkämpfende und Frauen und Kinder ... Wenn sich Frauen und Kinder dazu entschließen, auf Schiffen ins Kriegsgebiet zu reisen, dann müssen sie die Dinge nehmen, wie sie kommen. Es ist sehr feige von uns, wenn wir unsere Handelsschiffe mit dieser Argumentation zu verteidigen suchen.« [32]

Bis zum Abbruch der diplomatischen Beziehungen mit Deutschland durch die Vereinigten Staaten hatten nur drei Amerikaner auf einem amerikanischen Schiff ihr Leben gelassen, und dieses Schiff – die *Gulflight* – fuhr in einem britischen Geleitzug. Als es torpediert wurde, sprangen zwei Besatzungsmitglieder über Bord und ertranken, und der Kapitän starb an einem Herzschlag. [33]

Dennoch vertrat Präsident Wilson die Auffassung, die Vereinigten Staaten würden von einem rücksichtslosen Kulturfeind angegriffen, der ihre Staatsbürger töte, und eben diese hartnäckig hochgehaltene Meinung führte die Vereinigten Staaten an den Punkt, an dem der Krieg nicht mehr zu vermeiden war, es sei denn, Deutschland verzichte auf die einzige Waffe, mit der sich der Druck auf seine schwer bedrängten Heere verringern und die Blockade brechen ließ, die die deutsche Zivilbevölkerung dem Hunger auslieferte. Viel zu wählen war da für die Deutschen nicht; entweder sie akzeptierten Wilsons Forderung und damit die Niederlage, oder aber sie riskierten den Krieg gegen die Vereinigten Staaten mit gewissen Siegesaussichten.[21] So entschied man sich denn lieber zum Kriegsrisiko: Deutschland konnte England nur durch eine vollständige Blockade besiegen oder an den Verhandlungstisch bringen; waren die deutschen U-Boote im uneingeschränkten U-Boot-Krieg erfolgreich, dann verringerte das entweder die den Alliierten ohnehin zuströmende amerikanische Hilfe oder schnitt sie gar ganz ab; blieb der Erfolg dagegen aus, dann allerdings stand dem Reich anstelle Rußlands ein neuer und mächtiger Feind gegenüber und war der Krieg verloren. Die deutsche Erklärung des *schrankenlosen* U-Boot-Krieges in den Gewässern um die britischen Inseln war eine völkerrechtswidrige Maßnahme gegen eine ebenso völkerrechtswidrige Blockade, der die Vereinigten Staaten beipflichteten. Als in der Folge amerikanische Schiffe versenkt wurden und Amerikaner starben, konnte der Kongreß gar nicht anders, als die von Wilson geforderte Kriegserklärung billigen.

In der späteren Kontroverse um den Eintritt Amerikas in den europäischen Krieg sind viele Theorien vorgebracht worden, mit denen erklärt werden sollte, wie es dazu kam. Die offenen und versteckten Aktivitäten der Munitionshersteller, das wirtschaftliche Bündnis als Folge der Belieferung der Alliierten mit Kriegsausrüstung in Millionenhöhe durch amerikanische Hersteller, die industrielle Hochkonjunktur als Ergebnis der alliierten Kriegskäufe, der Umstand, daß vor Kriegseintritt Amerikas die Firma J. P. Morgan im Besitz englischer Wechsel im Wert von 400 Millionen Dollar war, die England unmöglich einlösen konnte, all das wurde als wichtiger Faktor angeführt, warum Amerika in den Krieg eintrat. Oberst House[22] und Robert Lansing lagen wirtschaftliche Verbindungen keineswegs besonders am Herzen. Wie der anglophile amerikanische Botschafter in London, Walter Hines Page, waren auch sie fest davon überzeugt, daß es entscheidend um eine moralische Frage gehe. Page war dem Foreign Office bei der Beantwortung amerikanischer Noten behilflich; dem State Department schickte er lange Darstellungen angeblicher deutscher Greueltaten, die ihm die Engländer lieferten und von denen fast keine stimmte. Er war der Meinung, es wäre »ein ganz großes Glück für die Vereinigten Staaten, wenn wir gegen Deutschland in den Krieg zögen«, denn es würde unter anderen Vorteilen auch »die Befreiung von Verweichlichung und Geckenhaftigkeit« mit sich bringen. [34] Page hegte recht seltsame Auffassungen, was die Vereinigten Staaten brauchten; er wollte Neger, Juden und Deutsche vom Lande fernhalten; Neger und Juden sah er als rassisch, Deutsche als politisch nicht assimilierbar an. [35] Die Herren Page und Wilson waren gleichermaßen davon überzeugt, die Amerikaner seien allen anderen Völkern der Erde moralisch überlegen, und Page war mit Wilson einer Meinung, die Vereinigten Staaten müßten sich in den Dienst der Menschheit stellen, wenn die Welt noch einmal gerettet werden sollte.

Zu diesem Zweck hatte Wilson wenige Monate nach der Versenkung der Lusitania Colonel House mit einem Auftrag nach Europa geschickt, in dem sich die ganze Ungereimtheit seiner eigenen Zielvorstellungen niederschlug. House sollte die kriegführenden Mächte dazu veranlassen, dem amerikanischen Präsidenten die Möglichkeit zu geben, in dem Konflikt als Vermittler aufzutreten; gleichzeitig sollte er die Briten zur grundsätzlichen Annahme dieser Vermittlung mit der Erwartung überreden, daß die Deutschen den Plan ablehnten und die Vereinigten Staaten dann auf seiten der Alliierten in den Krieg eintreten könnten. In einem Brief, den House im Oktober 1915 vor seinem Aufbruch zu seiner Friedensmission an Sir Edward Grey schrieb, sagte er zur Erläuterung seiner Absichten, wenn die Mittelmächte halsstarrig blieben, müßten die Vereinigten Staaten wahrscheinlich auf seiten der Alliierten in den Krieg eintreten »und den Frieden erzwingen«.[36] Anfang 1916 fragte Botschafter Page in einer Besprechung mit führenden Engländern Herrn House, was England nach Meinung der Vereinigten Staaten tun solle. Zur Befriedigung aller Anwesenden erwiderte House: »Die Vereinigten Staaten möchten, daß Großbritannien das tut, was den Vereinigten Staaten die Möglichkeit gibt, Großbritannien den Krieg gewinnen zu helfen.« [37] Die Reise blieb ergebnislos; unter den gegebenen Umständen sahen weder die Engländer noch die Franzosen irgendeinen Vorteil in Friedensverhandlungen, und die Franzosen sagten das offen. Mochte Herr Wilson auch von den Segnungen des Friedens sprechen, so hatten seine Ergüsse bei solchen Gelegenheiten doch herzlich wenig mit dem gemein, was er bei seinen tagtäglichen Entscheidungen sagte und tat.

Viel wichtiger noch als die wirtschaftliche Verzahnung war jedoch die amerikanische Grundeinstellung, wie sie an führender Stelle in der amerikanischen Regierung und in dem, was wir heute die Medien nennen würden, zum Ausdruck kam. Das tiefe und oft heftige Mißtrauen gegen die Briten, das mit der amerikanischen Revolution entstanden war und während des Bürgerkrieges anhielt, hatte sich in den Vorstellungen der Meinungsmacher des Landes allmählich gelegt (auch wenn es bei den Iren und Deutschamerikanern noch weiterhin fortdauerte), nachdem ein ganzes Jahrhundert verflossen war, ohne daß es zu neuen kriegerischen Handlungen mit dem früheren Mutterland gekommen wäre. Die Gemeinsamkeit von Sprache und Kulturerbe sorgte dafür, daß der Verkehr mit England, aber auch die Ansprechbarkeit auf britische Propaganda, bei weitem leichter war als mit irgendeinem anderen europäischen Land. Die blutrünstigen Greuelgeschichten, die die englische und amerikanische Presse druckte und die hervorragende Gelehrte beider Länder bezeugten, waren – wie sich später herausstellte – fast durchweg erfunden, aber eben diese Geschichten lasen und glaubten große Teile der amerikanischen Öffentlichkeit ebenso wie die Schlüsselfiguren in der Regierung, und jedes deutsche Dementi war nichts als ein Strohhalm im Orkan der amtlichen wie öffentlichen Empörung über die angebliche deutsche Barbarei. Nicht nur Amerika war in jener Zeit in dieser Beziehung noch sehr naiv, auch viele Engländer und Europäer schenkten diesen gespenstischen Geschichten Glauben. Schon die Idee einer durchorganisierten Propaganda als Waffe war etwas völlig Neues, obgleich die Technik als solche schon 2400 Jahre vor dem Ersten Weltkrieg von dem chinesischen Strategen Sun Tsu beschrieben und seitdem, wenn auch ziemlich unplanmäßig, immer verwendet worden war. Weder das amerikanische Volk noch seine Regierung hatten eine deutliche Vorstellung von großangelegter psychologischer Kriegführung; auch die Deutschen nicht, wenngleich sie immer wieder Versuche in dieser Richtung machten. Der deutsche Propagandaapparat lag in den Händen der Armee und war im Vergleich zur Leistung der brillanten Zivilisten, die sich in England der Propaganda annahmen, schwerfällig und wenig überzeugend. 1914 aber war mit dem Einsatz der Volksheere und der Notwendigkeit, die Heimatfront zu mobilisieren, ein Propagandaaufgebot einfach unerläßlich, und ein deutscher Gefreiter sollte aus den Lehren der Alliierten großen Nutzen ziehen.

Die tatsächliche Leistung der Propagandatechnik wird oft von der Propaganda selbst noch gewaltig übertrieben, aber geschickt eingesetzt ist sie doch eine furchterregende Waffe. Erfolgreiche Propaganda muß plausibel sein, muß in etwa das ansprechen, wovon die Leute glauben können, daß es stimmt. Sie kann Tatsachen zurückhalten, verdrehen oder aufplustern, aber sie widerlegt sich selbst, wenn sie unglaubwürdig wirkt, sogar dort, wo es sich gar nicht um Propaganda handelt, sondern um einfache, ungeschminkte Wahrheit. Vielleicht kann Propaganda die Menschen von dem überzeugen, was sie gerne glauben möchten; jedenfalls läßt sich bezweifeln, Propaganda oder irgendeine andere Werbung hätten jemals etwas an den Mann gebracht, was die Öffentlichkeit glatt ablehnt[23] oder nicht hinzunehmen bereit ist.

In mancher Beziehung leisteten die Deutschen selbst den Alliierten jedoch beträchtliche Schützenhilfe, so z.b. mit Bethmann Hollwegs Bemerkung über die Verträge, die ein Fetzen Papier seien, oder mit der Hunnenrede des Kaisers, der Hinrichtung der englischen Krankenschwester Edith Cavell, der Versenkung der Lusitania, der Exekution von Geiseln und der Deportierung belgischer und französischer Zwangsarbeiter nach Deutschland. Fast alle diese Vorkommnisse wurden später durch zahlreiche alliierte und neutrale Beobachter als gerechtfertigt oder jedenfalls anders zu interpretierend dargestellt, aber auf die erhitzten Gemüter mitten im Krieg wirkten sie doch als sichtbarer Beweis für den grundsätzlichen Unterschied der Art der Kriegführung und vielleicht auch des Nationalcharakters. Die englische Krankenschwester Edith Cavell, um nur ein Beispiel herauszugreifen, hatte sich zweifellos einer mit der Todesstrafe zu ahndenden Verfehlung schuldig gemacht; als Oberin einer Schwesternschule in Brüssel hatte sie etwa 200 jungen Männern zur Flucht aus Belgien verholfen und damit vielen die Möglichkeit verschafft, wieder in die alliierten Heere einzutreten. Vor Gericht gestand sie ihr Tun unumwunden ein und sagte, sie wisse, daß einige, die sie aus dem Land geschmuggelt hatte, wieder in die alliierten Streitkräfte eingetreten seien. Trotzdem war es ein grober taktischer Fehler der psychologischen Kriegführung, sie hinzurichten, ein Fehler, den die Engländer – auch nachdem Miss Cavell[24] erschossen worden war – wohlweislich unterließen, wenn sie weibliche deutsche Agenten faßten.

Die Hinrichtung wurde nicht nur von dem deutschen General gebilligt, der das Todesurteil bestätigte, sondern auch von Thomas Mann, der schrieb, Miss Cavell habe ihr Pflegerinnenkleid mißbraucht, und wenn sie zu heroisieren auch erlaubt sei, so deshalb, weil sie die möglichen Folgen ihrer nicht einmal rein patriotischen (denn sie sei ja Engländerin, und die Soldaten, denen sie zur Flucht verholfen habe, seien Belgier gewesen), sondern politischen Handlungen kannte und zu tragen bereit gewesen sei. [38] Sicherlich hätte es der deutsche Generalstab ebenso wie der Schriftsteller als unwürdige Reaktion auf die Heuchelei der Entente betrachtet, in Kriegszeiten Gefühlen nachzugeben, wie sie in dem Vers zum Ausdruck kommen: »Zwischen Steigbügel und Boden / fand er Gnade, die geboten«, und sie konnten weder auf sich selbst noch auf Miss Cavell deren Worte vor dem Exekutionstrupp anwenden: »Im Angesicht Gottes und der Ewigkeit erkenne ich, daß Vaterlandsliebe nicht ausreicht. Ich muß mich freimachen von allem Haß und aller Bitterkeit.«

Dank solcher deutscher Hilfestellung konnten die Alliierten die abscheulichsten Geschichten von deutschen Greueltaten erfinden und im Laufe der Zeit höchstenorts sowohl bei der eigenen als auch der amerikanischen Bevölkerung leidenschaftlichen Glauben finden. Außer den Deutschamerikanern, die keinerlei bedeutsame Regierungsämter bekleideten, schenkte man in den Vereinigten Staaten den angeblichen Greueltaten russischer Soldaten in Ostpreußen – mit Ausnahme einiger französischer Vorstöße nach Elsaß-Lothringen war das der einzige Teil Deutschlands, den der Feind besetzte – wenig Beachtung. Die deutschen Heere dagegen waren in Frankreich, Belgien, Polen und Rußland eingefallen, und da ließ sich eine ganze Flut von Greuelmärchen in Umlauf setzen, die kaum nachzuprüfen waren, und die Dementis konnten mit der Ausstoßrate gar nicht Schritt halten. Bald waren die Spalten der amerikanischen und alliierten Presse voller Geschichten von Kindern, denen die Deutschen mit dem Bajonett die Hände abgehackt hatten[25], von Frauen, denen die Brüste abgeschnitten wurden, von der Herstellung von Seife aus Menschenfett in Deutschland, von zu Tode gequälten alliierten Soldaten und Säuglingen – und jede wurde feierlichst bezeugt in den amtlichen Berichten, von denen es hieß, sie stützten sich auf eidesstattliche Aussagen von Augenzeugen.[26] In einer rumänischen Zeitung stand zu lesen, deutsche Frauen trügen Halsketten aus Augen, die französischen Verwundeten ausgestochen worden seien; belgische Berichte wußten von einem Bauern zu erzählen, dessen Arm dreimal längs durchschnitten und der dann mit dem Kopf nach unten aufgehängt und bei lebendigem Leib verbrannt worden sei. In Antwerpen, so hieß es, seien Priester als Klöppel an Kirchenglocken gehängt worden. Jungens seien gezwungen worden, als nackte Zielscheiben für deutsche Soldaten über ein Feld zu laufen. Einem Mann habe man die Ohren abgeschnitten, ihn in ein brennendes Haus geworfen, mit dem er dann verbrannt sei. Die Greuelgeschichten nahmen kein Ende: schwangeren Frauen seien die Bäuche aufgeschlitzt, Brunnen vergiftet worden, die deutschen Bajonette hätten Sägeschliff bekommen, um gräßlichere Wunden beizubringen. Diese Bajonett-Story wurde ergänzt durch den Bericht, die Deutschen sägten den Gewehrkugeln die Spitze ab, um den Einschuß in den Körper des Opfers zu vergrößern. Und dann kam die letzte, gemeinste Waffe, die nun keine Propagandaerfindung war: Giftgas, das zuerst die Deutschen und nach ihnen die Alliierten einsetzten. Den Deutschen – so tönte die alliierte Propaganda unermüdlich – liege überhaupt nichts an den Gesetzen Gottes oder der Menschen: Sie versenkten Handelsschiffe und Lazarettschiffe und schössen auf die Überlebenden, sie beschössen Lazarette und Krankenhäuser, und sie ermunterten die mit ihnen verbündeten Türken zum Massenmord an den Armeniern. Die Liste der Anklagen war lang und reichte für den ganzen Krieg.

Versuche, den Greuelmärchen entgegenzutreten, waren wenig erfolgreich. In den ersten Septemberwochen 1914 erklärten einige amerikanische Reporter – Irvin S. Cobb vom *Philadelphia Public Ledger*, Harry Hansen von der *Chicago Daily News* und James Bennett und John McCutcheon von der *Chicago Tribune* –, die beim deutschen Heer in Belgien weilten, sie könnten auch nicht von einer einzigen unnötigen Brutalität berichten, und ähnlich lautete auch das Zeugnis anderer neutraler Beobachter, ein Zeugnis, das großenteils durch Nachkriegsuntersuchungen, auch denen alliierter Kommissionen, untermauert wurde. Man stellte Auszüge und 37 Tagebücher zusammen und druckte 500 der 1200 Zeugenaussagen ab, auf denen der berüchtigte, 1915 veröffentlichte *Bryce Report* über deutsche Greueltaten in Belgien angeblich basierte, und viele Jahre später erklärte ein amerikanischer Gelehrter, »in keinem einzigen findet sich auch nur ein Fall der angeblichen ›Greuel‹, obgleich in vielen von der Hinrichtung angeblicher Franktireure und noch mehr von Plünderungen die Rede ist«. Darüber hinaus stellte er fest, die amtlichen belgischen Berichte von 1922 enthielten »absolut keinen« Beleg der Vorwürfe des *Bryce Report*.[39]

Trotzdem wurden Greuel begangen, und zwar von beiden Seiten. Ein langanhaltender Krieg mit Millionen Männern, deren ganze Aufgabe es ist, sich gegenseitig hinzuschlachten, läßt sich einfach nicht führen, ohne daß es zu Verletzungen der Gesetze und Bräuche des Krieges kommt. Und dann gab es Brutalitäten, die technisch gesehen keine Kriegsverbrechen waren. In Belgien erschossen die Deutschen im Laufe des Krieges rund 5000 Zivilisten, die einen als Geiseln, die andern als vorgebliche Franktireure, Zivilisten, die keine Uniform oder sie sonst als Kämpfende ausweisende Kennzeichen trugen und die beschuldigt wurden, auf deutsche Soldaten geschossen zu haben. Unter den Zivilisten waren auch Frauen und Kinder, die nach deutschen Angaben aus Versehen umkamen, wenn sie zwischen den Fronten gefaßt wurden oder in Häusern waren, aus denen Heckenschützen schossen und die deswegen in Brand gesteckt wurden. Die Hauptanklage gegen die Deutschen aber waren die Geiselerschießungen. Für die Deutschen, deren ganze Erziehung sie in der Uniform den Rock der Ehre oder gar ein geheiligtes Kleid erblicken ließ, war das Beschießen ahnungsloser Truppen durch Personen in Zivilkleidung ein schweres Verbrechen. Auf jemand, der sofort als feindlicher Soldat erkennbar war, zu schießen oder von ihm beschossen zu werden, war gerechtfertigt, aber wenn beispielsweise eine deutsche Kompanie in eine belgische Stadt marschierte und Schützen in Zivilkleidung, die sich hinter den Mauern scheinbar friedlicher Häuser verbargen, einen Leutnant töteten und vier Soldaten verwundeten, dann war das Mord und als solcher zu ahnden.

Da die Mörder oft nicht auffindbar waren, bediente man sich der grausamen, aber traditionellen Maßnahmen gegen diese hinterhältige Taktik; man nahm Geiseln aus der Zivilbevölkerung, deren Leben bei weiteren Franktireur-Anschlägen in der Umgebung als verwirkt galt. Auch die Franzosen nahmen bei der Besetzung eines Teils von Elsaß-Lothringen 1914 Geiseln, desgleichen die Russen in Ostpreußen. Die Hinrichtung von gewöhnlich unschuldigen Geiseln war ein Extremverfahren, mit dem die Wiederholung ungesetzlicher Handlungen, gegen die es kein anderes Mittel gab, verhindert werden sollte. Eine rohe Maßnahme, aber ebensowenig ungesetzlich wie die Hinrichtung von Miss Cavell, und sie fand noch lange nach dem Ersten Weltkrieg in vielen Besatzungsarmeen Anwendung.[27]

Nach belgischer Auffassung hatten viele der von den Deutschen Hingerichteten nach den Regeln des Völkerrechts gekämpft und waren Geiseln zu Hunderten einfach massakriert worden. Die Deutschen dagegen sahen jeglichen Widerstand gegen die Besatzung als unrechtmäßig an, eine Auffassung, die sich die Amerikaner später zu eigen machten, als sie im Zweiten Weltkrieg Teile Deutschlands besetzten. Obwohl die Frage der Franktireure für die Deutschen wie Belgier gleichermaßen heikel war, strich die nach dem Krieg eingesetzte belgische Kommission zur Untersuchung von Kriegsverbrechen aus ihrer Beschreibung der von den Deutschen getroffenen Gegenmaßnahmen das Wort »Greuel« und ersetzte es durch den Begriff *attentat*, also »Anschlag« oder »Gewalttat«. Und als die Leidenschaften allmählich abebbten, fand das Verhalten der Deutschen bei Neutralen ebenso wie bei alliierten Generälen und Diplomaten zunehmend Verteidiger. Schon 1918 erklärte General Pershing, einige der ausgefallensten deutschen Greuel seien nie begangen worden; Admiral William Sims sagte, die deutschen U-Boote seien in der Regel auf humane Weise vorgegangen, und U-Boot-Besatzungen hätten mehr als einmal die Überlebenden versenkter Schiffe mit Nahrung und Wasser versorgt; ein englischer Marinekommandant, J. M. Kenworthy, nannte den U-Boot-Krieg »rechtens und logisch«, und der englische Diplomat Harold Nicolson bekannte: »Während des Krieges logen wir abscheulich«, und das bedaure er. [40]

Obwohl zweifellos beide Seiten während des Krieges Greuel begingen – auch die Deutschen hatten eine lange Liste angeblicher alliierter Greuel aufgestellt –, fanden nur die von den Deutschen begangenen Frevel nennenswerte Beachtung, und das hatte für die gesamte Bevölkerung ernste Folgen. Die drückendsten Bestimmungen des Versailler Vertrages wurden mit moralischer Verurteilung gerechtfertigt, Deutschland allein war schuld am Krieg, der Kaiser sollte »wegen Hochverrats an der internationalen Moral und der Heiligkeit der Verträge« vor Gericht gestellt werden. Nur Deutsche waren wegen Verstößen gegen die Gesetze und Bräuche des Krieges vor Gericht zu stellen, und die als Entschädigung für ziviles Leben und Eigentum in den alliierten Ländern zu zahlenden Reparationen war Deutschland schuldig, weil es zu Lande, zu Wasser und in der Luft eine Aggression begangen hatte. Eben weil der Vertrag Deutschland als alleinschuldig für den Krieg erklärte, bürdete er ihm eine Last auf, die kein Land der Welt hätte begleichen können, und trennte außerdem deutsches Gebiet vom Reich ab, teilte Ostpreußen mit einem polnischen Korridor und ließ das Reich mit einem Hunderttausend-Mann-Heer ohne Panzer und Luftwaffe fast schutzlos dastehen. Das Leitprinzip der Selbstbestimmung, das sowohl die Sowjetunion als auch Herr Wilson vertraten, galt für jedermann, nur nicht für die Deutschen.[28]

Große Landstriche in Ostdeutschland, in Schlesien und nach dem Vertrag von St. Germain im Sudetenland wurden Ländern zugeschlagen, die von nichtdeutschen Regierungen regiert wurden, die für sich selbst eben jenes Recht auf Selbstbestimmung forderten, das sie den Deutschen weder innerhalb noch außerhalb ihrer Grenzen zuzugestehen bereit waren.

Die Frontsoldaten, unter ihnen Adolf Hitler, hatten keineswegs den Eindruck, sie hätten sich irgendwie schlechter benommen als die Truppen im gegenüberliegenden Schützengraben. Und weder sie noch die Zivilbevölkerung in der Heimat konnten je glauben, die deutsche Regierung sei ganz allein an dem Krieg schuld gewesen, in dem sie über vier Jahre lang hatten verzweifelt kämpfen müssen – eine Ungläubigkeit, die in den folgenden Jahren Historiker und Publizisten jeder Nationalität teilen sollten. Aber gerade die angebliche Schuld Deutschlands, den Krieg bewußt angezettelt zu haben, und der Glaube der alliierten Staatsmänner an ihre eigene Propaganda über die Unmenschlichkeit, mit der die Deutschen gekämpft haben sollen, gaben die moralische und sogar juristische[29] Rechtfertigung ab für die Bedingungen des Vertrages, den jeder Deutsche, ob er nun links, rechts oder in der Mitte stand, als das schändliche Versailler »Diktat« ansehen sollte.

Zweimal wurde Hitler verwundet, zum erstenmal im Herbst 1916 bei Le Barqué, wo er am rechten Oberschenkel getroffen wurde[30], zum zweitenmal 1918, weniger als einen Monat vor Waffenstillstand, bei einem Gasangriff bei Wervik. Er erblindete vorübergehend und erfuhr in seinem Lazarettbett die Nachricht, die Revolution sei ausgebrochen und Deutschland sei besiegt worden. Für ihn und für viele Tausende, die den Krieg mitgemacht hatten, war diese Nachricht niederschmetternd. Sie hatten in den Schlachten ihr Bestes gegeben, hatten ihre Kameraden zu Tausenden sterben sehen; doch all die Opfer, der Granathagel, den sie Tag und Nacht erduldet hatten, die irgendwie erkämpften und irgendwie gehaltenen hoffnungslosen Stellungen, all das war nun umsonst gewesen. Die kampfergrauten Truppen, die da aus den besetzten Gebieten Belgiens, Frankreichs und Rußlands ins Vaterland zurückkehrten, hatten ganz und gar nicht das Gefühl des Besiegtseins, das dem Wissen entstammt, daß der Feind im Felde überlegen war. Sie hatten die ganzen vier Jahre lang hart gekämpft gegen eine Übermacht von Menschen und Material, und sie hatten, wie sogar ihre Feinde zugaben, Heldentaten der Tapferkeit vollbracht in ganz Europa und in Afrika, wo eine deutsche Armee noch nach dem Waffenstillstand aushielt und wo trotz Herrn Wilsons Versprechen in seinen Vierzehn Punkten, Kolonialforderungen würden unparteiisch geschlichtet, alle deutschen Kolonien verlorengingen und die Sieger sie unter sich aufteilten. Weder Hitler noch auch die Tausende anderen, die an der Front gekämpft oder heroisch die Härten des Daseins in der Heimat ertragen hatten, konnten diese Niederlage je verdauen. Sie blieb ihnen ewig unbegreiflich und war nur zu erklären durch rabenschwarzen Verrat, Betrug, den Dolchstoß in den Rücken, durch Kommunisten und Juden.

Die deutschen Siege in Rußland hatten dem Reich die Möglichkeit gegeben, bei Brest-Litowsk[31] seinen eigenen Frieden, sein eigenes »Diktat« aufzuzwingen, aber auf das Versailler Diktat wurde das deutsche Volk dadurch nicht vorbereitet. Mochten die Bedingungen des Friedens von Brest-Litowsk auch hart sein, so trennte er doch keine rein russischen Bevölkerungen oder Gebiete vom Mutterland ab und verlangte keine Reparationen, die denen von Versailles irgendwie vergleichbar gewesen wären.[32] Die Ländereien, die der Sowjetunion abgenommen wurden, waren nicht russisch – Polen, Lettland, Litauen, Finnland und die Ukraine sowie die Bezirke von Kars, Ardahan und Batum, die an die Türkei gingen.[33]

Der Bevölkerungs- und Gebietsverlust der Sowjetunion war zwar sehr groß – 46 Millionen Menschen und fast eine Million Quadratkilometer –, aber für diese Millionen Menschen in Polen, den baltischen Staaten, Finnland und der Ukraine bedeutete der Vertrag von Brest-Litowsk eine gewisse Hoffnung auf Befreiung vom Joch einer seit jeher als fremd erachteten Regierung. Zwar hätte der Verlust der Ukraine für die sowjetische Wirtschaft einen schweren Schlag bedeutet, aber deren Bevölkerung war meistenteils ganz und gar antisowjetisch und antirussisch eingestellt und blieb es auch für lange Jahre.[34] Weder sie noch die Bevölkerung anderer befreiter Staaten wollten die russischen gegen deutsche oder österreichische Herren vertauschen, aber infolge der russischen Niederlage ergab sich für sie doch eine gewisse Aussicht auf eine nationale Existenz, auch wenn die Deutschen einen Großteil zu beherrschen gedachten. Die Revolutionäre in Rußland andererseits hatten mit dem Krieg die Möglichkeit bekommen, das reaktionäre, feudale Zarenregime loszuwerden und eine neue Gesellschaft aufzubauen. Sie konnten es sich leisten, Gebiete und Bevölkerungen gegen einen, wenn auch nur vorübergehenden, Frieden einzutauschen, denn die Zeit arbeitete für sie. Jedenfalls meinten sie das. Freilich: Die gesamte Brest-Litowsker Friedensdelegation wurde später von der Revolution, an der sie mitgeholfen hatte, liquidiert. Der erste Delegationsleiter, Joffre, beging Selbstmord; sein Nachfolger Trotzki wurde im mexikanischen Exil ermordet; Admiral Altvater und General Samoilo starben im Terrorregime von 1918; zwei weitere Delegationsmitglieder, Sokolnikow und Radek, kamen in sowjetische Konzentrationslager und weitere zwei, Kamenew und Karachan, wurden bei späteren Säuberungen hingerichtet. [41] Aber als der Vertrag von Brest-Litowsk unterschrieben wurde, erwartete die sowjetische Führung zuversichtlich revolutionäre Aufstände nicht nur in den von Rußland abgetrennten Gebieten, sondern auch in ganz Europa sowie in den Heeren der Entente wie der Mittelmächte.

Trotz des vorübergehenden Bevölkerungs- und Gebietsverlusts (bald sollte die Rote Armee die Ukraine wiedererobern und Polen wiederzuerobern versuchen) und trotz des Bürgerkriegs in Rußland und der Intervention der Alliierten konnten die kommunistischen Revolutionäre optimistisch in die Zukunft blicken. Für sie folgte die Geschichte unweigerlich den Gesetzen der marxistischen Doktrin, das Zarenregime war zerstoben, Kerenski und sein Marionettenregime in der Hand der Alliierten hatten sie besiegt, und sie konnten Hunger und Elend des Nachkriegs-Rußland durchstehen und den Kampf gegen die Überbleibsel der von den Alliierten unterstützten Zarenarmee gewinnen, denn sie waren ja die Avantgarde der neuen Ordnung nicht nur Rußlands, sondern der Welt. Für die marxistische Führung Sowjetrußlands war Brest-Litowsk nichts als ein vorübergehendes und wieder zu beseitigendes Hindernis, als was es sich dann auch herausstellte; schon der Waffenstillstand vom November fegte es beiseite.

Für Deutschland sahen die Dinge ganz anders aus. Zwar war die deutsche wie vordem die russische Revolution die Folge einer militärischen Niederlage, aber mit ihr ging keinerlei messianisches Fieber und kein Glaube an den historischen Imperativ einher, wie sie die kommunistische Machtergreifung kennzeichneten. Die deutsche Revolution produzierte eine Republik weitgehend deshalb, weil Herr Wilson erklärt hatte, er werde nur mit einer demokratischen Regierung[35] verhandeln, und die Ausrufung der Republik wie der Waffenstillstand waren nichts als das Vorspiel zu einer fortdauernden Katastrophe.

Die alliierte Blockade blieb bis zum 12. Juni 1919, zwei Tage nach der Ratifizierung des Versailler Vertrages durch Deutschland, in Kraft und hat nach deutschen Schätzungen dreiviertel Millionen Menschen das Leben gekostet; die blutigen, bewaffneten Aufstände in vielen Teilen des Landes wurden angeführt von Nachäffern der russischen Revolution und ließen sich nur durch noch mehr Schießereien entwurzelter Männer niederkämpfen, die sich an zerschlissene Fetzen dessen klammerten, was sie hinter sich gelassen hatten, als sie in den Krieg zogen, und die nicht weniger hungrig und ziellos waren als ihre Gegner.

Kein Mensch, kein Schlieffen und kein Poincaré, Lord Grey nicht und auch nicht der Kaiser oder Präsident Wilson, hatte die Konsequenzen des Ersten Weltkrieges vorausgesehen. Sein wichtigstes Ereignis war der Triumph der russischen Revolution, die Errichtung der Union der Sozialistischen Sowjetrepubliken, und dieses Ereignis sollte die inneren Verhältnisse der einzelnen Länder und das Kräfteverhältnis in Europa und der Welt viel nachhaltiger beeinflussen, als die Gründung des Deutschen Reiches es 1871 getan hatte. Im Gefolge des Krieges stürzte England von seinem Sockel als führende Handels- und Seemacht der Welt, gewann Frankreich zwar eine prekäre Vormachtstellung in Europa, stand aber weiter dem riesigen Schatten eines geeinten Deutschland gegenüber, und schrieb Clemenceau über Glanz und Elend des Sieges. In heftiger Gegenreaktion zu Wilsons Politik zogen sich die Vereinigten Staaten aus Europa zurück, und sein Plan eines Völkerbunds fand in den Augen der französischen Führung so ungnädige Aufnahme, daß sie als Preis für ihren Beitritt ein Militärbündnis mit England *und* den Vereinigten Staaten verlangte und erhielt. Für Deutschland gab es keinen Glanz, sondern nur Elend; es war nicht nur besiegt, sondern auch gedemütigt, und es blieb ihm fast nichts als die Legende eines unvergleichlichen Heeres. Das Heer, das es jetzt noch haben durfte, war vielleicht noch groß genug, um mit den Aufständen entwurzelter Menschen in einem Bürgerkrieg fertig zu werden, aber keineswegs fähig, die geschrumpften Grenzen des Reiches gegen einen auch nur einigermaßen ernstgemeinten Angriff Polens oder Frankreichs mit ihren Millionen Soldaten, ihrer Luftwaffe und ihren Panzern zu verteidigen. Noch auch gestattete man Deutschland, an dem von Wilson versprochenen Friedensapparat mitzuwirken, innerhalb dessen die Bedeutung solcher Grenzen geringer sein sollte als vor dem Auftauchen des neuen, im Völkerbund verkörperten Internationalismus. Deutschland war eine schuldige Nation, die in der Armsünderecke der für die Demokratie gesicherten Welt zu stehen hatte.

Was Hitler und die Millionen heimkehrender deutscher Soldaten erlebten und woran sie mitwirkten, war der Beginn einer Revolution des Nihilismus, die in kleinen Ausschnitten die Taktik der russischen Revolution nachahmte und die in der Gegenrevolution von Männern niedergerungen wurde, deren einziges Programm darin bestand, sie niederzuringen. Als Hitler Ende November das Lazarett verließ und nach München ging, konnte er ohne große Umstände diese Revolution in den Rahmen seiner simplistischen Vorstellungen einordnen, was Nationen, deutsche zumal, groß werden und zerbrechen lasse. Die komplizierten Hirngespinste eines Thomas Mann und Oswald Spengler waren nichts für ihn, ebensowenig die marxistischen. In Krieg und Heer hatte er Heimat und Zuflucht gefunden; in der Frontkameradschaft hatte er zum ersten und einzigen Mal die Barrieren durchbrochen, die ihn von den Wienern und Münchnern und seiner Familie getrennt hatten. Das war es, wonach er lange Jahre immer wieder strebte, und die Bewegung, an deren Entstehung er mitwirkte, war darauf ebensosehr gegründet wie auf Haß. Kameradschaft bedeutet immer auch Abgrenzung; Kamerad wird man durch den gemeinsamen Feind, die gemeinsame Gefahr; und in München, wo der Arbeiter-, Bauern- und Soldatenrat unter Vorsitz des romantischen Sozialisten und Juden Kurt Eisner[36] am 7. November den republikanischen »Freistaat Bayern« ausrief, ließ sich der Feind bald so leicht und einfach identifizieren wie vordem in Wien oder in den Schützengräben.

129

KAPITEL 4

DIE TROSTLOSIGKEIT DER NIEDERLAGE

In ganz Deutschland brach die alte politische Ordnung ziemlich sang- und klanglos zusammen. Revolutionskomitees, meist aus SPD und USPD, übernahmen die Macht. Sie brauchten nicht darum zu kämpfen; Fürsten und Könige – die jahrhundertealte Obrigkeit – kamen der Forderung nach einer Republik fast überall sofort nach, manchmal noch ehe überhaupt die Forderung gestellt war.[1]

Nur der Weg nach links stand offen. Der einzige, der im alliierten Lager von einem Frieden ohne Sieger und Besiegte gesprochen hatte, war Woodrow Wilson, und er hatte am 24. Oktober den Deutschen gesagt, die amerikanische Regierung werde mit der Regierung Wilhelms II. nicht verhandeln; wenn »die militärischen Herrscher und monarchischen Autokraten« am Ruder blieben, werde Deutschland kapitulieren müssen. Er sagte auch, den Alliierten könne er nur einen Waffenstillstand vorschlagen, der eine Erneuerung der Feindseligkeiten seitens Deutschland unmöglich mache. Keine dieser beiden Erklärungen schien mit Wilsons früheren Erklärungen zur Friedensfrage im Widerspruch zu stehen.[2] Am 26. Oktober wurde Ludendorff entlassen, und am 9. November, einen Tag nach Ausrufung der bayerischen Republik, rief der Sozialdemokrat Philipp Scheidemann vom Reichstagsgebäude die deutsche Republik aus. Prinz Max von Baden übergab die Kanzlerschaft Friedrich Ebert, dem Vorsitzenden der Sozialdemokraten seit 1913, einem früheren Sattler und Herausgeber des SPD-Blattes *Vorwärts*. Hindenburg und General Groener[3], der an Ludendorffs Stelle getreten war, erklärten sofort, nachdem sie dem Kaiser gesagt hatten, die Armee unterstütze ihn nicht länger, sie stützten die neue Regierung.

Wie in Rußland hatte auch hier die militärische Niederlage die Revolution in Gang gesetzt, aber im Gegensatz zur russischen Armee kämpfte das deutsche Heer weiter, leistete dem Feind an allen Fronten hartnäckigen Widerstand, bis es ins Reich befohlen wurde. Erst dann marschierte es nach Hause. Drei Millionen Mann kehrten binnen dreier Wochen in voller Disziplin aus Frankreich und Belgien heim. Das galt für das Frontheer; in der Etappe sah es anders aus, ebenso in den Reihen der auf Entmobilisierung wartenden Truppen, die sich nicht selten selbst entließen.

Die Front hatte sich gebogen, aber sie war nicht gebrochen. Mitte Juli, wenige Tage, nachdem es der letzten deutschen Offensive mißlungen war, die alliierten Linien zu durchbrechen, waren amerikanische und französische Truppen, an ihrer Spitze 600 Tanks, an der Marne in die deutsche Front eingebrochen. Wenige Wochen später hatten britische Divisionen mit 400 Tanks am 8. August bei Amiens in dichtem Nebel einen breiten Durchbruch durch die Linien der 2. Armee erzielt, bei dem die Deutschen zurückgeworfen worden waren; sie hatten ihre Stellungen nicht halten können, zogen sich unter schweren Verlusten auf beiden Seiten aber alles in allem geordnet zurück. Den Deutschen fehlte es inzwischen sowohl an Reserven als auch an Tanks, um die Gegenoffensive aufzubauen, die bis dahin die alliierten Offensiven zum Stehen gebracht hatten, und wenn, wie Ludendorff sagte, der 8. August »der schwarze Tag in der deutschen Geschichte« war, so standen noch schwärzere bevor. Mitte August teilte der österreichische Kaiser Karl der deutschen Regierung mit, Österreich-Ungarn sei gezwungen, um einen Waffenstillstand einzukommen; Ende September schied Bulgarien aus dem Krieg, und bald sollte es ihm die Türkei gleichtun. Ludendorff geriet in Panik. Er befürchtete jeden Augenblick einen Durchbruch der Alliierten und verlangte deshalb am 29. September, die deutsche Regierung solle sofort um einen Waffenstillstand ersuchen, und Hindenburg war der gleichen Meinung.

Die vielgerühmte analytische Fähigkeit und klinische Objektivität der deutschen Heeresleitung war dahin. Am 13. August, nur fünf Tage nachdem Ludendorff vom schwarzen Tag in der deutschen Geschichte gesprochen hatte, erklärte er, Belgien und Polen müßten unter deutschem Einfluß verbleiben. Noch am 2. September hatte Hindenburg versprochen, trotz der amerikanischen Truppen an der Westfront sei Deutschland stark genug, um im Westen einen Frieden durchzusetzen, wie es das im Osten getan habe. Wenige Wochen später dann pflichtete er Ludendorffs Eingeständnis bei, nicht nur der Sieg sei unmöglich geworden, sondern eine militärische Katastrophe stehe unmittelbar bevor.[4] [1]

Aber das war nicht der letzte plötzliche Stimmungsumschwung der Chefs der Obersten Heeresleitung. Zwei Tage nachdem Ludendorff vor den Stabsoffizieren über die verzweifelte Lage an der

Westfront referiert hatte, fragte der Reichskanzler, Prinz Max von Baden, am 3. Oktober Hindenburg, wie lange die Armee den Feind noch jenseits der deutschen Grenzen halten könne. Hindenburg erwiderte, die Frage könne nicht in derselben präzisen Form, in der sie gestellt sei, beantwortet werden, da das Halten von vielen nicht vorhersagbaren Faktoren abhänge, doch könne man hoffen, daß das Heer bis zum nächsten Frühjahr deutsches Gebiet schützen werde. Zwar müßten die Truppen mit feindlichen Einbrüchen rechnen, doch glaube er nicht an einen allgemeinen Zusammenbruch. Auf Prinz Max' Frage, ob sich die Oberste Heeresleitung bewußt sei, daß die Einleitung einer Friedensaktion unter dem Druck der militärischen Zwangslage zum Verlust deutscher Kolonien, Elsaß-Lothringens und rein polnischer Kreise der östlichen Provinzen führen könne, antwortete Hindenburg hochmütig: »Die Oberste Heeresleitung zieht, falls es nicht anders geht, die Aufgabe geringer, französisch sprechender Teile Elsaß-Lothringens in Betracht. Abtretung deutschen Gebiets im Osten kommt für sie nicht in Frage.« [2] Und eine Woche darauf hatte sich Ludendorff so weit von seiner Verzweiflung erholt, daß er am 11. Oktober sagte, Deutschland könne den Krieg weiterführen, wenn eine Kampfpause eintrete – und ein Waffenstillstand war für ihn eine Kampfpause, in der wieder Ordnung hergestellt werden und danach notfalls weitergekämpft werden konnte.

Solchen extremen Schwankungen in der Beurteilung durch die Oberste Heeresleitung standen Heimat und Etappe verständnislos gegenüber. Die Offiziere und Mannschaften an der Front kämpften unverzagt weiter, aber das deutsche Volk war auf einen verlorenen Krieg überhaupt nicht vorbereitet. Es hatte die Entbehrungen und Leiden des Krieges um einer übergeordneten Sache – der Erhaltung des Vaterlandes – willen auf sich genommen. Ein Feind nach dem anderen war besiegt worden, Rußland und Rumänien waren unter den Hammerschlägen des deutschen Heeres zusammengebrochen, und anläßlich der letzten Großoffensive im Frühjahr 1918 war ein Endsieg versprochen worden. Nun mußte es plötzlich erfahren, daß alles verloren sei, daß es ins Unglück geführt worden war.

An der Front zeigte sich kein Anzeichen der Revolte, aber hinter den Linien sah es damit schon anders aus.[5] Am 1. November berichtete General Groener, die Niedergeschlagenheit der aus dem Urlaub zurückkehrenden Männer bedrohe die Moral der kämpfenden Truppe, und eine Landwehrdivision, die im Osten gekämpft hatte und viele Polen und Elsässer umfaßte, habe sich geweigert, an die Front zu gehen. Bald vervielfachten sich solche Berichte über unzuverlässige Divisionen in der Etappe. Die Meuterei vom 30. Oktober auf Schiffen der deutschen Kriegsmarine, die den Befehl erhalten hatten, sich in Wilhelmshaven zusammenzuziehen, war nicht von den U-Boot-Besatzungen ausgegangen, die im Fronteinsatz standen, sondern von Männern, die in diesen letzten Kriegsjahren seit Skagerrak[6] überhaupt nicht mehr zum Kampf gekommen waren.

Der Plan der deutschen Admiralität, in einer letzten, verzweifelten Aktion eine Flotte gegen die Engländer zu schicken, in der aussichtslosen Hoffnung, damit das hartbedrängte deutsche Heer entlasten zu können, traf auf die Weigerung der deutschen Matrosen, bei einem so hoffnungslosen Unternehmen mitzumachen.[7] Die meuternden Matrosen, von denen viele bei Skagerrak und in späteren kleineren Unternehmungen tapfer mitgekämpft hatten, waren nach Aussage einiger bereit, mit aller Kraft die deutsche Küste zu verteidigen, aber sie wollten nicht die britische Flotte angreifen. Anfang November bildete sich in Kiel ein Matrosenrat; als er zu einer Protestkundgebung gegen die Massenverhaftungen nach der Wilhelmshavener Meuterei aufrief, wurden die demonstrierenden Matrosen von Truppen beschossen; acht Matrosen wurden getötet und 29 verwundet. Der Stadtkommandant wurde von einer Marinepatrouille umgebracht.[8]

Dies war das erste Blutvergießen der Revolution, die sich jetzt auf Hamburg, Lübeck und Bremen und dann von den Seehäfen ins Landesinnere ausbreitete. Es war eine ungelenkte, unkoordinierte Revolution, die im wesentlichen von Mehrheitssozialisten (MSPD) und Unabhängigen Sozialisten (USPD)[9] angeführt wurde, von Männern also, die im Reichstag auf Friedensentschließungen gedrängt und Krieg und Monarchie nur in Ermangelung eines Besseren unterstützt hatten, weil beides möglicherweise zu dem langersehnten, höheren sozialen Frieden in Deutschland und zu einer sozialistischen Weltordnung führen konnte, in der Deutschland eine beträchtliche Rolle spielen sollte. Nur wenige Sozialdemokraten hatten einen Weggang des Kaisers gewünscht, bevor sich herausstellte, daß er den Krieg verloren hatte und sie bei seinem Verbleiben auf dem Thron nicht einmal Wilsons Vierzehn Punkte mehr vor einem Rachefrieden retteten.[10]

Seit langem lebte das deutsche Volk nun schon von Siegesversicherungen und knappen Rationen, und viele Menschen waren gefährlich unterernährt. Zwischen 1915 und 1918 stieg die Sterberate um dreiviertel Millionen Menschen und sank die Zahl der Geburten um eine Million. Grippeepidemien, Typhus und Ruhr forderten hohen Zoll an Menschenleben. Es fehlte an Arzneien ebenso wie an Kleidung, obschon alles zu entsprechenden Preisen auf dem schwarzen Markt zu haben war, wo jene, die wußten, wie man's macht, dick und fett wurden. Nach seiner Verwundung 1916 hatte Adolf Hitler diese Verzweiflung und Verschwendung zum Teil miterlebt, als er gegen Jahresende in Berlin auf Urlaub war. Er schrieb später, welcher Schock für ihn die Unzufriedenheit, der Hunger und die Resignation der Heimatfront bedeutete, die Drükkeberger, die sich ihrer höheren Klugheit rühmten, die Heuchelei und der Egoismus der Kriegsgewinnler und der kleinliche Zank der politischen Parteien. Hinter all dem erkannte er klar die unheimliche Gestalt des Juden. [3] Der Winter 1916/17 hieß der Rübenwinter, und der Kontrast zwischen den wohlgenährten Schwarzmarkthändlern und dem Durchschnittsbürger, der sich nach der Kartoffelmißernte hauptsächlich von Rüben ernährte, war ebenso schlagend wie zwischen den Schwarzhändlerbanden und der Fronttruppe.

Die müßig an Land weilenden Matrosen standen der Stimmung der Zivilbevölkerung näher als die Fronttruppe; sie erlebten aus erster Hand die Verheerungen der Blockade in der Heimat, und da sie nichts anderes zu tun hatten, als den monotonen Drill mitzumachen und ihre Schiffe zu schrubben, hatten sie auch Zeit, sich über die Revolution Gedanken zu machen, die sich Rußlands bemächtigt hatte, und über die Art und Weise, wie die Arbeiter-, Soldaten- und Matrosenräte mit dem Krieg Schluß gemacht hatten. Aus kleinen Nöten wurden große Klagen: daß verheiratete Offiziere und Mannschaften in Wilhelmshaven kaum Unterkünfte für ihre Familien fanden, daß zwischen den Rängen gewaltige Privilegienunterschiede klafften, daß kleine Verfehlungen schwer bestraft wurden, daß die Unterkünfte in den müßig auf Reede liegenden Schiffen eng und unbequem waren [4], daß die ohnehin kleinen Rationen auch noch schlecht schmeckten, daß der Alltag nur noch durch Spucken, Polieren und Drillen unterbrochen wurde – lauter Anlässe zur Unzufriedenheit, die ohne Unterbrechung durch Kampf und Schlacht allmählich ins Unerträgliche wuchs.

Auch wenn die deutsche Revolution einen ganz anderen Verlauf nahm, so stand sie doch immer unter dem riesenhaften Schatten der russischen. Ein Jahr, nachdem die Matrosen in Kronstadt mit russischen Arbeitern und Soldaten aus der Petersburger Garnison den Winterpalast gestürmt hatten, wurde der Kieler Matrosenrat gebildet. Lenin hielt Deutschland für den Explosionskern der kommenden Weltrevolution – ein Industrieland, das für eine kommunistische Machtergreifung bei weitem reifer war als das feudale Agrar-Rußland. Im Oktober 1918 schrieb er an ein Mitglied des Zentralkomitees in Moskau, innerhalb einer Woche sei die internationale Revolution so nahe gerückt, daß mit ihr als einem Ereignis der nächsten Tage zu rechnen sei. Rußland dürfe »weder mit der Regierung Wilhelms noch mit der Regierung Wilhelm II. + Ebert und anderen Schurken« ein Bündnis schließen, sondern »wir alle setzen das Leben dafür ein, um den deutschen Arbeitern zu helfen, die in Deutschland begonnene Revolution voranzutreiben ...« Deswegen, so Lenins Schlußfolgerung, müsse die bolschewikische Regierung verzehnfachte Anstrengungen bei der Getreidebeschaffung sowohl für sie als auch für die deutschen Arbeiter machen und zehnmal mehr Meldungen für die Armee erreichen, damit Sowjetrußland im Frühjahr eine 3-Millionen-Armee habe zur Unterstützung der internationalen Arbeiterrevolution. [5]

Die Russische Botschaft in Berlin, die nach der Unterzeichnung des Vertrages von Brest-Litowsk eingerichtet worden war, war ein Zentrum der bolschewikischen Propaganda und der Kontakte mit der radikalen Linken in Deutschland. Als einer der prominentesten linken deutschen Sozialisten, der frühere SPD-Reichstagsabgeordnete Karl Liebknecht, der 1914 und 1915 gegen die Kriegskredite gestimmt hatte und 1916 wegen der Anführung einer Anti-Kriegs-Demonstration ins Gefängnis geworfen worden war, aus der Haft entlassen wurde, übermittelten ihm drei Mitglieder des sowjetischen Zentralkomitees, Lenin, Swerdlow und Stalin, über einen Fernspruch an den russischen Botschafter in Berlin die Glückwünsche des ZK. [6]

Am 18. Oktober 1918 richtete Lenin einen Brief an die Konferenz des linksextremen Spartakusbundes[11], in dem er diesen zu energischen Schritten für die Schaffung von Arbeiter- und Soldatenräten in ganz Deutschland drängte und seine besten Wünsche für den Erfolg der Bewegung übermittelte, die in der schnell reifenden deutschen Revolution, von der er mit Zuversicht hoffe, daß sie dem Weltimperialismus bald entscheidende Schläge beibringen werde, die wichtigste Rolle spiele. Er schloß seinen Brief:»Mit besten Grüßen und mit fester Hoffnung, in nächster Zeit den Sieg der proletarischen Revolution in Deutschland begrüßen zu können.« [7] Für die deutschen Radikalen war klar, welchen Kurs die Revolution nehmen müsse; sie mußte den immanenten Gesetzen der Revolution folgen, wie sie Karl Marx festgelegt hatte, aber auch den Richtlinien, wie Moskau sie bestimmte. Die Sowjetische Botschaft in Berlin unterstützte sie mit Geld und Flugblättern, bis die Ebert-Regierung die Botschaft wegen ihrer Untergrundbetätigung schloß und das Personal nach Rußland zurückschickte.[12]

Die Kommunistische Partei wurde am 30. Dezember 1918 von Spartakisten und »Intellektuellen« gegründet, wobei sie, wie eine spätere Wahl zeigte, bei den Arbeitern, Soldaten oder Bauern kaum Anhänger oder jedenfalls keine Massenanhängerschaft besaß. Zu ihren Mitgliedern gehörten Karl Liebknecht, Rosa Luxemburg und Wilhelm Pieck, der viele Jahre später Präsident der Deutschen Demokratischen Republik werden sollte. Aber der Einfluß der Kommunisten auf den Gang der Ereignisse stand in keinerlei Verhältnis zur Zahl ihrer Anhänger. Am 9. November 1918 nannte Friedrich Ebert in seiner Kundgebung an das deutsche Volk nach seiner Ernennung zum Reichskanzler den neuen Staat eine »Volksrepublik« [8], und die Ausrufung dieser Volksrepublik durch Philipp Scheidemann war nur um wenige Stunden der Ausrufung der »Freien Sozialistischen Republik« und der Weltrevolution durch Karl Liebknecht vorausgegangen, der die ihm zuhörende Menge einen Treueeid auf sie ablegen ließ.

Liebknechts Genossin, die in Polen geborene Rosa Luxemburg, die wie er einen Teil der Kriegsjahre im Gefängnis verbracht hatte, war eine glänzende Theoretikerin des Marxismus und scharfe Gegnerin Lenins. Als fanatische Anhängerin der Diktatur des Proletariats empfand sie für Gemäßigte oder Kompromißbereite nichts als Verachtung, waren sie nun Sozialdemokraten oder Unabhängige Sozialisten. Dies sei die Stunde der Tat, in der sich jeder erklären müsse, sagte sie zu den Berliner Arbeitern; die Parteien sollten nicht alle Klassen der Bevölkerung vertreten, wie Ebert und Scheidemann und andere Sozialisten der Mitte unbedingt wollten, die Revolution müsse namens der Massen gemacht werden, müsse die Arbeiter und nichts als die Arbeiter an die Macht bringen. Zum Teil entsprachen ihre Äußerungen der unverfälschten Doktrin, wie sie Lenin für Rußland wie für Deutschland predigte; daß sie unausweichlich zur Hinschlachtung Tausender und zu einem Terrorregime führte, nahm Lenin ungerührt zur Kenntnis, nicht aber Rosa Luxemburg. In der russischen Revolution gehörte Terror zum selbstverständlichen Arsenal, und Lenin forderte die Deutschen auf, Terror zu üben. Rosa Luxemburg war nicht dieser Meinung.

Sie glaubte, die Diktatur des Proletariats habe die Verwirklichung, und nicht die Abschaffung der Demokratie zur Folge, predigte aber dennoch den Kreuzzug namens einer einzigen Klasse; alle anderen sollten enteignet und damit unschädlich gemacht werden. Das von ihr verfaßte Parteiprogramm für Deutschland folgte der Linie, die sie und Liebknecht seit Jahren vertreten hatten. Es wurde in der Zeitung der Unabhängigen Sozialisten, *Die Rote Fahne*, veröffentlicht und forderte namens des Spartakusbundes die Entwaffnung der Polizei, der nichtproletarischen Soldaten und aller Angehörigen der herrschenden Klassen. Die Arbeiter sollten bewaffnet werden und eine Arbeitermiliz bilden, zu der eine proletarische Rote Garde zum Schutz der Revolution hinzutreten sollte. Die Kommandogewalt der Offiziere und Unteroffiziere sollte aufgehoben und die Offiziere aus den Soldatenräten entfernt werden. Alle politischen Organe und Behörden des früheren Regimes sollten durch Vertrauensmänner der Arbeiter- und Soldatenräte ersetzt werden. Ein Revolutionstribunal sollte eingesetzt werden,»vor dem die Hauptschuldigen am Kriege und seiner Verlängerung, die beiden Hohenzollern, Ludendorff, Hindenburg, Tirpitz und ihre Mitverbrecher, sowie alle Verschwörer der Gegenrevolution abzuurteilen« seien. Zur Sicherung der Volksernährung seien alle Lebensmittel zu beschlagnahmen. [9] Mit den Bruderparteien des Auslandes sei sofort Verbindung aufzunehmen, um die sozialistische Revolution auf eine internationale Basis zu stellen. Der Aufruf schloß mit den Worten:»Auf Proletarier! Zum Kampf! Es gilt eine Welt zu erobern und gegen eine Welt anzukämpfen. In diesem letzten Klassenkampf der Weltgeschichte um die höchsten Ziele der Menschheit gilt dem Feinde das Wort: ›Daumen aufs Auge und Knie auf die Brust!‹« [10] Ein Schlachtruf, der dem Lenins nicht nachstand.

Bis zu Hitlers Machtergreifung mußte jede deutsche Nachkriegsregierung ihren Weg suchen zwischen den Kräften, die solche Forderungen aufstellten und sie in die Tat umzusetzen versuchten, und der radikalen Rechten, die eine andere Diktatur und den Tod der Kommunistenführer forderte. Wie schwach auch in freien Wahlen die zahlenmäßige Anhängerschaft der deutschen kommunistischen Bewegung sein mochte, so sah die Rechte hinter ihr doch stets die bedrohliche Macht der in Rußland entfesselten Revolution. Weder Karl Liebknecht noch Rosa Luxemburg schafften es, in den Kongreß der Arbeiter- und Soldatenräte Deutschlands gewählt zu werden, in dem die SPD die überwältigende Mehrheit bildete, aber das hinderte sie beide nicht daran, in Berlin Arbeiteraufstände anzuzetteln und nach dem Rezept des Parteiprogramms die Macht ergreifen zu wollen, und es konnte auch nicht verhindern, daß sie schließlich von Soldaten, die die Revolte niederschlagen und ihr Wiederaufflackern unmöglich machen wollten, verhaftet und getötet wurden.

Doch nicht allein die extreme Rechte schätzte die Aussichten für eine erfolgreiche kommunistische Revolution hoch ein. Der Führer der Kommunistischen Internationale, Grigorij Sinowjew, sagte im März 1919 den Sieg des Kommunismus in Deutschland für die nächsten Monate und in Jahresfrist für ganz Europa voraus. [11] Das einzige, worin die Führer der radikalen Rechten und der radikalen Linken übereinstimmten, war die Wahrscheinlichkeit einer Machtübernahme durch die Kommunisten, und beide Seiten setzten rücksichtslos alles daran, sie zu erreichen bzw. zu verhindern. In den Wahlen von 1919 hatte sich eine überwältigende Mehrheit des Landes für den gemäßigten Kurs einer republikanischen, parlamentarischen Demokratie ausgesprochen; dennoch drohte jeder Regierung ständig Putsch der extremen Rechten und Linken. Paradoxerweise verhalf den radikalen Flügeln die ausgeprägte Feindseligkeit der äußeren Feinde des Reiches zur Unterstützung. Das Ringen um ein Überleben der eben erst geborenen Republik wurde durch die Forderungen, die die Alliierten an sie stellten, unendlich erschwert.

Die französische Führung ging an Waffenstillstand, Friedensschluß und Nachkriegsjahre mit einer Sicherheitsleidenschaft heran, die schließlich in Besessenheit ausartete. Es war, als könne sie selbst nicht glauben, daß sie den Krieg gewonnen hatte. Als die deutschen Delegierten der Waffenstillstandskommission im Wald von Compiègne im Eisenbahnwaggon mit Marschall Foch zusammentrafen, fragte Foch den deutschen Delegationsleiter Matthias Erzberger, was ihn hergeführt habe. »Was wollen Sie von mir?« fragte Foch. Erzberger antwortete, er warte auf Vorschläge für einen Waffenstillstand zu Lande, zu Wasser und in der Luft, worauf Foch stocksteif erwiderte, er habe keine Vorschläge zu machen. Schließlich gelang es Erzberger, seine Antwort auf Fochs Frage zu dessen Zufriedenheit zu formulieren, aber Foch legte es ganz darauf an, von Anfang an klarzumachen, es seien die Deutschen, die um Bedingungen einkämen. Der *boche* habe seine Niederlage eingestehen müssen, erzählten die französischen Zeitungen noch monatelang unablässig ihren Lesern und zitierten dabei hohe und höchste Stellen.

Die Bedingungen des Waffenstillstandes wie des späteren Friedens waren niederschmetternd, und den Deutschen schien, die immer höher geschraubten Verpflichtungen, die ihnen auferlegt wurden, seien nur dazu ersonnen, ihnen auch das primitivste Überleben unmöglich zu machen. Aus den Formulierungen des Waffenstillstands wie des Friedensvertrags sprachen eindeutig nicht etwa die Vierzehn Punkte Wilsons, sondern die Geheimverträge. Der Waffenstillstand verlangte von den Deutschen nicht nur die Übergabe großer Mengen von Kriegsmaterial an die Alliierten, darunter 1700 Flugzeuge, die gesamte U-Boot-Flotte, sechs Panzerkreuzer, zehn Linienschiffe, acht kleine Kreuzer und 50 Zerstörer, sondern auch, daß sie binnen 31 Tagen nach Unterzeichnung des Waffenstillstands 5000 Lokomotiven, 150 000 Güterwaggons und 5000 Lastwagen lieferten und darüber hinaus eine nicht näher bezifferte Summe an Reparationen zahlten. In den Militärklauseln hieß es u.a., die deutschen Heere hätten sich nicht nur aus den von ihnen besetzten alliierten Gebieten und Elsaß-Lothringen, sondern auch aus den deutschen Kreisen auf dem linken Rheinufer zurückzuziehen. Alliierte und amerikanische Garnisonen sollten die wichtigsten Rheinübergänge bei Mainz, Koblenz und Köln besetzen und an diesen Stellen Brückenköpfe mit einem Radius von 30 km auf der rechten Rheinseite erhalten.»Zwischen dem Fluß und einer parallel zu den Brückenköpfen und dem Fluß in einer Entfernung von 10 km von der Schweizer Grenze bis Holland« verlaufenden Linie sollte auf der rechten Rheinseite eine neutrale Zone eingerichtet werden. Alle alliierten Kriegsgefangenen waren ohne Gegenleistung freizulassen, während gleichzeitig die Blockade in Kraft blieb. Doch das war erst der Anfang.

Jede der drei Verlängerungen des Waffenstillstands kostete zusätzlich. Für die erste, mit der er vom 13. Dezember 1918 bis 17. Januar 1919 verlängert wurde, mußte den Alliierten gestattet werden, die neutrale Zone auf dem rechten Rheinufer nördlich des Kölner Brückenkopfes und bis zur holländischen Grenze zu besetzen. Für die zweite, die am 16. Januar für einen Monat eingeräumt wurde, mußten die Deutschen, weil sie die Zusatzlieferung von 500 Lokomotiven und 19 000 Wagen nicht ausführen konnten, 58 400 Stück landwirtschaftliche Maschinen und Geräte sowie den Abschnitt der Festung Straßburg mit einem Geländestreifen von 5 bis 10 km vor den dortigen Forts übergeben. Außerdem war die gesamte deutsche Handelsflotte der Kontrolle der Alliierten zu unterstellen. Für die dritte Verlängerung vom 19. Februar 1919 wurde die polnische Inbesitznahme großer Teile von Posen durch polnische Freischaren jedenfalls vorläufig bestätigt, indem den Deutschen vorgeschrieben wurde, sie müßten unverzüglich alle »Offensivbewegungen« in diesem Gebiet aufgeben, während den Polen keinerlei Beschränkungen auferlegt wurden. [12]

Die alliierten Forderungen wuchsen unablässig. Nach den Bedingungen des Friedensvertrags schuldeten die Deutschen den Alliierten riesige Mengen Rohstoffe[13] und Vieh [13], und ein englisches Weißbuch berichtet, obwohl Berlin mit weniger als einem Viertel des Vorkriegs-Milchverbrauchs beliefert worden sei, habe eine Bevölkerung, die dem Verhungern nahe sei[14], den Alliierten 150 000 Milchkühe ausliefern müssen. Lebensmittel sickerten nur langsam und in genau rationierten Mengen nach Deutschland hinein[15], und die Blockade wurde erst acht Monate nach der Unterzeichnung des Waffenstillstands und erst nach Unterzeichnung des Friedensvertrages durch die Deutschen aufgehoben.

Der Waffenstillstand war nur der Anfang einer Reihe immer härterer Dokumente, die die Deutschen hinnehmen mußten, und kaum konnten sie je irgendeinen Punkt entdecken, in dem die republikanische Regierung bessere Bedingungen hatte herausschlagen können, als man auch dem Kaiser gewährt hätte. Ein Waffenstillstand ist nicht dazu da, der Macht, die um ihn nachsucht, Vorteile einzuräumen, die sie sonst nicht gehabt hätte, und die Alliierten waren gänzlich abgeneigt, Ludendorff seine Atempause zu geben, damit er wieder kämpfen könnte, noch auch waren sie zu einem Verhandlungsfrieden bereit. Die französische Führung war fest entschlossen, nach Compiègne und Versailles alles andere als bloß vorübergehende Vorteile zu erringen. Sie wußte, daß Frankreich schwächer war als Deutschland, der ganze Kriegsverlauf hatte das bewiesen, und so standen die Franzosen vor der Frage, wie sie die Waagschale zugunsten Frankreichs senken konnten.

Ein Artikel in *L'Homme Libre* machte die heillose Lage Frankreichs deutlich [14]: Bei Kriegsende zählte Frankreich eine Bevölkerung von 39 Millionen, und bei weiterem Sinken der Geburtenrate war es binnen 50 oder 100 Jahren auch ohne deutsche Einwirkung entvölkert. Zur Zeit der Französischen Revolution war Frankreich mit seinen 20 Millionen die volkreichste Nation Europas gewesen, während Preußen damals nur zwei Millionen, das österreich-ungarische Kaiserreich 13 Millionen und England sieben Millionen zählten.

Daran konnten Poincaré, Clemenceau und Foch gar nichts

ändern; das einzige, was ihnen blieb, war Deutschland kleinzukriegen, ein Netz von Bündnissen mit den neuen Staaten Polen, Tschechoslowakei, Jugoslawien und Rumänien um Deutschland zu legen, Umfang und Bewaffnung des deutschen Heeres zu verringern, wirtschaftliche Bedingungen aufzuzwingen, die eine industrielle Erholung, aus der ein neuer Militärapparat entspringen konnte, unmöglich machten, dem Reichskörper Provinzen zu entreißen und weitere deutsche Gebiete im Rheinland, in Ostpreußen und Schlesien abzutrennen, sowie die Kohle- und Erzbergwerke von Saar und Ruhr zugunsten Frankreichs zu sequestrieren. Danach sollte der Zustand von 1918/19 mit Hilfe der Garantierung der Versailler Grenzen durch England und Amerika und mit dem in französischen Augen weit weniger verläßlichen, kollektiven Sicherheitsapparat des Völkerbundes auf unbegrenzte Zeit festgeschrieben werden. Jeder Versuch, an dieser Ordnung zu rütteln, galt als Bruch des Friedens und der »Legalität«.

Das alles war gewiß verständlich. Es entsprach dem Inhalt der Geheimverträge und nahm sich in den Augen von Männern, die möglichst schnell von der Friedenskonferenz wieder nach Hause zurückkehren wollten und gewohnt waren, in den Kategorien europäischer Machtpolitik zu denken, ganz und gar vernünftig aus. Es hatte nur, vor allem für die Deutschen, den Schönheitsfehler, daß es kaum noch etwas oder gar nichts mehr zu tun hatte mit Präsident Wilsons Vierzehn Punkten, die die Deutschen akzeptiert und mit denen sich die Alliierten einverstanden erklärt hatten. Je mehr die Schrauben angezogen wurden, desto deutlicher stellten sich in deutschen Augen die Bedingungen des Waffenstillstands, die zwischen Waffenstillstand und Friedensvertrag erhobenen Forderungen auf Lieferungen aus der laufenden deutschen Erzeugung und schließlich der Friedensvertrag und die Auslegung, die Frankreich mit seiner Erfüllung verband, als die monumentalste Heuchelei aller Zeiten dar. Eine demokratisch gewählte, republikanische deutsche Regierung hatte einen Frieden auszuhandeln gedacht, aber ihre Vertreter wurden lediglich zur Unterzeichnung eines ausschließlich von ihren Feinden aufgesetzten Dokuments zitiert. Eine Karikatur im *Simplicissimus* zeigte den gallischen Hahn, der mit bluttriefendem Schnabel triumphierend ein an einen Felsen geschmiedetes, darniederliegendes Deutschland in den Krallen hält. Das eitle Tier sagt: »Kommen Sie mir mit Ihrer Leber doch nicht immer in meinen Schnabel!« Auf einer anderen Karikatur sind alliierte Würdenträger zu sehen, die zueinander sagen, an allem sei Bismarck schuld; hätte er

Deutschland nicht aufgebaut, dann brauchten sie es jetzt nicht zu zerstören. In der wirklichen Welt erbettelten Kinder bei wohlgenährten alliierten Soldaten die Brosamen, die von deren Tischen fielen, und auf einer weiteren *Simplicissimus*-Karikatur wird ein kleiner Junge gefragt, was er werden wolle, wenn er einmal groß sei. Seine Antwort:»Satt!« Und als endlich die Blockade aufgehoben wurde, zeigte der *Simplicissimus* eine Parade von Köchen, die mit großen Terrinen auf einen Friedhof marschieren, und darunter steht:»Wenn es auch zu spät kommt, so bekommen wir es doch bezahlt.« [15]

Die Alliierten waren sich nur über eines einig, daß nämlich Deutschland gezwungen werden müsse, für die Verheerungen des Krieges zu zahlen,»bis die Rippen krachen«. Im Wahlkampf 1919 versprach Lloyd George den englischen Wählern, der Kaiser werde gehängt und Deutschland werde alles bis zum letzten Heller bezahlen. Aber abgesehen von diesem Prinzip, dem sämtliche Alliierten begeistert zuklatschten, war von Einigkeit wenig zu merken. Die Franzosen wollten das Rheinland, die Saar und das Ruhrgebiet für sich, aber weder die Engländer noch die Amerikaner waren bereit, solche Forderungen mitzumachen, nicht nur, weil das nun kaum noch mit Herrn Wilsons Reden zu vereinbaren war, sondern auch, weil Frankreich bei all seiner Schwäche jetzt wieder zur beherrschenden Macht in Europa avanciert und vor allem England keineswegs willens war, eine ganze Serie von Elsaß-Lothringens zu schaffen, was mit Sicherheit bald wieder Krieg bedeutete. Mochten die französischen Verantwortlichen auch alles daran setzen, in Deutschland eine möglichst getreue Replik der buntscheckigen Vielstaaterei des 18. Jahrhunderts wiederherzustellen, so sahen doch weder die Engländer noch sonst jemand außerhalb Frankreichs irgendeinen Vorteil in einer solchen Neugestaltung der europäischen Demographie. Immerhin sah der erste Entwurf des Versailler Vertrages die Überantwortung von ganz Schlesien an Polen vor, und obwohl diese Bestimmung zu den wenigen gehörte, die später dahingehend abgeändert wurden, daß eine Volksabstimmung abgehalten werden durfte, ging doch der wirtschaftlich bedeutendste Teil Schlesiens zusammen mit drei Vierteln der Kohleerzeugung und zwei Dritteln der Stahlwerke an Polen, ungeachtet der Tatsache, daß in der Volksabstimmung 60 % der Bevölkerung für Deutschland votierten.

Memel, kulturgeschichtlich eine deutsche Stadt mit starker deutscher Bevölkerung, deren litauische Bewohner zudem keinerlei

Wunsch hatten erkennen lassen, von Ostpreußen abgetrennt zu werden, war der Verwaltung des Völkerbundes unterstellt worden. Als jedoch Wilna von Polen mit Gewalt annektiert wurde, sprach man Memel als Entschädigung Litauen zu. Das völlig deutsche Danzig wurde vom Reich abgetrennt und unter einem vom Völkerbund ernannten Hochkommissar zur freien Stadt erklärt, wobei die Polen jedoch die Zölle kontrollierten und ein polnischer Korridor die Stadt von Ostpreußen abschnitt.

Nur am Rhein setzten sich die Engländer und Amerikaner gegen die französischen Forderungen durch. Obwohl Herr Wilson versprochen hatte, die Kolonienfrage werde nach Recht und Billigkeit geregelt werden, ließen sich die Alliierten die deutschen Kolonien in Afrika vom Völkerbund als Mandate zusprechen. die Deutschen waren in Afrika keinesfalls schlechtere Kolonialherren als sonst irgendwer und jedenfalls humaner als die Belgier und Portugiesen, wie die hingebungsvolle Treue beweist, mit der die einheimischen Truppen des Generals von Lettow-Vorbeck vier Jahre lang für ihn und das Reich gegen übermächtige Gegner kämpften. Die Leistungen Lettow-Vorbecks waren so bemerkenswert, daß ihn die britische Presse bei seiner Rückkehr aus Ostafrika in hohen Tönen lobte, nicht nur wegen seines militärischen Geschicks, sondern auch wegen der Ritterlichkeit, mit der er seine Feldzüge geführt hatte. Die *Times* nannte ihn »eine populäre und legendäre Gestalt« [16]. Aber das zählte nicht. Deutschland verlor seine sämtlichen afrikanischen Kolonien, ohne Diskussion, ohne Verhandlung. Der Vertrag von Versailles war ein Gesamtpaket, und das Reich hatte sich zu ihm als solches zu verpflichten. Kaum ein Gebiet, das irgendeiner der Alliierten für sich verlangte oder als strategisch wertvoll erachtete, durfte je wieder zu Deutschland gehören. Die österreichische Verfassunggebende Versammlung nannte ihren neuen Staat Deutsch-Österreich und sprach sich einstimmig für den Anschluß ans Reich aus, aber das konnte man wohl kaum zulassen; damit wäre Deutschland zahlenmäßig stärker geworden, als es 1914 war, und in französischen Augen wäre damit der Krieg weit eher verloren als gewonnen gewesen. So wurden sowohl Österreich als auch Deutschland gezwungen, sich mit Unterzeichnung des jeweiligen Friedensvertrages zu verpflichten, auf keinen Fall einen Zusammenschluß ihrer Länder anzustreben. Wo immer sich rein deutsche Bevölkerungen befanden – sei es in dem der Tschechoslowakei zugesprochenen Sudetenland oder im an Italien vergebenen Tirol oder in dem, was von Österreich übriggeblieben war –, hatten sie bei der Bestimmung ihrer Nationalität überhaupt nicht mitzureden. In den Volksabstimmungen vom April und Mai 1921 votierten in Salzburg 98 % und in Tirol 95 % für eine Einbeziehung ins Deutsche Reich, aber Selbstbestimmung war nicht für Deutsche oder Österreicher da, sondern nur für ihre Gegner, und so wurden Gebiete, die seit Jahrhunderten von Deutschen besiedelt waren, an Tschechen, Italiener, Jugoslawen vergeben – an jeden, nur nicht an Deutsche.

Nach den Bedingungen des Waffenstillstandes sollten die Deutschen nur für die der Zivilbevölkerung zugefügten Schäden Reparationen zahlen, nicht etwa für die gesamten Kriegskosten aufkommen. Aber wieder lasen sich die Bestimmungen des Friedensvertrags völlig anders. Die Deutschen mußten für alles zahlen, mit allem und jedem, was überhaupt herauszuholen war.[16] Die Entscheidung über die endgültige Höhe der Reparationszahlungen wurde bis 1921 hinausgeschoben, doch waren sofort eine Anzahlung von 20 Milliarden Goldmark sowie Sachlieferungen an die Alliierten fällig, und wenn die Deutschen bei irgendeiner Zahlung oder Lieferung in Verzug kamen, folgten Sanktionen – Städte und Zollämter oder auch ganze Regionen wurden besetzt. Hjalmar Schacht hat später einmal ausgerechnet, die Alliierten hätten von Deutschland das Zwölffache der Entschädigung von sechs Milliarden Goldfranken (die später auf fünf Milliarden gesenkt wurde) verlangt, die die Deutschen 1871 den Franzosen auferlegt hatten. Frankreich habe eine Kontribution von 110 Mark pro Kopf oder 3,2 % seines Kapitalbestandes bezahlen müssen; von Deutschland aber verlangte man die Auszahlung von 38 % seines Kapitalbestandes an die Alliierten – 1350 Mark pro Kopf der Bevölkerung. Die französischen Reparationen hätten sich auf 25 % des französischen Volkseinkommens von 1869 belaufen, die der Deutschen auf 229 % des deutschen Volkseinkommens von 1913. Die von Frankreich bezahlten Entschädigungsleistungen hätten 100 % des Währungsmetalls Frankreichs ausgemacht, die deutschen Reparationen 2200 % des Währungsmetalls des Reiches.

Die Deutschen waren keineswegs allein in ihrem Entsetzen über die Vertragsbedingungen. Der bekannte Volkswirtschaftler John Maynard Keynes, der Mitglied der englischen Delegation war, trat aus Protest zurück und schrieb ein Buch, *Die wirtschaftlichen Folgen des Friedensvertrages*, in dem er die ganze Unvernunft der Strafreparationen und Wirtschaftsbestimmungen des Vertrages geißelte und die dafür Verantwortlichen scharf angriff, insbesondere Wilson, den er »einen blinden und tauben Don Quichotte« nannte, »der war wie ein Geistlicher einer Dissidentenkirche, von Denken und Temperament wesentlich theologisch, nicht intellektuell, mit aller Stärke und Schwäche dieser Art, sich auszudrücken, der aber für Europa überhaupt keinen Plan hat, das er ohnehin kaum kennt[17].« [17] England habe einen Handelsrivalen zerstört, und die Franzosen hätten in einer seit Jahrhunderten anhaltenden Schlacht eine Runde gewonnen, die sicherlich nicht die letzte gewesen sei. [18] William Bullitt und fünf weitere Mitglieder der amerikanischen Delegation protestierten gegen die Friedensbedingungen, und Bullitt trat zurück. [19] Ihnen schloß sich Wilsons Außenminister Robert Lansing an, der die Friedensbedingungen »unsagbar hart«, viele »einfach unerfüllbar« nannte. [20] In einem Kommentar über Lansings Auffassung, Wilson sei Clemenceau einfach nicht gewachsen gewesen, schrieb eine deutsche Zeitung, tatsächlich habe Clemenceau zu Wilson gesagt: »Geben Sie mir heute den Vertrag, der uns die Macht verleiht, dann werden wir morgen den Völkerbund errichten, das ›Dienstmädchen-Institut‹ der Völker«, worauf Wilson erwidert habe: »Geben Sie mir nur den Völkerbund, der Vertrag kümmert mich nicht.« [21]

Von allen Seiten wurde der Vertrag angegriffen, von Liberalen wie Konservativen in den Vereinigten Staaten, von der moralisch empörten *Nation* und *New Republic* und von der Linkspresse in Europa, angefangen mit *L'Humanité* in Paris bis hin zur *Iswestija* in Moskau. General Smuts sagte, er habe ihn namens Südafrikas unterschrieben, nicht etwa, weil er in ihm ein zufriedenstellendes Dokument sehe, sondern weil der Krieg ein Ende finden müsse. [22] Herbert Hoover war überzeugt, die Folgen des Vertrags würden »ganz Europa zerschlagen und damit den Vereinigten Staaten Schaden zufügen«. [23]

Der englische Diplomat Arthur Ponsonby erklärte, dieser Krieg für die internationale Gerechtigkeit gliche allen früheren Kriegen aufs Haar, und er fühle sich beschämt von der Aggressivität der Alliierten, deren Staatsmänner nur gierig über die Beute herfielen. England, so schrieb er, habe für den Zugewinn von 3 500 000 Quadratkilometern Erde gekämpft, elfmal soviel, wie sein eigenes Staatsgebiet ausmache. Ponsonby erblickte im Versailler Vertrag weder eine staatsmännische Tat noch eine friedliche Lösung für das neue Europa, sondern eher die Saat künftiger Kriege. England müsse die Verträge nunmehr ändern, die Männer verfaßt hätten, deren ausschließliche Motive Rache und Triumph gewesen seien. [24]

Der amerikanische Kongreß schloß sich den Kritikern an. Der Senat wollte den Beitritt Amerikas zum Völkerbund nur mit Vorbehalten billigen, die nach Wilsons Meinung dessen internationale Zielsetzungen zunichte machten, und so wurde der Vertrag ebenso abgelehnt wie der Vorschlag, die Vereinigten Staaten sollten sich mit Frankreich verbünden, wie Wilson zugesagt hatte.

In Deutschland hatten sowohl die radikale Rechte als auch die extreme Linke Rezepte parat, mit denen sich der schnelle Zusammenbruch der verheißenen neuen Ordnung verhindern lasse. Für die Linke lag die Lösung in einer kommunistischen Revolution in Deutschland, einem Bündnis mit der Sowjetunion und der Ausdehnung der Revolution auf ganz Europa. Die Rechte sah den Ausweg in einer Zerschlagung der Linken und der »Novemberverbrecher«, wie Hitler und viele andere sie später nannten; die Niederlage war keine Niederlage an der Front gewesen, sondern ein Dolchstoß in den Rücken. Hindenburg erläuterte, das Heer sei nicht geschlagen worden; trotz der zahlen- und materialmäßigen Überlegenheit des Feindes hätte der ungleiche Kampf zu einem günstigen Ende geführt werden können, wenn die Heimat eiserne Solidarität mit der Front gezeigt hätte und wenn da nicht die heimliche, planmäßige Zersetzung durch die revolutionäre Bewegung hinter den Linien gewesen wäre. Am Ende habe die kämpfende Truppe die ganze Last des Kampfes alleine zu tragen gehabt. [25]

Das Reich schwankte zwischen diesen beiden unvereinbaren ideologischen Haltungen hin und her, und es gelang weder der äußersten Rechten noch der extremen Linken, in freier Wahl die Mehrheit zu erringen. Deutschland und seine Generäle schlossen zwar bald eine Abmachung mit Moskau, aber mit der russischen Weltanschauung paktierten sie nie.

Auch für die Alliierten bedeutete die russische Revolution eine schwere Komplikation. 1918 hatten England und die Vereinigten Staaten rund 15 000 Mann nach Rußland geschickt, zuerst zur Bewachung des Nachschubs, den sie dem russischen Verbündeten über Archangelsk und Murmansk zukommen ließen, und dann zur Unterstützung der antibolschewikischen Gegenrevolution. Die Franzosen sandten eine Flotte ins Schwarze Meer und eine Armee in die Ukraine. Die wenig durchdachten Zielsetzungen der Alliierten lauteten jeden Monat anders: Der Nachschub dürfe nicht den Deutschen in die Hände fallen; die Transsibirische und ostchinesische Eisenbahn müsse bewacht werden; Rußland müsse dazu gebracht werden, gegen die Deutschen weiterzukämpfen; dann, bei

Kriegsende, sollten die Deutschen daran gehindert werden, sich die Revolution zunutze zu machen und in den baltischen Ländern neue Einflußzentren zu bilden, wo deutsche Freikorps weitgehend mit ebenso unklaren Zielsetzungen wie die Alliierten operierten. Nachdem der Krieg im Westen beendet war, sollten die Freikorps dafür sorgen, daß sich der Bolschewismus nicht ausbreitete. Gegen ihn sollten sie die Kräfte der entstehenden baltischen Staaten mobilisieren, und die provisorische lettische Regierung versprach ihnen auch vereinzelt Land.

Zuerst standen die Alliierten einem Verbleib der deutschen Soldaten zur Bekämpfung der Bolschewiki in den baltischen Ländern positiv gegenüber und befahlen sogar den Freikorps, ihre militärischen Operationen fortzusetzen, bis ihre eigenen Streitkräfte an ihre Stelle treten könnten – wozu es jedoch nie kam. Als die Bolschewiki jedoch zurückgeworfen waren und es so aussah, als könnten die jetzt praktisch selbständigen deutschen Einheiten im Baltikum militärische Zentren bilden, verlangten die Alliierten ihren Abzug. [26]

1919 waren die alliierten Heere in Rußland Teil einer amorphen antibolschewikischen Koalition geworden und unterstützten die Versuche früherer zaristischer Offiziere wie General Denikin, Admiral Koltschak und General Judenitsch, die sowjetische Regierung zu stürzen. Aber Lenin hatte gesagt, die Entsendung alliierter Truppen in die Sowjetunion sei gleichbedeutend mit einer Immatrikulation an einer kommunistischen Universität, und so war es denn auch. Dank geschickter kommunistischer Propaganda machte sich bei den amerikanischen und britischen Truppen Gleichgültigkeit breit; in der französischen Flotte im Schwarzmeer brach auf den Schlachtschiffen *France, Jean Bart, Justice* und *Mirabeau* und den schweren Kreuzern *Vergniard* und *Waldeck-Rousseau* eine Revolte aus [27]; die französischen Streitkräfte in der Ukraine wurden besiegt, und die französischen Einheiten in Bessarabien verweigerten die Befehlsausführung. Die anderen alliierten Truppen und die Amerikaner revoltierten zwar nicht, zeigten sich aber von ihrer Aufgabe wenig angetan, und weder sie noch ihre Kommandeure wollten je begreifen, was um Himmels willen sie denn in den öden Gegenden des sowjetischen Nordens zu suchen hatten, wo sie, viele Tausend Meilen von zu Hause entfernt, Wache standen oder in einem unerklärten Krieg kämpften. Nur die Japaner, die 70 000 Man nach Ostsibirien und in die Küstenregionen entsandt hatten, wußten, worum es für sie ging, nämlich möglichst Teile Sibiriens von der Sowjetunion abzutrennen; aber auch sie mußten sich zurückziehen, mehr auf alliierten und amerikanischen Druck hin als infolge irgendwelcher russischer Operationen.

Als erste Extremistengruppe schlug in Deutschland die Linke zu. In fast allen wichtigen Städten des Reiches bildeten sich zu irgendeiner Zeit Räterepubliken, darunter in Berlin, Hamburg, Gotha, Bremen, Leipzig, Braunschweig, München und Nürnberg. Kennzeichnend für die damalige Zeit war es, daß Kurt Eisner von einem jungen Rechten – Graf Anton von Arco auf Valley[18] – erschossen wurde, obwohl die Eisner-Regierung doch gerade die Wahl vom 12. Januar 1919 verloren hatte, in der von vier Millionen Wahlberechtigten lediglich 80 000 der USPD ihre Stimme gaben, die nur drei von 156 Abgeordneten stellte. Die größte Partei im Landtag, die Bayerische Volkspartei, hatte über eine Million Stimmen erhalten, gefolgt von den Sozialdemokraten mit 963 000 Stimmen, und Eisner wurde auf dem Weg zur ersten Sitzung des neuen Landtages ermordet, wo er gerade seinen Rücktritt ankündigen wollte. Am Mordtag schoß einer von Eisners Anhängern, ein Metzger namens Lindner, auf den sozialdemokratischen Abgeordneten Erhart Auer und verwundete ihn schwer; Lindner selbst wurde von einem Major aus dem Kriegsministerium getötet, und in dem Tumult wurde auch ein Mitglied der Bayerischen Volkspartei angeschossen.

Diese Morde waren der Auftakt zu einer Zeit heftiger Unruhen in Bayern. Zwar gelang es dem Landtag, Mitte März einen früheren Volksschullehrer und Sozialdemokraten, Johannes Hoffmann, zum Ministerpräsidenten zu wählen, aber man ließ weder ihn noch den Landtag regieren. In den auf die Schießereien folgenden Wirren fiel die Regierungsaufgabe den Arbeiterräten zu, in denen sich die Linksextremisten bald an führende Stelle setzten. Am 4. April verboten die Räte dem Landtag, zusammenzutreten, und drei Tage später übernahmen sie die ganze Regierungsgewalt. Unter dem Druck der Spartakisten wuchsen die Forderungen weit über die früheren Programmpunkte der Räte für eine wirtschaftliche und soziale Reform – Achtstundentag, gleiches Stimmrecht für Frauen und Männer über 20 u. dgl. – hinaus und lauteten jetzt, man müsse endlich die echte Revolution, die Klassenrevolution, machen und die für den Tod von Rosa Luxemburg, Karl Liebknecht und Kurt Eisner verantwortlichen Reaktionäre verjagen. Wie Luxemburg und Liebknecht war auch Eisner Jude, und seine Feinde hängten ihm den Namen Kosmanowski an, mit dem sie nicht nur verdeutlichen wollten, daß er Berliner sei, was stimmte, sondern auch noch zu insinuieren suchten, er sei Ostjude, was nicht stimmte. War der Name auch glatt erfunden und hatte weder mit Eisner noch mit seiner Familie irgend etwas zu tun, so war Eisner damit in Bayern als Fremdling abgestempelt, als einer der Nutznießer aus Krieg und deutscher Not, der Schwarzhändler, der Dolchstoßverbrecher, der Macher von Versailles, die Hitler und seine Gesinnungsgenossen brandzumarken nicht müde wurden.

Hitler war Ende November 1918 nach München zurückgekehrt, wo mit der Schließung der Kriegsindustrie und dem Zustrom Tausender heimkehrender Soldaten Arbeitsplätze rar geworden waren, und so blieb er im Heer, teilweise auch, weil er sonst nirgends hinkonnte. Anfang Februar diente er als Wachmann in einem Kriegsgefangenenlager bei Traunstein an der österreichischen Grenze, von wo aus russische und französische Soldaten nach und nach entlassen wurden, und einen Monat später ging er wieder nach München, wo am 7. April die Räterepublik ausgerufen wurde.

Die Räte, die die Kommunisten Pseudoräte nannten, bis sie sie in ihre Gewalt brachten, übernahmen unter anderem unter Führung der beiden Anarchisten Gustav Landauer und Erich Mühsam und des Unabhängigen Sozialisten Ernst Toller[19] weitgehend das Programm der Kommunisten: Diktatur des Proletariats, Sozialisierung der Presse, Auflösung des Landtags, Aufstellung einer Roten Armee, Errichtung von Revolutionsgerichten zur Aburteilung der Feinde der Revolution. Geführt wurde diese Bewegung von linken Romantikern, Dichtern und Intellektuellen. Lange hielten sich die Pseudoräte nicht; am 13. April versuchten zwei Sozialdemokraten, denen sich die Münchner Garnison anschloß, einen Putsch. Mehrere Anführer der Pseudoräte wurden verhaftet, und ein paar Stunden lang sah es so aus, als seien die Räte gestürzt. Aber mit Hilfe einiger Soldaten und bewaffneter Arbeiter schlugen die Spartakusführer den Aufstand nieder und übernahmen die Räte und die Oberhand in München.

Mit ihrer Machtübernahme setzte auch schon der Terror ein. Zwei Rätemitglieder – Dr. Rothenfelder und der Räteaußenminister Frantz Lipp – waren eine Zeitlang im Irrenhaus gewesen.[20] Die Führung der Räte war zwar ganz groß im Verfassen von Schlagworten, aber mit dem Regieren haperte es gewaltig. Nur klassenbewußte Arbeiter, so verkündeten sie, seien zur Straßenbenutzung berechtigt, obwohl alle Welt weiterhin die Straßen benutzte, und einmal, als ein Zug in München-Pasing hielt, gingen die am Bahnhof stationierten Roten Garden den Bahnsteig entlang und forderten alle »Reaktionäre« auf, gefälligst auszusteigen. [28] Auf Plakaten und Handzetteln wurden die proletarischen Arbeiter aufgerufen, das Bürgertum zu enteignen, und darunter waren nicht nur die Reichen zu verstehen, sondern auch Handwerker, kleine Geschäftsleute, Angestellte und niedrige Beamte, die nach spartakistischer Terminologie allesamt zum »Bürgertum« zählten. Da in München akute Wohnungsnot herrschte, erklärten die Räte den Arbeitern, alle Häuser gehörten ihnen und sie sollten einfach einziehen. Als die Spartakisten auf der Jagd nach Hoffmann-Anhängern in Wohnungen einbrachen, ging eine Welle der Plünderungen durch München. [29] Die Banken machten zu, die Straßenbahnen fuhren nicht mehr, Lebensmittel wurden konfisziert und die Ladeninhaber gewarnt, sie würden vor ein Militärgericht gestellt, wenn sie Lebensmittel oder Kleidung über dem Marktpreis verkauften. [30] Die Revolutionäre requirierten Autos; das Bürgertum und jeder, außer den Arbeitern, mußten alle in ihrem Besitz befindlichen Waffen abgeben; nur Proletarier hatten das Recht, Waffen zu tragen. Wer ein von einem Regierungsflugzeug abgeworfenes Flugblatt auflas, setzte sich der Todesstrafe aus. [31]

Die roten Truppen unter Ernst Toller errangen bei Dachau einen vollständigen Sieg, und Hoffmanns Truppen flohen oder wurden entwaffnet. [32] In einem Telegramm aus Budapest, wo unter Bela Kun eine andere Räteregierung auf ziemlich wackeligen Beinen stand, beglückwünschte der sowjetische Außenminister Tschitscherin die Münchner Räte, und Lenin drängte sie, unbarmherzig mit Geiselnahmen und anderen Terrorakten fortzufahren. In einem Grußschreiben vom 27. April 1919 bat er, ihm möglichst oft und möglichst konkret mitzuteilen, welche Maßnahmen sie gegen die »bürgerlichen Henker Scheidemann und Co. durchgeführt« hätten. [33] Seien die Arbeiter bewaffnet und die Bourgeoisie entwaffnet worden? Hätten die Arbeiter, besonders die Landarbeiter und Kleinbauern, Kleidung und andere Erzeugnisse erhalten? Seien die Fabriken und kapitalistischen landwirtschaftlichen Betriebe enteignet, Hypotheken und Pachtzahlungen für die Kleinbauern aufgehoben, die Arbeiterlöhne verdoppelt oder verdreifacht worden? Hätten sie alle Druckereien zum Druck von Flugblättern für die Massen beschlagnahmt? Den Sechsstundentag eingeführt? Banken und die Häuser der Reichen besetzt, die Arbeiter in den umliegenden Dörfern mobilisiert und Geiseln aus der Mittelschicht festgesetzt? Es sei notwendig, in der Lage der Arbeiter, Landarbeiter und

Kleinbauern sofort und um jeden Preis eine faktische Verbesserung herbeizuführen und der Bourgeoisie eine außerordentliche Steuer aufzuerlegen. Lenin sprach da zu Leuten, die in der Revolutionsrhetorik fast soviel Erfahrung hatten wie er, und die Räte hatten bereits viele dieser Maßnahmen angeordnet.

Die Führer der Räte eigneten sich geradezu ideal dazu, sich das Wohlwollen der Münchner von vornherein zu verscherzen. Kein einziger Bayer war darunter. Drei – Paul Borissowitsch Axelrod, Max Levien und dessen Schwager Eugen Leviné-Niessen – waren in Rußland geboren, und das war noch um einen Grad schlimmer, als in Berlin geboren zu sein; zudem waren sie Juden. Nachdem die Räterepublik gestürzt war, glaubte man weithin, sie sei das Ergebnis einer bolschewikisch-jüdischen Verschwörung gewesen, aber das stimmte nur zur Hälfte. Sicherlich war sie hauptsächlich bolschewikisch, aber die Namen der 16 Leute, die im September wegen ihrer Mitwirkung an der Tötung von zehn Geiseln vor Gericht standen, waren sämtlich nichtjüdisch, und viele waren eindeutig bayerisch.[21]

Selbst in den Reihen der Revolutionäre genossen die Kommunisten wenig Unterstützung. In die Arbeiter- und Soldatenräte in Bayern war kein einziger Kommunist gewählt worden. Nur in München saßen Anarchisten und Kommunisten in dem eher provinziell anmutenden Soldatenrat [34], und in den radikalen Betriebsräten waren die Kommunisten mit ihren 66 Mitgliedern gegenüber den 283 der SPD und 152 der USPD klar in der Minderheit. [35] In die Münchner Räte wurde kein einziger Kommunist gewählt. Aber nichtsdestoweniger klammerten sich die Kommunisten an die am 13. April übernommene Macht, in der unerschütterlichen Überzeugung, sie allein sprächen für die proletarischen Massen, die die wahre Revolution durchführen würden. Die Münchner Räte verscherzten sich die Gunst aller Welt mit Ausnahme eines harten Parteikerns und der neubekehrten Intellektuellen, die ihre Revolution von den reaktionären Kräften um den mit weiteren Regierungsmitgliedern nach Bamberg geflohenen bayerischen Ministerpräsidenten Hoffmann und den Reichswehrminister Noske bedroht sahen. Aber erst zehn Tage nach der kommunistischen Machtübernahme, am 23. April, befahl Noske den Angriff auf München durch Reichswehrtruppen unter General von Oven, zusammen mit einem preußischen Freiwilligenkorps, zu denen sich noch bayerische und württembergische Kontingente gesellen sollten.

Auch innerhalb Münchens war der Widerstand nicht gänzlich untätig. Mitglieder der rechtsstehenden völkischen und antisemitischen Thule-Gesellschaft hatten sich des Siegels des kommunistischen Militärchefs von München – des einundzwanzigjährigen Marinedeserteurs Rudolf Eglhofer – bemächtigt und fälschten damit Befehle und Requirierungen. Zehn Thule-Mitglieder wurden aus einer Zusammenkunft im Hotel Vier Jahreszeiten heraus als Geiseln verhaftet und, als sich die Reichswehrtruppen aus mehreren Richtungen München näherten, als Repressalie gegen den Tod von acht Rotgardisten, die bei Dachau gefallen waren, im Hof des Luitpoldgymnasiums erschossen. [36] Zu den Erschossenen gehörte auch eine Frau, die Gräfin Hella von Westarp; die Hinrichtung jagte Ernst Toller solches Grauen ein, daß er darob ganz seinen Revolutionseifer vergaß und Levien, den er dafür verantwortlich machte, als »Lumpenschlawiner« bezeichnete. Für andere Mitglieder des Revolutionsausschusses aber waren die Hinrichtungen unausweichlicher Bestandteil der Revolution. So bemerkte Eglhofer: »Es tut mir jedesmal leid, wenn ich nach München komme und nicht an jedem Laternenpfahl einen Offizier oder einen Kapitalisten baumeln sehe.« [37]

Levien nannte Toller einen »grasgrünen Lausbuben«, und das *Berliner Tageblatt* wußte zu berichten, Räteführer hätten sich dahingehend geäußert, da im Laufe des Krieges Millionen Proletarier ihr Leben gelassen hätten, habe es überhaupt nichts zu bedeuten, wenn ein paar Tausend Bürgern die Kehle durchgeschnitten würde. Eglhofer erklärte, was die Räte brauchten, das seien keine Richter, sondern Militärgerichte aus Arbeitern, die sich von ihren proletarischen Gefühlen leiten ließen. Er selbst wurde dann bei der Wiedereinnahme Münchens durch die Reichswehrtruppen ohne weiteres Federlesen erschossen.[22]

Die Wochen der Räteherrschaft hinterließen bei der Münchner Bevölkerung bleibende Furcht und Haß gegen die Linke; die Mordtaten hatten endgültig den Beweis geliefert, daß die Geschichten von bolschewikischen Greueln und Terrorakten nur allzu wahr waren. Als die Reichswehr München wiedereroberte, übte auch sie Repressalien; unter anderem wurden 24 junge Männer erschossen, die die Reichswehr für Spartakisten hielt, die tatsächlich aber Antikommunisten und Mitglieder einer katholischen Vereinigung waren. Für die Masse der Bayern war die Räterepublik ein böser Traum, aus dem sie erwacht waren und der niemals wiederkehren durfte. War die Republik auch zuallererst in Bayern ausgerufen worden, so galt von da an doch jeder linke Aufstand viel bedrohlicher als alles, was von rechts kommen konnte.

Zu dieser Zeit trat Adolf Hitler in die Politik ein. Eine der Hauptaufgaben der Armee bestand darin, die Regierung gegen linke und rechte Putschversuche zu stützen. Zunächst einmal mußte sie sich dazu der Treue der eigenen Truppen vergewissern und deshalb in Städten wie München, wo Reichswehrsoldaten auf beiden Seiten gekämpft hatten, die Aktivitäten der etwa 50 politischen Gruppierungen und Organisationen, von den Kommunisten und Anarchisten bis hin zur Bayerischen Königspartei, im Auge behalten. Zu diesem Zweck veranstaltete die Reichswehr Ausbildungskurse für ausgewählte Offiziere und Mannschaften, die ihrerseits teilweise wiederum die Truppen zu schulen und über alle politischen Aktivitäten in der Stadt zu berichten hatten, die subversiv wirken könnten. Hitler schrieb später, er sei »Bildungsoffizier« gewesen, aber er bekleidete zu keiner Zeit im deutschen Heer irgendeinen Offiziersrang, bis er den Oberbefehl über die gesamte Wehrmacht übernahm. Er war vielmehr »Vertrauensmann« oder »V-Mann« und hatte in dieser Eigenschaft einen Lehrgang zu besuchen und danach vor heimkehrenden Kriegsgefangenen Vorträge zu halten sowie über politische Aktivitäten zu berichten, die zu den wenigen Gewerbezweigen gehörten, die im München von 1919 blühten und gediehen.

Der Name »Hittler« findet sich in einer Ende Mai/Anfang Juni 1919 angelegten Liste von »V-Leuten«; er wurde einem Aufklärungskurs zugeteilt, in dem entsprechend ausgewählte Redner der Münchner Universität Vorträge hielten; unter den Rednern befanden sich viele bekannte Gelehrte, aber auch der Alldeutsche Gottfried Feder, der die Meinung vertrat, die Zinsen seien der Fluch der modernen Welt. Alle Vortragenden waren nationalistisch, linksfeindlich und antiklerikal eingestellt, denn dies war die Einstellung des mit der Veranstaltung der Aufklärungskurse beauftragten Hauptmanns Karl Mayr. Sehr schnell fielen Mayr die Fähigkeiten Adolf Hitlers auf. Am 10. September 1919 titulierte Mayr ihn mit »Sehr verehrter Herr Hitler«, eine – wie ein deutscher Historiker bemerkt – im Schriftwechsel eines Hauptmanns i.G. gegenüber einem Gefreiten nicht gerade alltägliche Anrede. [38] Nach seiner Teilnahme am Aufklärungskurs avancierte Hitler zum Mitglied eines »Aufklärungskommandos«, und zu seinen Aufgaben gehörte die Teilnahme an Veranstaltungen einer Organisation, die sich »Deutsche Arbeiterpartei« nannte. Bis dahin ist unklar, ob Hitler ernsthaft politisch aktiv zu werden beabsichtigte. Jahre später hieß es einmal, er habe daran gedacht, der Sozialdemokratischen Partei beizutreten, aber das ist doch recht unwahrscheinlich, denn der Pazifismus und Antinationalismus der Sozialdemokraten dürfte kaum einen Mann mit den großdeutschen Auffassungen angezogen haben, die Hitler 1913 nach München gehen und ehrfürchtig in den Krieg hatten ziehen lassen, in dem er vier Jahre lang mit ungebrochenem Eifer gedient hatte. Fest steht, daß er damals keinerlei kohärente politische Philosophie besaß; sie ging ihm in Wirklichkeit immer ab. Er konnte sich gar nicht zu den Prinzipien irgendeiner Partei bekennen; er konnte lediglich eigene Prinzipien aufstellen. Ihn bewegten ausschließlich feindselige Einstellungen, ein Katalog des Nein zu Menschen und Dingen, die er nicht ausstehen konnte, und vor allem anderen natürlich sein Haß auf die Undeutschen, die Juden. Als die Reichswehr in München einmarschierte, gehörte Hitler zu den Soldaten, die sie wegen Verdachts der Zusammenarbeit mit den Räten verhaftete, aber ein Offizier, der ihn erkannte und für seine rotfeindlichen Empfindungen bürgte, rettete ihn aus dieser absurden Lage.

Seine Pflichten als V-Mann nahm Hitler so ernst wie vordem seine Pflicht als Frontsoldat, und diese Pflichterfüllung fand bald die Billigung seiner Vorgesetzten. Am 23. August 1919 erscheint er auf einer Liste des (nach ihrem Leiter Rudolf Beyschlag benannten) »Aufklärungskommandos Beyschlag«, wo er im Lager Lechfeld vor heimkehrenden Soldaten über »Friedensbedingungen und Wiederaufbau« zu sprechen hatte. [39] Zwei Tage später hielt er einen Vortrag über »sozial- und wirtschaftspolitische Schlagworte«. Die Vorträge waren als Auffrischungskurs in Vaterlandsliebe gedacht. Beyschlag sprach über »Goethe und Deutschland«, »Wer trägt die Schuld am Weltkrieg« und »Der Aufstieg des deutschen Volkes im 19. Jahrhundert«. Andere Redner behandelten Themen wie »Unsere Flieger im Kampf«, »Erlebnisse eines deutschen Kriegsgefangenen in Rußland« u. dgl., womit der Kriegsstolz der heimkehrenden Soldaten wiederbelebt werden sollte. Aus Teilnehmerberichten geht hervor, daß Hitler einen sehr vorteilhaften Eindruck hinterließ. Man nannte seine Reden »temperamentvoll«; einer bezeichnete ihn als »geborenen Volksredner« [40].

Ein gewisser Oberleutnant Bendt hatte jedoch Bedenken. Er schrieb in seinem Bericht, in einem Vortrag über Kapitalismus habe Hitler die Judenfrage gestreift, ja streifen müssen, aber das könnte den Juden Anlaß geben, die Vorträge als Judenhetze zu bezeichnen. Er habe deshalb angeordnet, daß bei der Behandlung dieser Frage möglichst vorsichtig vorgegangen werden solle und zu deutliche

Hinweise »auf die dem deutschen Volk fremde Rasse nach Möglichkeit zu vermeiden seien«. [41]

Hauptmann Mayr war aber anderer Auffassung. Offenbar von Hitlers Sachkunde in Judenfragen überzeugt, schickte er ihm einen Brief eines Adolf Gemlich, der wissen wollte, ob die Regierung, wenn sie wirklich erkannt habe, daß die Juden eine nationale Gefahr bedeuteten, nicht etwas dagegen tun könnte, und der auch die Frage stellte, ob die Regierung zu schwach sei, um gegen ein gefährliches Judentum einzuschreiten? Der Brief wurde von Mayr und Hitler beantwortet. Mayrs Antwort war ziemlich obenhin, aber in Hitlers Brief vom 16. September 1919 kamen die wichtigsten Thesen seines Antisemitismus klar zum Ausdruck, mit dem er schon in Wien alles erklärt hatte, was ihm mißfiel, und der ihn bis zur letzten Stunde seines Lebens nicht verlassen sollte. Er schrieb Gemlich, er glaube nicht an »den Antisemitismus als bloße Gefühlserscheinung«. Der Antisemitismus als politische Bewegung dürfe und könne nur bestimmt werden durch die Erkenntnis von Tatsachen, und diese Tatsachen seien, daß Judentum Rasse und nicht Religionsgemeinschaft sei. Der Jude selbst bezeichne sich nie als jüdischen Deutschen, jüdischen Polen oder jüdischen Amerikaner, sondern als deutschen, polnischen oder amerikanischen Juden. Noch nie habe der Jude von fremden Völkern mehr angenommen als die Sprache, und sowenig ein Deutscher, der in Frankreich gezwungen sei, sich der französischen Sprache zu bedienen, in Italien der italienischen und in China der chinesischen, dadurch zum Franzosen, Italiener oder gar Chinesen werde, sowenig könne man einen Juden, der in Deutschland lebe und sich dadurch gezwungen der deutschen Sprache bediene, deshalb einen Deutschen nennen. Durch tausendjährige »Innzucht« habe der Jude seine Rasse und Eigenart scharf bewahrt. Seine Macht sei die Macht des Geldes. Sein Wirken werde in seiner Folge zur Rassentuberkulose der Völker. Religion, Sozialismus, Demokratie seien ihm nur Mittel zum Zweck, Geld- und Herrschgier zu befriedigen. Der Antisemitismus aus rein gefühlsmäßigen Gründen werde zu »Progromen« (sic!) führen, der Antisemitismus der Vernunft aber müsse zur planmäßigen gesetzlichen Bekämpfung und Beseitigung der Vorrechte des Juden führen, und sein letztes Ziel müsse die Entfernung der Juden überhaupt sein. Nur eine Regierung nationaler Kraft, und niemals eine Regierung nationaler Ohnmacht, sei dazu fähig. [42]

Während seiner Tätigkeit als V-Mann machte Hitler die Erfahrung, daß er reden konnte und die Leute ihm zuhörten. Er war nicht länger »der Spinner«. Professor Alexander von Müller, ein Historiker, der einen der Münchner Aufklärungskurse abhielt, erinnerte sich Jahre später, er habe erlebt, wie eine Gruppe um einen bleichen, mageren jungen Mann mit seltsam gutturaler Stimme geschart gewesen sei und an seinen Lippen gehangen habe. Auch Hitler hat das bestimmt bemerkt und fand sich in seinem neuentdeckten Talent noch bestätigt, als er am 12. September, vier Tage vor seinem Brief an Gemlich, den Auftrag erhielt, über eine Versammlung der Deutschen Arbeiterpartei (DAP) zu berichten.

Als einer der zahlreichen Münchner Organisationen, die sich eine soziale und politische Erhebung aufs Banner geschrieben hatten, war die DAP im November 1919 von dem Journalisten Karl Harrer und dem Eisenbahn-Werkzeugschlosser Anton Drexler mit finanzieller Unterstützung durch die Thule-Gesellschaft gegründet worden. Ihre 25 Mitglieder hatten sich zum Ziel gesetzt, eine klassenlose, antikapitalistische und sozialistische deutsche Gesellschaft zu errichten, und trafen sich zu diesem Behufe einmal wöchentlich im Sterneckerbräukeller, um völkische Redner zu hören, darunter auch Gottfried Feder. Am 12. September hielt Feder seinen üblichen Vortrag über die Verderblichkeit des Zinses, und Hitler wollte schon wieder gehen, als ein anderer Redner aufstand, ein Separatist, der sagte, man müsse ein unabhängiges Bayern schaffen. Hitler geriet in Rage über diesen Vorschlag, mit dem sein ganzes pangermanisches Gebäude eingestürzt wäre, einer der wichtigsten Marksteine seines Glaubens, der ihn von Wien ins Reich getrieben hatte. Empört stand er auf und griff den Separatisten leidenschaftlich an, und jedenfalls bei den Mitgliedern der DAP reüssierte er damit vorzüglich. Ein einiges Deutschland, ein mächtiges Deutschland, ein einig Volk ohne fremde Rasse – das waren die unerschütterlichen Glaubenssätze, die ihn sechs Jahre zuvor nach München geführt hatten und den ganzen Krieg hindurch in den Schützengraben aushalten ließen. Nur ein Verräter, ein Provokateur, ein Agent der undurchsichtigen Dunkelmächte konnte von einer Teilung des Reiches sprechen! Die Mitglieder der DAP waren hingerissen. »Mensch, der hat a Gosch'n, den kunnt ma braucha«, sagte Drexler[23], und er übertrieb damit nicht.

Hitler hatte das ausgesprochen, was sie dachten, und sie waren von ihm begeistert. Die Mitglieder der Deutschen Arbeiterpartei, die sich bald nach Hitlers Beitritt in »Nationalsozialistische Deutsche Arbeiterpartei« (NSDAP) umbenannte, teilten mit Hitler viele Punkte auf seiner langen Liste von Haß und Freundschaft. Jeder

Deutsche wußte, daß der Vertrag von Versailles ungerecht, heuchlerisch, eine Katastrophe war, und wenn Hitler auf ihn wetterte, dann predigte er offenen Ohren. Aber er begnügte sich nicht damit, die Ungerechtigkeiten des Vertrages aufzuzählen; er nannte die für ihn Verantwortlichen beim Namen – »die Novemberverbrecher«, die Deutschenfeinde, die jüdischen Drahtzieher, die nur auf Deutschlands Niederlage und Ruin aus waren. Seine Zuhörer kannten die Liste schon auswendig, noch ehe er sie aufzählte; er war auch nicht der einzige, der solche Dinge sagte, aber er sagte sie nach Aussagen seiner Zuhörer pathetischer und temperamentvoller als andere. Den Menschen, deren Welt zusammengebrochen war und denen auch noch der Verlust der letzten Überbleibsel drohte, war klar, daß jemand an ihrem Unglück schuld sein mußte. Hitler nannte die Verantwortlichen beim Namen. In seinen Worten nahmen sie Gestalt an.

An einem Mangel an geeigneten Sündenböcken litt er dabei gerade nicht: Für die einen waren der Kaiser und seine Militaristen am Ruin Deutschlands schuld, für die anderen waren es die Kapitalisten und ihre Lakaien; wieder andere beschuldigten die Franzosen und ihren Rachedurst oder die Engländer und ihren Neid auf die Leistungen deutschen Geistes. Andere wiederum meinten, das Reich sei von den Linken, den Gleichmachern, den Anarchisten sabotiert worden; und manche schließlich – eine kleine, halb versponnene Gruppe in Deutschland noch – erblickten im Juden den Grund allen Übels. Russische Emigranten, die vor den Bolschewiken ins Reich geflohen waren, erklärten, die Juden hätten den Zusammenbruch Rußlands verursacht; sie waren für den falschen Entschluß, 1914 in den Krieg zu ziehen, ebenso verantwortlich wie für die Revolution von 1917. Das neuerstandene Polen feierte seine Unabhängigkeit mit Pogrom auf Pogrom, und den Polen taten es die Ukrainer gleich, die historisch in vorderster Front eines brutalen Antisemitismus gestanden hatten, dessen hingeschlachtete Opfer nach Tausenden zählten.

Wie alle westlichen Spielarten des Antisemitismus war auch der deutsche sehr viel gesitteter gewesen als der slawische. In einer Artikelreihe der katholischen *Augsburger Postzeitung* und der *Münchner Neueste Nachrichten* wurde sorgfältig erklärt, warum manche Menschen antisemitisch eingestellt seien. Der Verfasser der Reihe in der *Postzeitung* sagte, es sei eine Tatsache, daß fast alle führenden Köpfe unter den deutschen Linksrevolutionären Juden seien: Eisner, Landauer, Mühsam, Toller, Leviné, Levien und

Axelrod, und ohne sie hätte es nie die Räterepublik geben können. Zwar hätten viele Juden ihr Leben dem Vaterland geopfert, aber ebenso richtig sei, daß sich viele auch vor dem Kriegsdienst gedrückt hätten, sie in bestimmten Berufen zahlreicher seien, weshalb die Deutschen das Recht hätten, sich dagegen zu wehren, im eigenen Land als Helotenvolk behandelt zu werden. Männer wie Eisner und Liebknecht hätten die Autorität im Staat, Glaube und Religion verhöhnt, aber wenn sich die Deutschen wie gute und aufrichtige Christen verhalten hätten, wären viele Juden nicht entgleist. [43] Die *Münchner Neueste Nachrichten* sagte, die Juden seien keine Rasse, sondern ihr Erfolg im Geschäftsleben und ihre Vorliebe für eine radikale Sache entstamme einer gemeinsamen sektenhaften Protesthaltung. Marx, der Gleichheit und Freiheit für jedermann predige, sei der neue Messias. Die Juden hätten die Eigenschaft, sich der stärksten geistigen Richtung des Volkstums anzuschließen, in dem sie stünden; man brauche nur an Disraeli in England und d'Annunzio in Italien zu denken, wo die Juden wie in Rußland nationalistisch seien. Nur in Deutschland seien sie internationalistisch und sozialistisch gesinnt. Die Deutschen würden zwar die Ostjuden nicht mögen, aber ebensowenig hätten sie Sympathie für die aus Osteuropa zuwandernden Christen, weil diese Leute kulturell niedriger stünden als die Deutschen. Die Ostjuden dürften nicht im Reich bleiben, wo es ohnehin schon mehr als genug Betrüger und Schieber gebe. Wenn man sage, man könne sie nicht ausweisen, weil sie daheim von Pogromen bedroht seien, sei das nicht stichhaltig; die Entente – die sich Hüterin der Menschlichkeit nenne – werde wohl die Machtmittel haben, dieser Menschlichkeit auch Achtung zu verschaffen. [44]

Neben solchen klugen Artikeln standen die skurrilen Dementis in angesehenen Zeitungen, die anderen Zeitungen vorwarfen, sie käuten die uralten Geschichten über den Ewigen Juden und seine Diabolik bis zum Überdruß wieder. Da war auf einer Karikatur ein Jude zu sehen, wie er sich mit dem Sensenmann unterhält.»Herr Todleben«, sagt der Jude in schwerem Jiddisch, »gehn Se nur erein. Unsere Lait haben in Daitschland vorbereitet alles.« Und eine Zeitung brandmarkte die in Berlin gedruckte Zeitungsente, in der Stadt würden 200 Kinder vermißt, von denen man annehme, sie seien verwurstet worden. [45] Es handelte sich hier lediglich um eine Neuauflage einer Verleumdung aus dem Mittelalter, und als das Thema 1919 in Berlin wieder auftauchte, machte man sich darüber als groteske Fälschung lustig; zweifellos aber fand sie dennoch nicht nur bei denen Glauben, die sie aktiv verbreiteten, sondern auch noch etwas darüber hinaus.

Hitlers Reden enthielten weitgehend dieselbe Botschaft, waren aber doch um ein geringes raffinierter als diese grobschlächtigen Geschichten, und sie zielten auch potentiell auf ein breiteres Publikum als die der reinen Judenhasser. Die Feinde, die er sich aussuchte, waren ein Querschnitt durch die Gegner der völkischen Gemeinde: Bolschewiki, Kapitalisten, Ausbeuter der arbeitenden Bevölkerung, Schwarzhändler, Schieber, Geschäftemacher und antideutsche Verschwörer aller Arten und Tönungen, von den rachsüchtigen Franzosen und ihren Negertruppen am Rhein bis zu den neidischen Engländern und gewinnsüchtigen Amerikanern. Ihre Opfer waren die vertrauensseligen, hochherzigen, fleißigen, von allen Seiten getäuschten und beschwindelten Deutschen. Hitler verglich den Frieden von Brest-Litowsk mit dem Frieden von Versailles – den Frieden, den die Entente als Schandfrieden bezeichne, mit dem »Menschenvertrag«, den sie den Deutschen auferlegt habe. Er warf ein paar Enormitäten von Versailles in die Debatte – was Deutschland an Gebiet und Reparationen abtreten müsse und an Demütigungen zu dulden habe – und rief dann, in Straßburg seien zwei Stunden die Glocken geläutet worden zur Feier des französischen Sieges, aber drei Tage würden sie geläutet, wenn der letzte Franzose hinausginge. [46]

Was er seinen Zuhörern sagte, das glaubte er inbrünstig seit Wien und seiner Jugend. Hier waren Schönerer und Lanz auf den neuesten Stand gebracht, und viel Neues war da gar nicht hinzugekommen. Immer noch war Deutschland drinnen und draußen von Feinden bedroht, von böswilligen Mächten umlagert, die nur seine Zerstörung im Sinn hatten. Die Alliierten, so Hitler, nähmen Deutschland 400 000 Pferde und doppelt so viele Rinder weg, eigneten sich deutsche Schiffe und deutsche Kohle an, und das nach Holland verschickte Vieh müßten die Deutschen mit ihrem schwerverdienten Geld zurückkaufen. »Wir Nationalsozialisten«, sagte er seinen Zuhörern, »bilden uns nicht ein, daß Deutschland jetzt die Kraft besitzt, die Bedrücker zu zerschmettern; wir unterscheiden uns dadurch von den Kommunisten.« Über Recht und Gerechtigkeit äußerte sich Hitler so: »Es gibt kein höheres Recht, sondern nur ein Recht, das sich der Mensch selber schafft.« »Ist der Friedensvertrag ein Rechtsdokument?« »Ist es z.B. Recht, daß die Entente fremde Hilfsvölker auf Europas Schlachtfeldern verbluten ließ, daß England China und Indien mit Opium überflutet und

Nordamerika mit Branntwein, um diese Völker zu zermürben, um sie dann besser beherrschen zu können?« Wo bleibe das natürlichste Recht des Menschen, das Recht auf Nahrung, wenn Clemenceau sage, es gebe 20 Millionen Deutsche zu viel? Warum sei Deutschland, dieser hervorragende Kulturstaat, nicht im Völkerbund? [47]

Hitler hatte nur wenige, unkomplizierte Themen, und es machte gar nichts aus, wenn er das Gegenteil von dem sagte, was er am Vortag gesagt hatte, denn für ihn und seine Zuhörer waren seine Äußerungen durchflutet von wesentlichen Wahrheiten, denen kleinliche Haarspaltereien nichts anhaben konnten. Er verabreichte seiner jeweiligen Zuhörerschaft ihre ureigenste Kollektion der Anregung zur Selbstbemitleidung, und das brachte er mit einer Leidenschaft vor, die jede Kritik hinwegschwemmte.

England, sagte Hitler, habe den Welthandel in der Hand, und während England Warenexport treibe, habe Deutschland Menschen exportieren müssen, die Arbeitersklaven geworden seien, »Kunstdünger« für andere Länder. [48] An die antideutsche Verschwörung war ein Paradies verloren worden, und Hitler verglich das blühende Vorkriegsreich (obwohl es Menschen habe exportieren müssen) mit dem Deutschland von 1919, das einem Trümmerhaufen gleiche. Politik sei nur ein Mittel zum Zweck, und der Zweck heiße, daß das eigene Volk blühe und gedeihe. Die Frage der Regierungsform, Monarchie oder Republik, sei unerheblich; die einzige Frage sei, was das beste für das »Volk« sei. Wieder und wieder verglich er das Vorkriegsdeutschland, in dem nur Ordnung, Sauberkeit und Genauigkeit geherrscht hätten, mit dem wirren, revolutionären Deutschland, in dem man jetzt lebe und dessen größter Fehler der Mangel an Nationalgefühl und Nationalpolitik sei.

Hitler verglich Wilson und Erzberger. Obwohl Wilson ein Verbrecher und Erzlump sei, könnte er doch die Achtung seiner Landsleute verdienen, weil er für die Vereinigten Staaten Vorteile herausgeholt habe, während Erzberger, der den Waffenstillstand unterzeichnete, nur sein Volk und Vaterland verraten habe. [49] Doch der Tag werde kommen, wenn der Ruf »Deutsche, steht auf!« erschallen könne, und dann werde der Sturm losbrechen. Man höre die Parole »Hie Proletariat, hie Bürgertum«, aber man sollte besser sagen: »Ihr Deutschen schließt euch zusammen, kämpft für eure eigene Freiheit.« Die internationale Ausbeutung des Kapitalismus müsse bekämpft werden, ebenso das internationale Leihkapital. Deutschland sei mit 300 Milliarden Schulden belastet, die 15 Milliarden Zinsen verursachten, und diese würden aus dem Volke herausgepreßt. [50] Alle deutschen Arbeiter – ob körperliche oder geistige – müßten sich zusammenschließen, jeder müsse seinen Nachbarn wie seinen Bruder lieben, das Volk lieben und auf das Volk stolz sein. [51] Jeder einfache deutsche Arbeiter sei ihm lieber als ein Millionär. Dieser habe schön warm zu Hause gesessen, der Arbeiter aber habe viereinhalb Jahre im Schützengraben gekämpft. [52] Was Deutschland und die Welt brauchten, das sei nicht die Klassentrennung, sondern der klassenlose nationale Sozialismus. Die Lösung der deutschen Probleme fange damit an, daß man die Juden aus den Regierungsstellen entferne, die Zinsknechtschaft breche. Deutschland gehöre den Deutschen, und dennoch regierten Juden die Republik. [53] Die Geiseln im Luitpoldgymnasium seien nicht als Schieber erschossen worden, sondern weil sie Antisemiten gewesen seien. [54] Die Nordrassen seien abgehärtet, die Südrassen morsch. In internationalen Gesellschaften herrsche die Kraft des Bürgertums vor. Das Freimaurertum sei international und ebenso die Macht der Juden. Deshalb müsse jeder Deutsche Antisemit werden. [55]

Deutschland sei nie von außen, sondern immer von innen her erobert worden. Der Nationalsozialismus lehne jede monarchistische Propaganda ab (wenige Tage zuvor noch hatte Hitler die Regierungsform für unerheblich erklärt), er kenne keine Klassen, sondern nur Volksgenossen. [56] Den Nationalen rechts mangele der soziale Gedanke, den Sozialen links der nationale. Die wahren Revolutionäre gehörten also ins Lager der Nationalsozialisten, die sowohl für den Nationalismus als auch für den Sozialismus kämpften. [57] Die Deutschen würden vom internationalen Kapital regiert, aber das Privateigentum, das durch die Natur erzeugt sei, müsse allgemeines Gut werden. [58] Das Staatsbürgerrecht müsse die höchste Ehre jedes Volksgenossen sein und dürfe sich nur auf die Stammesgenossen erstrecken, die alle die gleichen Rechte, aber auch die gleichen Pflichten haben müßten. Die erste und wichtigste Forderung sei die Freiheit der Person. [59]

Gegen diesen Flickenteppich aus hergebrachtem völkischem Gedankengut und Angriffen auf den Versailler Vertrag und die Forderungen der Entente konnte kein Deutscher etwas einwenden. Die Grundsätze waren im Parteiprogramm verankert, das Hitler mit Anton Drexler und Gottfried Feder in 25 Punkten aufgeschrieben hatte, die Hitler am 24. Februar 1920 im Hofbräuhaus vortrug. Sie hatten bei den Anhängern der Partei großen Anklang gefunden, obwohl in absehbarer Zukunft keinerlei Aussicht auf ihre Verwirklichung bestand. Das Parteiprogramm umfaßte unter anderem auch Selbstbestimmungsrecht, Gleichbehandlung für Deutschland und Land und Kolonien zur Ernährung des deutschen Volkes. Die Verträge von Versailles und St. Germain sollten annulliert werden. Nur rassische Deutsche konnten Staatsbürger werden, und das waren Männer und Frauen deutschen Blutes, ohne Ansehen der Religion; somit konnte kein Jude Volksgenosse sein. Der Kampf galt der Korruption des parlamentarischen Systems, das allein von Parteiinteressen beherrscht sei und weder Charakter noch Fähigkeiten berücksichtige. Jeder Staatsbürger hatte dieselben Rechte und Pflichten; Gemeinnutz ging vor Eigennutz; nur wer arbeitete, hatte Anspruch auf ein Einkommen; Kriegsgewinne sollten eingezogen werden. Schieber, gemeine Verbrecher und Schwarzhändler sollten hingerichtet werden. Schon sozialisierte Trusts sollten sozialisiert bleiben. Im Interesse eines gesunden Bürgertums verlangte das Parteiprogramm eine Kommunalisierung der Warenhäuser. Es forderte eine Bodenreform und die Beendigung der Grundstücksspekulation. Arme Kinder sollten von Staats wegen eine Erziehung genießen, Kinderarbeit verboten und Müttern und Kindern und jungen Leuten ein Gesundheitsdienst geboten werden. An die Stelle des stehenden Heeres sollte ein Volksheer treten, und eine starke Zentralregierung sollte vollständige Gewalt über das Reich und seine Organisationen haben.

Es gelang Hitler, für die Nationalsozialistische Partei immer mehr Mitglieder zu gewinnen[24] und Tausende in ihre Versammlungen zu locken, aber für die große Mehrheit der Münchner war er nichts als einer der zahlreichen Demagogen, die sich in lautstarken, verworrenen Veranstaltungen zu Gehör brachten. Die Zeitungen widmeten ihm nur geringe Aufmerksamkeit; was die Leute in die Bierkeller führte, in denen Hitler sprach, waren Mund-zu-Mund-Werbung und knallrote Straßenplakate. Es kamen auch welche, um sich mit ihm zu streiten. So nahm eine Delegation von Juden unter einem Rabbi Barsteiner an einer Versammlung teil, um gegen die ständig falsche Zitierung des Talmud zu protestieren. Ein solches angebliches Zitat lautete, der Jude solle als letzter auf dem Schlachtfeld ankommen, um als erster weglaufen zu können. Barsteiner erklärte, die Zitate seien gefälscht, wie jeder, der in der Münchner Stadtbibliothek den Talmud lese, nachprüfen könne, aber die Anwesenden schrien ihn nieder, und er wurde mit seiner Delegation aus dem Saal geführt. Manchmal kamen Kommunisten und andere Linke zum Streitgespräch, aber auch ihnen wurde die Tür gewiesen, oder man warf sie einfach hinaus, denn viele Männer, die die Versammlung besuchten und der Partei beitraten, waren jung und kräftig und warteten nur auf eine Gelegenheit, ihr Mütchen kühlen zu können. Stieg auch die Zahl der Teilnehmer in den Versammlungen, so blieb sie doch unerheblich im Verhältnis zur Masse der Wahlberechtigten. Solange ein vernünftiger Friede etwa der Art, wie Wilson ihn versprochen hatte, und eine tragbare innere Ordnung möglich schienen, übten weder die Linke noch die Rechte große Anziehungskraft auf die Massen aus.[25] Die Extremisten mochten zwar zusammenkommen und lauthals schreien und Städte völlig auf den Kopf stellen, aber lange Zeit hindurch vermochten sie sich keine Gefolgschaft zu verschaffen, die so groß gewesen wäre, daß sie mit den Parteien hätten in Konkurrenz treten können, die das parlamentarische System vertraten. Ihnen blieb nur der Weg der Gewalt, der Aufstand, der Putsch.

Im März 1920 ging der ostpreußische Beamte Wolfgang Kapp mit dem Reichswehr-General Walther von Lüttwitz, der Anfang 1919 Berlin von den linken Aufständischen befreit hatte, ein Zweckbündnis ein und versuchte, die Regierung von rechts her zu stürzen. Dieser Putsch war militärisch besser organisiert als der kommunistische Aufstand in München und stützte sich auf die militärische Mitwirkung der Brigade Ehrhardt, die zu den mehreren Hundert rauher, harter und wohlausgebildeter Freikorps gehörte, die nach dem Waffenstillstand entstanden.[26] Sie bestanden aus ehemaligen Offizieren und Soldaten und hatten die Bekämpfung der Radikalen im Innern und die Wiederherstellung der Ordnung in den Städten zur Aufgabe, und sie sollten auch gleichzeitig im Baltikum gegen die Bolschewiken und gegen die polnischen Banden kämpfen, die mit Hilfe der polnischen und französischen Regierung in Ostpreußen und Schlesien eindrangen und von Polen beanspruchtes Gebiet besetzten. Die Marinebrigade des Korvettenkapitäns Hermann Ehrhardt war wie die meisten Freikorps streng diszipliniert und gut bewaffnet. Treue schuldete sie nur ihrem Kommandeur, der befahl, was sie zu tun und wann und gegen wen sie zu kämpfen hatte. Wie viele andere Freikorps und wie Adolf Hitler war auch die Brigade Ehrhardt im wesentlichen beseelt von Antigefühlen und politischen Emotionen; klare Ziele gab es nur gelegentlich und ad hoc; im übrigen waren die Zielvorstellungen sehr romantisch. Alle Freikorps waren heftig antispartakistisch eingestellt, einige waren auch antirepublikanisch, aber das breite Einzugsgebiet der gutbezahlten und gutgenährten Freikorps umfaßte auch Sozialisten und vielleicht ebenso viele Republikanhänger wie Republikgegner. Obwohl sie in Befehlsvollkommenheit und als getrennte Einheiten operierten, waren sie für die Regierung eine unerläßliche Stütze nicht nur gegen den äußeren Feind im Osten, sondern auch innerhalb des Reiches gegen die wiederholten Versuche der Spartakisten, die Macht an sich zu reißen, und in Bayern waren Freikorps gerufen worden, um gemeinsam mit der Reichswehr München aus der Hand der Räte zu befreien. Sie waren durchweg besser ausgerüstet, ausgebildet und zeigten bessere Disziplin als die linken Freiwilligeneinheiten, wie etwa die Sicherheitskräfte, Volksverteidigungskorps, Rotgardisten und andere Arbeiterformationen, die entstanden, als das Heer demobilisiert wurde.

Formal akzeptierte das Heer die Republik; Generalfeldmarschall von Hindenburg und General Groener hatten Ebert unverzüglich ihrer Unterstützung versichert, und trotz der Soldatenräte und ihrer Absicht, die Befehlsgewalt an sich zu reißen, war das Heer aus den Schützengräben geordnet unter dem Befehl der gleichen Offiziere zurückmarschiert, die es auch in die Schlacht geführt hatten. Im März 1919 wurde eine provisorische Reichswehr gebilligt, gegen die nur die Unabhängigen Sozialisten stimmten, aber auch diese Reichswehr war auf Freiwillige angewiesen und bedurfte oft der Hilfe der Freikorps, um Aufstände niederzuschlagen und von den Spartakisten eingenommene Städte zu besetzen.[27]

Aufgrund der schweren Verluste im Krieg hatte sich die soziale Zusammensetzung des Offizierskorps verändert. In der provisorischen Reichswehr konnten Offiziere aus den Reihen der Unteroffiziere ausgewählt werden, wenn sie sich, was oft der Fall war, an der Front bewährt und sechs Monate lang Offiziersaufgaben erfüllt hatten. Hieraus ergab sich ein Querschnitt, der dem der Bevölkerung schon erheblich näher lag, und wenn auch die meisten Generäle und höheren Offiziere monarchistisch blieben, so gab es doch in allen Offiziersdienstgraden nur wenige, die eine Wiedereinsetzung der Hohenzollern befürworteten. Ehrhardt sagte, eine starke Republik sei ihm genauso lieb wie irgendeine andere Regierungsform. Aber das gesamte Offizierskorps stand kompromißlos gegen die äußere Linke. Seine Klagen galten vor allem Maßnahmen, die von linker Seite geduldet, gefördert oder begangen wurden. Die Forderungen der Soldatenräte nach Minderung der traditionellen Befehlsgewalt, die weitverbreiteten spartakistischen Aufstände, die immer wieder aufflammenden Streiks und die Vorgänge, bei denen Offizie-

165

ren die Rangabzeichen von der Schulter gerissen wurden, waren unwiderlegliche Beispiele subversiver bolschewikischer Einflüsse. Hand in Hand damit gingen die Reduzierung des Heeres – vier Fünftel seiner Stärke von 450000 im Jahre 1919 mußten entlassen werden – und die sogenannten »Schandparagraphen«, die Deutschland die alleinige Kriegsschuld zuschrieben und vom Reich forderten, es müsse den Kaiser und eine lange Liste von Offizieren als Kriegsverbrecher ausliefern. All das hatte zahllose Offiziere in ihrer Überzeugung bestärkt, nur eine starke, zentrale, nationalistische Regierung könne dem Vaterland wieder zu Sicherheit und Souveränität verhelfen. Aber trotz aller Unzufriedenheit und Enttäuschung gediehen Ansätze einer Revolte nie über die verbale Phase hinaus.

Eine der ernsthaftesten Verschwörungen entwickelte sich um den sozialdemokratischen Verteidigungsminister Gustav Noske. Nach der Meuterei der Matrosen war Noske vom Soldatenrat zum Gouverneur von Kiel gewählt worden und hatte sich mit seiner entschlossenen Handhabung dieses Aufstands und der Spartakus-Revolte in Berlin und anderen Städten das Vertrauen der Armee erworben. Noske wurde wiederholt von hohen Offizieren, einschließlich dem Ludendorff-Nachfolger General Groener, darum gebeten, sich an die Spitze einer Regierung zu stellen, die ein für allemal mit den Straßenaufständen, Streiks und ständigen Wirren in den Städten Schluß mache.[28] Groener wollte, Ebert solle Noske anstelle seines sozialdemokratischen Genossen Scheidemann zum Reichskanzler ernennen, und er wurde darum von General Hoffmann sowie anderen einflußreichen Offizieren, unter anderem General Lüttwitz, unterstützt. Sie wollten einen starken Mann an der Spitze, der die rechtmäßige Gewalt mit eiserner Hand führte. Dabei konnte vermutlich ein Sozialdemokrat von der Art Noskes genauso nützlich sein wie irgendein Rechter.

Der Plan mißlang, da weder Ebert noch Noske die ihnen zugedachte Rolle zu übernehmen bereit waren. Ebert meinte, er könne Noske nicht zum Reichskanzler ernennen, weil seine Maßnahmen gegen die Spartakisten ihm den Haß vieler Unabhängiger Sozialisten sowie weiterer Linksgruppen eingebracht hätten, und Noske sah sich nicht imstande, gegen eine Regierung vorzugehen, an deren Spitze Mitglieder seiner eigenen Partei standen.[29] Trotz der Appelle an seine Vaterlandsliebe und seiner eigenen Überzeugung, Deutschland brauche eine festere Hand, wenn es geeint und funktionsfähig bleiben solle, schreckte Noske vor dem Plan zurück. Er schrieb später, jeder Versuch, gegen den Willen der breiten Volksmassen regieren zu wollen, müsse todsicher zur Katastrophe führen [60], und kein Anzeichen deutete darauf hin, daß die Wählerschaft eine Diktatur wollte. Zwar ging er mit den Generälen einig, strenge Maßnahmen seien erforderlich, aber er wußte genausowenig wie sie, worin diese denn nun bestehen sollten. Das Vaterland mußte vor dem drohenden Chaos bewahrt werden. Weder in der Wirtschaft noch in der Politik liefen die Dinge auch nur einigermaßen. Im Osten war Deutschland ständigen Angriffen ausgesetzt und im Westen wehrlos, wo eine französische Invasion Bayerns befürchtet wurde, die die Reichswehr nicht aufhalten konnte und die eine Lostrennung Bayerns vom Reich zur Folge haben konnte. Aber die Rettung mußte mit annehmbaren Mitteln erfolgen, im Rahmen von Verfassung und Legalität.

Der Putsch brach aus, nachdem der Friedensvertrag unterzeichnet war, und unter dem wachsenden Druck der Alliierten war Noske gezwungen, die Auflösung der Freikorps zu befehlen. In einjährigen Gefechten im Baltikum war es dem Freikorps unter General von der Goltz gelungen, die Bolschewiki zu verjagen, und damit war es nach alliierter Auffassung auch genug. Die lettische Regierung hatte den Freikorps-Freiwilligen die Staatsbürgerschaft sowie Grund und Boden angeboten, als sie sich zum Kampf gegen die Bolschewiki verpflichteten, aber sie sah sich jetzt auch der Gegnerschaft der eigenen Staatsangehörigen ausgesetzt, die nicht zulassen wollten, daß Grund und Boden an fremde Truppen vergeben wurde. Die Freiwilligen hatten sich gut geschlagen, vielleicht zu gut, und was die Alliierten anging, war ihre Arbeit jetzt getan, und man durfte nicht zulassen, daß sie die deutschen Streitkräfte noch verstärkten, die auf sieben Infanterie- und drei Kavalleriedivisionen mit einer Gesamtstärke von 100 000 Mann zu reduzieren waren. Vier Fünftel der Offiziere und Mannschaften eines 450 000 Mann starken Heeres blickten in eine alles andere als rosige Zukunft. General von Seeckt, der Chef des Truppenamtes, war überzeugt, daß Deutschland zu seiner Verteidigung mindestens ein 300 000-Mann-Heer brauchte, aber die Alliierten beschlossen, ein Drittel dieser Stärke sei genug, und binnen kurzer Zeit waren Tausende, darunter viele Berufssoldaten, arbeitslos und wußten nicht, wohin sie sich wenden sollten.[30] Zu ihnen gehörte Ehrhardt.

Für den ehemaligen Generallandschaftsdirektor von Ostpreußen Wolfgang Kapp war der Krieg nie zu Ende gegangen. Er war

Alldeutscher und Mitbegründer der Deutschen Vaterlands-Partei im Jahre 1917, und nach der Unterzeichnung des Versailler Vertrages hatte er zur Wiedergewinnung der Provinz Posen das Reich gegen Polen in den Krieg ziehen lassen wollen. Wie Hitler war auch er kein gebürtiger Deutscher. Kapp war in New York geboren worden, wohin seine Familie nach der mißglückten Revolution von 1848 ausgewandert war. Seine Mutter war Jüdin, eine »hochbegabte« Frau, wie ein Historiker schrieb [61]; sein Vater, Friedrich Kapp, war 1870 nach Deutschland zurückgekehrt und als Nationalliberaler in den Reichstag gewählt worden. Wolfgang Kapp lehnte die liberale Tradition seiner Familie ganz und gar ab. Obwohl er sich vor dem Krieg mit der Neuordnung der Gutsanleihen in Ostpreußen einen ziemlichen Namen gemacht hatte, kannten ihn nur wenige Deutsche, bis er dann während des Krieges die Vaterlands-Partei mitbegründete. Er war einer der fanatischsten Radikalnationalisten, griff Bethmann Hollweg und dessen Politik als Reichskanzler heftig an und ließ auch nach der Niederlage nicht von seinen unerschütterlichen alldeutschen Auffassungen ab, wonach das Reich zur imperialen Herrschaft berufen war, die sich nach seiner Meinung trotz der Verschwörung der Verräter noch verwirklichen ließ. Für ihn waren Niederlage und Republik ein und dasselbe, und er akzeptierte keine von beiden. Sein Mitverschwörer Generalleutnant Freiherr von Lüttwitz war preußischer Offizier traditionellen Gepräges, ein Aristokrat, der Befehle buchstabengetreu erfüllte, es sei denn, sie verstießen gegen sein Gewissen oder seinen Anstandsbegriff.

General von Lüttwitz, der die Truppen in und um Berlin befehligte, hatte zu den Generälen gehört, die Noske dazu gedrängt hatten, Reichskanzler mit diktatorischen Vollmachten zu werden; er fand sich – wenn auch widerwillig – mit der Befehlsgewalt der republikanischen Regierung ab, bis ihm Noske befahl, die Brigade Ehrhardt aufzulösen. Da aber reagierte Lüttwitz wütend. Die Auflösung der unter seinem Befehl stehenden Brigade Ehrhardt und der übrigen Freikorps bedeutete für ihn, daß man das Reich schutzlos einem bolschewikisch-spartakistischen Angriff aus dem Osten und von innen her auslieferte. Lüttwitz war überzeugt, die Sowjetunion werde Polen innerhalb eines Jahres überrennen, und dann sehe sich Deutschland an seinen Grenzen großen Massen bolschewikischer Truppen gegenüber, denen es mit einem Heer von 100 000 Mann nicht gewachsen sein werde. Er stellte Ebert ein Ultimatum: sofortige Neuwahl des Reichspräsidenten, Auflösung der Nationalversammlung, Entlassung von General Reinhardt als preußischem

Kriegsminister und Chef der Heeresleitung und Ernennung eines Obersten Befehlshabers, Rücknahme des Auflösungsbefehls für die Brigade Ehrhardt und Verbesserung der Verpflegung und Lebensbedingungen der Truppen.[31] Ebert erklärte sich zu dem Versuch bereit, Verpflegung und Unterbringung der Truppen zu verbessern, lehnte aber die übrigen Bedingungen ab. Der bei der Unterredung anwesende Noske sagte unwirsch zu Lüttwitz, er befehlige die Brigade Ehrhardt schon nicht mehr und solle gefälligst gehorchen. Im Vorgriff auf seine Zwangspensionierung wurde Lüttwitz beurlaubt, und Seeckt und Noske stellten die Hauptverschwörer – Kapp, den Ludendorff-Berater Oberst Max Bauer und den Stabsoffizier der Preußischen Gardekavalleriedivision und Freikorpsführer Hauptmann Pabst, die Offiziere für die Revolte zu gewinnen versucht hatten – unter Hausarrest. Desgleichen sollten Karl Schnitzler, ein Journalist und früherer Zahnarzt, und der Jude Friedrich Grabowski, der als Chefpropagandist der Rebellion fungierte, verhaftet werden.[32]

Die Erfolgschancen für einen Staatsstreich von rechts schienen nicht ungünstig. Der aus seinem kurzen schwedischen Exil zurückgekehrte Ludendorff gehörte zu denen, die Kapp drängten, er solle etwas unternehmen, um den parlamentarischen Augiasstall auszumisten. Ludendorff hatte Oberst Bauer beauftragt, die britische Haltung im Falle eines Staatsstreichs der Armee zu sondieren. Bauer hatte dem englischen Militärgouverneur in Köln, Oberst Ryan, die Frage gestellt, der sie an Außenminister Balfour weiterleitete. Die Engländer, denen offensichtlich die mögliche Ausbreitung des Bolschewismus in Deutschland größere Sorge bereitete, als ihnen die eingefleischten Ängste ihres französischen Verbündeten am Herzen lagen, gaben zur Antwort, sie würden weder direkt noch indirekt feindlich eingreifen, falls bei der Niederschlagung eines revolutionären Umsturzes eine Militärdiktatur entstehe, vorausgesetzt, dies führe zur Einrichtung einer verfassungsmäßigen Regierung, die auch eine konstitutionelle Monarchie sein könne. [62]

Zu berücksichtigen war auch, daß den an der Regierung befindlichen Persönlichkeiten jegliches Charisma abging. Schon seit den frühesten Tagen der Revolution wurde die Republik nicht nur als schwächlich, sondern auch als lächerlich dargestellt. Am Tag der Amtseinführung Eberts als Reichspräsident in einer Veranstaltung, die bei weitem nicht den Glanz der alten Kaiserzeit atmete, veröffentlichte die *Berliner Illustrirte Zeitung* ein Photo von Ebert und Noske im Badeanzug, wo sie eher abgetakelten Sportlern als Staatsmännern glichen. Und in einem Prozeß, in den der von der radikalen Rechten wie Linken gleichermaßen von Herzen verabscheute Matthias Erzberger verwickelt war, kam der ganze Haß und die Verachtung der sich bekämpfenden Lager zutage. Erzberger war im November 1918 die undankbare Rolle zugefallen, die deutsche Waffenstillstandskommission in Compiègne anzuführen. In den Augen der Ultranationalisten galt er wegen der Unterzeichnung der Schandbedingungen des Waffenstillstandes und der Befürwortung des unerträglichen Friedensvertrages als einer der größten »Novemberverbrecher«. Nach Auffassung der Kommunisten war er mit Noske, Scheidemann und Ebert einer der Hauptfeinde der Revolution. Als frommer Katholik mit einflußreichen Verbindungen im Vatikan hatte Erzberger während des Krieges versucht, den Einfluß der Kirche zugunsten der Mittelmächte zu mobilisieren, und nachdem er in den ersten Kriegsjahren zu den Annexionisten gehört hatte, war er später zu einem führenden Verfechter eines Versöhnungsfriedens geworden. Seine Feinde lasteten ihm die lange Liste der Demütigungen an, die Deutschland hatte erdulden müssen. Deutschlands Ohnmacht war sein Werk und das seinesgleichen. Die Übergabe der deutschen Flotte bei Scapa Flow war zwar zum Teil wieder wettgemacht worden, allerdings nicht durch die Politiker, sondern durch die Offiziere und Mannschaften, die mit der Versenkung ihrer Schiffe im schottischen Hafen eine Art Sieg errangen. Die Besatzungen von Scapa Flow kehrten im Februar 1920, mitten im Erzberger-Prozeß, heim, und in einer öffentlichen Versammlung richtete Admiral von Trotha an 1000 Matrosen das Wort und rühmte von den Stufen des Denkmals Friedrichs des Großen Unter den Linden ihren Heldenmut; bei ihrer waffenlosen, aber ehrenhaften Tat waren neun gefallen und 16 verwundet worden.[33]

Als Mitglied des linken Zentrumflügels hatte Erzberger gegen den Beschluß des unbeschränkten U-Boot-Krieges opponiert und war ein mächtiger Befürworter der vom Reichstag im Juli 1917 verabschiedeten Friedensresolution. 1919 wurde er Finanzminister im Kabinett des Reichskanzlers Bauer und führte ein »Reichsnotopfer« ein, mit dem Vermögen von drei oder mehr Millionen Mark zu 50 % abgabepflichtig wurden, sowie hohe Belastungen sowohl des persönlichen Einkommens als auch der Körperschaftserträge, damit das Reich die ungeheuren Kriegslasten tragen konnte. Nach Erzbergers Überzeugung mußte im nationalen Interesse nicht »nur das Blut«, sondern auch das Gut verlangt werden. [63] Zu seinen ungezählten Feinden gehörte Carl Helfferich[34], der während des Krieges Staatssekretär der Finanzen gewesen war und wie Kapp die Erfüllungspolitik kompromißlos bekämpfte, die Erzberger und die republikanische Regierung widerwillig eingeführt hatten. In einer Artikelreihe und in einem Flugblatt »Fort mit Erzberger!« entfesselte Helfferich eine wilde Verleumdungskampagne gegen Erzberger, den er auf diese Weise dazu verleiten wollte, ihn wegen Beleidigung vor Gericht zu bringen. Die Taktik hatte Erfolg: Erzberger klagte, und der Prozeß wurde zur *cause célèbre*, in der die Leidenschaften der Linken wie der Rechten aufflammten, die darin geradezu einen moralischen Musterprozeß gegen die republikanische Regierung erblickten. Einen Tag vor Beginn des Kapp-Putsches wurde das Urteil gesprochen; technisch fiel es zwar zugunsten Erzbergers aus, aber in seiner Auswirkung kam es einer vernichtenden Niederlage gleich. Das Gericht verurteilte Helfferich zu einem Schadensersatz von lächerlichen 300 Mark und zur Erstattung der nicht unerheblichen Kosten des Verfahrens, aber die Öffentlichkeit war weithin überzeugt, Erzberger sei es nicht gelungen, die gegen ihn geltendgemachten Anschuldigungen zu widerlegen. Seine Gegner hatten ihm Amtsmißbrauch vorgeworfen – er habe mit Hilfe einer konfiskatorischen Steuerpolitik das Bürgertum zu enteignen versucht, sich gleichzeitig aber der Zahlung seiner eigenen Steuern entzogen – und die öffentliche Meinung befand ihn für schuldig. Erzberger war damit politisch erledigt. Eine rechtsgerichtete Zeitung hatte seine Steuereinkünfte veröffentlicht und damit den Nachweis der Steuerhinterziehung zu führen versucht, und mochte auch ein Untersuchungsgericht den Vorwurf für unbegründet erklären, so schaffte es Erzberger doch nie mehr, die gegen ihn erhobenen Anschuldigungen zu entkräften.

Noch während des Verfahrens schoß ein einundzwanzigjähriger Gymnasiast auf ihn und verwundete ihn an der Schulter[35], und wenn er sich auch von der Verwundung erholte, so erholte er sich doch nie von dem Prozeß. Ein Jahr später wurde er von zwei ehemaligen Angehörigen der Brigade Ehrhardt ermordet.[36]

Erzberger war für immer als Leiter der Waffenstillstandsdelegation gezeichnet, obwohl er diese Aufgabe nie gesucht hatte, sondern sie ihm aufgebürdet worden war, und er galt damit als einer von denen, die so großes Elend über Deutschland gebracht hatten. In der gegen ihn von Helfferich und seinen gerissenen Anwälten aufgebauten Anklage schlug sich für viele patriotische Deutsche wieder einmal die ganze Doppelbödigkeit und Verderbtheit der schwachbrüstigen Parlamentarier nieder, die den Krieg und mit ihm den Glanz des Reiches zur Unzeit beendet hatten. Obwohl nun der Erzberger-Prozeß zweifellos zahlreiche Offiziere in ihrer niedrigen Meinung vom Charakter vieler republikanischer Politiker bestärkte, konnten Kapp und Lüttwitz doch nur wenige zum Mitmachen bei der Revolte bewegen. Es gelang den Verschwörern, einige Generäle zu gewinnen[37], sowie den Kommandeur der Hamburger Garnison, Oberst von Wangenheim, und den früheren Polizeipräsidenten von Berlin, Traugott von Jagow; im übrigen aber mußten sie sich mit der Aussicht begnügen, daß sie aus der Heeresführung weiteren Zulauf fänden, war die Revolte erst einmal in Gang gekommen.

Zu ihnen gehörte General von der Goltz, der seines Oberbefehls über die baltischen Freikorps enthoben worden war. Desgleichen General Maercker, der für die Sicherheit der Nationalversammlung verantwortlich gewesen war und gesagt hatte, wenn der Friedensvertrag unterzeichnet werde, trete er zurück. Oberst Bischoff, Kommandeur der Eisernen Division, der unter General von der Goltz gedient hatte, hatte es glatt abgelehnt, die Division nach Deutschland zurückzuordnen. [64] In einem Brief erinnerte Bischoff die Berliner Behörden daran, daß die lettische Regierung den deutschen Freiwilligen gewisse Versprechungen gemacht habe, und nun habe das Reich die Vereinbarung annulliert; er forderte die Aufnahme von mindestens 30 % der Eisernen Garde in die provisorische Reichswehr und Polizei; bis dahin müsse die Division in der Lage bleiben, die Ostgrenzen zu schützen. Dann führte Bischoff ein Gespräch mit dem Befehlshaber des ostpreußischen Wehrkreises, General von Estorff, der ihn mit den Worten empfing: »Nun, mein lieber Bischoff, ich weiß, Sie möchten jetzt gegen Berlin marschieren, ich kann Sie nicht aufhalten, denn die Hälfte meiner Leute geht zu Ihnen über, die andere schießt nicht. Aber tun Sie es nicht, es hat keinen Zweck.« [65] Ein vernünftiger Rat, den freilich Estorff nicht beherzigte; als der Putsch begann, unterstützte er ihn zusammen mit dem sozialdemokratischen Oberpräsidenten von Ostpreußen, August von Winnig.

Dennoch: Die überwältigende Mehrheit der Offiziere aller Dienstgrade und Waffengattungen machte nicht mit. Mochten auch viele Generäle wie Hoffmann, Oven, Maercker und Seeckt eine Diktatur herbeisehnen, so war es doch von der verbalen Befürwortung bis zur tatsächlichen Teilnahme an einer Revolution, die mit Waffengewalt eine Diktatur errichtete, ein gewaltiger Schritt. Jeder

Soldat der Reichswehr hatte seinen Eid auf die Weimarer Verfassung und auf den Reichspräsidenten geschworen. Das bedeutete freilich nicht, daß eine Regierung nicht mit rechtmäßigen Mitteln verändert und mit autoritären Vollmachten ausgestattet werden konnte, solange diese mit der Verfassung in Einklang standen. Nach der Verfassung konnte der Reichspräsident, der den Reichskanzler ernannte, den Reichstag rechtmäßig auflösen und nach Artikel 48, wenn die Sicherheit des Reiches gefährdet war, sich der Streitkräfte zur Wiederherstellung der Ordnung bedienen. Es wäre voll und ganz verfassungsgemäß gewesen, wenn Ebert Noske zum Reichskanzler ernannt und ihm die Vollmacht gegeben hätte, mit Notstandsverordnungen zu regieren. Die große Mehrheit der Offiziere hätte das zweifellos unterstützt; dagegen kam für sie die Auflehnung gegen die rechtmäßige Regierung und der Putschversuch nicht in Frage, während von Lüttwitz und seinesgleichen in einem solchen Verzweiflungsschritt die letzte Möglichkeit zur Rettung des Vaterlandes erblickten.

Die Entlassung von Lüttwitz' und der Hausarrest für Kapp und Co. brachte die Revolte vorzeitig ins Rollen. Ehrhardt, der mit seiner vier- bis fünftausend Mann zählenden Brigade (größtenteils ehemalige Offiziere und Unteroffiziere der Reichswehr) in Döberitz stand, begab sich auf den Weg nach Berlin. Es handelte sich um Elitetruppen; vor Putschbeginn waren sie an Ehrhardt, neben dem Admiral von Trotha stand, vorbeimarschiert, und ein Reporter schilderte die Brigade als Verkörperung des unnachahmlichen Schwungs und Elans der alten kaiserlichen Armee. Nun marschierte sie hochgestimmt auf Berlin, singend, selbstsicher, mit vollem Feldgepäck, Gewehr und Handgranaten, und über ihren Köpfen wehte anstatt des verabscheuten Schwarz-Rot-Gold der Republik die schwarz-weiß-rote Fahne, die sie im Krieg begleitet hatte. Auf ihre Helme waren Hakenkreuze gemalt, das uralte, mystische indogermanische Symbol, das bei Mitgliedern von Organisationen wie der Thule-Gesellschaft in hohem Ansehen stand und gewissermaßen als Manna des Nordens galt.[38]

Es fiel kein einziger Schuß. Am 13. März marschierte die Brigade mit dem Deutschlandlied und unter dem Jubel einer Menge, in der sich auch General Ludendorff befand, durchs Brandenburger Tor. Lüttwitz besetzte mit seinem Stab das Reichswehrministerium, Kapp die Reichskanzlei. Niemand versuchte sie aufzuhalten. Die Regierung war vorsichtigerweise nach Dresden geflohen, Berlin wurde von den Rebellen besetzt – von der Brigade Ehrhardt, der sich weitere Freikorps-Einheiten und die Potsdamer Garnison anschlossen. Nun blieb lediglich noch eine Verwaltung einzurichten. An diesem Punkt des scheinbaren Sieges zeigten sich die ersten Risse. Bisher hatte die Regierung keine Verteidigung auf die Beine stellen können. Noske und Reinhardt hatten die Reichswehr zur Verteidigung der Hauptstadt einsetzen wollen, aber Seeckt hatte abgelehnt. Er wollte keinen Bürgerkrieg, in dem auf beiden Seiten Reichswehr kämpfte, und er war auch nicht bereit, mit Hilfe der Reichswehr einen Bürgerkrieg zu verhindern. Seeckt erklärte, am Brandenburger Tor werde nicht scharf geschossen; seine überragende Pflicht sah er in der Erhaltung der Einheit der Armee. Die Erhaltung der Republik war sekundär. In dieser Einschätzung seiner vaterländischen Pflicht und des Offizierseides stand Seeckt nicht allein.

Am 13. März 1920 war er in einer Besprechung bei Noske im Reichswehrministerium, als die Nachricht kam, die Brigade Ehrhardt marschiere; bei der Besprechung waren außerdem die Generäle Reinhardt, Oldershausen und Oven sowie Admiral von Trotha anwesend.[39] Als Noske den Anwesenden sagte, der Marsch der Freikorps auf Berlin müsse mit Gewalt gestoppt werden, pflichteten ihm nur sein Stabschef Major Gilsa und General Reinhardt bei. Die anderen teilten, wie Noske später berichtete, Seeckts unerschütterliches Prinzip, Reichswehr schieße nicht auf Reichswehr, und stimmten seiner Meinung zu, die Berliner Garnison sei ohnehin zu schwach, um die Stadt gegen Ehrhardt zu verteidigen. Es käme nur zu einem schrecklichen Blutbad, und der Erfolg der Rebellen wäre gewiß. Seeckt erhielt die Erlaubnis, auf Urlaub zu gehen, zog Zivilkleidung an und wartete am Rande ab.[40] Noske konnte nun nur noch dafür sorgen, daß die Regierung aus der Stadt floh, denn er war sicher, daß die Mehrheit der Generäle außerhalb Berlins loyal bleiben würden, und das taten sie denn auch.

In Berlin waren die Meinungen geteilt. Einige Offiziere, darunter General Reinhardt, erklärten sich offen für die rechtmäßige Regierung, während die meisten sich wie Seeckt aufs Abwarten verlegten. Die Militärs und Beamten des Reichswehrministeriums faßten eine Entschließung, sie würden weiterhin ihre Pflicht tun, in dem Streit jedoch nicht Partei ergreifen. Sie seien bereit, während der Verhandlungen zur Aufrechterhaltung der Ruhe und Ordnung ihren Dienst weiterzutun, unter der Voraussetzung, die Verhandlungen führten zur Bildung einer Regierung, die von der Mehrheit des

Volkes getragen sei. [66] Da die rechtmäßige Regierung aber Verhandlungen mit Kapp und Lüttwitz ablehnte, machten die Verwaltungsleute des Reichswehrministeriums gute Miene zum bösen Spiel. In solcher Vorsicht auch erklärten die Ministerialoffiziere Lüttwitz, sie würden zwar weiterarbeiten, erkennten aber keine Befehlsgewalt seinerseits an.

Außerhalb Berlins erklärten sich ein paar verstreute Kommandeure für das neue Regime. In Breslau übernahmen General von Schmettow und eine Freikorps-Brigade unter Wilfried von Loewenfeld namens der Revolte die Herrschaft der Stadt. In Mecklenburg-Schwerin unterstützte der Ostafrikaheld General von Lettow-Vorbeck den Putsch ebenso wie der Militärbefehlshaber von Weimar, General Hagenberg, der die Stadtverwaltung entließ. Auch der Kommandeur der Reichswehrbrigade 4 in Magdeburg, General von Groddeck, war für Kapp, doch trat der ihm unterstehende Oberst von Hahnke ihm entgegen, verweigerte die Annahme von Befehlen und übernahm schließlich das Kommando der Brigade. [67]

Vor allem in Ost- und Nordwestdeutschland erhielten Kapp und Lüttwitz die Unterstützung militärischer und ziviler Führer; im übrigen Land dagegen trafen sie entweder auf aktiven Widerstand oder Neutralität, jedenfalls auf die Weigerung, gegen die Regierung zur Waffe zu greifen. Bayern gewährte trotz seiner Abneigung gegen die Berliner Regierung Kapp keinerlei Unterstützung, und in anderen Teilen des Reiches kam es zu Kämpfen zwischen linken Kräften, denen sich regierungstreue anschlossen, und den Putschisten. Im Ruhrgebiet jedoch nahm der radikale Flügel der Unabhängigen Sozialisten, der mit den Kommunisten gemeinsame Sache machte, die Gelegenheit wahr, um wieder einmal die proletarische Revolution zu fordern und sowohl gegen Kapp als auch gegen die Regierung zur Waffe zu greifen.

Wie der wachsende Widerstand gegen die Putschisten bald bewies, war sowohl das Heer als auch die Zivilbevölkerung weitestgehend gegen die Meuterei. Nirgendwo zeigte sich ein Anzeichen eines Volksaufstandes, und die Regierung war nicht etwa aus Zweifel an der Treue des gemeinen Mannes in der Reichswehr oder der Zivilbevölkerung von Berlin nach Dresden und dann nach Stuttgart gegangen. Auch Sachsen war regierungsfreundlich, das Kabinett war von der Entschlossenheit der örtlichen Amtspersonen in Dresden und der Treue General Maerckers wenig angetan. Maercker erklärte dem Reichsminister Otto Gessler, er unterstütze zwar General von Lüttwitz, werde aber die sozialdemokratische Regierung von Sachsen verteidigen, eine für ihn erheblich bequemere Zweideutigkeit der Haltung als für das Kabinett, das sich deshalb lieber nach Stuttgart absetzte, wo es die württembergischen Zivilbehörden und General von Bergmann ihres Schutzes versicherten.

Die Reise von Dresden nach Stuttgart war problematisch. Das Kabinett reiste in getrennten Fahrzeugen, damit es nicht als Ganzes verhaftet werden konnte. Dem Wagen, in dem Reichspräsident Ebert, Gessler und Außenminister Hermann Müller saßen, ging das Benzin aus, und wegen des Generalstreiks konnten sie auch keins bekommen. Züge fuhren nur selten und wurden oft von Rotgardisten beherrscht, die eine ebenso große Gefahr wie die Kapp-Lüttwitz-Leute darstellten. Eberts kleine Gruppe verbrachte die nächtliche Wartezeit auf einen Zug in Chemnitz zum Teil in einem Wirtshaus nahe dem Bahnhof. Der Reichspräsident, dem die Zigarren ebenso ausgegangen waren wie seinem Fahrer das Benzin, bat den Wirt, ihm zu zeigen, was er an Zigarren habe, und nachdem er aus einer Kiste sorgfältig eine Zigarre ausgesucht hatte, fragte er nach dem Preis. Als ihm der Wirt sagte, sie koste fünf Mark, legte Ebert die Zigarre mit einem kurzen »Danke« wieder in die Kiste zurück. Zu seinen Begleitern sagte er nachher, wenn man erführe, er habe eine Zigarre um fünf Mark geraucht, dann wäre alles verloren.[41] Am folgenden Vormittag traf sich das Kabinett in Stuttgart und setzte von dort aus seinen gewaltlosen Feldzug fort, mit dem es diesen Krieg gewann.

Weder Kapp noch Lüttwitz besaßen eine Spur politischen Geschicks. Da es ihnen an einem klaren Programm ebenso fehlte wie an Beredsamkeit, nahmen sich ihre an die Öffentlichkeit gerichteten Manifeste wie bürokratische Mitteilungen aus. Die erste Ankündigung, die frühere Regierung habe zu bestehen aufgehört, Kapp sei Reichskanzler und Ministerpräsident von Preußen und Lüttwitz Oberbefehlshaber des Heeres und Reichswehrminister, zeigte Kapp als den kleinen Funktionär, der er war: Sie war nämlich für ihn mit seinem Titel »Generallandschaftsdirektor« und für Lüttwitz als General der Infanterie unterzeichnet. Dann schickte sich Kapp an, ein windiges Programm aufzustellen, in dem es hieß, es handle sich um keinen Monarchistenputsch noch um neue Kriegsabsichten, sondern die neue Regierung werde den Friedensvertrag unter Wahrung der Ehre des deutschen Volkes und seiner Lebens- und Arbeitsfähigkeit ausführen.

Es ging ihm hauptsächlich um die Grundbesitzer und das Bürgertum, obwohl er sich vorher auch um das Wohlergehen der Arbeiter gekümmert hatte. Er versprach, seine Regierung werde die Kriegsanleihen zurückzahlen und den Grundbesitz zu angemessener Steuerleistung heranziehen. Nach schweren Zusammenbrüchen sei es immer der Grundbesitz, der die Opfer des Wiederaufbaus tragen müsse, aber die Regierung werde dem Grundbesitz die wirtschaftliche Freiheit zurückgeben und gleichzeitig für Nahrungsmittel zu erträglichen Preisen sorgen. Er ließ sich auch vage dahingehend aus, das neue Regime werde ein Gesetz verabschieden, welches jedem Deutschen den Zugang zum Grundeigentum und zum Eigentum überhaupt erleichtere; die Regierung werde das Beamtentum behüten und es als ihre heiligste Pflicht betrachten, den Kriegsbeschädigten und den Hinterbliebenen ihre wohlverdienten Bezüge in vollstem Maße sicherzustellen. Sie werde für die Freiwilligen und ihre Angehörigen sorgen, die Einheit des Reiches wahren und Absplitterungsversuche als Hochverrat behandeln. Die neue Regierung lehne jede Klassenbevorzugung, sei es nach links oder nach rechts, ab und kenne nur deutsche Staatsbürger. Streik und Sabotage werde sie rücksichtslos unterdrücken, die deutsche Arbeit vor dem internationalen Großkapital behüten; die Farben der deutschen Republik seien Schwarz-Weiß-Rot. Nun war die Reihe an Lüttwitz, der der Armee versprach, die neue Regierung werde jedem, der für sie verwundet werde, 1000 Mark zahlen und für jede weitere Verwundung 2000 Mark. Außerdem werde der Soldatensold um sieben Mark pro Tag erhöht, und niemand werde aus der Armee entlassen, dessen Zukunft nicht gesichert sei. [68]

Dieses Programm beeindruckte nicht viele Deutsche. Sicher empfanden Grundbesitzer die Aussicht auf geringere Steuern angenehm, aber für sieben Mark Tageszuschlag oder die nicht näher definierte Möglichkeit, ein Stück Land bekommen zu können oder von der Ausbeutung durch ausländisches Kapital befreit zu werden, waren nur wenige Soldaten oder Arbeiter zu gewinnen.

Obwohl die singenden Freikorps mit ihren kaiserlichen Fahnen bei ihrem Marsch Unter den Linden bejubelt worden waren, stellte sich doch sofort nach dem Marsch heraus, daß den Rebellen jede breite politische oder populäre Basis fehlte. Unterstützt wurden die Putschisten von der Sicherheitspolizei, der Brigade Ehrhardt, der Potsdamer Garnison und einer verstreuten, unorganisierten politischen Anhängerschaft, aber das war auch alles. Die Bürokraten in den Regierungsämtern verhielten sich Kapp und Lüttwitz gegenüber höflich, aber bestimmt. Obwohl auch sie der Republik nur wenig Liebe entgegenbrachten, hatten sie doch ihr zu dienen

geschworen und lehnten es ab, mit den Rebellen zusammenzuarbeiten oder ihren Anordnungen Folge zu leisten. Als »Reichskanzler«
Kapp einen Offizier zum Reichsbankpräsidenten Havenstein
schickte mit dem Ersuchen, der neuen Regierung zehn Millionen
Mark zu übergeben, erwiderte Havenstein, er sei dazu nicht berechtigt, und dieselbe Antwort gab er einem anderen Offizier, den
»Reichswehrminister« von Lüttwitz sandte und der die sofortige
Übergabe des Geldes verlangte. Havenstein erinnerte seinen Besucher daran, ein gewaltsames Erzwingen dieser Gelder bedeute eine
rechtswidrige Wegnahme fremden Eigentums, und der ebenfalls bei
der Besprechung anwesende Vizepräsident unterstützte diese Auffassung. Am nächsten Morgen erschienen zwei Offiziere in Zivil,
die fünf Schecks über je zwei Millionen Mark vorlegten, die ordnungsgemäß ausgefüllt und von dem zur Verfügung stehenden
Berechtigten für die General-Militärkasse vollzogen waren. Die
Schecks waren aber nicht wie sonst üblich auf »Überbringer« ausgestellt, sondern auf »Reichswehrminister Freiherr von Lüttwitz oder
Überbringer«. Havenstein lehnte die Auszahlung ab, weil ein
Reichswehrminister von Lüttwitz als Empfangsberechtigter für ihn
nicht existiere. Die Offiziere gingen wieder, um neue, auf »Überbringer« ausgestellte Schecks zu besorgen, aber die General-Militärkasse lehnte es ab, neue Schecks auszustellen. Daraufhin verließen
die Herren die Hauptkasse und sagten, sie würden nunmehr die
Schecks zurückgeben. [69] Als dann Ehrhardt den Befehl bekam,
das Geld zu beschaffen, lehnte er mit der Bemerkung ab, ein
Offizier sei schließlich kein Geldschrankknacker. [70]
Die Beamten des preußischen Innenministeriums erklärten Traugott von Jagow, als dieser sein Ministeramt übernehmen wollte, sie
würden für das Gemeinwohl weiterarbeiten, aber weder die neue
Regierung anerkennen noch von Jagows Anordnungen befolgen.
Ein Mitarbeiter, Ministerialdirektor Meister, wurde wegen der Weigerung, mit der neuen Regierung zusammenzuarbeiten, verhaftet
und später suspendiert, doch waren die Rebellen insgesamt nicht
bereit, gegen Regierungsbeamte Gewalt anzuwenden. So kam es
denn, daß zwar kein Beamtenstreik stattfand, aber auch namens der
neuen Regierung nichts geschah.
Die Deutschnationale Volkspartei, die in den Wahlen zur Verfassunggebenden Nationalversammlung nicht ganz viereinhalb Prozent
der Stimmen bekommen hatte, gab eine halbherzige Mitteilung
zugunsten der Putschisten heraus.[42] Aber das war auch die einzige
Unterstützung der Rebellen, die sichtbar wurde, und praktischen

Nutzen hatte sie überhaupt keinen. Gegen die Putschisten stand die gewaltige Macht der Arbeiter, die aufgrund der Ausrufung des Generalstreiks durch Ebert, Bauer, Noske und andere Sozialdemokraten ihre Arbeitsplätze verlassen hatten. Hinter ihnen stand die riesige Mehrheit der Berliner Bevölkerung, die die sozialistischen und demokratischen Parteien gewählt hatte. Mit der Ausrufung des Generalstreiks rührte sich nichts mehr im Reich. Kapp und Lüttwitz waren isoliert. In Berlin, nach und von Berlin fuhr nichts mehr. Die Versorgung war abgeschnitten, ebenso Wasser, Strom und Gas. Keine Zeitung erschien. Am 16. März, bloße drei Tage nach dem Marsch durchs Brandenburger Tor, füllten Arbeiter und Demonstranten die Straßen, und den Revolutionären blieben nur noch die Titel, die sie sich gegeben hatten, die Sicherheitspolizei und die Brigade Ehrhardt, die nun keine Aufgabe mehr hatte.

Kapps und Lüttwitz' Versuch, die Alliierten wie erhofft für sich zu gewinnen, schlug ebenfalls fehl. Hindenburg schickte privat die besten Wünsche, aber mehr Hilfe bekamen die Putschisten von ihm nicht. Der greise Generalfeldmarschall war bei einer Anhörung des Parlamentsausschusses zur Untersuchung der Ursachen des Krieges und Zusammenbruchs aufgetreten, und der öffentliche Jubel, der ihn jedesmal begrüßte, wenn eine Menge seiner ansichtig wurde, hatte wieder einmal gezeigt, wie hochgeachtet er nicht nur beim Heer, sondern auch bei der Zivilbevölkerung war.[43] Ein Wort von ihm hätte die öffentliche Meinung entscheidend beeinflussen können und sicherlich auf das Offizierskorps mächtigen Eindruck gemacht. Aber Hindenburg schwieg, jedenfalls soweit die Öffentlichkeit wußte. Bei seinem Auftritt vor dem parlamentarischen Untersuchungsausschuß untermauerte er die Darstellung, die er inzwischen sicher auch selber glaubte, daß das Heer verraten worden sei. Trotz der Überlegenheit der Feinde an Menschen und Material, sagte er von einem von Ludendorff vorbereiteten Sprechzettel ablesend, hätte das Heer den Krieg zu einem relativ günstigen Ausgang bringen können, wäre da nicht die Zersetzung der Heimat gewesen, und er zitierte einen englischen General, der mit Recht gesagt habe, die deutsche Armee sei von hinten erdolcht worden.[44] [71] Aber Hindenburg brachte es ebensowenig wie Seeckt fertig, sich einem Aufstand gegen die rechtmäßige Regierung anzuschließen.

Seine Geschichte, wie es zur Revolution gekommen war, hatte er sich inzwischen vollkommen zurechtgelegt. Er bezeichnete sich als ehemaligen Monarchisten, der seinem Lehnsherrn, dem Kaiser, in treuer Pflichterfüllung diente, bis die zersetzte Heimat sie beide im Stich ließ; das Heer hatte seine Pflicht erfüllt, hatte alles geleistet, was man nur von ihm verlangen konnte, war aber heimtückisch von hinten erdolcht worden; jetzt war es wie eh und je seine Pflicht, das Vaterland zu verteidigen, solange er lebte. Mochte er auch unter der Hand seine besten Wünsche Patrioten zukommen lassen, die gegen die Kräfte der Zersetzung und gegen die rechtmäßige Regierung aufstanden, so ging er doch darüber nicht hinaus. Er dachte nicht im Traum daran, die Reichswehr zu spalten oder einen Bürgerkrieg herbeizuführen, in dem sie auf entgegengesetzten Seiten gekämpft hätte.

Seine guten Wünsche halfen also Kapp und Lüttwitz gar nichts. Ein Befehlshaber nach dem anderen ließ wissen, er unterstütze die Ebert-Regierung; Ludendorff sagte zu Kapp, er solle durchhalten, aber der Kommandeur der Berliner Sicherheitspolizei, Oberst von Schönstadt, sagte zu Kapp, es sei aus, und als der Kommandeur der Berliner Reichswehr dasselbe äußerte, konnte auch Ludendorff ihm nur noch beipflichten. [72] Die Kapp-Diktatur war genau 100 Stunden alt geworden.

Vorübergehend hatte Lüttwitz gewähnt, er selbst könnte der gesalbte Militärdiktator werden, doch als die Prozession der Reichswehrgeneräle an ihm vorbeizog und ihm wie schon zuvor Oberst von Schönstadt sagte, er genieße keinerlei Unterstützung mehr und müsse mit den Meuterern Berlin verlassen, damit Ruhe und Ordnung in der Hauptstadt aufrechterhalten werden könnten, blieb auch ihm keine andere Wahl mehr. Immerhin befand sich Lüttwitz noch in der Lage, Bedingungen zu stellen. Vor Beendigung der Revolte traf er sich noch mit Vertretern der Regierungsparteien, die sich mit der Abhaltung von Reichstagswahlen, der Wahl des Reichspräsidenten durch das Volk und mit einer Umbildung des Kabinetts, in dem Sachverständige an die Stelle der Politiker treten sollten, einverstanden erklärten. Desgleichen wurde ihm eine Amnestierung der Rebellen versprochen, die ihm und Kapp gefolgt waren.[45] Daraufhin ging Lüttwitz, nicht ohne sich vorher von Ebert die Bewilligung seiner Pensionsansprüche zusagen zu lassen.[73]

Kapp und Lüttwitz flohen aus Berlin, gingen aber relativ ungeschoren ihre getrennten Wege. Lüttwitz konnte nach einer Woche noch einmal eine Nacht in seiner Berliner Wohnung verbringen, ehe er die Stadt erneut verließ und bei einem Freikorpsführer in Breslau Unterschlupf fand. Die folgenden Jahre verbrachte er bis zu seiner Amnestierung im Ausland oder versteckt bei Freunden auf deren schlesischen Gütern. Auch Kapp blieb in und um Berlin, wo er von der Sicherheitspolizei in Schutzhaft genommen und in einer Kaserne untergebracht wurde, bis die Polizei dafür sorgte, daß er vom Flughafen Tempelhof nach Schweden fliegen konnte. Photoreporter einer Illustrierten machten von ihm während der Vorbereitungen zum Abflug Aufnahmen. 1922 kehrte er für seinen Prozeß nach Deutschland zurück, war aber bereits todkrank und starb, noch ehe sich das Gericht mit ihm befassen konnte. Von den Hauptverschwörern wurden nur drei – von Jagow, von Wangenheim und Schiele[46] – vor Gericht gestellt, und lediglich von Jagow wurde eines Verbrechens für schuldig befunden. Er wurde zu fünf Jahren Festungsarrest verurteilt.[47]

Das Schicksal der anderen spiegelte die ganze Verwirrung der deutschen Seele wider. General von Seeckt lobte Ehrhardt ob seiner Hingabe an das Vaterland und gestattete ihm die Beibehaltung des Oberbefehls über seine Brigade bis zu deren Auflösung im Mai. Ein auf Ehrhardt ausgestellter Haftbefehl wurde nie ausgeführt. Mitglieder seiner Brigade wurden in die Marine überführt, aus der sie gekommen waren und die sich offensichtlich über die patriotischen Meuterer freute, nachdem sie mit der anderen Meuterersorte schon ihre Erfahrung gemacht hatte. Hohe Offiziere, die sich der Revolte angeschlossen hatten, entließ Seeckt ungerührt und hatte keine Einwände dagegen, daß sie von den eigens hierfür eingesetzten zivilen Reichskommissaren verhört wurden. Nach seiner Ansicht hatten die Generäle und Obersten, die ihren Eid gebrochen hatten, ihre geschworene Pflicht verletzt und verdienten keinen Schutz durch ihn. Seeckts ausschließliches Kriterium für die Bestrafung der niedrigeren Offiziersgrade war nicht etwa die Treue zur Verfassung, sondern allein der militärische Gehorsam, auch gegenüber den am Putsch beteiligten Vorgesetzten. Wer sich auf einen Befehl seiner Vorgesetzten – auch den Putschbefehl – berufen konnte, wurde nicht bestraft. Insgesamt wurden 63 Offiziere versetzt und 172 entlassen, darunter 12 Generäle. Eine Freiheitsstrafe wurde in keinem Fall verhängt. [74]

Noske mußte auf Druck der Linken wie der Rechten zurücktreten. Die der Armee mehr denn je mißtrauende Linke warf ihm vor, er stehe dem Offizierskorps zu nahe und habe seiner Pflicht, die Regierung in der Krise militärisch zu unterstützen, nicht genügt; die Rechte verlangte seinen Rücktritt, weil er zu denen gehörte, die den Generalstreik ausgerufen hatten. General Reinhardt, der auf Noskes Seite gestanden und von Seeckt verlangt hatte, er solle den

Rebellen mit der Reichswehr entgegentreten, trat aus Solidarität mit Noske zurück. Seeckt, der in diesem Kampf um den Fortbestand der Republik ungerührt neutral geblieben war, erhielt den vorher von Reinhardt innegehabten Posten des Chefs des Truppenamtes. Als Stabschef und Befehlshaber des Heeres gab seine Stimme nunmehr in militärischen Fragen den Ausschlag, und da keine Regierung ohne Unterstützung der Reichswehr auskam, wog seine Meinung auch in politischen Angelegenheiten schwer.

Immer noch war die Regierung Gefangene im Widerstreit der Rechten und Linken. Die Linke und der Generalstreik hatten der Revolte den Garaus gemacht. Die Kommunistische Partei, die den Sozialdemokraten und der Regierung dieselbe Feindseligkeit entgegenbrachte wie den Putschisten, hatte erst nach zwei Tagen beim Generalstreik mitgemacht, in der Meinung, nun sei die Lage reif. Sie sah hier eine Gelegenheit, die in Deutschland inzwischen abgeflaute marxistische Revolution wiederzubeleben, und begab sich nun mit Unterstützung linksradikaler Unabhängiger Sozialisten daran, die bürgerliche Ordnung zu stürzen. Für viele unbeugsame Nationalisten hatte der Kapp-Putsch große Chancen versprochen. Als Adolf Hitler die Nachricht von der Revolte erhielt, begab er sich in einem Privatflugzeug[48] nach Berlin; begleitet war er von seinem Bewunderer Dietrich Eckardt, einem bekannten Schriftsteller, den Hitlers rednerische Begabung schon früh beeindruckt hatte. Die beiden wollten die Revolution beobachten und feststellen, ob sie nicht Gelegenheit für einen Aufstand in Bayern böte, aber als sie in Berlin ankamen, war der Putsch schon vorbei.

Kapp und Lüttwitz waren gescheitert, und Seeckt, der ihre Zielvorstellungen im Grunde teilte, hatte gewonnen. Die Einheit der Reichswehr war gewahrt und die Republik hatte überlebt, obwohl die Reichswehr, die doch zum Schutz der Republik da war, ihr kaum beigestanden hatte. Für Seeckt und viele seinesgleichen zählte die Armee viel mehr als die Republik; sicher, die Republik war die rechtmäßige zivile Gewalt, aber ihr mußte man nur insoweit dienen, als sie selbst einer Sache diente, die jede Regierungsform weit überstieg: dem Vaterland. Das Vaterland konnte nicht bewahrt werden, wenn sich die Armee in einem Bürgerkrieg zersplitterte; gegen die Republik konnte die Reichswehr nicht antreten, denn sie hatte ihr Treue geschworen. Als Seeckt 1921 gefragt wurde, warum er sich dem Putsch nicht angeschlossen habe, erwiderte er: »Ein General bricht seinen Eid nicht.« Aber er und die Reichswehr konnten sehr wohl Gewehr bei Fuß zusehen, wie die Republik ihren innenpolitischen Kampf focht, und sie fühlten sich ganz und gar nicht gehalten, etwas zu gefährden, was viel wichtiger war als das Im-Amt-Bleiben von ein paar Sozialisten. Was keinesfalls gefährdet werden durfte, das war die Einheit der Reichswehr, des Schutzes und Schildes des Vaterlandes. Seeckts Argumentation war vielschichtig und widersprüchlich. 1921 sagte er aus, die meisten Offiziere seien der Regierung treu geblieben, als erst einmal die Lage klar geworden sei, d.h. als sie erfahren hätten, die Regierung habe nicht etwa abgedankt, sondern lediglich Berlin verlassen. Das stimmte schon; er selbst aber hatte nicht zu diesen gehört, hatte es nicht für nötig gehalten, die Regierung zu verteidigen und seinen Treueeid zu erfüllen, als er seinerseits immerhin schon wußte, wie die Lage war. Praktisch gesehen mag er, und nicht Reinhardt, recht gehabt haben, der die Berliner Garnison gegen die Brigade Erhardt hatte einsetzen wollen. Weil sich Seeckt geweigert hatte, die Reichswehr einzusetzen, war kein Blut vergossen worden, hatte die Reichswehr ihre Einheit erhalten und quälte sich mit ihrer halbherzigen Unterstützung der Staat weiter ab, ohne daß es zu einem Bürgerkrieg kam. Reinhardts Lösung, der Reichswehr auf Reichswehr hatte schließen lassen wollen, hätte für die Republik kurz- oder langfristig kaum günstigere Ergebnisse zeitigen können.

Als die Regierung nach Berlin zurückkehrte, stand sie einem neuen Feind gegenüber, diesmal von der radikalen Linken. Der Rechtsputsch war niedergeschlagen worden, aber der Generalstreik in der Hauptstadt ging weiter, und im Ruhrgebiet rekrutierten die Kommunisten eine Rote Armee.

KAPITEL 5

»DER FEIND STEHT RECHTS«

Philipp Scheidemann sagte im Oktober 1919 – und der Satz sollte zum geflügelten Wort werden: »Der Feind steht rechts«[1], aber nach dem Kapp-Putsch stand der Feind, dem sich die Regierung gegenübersah, in Wirklichkeit links. Tausende von Arbeitern waren im Ruhrgebiet, in Sachsen und Westfalen zur Verteidigung der Revolution gegen die Reaktion mobilisiert worden, und da die aktivsten Organisatoren der Verteidigung der Revolution allemal die Kommunisten waren, zählten zu dem Feind, der rechts stand, auch Ebert und die Reihe der sozialdemokratischen Reichskanzler. Die Rote Armee war nicht nur zahlenmäßig, sondern auch in Ausrüstung und Kampfgeist furchterregend. Ihre Bewaffnung, darunter auch schwere Waffen, hatte sie sich von der Polizei, aus Heeresdepots und von der »Einwohnerwehr« geholt. Sahen Kapp und Lüttwitz eine Revolution für notwendig an, um das Ordnungssystem wiederaufzurichten, das Deutschland zusammen mit dem Krieg verloren hatte, so wollten die Spartakisten, Kommunisten und Syndikalisten die Revolution, um auch in Deutschland eine neue Welt zu schaffen, das für Krieg und Kapp-Putsch verantwortliche Bürgertum und kapitalistische System zu stürzen und die Diktatur des Proletariats zu errichten, die Diktatur der Arbeiter, die Schulter an Schulter mit ihren Brüdern in Sowjetrußland nicht nur die Kapps und Eberts hinwegfegen sollten, sondern mit ihnen auch die alliierten Marionetten des Imperialismus.

Der Kapp-Putsch hatte die marxistische Revolution wieder an die Oberfläche gebracht; mit der Mobilisierung des Generalstreiks erhielt die Bewegung neue Kraft, die während kurzer Zeitspanne Dutzende deutscher Städte – Berlin, München usw. – in ihre Gewalt gebracht hatte, dann aber niedergeschlagen und gezwungen worden war, so lange in Deckung zu gehen, bis ihre Führung beschloß, sie könne nun einen neuen Anlauf auf die Macht wagen.

Mit dem Aufstand Tausender bewaffneter und entschlossener

Männer konnten nur starke Militärkräfte fertig werden, doch die Aufstände fanden im und ums Ruhrgebiet statt, das nach den Bedingungen des Friedensvertrages zum großen Teil neutrale Zone geworden war, in die die Regierung unter keinen Umständen Truppen entsenden durfte. Was sollte die Regierung tun? Die Franzosen bestanden auf den Lieferungen aus dem Ruhrgebiet, und diese ließen sich nur durchführen, wenn die Arbeiter in die Bergwerke einfuhren und in die Fabriken gingen und nicht auf der Straße Revolution machten; stellte man aber mit Hilfe der Reichswehr die Ordnung wieder her, so verletzte man den Vertrag und gab den Franzosen wieder einen Vorwand für weitere Repressalien an die Hand. Die Rote Armee war von ansehnlicher Schlagkraft, bestand weitgehend aus ehemaligen Frontsoldaten, die in den Schützengräben gekämpft hatten, und trotz hartnäckigen Widerstandes der Schutzpolizei gelang es ihr in einem nach Westen geführten Stoß, den Plünderungen, Mord und Schlägereien begleiteten, Dortmund zu besetzen. Wieder erscholl der Ruf: »Alle Macht den Arbeitern!«; wieder beschlagnahmte die Rote Armee – wie vordem die Räteregierung in München – Lebensmittel und Autos und alles, was sie brauchte.

Gegen den Kommandeur der Reichswehr in dem ans Ruhrgebiet angrenzenden Abschnitt, General von Watter, waren viele gemäßigte Arbeiter ebenso aufgebracht wie die Kommunisten. Watter hatte während des Kapp-Putsches eine zweideutige Haltung gezeigt, und ein Großteil der Bevölkerung des Ruhrgebiets sah in ihm eher eine Verdachtsfigur als den rechtmäßigen Wiederhersteller von Ruhe und Ordnung. Wieder fand sich die Berliner Regierung in einer Zwickmühle, aus der es keinen Ausweg ohne ernsthafte Nebenwirkungen gab. Nicht nur wollten die Alliierten nichts von einem Einsatz der Reichswehr in der neutralen Zone wissen, sondern auch große Teile der Bevölkerung hatten mit deren kommandierendem General nichts im Sinn. Bevor man Watter mit seinen Truppen in den abtrünnigen Bereich beorderte, schickte die Regierung daher den Sozialdemokraten Carl Severing, der versuchen sollte, mit den Arbeitern eine gütliche Einigung zu erreichen, und ihm gelang eine Loslösung der Nichtkommunisten vom harten Kern der Spartakisten und Syndikalisten. Severing brachte eine Zusammenkunft der Vertreter der Gewerkschaften und Sozialdemokraten mit den Unabhängigen Sozialisten und Kommunisten in Bielefeld zustande. Das Bielefelder Abkommen vom 23. März 1920 war ein liberales, wenn nicht gar utopisches Dokument, mit dem die Hauptforderungen der Revolutionäre erfüllt und gleichzeitig die Weimarer Verfassung und das gemischte Wirtschaftssystem aus kapitalistischem Unternehmertum und staatlichen Eingriffen des republikanischen Reiches gewahrt werden sollten. Es sah die Auflösung [1] aller konterrevolutionären militärischen Formationen vor, einschließlich der Freikorps, die Bestrafung aller am Kapp-Putsch Beteiligten, die Sozialisierung der dazu reifen Wirtschaftszweige einschließlich des Kohle- und Kalisyndikats, Verwaltungsreformen, Schaffung neuer Sozialgesetze, die den Arbeitern, Angestellten und Beamten volle soziale und wirtschaftliche Gleichberechtigung gewährleisten sollten, Entlassung von gegenrevolutionären Persönlichkeiten, besonders solchen in leitenden Stellungen, aus dem Staatsdienst und die Abgabe der Waffen durch die Militärformationen der Arbeiter. Bei »loyaler« Einhaltung der Vereinbarungen werde die Reichswehr nicht einmarschieren. Mit dem Bielefelder Abkommen, das außer von Vertretern der gemäßigten Parteien auch von zwei Kommunisten unterschrieben wurde, wurde der kleine Teil von Aufständischen, die eine sofortige Revolution à la Rußland wollten, isoliert und zu einer Bande von Marodeuren gestempelt. Unter Führung eines gewissen Gottfried Karusseit – der jedem, der sich ihm in den Weg stellte, Tod und Verderben androhte – besetzten und terrorisierten sie auch weiterhin beträchtliche Teile des Ruhrgebiets. Obwohl Karusseit sogar von reinrassigen Kommunisten wie Wilhelm Pieck, der ihn einen »wild gewordenen Spießer« [2] nannte, verabscheut wurde, blieb Berlin doch keine andere Wahl, als die Reichswehr in das verbotene Gebiet zu schicken.

Nach schweren Kämpfen gelang es den Regierungstruppen, die Rote Armee zu besiegen. Aber es war Berlin nicht gelungen, die Genehmigung der Alliierten zum Betreten der neutralen Zone durch die Reichswehr für die Niederringung des Ruhraufstandes zu erhalten, obgleich Seeckt zugesagt hatte, die Truppen würden nach drei Wochen wieder abgezogen. Zwar war inzwischen der frühere Sozialist Millerand in Frankreich Ministerpräsident geworden, aber seine Regierungspolitik gegenüber Deutschland glich aufs Haar der seiner Vorgänger, die die harte Linie verfochten hatten. Ohne Konsultation der Engländer und Amerikaner besetzten französische und belgische Truppen Frankfurt, Darmstadt, Homburg, Hanau und Dieburg als Repressalie für den »Einfall« der Reichswehr ins Ruhrgebiet, wobei Frankreich gleichzeitig die Lieferung der Ruhrkohle in voller Höhe (2 400 000 t monatlich) verlangte, die während einer Revolution einfach nicht durchführbar war. Die Engländer protestierten gegen die französische Besetzung der Städte, aber sie vermochten auf derartige Pariser Beschlüsse kaum mehr einzuwirken als die Deutschen.[2]

Unmittelbare und langfristige Wirkungen zeitigten der Kapp-Putsch und die Linksaufstände in Bayern. Noch war in dem katholischen Agrarstaat die Erinnerung an die Räterepublik lebendig, und als der Generalstreik ausgerufen wurde, reagierten die bayrischen Konservativen prompt. Freikorpsführer, der Beamte und glühende Wittelsbach-Verehrer Gustav von Kahr, der Münchner Polizeipräsident Ernst Pöhner und ein weiterer hoher Polizeibeamter, Wilhelm Frick, drangen in den Kommandeur der Bayerischen Reichswehr, General von Möhl, er solle in diesem Ausnahmezustand die Regierungsgewalt übernehmen. Möhl sagte zu und erklärte dem bayrischen Ministerpräsidenten Hoffmann, er könne nicht für Ruhe und Ordnung garantieren, wenn er nicht umfassende Notvollmachten erhalte. Hoffmann lehnte zwar zunächst ab, aber die übrigen Kabinettsmitglieder einschließlich der Sozialdemokraten stimmten Möhls Verlangen zu, und so stand Hoffmann plötzlich ohne Kabinett da. Die sozialdemokratische Regierung Bayerns trat also ab und kehrte nie wieder. Neuer Ministerpräsident wurde Kahr mit einer von der Bayerischen Volkspartei beherrschten Regierungskoalition; die Bayerische Volkspartei hatte sich vom Zentrum abgespalten und stellte die Belange Bayerns über die des Reiches oder irgendeines anderen weltlichen Staates. Wohl hatten Reichswehrtruppen München von den Räten befreit, doch Kahr wollte, daß die in Berlin stationierten bayrischen Reichswehrkontingente nach Hause zurückkehrten, weil er befürchtete, sie könnten in der Reichshauptstadt bolschewisiert werden. Der neue Reichswehrminister, Otto Gessler, brachte aber anläßlich Kahrs Berlinbesuchs einen Vorbeimarsch der dort stationierten bayrischen Truppen zustande, bei dem sie einen so glänzend disziplinierten Eindruck machten, daß Kahr nachgab und ihren Verbleib in dem geistig so gefährlichen Terrain der Reichshauptstadt zugestand.

Doch weder Kahr noch seine Parteigenossen änderten je auch nur ein Jota an ihrer politischen Grundphilosophie bayrischen Partikularismus, der das katholische Bayern mit einer besonderen Mission und Aufgabe betraut sah, die es weit von dem labilen Norden und insbesondere dem fremdartigen Preußen abhob. Die Führer der wichtigsten bayrischen Parteien traten für einen quasi-autonomen Staat ein, in dem die bayrischen Interessen alles andere überragten und in jedem Streit mit der Zentralregierung hochgehalten werden mußten. Für Kahr, seine Kollegen, seine Rivalen und seine Anhänger fing der linke Flügel bei den Sozialdemokraten an und hörte bei den Kommunisten auf, und mit all dem wollten sie nichts zu tun haben.

Die Reichstagswahlen vom Juni 1920 brachten die ersten Anzeichen einer Polarisierung der deutschen Wählerschaft, wie sie die ganze Lebensspanne der Weimarer Republik überschatten sollte. Die prorepublikanische gemäßigte Regierungskoalition aus Sozialdemokraten, Zentrum und Deutschdemokraten verlor im Vergleich zu ihrem Anteil bei der Wahl der Verfassunggebenden Nationalversammlung 1919 über zehn Millionen Stimmen. Zwar blieben die Sozialdemokraten mit 102 Sitzen stärkste Fraktion, aber die Zahl ihrer Wählerstimmen war von 11 509 000 auf 6 100 000 um etwa die Hälfte gesunken. Mit 5 046 000 gegenüber vorher 2 317 000 verdoppelte die radikalere USPD ihren Stimmenanteil fast und wurde mit 84 Sitzen gegenüber 22 in der Verfassunggebenden Versammlung zweitstärkste Fraktion im Reichstag. Das Zentrum verlor über 2 Millionen Stimmen und beinahe ein Drittel der 1919 erlangten Mandate. Die Deutsche Demokratische Partei, nach dem Zentrum die zweitgrößte nichtsozialistische Fraktion, die im Kabinett sechs Minister gestellt hatte, verlor fast die Hälfte der 1919 erhaltenen Stimmen und fiel von 75 auf 39 Abgeordnete zurück; ihr Stimmanteil war von 18,5% auf 8,2% gefallen. Die 1919 von dem früheren Nationalliberalen Gustav Stresemann gegründete Deutsche Volkspartei hatte eine scharfe Wendung gegen die Linke vollzogen und war mit der Parole angetreten: »Von den roten Ketten macht Euch frei, es gibt nur die Deutsche Volkspartei!«, und ihr Stimmanteil stieg von 4,4 % auf 13,9 %, die Zahl der Mandate von 19 auf 65. Die Deutschnationale Volkspartei, der radikale Nationalisten wie Helfferich und von Graefe angehörten, konnte es von 44 auf 71 Sitze bringen, und ihr Stimmanteil stieg von 10,3 % auf 15 %.

Die steigende Inflation, die unbarmherzigen Forderungen der Alliierten und die fortgesetzten Streik- und Unruhewellen trieben viele Tausend Wähler der mittleren Schichten von den demokratischen Parteien der Mitte in die Arme der radikaleren. Ebenso schwenkten die gemäßigten Sozialisten nach rechts und links aus; nicht nur konnten die Unabhängigen Sozialisten ihren Stimmanteil mehr als verdoppeln, auch die Kommunisten erhielten fast 600 000 Stimmen und stellten vier Abgeordnete im Reichstag. Auch innerhalb der Parteien stellte sich die Polarisierung ein. Die antirepublikanische Deutschnationale Volkspartei, die den Kapp-Putsch vorsichtig unterstützt hatte, enthielt einen einflußreichen antisemitischen Flügel, desgleichen aber auch viele Gegner des Antisemitismus, darunter auch jüdische Mitgleider, vor allem in Posen und Schlesien, und als die Berliner Parteizentrale antisemitische Flugblätter druckte – darunter eines mit der Aufschrift:»Die Juden – Deutschlands Blutsauger« –, verweigerten die Parteiführer in Schlesien und Posen deren Entgegennahme und schickten sie zurück.

Infolge des Wahlergebnisses waren die sozialistischen Parteien in der neuen Regierungskoalition nicht mehr vertreten. Die Sozialdemokraten waren aus taktischen Gründen nicht zum Regierungseintritt ohne Mitwirkung der sozialistischen Bruderpartei USPD bereit, und diese wiederum lehnte es ab, einer Regierung beizutreten, die nicht gänzlich aus Sozialisten bestand. Die neue Regierung mußte folglich aus Parteien gebildet werden, die weniger Stimmen als die Sozialdemokraten bekommen hatten, und der ältliche Zentrumsführer Constantin Fehrenbach, ein Katholik, der 1918 Präsident des Reichstags und 1919 Präsident der Verfassunggebenden Versammlung gewesen war, wurde zum Reichskanzler gewählt. Reichswehrminister wurde der Deutschdemokrat Otto Geßler, Außenminister Walther Simons von der Deutschen Volkspartei, der im Auswärtigen Amt tätig und Mitglied der Versailler Friedensdelegation gewesen war; Finanzminister blieb Joseph Wirth, ebenfalls Zentrum, früher Bürgermeister von Nürnberg und Rechtsanwalt, und Transportminister wurde General Groener. Insgesamt waren im Kabinett Fehrenbach fünf Mitglieder des Zentrums, drei der Deutschen Volkspartei, zwei der Deutschen Demokratischen Partei und zwei Parteilose – Groener und Simons – vertreten. Es war eine schwache Regierung, eine Koalition, die kaum mehr als ein Drittel des Reichstags hinter sich hatte, und sie konnte sich nur so lange halten, als erhebliche Teile der Opposition sie tolerierten.

An den Ostgrenzen war eine prekäre Lage entstanden. Polen griff im Sommer 1920 Rußland an, und seine Heere stießen bis Kiew vor. Tausende Deserteure aus beiden Ländern strömten mit den Flüchtlingen aus den vom Kriege betroffenen Gebieten nach Ostpreußen; zwischen August und September wurden dort 45 000 Polen und Russen interniert, und die Polen drohten mit Einmarsch. Als sich das Kriegsglück wendete und die Russen die Polen in die Warschauer Vorstädte zurücktrieben, entstand eine neue Drohung für das Reich, daß nämlich an seinen Grenzen viel massivere sowjetische Heere aufmarschierten, als die Polen je aufbringen konnten, und damit der revolutionären Botschaft die Macht verliehen, die den Räten gefehlt hatte.

Zudem sah sich Berlin Problemen gegenüber, bei denen weder das Schwert noch gute Worte halfen. Der neue Wirtschaftsminister Joseph Wirth hatte das Haushaltsdefizit für 1921 auf über 50 Milliarden geschätzt, eine Summe, die für das Reich den endgültigen Ruin bedeuten konnte. Und es bot sich auch nirgendwo eine Maßnahme, eine Einsparung an, die irgendwie von Belang sein konnte. Erzbergers Steuerreformen hatten die letzten Quellen für die Regierung vollends ausgeschöpft. Sie umfaßten eine Einkommens- und Vermögenszuwachssteuer sowie eine Kriegsgewinnsteuer, die für natürliche Personen bis zu 70 % und für juristische Personen bis zu 80 % betrug, und dies alles trat zu den Umsatz-, Luxus- und sonstigen Steuern und Abgaben hinzu. Die Kapitalzuwachssteuer stieg steil an; bei Vermögen, die um mehr als 172 000 Mark gewachsen waren, betrug sie 100 %. Dennoch blieben die Regierungsverpflichtungen monumental; die Reichsverschuldung hatte sich von fünf Milliarden Mark im Jahre 1913 auf 153 Milliarden im Jahre 1919 aufgetürmt, und parallel dazu waren auch die Schulden der Länder und Gemeinden gewachsen. Bei den ständigen Straßenwirren, der verringerten Produktivität der kriegsgeschwächten Eisenbahnen und Industrien und den Reparationen, die schon für sich allein das gesamte Reichsvermögen verschlangen, war eine vernünftige Steuer- und Haushaltspolitik einfach unmöglich. Die Reparationen waren auch nicht verhandlungsfähig; man mochte zwar bei verschiedenen Konferenzen darüber sprechen, aber im wesentlichen wurde den Deutschen doch immer wieder die gleiche Rechnung präsentiert.

Anfang Juli 1920 wurde die erste Nachkriegskonferenz, an der auch Deutsche teilnahmen, im belgischen Spa abgehalten, wo die Oberste Heeresleitung im Krieg ihr Hauptquartier hatte. Wiederum aber erschienen die Deutschen vor den Siegermächten als Vertreter einer Nation, die man vor die Schranken des Gerichts zitierte. Wohl gab es diesmal keinen Stacheldraht um das Quartier der Deutschen, aber die Delegation, die Reichswehrminister Otto Gessler, General von Seeckt, Finanzminister Joseph Wirth, Reichskanzler Constantin Fehrenbach und Außenminister Walther Simons umfaßte, wurde auch jetzt von den alliierten Vertretern isoliert gehalten, und die Belgier, die sie in den bereitgestellten Autos vorbeifahren sahen, ergossen Spott und Hohn über sie.

In der französischen Delegation tauchte ein neues Gesicht auf.

Poincarés Amtszeit ging Anfang 1920 zu Ende, Clemenceau bewarb sich um das Präsidentenamt, wurde aber von Paul Deschanel aus dem Feld geschlagen, der der Auffassung war, der Versailler Vertrag sei zu nachsichtig. Anstelle Clemenceaus wurde der frühere Linkssozialist und jetzige Mann der Rechten, Alexandre Millerand, Ministerpräsident; der unnachgiebige Poincaré war zum Senator gewählt worden. Doch die französische Außenpolitik änderte sich damit um kein Jota. Durch die Veränderung der französischen Regierung und das Auftreten Millerands in Spa ergab sich ebensowenig ein Unterschied wie dadurch, daß Deutschland eine Demokratie geworden war.

Die Alliierten entschieden allein, was diskutiert werden könne und wozu die Deutschen gleich gar nicht zu fragen waren. Die deutschen Konferenzdelegierten konnten praktisch nichts tun, was die Zustimmung der Sieger gefunden hätte. Die Alliierten hatten die Anwesenheit von General Seeckt und des Reichswehrministers Otto Gessler gewünscht, um über den Zeitplan für die Reduzierung des deutschen Heeres zu sprechen. Seeckt war entschlossen, alles daran zu setzen, um, wenn irgend möglich, die Zustimmung der Alliierten zu einer Truppenstärke von 200 000 Mann anstelle des 100 000-Mann-Heeres zu gewinnen, eine Zahl, die Marschall Foch früher einmal in Betracht gezogen hatte. Aber die Entscheidung der Alliierten lautete 100 000, und die einzigen Zugeständnisse, die die Deutschen herausholen konnten, betrafen eine Erlaubnis zur Verlängerung des Reduktionszeitraums um ein halbes Jahr – bis Januar 1921 – und die Senkung der Kohlelieferungstonnage von 2 400 000 t auf 2 000 000 t pro Monat. Die Einwohnerwehren sollten sofort entwaffnet werden[3], die Sicherheitspolizei durfte nur leichtkalibrige Waffen tragen, damit sie nicht als Militäreinheiten eingesetzt werden konnte, und alle Waffen in Zivilbesitz waren abzuliefern. Kamen die Deutschen einer dieser Bestimmungen nicht nach, so drohten die Alliierten, noch mehr deutsche Gebiete einschließlich des Ruhrgebiets zu besetzen. Zwar zeigten sich einige alliierte Delegationsmitglieder beeindruckt von der strengen Etikette, die General von Seeckt in seinem Verhalten an den Tag legte[4], aber seine militärische Steifheit und die Tatsache, daß er die Uniform und seine Kriegsauszeichnungen einschließlich des Eisernen Kreuzes trug, erregten Lloyd Georges Wut. Den Deutschen wurden die Papiere zum Unterschreiben ausgehändigt, und wieder unterschrieben sie. Sie waren immer noch Parias.

Staatssekretär Heinrich Friedrich Albert, der an der Konferenz

Der sechzehnjährige Hitler. Skizze eines Schulkameraden von der Linzer Realschule aus dem Jahre 1905. *(Süddeutscher Verlag)*

Rechts: Kaiser Franz Josef mit dem Wiener Oberbürgermeister Karl Lueger.
(Ullstein)

Oben: Der Kaiser mit Bethmann Hollweg.
(Süddeutscher Verlag)

Links: Zar Nikolaus II. und der französische Staatspräsident Poincaré schreiten im Juli 1914 in St. Petersburg die Ehrenformation der Marine ab. *(Ullstein)*

Oben: 1. August 1914: Ausrufung der allgemeinen Mobilmachung auf dem Münchener Odeonsplatz. Adolf Hitler unter der Menge (Kreisausschnitt). *(Süddeutscher Verlag)*

Unten: v.l.n.r.: Hindenburg, der Kaiser und Ludendorff, 1917. *(Süddeutscher Verlag)*

Oben: SPD-Parteiversammlung 1909: Karl Liebknecht und Rosa Luxemburg.
(Ullstein)

Unten: Karl Liebknecht spricht in Berlin bei einer Demonstration zum 1. Mai.
(Süddeutscher Verlag)

November 1918: Aufständische Matrosen vor dem Berliner Schloß. *(Ullstein)*

Oben: Dezember 1918 in Berlin: Waffenappell bei einer Spartakisten-Einheit.
(Süddeutscher Verlag)

Unten: August 1919 in München: Oberst von Epp, Gustav Noske und Friedrich Ebert mit Reichswehr und bayrischen Truppen nach der Zerschlagung der Streitkräfte der Räterepublik.
(Süddeutscher Verlag)

Oben: Freikorps. Nach der Zerschlagung des Spartakistenaufstands im September 1919 in Berlin kehrt die Brigade Ehrhardt nach Döberitz zurück. Sie führt die alte kaiserliche Kriegsflagge. *(Süddeutscher Verlag)*

Unten: Freikorps im Mai 1919 in München.   *(Süddeutscher Verlag)*

Oben: Dezember 1918: Wilson und Poincaré in Paris.
(Süddeutscher Verlag)

Rechts: Ebert und Noske
im Badeurlaub.
(Süddeutscher Verlag)

Links:
Wolfgang Kapp.
(Süddeutscher Verlag)

Unten: März 1920 in Berlin: Die Brigade Ehrhardt beim Kapp-Putsch.   *(Süddeutscher Verlag)*

1919: Adolf Hitler (Mitte, stehend) bei einer Reichswehreinheit in München nach dem Sturz der Räterepublik. *(Süddeutscher Verlag)*

Links: 1922: Hitler (zweiter v.l., mit Schlapphut) auf Propagandareise in Tegernsee. *(Süddeutscher Verlag)*

Links: Hitlers gefälschte D.A.P.-Mitgliedskarte (»Nr. 5«)

Rechts: Hitlers echte Mitgliedskarte trug die Nr. 555.

Oben: 1923 vor der Berliner Reichsbank: Am Zahltag wird der Lohn in Waschkörben und Handkarren abtransportiert. *(Ullstein)*

Unten: Inflation: Angehörige des verarmten Mittelstands verkaufen ihre Wertsachen. *(Ullstein)*

Oben: Herbst 1923: Obdachlose stehen vor einer städtischen Notunterkunft Schlange; sie hoffen auf ein Dach über dem Kopf, wenigstens für eine Nacht. *(Süddeutscher Verlag)*

Unten: Banknote vom November 1923. *(Preußischer Kulturbesitz)*

100 Milliarden Mk.   № 16492

NOT~AUSGABE.

Die Bezirkssparkasse Berneck zahle gegen diese Platzanweisung

Einhundert Milliarden Mark

Berneck, den 15. Nov. 1923

1923: Arbeitslose (darunter auch entlassene Soldaten) warten, bis eine Arbeitsvermittlung öffnet. *(Süddeutscher Verlag)*

teilgenommen hatte, sagte im Haushaltsausschuß des Reichstags, was die deutsche Delegation in Spa erlebt habe, sei nur eine Fortsetzung des Versailler Diktats gewesen. [3] Einmal ließ man, während die Alliierten unter sich konferierten, die Deutschen in einem kleinen Vorraum warten, wo ein kaltes Büffet serviert werden sollte. Als die Alliierten in den Raum zurückkehrten, tranken sie miteinander Tee, boten aber den Deutschen keinerlei Erfrischung an, und am folgenden Tag gaben die Deutschen den Alliierten nicht noch einmal die Gelegenheit, den Affront zu wiederholen, sondern lehnten es ab, in diesen Raum zu gehen. Offiziell war den alliierten Vertretern verboten, die Deutschen in ihrem Hotel aufzusuchen, und als der Engländer Lord Malcolm diese Quarantäne einmal brach und zu den Deutschen ging, machte er mit aller Sorgfalt deutlich, es handle sich um eine Ausnahme. [4]

Wie so oft in diesem Zwist zwischen Interessen und Prinzip ließ sich für die harte Position beider Seiten allerlei anführen. Die französische Delegation forderte nach ihren Worten die Kohle, weil die französischen Kohlebergwerke während des Krieges von den Deutschen zerstört worden seien. Die Deutschen erwiderten, dies sei eine militärische Notwendigkeit gewesen; im frühen 20. Jahrhundert funktioniere der Krieg wie die Industrie hauptsächlich mit Kohle und Stahl, und die Zerstörung oder Behinderung des feindlichen Kriegspotentials während der Kämpfe entspreche den hergebrachten Sitten und Gebräuchen aller europäischen Heere. Nach französischer Auffassung waren aber die Deutschen für den Rückgang der Kohleerzeugung verantwortlich, und die Franzosen waren fest entschlossen, die Deutschen, und nicht sich selbst, unter dem Kohlenmangel leiden zu lassen.

Der Vertreter der deutschen Kohleindustrie auf der Konferenz in Spa, Hugo Stinnes, war nicht gerade der geeignetste Mann, um die französischen Zweifel am guten Willen der Deutschen oder ihre Ängste vor einem rachsüchtigen, reulosen Deutschland zu besänftigen. Stinnes, der mit seinem scharfgeschnittenen Gesicht und Spitzbart nach den Worten eines deutschen Historikers einem assyrischen König ähnelte, der besser auf einen antiken Kriegswagen gepaßt hätte, war ein bemerkenswerter Mann. Er besaß riesige Anteile an deutschen Kohlebergwerken und Verarbeitungsindustrien sowie Hotels, Reedereien und Zeitungen, und wenn er sich, bewußt schäbig gekleidet, als »Geschäftsmann aus Mannheim« vorstellte, dann verärgerte er die Leute eher, als daß er sie mit seiner demonstrativen Bescheidenheit beeindruckte. Auf der Konferenz gab er sein Debüt in Weltpolitik, indem er zu den Vertretern der Entente sagte, »ich stehe auf, damit ich der feindlichen Delegation ins Auge blicken kann«, und dann im weiteren von Dingen wie der »Verrücktheit der Sieger« sprach. Die Berufsdiplomaten in der deutschen Delegation mußten ihr ganzes Geschick aufbieten, um die Wut der Franzosen und Belgier zu besänftigen und den sofortigen Abbruch der Konferenz zu verhindern, wobei Foch und der Befehlshaber der britischen Armee, General Wilson, schon Gewehr bei Fuß standen, um ins Ruhrgebiet einzumarschieren. Stinnes' Verhalten war nicht gerade dazu angetan, Vertrauen auf ein neues, unmilitaristisches, zur Zusammenarbeit bereites Deutschland zu erwecken. Zudem feierte die deutsche Presse Stinnes als Held, als Vorkämpfer, der es endlich wagte, den Bedrückern Paroli zu bieten. Das war mehr, als die Berufsdiplomaten oder auch die Heerführer seit langem zu tun bereit gewesen waren.

Sogar Stresemann, der Mitglied einer der Regierungsparteien war, dankte Stinnes für sein Verhalten auf der Konferenz. Und nach dem Stinnes-Zwischenfall unternahm es ein junger Mann in Berlin am 14. Juli, die Trikolore über der französischen Botschaft herunterzuholen und des Nationalfeiertags der Franzosen auf diese Weise zu gedenken. Daraufhin mußte sich die deutsche Regierung förmlich entschuldigen und eine Kompanie Reichswehr zur Botschaft marschieren lassen, um dort die beleidigte Fahne zu hissen. Die Reichswehrkompanie tat der Form nach, wie ihr befohlen war, betrat jedoch das Grundstück der französischen Botschaft in Drillichanzug und Mütze (die Paradeuniform war abgeschafft worden), präsentierte auch nicht das Gewehr, weil auch diese militaristische Zeremonie abgeschafft worden war, und verließ das Gelände unter Absingen des »Deutschland, Deutschland über alles«; alles in allem so betont lässig, daß sich die Franzosen erneut beleidigt fühlten und Vergeltung verlangten. Daraufhin wurde der Kompaniechef in eine Garnison versetzt, die er sich aussuchen durfte, und ein deutscher Richter verurteilte den jungen Mann, der die Fahne heruntergeholt hatte, zu einer Geldbuße von 500 Mark, die damals etwa 50 Goldmark oder rund 13 Dollar wert waren.[5]

Die Regierung mochte tun, was sie wollte – immer setzte sie sich dem Tadel entweder der Rechten oder der Linken aus. Auf dem Weg zur französischen Botschaft wurde die Reichswehrkompanie mit Buhrufen überschüttet, auf dem Rückweg beim Absingen des Deutschlandliedes mit Hochrufen begrüßt. Als die deutsche Flotte bei Scapa Flow von den eigenen Besatzungen versenkt wurde,

applaudierte die Rechte dieser Heldentat, während ein Reichstagsabgeordneter sie als »nie dagewesene Ungerechtigkeit« verurteilte.
Die in Spa aufgestellten Entwaffnungsbedingungen wurden im
Reichstag von einer überwältigenden Mehrheit gebilligt, der sich
sogar die Nationalisten anschlossen, nicht etwa weil die Entwaffnung in ihrem Sinne gewesen wäre, sondern weil ihnen keine
Alternative blieb, wie sehr auch Hugo Stinnes und seinesgleichen
von deutschem Widerstand träumen mochten.

In den Folgejahren wurde die Spaltung zwischen links und rechts
noch verkompliziert durch die Spaltung der führenden Politiker in
solche, die die Erfüllungspolitik als einzig mögliche deutsche Politik
ansahen, und jene der linken wie rechten Opposition, die glaubten,
Deutschland werde nur überleben, wenn es den nicht endenwollen-
den Forderungen Widerstand leiste.

Die drei Männer, die mit ihren verschiedenartigen Auffassungen
den Hauptansturm dieser widersprüchlichen politischen Auffassungen auszuhalten hatten, waren zwei Zivilisten – Walther Rathenau
und Gustav Stresemann – und ein Soldat, Hans von Seeckt. Sie alle
waren kompromißlose Patrioten. Stresemann war Alldeutscher
gewesen, Annexionist, und hatte bis zum Schluß an den Sieg
geglaubt. Auch Rathenau hatte 1914 geschrieben, »Wir müssen
siegen, wir müssen«, und hatte 1918 verzweifelt eine »Levée en
masse« des deutschen Volkes gegen die alliierten Heere gefordert.
Zur Zeit der Konferenz in Spa, an der Rathenau wie Stinnes als
sachverständiger Berater teilnahm, sah er den einzigen Ausweg für
Deutschland darin, nach Ost wie West, nach Frankreich wie nach
der Sowjetunion Brücken zu schlagen. Obwohl er den tragischen
Ausgang für Deutschland geahnt hatte, hatte er im Krieg doch nie
die Notwendigkeit des Sieges bezweifelt und sein Bestes getan, um
ihn zu organisieren. Der Berufssoldat Seeckt war ganz das Sinnbild
des preußischen Offiziers. Er trug ein Monokel, gab sich nach außen
unauffällig und verkörperte die alte Generalstabsmaxime »Mehr
sein als scheinen«, und als er 1920 die Leitung der Reichswehr
übernahm, hatte er sich ein festes Ziel gesetzt: sie nicht nur als
letztes Verteidigungsmittel des Reiches einzusetzen, sondern auch
auf die Zukunft vorzubereiten, als Kern einer deutschen Armee, die
eines Tages wieder als gleichwertig – zumindest gleichwertig – mit
jedem potentiellen Gegner dastehen würde.
    Jeder auf seine Art führten diese drei Männer das Reich nach
Kräften in die Richtung, in der sie sein Heil sahen. Deutschland war

bankrott und ohnmächtig; nun denn, sie würden es durch eine schwere Zeit hindurchführen, die nicht ewig dauern konnte; und wenn auch jeder von ihnen seinen eigenen Weg hatte, so bewegten sie sich doch alle auf dasselbe Ziel zu, Deutschland wieder zur gleichberechtigten Macht zu machen, die unter den Mächten so sicher und fest wie diese dastünde.

Für jeden dieser drei Männer kam der Sowjetunion eine wichtige Rolle bei der Rehabilitierung Deutschlands zu, auch wenn keiner von ihnen mit der sowjetischen Regierung einverstanden war oder sich irgendwelchen Illusionen hingab hinsichtlich der Art der Mitwirkung, die von der sowjetischen Führung zu erwarten stand. Aber sie hielten es für unausweichlich, daß die zwei Paria-Nationen, die beide mehr oder weniger bloßes Objekt der Entente-Politik waren, Mittel und Wege fänden, ihre Bemühungen miteinander abzustimmen und die Ketten abzuschütteln, die die Entente für sie geschmiedet hatte.

Als im Sommer 1920 Polen und Russen miteinander im Krieg lagen, stellte sich das Problem der Reichsregierung in akuter Form. Sie lehnte die Forderung der Entente ab, alliierten Militärnachschub für Polen durch Deutschland durchzulassen, nicht etwa, weil sie die Bolschewiki unterstützt hätte, sondern weil Neutralität eindeutig im deutschen Interesse lag und zudem einer der wenigen außenpolitischen Aspekte war, über die die Reichsregierung selbst bestimmen konnte. Desgleichen lehnte die Reichsregierung eine Unterstützung Rußlands in einem Krieg gegen die Polen ab, obwohl kommunistische Führer dazu als einer Möglichkeit rieten, die Probleme der Ostgrenzen und die polnischen Territorialansprüche ein für allemal zu lösen. Das hätte viel zu gefährliche Folgen haben können; es konnte zweifellos Frankreich zur Verteidigung der Polen und zu einem neuen Krieg veranlassen, der von vornherein hoffnungslos verloren gewesen wäre.

Jede deutsche Regierung, gleich welcher Couleur, mußte sich mit kleinen Siegen zufriedengeben, und auch diese ließen sich nur erringen, wenn die Umstände überwältigend zugunsten des Reiches wirkten. Einige der umstrittenen deutschen Gebiete, in denen nach dem Friedensvertrag Volksabstimmungen stattfanden, stimmten nicht nur für eine Eingliederung ins Reich, sondern kehrten tatsächlich zu ihm zurück. Einen Tag nach Ausbruch des Kapp-Putsches, am 14. März 1920, wurden in Schleswig-Holstein 27 000 Stimmen für den Anschluß ans Reich und nur 9000 für Dänemark abgegeben. Am 11. Juni sprachen sich in Westpreußen 96 889 Wähler für Deutschland und nur 7977 für Polen aus, und in den

Volksabstimmungen in Ostpreußen stimmten 353 655 für Deutschland und nur 7400 für Polen. Infolgedessen blieben diese Gebiete mit nur unbedeutenden Veränderungen deutsch. In Ostpreußen blieb trotz des überwältigend prodeutschen Ausgangs die zur Feier der Abstimmungsergebnisse angesetzte Demonstration, wie Carl Severing bemerkt, stumm und wortlos, als sich herausstellte, daß die Alliierten den Polen sechs ehemals deutsche Gemeinden auf dem Ostufer der Weichsel übertragen hatten. Damit zeichnete sich schon der Schatten der Ereignisse ab, die acht Monate später bei Abhaltung der Volksabstimmung in Oberschlesien eintreten sollten. Obwohl 707 000 Stimmen für Deutschland und nur 478 000 für Polen abgegeben wurden, vermachten die Alliierten den weitaus wertvollsten Teil des Gebiets den Polen.

Walther Rathenau, der für kurze Zeit zu den zwei oder drei wichtigsten Leuten in Deutschland zählen sollte, betrachtete derartige Vorgänge als weniger bedeutsam im Vergleich zu dem großen Wurf der Geschichte, der sich vor seinem geistigen Auge auftat. »Der Kriegsgott unserer Tage«, hatte er geschrieben, »heißt wirtschaftliche Macht«, und für ihn hieß der Gott des Friedens wirtschaftliche Zusammenarbeit der Unternehmen und Staaten. Nach seiner Auffassung befanden sich die Industrieländer in einer Ära technischen Wandels, der die Hälfte ihrer Bevölkerung nicht nur befreien, sondern auch vermassen würde, wenn sie nicht den Aufstieg der Arbeiter erleichterten und ihnen die Möglichkeit gaben, mit den Arbeitgebern auf eine Stufe zu treten. Rathenaus Utopia war eine klassenlose, völkische Gesellschaft oder jedenfalls eine offene Gesellschaft, die er »Euplutismus« nannte, eine Plutokratie, deren Industrie von tugendhaften, gewissenhaften, fähigen Menschen geleitet wurde, deren Richter, Heerführer und Regierungschefs tapfer und klug waren, deren Arbeiter und Beamte an den Unternehmens- und Führungsentscheidungen teilhatten.

Walther Rathenau war eine der hervorragendsten und umstrittensten Gestalten des Nachkriegsreichs, Sohn des reichen Industriellen Emil Rathenau, der als Ingenieur die Allgemeine Elektricitäts-Gesellschaft Deutschlands 1883 mit dem bescheidenen Kapital von fünf Millionen Mark gegründet hatte. Bis 1914 hatte er aus ihr eine der führenden Weltfirmen gemacht, mit einem Kapital von über 400 Millionen Mark; sie stellte von Glühbirnen bis hin zu Turbinen und Lokomotiven alles her, was es an Elektrischem gab, baute Eisenbahnen und Straßenbahnlinien und hatte Tochtergesellschaften im Orient, in Südamerika und Afrika ebenso wie in Europa.

Als Walther Rathenau geboren wurde, hatte sein Vater die AEG noch nicht gegründet, und die Familie lebte noch in einem alles andere als anspruchsvollen Haus auf der Chausseestraße in einem Berliner Arbeiterviertel. Die Familie bewohnte einen Teil des Gebäudes, in dem der Vater und sein Freund und Partner Dampfmaschinen für die städtischen Gas- und Wasserwerke sowie allerlei Apparaturen für das königliche Theater und die königliche Oper herstellten. Eine Bühnenkonstruktion war z.B. ein großartiges Schiff, das in Meyerbeers *Afrikanerin* über die Bühne segelte. Walther war das älteste der drei Kinder. Er hatte einen Bruder, Erich, in den sein Vater vernarrt war, und eine 15 Jahre jüngere Schwester Edith. Erich starb zweiundzwanzigjährig auf einer Ägyptenreise, auf der er seinen Vater begleitet hatte, der sich von dem schweren Schlag dieses Verlustes nie ganz erholte.

Die Mutter Mathilde, geb. Nachmann, war die Tochter einer wohlhabenden Frankfurter Bankiersfamilie. Sie war in einem Haushalt aufgewachsen, den die damaligen bekannten Geschäftsleute und Intellektuellen frequentierten, unter anderem Franz Liszt, Ferdinand Lassalle und Bettina von Arnim, war mit dem Maler Max Liebermann verwandt und selbst eine sehr elegante und hochgebildete Frau, eine Puritanerin, etwas unnahbar, aber still und würdig, und hatte, wie Rathenaus Biograph schreibt, »fast so gesunde Nerven wie eine Bäuerin«. Bald nach Walthers Geburt verkaufte Emil Rathenau sein kleines, aber gewinnbringendes Unternehmen, und ehe er sich auf neue industrielle Unternehmungen einließ, besuchte er die Ausstellungen in Wien, Philadelphia und Paris, wo er die neuen technischen Wunder und insbesondere das gerade von Thomas Edison entdeckte elektrische Licht kennenlernte.

Emil Rathenau begriff sofort, welch ungeheure wirtschaftliche Möglichkeiten sich boten, wenn man diese Erfindung massenproduzierte, und eben daran begab er sich nun, nachdem er Edison das Patent abgekauft hatte. Er war ganz Geschäftsmann, konzentrierte sich auf konkrete Einzelerzeugnisse, die sich möglichst in riesigen Mengen herstellen ließen. Ein Bankier sagte von ihm einmal: »Er begreift und billigt alles bis zum Betrag von dreihundert Mark, dann kommt eine große Lücke, innerhalb deren er finanzblind ist. Erst bei dreihundert Millionen fängt das Verständnis wieder an.« [5]

Walthers Interessen waren viel weiter gespannt als die seines Vaters, und bis zu Erichs Tod standen sich die beiden nicht sehr nahe. Walther fand vor allem bei seiner Mutter Liebe und Verständnis, die seine Musik- und Kunstliebe teilte. Er studierte mathematische Physik bei Helmholtz, Chemie bei von Hofmann und Philosophie bei Dilthey. Seine Doktorarbeit schrieb er über »Die Lichtabsorption durch Metalle⁶.«

Er fühlte sich gleichermaßen zu den schönen Künsten wie zur Naturwissenschaft, zur Malerei wie zum Geschäftsleben, zur Metaphysik wie zur Politik hingezogen. Mit 19 Jahren schrieb er ein bemerkenswertes Theaterstück, *Blanche Trocard*, das zwar nie aufgeführt und nicht einmal im Freundeskreis gespielt wurde, in Kommentierung und Charakterisierung der Gesellschaft Ibsen und Wilde jedoch viel näherstand als den damals in Deutschland en vogue befindlichen Stücken von Hauptmann. Emil Ludwig schrieb, Walther Rathenau habe Porträts malen, Häuser zeichnen, Turbinen und Fabriken bauen, Gedichte schreiben, Staatsverträge schließen und die Waldsteinsonate spielen können. [6] Thomas Edison hat einmal von ihm gesagt: »He knows things I have no idea of« – er weiß Dinge, von denen ich keine Ahnung habe [7], womit er sowohl Rathenaus mystische Seite als auch seine naturwissenschaftlichen Kenntnisse gemeint haben kann.⁷ Seine Zeitgenossen nannten ihn allerlei, und manches war keineswegs schmeichelhaft – »den Universaldilettanten«, wegen der unglaublichen Vielfalt seiner Fähigkeiten und Interessen, »den Jesus im Gehrock«, weil er dem deutschen Volk wie ein alttestamentarischer Prophet predigte, während er gleichzeitig Aufsichtsratsvorsitzender in der AEG und Mitglied von über 100 Aufsichtsräten deutscher Firmen war. Er verfaßte zahlreiche Broschüren und Bücher und schrieb regelmäßig in mehreren Zeitungen und Zeitschriften. Zu seinen Freunden zählte er die größten Schriftsteller seiner Zeit, darunter Gerhart Hauptmann und Hofmannsthal, und verkehrte häufig in den höchsten Adelskreisen, die gewöhnlich reinen Finanzleuten, Geschäftsleuten und ungetauften Juden verschlossen blieben – was Rathenau alles zusammen war.

Er war ein Mann außergewöhnlicher Erkenntnisse und Widersprüche. Selbst schwarzhaarig und von semitischem Äußeren, verehrte er die blonde, blauäugige, nordische Rasse der Germanen. Sie, so schrieb er, seien die »Mut-Menschen«, die Verwegenen, die Seelentiefen, im Gegensatz zu den »Furcht-Menschen«, den intelligenteren Menschen der dunkelhaarigen südlichen Rassen. Und doch seien die Furcht-Menschen die Künstler und Denker der Welt – die alten Griechen ebenso wie Moses und Christus, Luther, Goethe, Beethoven, Rembrandt, Marx, Shakespeare, sogar die mythologischen Gestalten Luzifer und Prometheus.

Seine Mut- und Furcht-Menschen waren die Projektionen der zwei Seelen, die in seiner Brust rangen. Die Nordmenschen, die mutigen, preußisch tugendhaften Germanen, bewunderte Rathenau am meisten, weil sie eine Art von Integrität versinnbildlichten, die sie erst dem Süden beigebracht hatten. Aber es waren die Furcht-Menschen, die der Welt ihre Religion und Kultur ebenso beschert hatten wie ihre Dekadenz, und sie hatten über die Mut-Menschen obsiegt. Die Menschen des Nordens hatten die Soldaten und Beamten gestellt. Die Menschen des Südens waren die Unternehmer, die auf eigene Faust operierenden Geschäftsleute, und in Deutschland hatten sie sich wie Darwins überdauernde Tiere erfolgreich an die nördliche Kultur angepaßt, wo Juden Deutsche geworden und dennoch Juden geblieben seien. Derartige Auffassungen waren im damaligen Europa nicht gerade neu; ähnliches hatten unter anderem auch Nietzsche, Gobineau und Houston Stewart Chamberlain vertreten, und Rathenaus frühere Meinung über den zweideutigen Platz, den die Juden in der deutschen Gesellschaft einnähmen, stand der, die sich später Hitler zu eigen machte, so nahe, daß sie von Nazi-Autoren zum Beweis dafür angeführt wurde, die Juden selbst anerkännten ihren wesentlichen Unterschied zu den Deutschen. Als junger Mann hatte Rathenau in einem Artikel mit dem Titel »Höre, Israel!« (Deuteronomium 6,4) geschrieben, die Juden seien ein Fremdkörper im Reich, ein orientalisches Volk inmitten der »Germanen«, ihr Denken und Handeln sei andersartig, und erst Jahre später revidierte er diese Auffassung und bezog die deutschen Juden in die germanischen Stämme ein, irgendwo zwischen Sachsen und Schwaben. Er erklärte, er sei deutsch bis auf den Grund. »Ich habe und kenne kein anderes Blut als deutsches«, schrieb er, »keinen anderen Stamm, und kein anderes Volk als deutsches.« [8] Gleichzeitig bezeichnete er sich kompromißlos als Jude. Obschon er an die christliche Offenbarung glaubte und – zweifellos zur Bestürzung vieler Anwesender – bei der Beerdigung seines Vaters Worte Jesu zitierte, lehnte er die Bekehrung zum Christentum ab. In einem Brief an seine langjährige Freundin Lili Deutsch[8], in dem er von Spanien und den Sephardim schrieb, bemerkte er, sie müßten einmal Sevilla, »unsere Heimat«, besuchen.

Mochte er auch ein Mensch voller Widersprüche sein, so doch keinesfalls, was Deutschland anlangte; das Reich war der Mittelpunkt seiner Welt, und diese Verliebtheit in Deutschland verließ ihn sein Leben lang nicht. Als ihn Frau von Hindenburg 1922 dringend bat, doch den Posten des Außenministers zu übernehmen, schrieb er zurück, er und seine Vorfahren hätten Deutschland nach besten Kräften gedient, aber wie ihr bekannt sein dürfte, sei er als Jude Bürger zweiter Klasse. »Ich könnte nicht politischer Beamter werden, nicht einmal in Friedenszeiten Leutnant. Durch einen Glaubenswechsel hätte ich mich den Benachteiligungen entziehen können, doch hätte ich hierdurch nach meiner Überzeugung dem von den herrschenden Klassen begangenen Rechtsbruch Vorschub geleistet.« [9] Wie sein Freund, der Großreeder Albert Ballin, der ebenfalls Jude und gleichzeitig Freund des Kaisers war und lieber eine Überdosis Schlaftabletten[9] nahm, als nach der deutschen Niederlage von 1918 weiterzuleben, identifizierte sich Rathenau voll und ganz mit seinem deutschen Vaterland. Deutschland war viel mehr seine Geliebte als Lili Deutsch. Deshalb lehnte er den Zionismus ab; Deutschland war seine Heimstatt, nicht ein jüdischer Staat in Palästina.

Schon früh im Krieg entdeckte er Ludendorffs Genie, das Genie Ludendorffs, des Mut-Menschen, und hoffte über ihn mit seinen Vorstellungen von einem zivilisierten Frieden der Verständigung für Deutschland und Europa bei der Obersten Heeresleitung Gehör zu finden. Rathenau war von der unausweichlichen Interdependenz der Völker und Staaten überzeugt; im 20. Jahrhundert konnte nach seiner Meinung kein Land getrennt von den anderen gedeihen, konnte keine Wirtschaft blühen, wenn die anderen darbten. Als sich nach dem Krieg herausstellte, daß Frankreich die Politik verfolgte, Deutschland müsse arm und ohnmächtig bleiben, war Rathenau überzeugt, daß dies für Frankreich genauso katastrophal sei wie für Deutschland und die gesamte Industriewelt. Darum tat er in Spa zusammen mit seinem Freund, Finanzminister Joseph Wirth, die ersten Schritte zu der Erfüllungspolitik, die Leute wie Stinnes, aber ebenso andere, die für Rathenau und die ihm liebgewordenen Vorstellungen viel gefährlicher waren, als Stinnes es je sein konnte, in Rage versetzten. Stinnes wollte von Erfüllung nichts wissen und nannte in Spa Rathenau eine »fremdrassige Seele«. Mochte Stinnes auch die eine oder andere Vorstellung Rathenaus positiv einschätzen, so verdeutlicht die »fremdrassige Seele« doch am besten den grundlegenden Unterschied zwischen den beiden in der Frage, welchen Kurs Deutschland einschlagen sollte.

Der Beiname »fremdrassige Seele« blieb hängen.[10] Rathenau mochte sich noch so grunddeutsch wie jeder Urpreuße und jeder Stammgermane empfinden – er konnte keinen seiner Widersacher und vielleicht nicht einmal sich selbst davon überzeugen, was auch erklären mag, warum er Sevilla seine »Heimat« genannt hat. Als er sich um einen Sitz in der Verfassunggebenden Nationalversammlung bewarb, wurde er auf der Wahlliste weit unten plaziert und in der nicht ohne antisemitische Untertöne geführten Wahl denn auch mit Glanz und Gloria geschlagen. Was immer er für das heißgeliebte Reich herauszuschlagen versuchte, stets schallte ihm Hohngelächter und der Schimpfname »Fremdrassiger« von der Opposition auf der Rechten entgegen, deren Sitten er doch so hoch schätzte. Einmal schlugen ihn Auslandsdeutsche in einem Telegramm sogar als Reichspräsident vor, aber dieser Vorschlag löste in der Nationalversammlung nur Buhrufe und Hohngelächter aus. Solche Affronts trafen ihn tief, aber er konnte ihnen nur mit Artikeln, in Briefen an Freunde und mit fortlaufender kritischer Überprüfung seiner Metaphysik entgegentreten.

Seine unmittelbare politische Erfahrung verdankte er einer Ernennung. Vor dem Krieg begleitete er 1907 und 1908 Staatssekretär Bernhard Dernburg zweimal nach Deutschost- und Deutschwestafrika und verfaßte einen Bericht über die wirtschaftliche und politische Bedeutung der Kolonien für das Reich, der den damaligen Reichskanzler Fürst von Bülow ebenso beeindruckte wie den Kaiser. Rathenau, der sich in der Hofgesellschaft bewegte, war dem Kaiser, den er bewunderte, 1901 vorgestellt worden und kam danach immer wieder mit ihm zusammen. Die beiden Männer hatten vieles gemeinsam, Verehrung teutonischer Tugenden, persönlichen Charme, Gabe der Gesprächsführung und Vielfalt der Interessen. Und dann war Wilhelm ja ebenso wie Rathenau ein »Furcht-Mensch«, und Rathenau spürte, wie der Kaiser mit denselben Konflikten seiner Natur rang, die Rathenau nur zu gut kannte. Mochte Wilhelm auch ein bewundernswerter Mensch sein – »ein rechter Prinz« –, so war Rathenau sich doch gewiß: Dies war nicht der Mann, der Deutschland zum Sieg führen konnte. [10]

Zwar blieb Rathenau dem Kaiser und der Monarchie treu ergeben, doch hatte auch sein Verhältnis zu Wilhelm mehrere Facetten. 1919 wiederholte er in der Schrift »Der Kaiser«, was er schon zu Beginn des Konflikts gesagt hatte, daß nämlich Deutschland unter Führung der Männer von 1914 den Krieg nicht zu gewinnen hoffen konnte. Er schrieb: »Nie wird der Augenblick kommen, wo der Kaiser, als Sieger der Welt, mit seinen Paladinen auf weißen Rossen durchs Brandenburger Tor zieht. An diesem Tag hätte die Weltgeschichte ihren Sinn verloren. Nein! Nicht einer der Großen, die in diesen Krieg ziehen, wird diesen Krieg überdauern.« [11] Was er da schrieb, sollte sich nur zu sehr bewahrheiten; es wurde aber auch sein eigenes Todesurteil.

Rathenau betrieb Politik, wie er sein Geschäft betrieb, in der Perspektive einer allumfassenden Philosophie, die nicht nur die widerborstigen objektiven Widersprüche, sondern auch seine eigene Unausgegorenheit zu vereinbaren suchte. Er war reich und hoch gebildet, konnte sich aber zu den Vorteilen, die er selbst genoß, nur im Rahmen eines weitgespannten sozialen Zusammenhangs bequemen. Mit welchem Recht, so seine rhetorische Frage, beanspruchten Männer wie er ihre Vorteile zu Lasten einer zum Darben verurteilten Proletarierkaste, die ohne einen Funken Kreativität und ohne Hoffnung auf ein Entkommen aus den Galeeren zu arbeiten gezwungen sei, da sie ja weder in den Genuß von Reichtum noch der Erziehung gelangen könne. Die höchsten menschlichen Werte ließen sich nach seiner Auffassung nur dadurch gewinnen, daß man ohne selbstische materielle Ziele wirke; gottähnlich am Menschen sei die Selbstlosigkeit, ein geistiger Bereich, in dem der Mensch eine Seele entwickeln könne, die sein Ich übersteige, in dem er mit Liebe und Selbstverleugnung Teil einer höheren Ordnung werde. Er schrieb:»Wie sind nicht da um des Besitzes willen, sondern wir sind da zur Verklärung des Göttlichen aus menschlichem Geiste.« [12]

Der Konflikt in der industriellen Ordnung spiegelte sich für ihn in politischen und sozialen Kämpfen wider. Nicht Rüstungen erzeugten eine Großmacht, sondern die wirtschaftliche und geistige Kraft eines Volkes. Politische Grenzen ließen sich nur dann halten, wenn das Volk ihnen gewachsen sei; sei die Blockade auch eine äußerst mörderische Kriegswaffe, so sei sie doch viel weniger todbringend als die geistige und moralische Isolierung einer Nation. Hatte Rathenau bei Kriegsausbruch auch geschrieben,»Deutschland muß siegen, es muß«, so hatte er doch hinzugefügt,»und doch besitzt es keinen reinen, ewigen Anspruch auf Sieg«. Das war nach seiner Meinung auch nicht der Fall gewesen in den anderen Kriegen, die im 19. Jahrhundert geführt worden waren, im deutschen Existenzkampf gegen das napoleonische Frankreich, im Krieg gegen Österreich 1866 noch auch im Krieg für die deutsche Einheit 1870. Er betrachtete den Weltkrieg als eine Seuche, doch tat er alles in seiner Macht Liegende, um Deutschland siegen zu helfen. Kriegsminister von Falkenhayn beauftragte ihn mit der Organisation der Versorgung mit den bei Kriegsausbruch in Deutschland knappen Rohstoffen, von denen einige so knapp waren, daß sich Rathenau im

September 1914 von einem Offizier sagen lassen mußte, das Heer könne höchstens noch ein paar Monate kämpfen, wenn nicht ein Weg gefunden werde, um Stickstoff zu beschaffen, da die Blockade die Salpetereinfuhr abgeschnitten hatte. Er ging völlig neue Wege und baute eine zentralisierte Rohstoffversorgung auf; die rationelle Rohstoffverwendung, die er als Kriegsnotwendigkeit gestaltet hatte, sollte bald weltweite Nachahmung finden.

Nie gab Rathenau seinen Glauben an einen deutschen Sieg auf, aber er äußerte sich kritisch über mehrere wichtige politische Entscheidungen der Obersten Heeresleitung, so auch den 1917 beschlossenen uneingeschränkten U-Boot-Krieg. Seine Hochachtung vor Ludendorff erlitt einen Schlag, als Ludendorff den totalen U-Boot-Krieg forderte, denn Rathenau war sicher, daß damit die Vereinigten Staaten in den Krieg gezogen würden. Aber ganz zum Schluß wollte er anstelle eines Waffenstillstands, für dessen Ersuchen er den Zeitpunkt schlecht gewählt fand, eine »Levée en masse«, bei der jeder Deutsche entweder an der Front oder hinter den Linien in Industrie und Landwirtschaft dienstverpflichtet werden sollte. Nachdem Rußland aus dem Krieg ausgeschieden war, konnte Deutschland nach Rathenaus Überzeugung einen Frieden à la Wilson vermeiden, der es nur zerstören würde. Auch diese halsstarrige Auffassung wurde ihm von seinen Feinden, die er nie beschwichtigen konnte, zum Vorwurf gemacht, für die Rathenau nicht nur ein »Fremdrassiger«, sondern auch einer von denen war, die die Schlächterei weitergehen lassen wollten, ein »Kriegsverlängerer«. Ludendorff hielt von Rathenaus Vorschlag einer Levée en masse genauso wenig wie Rathenau von Ludendorffs U-Boot-Krieg und sagte, eine Massenerhebung würde mehr Verwirrung als Menschenmaterial produzieren. Aber Rathenau konnte die Niederlage, als sie eintrat, ebensowenig verdauen wie Ludendorff oder Hindenburg.

Sein Plan für den Wiederaufbau des zusammengebrochenen Reiches war im Grunde einfach. Da nicht materielle, sondern moralische Eigenschaften die beherrschenden Faktoren für die Größe eines Landes waren, war Deutschlands oberste Aufgabe, die vom Krieg vergiftete Atmosphäre zu entgiften; es mußte mit dem Osten, der Sowjetunion, wieder Beziehungen aufnehmen und gleichzeitig Möglichkeiten einer Aussöhnung mit Frankreich finden. Das Reich konnte mit deutscher Technik und deutschem Handel die Sowjetunion aufbauen helfen, und es mußte gleichzeitig Frankreich davon überzeugen, daß ein verantwortungsvolles, produktives Deutschland an seinen Grenzen in seinem ureigensten Interesse liege, ein Deutschland, das im Rahmen seiner Kräfte zur Wiedergutmachung bereit war und zusammen mit Frankreich die gemeinsamen Probleme löste.

In diesem Sinne schlug Rathenau eine Festlegung der Summe der deutschen Reparationsleistungen vor; andernfalls könnten die Unternehmer keinerlei Zukunftspläne machen und wäre Deutschland gezwungen, auf alliierte Ansprüche immer nur zu reagieren anstatt bei der Festsetzung der Reparationszahlen die Initiative zu ergreifen. Viele deutsche Industrielle waren aber dagegen; setzten die Alliierten eine Pauschale fest, dann konnten sie diese bei einer Verbesserung der deutschen Wirtschaftslage auch erhöhen, und in Spa war Stinnes bereit, eher eine Bolschewisierung Deutschlands und eine Besetzung von Rhein und Ruhr hinzunehmen, als sich der alliierten Erpressung in der Frage der Kohlelieferungen zu beugen. Daß auf diese Weise Stinnes ureigenste Domäne – die Kohle – ungeschoren davonkäme, notierten zwar Rathenau und andere, die für eine Erfüllungs- und Verhandlungspolitik waren, aber ob Stinnes nur seine eigenen Wirtschaftsinteressen im Kopf hatte, läßt sich nicht eindeutig feststellen. Wenn Deutschland bolschewisiert würde, so glaubte Stinnes, stünde die russische Revolution vor Frankreichs Tür, das damit gezwungen wäre, sich doch sehr genau zu überlegen, wie weit man das Reich treiben könne. Ein mit der Sowjetunion verbündetes kommunistisches Deutschland würde auch eine militärische und propagandistische Macht darstellen, mit der man rechnen müßte, und die Franzosen müßten auch eine solche Möglichkeit in Betracht ziehen.

Für Rathenau kam eine Überantwortung Deutschlands an den Bolschewismus überhaupt nicht in Frage. Er erblickte in der russischen Revolution nichts als eine Fassade, hinter der es sich in Wirklichkeit um eine straff oligarchisch regierte Agrarrepublik handelte, und wenn er auch Marx gelesen und dessen materialistische Auslegung der geschichtlichen Dynamik verworfen hatte, so begegnete er den in seinem Namen begangenen Revolutionen doch nachsichtig. [13] Einem Freund sagte Rathenau, er selbst sei bei Nacht Bolschewist, aber nicht am Tage, oder noch nicht am Tage, wenn er sehen müsse, wie Arbeiter und Angestellte ihre Pflicht in den Fabriken erfüllten. Zusammen mit einigen Freunden gründete er eine Studienkommission für Rußland, die nach Möglichkeiten suchte, wie man Rußland zu einer echten Agrarrepublik mit blühendem Handel mit Deutschland verhelfen könnte. Seine Lösungen für ein Übereinbringen der französischen Ansprüche mit der realen deutschen Zahlungsfähigkeit waren nüchtern und unideologisch. Während des Krieges waren über 30 000 Quadratkilometer französischen Bodens zumindest zeitweise verwüstet, 300 000 Häuser zerstört und weitere 60 000 beschädigt worden. Rathenau schlug vor, eine halbe Million deutscher Facharbeiter, deren Löhne das Reich bezahlen sollte, nach Frankreich zu schicken, den Schaden beheben und das Land wieder fruchtbar machen zu lassen. Damit würde die deutsche Arbeitslosigkeit gemindert und zuglcich das französische Mißtrauen gegenüber den Absichten des Reiches abgebaut. Nachdem er Minister für Wiederaufbau geworden war, arbeitete er mit seinem Partner in der französischen Regierung, Louis Loucheur – wie Rathenau ein erfolgreicher Industrieller –, eine Abmachung aus, wonach deutsche und französische Geschäftsleute unmittelbar miteinander tätig werden konnten; die deutschen Lieferungen sollten nicht über die jeweiligen Regierungsstellen abgewickelt werden, sondern unmittelbar an französische Firmen gehen. Deutsche Firmen sollten das liefern, was die Franzosen (bis zur Höhe von sieben Milliarden Mark) bestellten, und bezahlen sollte die Reichsregierung. Das war nach Rathenaus Meinung entweder ein praktikabler Schritt zur Befriedigung der französischen Ansprüche, oder aber es würde den französischen Markt so mit deutschen Waren überschwemmen, daß dieser sie gar nicht aufnehmen konnte. Tatsächlich trat letzteres ein; nach einem Jahr bestellten französische Industrielle nur noch Waren im Werte von 19 Millionen Mark, ein winziger Bruchteil, verglichen mit den Forderungen in Höhe von Hunderten von Milliarden.

Das Haupthindernis für Rathenaus Hoffnung auf eine Besänftigung Frankreichs lag darin, daß Poincaré, Millerand und der französische Generalstab in den Reparationen gar keinen wirtschaftlichen Zweck sahen, sondern mit ihnen nur die Absicht verfolgten, Deutschland auszubluten und das deutsche Volk einschließlich der 20 Millionen, von denen Poincaré gesagt hatte, sie seien ohnehin zuviel, auf dem untersten Existenzminimum zu halten. Da zudem die Reparationszahlen in keinerlei realistischer Beziehung zu den effektiven Leistungsmöglichkeiten standen, dienten sie gleichzeitig als Sprungbrett, von dem aus die Franzosen Rheinland und Ruhrgebiet besetzen konnten, wann immer das Reich zahlungsunfähig war. Die französischen Ansprüche waren so atemberaubend, daß sie auch viele vernünftige Leute im alliierten Lager, Politiker wie Wirtschaftsfachleute, erschreckten, außerdem lauteten sie fast immer auf Milliarden Goldmark, die die Deutschen gar nicht hatten. Im Januar 1921 bezifferte der französische Finanzminister plötzlich die Gesamtrechnung der Reparationszahlungen einschließlich Zinsen auf 212 Milliarden Goldmark plus 12 jährlich zu entrichtender Milliarden zur Amortisierung der Bilanzsumme. In den ersten zwölf Jahren sollte das Reich jährlich zwischen zwei und fünf Milliarden an Zinsen und danach 31 Jahre lang sechs Milliarden jährlich zahlen. Die deutsche Sachverständigenkommission, der Rathenau angehörte, regte bei der Reichsregierung als Gegenvorschlag an, daß das Reich die Schulden der Alliierten bei den Vereinigten Staaten übernehme. Das Kabinett Fehrenbach lehnte diesen Vorschlag ab und ließ Außenminister Simons ein Gegenangebot auf Zahlung von insgesamt 53 Milliarden Goldmark unterbreiten. Davon ausgehend, daß 20 Milliarden schon bezahlt worden seien, schlug Simons die Entrichtung weiterer 30 Milliarden vor, von denen acht bis zehn als Anleihe aufgenommen, der Rest innerhalb von fünf Jahren bezahlt werden sollte.

Nun sprach der deutsche Außenminister nicht nur zu den Alliierten, sondern er mußte es auch in einer Sprache tun, die für die Deutschen verdaulich war, und wenn er das tat, dann mußte er die alleinige Kriegsschuld Deutschlands ablehnen, und das wiederum konnte die eingefleischten französischen Zweifel an der deutschen Reumütigkeit nur noch stärken. Die Alliierten betrachteten das Angebot Simons' als Affront, woraufhin französische Truppen den Befehl erhielten, Duisburg und Ruhrort zu besetzen. Simons nächste Anregung stieß ebenfalls auf taube Ohren: Er schlug den Vereinigten Staaten vor, das Reich werde sich vorbehaltlos amerikanischer Vormundschaft unterstellen und jede Summe annehmen, die die Vereinigten Staaten festsetzten, wobei der Betrag in dem Maße steigen könne, wie sich die deutsche Wirtschaft wieder erhole. Washington lehnte ab und erklärte sich lediglich bereit, ein von Deutschland gemachtes Angebot den Alliierten weiterzugeben. Dann änderte der Oberste Alliierte Rat die Zahlen. Auf einer Konferenz in London verringerte er die Gesamtsumme von 212 auf 132 Milliarden Goldmark und die Jahresrate auf zwei Milliarden Goldmark plus einer Leistung in Höhe von 25 % der deutschen Ausfuhren. Wiederum wurde das dem Reich in Form eines Ultimatums mitgeteilt, dem es binnen sechs Tagen zu entsprechen habe.

Die Bedingungen des Londoner Ultimatums ergaben für Rathenau keinerlei wirtschaftlichen Sinn; nach seiner Überzeugung waren sie auch weder für Frankreich noch für die Alliierten wirtschaftlich irgendwie sinnvoll. Nahm man sie an, so rechnete er aus, dann bedeutete das eine Verringerung des Reallohns jedes deutschen Arbeiters um 40 %; an jedem Achtstundentag würden von jedem Stundenlohn zwei Mark abgehen. Das konnte keine deutsche Regierung mitmachen, und selbst wenn sie es täte, würde man doch keinem deutschen Arbeiter zumuten können, daß er fast die Hälfte seiner Zeit nicht für sich und seine Familie, sondern fürs Ausland arbeitete. Trotzdem blieb dem Reich keine andere Wahl als die Annahme des Ultimatums, wenn es eine alliierte Besetzung des Ruhrgebiets vermeiden wollte. Der Reichstag billigte mit knapper Mehrheit die Londoner Bedingungen, doch mußte das Kabinett Fehrenbach zurücktreten. Wirth wurde Reichskanzler. Er nahm vier SPD-Abgeordnete in sein Kabinett und bat den Deutschdemokraten Rathenau, das Wiederaufbauministerium zu übernehmen.

Rathenau stand vor einer schwierigen Entscheidung. Nahm er den Posten an, dann hatte er nicht nur die persönlichen Angriffe von Leuten wie Stinnes, ganz zu schweigen von der radikalen Rechten und der antisemitischen Presse, auszuhalten, sondern wegen der Doktrin des Interessenkonflikts, an die er sich hielt, mußte er auch alle seine Ämter in der Privatwirtschaft aufgeben. Lehnte er den Posten ab, so konnte er wie bisher seinen vielfältigen Geschäften und seiner Schriftstellerei nachgehen, oder er konnte sich auf seine Güter zurückziehen und seine Vorstellungen über die Zukunft Deutschlands und Europas ausarbeiten. Seine Mutter bat ihn inständig, das Portefeuille auszuschlagen, und einmal lehnte er auch ausdrücklich ab, entschloß sich dann aber nach weiterer Überlegung doch zur Annahme des Postens. Seine Stellung als Aufsichtsratsvorsitzender der AEG und seine sonstigen Aufsichtsratsämter legte er nieder. Vor dem Reichstag sagte er, er trete in ein Erfüllungskabinett ein in einer Regierung, die seines Erachtens die Mittel und Wege finden könne, um eine Ära der europäischen Aussöhnung und Zusammenarbeit einzuleiten.

Die Aussöhnung war freilich bei weitem leichter beschworen als getan. Rathenau war nur drei Monate lang Wiederaufbauminister. Als der Völkerbundsrat am 20. Oktober 1921 die Volksabstimmung in Oberschlesien, wo sich fast zwei Drittel der Bevölkerung einschließlich vieler Tausend Juden für den Verbleib im Reich ausgesprochen hatten, umzudeuten beschloß und den reichsten und volkreichsten Teil des Gebiets Polen zuschlug, zog die Deutsche Demokratische Partei aus Protest ihre Minister, darunter Rathenau, aus dem Kabinett Wirth zurück.

Der Beschluß des Völkerbundsrats war ein weiterer schwerer Schlag, gegen den die Weimarer Republik nur protestieren konnte. Zwei Monate nach der Volksabstimmung im Mai 1921, als der Reparationsstreit in vollem Gange war, hatte der polnische Partisanenführer und frühere Reichstagsabgeordnete Korfanty seine Banden mit voller Unterstützung der Warschauer Regierung in die umstrittenen Gebiete geführt. Sandte Berlin die Reichswehr gegen ihn, so drohte Frankreich mit der Besetzung des Ruhrgebiets, und die französischen Truppen, die eigentlich in Oberschlesien für Ruhe und Ordnung sorgen sollten, bis sein endgültiges Schicksal in der Volksabstimmung geklärt sei, unternahmen gegen Korfanty überhaupt nichts. Dagegen machten die Italiener, die 1921 schon einen Großteil ihrer glühenden Begeisterung aus der Kriegszeit verloren hatten – zumal in Gegenden, in denen Italien keine Interessen besaß –, gewisse Anstrengungen zur Wahrung des Friedens, und Lloyd George forderte im Unterhaus »Fair play« und nannte es unfair, wenn man den Deutschen verbieten wolle, ihre Truppen zur Wiederherstellung der Ordnung in Oberschlesien zu verwenden. [14] Schließlich gelang es der Einwohnerwehr unter General Karl Hoefer nach harten Kämpfen, die vom 21. Mai bis 6. Juni dauerten, die polnischen Freischärler zu besiegen, aber das hatte auf die Auslegung der Volksabstimmung vom 21. März keinerlei Auswirkung mehr. Da der Oberste Alliierte Rat angesichts der englisch-französisch-italienischen Meinungsverschiedenheit beschlußunfähig war, übergab man die ganze Sache dem Völkerbundsrat, der sich die französische und polnische Auffassung zu eigen machte, daß der größte Teil des umstrittenen Gebiets an Polen zu gehen habe.[11]

Wirth sah sich zur Auflösung des Kabinetts gezwungen, brachte aber nach vier Tagen ein neues zustande, in dem er selbst so lange das Portefeuille des Außenministers übernahm, bis es vielleicht wieder Rathenau übernehmen könnte. Wirth brauchte Rathenau. Nicht nur schätzte er dessen Urteil sehr hoch, sondern Rathenau hatte auch zu einer Reihe wichtiger Leute im alliierten Lager, darunter dem französischen Aufbauminister Loucheur und dem englischen Botschafter in Berlin, Lord D'Abernon, ein gutes persönliches Verhältnis entwickelt. Auch André Gide gehörte dazu; nachdem er Rathenaus Buch über Raphael gelesen hatte, schrieb er ihm und regte eine Zusammenkunft an. Die beiden verbrachten zwei Tage miteinander auf dem Gut eines Freundes von Gide in Luxemburg, und Gide bemerkte in seinem Tagebuch, welch außergewöhnlichen Mann er da getroffen habe. Rathenau hatte nicht etwa über Politik oder Geschäftsfragen gesprochen, sondern von Religion und Kunst und vom Verhältnis des Menschen zu den höheren Mächten. Als Wirth Rathenau nach London schickte, der dort um eine Anleihe nachsuchen sollte, weil das Reich die Reparationszahlungen, denen es eben zugestimmt hatte, nicht leisten konnte, blieben Rathenaus Bemühungen, Lloyd George, den Gouverneur der Bank von England und andere Finanzmächtige der City zu der Anleihe zu überreden, zwar vergeblich, aber es gelang ihm immerhin, Lloyd George zu einer Kürzung der 1922 zu leistenden Reparationszahlungen um eine halbe Milliarde zu überreden. Gleichzeitig arbeitete er an weitreichenden Plänen für den Wiederaufbau Rußlands mit Hilfe eines Konsortiums der Westmächte im Verein mit Deutschland und an einem Friedenspakt mit Belgien und Frankreich – dem Vorläufer von Locarno –, der Frankreichs Sicherheit am Rhein gewährleisten sollte. Desgleichen entsandte Wirth ihn nach Cannes zu Besprechungen mit der Reparationskommission und dem Obersten Alliierten Rat; diese Besprechungen fanden durch den Sturz des Briand-Kabinetts[12] zwar ein abruptes Ende, doch hatte Rathenau zuvor noch Gelegenheit gehabt, den Anwesenden beredt in Französisch und Deutsch die Lösungen darzulegen, die nach seiner Überzeugung sowohl für die Alliierten als auch für das Reich vernünftig waren.

Vier Monate nach Rathenaus Rücktritt als Wiederaufbauminister bat ihn Wirth, das Auswärtige Amt zu übernehmen. Wieder rang Rathenau nicht nur mit sich selbst, sondern auch mit seiner Mutter, die ihn bat, den angebotenen Posten auszuschlagen. Schließlich akzeptierte er und sagte zu seiner Mutter: »Mama, ich mußte es ja, weil sie keinen anderen gefunden haben.« [15]

Als Albert Einstein davon erfuhr, sagte er, Rathenau würde wohl auch Papst werden, wenn man ihm das anböte, und fügte hinzu, »technisch hätte er es wahrscheinlich gar nicht schlecht gemacht«. [16] Solche Kommentare war Rathenau inzwischen gewöhnt; selbst viele, die ihn bewunderten, hielten ihn für ehrgeizig und – hinter einer Wolke hochtrabender Rhetorik – selbstgefällig. Ein Bekannter, Wilhelm Herzog, beschreibt die Feier anläßlich Rathenaus 50. Geburtstag 1917 im Hotel Adlon, wo Rathenau vor seinen Gästen eine einstündige Geburtstagsrede auf sich selbst hielt. Herzog berichtet, Rathenau habe seinen Sekretär mitgebracht, der die Rede mitstenographieren mußte, die dann zwei Wochen später als Broschüre bei Fischer erschienen und den Teilnehmern an der Feier ausgehändigt worden sei. [17]

Doch welche Motive ihn auch zur Annahme des Postens bewegt haben mochten – sobald er ihn erst übernommen hatte, setzte er alles daran, seine Politik des deutschen und europäischen Wiederaufbaus durch Wiederherstellung der deutschen Verbindungen nach Ost und West weiterzuführen. Seine Aufgabe war alles andere als leicht; neben den großen Zielen, die es nicht aus dem Auge zu verlieren galt, mußten unendlich viele ärgerliche Kleinigkeiten überstanden werden; binnen zweier Monate, so sagte er vor dem Reichstag, habe er 100 Noten, Anfragen oder Klagen der alliierten Militärkommission zu beantworten gehabt. Deutschland und Rußland waren schon zu lange Ausgestoßene, als für ein gesundes Europa gut gewesen wäre, der Zustand Englands und Frankreichs war alles andere als blühend, und schon in Lloyd Georges Bemerkung über »Fair play« war deutlich geworden, daß man in England allmählich Frankreichs selbstherrliche Entscheidungen mit steigendem Unwillen betrachtete. Was not tat, war nicht bloß eine »Wirtschaftskonferenz«, sondern eine europäische Wirtschaftskonferenz, an der sowohl das Reich als auch die Sowjetunion aktiv teilnahmen.

So wurde die größte Versammlung europäischer Staatsmänner seit dem Wiener Kongreß im April 1922 nach Genua einberufen, um einige der sie alle bedrohenden Probleme zu lösen. Die Einladung zur Teilnahme erging an 28 Staaten, darunter auch die Sowjetunion und das Reich, die die Alliierten bislang von ihren Konferenzen immer ausgeschlossen hatten. Lloyd George leitete die englische Delegation, Barthou die französische, Tschitscherin die sowjetische, und Wirth und Rathenau vertraten Deutschland. Poincaré, der inzwischen wieder Ministerpräsident geworden war, wohnte der Konferenz nicht bei, setzte aber vorher bei Lloyd George durch, daß weder der Vertrag von Versailles noch die deutschen Reparationszahlungen, noch Abrüstungsfragen – also genau die Dinge, die für die Deutschen und auf lange Sicht für den Frieden in Europa die größte Bedeutung hatten – auf die Tagesordnung gesetzt würden. Was die Sowjetunion anbelangte, so hatte sie sich hartnäckig gehalten: Die konterrevolutionären Bewegungen waren allesamt gescheitert, sie hatte eben einen gefährlichen polnischen Angriff abgeschlagen, und in Berlin, Paris und London wurden allmählich Stimmen laut, die für engere Wirtschaftsverbindungen mit Rußland eintraten. Nicht nur hatte Rathenaus Studiengruppe die Frage untersucht, wie sich die Beziehungen zur Sowjetunion verbessern ließen, sondern seit Januar 1922 hielt sich auch eine russische

Delegation zu Gesprächen über einen Handelsvertrag mit Deutschland in Berlin auf. Die Verhandlungen waren zwar abgebrochen worden, doch machte die russische Delegation unter Tschitscherin auf dem Weg nach Genua in Berlin Zwischenstation und verdeutlichte, daß sie die Ausarbeitung eines Vertrages mit dem Reich sehr begrüßen würde. Rathenau wollte jedoch die Konferenz von Genua nicht vor ein Fait accompli stellen, weshalb der Vertrag erneut beiseite gelegt wurde. Was Rußland selbst betraf, so ging es nach Rathenaus Meinung nicht so sehr darum, welche Lieferungen es brauchte, denn es gab nichts, was die Sowjetunion nicht brauchte; vielmehr war die Frage, was deutsche Firmen überhaupt liefern konnten, und nebenbei auch, was und wie die Sowjetunion dafür bezahlen konnte.

Rathenau war nicht der einzige, der im Reich über eine Zusammenarbeit mit der Sowjetunion nachdachte. Auch Seeckt, der dem Kommunismus ja keineswegs besondere Wertschätzung entgegenbrachte, war sich doch mit der russischen Militärführung einig, daß beide Länder von engeren Beziehungen erheblich profitieren könnten. Seit 1921 war es wiederholt zu sporadischen Gesprächen zwischen Offizieren des deutschen und des russischen Heeres gekommen. Seeckt war im Dezember 1921 mit Karl Radek zusammengetroffen und hatte sich einen Monat später der Zustimmung von Reichskanzler Wirth zu weiteren Verhandlungen über irgendeine Form militärischer Zusammenarbeit versichern können. Die beiden Länder ergänzten einander nicht nur in ihrer Produktionskapazität, sondern standen auch beide schwerbewaffneten Koalitionen gegenüber, die sie zu zerstören drohten. Indem sie zusammenarbeiteten, konnten sie möglicherweise die Machtverhältnisse neu gewichten.

Das erkannten auch die Alliierten. Ein deutsch-russisches Bündnis war einer von Poincarés ständigen Alpträumen. Er hatte mit der Sowjetunion genau das umgekehrte Spiel im Sinn und wollte sie als zusätzliches Mittel benutzen, um das Reich in seiner Ohnmacht festzunageln. Aber die Nachkriegsallianzen Frankreichs behinderten die französische Politik. Frankreich hatte einen Pakt mit Polen geschlossen, dessen Unabhängigkeit einer der Pfeiler der antideutschen und antisowjetischen Koalition gewesen war, und Frankreich hatte nicht nur alles in seiner Macht Stehende getan, um Polen den wertvollsten Teil Oberschlesiens zuzuschlagen, sondern den Polen auch in dem eben beendeten Krieg gegen die Russen Militärhilfe gewährt.

Es war schlechterdings unmöglich, gleichzeitig eine propolnische und prorussische Politik zu betreiben, und Poincaré machte auch gar nicht den Versuch dazu. Dagegen versuchte er, sich der Sowjetunion gegen Deutschland zu bedienen. In Genua ließen die Alliierten das im Versailler Vertrag vorgesehene Anrecht Rußlands (wobei man freilich nicht an ein bolschewistisches Rußland gedacht hatte) auf Reparationsleistungen von Deutschland wiederaufleben; diese Reparationen sollten für die Rückzahlung der Anleihen verwendet werden, die der Zar hauptsächlich in Frankreich aufgenommen hatte und die verloren schienen, als die Bolschewiki verkündeten, sie dächten nicht an eine Rückzahlung. Mit der Zeit schien die Sowjetunion jedoch flexibler geworden zu sein. Moskau hatte erklärt, die Anleihen würden so lange nicht anerkannt, als die Großmächte die Sowjetunion nicht anerkannten, und die alliierten Vertreter in Genua dachten, vielleicht lasse sich da etwas machen.

So fand sich Moskau seit vielen Jahren zum erstenmal in der Lage, zwischen zwei Freiern wählen zu können, wenngleich keiner von beiden besondere Zuneigung hegte. In einer auf Französisch gehaltenen Rede, deren schwerer Akzent jedoch viele Zuhörer glauben machte, er spreche Russisch, entzog Georgij Tschitscherin den alliierten Hoffnungen weitgehend den Boden. Er trat für Abrüstung ein, die doch als Thema tabu sein sollte. Rußland, so sagte er, werde seine Streitkräfte abrüsten, wenn andere Länder es ebenfalls täten. Und nachdem er seine Rede auf Französisch abgelesen hatte, hielt Tschitscherin sie gleich noch mal, jetzt in dem, was er für Englisch hielt.

Die Rede steckte voller Zündstoff und verdeutlichte, wie Tschitscherin zweifellos beabsichtigte, die ganze Fadenscheinigkeit des vorgeblich ernsthaften Interesses Frankreichs an der Abrüstung, das ja nur dort echt war, wo es um die Abrüstung Deutschlands ging. Barthou gab eine emotionsgeladene, im übrigen aber schwache Erwiderung auf die russische Häresie ab und protestierte im eigenen Namen, im Namen der französischen Delegation und im Namen Frankreichs gegen jede Erörterung der Abrüstungsfrage. Tschitscherin erhob sich erneut und erinnerte Barthou daran, vor gar nicht langer Zeit habe Briand in Washington als eines der Haupthindernisse für eine französische Rüstungsverminderung die Existenz einer großen Roten Armee angeführt; hier seien jetzt die Russen und böten die Auflösung ihrer Streitkräfte an, vorausgesetzt, andere Länder täten dasselbe. [18]

Vier Jahre nach Kriegsende hatte Barthou keine einheitliche alliierte Front mehr hinter sich. Den Vorsitz in der Konferenz führte der italienische Ministerpräsident Luigi Facta, dessen Land sich durch die französische Nichterfüllung der Geheimverträge schwer verletzt fühlte, und Facta sagte eiskalt zu Barthou, der noch vieles vorbringen wollte, er könne jetzt nicht mehr das Wort ergreifen, das Thema sei erledigt. Dieser Affront gegen die hohe französische Politik hinderte aber die Alliierten nicht daran, sich mit den Russen zu treffen und in sie zu dringen, die Sowjetunion solle ihren Anteil an den Reparationszahlungen Deutschlands einfordern, zu dem sie nach Artikel 116 des Versailler Vertrages berechtigt sei, während gleichzeitig den Deutschen jeder Gegenanspruch verwehrt war.

Trotzdem versuchte Rathenau, getreu seinem Grundsatz des Ausgleichs zwischen Ost und West, mit den Franzosen Fäden zu knüpfen. Am ersten Konferenztag bat er Graf Kessler und Carl Bergmann vom Auswärtigen Amt, sich mit Jacques Seydoux von der Handelsabteilung des Quai d'Orsay in Verbindung zu setzen und herauszufinden, unter welchen Bedingungen Deutschland eine Anleihe von vier Milliarden aufnehmen könnte, um seinen Reparationsverpflichtungen nachzukommen. Seydoux hielt das für eventuell möglich, doch nach dem Schock der Unterzeichnung des Rapallovertrages durch das Reich und die Sowjetunion – ein Dokument, das die gesamten Ereignisse von Genua überschattete – mußte der Plan wieder fallengelassen werden.

Vor Rapallo hatten Wirth und Rathenau erneut vor der düsteren Aussicht gestanden, die Russen könnten sich den alliierten Forderungen auf völlig unerfüllbare Leistungen des Reiches anschließen und damit Deutschland noch mehr isolieren, weil die Russen wieder, wie schon 1914, im Lager der Gegner zu finden gewesen wären. Die sowjetische Delegation zeigte jedoch keinerlei Neigung, Poincarés Spiel mitzumachen, und die sowjetischen Verhandlungen mit den Alliierten waren vermutlich nur dazu gedacht, die Deutschen unter Druck zu setzen. Die Russen wollten in Genua wirtschaftliche Hilfe und politische Anerkennung erreichen und gleichzeitig die Konferenz als Propagandaforum für den Kommunismus nutzen. Von Anfang an hatte sich Lenin über den Versailler Vertrag mokiert. Seine eigene Regierung hatte gegen Armeen, für die die Alliierten Geld, Ausrüstung und Menschen bereitgestellt hatten, um ihre Existenz kämpfen müssen, und er gab sich hinsichtlich der guten Absichten der Alliierten weniger Illusionen hin als Rathenau.

Bei Eröffnung der Konferenz von Genua hatte Barthou vorgeschlagen, allein die fünf »einladenden Mächte« – Frankreich, Polen, Belgien, Italien und England – sollten in *jeder* der vier Unterkommissionen Sitz und Stimme haben, während die »Kleinstaaten« einschließlich der Sowjetunion und Deutschlands nur in bestimmten Unterkommissionen mitwirken dürften. Dieser Vorschlag wurde abgelehnt, aber von nun an wußten die Russen, was sie von der französischen Einstellung ihnen gegenüber zu halten hatten. [19] Als Tschitscherin die Deutschen zur Wiederaufnahme der Erörterung des Vertrages, der in Berlin schon unterschriftsreif gewesen war, ehe die Delegation nach Genua weiterreiste, in die Villa in Rapallo einlud, in der die sowjetische Delegation abgestiegen war, blieb Rathenau und Wirth kaum etwas anderes übrig, als die Einladung anzunehmen. Tschitscherin hatte den Staatssekretär im Auswärtigen Amt, Baron von Maltzan (ein starker Befürworter eines deutsch-russischen Pakts), wissen lassen, eine Einigung mit der Entente stehe unmittelbar bevor. Die Sowjetunion schlug sich also entweder auf die Seite des Reiches oder aber ins Lager der Franzosen, und die alliierten Verhandlungen mit den Russen drohten das Reich noch schlimmer zu isolieren als je zuvor. Wirth war mehr noch als Rathenau für den Abschluß des Vertrages mit Rußland. Rathenaus große Idee war der Brückenschlag nach Ost *und* West, nicht nur'zur Sowjetunion und nicht um den Preis einer weiteren Entfremdung Frankreichs. Aber unter den obwaltenden Umständen blieb ihm keine Alternative, und so unterschrieb er den Vertrag.

Der Vertrag von Rapallo war im wesentlichen ein Friedensvertrag, der erste nach Brest-Litowsk und Versailles, den nicht die eine Seite der anderen diktierte. In ihm verzichteten beide Länder auf alle öffentlichen und zivilen Ansprüche aus dem Krieg, stellten die konsularischen und diplomatischen Beziehungen wieder her und sahen Handels- und Wirtschaftsbeziehungen nach dem Grundsatz der Meistbegünstigung vor. Beide Regierungen erklärten sich bereit, den wirtschaftlichen Bedürfnissen der beiden Länder in wohlwollendem Geiste wechselseitig entgegenzukommen, und Deutschland erklärte sich einverstanden, die Lieferung von Waren und Dienstleistungen durch Privatfirmen an die Sowjetunion zu unterstützen.

Der amerikanische Botschafter in Italien, Richard Washburn Childs (Amerika war auf der Konferenz nicht vertreten), sagte, dieser Vertrag werde die Welt erschüttern, und das tat er denn auch. Viele Konferenzteilnehmer in Genua waren überzeugt, daß der Vertrag auch militärische Geheimklauseln enthielt, obwohl ein Militärabkommen Rathenaus Zielsetzungen völlig konträr gewesen wäre. War er es doch gewesen, der schon vor Genua die Unterzeichnung eines Handelsvertrages mit der Sowjetunion verhindert hatte, weil das einen Affront der Alliierten bedeutet und das europäische Konsortium, das er im Auge hatte, an einer Mitwirkung am Aufbau Rußlands gehindert hätte. Jedenfalls war der Vertrag ein böses Omen, und die Franzosen waren wütend. Barthou nannte Wirth einen Lügner, Poincaré war überzeugt, Rußland habe den Deutschen Militärhilfe zugesagt, und Lloyd George sagte zu Wirth, die Deutschen hätten das Grundprinzip der Konferenz verletzt. Die französische Delegation packte sofort ostentativ ihre Koffer und machte Miene abzureisen. Einige deutsche Delegierte waren so niedergeschlagen, daß sie verlangten, der Vertrag solle für null und nichtig erklärt werden, aber Rathenau und Wirth blieben fest, ebenso die sowjetische Delegation. Wirth behauptete, der Vertrag greife in keiner Weise in das Verhältnis dritter Staaten zu Rußland ein, sei vielmehr ein Symbol für das Hauptziel der Konferenz, den Geist der Vergangenheit abzulegen und die Schritte zu tun, die zu einem gemeinsamen friedlichen Wiederaufbau Europas führen würden. [20] Lloyd George war ein ausgezeichneter Schauspieler, und sein Wutanfall mag sehr wohl übertrieben gewesen sein, denn er war von vielem, was die Franzosen taten, ganz und gar nicht angetan, und es tat ihm vielleicht nicht besonders weh, zu erleben, daß Poincaré wenigstens einmal nicht durchkam.[13] Was Rathenau anging, so sagte er in seiner Schlußansprache vor der Konferenz, die gleichzeitig seine letzte Ansprache an ein internationales Auditorium sein sollte: »Die Geschichte Italiens ist älter als die der meisten europäischen Nationen. Auf diesem Boden sind mehr als einmal große Weltbewegungen entstanden. Abermals und hoffentlich nicht vergebens haben die Völker der Erde ihre Augen und Herzen zu Italien erhoben in der tiefen Empfindung, der Petrarca den unsterblichen Ausdruck verliehen hat: ›Io vò gridando: pace, pace, pace!‹ (Ich gehe durch die Welt und rufe: Friede, Friede, Friede!).«

Dem italienischen Außenminister Schanzer gelang es mit Mühe, die Konferenz im Gang zu halten. Rathenau erklärte sich einverstanden, daß Deutschland auf sein Recht zur Teilnahme an den Sitzungen der Unterkommission dann verzichte, wenn über die Beziehungen mit den Russen gesprochen werde, doch werde das Reich an allen anderen Sitzungen teilnehmen. Poincaré hielt am 24. April in Bar-le-Duc eine Rede, in der er Deutschland militärische Sanktionen androhte – mit oder ohne Unterstützung der Alliierten. Lloyd George erwiderte darauf, wenn England vor die Wahl zwi-

schen Entente und Frieden gestellt würde, dann müsse es seine
Einstellung zur Entente revidieren, worauf die französische Presse
mit wütenden Beschimpfungen reagierte; selbst der gemäßigte französische Journalist Philippe Milliet schrieb, Europa könne nur
Frieden haben, wenn Europa »Lloyd George ausspuckt«. [21]

Brachte die Genua-Konferenz auch kaum oder gar keinen Fortschritt zur Lösung der wirtschaftlichen und politischen Dilemmata
Europas nach dem Ersten Weltkrieg, so lagen die Dinge beim
Rapallo-Vertrag anders. Er war der Auftakt zu einer Art Mutation
im politischen Gefüge Europas und zu einer grundlegenden
Umschichtung des Mächtegleichgewichts nach dem Krieg. Deutschland und die Sowjetunion hatten den von den Siegern errichteten
Cordon sanitaire durchbrochen. Sie blieben zwar verhältnismäßig
schwach, aber dennoch warf der Vertrag schon die Schatten einer
kommenden Kraft voraus, mit der künftig zweifellos zu rechnen sein
würde. Wurden in Rapallo auch keine Geheimverträge geschlossen,
so leitete das veröffentlichte Dokument doch eine Zusammenarbeit
ein, die den überragenden Zielen Frankreichs und in gewissem
Umfang auch Englands unmittelbar zuwiderlief. Taten Deutschland
und die Sowjetunion ihre wirtschaftlichen und politischen Kräfte
zusammen, dann war über den Versailler Vertrag und Frankreichs
ausgeklügeltes Sicherheitsnetz nach dem Kriege das Urteil gesprochen.

Das Echo des Vertrages veranlaßte einen kommenden Mann in
Italien, den früheren Sozialisten Benito Mussolini, Rathenau in
Berlin einen Besuch abzustatten. Mussolini war 1921 mit 40 anderen
Faschisten ins italienische Parlament gewählt worden und wollte
nun aus erster Hand in Erfahrung bringen, was dieser gefährliche
Vertrag mit Moskau zu bedeuten hatte. Er versicherte dem deutschen Außenminister, er werde den Kommunismus in Italien niederschlagen, und der Faschismus, den er predige, sei im Gegensatz
zum Kommunismus nicht zum Export über die italienischen Grenzen hinweg bestimmt. [22]

Der Vertrag von Rapallo bedeutete eindeutig einen Anfang;
enthielt er auch keine Militärklauseln, so sollte er doch bald zu
beträchtlicher militärischer Zusammenarbeit führen. Er war ein
Markstein für das Reich, fand aber in Deutschland gemischte Aufnahme. Unter anderem zeigte sich Reichspräsident Ebert von ihm
unangenehm überrascht. Er war nicht gefragt worden und machte
Wirth und Rathenau gegenüber aus seinem Unmut kein Hehl.

Lange hatten er und die sozialistischen Mehrheitsregierungen den Hauptstoß der kommunistischen Angriffe aushalten müssen, und das SPD-Blatt *Vorwärts* äußerte, wegen Rapallo sei das Reich jetzt völlig isoliert. Ebert nannte den Vertrag unvorsichtig und verfassungswidrig und wollte Baron von Maltzan wegen seiner hervorragenden Rolle bei der Vertragsaushandlung aus dem Auswärtigen Amt entlassen. Und wenn auch der Reichstag den Vertrag billigte, so war er doch vielen Abgeordneten der nationalistischen Rechten ein Greuel, allerdings nicht für Leute wie Seeckt oder Stinnes oder deutsche Industrielle, die die Auswirkung des Vertrages auf die Zukunft sofort begriffen. In einer Tagung des Deutsch-Osteuropäischen Wirtschaftsverbands äußerten 500 Vertreter angesehener deutscher Firmen ihre Zustimmung zu Rapallo, worin sie den einzigen Weg sahen, auf dem Deutschland und Rußland, ganz zu schweigen von ihren eigenen Firmen, wieder aufgebaut werden könnten, und die Leipziger Industrie- und Handelskammer schickte Reichskanzler Wirth ein Telegramm, in dem sie den Vertrag als »langersehnte Tat von großer politischer und wirtschaftlicher Bedeutung« bezeichnete. In Berlin galt eine Großkundgebung von Arbeitern, unter ihnen auch Sozialisten und Kommunisten, der Befürwortung des Vertrags, der ihnen nach ihrer Meinung Arbeitsplätze und Löhne ohne Abzug für Reparationsleistungen verhieß.

Rapallo löste aber auch einen Ausbruch des Antisemitismus aus, der ganz Deutschland erschütterte. Im Juni-Heft der *Konservativen Monatsschrift* wurde Rathenau als Vertreter des internationalen Judentums geschmäht und erklärt, die deutsche Ehre sei keine Schacherware »für internationale Judenhände«. [23]

Die Quellen dieses rasenden Judenhasses sprudelten in relativ kleinen, fanatischen »vaterländischen« Gruppen, die außer den Juden auch sonst noch allerlei Feinde fanden. In den ersten vier Jahren der Weimarer Republik waren über 300 politische Morde begangen worden, zu deren sensationellsten der Mord an Erzberger im August 1921 gehörte. Erzberger war kein Jude, aber er war ein Greuel in den Augen eben jener »vaterländischen« Organisationen, die auch Rathenau vorwarfen, er habe mit der Macht, die hinter den Räteregierungen und Umsturzversuchen im ganzen Reich gestanden habe, einen tückischen Vertrag geschlossen. Mord und Mordanschläge gehörten in der Weimarer Republik inzwischen zum politischen Alltag, und die Terroristen konnten jederzeit und überall zuschlagen. Nur etwas über zwei Wochen vor dem Mord an Rathenau hatten ein paar Killer auf den SPD-Führer Philipp Scheidemann einen Anschlag mit Blausäure verübt. Auch Scheidemann war kein Jude, aber seine Politik mißfiel den Attentätern. Glücklicherweise verletzten sie ihr Opfer jedoch nur leicht, wurden verhaftet und zu zehn Jahren Gefängnis verurteilt.

Ernst von Salomon, der der *Organisation Consul* angehörte und bei dem Mordkomplott auf Rathenau eine unbedeutende Rolle spielte, versuchte später einmal darzustellen, was die Superpatrioten erreichen wollten. Er sagte, sicherlich hätten sich unter den Todeskandidaten viele Juden befunden, doch seien die eigentlichen Feinde die Erfüllungspolitiker gewesen, weil sie die Politik der Niederlage fortführen wollten. Deshalb habe Rathenau auf der Liste gestanden, nicht weil er Jude gewesen sei. Gewiß sei der *Consul* Antisemit gewesen, und Ernst Jünger sowie nicht namentlich genannte Personen in Palästina hätten ihm geschrieben und gefragt, warum er nicht zugebe, daß Rathenau ermordet worden sei, weil er Jude gewesen sei. Salomon entgegnete darauf, er gebe das nicht zu, weil es nicht wahr sei; ja, man könne fast sagen, Rathenau sei getötet worden, obwohl er Jude gewesen sei, weil er nämlich wie Erzberger die hassenswerte Erfüllungspolitik vertreten habe. Kapitän Ehrhardt sei wütend gewesen, als er von dem Mord erfahren habe, und habe gesagt, damit sei seine ganze Politik zerschlagen worden. [24] Doch mochten auch die Mordopfer Juden oder Christen oder Heiden sein, im Beiwort »Jude« sammelte sich der ganze Zorn der Ultranationalisten in handlicher Form. In Oberschlesien zogen Schlägerkolonnen durch die Straßen und sangen: »Knallt ab den Walther Rathenau / die gottverdammte Judensau.« [25]

Helfferich, der im Reichstag Erzbergers Hauptgegner gewesen war, hatte seinen Haß nun Rathenau zugewandt. Zwar war Helfferich kein Antisemit, aber er verabscheute rundum jeden, der nicht völlig mit seinem hundertprozentigen Patriotismus übereinstimmte. Rathenau hatte in einer Rede vor den Abgeordneten die Saarländer wegen ihrer Festigkeit trotz ständigen separatistischen Drucks seitens der französischen Saarbesatzer gelobt. Er sagte, die Deutschen könnten stolz sein auf die Saarländer, die an dem festhielten, was sie als ihr höchstes Gut betrachteten: ihr Deutschtum. Helfferich, einer der kompromißlosesten Gegner der Erfüllungspolitik, antwortete Rathenau, die Saarländer müßten sich von ihrer Regierung verraten und verlassen fühlen, und gerade Leute wie er hätten Elend und Not über zahllose Menschen gebracht, zahllose andere in Verzweiflung und Selbstmord getrieben, große und wertvolle Teile des nationalen

Produktionskapitals dem Ausland ausgeliefert und die wirtschaftliche und soziale Ordnung in ihren Grundfesten erschüttert. [26] Rathenau erregte diese Rede sehr, in der seine Anhänger den Aufruf zu seiner Ermordung sahen. Tatsächlich beeinflußte sie jedoch das Komplott nicht unmittelbar, denn sie wurde am Tag vor der Ermordung gehalten, als die Mordpläne bereits fertig waren.

Die Welle aus Haß und Ablehnung gegen Rathenau und der Vertrag von Rapallo wurde jedoch weit aufgewogen durch die Flut der Zustimmung, die durch Deutschland ging. In Berlin demonstrierten riesige Menschenmengen, die auf 150 000 Teilnehmer geschätzt wurden, für den Vertrag; ähnliche Kundgebungen gab es auch in anderen Städten. Aber in den düsteren Nachkriegsjahren wurden viele politische Entscheidungen nicht von der Mehrheit oder von Koalitionen im Reichstag bestimmt, der ebenfalls den Vertrag billigte. Das Land war weithin zu aufgewühlt, zu gespalten, zu enttäuscht, als daß es sich mit parlamentarischen Verfahren zufriedengegeben hätte. Wie viele, ja wohl die meisten anderen Politiker hatte auch Rathenau vom Tage seines Amtsantritts an Drohbriefe erhalten, und jetzt gingen sie in größerer Zahl ein und ließen auf einen Zusammenhang mit politischem Mord als Mittel zur Durchführung oder Verhinderung einer Politik schließen. Wirth erfuhr von einem katholischen Priester, der ihn in der Reichskanzlei aufsuchte, Rathenaus Leben sei bedroht. Vom großen Ernst des Priesters beeindruckt, warnte er Rathenau, der sichtlich erbleichte, als ihm Wirth sagte, was er gehört hatte. Bald aber gewann Rathenau seine Fassung wieder, legte beide Hände auf Wirths Schultern und sagte:»Lieber Freund, es ist nichts. Wer sollte mir denn etwas antun?« [27]

Den Abend vor seiner Ermordung verbrachte Rathenau bei einem Diner in der Amerikanischen Botschaft in Berlin, das Botschafter Alanson Houghton gab, und dann noch im Gespräch bis vier Uhr früh mit Hugo Stinnes, der oft genug mit ihm uneins war, gleichzeitig aber vieles, wofür Rathenau stand, bewunderte.

Die eigentlichen Mordanstifter waren Jugendliche. Die Mordvorbereitungen begann der siebzehnjährige Hans Stubenrauch, den die Auffassungen von Leuten wie Ludendorff und Helfferich ungemein beeindruckten und der mit ihnen vielleicht in gewisser Verbindung stand. Stubenrauch war Schüler, Sohn eines Generals und im zarten Alter von 17 Jahren schon Mitglied einer Verschwörergruppe, des *Bundes der Aufrechten*. Er und sein Freund Wilhelm Günther, ebenfalls Gymnasiast, ein junger Mann mit psychotischen Zügen, der früher wegen Fahnenflucht verurteilt worden war, bereiteten den Mord vor. Stubenrauch sagte, er wolle Rathenau umbringen, weil Ludendorff dessen Schrift »Der Kaiser« kritisiert hatte, Günther stand in Verbindung mit einem früheren Seeoffizier und Mitglied der Organisation Consul namens Erwin Kern und mit dessen Freund Hermann Fischer. Beide waren 25 Jahre alt, blond und blauäugig, und sie übernahmen die Durchführung des Mordplans. Dazu zogen sie nicht etwa die beiden Jungen, die den Plan ausgeheckt hatten, sondern den einundzwanzigjährigen Ernst Techow hinzu, der ebenfalls Mitglied des Consul war. Techow war der Sohn eines Berliner Richters und wie Kapp Enkel eines Achtundvierzigers, der für die Revolution gegen ein autokratisches Deutschland gekämpft hatte. Techow führte seinen sechzehnjährigen Bruder Gerd, der gerade vor einem Jahr fünfzehnjährig der Organisation Consul beigetreten war, in die Verschwörung ein. Als Mörder fungierten Kern, Fischer und Techow, und Salomon sollte ihnen zusammen mit weiteren Consul-Mitgliedern zur Flucht verhelfen.

Ganz nach Gangsterart schossen sie Rathenau auf dem Rücksitz seines offenen Wagens an einer Biegung der Königsallee nieder, wo der Fahrer das Tempo seines Wagens verlangsamen mußte. Kern schoß ein ganzes Kugelmagazin aus einer automatischen Pistole auf Rathenau, und danach warf Fischer eine Handgranate auf den Rücksitz. Eine junge Krankenschwester war Zeugin des Anschlags und rannte Rathenau zu Hilfe, der jedoch bald nach seiner Ankunft in einer 300 Meter entfernten Polizeiwache starb.

Gelegentlich hatte Rathenau einen Revolver bei sich geführt, aber drei Polizisten, die ihn bewachen sollten, weggeschickt. Er hatte in solch ostentativer Bewachung keinen Sinn gesehen, außerdem hatte er eine stark mystische Neigung. Der Tod, so hatte er geschrieben, erscheine uns nur dann, »wenn wir das Auge irrtümlich auf das Glied, nicht auf das Geschöpf richten«. Das Laub sterbe, aber der Baum lebe, der Baum sterbe, aber der Wald lebe, sterbe der Wald, so grüne das Erdenkleid, das alle seine Schützlinge nähre und verzehre. Erstarre der Planet, so blühten »tausend Bruderzweige unter dem Strahl neuer Sonnen« [28]. In der gesamten sichtbaren Welt kennten wir nichts Sterbliches. Nichts Wesentliches auf dieser Welt sterbe. Lediglich die Erscheinungsformen änderten sich ... Er hatte auch eine Vorahnung, daß er selbst am Ende seines Weges angekommen war. Wenige Wochen vor seinem Tod hatte er geschrieben: »Es ist freilich nicht mehr viel von mir übrig. Die Flamme brennt nieder.« [29]

Rathenaus Tod entfachte einen wahren Vulkanausbruch der Gefühle, die das ganze Reich überschwemmten. Er wurde am Samstag, dem 24. Juni, ermordet; am folgenden Sonntag drängte sich eine runde Million Menschen im Berliner Lustgarten und zog in feierlichen Kolonnen unter dem schwarz-rot-goldenen Banner der Republik vom frühen Morgen bis zum späten Nachmittag durchs Westend. Ähnliche Demonstrationen fanden in Hamburg, Leipzig und weiteren deutschen Städten statt, wo sich überall Hunderttausende sammelten und ihrer Trauer Ausdruck gaben. Der Reichstag traf am Sonntag zu einer tumulthaften Sitzung zusammen. Als Helfferich erschien, wurde er von lauten Rufen »Mörder!« und »Raus!« begrüßt, und als der Reichstagspräsident die Abgeordneten pflichtgemäß darauf hinwies, jeder Abgeordnete habe das Recht auf Anwesenheit, antwortete ihm ein Pfeifkonzert und der Ruf »Mit Mördern setzen wir uns nicht zusammen!«. Nur für kurze Zeit konnte die Ordnung wiederhergestellt werden, als Reichskanzler Wirth, Katholik und Zentrumsabgeordneter, sich erhob und seinen toten Außenminister würdigte. Am Ende seiner Rede wiederholte Wirth, indem er nach rechts wies, den bekannten Satz: »Da steht der Feind, der sein Gift in die Wunden unseres Volkes träufelt. Da steht der Feind – und darüber ist kein Zweifel –, dieser Feind steht rechts!« [30] Wieder erhob sich der Tumult und dauerte an, bis schließlich Helfferich zum Verlassen des Reichstagsgebäudes gezwungen war.

Zwei Tage später, am Dienstag, dem 27. Juni, lag Rathenaus sterbliche Hülle im Reichstag aufgebahrt, und in ganz Deutschland wurde die Arbeit niedergelegt, als die Gewerkschaften ihre Mitglieder zu einem 24-Stunden-Streik aufforderten. Frau Rathenau saß während der Feierlichkeiten unbeweglich da, ihr Gesicht, wie ein Beobachter schreibt, wie in Stein gemeißelt. Am folgenden Tag schrieb sie einen Brief an die Mutter des Fahrers des Wagens, von dem aus die Schüsse abgefeuert worden waren, die ihren Sohn getötet hatten. Sie schrieb:»In namenlosem Schmerz reiche ich Ihnen, Sie ärmste aller Frauen, die Hand. Sagen Sie Ihrem Sohn, daß ich im Namen und Geist des Ermordeten ihm verzeihe, wie Gott ihm verzeihen möge, wenn er vor der irdischen Gerechtigkeit ein volles offenes Bekenntnis ablegt und vor der göttlichen bereut. Hätte er meinen Sohn gekannt, den edelsten Menschen, den die Erde trug, so hätte er eher die Mordwaffe auf sich selbst gerichtet als auf ihn. Mögen diese Worte Ihrer Seele Frieden geben. Mathilde Rathenau.« [31]

Der am 29. Juni verhaftete Techow blieb als einziger von den Mördern am Leben. Kern und Fischer versuchten vergeblich, nach Schweden zu entkommen. Drei Wochen nach dem Mordanschlag wurde Kern von der Polizei, die den Unterschlupf der beiden umstellt hatte, getötet, und Fischer beging Selbstmord. So stand von den dreien nur Techow vor Gericht. Er wurde für schuldig befunden und wegen Beihilfe zu 15 Jahren Zuchthaus verurteilt, jedoch entlassen, nachdem er etwas mehr als vier Jahre abgesessen hatte.[14]

Von den Komplizen wurde Techows Bruder Gerd zu vier Jahren und einem Monat, Willi Günther zu acht Jahren, Waldemar Niedrig zu fünf Jahren, Salomon und zwei andere zu zwei Monaten, ein gewisser Karl Tillessen zu drei Jahren und drei weitere zu Strafen zwischen zwei Jahren und zwei Monaten Gefängnis verurteilt. Zwei wurden für nicht schuldig befunden.

Es war eine Zeit der Gewalttat. Regierungen und Gerichte behandelten politische Verbrechen bis hin zum Mord nachsichtig. Als Graf Arco Eisner getötet hatte, sprach ein Richter von den mildernden Umständen seiner lobenswerten vaterländischen Gesinnung, und als die beiden Mörder Erzbergers nach Ungarn flohen, das ihre Auslieferung verweigerte, wurde ein der Mithilfe angeklagter früherer Kapitänleutnant von einem deutschen Gericht freigesprochen. [32] Eine plausible Erklärung solchen Verhaltens der Gerichtsinstanzen liefert die Tatsache, daß die Richter wie auch die übrigen Beamten fast ausnahmslos im linksfeindlichen Lager standen. Sie waren paragraphentreu, Anhänger der Ordnung, entsetzt über die Auswüchse der Räte, die Brutalität der Spartakistenaufstände und die Störungen, die mit den Generalstreiks einhergingen. Ihre Schicht sympathisierte mit denen, die die Niederlage auszuwetzen und die Bestimmungen eines ungerechten Vertrages zu durchbrechen versuchten, und mochten sie auch Gewalttat und Mord bedauern, so mußten sie doch die Beweggründe derer, die Gewalt übten, ebenso berücksichtigen wie das deutsche und europäische Recht. Mord zum Zwecke der Umwandlung des Reiches in eine undeutsche Sowjetrepublik war etwas anderes als Mord an denen, die dem Reich seine frühere herausragende Position wiedergeben wollten. Und so pflegten die Gerichte während der ganzen Weimarer Republik gegenüber denen Nachsicht zu üben, die die politische Regierung den auf der Rechten stehenden Feind nannte, darunter auch Adolf Hitler.

Als Folge des Mordes an Rathenau verabschiedete der Reichstag, der der Volksstimmung viel näherstand als die Gerichte, ein Gesetz

»Zum Schutze der Republik«. Es entsprach Artikel 48 der Verfassung und sah vor, daß die Regierung Versammlungen und Demonstrationen verbieten konnte, die die Republik oder ein Land widerrechtlich bedrohten oder Gewalt gegen einen Bürger auslösen konnten. Jeder, der offen den Sturz der republikanischen Regierungsform befürwortete oder ihre Beamten oder die Reichsfarben verleumdete, konnte mit Geld- oder Haftstrafen belegt werden. Für derartige Verfahren wurde ein besonderes Gericht geschaffen, der Staatsgerichtshof zum Schutze der Republik. Überdies konnte jeder Teilnehmer an einem Zusammenschluß, der auf die Beseitigung von Mitgliedern der republikanischen Reichs- oder Landesregierung abzielte, mit dem Tod oder lebenslänglicher Haft bestraft werden, und wer von einem solchen Zusammenschluß Kenntnis hatte und dies nicht meldete, konnte ins Gefängnis gesteckt werden. Aufgrund dieses Gesetzes wurden einige rechtsradikale Organisationen einschließlich des Stahlhelm und der Alldeutschen Vereinigung vorübergehend aufgelöst.

Der bayrische Innenminister Franz Schweyer wollte das neue Gesetz jedoch nicht gegen Adolf Hitler und seine Nationalsozialisten anwenden. Bayern, sagte Schweyer, sei stark genug, um mit Adolf Hitler fertig zu werden, dessen Bewegung man gegen die Marxisten brauchte, die in Bayern immer noch mächtig waren und im benachbarten Thüringen und Sachsen mit Revolution drohten. Während also die Nationalsozialisten in Preußen, Baden, Sachsen und anderen Ländern als republikgefährdend verboten waren und Hitler dort keine politischen Reden halten durfte, gedieh die Partei in Bayern weiter. Ihre Mitgliederzahlen waren auf über 55 000 angewachsen, während Hitler sein Thema Antimarxismus und Antisemitismus Zuhörern einbleute, denen das ohnehin ein und dasselbe war.

Die Nationalsozialisten waren nur eine unter vielen ultranationalistischen, aktivistischen Splittergruppen in Bayern und im übrigen Reich, die die Bestrafung der »Novemberverbrecher« forderten und nach einem Marsch auf Berlin riefen, um die feige und unfähige republikanische Regierung zu stürzen. Das war Kapps Ziel ebenso gewesen wie das der Mörder Erzbergers und Rathenaus und weiterer rund 300 Politiker. Doch die Nationalsozialisten besaßen gegenüber ihren Rivalen auf der Rechten einen gewaltigen Vorteil: Hitlers Redegabe, die er und seine Zuhörer plötzlich entdeckt hatten, als er Anfang 1919 vor Soldaten und in der Zusammenkunft der Deutschen Arbeiterpartei sprach. Der »Spinner« der Kriegsjahre hatte endlich seine Aufgabe gefunden in einem engen Kreis überzeugter antirepublikanischer, antikapitalistischer, antimarxistischer Antisemiten. Für die riesige Mehrheit der Deutschen war er, wenn sie ihn überhaupt kannten, immer noch eine tobende, absurde Gestalt, der Trommler auf einer politischen Nebenbühne. Aber einer verhältnismäßig kleinen Schar brachte er eine machtvoll zwingende Botschaft. Seine Wut und sein Haß, die sich leitmotivisch wiederholten – viel später nannte die Welt das sein rednerisches Charisma –, zielten auf Leute ab, die ihm sehr ähnlich waren, auf die »schrecklichen Vereinfacher«, die sich gegenseitig auf harte Fragen leichte Antworten gaben. Seine Zuhörerschaft war politisch, geistig und sozial wenig anspruchsvoll. Die komplizierte Analyse der etablierten Politiker, Wirtschaftler und Politologen oder der wolkig-«intellektuellen» Marxisten war nichts für sie; sie waren völkisch gesinnt, rassistische Germanen, und sie nährten sich von Halbwahrheiten, gelehrten Fetzen und einem unerschütterlichen Glauben an eine gegen sie und gegen das Vaterland nach ihrem Bilde gerichtete Weltverschwörung.[15]

1923 kamen 53 % der Nationalsozialisten aus ländlichen Gebieten und weniger als ein Viertel aus Großstädten. Sie waren hauptsächlich Handwerker, Techniker, Angestellte, Facharbeiter, deren Arbeitsplätze durch die Massenerzeugung der Großindustrie gefährdet waren. Weniger als 10 % der Mitglieder dieser Nationalsozialistischen Arbeiterpartei gaben als Beruf »Arbeiter« an. Gemeinsam war ihnen nur, daß sie jung waren und dem huldigten, was viel später einmal als »Machismo«, als Männlichkeitswahn bezeichnet werden sollte. Tatsächlich waren nur etwas mehr als die Hälfte – 52,2 % – über 23 Jahre alt, und nur etwas mehr als 4 % waren Frauen.

Diesen Parteigenossen konnte Hitler nie lange genug reden und sich nicht oft genug wiederholen. Andere antisemitische, antirepublikanische und Anti-Zinssklaverei-Redner mochten ihre Zuhörer mit endlosem Gerede zum gleichen Thema traktieren, aber Hitler riß mit seiner überströmenden, hysterischen Leidenschaft seine Zuhörer von den Stühlen, wie er ihnen wieder und wieder dieselbe Botschaft ins Gesicht schleuderte, sie seien hereingelegt worden von Verrätern, von Verschwörern gegen das deutsche Volk, von Kommunisten, Plutokraten und Juden. Er predigte Bekehrten oder jedenfalls solchen, die nichts lieber taten, als sich bekehren zu lassen, Männern, die nie eine Niederlage verwinden konnten, die noch zu den schauerlichen Verwicklungen einer fehlfunktionierenden Industriegesellschaft hinzutrat, und die auf Rache sannen gegen die Komplottschmieder, die solch schwere Not über sie und das Reich gebracht hatten. Randerscheinungen wie sie gab es schon seit langem, und Hitlers neuentdeckte Heilsmission wurde erheblich unterstützt durch die Unfähigkeit Europas, den Wiederaufbau in Gang zu setzen, vor allem aber durch die französische Absicht, Deutschland wieder in den Zustand politischer Ohnmacht zurückzuversetzen, in dem es sich in den Tagen eines Richelieu befunden hatte.

Als das Reich Ende 1922 die Hälfte der nach den Reparationsvereinbarungen an Frankreich geschuldeten 200 000 Telegrafenmasten nicht liefern konnte, gab Poincaré den französischen Truppen den seit langem geplanten und längst erwarteten Befehl zum Einmarsch ins Ruhrgebiet. Am 10. Januar 1923 erklärten die französische und die belgische Regierung, es würden Ingenieure ins Ruhrgebiet entsandt, um die Erzeugung der deutschen Kohlesyndikate zu überwachen, und diese Ingenieure würden durch ein Truppenkontingent begleitet, das für ihre Sicherheit zu sorgen hätte. Es handle sich nicht, sagten die Franzosen, um eine militärische Operation oder Besetzung, sondern lediglich um eine Maßnahme zur Sicherung der ihnen geschuldeten Reparationen.

Bald stellte sich aber heraus, daß es doch viel mehr war. Am 11. Januar 1923 marschierten fünf französische Divisionen und eine belgische Division im Ruhrgebiet ein, besetzten zunächst Essen und Gelsenkirchen und schwärmten dann aus, bis das gesamte Gebiet von über 3300 Quadratkilometern und drei Millionen Einwohnern unter französischer Herrschaft stand. Die Truppen kamen mit voller Kriegsausrüstung einschließlich schwerer Artillerie und Tanks, und wenn sie eine Stadt wie Essen besetzten, dann bauten sie an strategischen Punkten – am Bahnhof und auf Dächern, von denen aus größere Plätze überwacht werden konnten – MG-Nester auf, ganz so, als stehe unmittelbar ein feindlicher Gegenangriff bevor. Die Gruben und Kohle- und Kokslager wurden requiriert, der Zoll übernommen, ebenso die Eisenbahnen, Lastkähne und sonstigen Verkehrsmittel, deutsche Beamte scharenweise ins Gefängnis geworfen, und wenn die Lieferungsforderungen nicht unverzüglich erfüllt wurden, dann machte man dafür Einzelpersonen – Fritz Thyssen z.B. – verantwortlich, verhaftete sie gar.

Die ganze Nation, links, rechts und Mitte, ließ ihrem Unmut freien Lauf; nach Meinung einiger Beobachter hatte es seit August

1914 keine solche Einmütigkeit mehr gegeben; aber die Reichsregierung konnte nicht viel tun, um die Solidaritätsgefühle, die an
allen Ecken und Enden des Landes ob dieser unerträglichen
Schmach ausbrachen, in entsprechende Kanäle zu leiten. Ihre einzige Waffe erblickte sie im passiven Widerstand, indem Grubenarbeiter nicht einfuhren, Eisenbahnen nicht fuhren und Lieferwün-
sche der Franzosen völlig ungehört verhallten. Die Bevölkerung der
nicht besetzten Teile des Reiches wurde zu Spenden für die Menschen im Ruhrgebiet aufgerufen. Diese Maßnahmen boten ein
gewisses Ventil für den allgemeinen Abscheu gegen die Invasion,
aber Adolf Hitler, den man später einmal den größten völkischen
Psychologen nennen sollte, wollte davon nichts wissen. Er lehnte
die Unterstützung des passiven Widerstandes im Ruhrgebiet ab,
und in bayrischen Zeitungen erschienen Artikel, die ihm wie vielen
anderen Deutschen der damaligen Zeit vorwarfen, er werde von
den Franzosen bezahlt. Doch für Hitler standen die gefährlichsten
Feinde nicht in Paris, sondern in Berlin. Für ihn war die verabscheu-
ungswürdige Reichsregierung der Parlamentarier und der Linken
die Quelle allen deutschen Unglücks. Mit ihnen mußte man zuerst
abrechnen, dann kämen die ausländischen Feinde dran.

Die Reichsmark, die eine gute Woche vor der Ruhrbesetzung, am
31. Dezember, noch bei einem Wechselkurs von etwa 7300 Mark
pro Dollar gestanden hatte, fiel, erholte sich wieder und erreichte
dann fast täglich einen neuen Tiefstand. Am 31. Januar lag der
Wechselkurs bei 49 000 Mark pro Dollar, im Juni bei 74 000, im Juli
bei 160 000, im August bei mehr als einer Million, im September bei
fast zehn Millionen, Mitte Oktober bei einer Viertelmilliarde und
Ende Oktober bei über einhundertdreißig Milliarden. Aus einer
ohnehin schon schlimmen Inflation war eine schreckliche, alles
verheerende Lawine geworden, die das gesamte Wirtschaftsleben
unter sich begrub. Wenn die Arbeiter ihren Wochenlohn bekamen,
dann warfen sie, so schnell sie konnten, die Geldbündel durchs
Fabrikfenster ihren Frauen zu, die mit den dicken Bündeln auf den
Markt rannten, um sie dort schnell noch auszugeben, ehe das Brot
oder die Kohle oder auch immer wieder teurer wurde. Die
Regierung druckte auf die bereits im Umlauf befindlichen Markscheine einfach neue Zahlen auf, während sich die Preise verdoppelten, verdreifachten, vervierfachten und schließlich ins Unendliche
schossen.

Millionen Menschen, die ein festes Gehalt hatten oder für
Wochenlohn arbeiteten und mit den himmelstürmenden Preisen

nicht mithalten konnten, sahen sich Hunger und Ruin ausgesetzt. Im Dezember nannte eine bayrische Zeitung Beispiele. Für eine Beratung erhalte ein Arzt 32 Millionen Mark von der Ortskrankenkasse. Für diese 32 Millionen bekomme man ein Stück Kohle von der Größe eines Hühnereies. Da man pro Tag zur Heizung eines Zimmers 20 Pfund Kohlen brauche, könne sich das kein Arzt leisten, selbst wenn er täglich 200 Patienten behandle. Brot koste fast zwei Milliarden pro Pfund und ein Stück Seife etwa doppelt soviel, wie der Arzt in einer Woche verdiene. Und – so fuhr das Blatt fort – oft könnten Leute, die noch Lebensmittel hätten, sie nicht kochen bei einem Gaspreis in Milliardenhöhe; viele seien gezwungen, rohe Kohlblätter zu essen. Kinder könnten nicht aus dem Haus, weil sie weder Schuhe noch Strümpfe hätten, und sie wohnten in ungeheizten Zimmern. Bettzeug, Hemden und Leibwäsche seien nicht oder nur in im wahrsten Sinne des Wortes »grauenhaftem« Zustand vorhanden. Ganze Familien begäben sich mit dem Handkarren auf Holzsuche in den Wäldern der näheren Umgebung, oft müßten sie es für Nahrungsmittel verkaufen, anstatt es verbrennen zu können. Zeitungen und Stadtverwaltungen appellierten an die Hilfsbereitschaft, und die Hilfsbereitschaft sei groß. Leute brächten alte und sogar neuwertige Kleidung zu Sammelstellen, aber Krankheiten, vor allem Tuberkulose, breiteten sich mit Eintritt der kalten Jahreszeit und einer immer stärkeren Unterernährung aus. [33]

Stefan Zweig schrieb seine Novelle »Die unsichtbare Sammlung«, in der ein pensionierter blinder Forstbeamter mit einer ansehnlichen Sammlung seltener Drucke – Rembrandt, Dürer etc. – voll Stolz seine Tochter bittet, seine Schätze einem zu Besuch weilenden Buchhändler zu zeigen. Aber in den Mappen, in denen die Drucke gelegen hatten, sind nur noch leere Passepartouts und allerlei Papier. Frau und Tochter hatten die ganze kostbare Sammlung verkaufen müssen, um die Familie am Leben zu erhalten, denn mit der Pension des alten Mannes kann man gerade noch ein Stück Brot kaufen. Sie hatten die Bilder für Beträge verkauft, von denen sie unter normalen Umständen jahrelang hätten leben können, aber jetzt ist alles weg, das Geld binnen weniger Wochen, die Bilder für immer. Der alte Mann aber glaubte immer noch, seine Schätze seien in sicherer Verwahrung und böten ihm ein festes Bollwerk gegen alle Not der Zukunft.

Überall machte sich die Auswirkung der Inflation bemerkbar. Als Reichswehrminister Otto Gessler beim neuen Reichskanzler zum

Abendessen eingeladen war, gab es ein Stückchen Brot und etwas Hartwurst und einen sehr guten Hapag-Wein. Mehr sei nicht im Haus, sagte Cunos Haushälterin zu Gessler. [34] Im Oktober kostete ein Mittagessen in einem einfachen Gasthaus eine Milliarde Mark, ein paar Wochen später schon mehrere Milliarden. Die Ersparnisse waren weggewischt, die gesamte schwerverdiente Rücklage eines genügsamen Volkes, das auf sie gezählt hatte für härtere Tage, die jetzt plötzlich da waren. In den ersten Inflationsjahren war es der Wirtschaft nicht schlecht gegangen. Das Geschäft blühte, und die Arbeitslosigkeit war gering, aber der Einmarsch ins Ruhrgebiet brachte unerträgliche Belastungen für das Reich mit sich. Sollte der passive Widerstand funktionieren, so mußten die Widerstandleistenden und ihre Familien unterstützt werden, und aus dem Ruhrgebiet kam nichts mehr, weder nach Frankreich noch ins Reich. Nach sechsmonatiger Besetzung waren für Frankreich und Belgien 487 000 Tonnen Kohle und 500 000 Tonnen Koks abgefahren worden, kaum das Doppelte von dem, was Deutschland vor der Ruhrbesetzung in den ersten elf Tagen des Monats Januar noch geleistet hatte. [35]

Zwar war der Einmarsch ins Ruhrgebiet ein hartes und brutales Vorgehen, aber für Poincaré zahlte es sich aus. Englische Politiker[16] kritisierten es zwar ebenso wie vordem andere französische Einmärsche, und das englische Mitglied der Reparationskommission sagte unter Bezug auf die fehlenden Telegrafenmasten, seit den Tagen des Trojanischen Pferdes sei Holz zu keinem schändlicheren Geschäft verwendet worden. [36] Die Vereinigten Staaten, des endlosen Machtgezänks in Europa, in dem Recht und Unrecht 1917 so einfach erschienen war, inzwischen überdrüssig geworden, zogen ihre Truppen aus den von ihnen gehaltenen Brückenköpfen am Rhein zurück. Aber all diese Proteste hatten lediglich zum Ergebnis, daß die Franzosen auch noch die amerikanischen Brückenköpfe besetzten, während die Engländer blieben, wo sie waren, in Oasen des Friedens und der Ordnung, die den Deutschen höchst willkommen waren.

Die Franzosen waren harte Herren. In Essen schossen französische Soldaten auf Krupp-Arbeiter, töteten 13 von ihnen und verwundeten viele weitere. Ein paar Monate später standen vor einem französischen Gericht nicht etwa diejenigen, die die Schießerei veranstaltet hatten, sondern einige führende Männer der Firma Krupp, weil sie angeblich die Arbeiter zur Gewalttat angestachelt hätten. Der Krupp-Chef von Bohlen und Halbach wurde zu 15

Jahren Zuchthaus und einer Geldbuße von zehn Millionen Mark verurteilt. Zwei weitere Direktoren erhielten 20 Jahre Zuchthaus und dieselbe Geldstrafe, andere kamen glimpflicher davon. Obwohl unbewaffnete Arbeiter niedergeschossen waren, vertrat das Militärgericht die Auffassung, angegriffen worden seien die französischen Truppen. Ganz in derselben Machart stellte Poincaré in einer Rede, in der er den Ruhreinmarsch rechtfertigte, die rhetorische Frage: »Kann England erstaunt sein, wenn wir unsere Grenzen gegen eine neue Vergewaltigung verteidigen?« [37]

Der deutsche Widerstand war auch nicht immer nur passiv. Manche Artgenossen der jungen Revolverhelden, die die Republik bekämpften, wandten ihr Talent nun gegen Franzosen und Belgier im Ruhrgebiet. Sabotage wurde begangen, Wachen wurden beschossen, Truppen mit Steinen beworfen. Neue Repressalien waren die Antwort. Als eine Duisburger Brücke in die Luft gejagt wurde und neun Menschen in einem belgischen Abteil eines Zuges dabei umkamen, wurden sieben Deutsche in Mainz vor ein französisches Militärgericht gestellt und für die Tat hingerichtet. In einem Essener Hotel wurde der junge Geschäftsmann Albert Leo Schlageter wegen Planung von Sabotage verhaftet, vor ein französisches Militärgericht gestellt und zum Tode durch Erschießen verurteilt. Obwohl Hitler gegen den Widerstand im Ruhrgebiet war, adoptierten die Nationalsozialisten Schlageter später als Märtyrer der Partei und errichteten ihm 1931 ein Denkmal im Schwarzwald. Schlageter mußte diesen posthumen Ruhm mit den russischen Revolutionshelden teilen, denn auch Karl Radek besang ihn als einen »guten Soldaten der Konterrevolution, der es verdient, von den kommunistischen Soldaten der Revolution geehrt zu werden«.

Die deutschen Zeitungen berichteten regelmäßig über die Aktivitäten der Franzosen und Belgier. Sie brachten Berichte von Zivilisten, die von den meist schwarzen Kolonialtruppen der Besatzer mißhandelt, niedergeschossen oder vergewaltigt worden seien, von geplünderten Banken und Geschäften und von Tausenden verhafteten Deutschen, die zu Hunderten verbannt und manchmal als Geiseln erschossen worden seien.[17] Die Deutschen warfen den Franzosen Schießwütigkeit vor. Ein Deutscher beschrieb das, was er sah oder vielleicht auch sehen wollte, mit den Worten, die Franzosen wagten sich nicht allein auf die Straße. Wenn sie marschierten, dann marschierten sie ängstlich und mit gesenktem Kopf in der Straßenmitte. Ein Reporter des *Manchester Guardian* berichtete aus Trier, die französischen Soldaten quartierten sich einfach in Hotels ein und brächten ihre ganzen Familien einschließlich weit entfernter Verwandter mit und lebten vom besetzten Land. Unter den Besatzungstruppen seien auch Schwarze in roten Mänteln und Turbanen, und man reibe sich die Augen vor Überraschung, daß in einer Stadt, deren Kirchen 1700 Jahre alt seien, tatsächlich Moslems die Einwohner vom Trottoir herunterjagten. [38]

Der passive Widerstand war heldenhaft und lang anhaltend, doch standen die Karten gegen ihn. Die Berliner Regierung konnte eine Politik der Nichtbelieferung aus einem der wohlhabendsten Teile des Reiches nicht durchstehen, und Poincaré, den Schimpftiraden oder ein bloß passiver Widerstand völlig ungerührt ließen, brauchte nur bei seiner Linie zu bleiben, was er denn auch tat. Jetzt mußte das Reich mit Goldmark oder Devisen Kohle aus dem Ausland kaufen, und die anderen Rechnungen waren immer noch offen: Zwischen März und Juni waren an Belgien noch über 200 Millionen Goldmark Reparationen fällig. Das Reich konnte derartige Summen nicht aus seinem Goldbestand nehmen und gleichzeitig den Zerfall der Mark aufhalten, noch konnte es sich selbst oder seine Grenzen anders als durch passiven Widerstand verteidigen. Und da die Krise immer schlimmer wurde, konnte es nicht einmal mehr passiven Widerstand leisten. So hatten denn zweifellos Hitler und Poincaré – jeder auf seine Weise – recht behalten. Poincaré konnte seine eigenen Bedingungen für die Gewährleistung der Lieferungen aus der Ruhr durchsetzen, wenn es ihm auch nicht gelang, das Rheinland, die Pfalz oder Bayern einer separatistischen Bewegung auszuliefern. Und Hitler konnte konzentrisch auf die Feinde im Innern schießen, denn sie waren ja die einzigen, die für seinen Angriff verwundbar waren.

Nacheinander versuchten drei Reichsregierungen mit der Krise fertig zu werden. Die erste unter Wilhelm Cuno, der im November 1922 an Wirths Stelle Reichskanzler geworden war. Cuno besaß keine politische Erfahrung und gehörte keiner Partei an. Er hatte Albert Ballin als Chef der Hamburg-Amerika-Linie abgelöst und war während des Krieges an führender Stelle im Finanzministerium tätig gewesen. In Geschäfts- und Finanzkreisen genoß er einen guten Ruf, und sein Mangel an politischer Erfahrung war der Hauptgrund für Ebert gewesen, ihn an die Spitze einer Regierung zu berufen, von der Ebert hoffte, sie könne die ungeheuren Wirtschaftsprobleme ohne die politischen Rücksichten, wie Parteichefs sie üben mußten, lösen. Aber Cuno brach unter der Last zusammen. Er war zehn Monate lang Reichskanzler gewesen, als die

Sozialdemokraten im Reichstag ein Mißtrauensvotum gegen ihn erzwangen. Völlig erschöpft mußte er sein Amt niederlegen.

Unter den Geschäftsleuten, den Politikern oder auch den Generälen gab es keinen, der mit dem zerschlagenen Zustand des Reichs 1923 fertig werden konnte. Zu viele unvereinbare Konflikte schwelten. Das Land konnte weder in Frieden leben noch Krieg führen, und die Parteien wandten sich müde von einem Reichskanzler zum nächsten, ohne daß sich das auf die äußeren oder auch inneren Wirren auswirkte. Cunos Nachfolger im August war der Chef der Deutschen Volkspartei, Gustav Stresemann. Zwar sollte die Welt Stresemann bald den großen europäischen Staatsmännern der zwanziger Jahre zurechnen, aber seine beiden Kabinette dauerten nur drei Monate, bevor er durch den Zentrumspolitiker Wilhelm Marx abgelöst wurde. Die Rolle, die die Generäle den inneren und äußeren Feinden gegenüber spielten, war insgesamt gemäßigt und vernünftig, wenn auch hochmütig. Seeckts Biograph General Friedrich von Rabenau sagt, der kommandierende General der Reichswehr habe die Anordnung bewaffneten Widerstands gegen die Franzosen im Ruhrgebiet in Erwägung gezogen. Doch Rabenaus Buch wurde 1940 während des Zweiten Weltkriegs veröffentlicht und mußte sich dem Geschmack der Nationalsozialisten anpassen; die Behauptung ist ziemlich unwahrscheinlich. 1923 drohten die Polen mit einem Einfall in Oberschlesien, und die Reichswehr mit ihren 100 000 Mann hätte keinerlei Chance gehabt, auch nur mit den geringsten Aussichten auf Erfolg gleichzeitig gegen Franzosen und Polen zu kämpfen.

Seeckt sagte allerdings dem englischen Botschafter, wenn die Franzosen versuchten, von Dortmund (das sie besetzt hatten) nach Berlin zu marschieren, dann müßten sie durch ein Meer von Blut waten, womit er zweifellos meinte, daß er einem Versuch Frankreichs, das ganze Reich zu erobern, mit allen ihm zu Gebote stehenden Mitteln entgegentreten würde. Zu diesem Zweck gestattete er auch die heimliche Anwerbung von Freiwilligen, um die Mannschaftsstärke des Heeres zu erhöhen. Es war das die sogenannte Schwarze Reichswehr, eine Streitmacht, die um so leichter zu organisieren war, als der Alliierte Kontrollrat inzwischen wegen des deutschen Widerstandes gegen ihn und wegen der gegenseitigen Vorwürfe der Alliierten im Zusammenhang mit dem Einmarsch ins Ruhrgebiet zu funktionieren aufgehört hatte. Diese Kurzzeit-Freiwilligen hätten zusammen mit dem Heer und den vaterländischen Verbänden sowie den von den sächsischen und thüringischen Linksbewegungen aufgestellten Formationen gegen die Polen oder in einem Kampf auf Leben und Tod gegen die Franzosen eingesetzt werden können. Aber von einem bewaffneten Widerstand gegen die überwältigenden Kräfte, die Frankreich mobilisieren konnte, konnte keine Rede sein außer in einem letzten Aufgebot ums Überleben des Reiches, und es dürfte höchst unwahrscheinlich sein, daß Seeckt zur bloßen Verteidigung der Ruhr daran gedacht haben könnte.

Seeckt gelang es, sein Hauptziel zu erreichen, nämlich, die Truppen aus dem tobenden politischen Zank herauszuhalten. Als ihn Reichspräsident Ebert in einer Kabinettssitzung einmal fragte, wo denn angesichts der Bedrohung des Reiches von allen Seiten durch die Franzosen, durch die Aufstände der von ihnen unterstützten Separatistenbewegungen[18] und der Drohrufe der radikalen Linken und Rechten – wo denn da die Reichswehr wirklich stehe, hatte Seeckt lakonisch geantwortet: »Die Reichswehr steht hinter mir.« Diese Erklärung mag für die Berliner Regierung zwar einigermaßen tröstlich gewesen sein, aber was Seeckt anbot, war lediglich Unterstützung in Form von Enthaltsamkeit. Zwar wollte die Reichswehr nicht gegen die Republik putschen, aber wie sie in einem Notfall eingesetzt würde, das hing, wie Seeckts Worte klarstellten, von der militärischen, und nicht von der politischen Führung ab.

Seeckt ging es einzig und allein um die Erhaltung des Reiches; das zu gewährleisten war die einzige Aufgabe der Reichswehr. Jede Andeutung eines Putsches, von welcher Seite sie auch kommen mochte, ließ ihn kalt. Nachdem er bei einer anderen Kabinettssitzung zwei Stunden lang schweigend der Diskussion der kommenden Gefahren zugehört hatte, bat er schließlich ums Wort. Er sagte: »Meine Herren, in Deutschland kann niemand einen Putsch machen als ich. Und ich erkläre Ihnen, ich mache keinen.« [39] Er sah sich jedoch als Kandidat für das Amt des Reichskanzlers und entwarf ein sechzehnseitiges Programm für ein Kabinett, das es sich zur Aufgabe stellte, das Reich gegen die wegstrebenden Separatistenbewegungen und die Revolution gegen seine Mitte zusammenzuhalten. Es war ein gemäßigtes Programm, das die Notwendigkeit von Reparationen zugestand, gleichzeitig aber auch die Aufrechterhaltung des passiven Widerstandes und der politischen Unabhängigkeit Deutschlands gegenüber England und Frankreich für erforderlich hielt. Desgleichen forderte er außenpolitisch die Zusammenarbeit mit der Sowjetunion und innenpolitisch eine stark antimarxistische Linie. [40] Wie zur Zeit des Kapp-Putsches galt seine Treue einem

Abstraktum – der Einheit von Reich und Heer. Wer gerade regierte, war verhältnismäßig unwichtig; die Regierung konnte gestürzt werden, und wahrscheinlich sollte sie es auch, wenn es eine linke Regierung war, aber der Sturz mußte mit akzeptablen Mitteln herbeigeführt werden, mußte die Arbeit vaterländisch gesinnter Männer sein, die den Willen des deutschen Volkes ausdrückten, worunter Seeckt den Willen der deutschen Nationalisten verstand. Das war die Formel eines Offiziers, die jeden Machtblock von Abenteurern, seien sie links oder rechts, ausschloß. Seeckt selbst hatte keinerlei Drang nach persönlicher Macht an den Tag gelegt, wie er Männern wie Ludendorff und Hitler oder auch Kapp eigen war, und er arbeitete nie an einer politischen Basis für sich. Seeckts Biograph bemerkt, irgendwann einmal habe Ebert daran gedacht, ihn zum Reichskanzler zu ernennen, und tatsächlich erhielt Seeckt später im Jahre 1923 von Ebert und der Stresemann-Regierung volle diktatorische Befugnisse, aber er machte nicht den geringsten Versuch, sie in seinen eigenen politischen Vorteil umzumünzen. Und wenn es auch stimmte, daß die Reichswehr hinter Seeckt stand und Seeckt die zivile Regierung gegen jeden Putschversuch verteidigen würde, so stand doch keineswegs die gesamte Heeresleitung hinter ihm oder der Berliner Regierung.

Chef der Reichswehrdivision in Bayern war General von Lossow, ein Bayer, der sowohl seiner eigenen Neigung nach als auch seitens der Landesregierung sehr stark die Interessen Bayerns immer dann zu vertreten hatte, wenn sie im Widerstreit mit den Interessen Berlins lagen. Nach Lossows und der Landesregierung Meinung waren die vaterländischen Verbände in Bayern, einschließlich der Nationalsozialisten, für die Wahrung des antimarxistischen Charakters Bayerns nützlich oder sogar wesentlich. Mochten andere Länder die Nationalsozialisten verbieten; Bayern nicht. Außerdem hatten die »vaterländischen Verbände«, wie Lossow im April zu Seeckt bei einem Berlinbesuch sagte, Zugang zu 51 % der verfügbaren Waffen. Die Millionen Gewehre, Maschinengewehre und andere Waffen, die während des Krieges hergestellt worden waren, waren nie völlig zerstört oder der Reichswehr zur eigenen Benutzung oder Weitergabe an die Alliierten ausgehändigt worden. Überall im Reich lagerten noch riesige Vorräte, vielfach sicher wegen Vernachlässigung oder falscher Lagerung unbrauchbar, aber doch noch zum Gutteil intakt, immer noch tödlich, und zu ihnen hatten die Linksradikalen in Sachsen und Thüringen und die Rechtsradikalen in Bayern Zugang. Lossow zeigte sich nicht geneigt, diese Waffenverstecke gewaltsam in seinen Besitz zu bringen; ganz im Gegenteil, für ihn bildeten sie ein Arsenal für vaterländische Gruppen, auf die er im Notfall zurückgreifen konnte.

Als am 1. Mai – dem Tag der Aufmärsche der Linken – 5000 von Adolf Hitlers Nationalsozialisten demonstrierten, waren sie mit Waffen versehen, die sie sich unter verschiedensten Vorwänden aus Beständen der bayrischen Reichswehr verschafft hatten. Die Schußwaffen hatte Hauptmann Röhm über seine Reichswehrverbindungen beschafft, denn er war politischer Berater im Stab des Freikorpsführers Oberst von Epp und einer der Anführer der paramilitärischen Einheiten in Bayern. Röhm hatte erläutert, er brauche die Waffen zu Übungszwecken, und die Munition hatte er aus anderen Depots besorgt. Als die Reichswehr und die bayrische Polizei bemerkten, daß die Nationalsozialisten bis zu den Zähnen bewaffnet waren, nahmen sie ihnen die Schußwaffen weg, um einen blutigen Zusammenstoß mit den Linken zu vermeiden. Weitere Schritte gegen Hitler unternahm die bayrische Regierung jedoch nicht, und die Partei hatte weiterhin Zugang zu illegalen Waffenlagern, auch wenn es oft an Munition fehlte oder nur falsches Kaliber vorhanden war. Röhm, der einer von Hitlers vertrautesten Adjutanten werden sollte, war als Homosexueller bekannt und machte aus seinem Liebesleben kein Geheimnis. Später spielte ihm Hitler wegen seines »Lasters« übel mit, gegen das er vorher rund zehn Jahre lang nichts einzuwenden gehabt hatte.

1923 gehörte Röhm zu den Kadern aus aktiven und früheren Offizieren, die ihre Kraft dem Aufbau der bewaffneten Verbände der Rechten widmeten. Ebenfalls dazu gehörte General Ludendorff. Ludendorff und seine zweite Frau waren wütende Antisemiten, und seine ohnehin ultranationalistischen Empfindungen waren noch erheblich gesteigert worden durch die führende Rolle, die er beim Waffenstillstand zu einer Zeit gespielt hatte, als er glaubte, an der Front sei alles verloren. Er trat zwar der Nationalsozialistischen Partei nie bei – das wäre unter seiner Würde gewesen –, verfocht jedoch ihre wichtigsten Grundideen und war zur Zusammenarbeit mit Hitler ebenso bereit wie vordem mit Kapp und Lüttwitz. Ludendorffs Einfluß in Reichswehrkreisen beschränkte sich jedoch auf eine Handvoll höherer Offiziere vom Schlage Lüttwitz' und auf eine Reihe jüngerer Offiziere, für die er den Archetypus des Kriegshelden personifizierte. Im übrigen hielt man ihn sich vom Leibe. Als der Einmarsch ins Ruhrgebiet begann, hatte er General von Seeckt die Unterstützung der »Kampfverbände« – organisierte Militärformationen, zu denen auch die SA, der »Bund Oberland«, der »Bund Bayern und Reich« usw. gehörten – »angeboten«, doch hatte Seeckt das Angebot kurz und bündig abgelehnt. Seeckt wollte mit Militärverbänden, die außerhalb der Verfügungsgewalt der Reichswehr standen, nichts zu tun haben. Weder er noch die übrigen Offiziere des Truppenamts stützten sich je auf sie, wie die spätere Geschichte der SA enthüllt. Aber im Rahmen der Kampfverbände konnten Hitler und Ludendorff zusammenarbeiten, und wenn ihr militärisches Potential auch jeden Eindruck auf die Leitung der Reichswehr verfehlte, so übte doch der Name Ludendorffs bei einer Reihe von Offizieren und Mannschaften der Reichswehr und der Freikorps erheblichen Einfluß aus.

Im Herbst 1923 sah sich die Berliner Regierung an allen Fronten Krisen gegenüber. In Aachen, Köln, Wiesbaden und Trier fanden mit offener oder heimlicher französischer Unterstützung separatistische Demonstrationen statt. In Sachsen und Thüringen machten die Kommunisten gemeinsame Sache mit den Sozialdemokraten und traten in die Landesregierungen ein, während gleichzeitig vom Moskauer Zentralkomitee Direktiven zu Straßenaufständen ausgingen. In Küstrin versuchte ein Major der Schwarzen Reichswehr einen Rechtscoup, der mit einem Marsch auf Berlin enden sollte, und in Bayern befand sich das Reich auf Kollisionskurs gegen die Landesregierung einschließlich des Befehlshabers der bayrischen Reichswehr.

Die bayrische Regierung erblickte den Hauptfeind im Marxismus, und nach ihrer Auffassung war Berlin mit Marxisten und anderem gottlosem Volk durchsetzt, die gierig jede Gelegenheit benutzten, um die Rechte Bayerns als eigenständigem Staat zu beeinträchtigen und seine Freiheit abzuschaffen. Die bayrische Rechte andererseits wartete nur auf einen Aufruf zum Marsch auf Berlin, um diese undeutschen, unchristlichen Verschwörer gegen die Ordnung wegzufegen. Sie wollte nicht etwa den separaten Staat, wie ihn Poincaré im Auge hatte, sondern vielmehr ein halbautonomes Bayern und eine zuverlässige – sprich: rechte, nicht sozialdemokratische – Regierung in Berlin. Obwohl der bayrische Ministerpräsident von Knilling mit Stresemann der Meinung war, der passive Widerstand müßte aufgegeben werden, rief die bayrische Regierung einen Tag vor der Beendigung des passiven Widerstandes durch das Reich den Notstand aus und ernannte Gustav von Kahr zum Generalkommissar mit halbdiktatorischen Vollmachten. Als die Reichsregierung in der Nacht vom 25. zum 26. September dies erfuhr, blieb ihr keine Wahl, als im ganzen Reich den Notstand auszurufen, wobei sie die Generalvollmachten lieber einem Zivilisten, dem Reichswehrminister Otto Gessler, als General von Seeckt übertrug, dessen Ernennung sowohl für die Alliierten wie auch für Bayern eine Herausforderung hätte bedeuten können.

An Notstand war kein Mangel. Wenige Tage später fand die Küstriner Revolte statt. Am 30. September forderte ein gewisser Major Buchrucker, der bei der Rekrutierung von »Arbeitskommandos«[19] aktiv mitgewirkt hatte, die Küstriner Garnison zum Aufstand und Marsch auf Berlin auf. Nur wenige leisteten dem Aufruf Folge. Buchrucker wurde vom Ortskommandanten der Reichswehr verhaftet, zu zehn Jahren Festungshaft verurteilt, jedoch lange vor Ablauf dieser Zeit wieder auf freien Fuß gesetzt. Wegen des Putschversuchs wurde die Auflösung der Schwarzen Reichswehr befohlen. Dann war die Reihe an der radikalen Linken in Thüringen. Der Kongreß der Industrieräte rief zur Mobilisierung der Arbeiter, Angestellten und Beamten in sogenannten »Hundertschaften« gegen die »faschistische Reaktion« auf, die sich nach seiner Meinung in Bayern formierte und die Macht im Reich zu übernehmen anschickte. Endlich auch erlaubte die KPD ihren Mitgliedern ein Zusammengehen mit den Sozialdemokraten in der thüringischen und sächsischen Landesregierung, und am 10. Oktober traten zwei Kommunisten in das Kabinett des sächsischen Ministerpräsidenten Erich Zeigner ein. Zeigner sagte, die Regierungsbeteiligung der Kommunisten sei notwendig, um der Gefahr einer Diktatur des Großkapitals zu begegnen.

Die KPD hatte neue Direktiven von Moskau erhalten. Wie spätere Enthüllungen zeigten, hatten der spätere sowjetische Außenminister Litwinow und die Zentralexekutivkomitees der Dritten Internationale und der KPD in der Ruhrbesetzung und der allgemeinen Rebellionsstimmung im Reich eine weitere Gelegenheit zur Aufheizung der Revolution gesehen und Mitte September angeordnet, die labile Lage nach Kräften auszunutzen. Litwinow erklärte auf der Moskauer Tagung, die Entwicklung in Deutschland sei derart herangereift, daß ein bewaffneter Aufstand nur noch eine Frage von wenigen Wochen sei, und die Partei müsse alle Kräfte aufbieten, um eine revolutionäre Lösung zu erzwingen. [41] Das Moskauer Zentralkomitee rief die kommunistischen Parteien in Sachsen, Thüringen, Hamburg, Anhalt und Braunschweig auf, zur Verschärfung der deutschen Krise mit den Sozialdemokraten zusammenzuarbeiten und die Reichsexekutive zur Entsendung von Truppen nach Sachsen zu provozieren. Dann werde sich der bewaffnete Widerstand der sächsischen Arbeiterbrigaden auf das gesamte Reich ausbreiten.

In Bayern sahen Rechtsgruppen ihre Chancen für eine Sanierung des Reiches und die Entfernung der Fremdkörper gekommen. Anläßlich der Ernennung kommunistischer Minister in Sachsen brach die bayrische Regierung die diplomatischen Beziehungen mit Sachsen ab und lieferte damit Zeigner und den Kommunisten weiteres Beweismaterial dafür, daß die Rechte eine »faschistische« Invasion organisiere. Zeigner war überzeugt, die Berliner Regierung stehe im Grunde auf seiten der Faschisten, neige zu hartem Durchgreifen gegen die Linke, dulde aber gleichzeitig Verrat in Bayern. Zeigner übertrieb sicherlich die Einseitigkeit der Zentralregierung, wobei jedoch an dem Vorwurf, Richter und Beamte, die ebenso dem Antimarxismus zuneigten wie jeder andere brave Bürger, spielten das Zünglein an der Waage in der anderen Richtung, gewiß auch etwas Wahres war.

Dennoch versuchte Stresemanns Regierung mit allem, was ihr zu Gebote stand, die Republik gegen die Radikalen aus beiden Lagern zu verteidigen, eine Strategie, zu deren Durchführung die Reichswehr, wie Seeckt deutlich machte, nicht stark genug war. Sie könne nicht gleichzeitig gegen die Linke und die Rechte kämpfen, meinte er, obwohl der politische Arm der Regierung bald genau das tun mußte.

Als Reaktion auf die feindselige Haltung der Reichswehr gegen die bewaffneten SA-Verbände startete nun der *Völkische Beobachter,* das im Dezember 1920 aufgekaufte Parteiblatt der Nationalsozialisten[20], einen hinterhältigen persönlichen Angriff auf General von Seeckt und seine Frau, die Jüdin sei, eine geborene Jacobsohn.

Im Gegenzug ordnete die Reichsregierung die Einstellung des Erscheinens der Zeitung an, eine Strafmaßnahme, die die Reichs- und Landesregierungen häufig benutzten, wenn sie die öffentliche Ordnung gefährdet sahen. In Bayern waren linke Veröffentlichungen schon ab der Zeit der Räteherrschaft in München immer wieder verboten worden, und von Kahr hatte auch die Veröffentlichung bestimmter Ausgaben des *Völkischen Beobachters* und anderer Rechtszeitungen untersagt, wenn ihre Artikel allzu aufwiegelnd waren. Jetzt jedoch lehnte die bayrische Regierung die Durchführung der Anordnung glatt ab, worauf Reichswehrminister Otto Gessler den Reichswehrbefehlshaber in Bayern, General von Lossow, anwies, die Zeitung notfalls mit Gewalt zu schließen. Nun stand Lossow zwischen zwei Feuern. Einerseits war er gehalten, die Befehle seiner ordnungsgemäßen militärischen Vorgesetzten zu befolgen, andererseits verboten ihm die zivilen Instanzen der bayrischen Regierung die Ausführung des Befehls. Lossow entschied sich für Kahr, und Gessler enthob ihn seines Postens. Als Antwort darauf ernannte die bayrische Regierung Lossow zum »Landeskommandanten« und Befehlshaber ihrer Streitkräfte und vereidigte die von ihm befehligte siebente Reichswehrdivision auf Bayern.

Die Reichsregierung sah sich jetzt also in Bayern einer Meuterei und in Sachsen und Thüringen einer Revolution gegenüber. Da die Reichswehr nicht an zwei Fronten gleichzeitig kämpfen konnte, entschied sich Stresemann für die einfachere – Sachsen. Die Abrechnung mit den Sachsen schob die Abrechnung mit Bayern hinaus und zeigte der Münchner Regierung, daß Berlin energisch gegen den Kommunismus vorgehen konnte; außerdem versprach ein militärischer Einmarsch in den linksradikalen Ländern relativ leichten Erfolg.

Stresemann erklärte, die Aufnahme kommunistischer Mitglieder in eine deutsche Länderregierung sei nicht verfassungsmäßig, und befahl Zeigner, zurückzutreten und sein Kabinett aufzulösen. Zeigner lehnte ab. Wieder gingen die Kommunisten und ihre Verbündeten auf die Straße, und die Plünderungen und Gewalttaten breiteten sich schließlich bis nach Hamburg aus, wo 14 Menschen ums Leben kamen, ehe die Polizei wieder Ruhe und Ordnung herstellen konnte, und die Reichswehr marschierte in Sachsen und Thüringen ein. Mit dieser Operation war nicht nur die Ordnung wiederhergestellt, sondern sie wirkte auch auf München besänftigend. Bayerns bewaffnete Kräfte standen an der sächsisch-thüringischen Grenze, und wenn sie nun in die benachbarten Länder befohlen worden wären, hätten sie nicht den linken Hundertschaften, sondern der Reichswehr gegenübergestanden.

Um der Meuterei in Bayern Herr zu werden, schrieb Seeckt zwei Aufrufe an die Reichswehr und einen Brief an von Kahr. Am 22. Oktober gab er einen Tagesbefehl heraus, in dem er den Truppen erklärte, das bayrische Vorgehen – Vereidigung der Reichswehrdivision und Ernennung des seines Postens enthobenen von Lossow zum Landeskommandanten – sei verfassungswidrig, und jeder Soldat, der dem folge, mache sich des Bruchs seines Treueeids auf das Reich schuldig. Am 4. November, als Lossow und Bayern immer noch nicht nachgaben, ermahnte Seeckt die Reichswehr, ihren

Vorgesetzten zu gehorchen, treu und fest zu bleiben. Er habe seit
jeher die Ansicht vertreten, das Heil komme nicht von diesem oder
jenem Extrem, nicht von äußerer Hilfe oder innerer Revolution –
komme sie von links oder rechts. Nur harte, nüchterne Arbeit gebe
Deutschland die Möglichkeit zum Weiterleben, und diese Arbeit
könne allein auf dem Boden von Gesetz und Verfassung geleistet
werden. Sonst träte der Bürgerkrieg ein, von dem nur Frankreich
profitiere. Es sei an der Reichswehr, diesen Bürgerkrieg durch
innere Disziplin und unerschütterliches Vertrauen zu ihren Führern
zu verhindern. Durch die jüngsten Vorgänge in Bayern hätten sich
nun Zweifel erhoben, ob die innere Einigkeit und Festigkeit des
Heeres zur Durchführung dieser hohen Aufgabe genüge. Der Par-
teikampf, der alle übrigen Kräfte Deutschlands zerreiße, müsse aus
dem Heer ausgeschlossen bleiben, es müsse den überparteilichen
Notwendigkeiten dienen. Die Ehre des Soldaten liege nicht im
Besserwissen und Besserwollen, sondern im Gehorsam. Er warne
deshalb alle Angehörigen der Reichswehr vor jenen, die Zwietracht
in ihre Reihen zu tragen und Mißtrauen gegen die Vorgesetzten zu
säen suchten. Eine Reichswehr, die in sich einig und im Gehorsam
bleibe, sei unüberwindlich und der stärkste Faktor im Staate. Eine
Reichswehr, in die der »Spaltpilz der Politik« gedrungen sei, werde
in der Stunde der Gefahr zerbrechen. Er ersuche daher alle Kommandeure, ihre Untergebenen darauf hinzuweisen, daß jeder
Reichswehrangehörige, der sich politisch zu betätigen suche, sofort
aus der Truppe zu entfernen sei. [42]

Seeckts Schreiben an Kahr las sich anders als die Ermahnungen
eines Generals, der sich an seine Untergebenen wendet. Der Brief
wurde am 5. November – einen Tag nach dem Aufruf an die
Reichswehr und drei Tage vor dem Bierkellerputsch – an einen
Mann geschrieben, den er, wenn irgend möglich, für sich gewinnen
mußte. Was er schrieb, war sicher keine Fehldarstellung seiner
eigenen Überzeugung[21], wenn er auch vor allem die Punkte heraus-
strich, die, wie er wußte, von Kahr hören wollte. Jetzt aber sprach
nicht mehr der überparteiliche General, sondern ein durch und
durch politischer General, der deutlich machte, auch er sei im
Grunde antirepublikanisch, von der Weimarer Verfassung nicht
begeistert und stets gegen die Sozialdemokraten eingestellt, deren
Teilnahme an der preußischen Regierung er eindeutig für gefährlich
halte. Er selbst, so erinnerte er von Kahr, sei vor allem anderen ein
deutscher Patriot, der nur den legalen Weg zum Sturz einer rechtmäßigen Regierung akzeptieren könne. Er sehe seine Aufgabe

darin, die Reichswehr zu einer Stütze der Autorität des Reiches, nicht einer bestimmten Regierung, auszugestalten, und er halte deshalb an den verfassungsmäßigen Formen fest. Die Verfassung sei für ihn aber kein Nolimetangere; sie könne geändert werden, und da sie in den grundlegenden Prinzipien seinem politischen Denken widerspreche, verstehe er vollkommen, daß Kahr ihr den Kampf angesagt habe. Seeckt erinnerte Kahr daran, er habe die Sozialdemokraten, wie übrigens auch die anderen Parteien, aus der Reichswehr herausgehalten; Deutschland müsse die Wehrhaftigkeit wiedergewinnen, eine ehrenhafte Außenpolitik entwickeln, und die Reichswehr sei dazu berufen, dabei eine entscheidende Rolle zu spielen.

Wie er schon Stresemann und Ebert gesagt habe, halte er das Kabinett Stresemann nicht für lebensfähig, ja ohne Umschwung in der Reichsregierung sehe er einen Bürgerkrieg mit Sicherheit voraus. Wie das zustande kommen könne, wisse er nicht, aber es wäre eine Katastrophe, wenn es nicht mit klarer Einheitsfront aller national Gesinnten geschehe. Nur in solcher Einheit liege eine Aussicht auf Erfolg. Eine Regierung Stresemann könne sich ohne überzeugte Unterstützung der Reichswehr und der hinter ihr stehenden Kräfte nicht halten, deshalb dürfe die Reichswehr nicht in eine Lage gebracht werden, sich gegen Gesinnungsgenossen für eine ihr wesensfremde Regierung einzusetzen.

Andererseits – und hiermit legte Seeckt seine letzten Karten auf den Tisch – könne er nicht dulden, daß unverantwortliche Gruppen mit Gewalt einen Sturz der Regierung unternähmen. Wenn man die Staatsautorität nach zwei Seiten verteidigen müsse, spiele man Frankreichs Spiel. Er erbat Kahrs Hilfe bei der Bewältigung der Krise in Sachsen und Thüringen und versprach, die Reichswehr werde dort Ordnung schaffen, die Befehle dafür seien schon gegeben. Die Ausführung dieser Befehle könne durch Eingriff von unberufener Seite nur erschwert werden. Der Brief schloß mit den Worten:»Ich bitte Sie, sehr verehrter Herr von Kahr, meine Worte als die eines Mannes aufzunehmen, dem alles daran liegt, das Vaterland aus dieser äußersten Gefahr zu retten ...« [43]

Dies war ein geschickter Appell an einen Mann, der vor allem die guten alten Zeiten zurücksehnte, einen gläubigen Monarchisten, wie seine Kollegen im Triumvirat alles andere als ein schwadronierender Revolutionär. Die drei starken Männer in Bayern – von Kahr, von Lossow und der Befehlshaber der Landespolizei, Hans Ritter von Seisser – duldeten Hitler zwar, wollten aber ganz und gar nicht seine Trabanten werden. Sie wollten zwar gerne seine SA unter dem Kommando des früheren Fliegerhelden Hermann Göring gegen die Linke benutzen, aber Kahr sah sich als offiziellen Vertreter des bayrischen Königshauses und erklärte den Verbänden, er untersage jeden Aufstand, der ohne seinen nachdrücklichen Befehl zustande käme, und Lossow fügte hinzu, er werde jeden Putsch gewaltsam niederschlagen. [44] Auch Ludendorff benutzte Hitler nur als Mittel zum Zweck, um nämlich bei der Entfernung der »Novemberverbrecher« aus der Regierung mitzuhelfen, die ihm die Last einer Niederlage aufgeladen hatten, die er nie zu tragen bereit war. Keiner der bayrischen Patrioten hatte ein kohärentes Programm; sie alle wollten die Freiheit Bayerns verteidigen und das Vaterland von der verräterischen republikanischen Regierung befreien. Und ihnen standen bewaffnete Kräfte zur Verfügung, die, wenn sich ihnen Reichswehrverbände anschlossen, eine erfolgreiche, geordnete, vernünftige Revolution durchführen konnten, eine Entwicklung freilich, die Seeckt keinesfalls zulassen wollte.

Kahr berief für den 8. November eine Zusammenkunft im Bürgerbräukeller ein, in der er sein Programm darlegen wollte. Hitler hatte seinerseits die Mobilisierung seiner Kräfte in der Nähe Münchens für die Nacht vom 10. zum 11. November geplant, und von dort sollte mit dem Marsch auf München als Vorspiel zum Marsch auf Berlin die Revolution ausgehen. Aber Kahrs Zusammenkunft vom 8. November kam Hitlers Plänen in die Quere. Er gab eiligst Befehl an die SA, sich für die Machtergreifung am Abend des 8. November bereitzuhalten, und er erschien im Bürgerbräukeller mit einer kleinen Gruppe von Mitarbeitern und Mitgliedern des Kampfbundes, an der Spitze der kürzlich gebildete »Stoßtrupp Adolf Hitler« (ein Sondertrupp der SA als Vorläufer der späteren SS).

Wie vielen anderen erschien auch ihm jetzt der richtige Zeitpunkt für einen Putsch gekommen. Ein Jahr zuvor war im Oktober 1922 Mussolini mit seinen Schwarzhemden auf Rom marschiert, die erklärt hatten, sie seien bereit, ihr Leben für die antimarxistische und nationale Sache zu opfern. Wie konnten die Braunhemden mit ähnlicher Mission in Deutschland scheitern, wo die Krise viel akuter war als vordem in Italien? Wie konnte die verräterische Republik überleben angesichts einer wertlos gewordenen Währung, angesichts des fremden Feindes, der schon innerhalb der Tore stand, angesichts der Separatistenaufstände, der von den Kommunisten geführten Ausbrüche, und angesichts der Tatsache, daß drei deutsche Länder und ein deutscher General den Befehlen der Zentralregierung den Gehorsam verweigerten? Es bedurfte nur eines entschlossenen Putsches, und das ganze brüchige Gebäude der »Novemberverbrecher« würde einstürzen. Erst vor zwei Wochen hatte der französische Befehlshaber in der Pfalz, wo Separatisten verlautbart hatten, Bayern übe dort keine Souveränitätsrechte mehr aus, einen unabhängigen Staat ausgerufen. Das Reich zerfiel zusehends. Die einzige Frage war, wer jetzt die Macht übernehmen sollte. Im Bürgerbräu trafen sich am 8. November die Führer der gemäßigten und der extremen Rechten in Bayern; jeder mißtraute dem anderen, jeder stand in einem anderen Lager; sie hatten zwar einen gemeinsamen Feind, aber kein gemeinsames Ziel außer dem, sich dieses Feindes zu entledigen.

Kahr brachte seine Rede gegen den Marxismus nie zu Ende. Noch während er sprach, ging Hitler mit ein paar Anhängern zwischen den Tischen durch zum Rednerpodium und gab einen Schuß aus dem Revolver in die Saaldecke ab, um sich Ruhe zu verschaffen und die Dinge in die Hand zu nehmen. Weder Kahr noch die anderen Mitglieder des Dreigestirns waren Hitler gewachsen. Hitler gab einige Erklärungen ab, die nur zum Teil stimmten. Er sagte, die Revolution, die nationale Revolution sei ausgebrochen, der Saal von 600 Schwerbewaffneten besetzt, niemand dürfe den Saal verlassen. Wenn nicht sofort Ruhe sei, werde er ein Maschinengewehr auf die Galerie stellen lassen. Die bayerische und die Reichsregierung seien abgesetzt; eine provisorische Reichsregierung werde gebildet. Die Kasernen der Reichswehr und Landespolizei seien besetzt (woran kein wahres Wort war), und Reichswehr und Landespolizei rückten bereits unter den Hakenkreuzfahnen heran. [45]

Das war erst die erste Rede Hitlers im Bürgerbräukeller an jenem Abend, und nachdem er sie gehalten hatte, forderte er Lossow, Kahr und Seisser auf, ihm in ein Nebenzimmer zu folgen. Da Hitler bewaffnet und offensichtlich auch zu schießen bereit war, hörten sie ihm wenig erbaut etwa eine Viertelstunde zu, während er sie zum Eintritt in eine von ihm gebildete Regierung überredete. Danach kehrte Hitler in den Hauptsaal zurück, verlangte Ruhe und erklärte dann den Zuhörern, die Knilling-Regierung sei abgelöst.

Er schlug von Kahr als Landesadministrator und Ernst Pöhner[22] als Ministerpräsident mit diktatorischen Befugnissen vor. Er wiederholte, die Berliner Regierung sei aufgelöst. Am selben Tag noch würde in München eine neue Reichsregierung ausgerufen, und bis zur Abrechnung mit den Verbrechern, die Deutschland in die Auflösung führten, wolle er die Führung der provisorischen Regierung übernehmen, in der Ludendorff Chef der Reichswehr, Lossow Reichswehrminister und von Seisser Reichspolizeiminister sein sollten. Aufgabe der provisorischen Regierung sei es, alle Kräfte Bayerns und des übrigen Reiches zu sammeln, auf das »Sündenbabel« Berlin zu marschieren und das deutsche Volk zu retten.

Hitler gab zu, es sei ihm nicht leichtgefallen, Kahr, Lossow und Seisser zum Eintritt in die neue Regierung zu bewegen, aber sie hätten zugesagt, und er fragte die Anwesenden nun, ob sie diese Lösung der deutschen Frage billigten. Er hatte sie überzeugt. Sie brüllten ihm ihre Zustimmung zu. Er achtete sorgfältig darauf, den Bayern das zu versprechen, was sie hören wollten und was er ihnen keineswegs zu gewähren bereit war. Die Revolutionäre, sagte er, wollten einen föderativen Staat, in dem Bayern sein Recht erhalte. Er forderte jedermann auf, Ruhe zu bewahren, wiederholte, der Saal sei vom Kampfbund umstellt, und schloß mit den Worten, die er auch dem Dreigestirn gesagt hatte: Der Morgen werde entweder eine deutschnationale Regierung erleben oder ihn und seine Genossen tot auffinden.

Auf dem Weg zum Podium wurde Hitler von General Ludendorff gefolgt, der zur Vermeidung unangenehmer Begegnungen mit Verspätung in den Bierkeller gekommen war und jetzt in voller Uniform und mit allen Orden geschmückt erschien. Sicherlich hatte Ludendorff keineswegs im Sinn, neben dem Gefreiten Adolf Hitler eine zweitrangige Rolle zu spielen, aber dies war wieder einmal eine Revolution wie vordem die des Herrn Kapp, der er sich vielleicht anschließen sollte. Er erklärte, er stehe der nationalen Regierung zur Verfügung. Sein Ziel sei es, der schwarz-weiß-roten Kokarde die Ehre wiederzugeben, die die Revolution ihr genommen habe. Dies sei ein Wendepunkt in der deutschen Geschichte, und er vertraue auf Gottes Segen für das Unternehmen. Danach erhob sich Kahr, der inzwischen mit Lossow und Seisser wieder in den Saal hatte zurückkehren dürfen, erneut und sagte das einzige, was ihm offensichtlich in diesem Augenblick einfiel, daß er nämlich in diesem Augenblick höchster Not die Leitung der bayerischen Staatsgeschäfte als Statthalter der Monarchie übernehme, die vor fünf Jahren so schmählich zerschlagen worden sei. Er fügte hinzu, er tue das schweren Herzens und, »wie ich hoffe, zum Segen unserer bayerischen Heimat und unseres lieben deutschen Vaterlandes«. [46]

Das war der Höhepunkt des Bürgerbräuputsches. Am nächsten Tag war alles vorbei. Das Ganze war schlecht vorbereitet, amateurhaft. Lossow, Kahr und Seisser waren von den Nationalsozialisten zum Mitmachen gezwungen worden, aber sobald sie frei waren, widerriefen sie, und die Polizei trat jetzt nicht etwa auf seiten Hitlers, sondern gegen ihn in Aktion. Kahr ließ Plakate drucken und in ganz München ankleben, auf denen er Hitler Wortbruch vorwarf und die Auflösung der Nationalsozialisten sowie der Bünde *Oberland* und *Reichskriegsflagge* erklärte. [47] Am Morgen des 9. November marschierten Kolonnen der SA und andere Mitglieder des Kampfbundes einschließlich des Bundes Oberland, stärkemäßig der Polizei weit überlegen, auf das Münchner Zentrum, aber gegen sie standen die disziplinierten Kräfte von Recht und Ordnung der Stadt, des Landes und notfalls der Reichswehr. Am Abend des 8. November hatte Seeckt von der Reichsregierung diktatorische Vollmachten erhalten, und die bayrischen Reichswehrkontingente hatten ihn trotz Lossows vorangegangener Meuterei ihrer Unterstützung versichert.

Lossow selbst hatte ebensowenig wie Kahr oder Seisser die Absicht, in einer Regierung unter Hitler mitzumachen. Von den Putschisten des Vorabends erschien lediglich Ludendorff in den Reihen der marschierenden Nationalsozialisten, und als die Polizei das Feuer eröffnete, marschierte er kräftig weiter, in der Gewißheit, sie würde ihre Waffen nicht auf ihn richten, blickte geradeaus und blieb völlig ungeschoren, bis er an der Polizeikette ankam, wo er verhaftet wurde. Aber unter den übrigen Marschierern gab es 14 Tote und Verwundete. Hitler renkte sich die Schulter aus, als er entweder hinfiel oder aufs Pflaster gerissen wurde. Göring wurde verwundet, in ein Münchner Krankenhaus gebracht und dann über die Grenze nach Österreich geschmuggelt.

Mit ein paar Schüssen war der Putsch vorbei. Was als Glühpunkt der Revolte erschienen war, hatte sich zu einem Wahn verflüchtigt. Das Volk war nicht aufgestanden. Ein Münchner Bürger, der sah, wie Hans Frank, der spätere Generalgouverneur in Polen, damals dreiundzwanzigjährig, mit seinem SA-Trupp eine Isarbrücke besetzt hielt, fragte ihn, ob seine Mutter denn wisse, daß er nicht zu Hause sei. Andere Bürger machten auf ihrem Weg zur Arbeit ähnliche, wenig schmeichelhafte Bemerkungen. Der Putsch fand kaum Unterstützung, weder beim Volk noch beim Militär.

Zwar marschierte eine Gruppe junger Offiziersanwärter aus der Münchner Infanterieschule mit den Nationalsozialisten, doch das war die einzige Reichswehreinheit, die auch nur ein Anzeichen des Mitmachens von sich gab. Die Infanterieschule bestand zu jener Zeit aus Klassen, die erst im September und Oktober angefangen hatten; ihre Offiziere hatten einen Schnellkurs mitgemacht, der ihre mangelnde militärische Erfahrung wettmachen sollte. Ihnen fehlte der ganze Zusammenhalt und die Disziplin der herkömmlichen Reichswehrverbände, und sie ließen sich leicht beeinflussen von Freikorpsführern – darunter General Rossbach – und von dem General, den sie so hoch verehrten: Ludendorff. Seeckt mißfiel die in der Schule herrschende Moral ohnehin, und er hatte schon vor dem Putsch deren Auflösung verfügt, doch war die Anordnung wegen des Widerstands von Reichskanzler Stresemann zurückgezogen worden. Einen Tag nach dem Putsch schloß Seeckt dann die Infanterieschule. Wenige Tage später ordnete er ihre Verlegung in das thüringische Kleinstädtchen Ohrdruf und noch später nach Dresden an. Die aufwieglerische Atmosphäre Bayerns sollte die Offiziersanwärter nicht wieder verseuchen. Keiner der Anwärter wurde bestraft, obwohl Seeckt, als er in Ohrdruf zu ihnen sprach, nach Aussage seines Adjutanten fast vor Wut platzte. Nach seiner Rede richtete er an niemand das Wort und fuhr in grimmigem Schweigen davon. Mit den jungen Leuten der Infanterieschule war er so verfahren wie mit den jüngeren Offizieren zur Zeit des Kapp-Putsches. Sie wurden nachsichtig behandelt, während ihre Vorgesetzten voll zur Verantwortung gezogen wurden. Lossow durfte nie in den Heeresdienst zurückkehren; ein General, der Befehle verweigerte, war ein hoffnungsloser Fall.

Mit Hitlers Bürgerbräuaufstand war weder viel gewonnen noch viel verloren. Die Republik überlebte, die Krise ging weiter, und immer noch stand der Feind rechts, links und jenseits der Grenze.

KAPITEL 6

SILBERSTREIFEN AM HORIZONT

Seitdem Gustav Stresemann 1923 Reichskanzler geworden war, gehörte er bis zu seinem Tode 1929 zu den eindrucksvollsten Gestalten der deutschen Politik. In diesen Jahren zählte er auch zu den anerkannten führenden europäischen Staatsmännern und genoß sowohl bei den früheren Feinden des Reiches als auch in der übrigen Welt hohes Ansehen, und als er 1926 gemeinsam mit Aristide Briand den Friedensnobelpreis erhielt, gab es in den ausländischen Hauptstädten kaum jemand, der ihm das mißgönnt hätte. Obwohl Deutschland seit der erstmaligen Vergabe der Nobelpreise 1901 unter den Auszeichnungen für Literatur und Naturwissenschaften[1] gut vertreten war, hatte doch bislang kein Deutscher den Friedenspreis erhalten.

Trotz seines internationalen Rufes war Stresemann nur 100 Tage von Mitte August bis Ende November 1923 Reichskanzler. Wie alle anderen Führer der demokratischen Parteien von Weimar wurde er von der radikalen Rechten wie Linken gehaßt; die Rechte vergaß ihm nicht, daß er den passiven Widerstand im Ruhrgebiet aufgegeben hatte, und die Linke warf ihm den Einmarsch in Sachsen und die Rückkehr von Kronprinz Wilhelm aus dem Exil nach Deutschland vor. Trotzdem waren Stresemanns Leistungen selbst während seiner kurzen Kanzlerschaft unbestreitbar; er ersetzte die wertlose Mark durch eine stabile Währung, schlug die Aufstände gegen die Zentralregierung nieder und wahrte die Einheit Deutschlands. Bald konnte Stresemann mit gutem Recht eine Bemerkung von Staatssekretär Bergmann – ein Experte in Reparationsfragen – für sich in Anspruch nehmen, am dunklen Horizont zeige sich endlich ein Silberstreifen.

Diesen Satz pflegten Stresemanns zahllose Kritiker immer dann anzuführen, wenn irgend etwas im Staate schiefging; trotzdem stimmte er: Die lange Nacht des Reiches ging zu Ende, und die Sonne eines neuen, freilich allzu kurzen Tages ging auf.

Zwar wurde Stresemann kein zweites Mal an die Spitze einer

Regierung berufen, aber er eignete sich ganz hervorragend für die Rolle des Außenministers, die ihm der neue Reichskanzler, der Zentrumsmann Wilhelm Marx, übertrug. Er war durch und durch bürgerlich in seiner maßvollen Haltung, seinem gesunden Menschenverstand, seinem vorsichtigen Optimismus, seinen Wirtschaftsgrundsätzen und seinen Vorlieben, lauter zuverlässige Eigenschaften eines Mannes der Mitte, wie ihn die Europäer nach den Erschütterungen des Krieges und den ersten Jahren eines unguten Friedens so hoch schätzten. In einer Zeit fast grenzenlosen Experimentierens in Kunst und Theater war Stresemanns Lieblingsstück ein hergebrachtes sentimentales Drama mit dem Titel *Vater und Sohn*, das Joachim von der Goltz über Friedrich den Großen in Form eines No-Dramas geschrieben hatte und in dem Disziplin und Pflichttreue der Samurai gefeiert wurden. Ganz wie im wirklichen Leben, söhnt sich auch in Goltzens Drama der flötenspielende Kronprinz, der französische Gedichte schreibt, schließlich mit seinem gestrengen Vater aus, nachdem ihn dieser zuvor zum Tode verurteilt und gezwungen hatte, der Hinrichtung seines Freundes Katte beizuwohnen (Katte und der Kronprinz hatten dem militärischen Drill und den Verantwortungen von Potsdam entfliehen wollen). Am Ende des Stückes bittet Friedrich seinen Vater um Vergebung, der sie ihm gewährt, und das Ganze endet mit der großen Versöhnung der so entgegengesetzten Charaktere. *Vater und Sohn* war ein Stück so recht nach dem Herzen Stresemanns, nicht die Stücke eines Brecht, eines Hofmannsthal oder Hauptmann. Deren Stücke gefielen den Intellektuellen, den überzüchteten Berlinern, der Avantgarde der Revolte gegen jede Autorität und gegen die faden und simplizistischen Tugendbegriffe der Mittel- und Oberschicht. Von der Goltz dagegen war ein Theaterschriftsteller der alten Schule, dessen handwerklichem Können es in Stresemanns Augen gelang, den notwendigen Triumph der legitimen Autorität in Szene zu setzen, die ihre Legitimität daher bezieht, daß sie dem Herrscher Gehorsam gegenüber den Gesetzen einer höheren Moral abverlangt, weil er nur so für sich und für diese Gesetze von seinen Untertanen Gehorsam verlangen kann. Im Goltzschen Stück, wenn auch nicht im Deutschland der zwanziger Jahre, achtete die Jugend solche Eigenschaften. Daß Stresemann dieses Stück bewunderte, war typisch für den deutschen Patrioten, guten Europäer und Anhänger des Parlamentarismus. Wie Rathenau war auch Stresemann Monarchist; dem Kaiser sandte er zum 60. Geburtstag ein Glückwunschtelegramm ins Exil, und dem früheren Kronprinzen Wilhelm gestattete er die Rückkehr ins Reich, nachdem er versprochen hatte, sich nicht politisch zu betätigen. Stresemann nahm das Risiko auf sich, weil er den jungen Mann mochte und sicher war, daß er sein Wort halten werde, und sehr wahrscheinlich auch, weil er sich selbst durch diese Freundschaft geehrt fühlte. In einer Rede vor dem Reichstag sagte er, die konstitutionelle Monarchie sei die beste Regierungsform für Deutschland; allerdings wollte sich weder er noch sonst jemand in der Deutschen Volkspartei für sie stark machen.

Während des Krieges gehörte Stresemann, der wegen einer Herzschwäche nicht kriegsdiensttauglich war, zum annexionistischen Lager. Er hatte den uneingeschränkten U-Boot-Krieg befürwortet und Ludendorff gegen Bethmann Hollweg gestützt. Bei Kriegsende hatte sich seine Meinung immer noch nicht verändert; er war gegen den Waffenstillstand und gegen die Unterzeichnung des Versailler Vertrages. Die vollkommene Kehrtwendung in seiner Auffassung über deutsche Außenpolitik vollzog er im Zeitraum von drei Jahren, doch war sie ein echtes Umdenken eines intelligenten, gewissenhaften Mannes, der sehr wohl in der Lage war, sich an historische Entwicklungen anzupassen, ohne deshalb seine kompromißlose Vaterlandsliebe aufzugeben, die um nichts geringer war als vordem, als er noch geglaubt hatte, die Sicherheit des Reiches lasse sich nur durch den Erwerb strategischer Gebiete gewährleisten. Jetzt war er überzeugt, diese Sicherheit könne nur durch eine Politik der Versöhnung und Zusammenarbeit mit dem Feind von gestern erreicht werden. Seine Gegner warfen ihm Opportunismus vor, aber der Weg, für den er sich entschieden hatte, fand bei vielen seiner langjährigen Freunde keineswegs Zustimmung und war auch für Leib und Leben sehr viel gefährlicher als ein bloßes Festhalten an der nationalistischen Linie.

Stresemann wurde am 5. Oktober 1878 als Sohn eines Schankwirtes in Berlin geboren. Sein Vater hatte Berliner Weiße gebraut und verkauft, und als Gustav seine Doktorarbeit in Volkswirtschaft schrieb, verglich er wehmütig die aufrechten Berliner Bürger, die in seines Vaters Bierstube ihre Weiße tranken und gemütlich ihr Pfeifchen rauchten, mit den nervösen Berlinern, die in späteren Tagen in einer Imbißstube ihr Bier hinunterstürzten und hastig an einer Zigarette zogen. Nicht nur die Kundschaft hatte sich verändert, sondern auch das Bierbrauen und Verkaufen besorgten jetzt die Konzerne, die Männer wie Herrn Stresemann senior aus dem Geschäft verdrängt hatten.

Gustav war der einzige von sechs Geschwistern, der das Gymnasium und danach die Universität besuchte. Er war gescheit und las gern und viel. Seine Mutter nannte ihn einen »Traumjörg«, der entweder in ein Buch versunken war oder seinen eigenen Gedanken nachhing, doch erkannten sie und sein Vater sein Talent und schickten ihn aufs Realgymnasium, obwohl sich die Familie das kaum leisten konnte. In der Schule und auch in der ersten Zeit an der Berliner Universität legte Gustav für Geschichte und Literatur mehr Eignung an den Tag als für Themen wie etwa Volkswirtschaft. Die deutschen Klassiker, vor allem Goethe und Schiller, faszinierten ihn, und die Gedichte, die er schrieb, wurden im Literaturteil der *Vossischen Zeitung* abgedruckt. Am Realgymnasium hatte er in Geschichte und Deutsch Zensuren von gut bis sehr gut, in Mathematik dagegen mangelhaft, aber die Berufsaussichten waren für einen jungen Wirtschaftsfachmann sehr viel besser als für einen Historiker, und die akademische Laufbahn wollte Stresemann nicht einschlagen. So studierte er Volkswirtschaft in Berlin und im Wintersemester 1898 in Leipzig. An beiden Universitäten war er aktives Mitglied eines bürgerlichen Studentencorps, das mit der schwarz-rot-goldenen Fahne, die später auch die Fahne von Weimar werden sollte, die Revolution von 1848 feierlich beging. Stresemann war keineswegs ein Wunderkind, aber doch ein gescheiter junger Mann, der mit 23 promovierte und mit 29 für die Nationalliberale Partei in den Reichstag gewählt wurde.

Von Anfang an hatte er beruflichen Erfolg. Zunächst nahm er eine Stelle in Dresden an, wo er die Schokoladenhersteller zum Zusammenschluß veranlaßte, denn wie die übrigen Kleinindustriellen waren auch sie von den mächtigen Konzernen bedroht, die auch das Biergeschäft übernommen hatten. Die Schokoladenhersteller mußten für ihre Rohstoffimporte hohe Abgaben entrichten und waren für eine Hauptzutat ihrer Erzeugnisse ganz auf das Zuckerkartell angewiesen. Mit Stresemanns Hilfe bauten sie eine kartellunabhängige Zuckerfabrik auf, in deren Vorstand er 20 Jahre lang tätig war. Nachdem er in Sachsen, wo die Industrie überwiegend in der Hand von Mittel- und Kleinunternehmern lag, die Schokoladenhersteller zum Zusammenschluß bewegt hatte, veranlaßte Stresemann bald auch die Bildung entsprechender Zusammenschlüsse in anderen Industriezweigen, die zwischen der Übermacht der Großkartelle von Rhein und Ruhr und der gewaltigen Macht der Gewerkschaften zermalmt zu werden befürchteten. Er war ein Vorkämpfer der echten Mittelschicht, ein altmodischer Liberaler in der Wirtschafts- und Innenpolitik, der in all seinen Reden die Klein- und Mittelbetriebe zum Zusammenschluß beschwor, um ihre Existenz zu sichern. Unausweichlich geriet er mit den Vertretern der Kohle- und Stahlkartelle aneinander, als er ihnen eine Konkurrenz organisierte und gegenüber den Arbeitnehmern eine Politik der Versöhnung und Schiedsbarkeit verfocht, anstatt, wie es die Großkonzerne taten, bei Lohnstreitigkeiten und Streiks Gewalt mit noch mehr Gewalt zu beantworten.

Er heiratete Käte Kleefeld, die jüngere Schwester eines Korpsbruders und Tochter einer alteingesessenen jüdischen Familie, die zum Christentum übergetreten war. Sie war eine hochgebildete und charmante Dame. Als einmal ein überschwenglicher Tischgenosse ihm bei einem Diner das Kompliment machen wollte, seine Frau sehe an diesem Abend ganz besonders schön aus, erwiderte Stresemann kurz und bündig: »Sie ist immer schön.« Er selbst glich bald aufs Haar einer alliierten Karikatur des «boche»; stiernackig, glatzköpfig, die schütteren Haare rot und kurzgeschoren, ein breites, fettes Gesicht und eine tönende, nasale Stimme. Er war keineswegs ein überwältigender Redner, sprach jedoch mit voller Überzeugung und glaubte offensichtlich an die Wahrheit und das Gewicht seiner Worte. Seine Unverblümtheit versagte ihre Wirkung auf seine Zuhörer nicht; mochten sie auch mit ihm ganz und gar nicht einer Meinung sein, so spürten sie doch, daß er auch unpopuläre Meinungen selbst gegen seine eigene Partei zu vertreten bereit war und Zivilcourage an den Tag legte – bei deutschen Politikern nicht gerade alltägliche Eigenschaften.

Stresemann war einer der Gründer der Deutschen Volkspartei, eine wirtschaftlich konservative und leicht nationalistisch angehauchte Partei der Mitte, die mit den Sozialdemokraten, mit dem Zentrum und eigentlich mit allen politischen Schattierungen, mit Ausnahme der radikalen Linken und Rechten, zusammenarbeiten konnte. Es war Stresemanns Regierung, die der galoppierenden Inflation ein Ende setzte, indem sie die Notenpresse zunächst stillegte und danach den Druck von Papiergeld einschränkte. Natürlich ließ sich die Mark nicht sofort wieder gegen Gold aufwerten, das das Reich gar nicht besaß. So wurde unter anderem der Vorschlag gemacht, den Wert der Mark nach dem Goldpreis des Roggens zu bewerten, wovon es in Deutschland erheblich mehr gab als von dem Edelmetall, aber schließlich beschlossen Stresemanns Finanzminister Hans Luther und ein junger Bankier namens Hjalmar Schacht, den man als Währungskommissar zur Fachberatung hinzugezogen hatte, die Einführung einer im wesentlichen auf einer gedachten Norm beruhenden Währung: die »Rentenmark«. Diese voll gegen »Rentenbriefe« einlösbare Rentenmark war angeblich bis zur Höhe von 3,2 Milliarden Goldmark durch die Landwirtschaft in Deutschland sowie durch Industrie-, Handels- und Bankobligationen gedeckt. Tatsächlich gab es allerdings keine praktikable Möglichkeit, die Mark auf diese Weise durch Land- oder Industriewerte zu decken, es sei denn, die Menschen akzeptierten diese Fiktion; und genau das taten sie. Da gleichzeitig die Staatsanleihen beschränkt wurden, genügte das, um Millionen Deutsche, denen jede einigermaßen stabile Währung recht war, für diese neue Mark zu gewinnen, die man für eine Billion alter Mark bekommen konnte. Die Arbeiterschaft war willens, relativ magere Löhne in Kauf zu nehmen, wenn nur die Markscheine, die sie erhielt, eine verläßliche Kaufkraft besaßen, und an Arbeitswillen und Produktionskapazität hatte es im Lande noch nie gefehlt.

Diese Abhilfe war insofern fast klassisch, als die neue Währung, die am 15. November verfügbar wurde, eine relativ stabile Deckung aufzuweisen schien, und man hätte sie schon längst vor 1923 schaffen können, doch fehlte es davor an der notwendigen politischen und finanziellen Führung, und die vorherigen Regierungen hatten sich viel akuteren Problemen als dem Währungsverfall gegenübergesehen. Der Präsident der Reichsbank Rudolf Havenstein, in dessen Händen die fiskalische Entscheidung lag, war ein angesehener, aufrechter Beamter, eben der Mann, der Lüttwitz die geforderten Summen mutig verweigert hatte, aber Havenstein hatte angesichts der galoppierenden Inflation stets nur die Möglichkeit gesehen, noch mehr Noten zu drucken. Mit der Ernennung Schachts zum Währungskommissar war es Stresemann und Luther gelungen, ihn zu übergehen, und als Havenstein am 20. November starb, trat Schacht an seine Stelle als Reichsbankpräsident. Die Stabilisierung der Mark war eine große Leistung, die trotz der Tatsache, daß sie den Verlust der Ersparnisse Tausender Menschen endgültig besiegelte[2], nur durch die Verabschiedung eines Ermächtigungsgesetzes im Reichstag am 13. Oktober möglich wurde, mit dem die Regierung während eines begrenzten Zeitraums Verordnungen erlassen konnte, die Gesetzeskraft erlangten, ohne vorher vom Reichstag verabschiedet werden zu müssen.[3] Eine Machtkonzentration im Notstand, die der Regierung im Krisenfall die Möglichkeit zu schnellem Handeln bot, ohne vorher die endlosen Debatten und Meinungsverschiedenheiten eines völlig zersplitterten Reichstags über sich ergehen lassen zu müssen, war einer der wenigen Punkte, über die sich dieses Gremium einig war; so waren auch Seeckt während einer kurzen Zeitspanne diktatorische Vollmachten zuerkannt worden, damit er den Hitler-Aufstand niederschlagen konnte.

Ein weiterer bedeutender Sieg der Republik wurde mit Hilfe eines Terroranschlags in der Pfalz errungen. Dort wurden am 9. Januar im Hotel Wittelsbacher Hof in Speyer der »Präsident« des »autonomen Pfalzstaates« durch unbekannte Attentäter ermordet und vier seiner Anhänger tödlich verwundet. Die Verbrecher wurden nie gefaßt, obwohl auf ihren Kopf 50 000 Francs ausgesetzt waren. Mit diesem Attentat fand nicht nur die Fiktion einer separatistischen Regierung, sondern auch die gesamte Bewegung in einem Landesteil ihr Ende, dessen Bevölkerung den Separatisten zu keiner Zeit irgendeine nennenswerte Unterstützung gewährt hatte. Auch der letzte Anschein in Paris und der französischen Presse wurde zunichte, als Lord Curzon trotz französischer Gegenvorstellungen den englischen Generalkonsul von München, Robert Clive, zur Berichterstattung über die Lage in die Pfalz schickte. Clive stellte fest, 75% der Separatisten seien von außen gekommen, und 90% der Bevölkerung lehnten eine Trennung vom Reich ab. [1]

Die Morde kennzeichneten auch das Ende von Poincarés unmittelbaren Versuchen zur Spaltung des Reiches. Der Sturz der pfälzischen Separatisten brachte alles zum Zusammenbruch, was er mit der Einrichtung von Frankreich abhängiger Gebiete auf deutschem Boden zu erreichen gehofft hatte; er selbst erlitt eine Wahlniederlage in Frankreich. Im Mai 1924 wurde Poincarés Nationaler Block, der anstelle von bisher 425 Sitzen in der Deputiertenkammer nur noch 218 erringen konnte, eindeutig geschlagen, und sein Nachfolger Edouard Herriot von der Radikalen Partei war alles andere als ein Deutschenfresser. Herriot und Aristide Briand, deren Oppositionspartei 365 Sitze erlangte, standen beide einem friedlichen Deutschland aufgeschlossen gegenüber und bewunderten Stresemann, das alles natürlich innerhalb gewisser Grenzen, aber diese Grenzen waren weit von dem unerbittlichen Haß entfernt, der die herrschende Partei in Frankreich so lange geprägt hatte.

Auch in England hatte sich die deutschfeindliche Stimmung gelegt, nachdem nicht mehr nur das Foreign Office und die Politiker, sondern auch die Öffentlichkeit zu dem Schluß gelangt waren, Deutschland gefährde weder den Frieden noch die Wiedergesundung in Europa. Als Schacht nach London reiste, um Kredit zur

Stützung der neuen Mark zu besorgen, hatte er auf der ganzen Linie Erfolg. Ende 1923 war auch dem letzten Bankier in der City klargeworden, daß es sowohl wirtschaftlich wie auch politisch im ureigensten Interesse Englands liege, dem Reich – einst ein bedeutender Handelspartner – gesunden zu helfen, und Schacht wurde die erste der Nachkriegsanleihen gewährt, deren Gesamtsumme schließlich höher liegen sollte, als das Reich an Reparationen zu zahlen hatte.

Wie zuvor die französische, so wandte sich jetzt auch die englische Wählerschaft in den Wahlen vom Dezember 1923 nach links. In Koalition mit den Liberalen besaß die Labour Party im neuen Parlament die Mehrheit, und Ramsay MacDonald, über den Scotland Yard einmal als gefährlichen Radikalen ein Dossier angelegt hatte, wurde Ministerpräsident. Dies alles blieb ebensowenig ohne Rückwirkung auf die englische und französische Außenpolitik wie die psychologische und wirtschaftliche Stagnation der beiden Länder nach den rosigen Hoffnungen auf eine neue, blühende Ordnung, die noch bei Kriegsende geherrscht hatten. Insbesondere Frankreich war alles andere als blühend, und trotz der eingewurzelten Meinung, das Reich werde für alles aufkommen müssen, ging es kaum einem Franzosen oder Engländer besser als zu der Zeit, als von Reparationen noch keine Rede war. Engländer wie Franzosen konnte Stresemann nicht nur das Wort von der Versöhnung anbieten, sondern auch die Bereitschaft zu schweren Opfern als Gegenleistung für Konzessionen, mit denen sie alle zusammen aus der Sackgasse herausfänden. Nach Stresemanns fester Überzeugung konnte auf die Dauer kein Land auf Kosten eines anderen gedeihen. Die Verarmung eines wichtigen Ein- und Ausfuhrlandes konnte gar nicht anders als schädlich sein für diejenigen, die mit ihm Handel trieben, und Frankreich war mit seiner Politik eines möglichst armen und ohnmächtigen Reiches nicht gut gefahren. Vor dem Parteitag der Volkspartei in Hannover sagte Stresemann, Frankreich fühle sich nicht als glücklicher Sieger nach dem Ruhrkampf; zu Deutschland bemerkte er: »Es ist unsere Pflicht, daß eine deutsche Regierung alle erträglichen Lasten übernimmt, um die deutsche Freiheit zu erwirken. Wenn es sich um die Frage handelt: Entlastung und Unfreiheit oder Belastung und Freiheit, dann kann doch für ein ehrliebendes Volk die Entscheidung nicht zweifelhaft sein!« [2]

Stresemanns Worte fanden ihr Echo in Frankreich, das unter den Enttäuschungen eines Sieges litt, als dessen Früchte sich Sicherheit und Wohlstand einfach nicht einstellen wollten. Mochte Poincaré den Ruhrkampf auch gewonnen haben, so konnte er doch die Mehrheit seiner Landsleute nicht davon überzeugen, seine harte Linie bringe ihnen etwas anderes ein als immer neue Schwierigkeiten, für die er keine Abhilfe hatte. Offenkundig bedurfte es eines anderen Ansatzes für den Wiederaufbau, und Stresemann war geradezu der ideale Partner und Vertreter eines Reiches, das nicht nur den Frieden in Europa nicht unmittelbar bedrohte, sondern dessen republikanische Regierungen zu friedlichen, zukunftsweisenden Lösungen entschlossen waren. Wie seine Vorgänger im Amt des Reichskanzlers und des Außenministers war auch Stresemann von den Vorzügen der Erfüllungspolitik durchdrungen, weshalb er sich zu Hause dieselben Feinde in den Reihen der Rechten und Linken machte wie vordem Rathenau, Wirth und all die andern. Aber er besaß einen Trumpf, der seinen Vorgängern gefehlt hatte: Inzwischen war die Zeit herangereift, in der das Reich Forderungen aufstellen konnte, denen noch wenige Monate zuvor kein Mensch auch nur Gehör geschenkt hätte. War Deutschland zu Opfern bereit, dann versprach sich Stresemann dafür handfeste Gegenleistungen. Ehe er formal auf den passiven Widerstand verzichtete, bemühte er sich bei Poincaré um die Zusicherung, daß die französischen Truppen als Gegenleistung das Ruhrgebiet räumten. Aber Poincaré rührte sich nicht, und so blieb Stresemann nichts anderes übrig, als den passiven Widerstand ohne jedes Gegenversprechen aufzugeben. Doch sollte dies eine der wenigen Ausnahmen sein, in denen er nichts erreichte. Unter Erfüllung verstand er den ehrlichen Versuch, Frankreichs Wünschen nach Wiedergutmachung und Sicherheit so weit wie möglich entgegenzukommen, dafür aber Schritt um Schritt die Mittel an die Hand zu bekommen, mit denen Deutschland innerhalb der europäischen Völkerfamilie seine Unabhängigkeit und Handlungsfreiheit wiedererlangen konnte. Das lag nach seiner Überzeugung im Interesse des Reiches, Frankreichs und des gesamten Europa.

Er betrieb nicht etwa Machtpolitik, denn er vertrat ja schließlich ein Land, das weder politisch noch militärisch die nötigen Machtmittel besaß. Immerhin wandte er sich aber an ein Frankreich, das verhandlungsbereiter war als je seit 1914, ein Frankreich, das mit einer eigenen steigenden Inflation zu kämpfen hatte und immer stärker von Isolierung bedroht war, jenem Alptraum jeder französischen Regierung, welcher politischen Richtung auch immer. Sowohl England als auch Italien zeigten sich von der Politik Frankreichs wenig angetan; die Regierung Mussolini, die ihr Auge auf Tunis, Korsika und Sardinien geworfen hatte, fragte sogar in Berlin an, ob im Falle eines italienisch-französischen Krieges ein deutsch-italienisches Bündnis in Frage kommen könnte. Poincaré hatte Frankreichs Verbündete vor den Kopf gestoßen und den deutschen Ultranationalismus genährt, und nun war hier ein deutscher Außenminister und sagte, er sei trotz allem zur Zusammenarbeit bereit. Bei der Erreichung eines Zieles war Poincaré höchst erfolgreich gewesen: Es war ihm gelungen, sich mit dem Einmarsch ins Ruhrgebiet alle erdenklichen »produktiven Faustpfänder« zu sichern. Um sich ihr Eigentum von den französischen Besatzern zurückzuholen, waren die Industriellen an der Ruhr gezwungen gewesen, den Alliierten 30 %· der Kohle- und Stahlproduktion an der Ruhr auszuliefern. Diese Summen sollte das Reich der Industrie gegen Anrechnung auf die Reparationszahlungen ersetzen. Dieses Abkommen wurde am 23. November mit der *Mission Interalliée de Contrôle des Usines et des Mines,* kurz MICUM genannt, geschlossen und war der Vorläufer des Dawes-Planes, der in den Folgemonaten unter der Ägide des späteren amerikanischen Vizepräsidenten Charles Dawes ausgearbeitet wurde. Sowohl die Abmachung mit der MICUM als auch der Dawes-Plan sahen zwar harte Zahlungen vor, schienen aber erfüllungsfähig, und mit Hilfe der anschließenden Anleihen an Deutschland und des neuen Klimas der Versöhnung erwiesen sie sich auch als erfüllbar.

General Dawes war sowenig Soldat wie Oberst House, jedoch wegen seiner Verdienste im Ersten Weltkrieg zum General ernannt worden, wo er für Nachschub und Versorgung der amerikanischen Armee in Frankreich verantwortlich gezeichnet hatte. Er war ein fähiger Bankfachmann und kam wie seine Londoner Kollegen mit Hjalmar Schacht gut zurecht. Nachdem die Inflation in Deutschland gestoppt und die Reparationsfrage einigermaßen erträglich gestaltet war, stand der Weg offen für jene politischen Verhandlungen, in denen sich Stresemann als Meister erweisen sollte. Die Zeit war reif für Zwischenregelungen: Der Dawes-Plan sah für Frankreich produktive Faustpfänder in Form von Hypotheken auf die deutschen Eisenbahnen und Schwerindustrie sowie die Rückgabe der Zollhoheit und des Verfügungsrechts über die Eisenbahnen im Ruhrgebiet an Deutschland vor.

Im Februar 1924 fuhr Stresemann zu Verhandlungen mit den Banken nach London, während zur gleichen Zeit vor einem bayrischen Volksgericht wegen des Bürgerbräuputsches Adolf Hitler der

Prozeß gemacht wurde. Jeder der beiden war auf seine ganz andere Art erfolgreich: Hitler, weil das Volksgericht – das einer Vereinbarung mit der Reichsregierung entsprechend schon im April hätte aufgelöst werden sollen – immer noch bestand und mit der ganzen Großzügigkeit geleitet wurde, die es Hitler ermöglichte, den Prozeß als politisches Forum zu benutzen; Stresemann, weil er in der Atmosphäre der Versöhnung Großartiges leistete und Franzosen wie Deutsche nach dem Ruhrkampf, der beide Länder erschüttert hatte, bereit waren, ohne übertriebene politische Vorurteile ganz praktisch über Maßnahmen miteinander zu reden, die Finanzexperten vorschlugen.

Der Prozeß gegen Adolf Hitler und neun seiner Anhänger, darunter Ludendorff, Pöhner, Frick und Röhm, wurde zu einem Forum, das viel bessere Resonanz bot als die Bierkeller oder der Zirkus Krone. Zum erstenmal gaben die Zeitungen ganz Deutschlands und teilweise auch des Auslands die Reden dieses Mannes mit der Haartolle über dem einen Auge wieder, und was er zu sagen hatte, konnten Tausende lesen, die vor seinem Putsch noch nie etwas von ihm gehört hatten. Während sich Stresemann durch die dornenvolle deutsche Wirklichkeit hindurchmühte, konnte Hitler ungehindert an die Traumwelt der Ultranationalisten und das Ressentiment der Entrechteten appellieren. Er nutzte die Gelegenheit nach Kräften und verwandelte das blutige Dilettantentum des Putsches in einen Triumph völkischer Rhetorik und gab seine ganze Schaustellerkunst zum besten.

Wieder trat er auf in seiner Lieblingsrolle des unbezwingbaren, selbstlosen Helden, des nachmaligen Siegfried, dem kein Opfer für sein Volk zu groß ist. Er übernahm die volle Verantwortung für den Aufstand, der kein anderes Ziel gehabt habe, als das Vaterland zu retten. Er bekenne sich zwar zur Tat, sagte er, aber des Hochverrats schuldig bekenne er sich nicht.»Es gibt keinen Hochverrat bei einer Handlung«, sagte er zum Gericht,»die sich gegen den Landesverrat von 1918 wendet.« Im übrigen könne ein Hochverrat nicht in der alleinigen Tat vom 8. und 9. November liegen, sondern höchstens in den Beziehungen und Handlungen der Wochen und Monate vorher. So wundere er sich, daß Lossow, Seisser und Kahr nicht an seiner Seite säßen.»Ich muß den Vorwurf jedenfalls ablehnen, solange nicht meine Umgebung hier Ergänzung findet durch jene Herren, die mit uns die gleiche Tat gewollt, sie besprochen und bis ins kleinste vorbereitet haben.« Und was seine eigene Schuld anbelange, so fühle er sich »nicht als Hochverräter, sondern als Deutscher, der das Beste wollte für sein Volk«.[3] Stets kannte Hitler seine Zuhörerschaft genau. Der Vorsitzende Richter Georg Neidhardt war ein Nationalist, der Ludendorff verehrte und den Eindruck erweckte, als würde er nur allzugern eine weitere Medaille denen hinzufügen, die der General, der in voller Uniform vor Gericht erschien, an der Brust trug. Die Laienrichter teilten Neidhardts Auffassungen ganz offenkundig und verhielten sich den Angeklagten gegenüber ebenso entgegenkommend. Die Offiziere unter den Angeklagten trugen Uniform und Orden, und obwohl Hitler in Zivil erschien, hatte er doch das EK I unter der Brusttasche angesteckt.

Hitler übernahm nicht nur die gesamte Verantwortung für den Putsch, sondern er gab sich auch sehr angelegentlich bescheiden, wann immer seine Stellung mit der Ludendorffs verglichen wurde. Ludendorff gebühre die erste Stelle, erklärte er dem Gericht, während er selbst nur den politischen Kampf führe. Daß er auf die erste Stelle Anspruch erhebe, sei ganz »undenkbar«, solange Exzellenz Ludendorff an seiner Seite stehe. [4] Insgesamt wurde Hitler von Staatsanwaltschaft und Gericht sanft behandelt, nur Lossow griff ihn heftig an, nannte ihn unter anderem »beschränkt, langweilig, brutal, minderwertig und unfertig«. Aber Lossow konnte Hitler in den Schreiduellen, die seine Aussage bewirkte, nicht das Wasser bieten, und Hitler gingen die Erklärungen zu Lossows kleinlichen Motiven leicht von der Zunge. Lossow, sagte er, dem an einem Ministertitel liege, möge zwar versuchen, ihn auf die Rolle als »Propagandist und Weckrufer« zu beschränken, aber kleine Leute wie von Lossow dächten eben klein, und es sei eines großen Mannes unwürdig, seinen Namen der Geschichte nur dadurch überliefern zu wollen, daß er Minister wird. »Was mir vor Augen stand«, sagte er vor Gericht, »das war vom ersten Tag an tausendmal mehr, als Minister zu werden. Ich wollte der Zerbrecher des Marxismus werden. Ich werde diese Aufgabe lösen, und wenn ich sie löse, dann wäre der Titel eines Ministers für mich eine Lächerlichkeit. Als ich zum erstenmal an Wagners Grab stand, da quoll mir das Herz über vor Stolz, daß hier ein Mann ruht, der es sich verbeten hat hinaufzuschreiben: ›Hier ruht Geheimrat Musikdirektor Exzellenz Baron Richard Wagner‹.« Wagner und so viele Männer der deutschen Geschichte hätten sich damit begnügt, ihren Namen der Nachwelt zu überliefern, nicht ihren Titel. Nicht aus Bescheidenheit habe er damals der »Trommler der Revolution« sein wollen; das sei das Höchste, das andere sei eine Kleinigkeit.

Was allein zähle, sei die Reinheit der Zielsetzung und die Bereitschaft, für dieses hohe Ziel – die Rettung des Vaterlandes – jedes Opfer zu bringen. Politische Mehrheiten seien unwichtig: »Die Frage, ob ein Volk national oder international zu regieren ist, ob von Nationalisten oder Marxisten, ist nicht ein Problem der Abstimmung, sondern ein Problem der Moral und des Anstandes. Wenn in einem Staat bloß tausend Nationalisten und hunderttausend andere wären, dann hätten diese tausend das moralische Recht vor Gott und der Welt, die Nation zu vertreten. Das ist ein Moralproblem und nicht ein Problem der Majorität.« [5] Das Vaterland sei nicht von einer Mehrheit geschaffen worden, sondern durch die mutige Tat einzelner.

Unablässig strömten die Worte, und seine Anhänger waren hingerissen wie jedesmal, wenn er seine und ihre Tapferkeit und Selbstlosigkeit in den Himmel hob. Die Angriffe auf die Juden blieben gedämpft.[4] Hitler warf ihnen vor, sie beherrschten die gesamte Presse, aber als Hauptfeinde nannte er jene, die auch das Gericht ohne weiteres erkennen konnte: die Defätisten, die Verräter, die »Novemberverbrecher«. Vermutlich hätte kein anderes Gericht in Deutschland diese ungezügelte Selbstdarstellung zugelassen, aber das Volksgericht in Bayern war in mehrfacher Hinsicht eine Sondereinrichtung, und die Prozeßführung wurde nicht nur in der Presse, sondern auch vom Ministerrat des bayerischen Gesamtstaatsministerium scharf kritisiert. [6] Wie schon in seinen Briefen an die Münchner Polizei und die österreichischen Behörden in Linz war alles, was Hitler vorbrachte, geschickt auf einen ganz bestimmten Zweck ausgerichtet. Er sprach frei von der Leber, wenn er sich endlos über seine eigene Vaterlandsliebe und die Falschheit der Schurken ausließ, die sich ihm entgegenstellten. Im Münchner Prozeß konnte er seine Rolle vor einem Publikum aus Anhängern und einem aufgeschlossenen Gericht voll ausspielen, und dieses Auditorium regte ihn noch mehr an als die gewohnte Bierkelleratmosphäre. Er gab sich abwechselnd draufgängerisch und zurückhaltend. Er erklärte dem Gericht, er lehne es kategorisch ab, bescheiden zu sein: Wenn jemand glaube, zu etwas »berufen« zu sein, dann habe er die Pflicht, das zu tun, wozu er berufen sei. [7] Aber er erklärte auch, es käme ihm nie in den Sinn, sich vor Ludendorff zu setzen; hätte er das getan, dann hätten ihm das möglicherweise viele Leute innerhalb und außerhalb des Gerichtssaals übelgenommen und ihm wie Lossow Unverschämtheit vorgeworfen.

Hitlers Schlußrede vor dem Volksgericht am 27. März 1924 war so voll bebender Emotion und Selbstbespiegelung, wie es sich seine anspruchsvollsten Braunhemden nur wünschen konnten. Viereinhalb Jahre lang, so sagte er, habe er Schulter an Schulter mit seinen Kameraden an der Front gestanden, und er fragte das Gericht, ob es denn glaube, er hätte gegen auch nur einen von ihnen die Pistole heben können? Was der Aufstand gewollt habe, sei ein Direktorium gewesen, und das habe ganz Deutschland damals angestrebt. Letzten Endes sei er Republikaner, Pöhner sei Monarchist (Wittelsbach-Anhänger), Ludendorff dem Hohenzollernhaus treu ergeben. Es sei ein Beweis für die Kraft einer Idee, wenn sich so verschiedenartige Menschen zusammenschlössen. »Deutschlands Schicksal liegt nicht in der Republik oder in der Monarchie. Was ich bekämpfe, ist nicht die Staatsform als solche, sondern der schmähliche Inhalt.« Er und die Putschisten hätten Deutschland von der eisernen Faust seiner Feinde befreien, Ordnung schaffen, den Kampf gegen die internationale Börsenversklavung, gegen die Vertrustung der ganzen Wirtschaft, gegen die Politisierung der Gewerkschaften aufnehmen und vor allem die Pflicht zur Waffe wieder einführen wollen. »Ist das, was wir gewollt haben, Hochverrat?« fragte er und fuhr in einer langen, mit vielen Metaphern durchsetzten Periode fort: »Hochverrat?« Endlich: »Wir wollten, daß unser Volk zum Aufbäumen gebracht werde gegen die drohende Versklavung, wollten, daß endlich die Zeit kommt, da wir nicht in ewiger Schafsgeduld Ohrfeigen auf Ohrfeigen hinnehmen.« Kahr, Lossow und Seisser hätten gesagt, er, Hitler, habe sie in eine Zwangslage hineingestoßen, aber sie seien selbst daran schuld. »Herr von Kahr hätte ehrenhaft sagen müssen: ›Herr Hitler, wir meinen unter Staatsstreich etwas anderes, wir meinen unter Marsch auf Berlin etwas anderes.‹« Er habe das nicht getan, und die Folgen kämen ausschließlich auf diese drei Herren.

Dann wandte er sich einem Thema zu, das ihm größte Sorge bereitete – dem Vorschlag in der Anklageschrift, das Republikschutzgesetz anzuwenden. Er bat das Gericht, es nicht anzuwenden. Er erinnerte die Richter daran, auch sie hätten als Knaben die deutsche Geschichte studiert und sich geschämt für die Zeit, da die Besten »unseres Volkes«, wenn sie den Ministern unbequem wurden, ausgewiesen worden seien. »Ich war vier Jahre lang außerhalb des Bodens, den ich als meine Heimat bezeichnen muß. Da habe ich mit glühender Liebe die Stunden gezählt, die es mir gestatten würden, von Frankreich zu ihm zurückzukehren. Wenn es notwendig wäre, ginge ich auch heute hinaus, auch als Ausgewiesener.

Sorgen Sie dafür, daß sich die größte Schmach der deutschen Nation in Zukunft nicht wiederholt. Es ist das Zeichen eines minderwertigen Volkes, wenn es nicht mehr imstande ist, sich gegenseitig so zu achten, daß es nicht zur Ausweisung greift. Das, was man hier tut in den letzten Monaten, daß man Deutsche ausweist, die nichts gewollt haben als das Glück des Vaterlandes, das wird einst Hunderttausenden von deutschen Knaben die bittere Scham ins Gesicht treiben, und sie werden sich sagen: ›Wie schmachvoll sind wir daran gegenüber anderen Völkern!‹« Die Anklagebehörde erkläre, die Angeklagten seien der Strafe verfallen, weil das Unternehmen mißlungen sei. »Die Tat des 8. November ist nicht mißlungen. Sie wäre mißlungen, wenn eine Mutter gekommen wäre und gesagt hätte: ›Herr Hitler, Sie haben auch mein Kind am Gewissen.‹ Aber das darf ich versichern, es ist keine Mutter gekommen. Im Gegenteil. Tausende anderer sind gekommen und haben sich in unsere Reihen gestellt. Von den jungen Männern, die gefallen sind, wird es dereinst heißen, wie es im Obelisk[5] zu lesen ist: ›Auch sie starben für das Vaterlandes Befreiung.‹ Das ist das sichtbare Zeichen des Gelingens vom 8. November, daß in seiner Folge die Jugend sich wie eine Sturmflut erhebt und sich zusammenschließt. Das ist der größte Gewinn des 8. Novembers, daß er nicht zur Depression geführt hat, sondern dazu beitrug, das Volk aufs höchste zu begeistern. Ich glaube, daß die Stunde kommen wird, da die Massen, die heute mit unserer Kreuzfahne auf der Straße stehen, sich vereinen werden mit denen, die am 8. November auf uns geschossen haben.«
Als er erfahren habe, daß die Grüne Polizei geschossen habe, nicht die Reichswehr, sei er sehr erleichtert gewesen, und es werde einmal die Stunde kommen, daß die Reichswehr an seiner Seite stehen werde, Offiziere und Mannschaften. »Die Armee, die wir herangebildet haben, die« wächst von Tag zu Tag, von Stunde zu Stunde schneller. Gerade in diesen Tagen habe ich stolze Hoffnung, daß einmal die Stunde kommt, daß diese wilden Scharen zu Bataillonen, die Bataillone zu Regimentern, die Regimenter zu Divisionen werden, daß die alte Kokarde aus dem Schmutz herausgeholt wird, daß die alten Fahnen wieder voranflattern, daß dann die Versöhnung kommt beim ewigen letzten Gottesgericht, zu dem anzutreten wir willens sind. Dann wird aus unseren Knochen und aus unseren Gräbern die Stimme des Gerichtshofes sprechen, der allein berufen ist, über uns zu Gericht zu sitzen. Denn nicht Sie, meine Herren, sprechen das Urteil über uns, das Urteil spricht das ewige Gericht der Geschichte, das sich aussprechen wird über die

Anklage, die gegen uns erhoben ist... Jenes Gericht wird uns nicht fragen: Habt Ihr Hochverrat getrieben oder nicht? Jenes Gericht wird über uns richten, über den Generalquartiermeister der alten Armee, über seine Offiziere und Soldaten, die als Deutsche das Beste gewollt haben für ihr Volk und Vaterland, die kämpfen und sterben wollten. Mögen Sie uns tausendmal schuldig sprechen, die Göttin des ewigen Gerichts der Geschichte wird lächelnd den Antrag des Staatsanwaltes und das Urteil des Gerichtes zerreißen; denn sie spricht uns frei.« [8]

Das Volksgericht entschied beinahe so wie die Göttin. Es sprach Ludendorff frei und verurteilte Hitler zu fünf Jahren Festungshaft und stellte ihm nach Verbüßung von sechs Monaten eine Bewährungsfrist in Aussicht, legte ihm eine Geldbuße von 200 Mark auf und entschied voller Barmherzigkeit, auf den Befehl zur Ausweisung zu verzichten. Die übrigen Angeklagten erhielten ähnlich milde Strafen. Das Gericht, dessen Laien- und Berufsrichter standfeste Nationalisten waren, hatte Hitlers Ausführungen aufmerksam zugehört und sich von ihnen offenbar beeindrucken lassen. Und das Schlußwort Hitlers war ganz Hitler, Worte des großmäuligen Spinners. Er erläuterte dem Gericht, wie es alles hätte sein sollen: »In München, Nürnberg, Bayreuth wäre ein unermeßlicher Jubel, eine ungeheure Begeisterung wäre im Deutschen Reiche ausgebrochen, und wenn die erste Division der deutschen Nationalarmee den letzten Quadratmeter bayerischen Bodens verlassen hätte und zum erstenmal auf thüringisches Land übergetreten wäre, so hätten wir es erlebt, daß das Volk dort aufgejubelt hätte. Die Leute hätten erkennen müssen, das deutsche Elend hat ein Ende, die Erlösung konnte nur kommen durch eine Erhebung. Die pazifistisch-defätistische, vollständig unmoralische Regierung in Berlin hätte im Sturm weichen müssen.« [9]

Die verlorene Schlacht, aus der in Wirklichkeit mit Ausnahme Ludendorffs sämtliche führenden Gestalten die Flucht ergriffen hatten, war nach Hitlers Wortfeuerwerk nicht verlorengegangen, sondern gewonnen worden, und nach seinen Worten waren Tausende der Partei beigetreten, die doch im ganzen Reich verboten war. Aber die Münchner waren ihr nicht zugeströmt, sondern hatten diese Erhebung entweder als gefährlich oder aber als absurd abgetan und keinerlei Begeisterung dafür gezeigt. Hitler aber sah alle Deutschen seiner Sache zuströmen, während in seiner mythischen Darstellung die Braunhemden nicht etwa auf die Feldherrnhalle, wo die Polizei sie zum Stehen brachte, sondern auf Berlin marschierten.

Diese Vision teilten freilich nur verhältnismäßig wenige Deutsche; Hitlers Zulauf war recht begrenzt. In den Wahlen im Mai 1924 erhielten die Nationalsozialisten zusammen mit den Völkischen 1,9 Millionen Stimmen oder 6,5%, und das war das Maximum dessen, was sie in den nächsten drei Reichstagswahlen erreichen sollten. In der anschließenden Reichstagswahl im Dezember 1924 fiel ihr Anteil auf weniger als 2,9% ab und blieb dort bis zu den Wahlen von 1928, in denen sich 810 000 oder 2,6% aller Wähler für sie entschieden.

Aber wie Hitler vor Gericht gesagt hatte: Nicht Mehrheiten bestimmen die Geschichte, und ob er nun im Gefängnis saß, wo er *Mein Kampf* schrieb, oder sich frei in der politischen Wildbahn betätigte, wo er immer nur dieselben Mengen der ganz oder fast verrückten Randgruppen zusammentrommeln konnte – immer hämmerte er allen, die es hören wollten, die Aufgabe ein, für die er sich berufen fühlte, und wartete mit absoluter Sicherheit auf den Tag, an dem die Massen gar nicht mehr anders konnten, als ihm zuzuströmen. Unterdessen oblag es Stresemann und Männern wie ihm, mit den Krisen fertig zu werden und die harten, praktischen Entscheidungen zu treffen, mit denen ganz langsam die Gesundung des Reiches möglich werden sollte.

Hauptthema der Wahlen vom 4. Mai war die Reparationsfrage. Die internationale Sachverständigenkonferenz unter Dawes hatte eine Formel erarbeitet, die ziemlich weit unter den illusorischen Zahlen lag, die seitens der Alliierten ebenso unmögliche Erwartungen geweckt wie bei den Deutschen unendliche Bitterkeit genährt hatten, und die Regierung Marx-Stresemann hatte sie akzeptiert. Die Sachverständigen hatten festgestellt, das Reich könne in normalen Jahren 2,5 Milliarden Goldmark zahlen, da aber die damalige Zeit alles andere als normal war, sollten vier Jahre lang kleinere, jährlich wachsende Beträge genügen und danach die vollen 2,5 Milliarden fällig werden.[6] Eine Gesamtreparationssumme wurde nicht festgelegt; Deutschland sollte jedoch seine Wirtschaftseinheit und die Verfügungsgewalt über die Zölle und die Eisenbahnen im Ruhrgebiet wiedererlangen. Wie sich herausstellte, waren die von den Sachverständigen vorgeschlagenen Lösungen durchführbar, lösten aber nirgends besondere Begeisterung aus; es war ein mühseliges, doch immerhin machbares System, und in den Maiwahlen konnte sich keine Wählermehrheit zu irgendeiner Partei oder Koalition entschließen, die eine ihr genehme Lösung angeboten hätte. Von den fast 30 Millionen abgegebenen Stimmen erhielten die Rechte 7,5 Millionen einschließlich der fast zwei Millionen für die National-sozialisten und ihre Verbündeten, während der kommunistische Anteil von vorher einer halben Million auf 3,7 Millionen Stimmen anstieg. Die SPD, die in der Verfassunggebenden Nationalver-sammlung 263 und im ersten Reichstag von 1920 102 Mandate innegehabt hatte, fiel in den Maiwahlen 1924 bei einem Wähleraufkommen von etwas mehr als sechs Millionen Stimmen auf 100 Sitze ab. Die Unabhängige Sozialdemokratische Partei errang überhaupt kein Mandat mehr; ihr Stimmenanteil fiel von 17,8 auf weniger als ein Prozent. Ein Großteil des Zuwachses der kommunistischen Stimmen kam von den Mitgliedern der beiden sozialistischen Parteien, die ihrer Partei untreu geworden waren, weil ihnen deren Führung und Programm im Vergleich zur extremen Linken ziellos und unklar erschien. Aus ähnlichen Gründen hatte auch Strese-manns Volkspartei an die Rechte an Boden verloren und fiel von 65 auf 45 Mandate im Reichstag.

Stresemanns Erfüllungspolitik sah sich seit einiger Zeit schweren Angriffen von der Rechten ausgesetzt. Der nationalistische Abge-ordnete von Freytag-Loringhoven beschuldigte ihn, er handle im französischen Interesse, denn sein Schwiegervater sei Hauptaktio-när einer tschechoslowakischen Waffenfabrik, ein Vorwurf, den auch der nationalsozialistische *Völkische Beobachter* erhoben hatte. Die Anschuldigung war völlig unbegründet; niemand in der Strese-mann-Familie besaß, wie Stresemann im Reichstag erklärte, irgend-welche Anteile an dem tschechischen Konzern, und sein Schwieger-vater war schon seit 20 Jahren tot. [10] Doch schon ging das Gerücht, Frau Stresemann sei die Schwester von Frau Poincaré, und wie immer wurden die Dementis der Verunglimpfungen nicht Herr.

Erfüllung bedeutete Opfer, immer auf Kosten der deutschen Arbeiter, wie es schien, und so besaß die Erfüllungspolitik keinerlei öffentliche Anziehungskraft. Wieder mußte es eine zusammenge-stückelte Regierung aus Zentrum und anderen gemäßigten Parteien auf sich nehmen, mit den außen- und innenpolitischen Problemen Deutschlands so gut es eben ging fertig zu werden. Doch außenpoli-tisch war ihr Gesprächspartner eine nicht weniger zusammengestük-kelte Entente, die allmählich Abnutzungserscheinungen zeigte. Die am 16. Juli einberufene Londoner Konferenz sollte sich auf französi-schen Druck hin ausschließlich mit der Prüfung von Problemen, die sich aus dem Dawes-Plan ergaben, und mit der Wahrung der Unverletzlichkeit des Vertrages von Versailles befassen. Fragen wie der Abzug der französischen Truppen aus dem Ruhrgebiet sollten nicht zur Debatte stehen. Doch seit Poincarés Befehl zum Einmarsch ins Ruhrgebiet hatte sich Frankreichs Position verschlechtert, und noch vor Eröffnung der Konferenz stimmte Herriot der Schaffung einer Untersuchungskommission unter amerikanischem Vorsitz zu, der es künftig obliegen sollte, festzustellen, ob Deutschland seinen Verpflichtungen absichtlich nicht nachgekommen war. Die Beratungen dieser Kommission sollten an die Stelle der früher einseitig von Paris getroffenen Entscheidungen treten. Sanktionen durften nur einstimmig beschlossen werden. Außerdem gestand Herriot zu, Deutschland erlange seine Wirtschaftseinheit nach Annahme des Dawes-Plans wieder.

Nachdem diese Kompromisse erreicht waren, konnten die Deutschen zur Londoner Konferenz eingeladen werden, und die deutsche Delegation, der Marx, Stresemann, Schacht und Finanzminister Luther angehörten, langte am 5. August in London an, um diesmal nicht nur fix und fertige Papiere zur Unterschrift vorgelegt zu bekommen, sondern mit Aussicht auf wirkliche Verhandlungen. Die Aussicht verdüsterte sich freilich, als der sanftmütige Wilhelm Marx in seiner ersten Einlassung ein paar Worte einflocht, ob nicht die Franzosen als Gegenleistung zur Annahme der Dawesschen Reparationsskala das Ruhrgebiet verlassen könnten. Marx sprach deutsch, und der Dolmetscher, den die Delegation mitgebracht hatte, übersetzte nicht etwa die gemäßigten Äußerungen des Reichskanzlers, sondern legte zu einer eigenen virtuosen Version an, die den Anwesenden eher nach Ludendorff als nach Marx klang. Die Sache wurde mit einiger Mühe bereinigt, und ein neuer Dolmetscher, Paul Schmidt, kam in den Saal. Schmidt blieb während der ganzen Weimarer Republik und des ganzen Dritten Reiches auf diesem Posten. In London hatten sowohl die Deutschen als auch die Franzosen mit Ressentiments zu Hause zu kämpfen, die nichts dulden mochten, was auch nur so aussah, als gebe man dem Feind nach, denn die alldeutschen Überbleibsel im Reich fanden in Frankreich ihr Gegenstück im Hyperpatriotismus der »Camelots du Roi«, einer Organisation, die eine französische Zeitung einmal als »Les Fascistes du roi« bezeichnete. [11] Stresemann und Marx hatten eine Reichstagsmehrheit zur Annahme der Lasten des Dawes-Plans nur mit dem Versprechen bewegen können, damit werde man die Franzosen im Ruhrgebiet los, und wenn Herriot zustimmte, dann hatte er allen Anlaß, seinen Sturz durch das französische Parlament zu befürchten.

Tatsächlich aber gelangte man zu Kompromißlösungen, und im Gegenzug zur Annahme des Dawes-Plans für die Reparationen mit der Möglichkeit eines Rückgriffs auf Sanktionen stimmte Herriot zu, den sofortigen Abzug aus Dortmund und binnen eines Jahres aus dem gesamten Ruhrgebiet anzuordnen. Überdies gewann er in der Deputiertenkammer und im Senat eine Vertrauensabstimmung, obwohl Poincaré schweres Geschütz gegen ihn auffuhr und ihn und die von ihm gemachten Zugeständnisse genauso heftig attackierte, wie Stresemann im Reichstag angegriffen wurde.

Wie in Deutschland waren auch in Frankreich die widerstreitenden Strömungen von Versöhnung und Feindseligkeit stark. Vor dem Deutschland der Mitte der zwanziger Jahre fürchtete sich Frankreich kaum. Die Bedrohung der Sicherheit Frankreichs lag in der Zukunft. Ein großer Teil der französischen Bevölkerung erblickte jenseits des Rheins ein um nichts besser gewordenes Deutschland, das Tag für Tag nur auf Rache sann. *Le Petit Journal* berichtete im Januar 1924 von einer Versammlung deutscher Nationalisten an der Berliner Universität, der General von Seeckt beigewohnt habe und auf der Studenten und der Rektor den Kaiser hätten hochleben lassen. Der Deutschlandkorrespondent des Blattes, Henry de Kerab, wußte zu sagen, in der deutschen Republik mache sich eine gründliche militaristische und monarchistische Reaktion breit, und nach nur sechsjährigem Bestehen sei die Republik schon tot. Trotz angeblicher Entwaffnung, so schrieb der Korrespondent, habe das deutsche Heer seine Stärke erhöht, die jetzt vermutlich bereits 450 000 Mann betrage, die Polizei nicht mitgerechnet. Ein deutscher Varietékünstler, der gegen Kriegsende in einem Schlager gesungen habe »Wann gibt's wieder Bohnenkaffee?«, singe jetzt auf dieselbe Melodie die Worte: »Wann gibt's wieder Krieg?« [12] Die französische Presse wurde des Themas nicht müde.

Die kommunistische *L'Humanité* andererseits druckte unter der Schlagzeile »Die abscheuliche Käuflichkeit der französischen Presse« eine Reihe von Briefen ab, die die sowjetische Regierung aus den zaristischen Archiven[7] freigegeben hatte und in denen der Nachweis geführt wurde, daß die russische Regierung vor dem Kriege an über 20 französische Zeitungen – darunter führende Blätter wie *Le Temps, Le Figaro, L'Aurore, Le Matin* und *L'Echo de Paris* – große Zahlungen geleistet habe, damit sie über das zaristische Rußland und das französisch-russische Bündnis positiv berichteten. Die Zahlungen seien hauptsächlich an radikalsozialistische Zeitungen gegangen, die der zaristischen Regierung nicht allzu wohl gesonnen waren, und nach den Briefen hatte Poincaré selbst bei der Auszahlung die Hand im Spiel gehabt. In einem Brief, so *L'Humanité*, seien alle Umstände für den fünf Jahre später eintretenden Weltkrieg genauestens aufgezählt worden. Der Pariser Vertreter des russischen Finanzministeriums, Raffalowitsch, habe 1909 dem russischen Ministerpräsidenten Kokowtzow geschrieben: »Wenn die russische Ehre in Serbien gegen Österreich auf dem Spiele steht, wird die französische Regierung ihrer Verpflichtung eingedenk die eingegangenen Pflichten erfüllen.« Nach der russischen Mobilmachung werde Österreich Belgrad besetzen, und dem werde ein Partisanenkrieg mit Serbien folgen. Die Russen würden an der österreichischen Grenze mobil machen, die Deutschen an der französischen Grenze, und England werde seine Flotte mobilisieren. »Doch wird«, fragte der Autor, »die französische Öffentlichkeit den Frieden wegen Serbien gefährdet sehen und den Krieg mit Deutschland als Konsequenz in Kauf nehmen?«

Wie nun, so fragte *L'Humanité*, könne die französische Regierung im Lichte solcher Dokumente die Verantwortung Frankreichs und Rußlands für den Krieg leugnen?[8] Wie die Briefe bewiesen, seien der Hauptschriftleiter von *Le Temps*, André Tardieu, jeden zweiten Tag, und andere führende französische Zeitungsredakteure und Politiker, darunter Clemenceau, Briand, Pichon[9], immer wieder mit der Auszahlung russischer Gelder in Millionenhöhe beschäftigt gewesen. [13]

In Deutschland rieb sich die Rechte weiterhin an Stresemann und seiner Politik der Versöhnung mit Frankreich mit einer Wut, die der der französischen Nationalisten in nichts nachstand. Ludendorff, der im Mai als Abgeordneter in den Reichstag gewählt worden war, sagte in einer Rede, was er vor zehn Jahren in Tannenberg gewonnen habe, sei jetzt von Stresemann in einem jüdischen Tannenberg verloren worden, und zwei Wochen bevor er bei einem Eisenbahnunglück umkam, nannte Helfferich die Annahme des Dawes-Plans und die Ergebnisse der Londoner Konferenz »das zweite Versailles« [14]. Seeckt hingegen unterstützte die Dawes-Lösung, nicht nur, weil er wußte, daß die Alternative bei weitem schlimmer wäre, sondern auch, weil er im Falle einer Ablehnung eine Reichstagsauflösung und Neuwahlen mit weiteren Stimmengewinnen für die Linke befürchtete. Im Ergebnis stimmten 48 deutschnationale Abgeordnete mit der Regierungskoalition für die Annahme der Dawes-Vorschläge, und so war in Deutschland wie in Frankreich der Weg offen zu einer gewissen Versöhnung, mochte sie auch noch so widerstrebend sein.

Die große Zahl der Splitterparteien in der Weimarer Republik[10] ist oft für deren Untergang verantwortlich gemacht worden, da keine Partei in der Lage war, anders als durch labile Koalition eine Regierung zu bilden. Nur sieben Monate nach der letzten Wahl mußten bereits am 7. Dezember wieder Reichstagswahlen angesetzt werden. Diesmal verloren die Kommunisten und Nationalsozialisten eine Million Stimmen. Die kommunistischen Mandate im Reichstag gingen von 62 auf 45 zurück, und die Nationalsozialisten errangen nur 14 Sitze gegenüber vorher 32. Wieder gewannen die gemäßigten und relativ gemäßigten Parteien auf Kosten der extremen Rechten und Linken hinzu; die SPD errang 130 Mandate anstatt vorher 100, die Deutschnationale Volkspartei kam von 44 auf 51 Sitze. Keine Partei gelangte aus eigenem Recht an die Macht. Die Wähler zogen scharenweise von den Extremen in die Mitte und teilten sich dort in zwei etwa gleich große anti- und prorepublikanische Gruppen, erstere national-völkisch und kommunistisch, letztere liberal, demokratisch und sozialistisch. Erschwerend kam hinzu, daß eine Gruppierung wie Stresemanns bürgerliche Volkspartei in ihren Reihen viele Anhänger der Monarchie zählte, die aber wie Stresemann der Republik ergeben dienten und keinen Finger für die Wiedereinsetzung der Hohenzollern regten. Mochten auch Kunst und Wissenschaft wie nie zuvor in der deutschen Geschichte blühen, so erhob sich doch in den zwanziger Jahren keine einzige politische Gestalt, sei sie nun anti- oder prorepublikanisch, die die Vorstellungskraft des Volkes für sich hätte einnehmen können. Die gewählten politischen Führer sahen nicht nur im Badeanzug wenig eindrucksvoll aus, auch angezogen wirkten sie unansehnlich. Selbst der verehrte Held von Tannenberg, der Urgroßvater aller patriotischen Deutschen, machte im Gehrock und mit seinen aus einem verlorenen Krieg und einer längst vergangenen Zeit stammenden Prinzipien nur mäßigen Eindruck. Als Friedrich Ebert starb und sich Hindenburg widerwillig zur Kandidatur für das Amt des Reichspräsidenten bereden ließ, erhielt er im zweiten Wahlgang vom 26. April 1925 eine Million Stimmen weniger als seine beiden Gegenkandidaten Wilhelm Marx vom Zentrum und Ernst Thälmann von den Kommunisten zusammengenommen.[11]

Aus Angst, Jarres, der Kandidat der Rechten im ersten Wahlgang, könnte in der entscheidenden Wahl Stimmen an Marx verlieren, der jetzt für das Zentrum und die Sozialisten kandidierte, wandten sich die Nationalisten an den achtundsiebzigjährigen Hindenburg. Die Abordnungen, die sie zu ihm schickten, um ihn zu überreden, an Stelle von Jarres zu kandidieren, hatten wenig Glück. Hindenburg sagte ihnen, er wolle nichts als seine Ruhe haben, und es bedurfte zweier Besuche von Admiral von Tirpitz[12], um den alten Feldmarschall endlich zu überzeugen, daß die Pflicht von ihm wieder einmal die Rettung des Vaterlandes verlange, diesmal, indem er Präsident einer Republik werde, für die er sich wenig oder gar nicht begeistern mochte.

Seine Worte bei der Leistung des Amtseids am 12. Mai waren im wesentlichen eine Wiederholung dessen, was er der Wählerschaft vor der Wahl gesagt hatte. Er schwor, seine ganze Kraft dem Wohle des deutschen Volkes zu widmen, Schaden von ihm zu wenden, die Verfassung und die Gesetze zu wahren, gewissenhaft seine Pflichten zu erfüllen und Gerechtigkeit gegen jedermann zu üben, so wahr ihm Gott helfe. Und in seiner Antwort auf die Begrüßungsansprache des Reichstagspräsidenten Paul Löbe sagte Hindenburg: »Reichstag und Reichspräsident gehören zusammen, denn sie sind beide unmittelbar aus den Wahlen des deutschen Volkes hervorgegangen... Beide zusammen erst bilden die Verkörperung der Volkssouveränität... Das ist der tiefe Sinn der Verfassung, auf die ich mich soeben durch mein Manneswort feierlich verpflichtet habe.« [15]

In England wurde Hindenburgs Wahl ruhig aufgenommen; die *Daily Chronicle* erklärte, diese Wahl sei immerhin kein Bruch des Friedensvertrages, und England dürfe Deutschland nicht nach seinen Stimmungen, sondern müsse es nach seinen Handlungen beurteilen. In der *Times* hieß es, Deutschland habe sein Gleichgewicht wiedergefunden, die Wähler hätten für den alten Soldaten, den Sieger bei Tannenberg, als besten und typischsten Repräsentanten der Nation gestimmt, und für Deutschland wie für Europa sei es das beste, wenn an der Spitze des deutschen Staates ein Mann der Ehre und Entschlossenheit stehe. Aber wie vorauszusehen war, machten die Franzosen saure Miene. *Le Temps* schrieb, das deutsche Volk habe einen früheren Heerführer gewählt und wolle damit seine Niederlage leugnen. Und der Leitartikler fuhr fort: »Unter diesem Gesichtspunkt muß das Wahlergebnis als eine Herausforderung nicht nur der Alliierten, sondern sogar Europas und Amerikas bezeichnet werden. Deutschland hat die Maske abgeworfen, durch die es an die Aufrichtigkeit seiner demokratischen Gefühle glauben machen will, und es zeigt sich nun sein altes Gesicht, in dem sich seine kriegerischen Instinkte und seine Herrschsucht ausdrücken. Die ganze Politik der Versöhnung hat damit moralisch Bankrott gemacht....« [16]

Für die Deutschen war Hindenburg ein Symbol nicht der Republik, sondern des Vaterlandes, das in der Armee wurzelte. Ebert hatte die Achtung vieler Männer genossen, auch wenn sie politisch anderer Meinung waren, aber er blieb doch immer der frühere Sattler, der aufrechte, aber schäbige kleine Hausmeister eines bankrotten Reiches, dem jede Spur der sagenumwobenen Gründerväter abging, die Hitler in seinen Reden im Gerichtssaal feierte. Eberts prosaisch-gewöhnlicher Stil war auch charakteristisch für die Reichskanzler und Kabinettsminister, obwohl – da Minister im politischen Wirrwarr weniger anfällig waren als die Regierungschefs – Männer wie Gessler und Stresemann jahrelang den verschiedensten Kabinetten unter wechselnden Kanzlern angehören konnten. Eine Regierung gab der anderen die Tür in die Hand, und jede schlug sich mit den ererbten und den unablässig auftretenden neuen Problemen herum, bis auch sie wieder stürzte, sobald sich die dünnen Parteiverbindungen wieder verschoben. Die Menschen hingen einer Partei nicht aus ideologischen Gründen an, sondern wechselnder »Malheurs« wegen. Während der Debatte über die Währungsreform bildete sich sogar einmal eine kurzlebige Partei nur um dieses Problemkreises willen. Man lebte in allem nur von der Hand in den Mund, außer in dem, was Stresemann erreichte, indem er Anleihen aus den Vereinigten Staaten und England beschaffte und die Franzosen dazu brachte, das Ruhrgebiet zu räumen.

Fragen wie die Kriegsschuldklausel konnte er bei England und Frankreich nicht anbringen; er versuchte es zwar, aber selbst seine Gönner unter den Alliierten bedeuteten ihm, das solle er besser bleibenlassen. Der Grundsatz von Deutschlands alleiniger Kriegsschuld stand nicht nur im Versailler Vertrag, sondern war eingemeißelt ins Gemüt jedes Franzosen, und ein französischer Staatsmann, der auch nur einen Augenblick lang den deutschen Protesten gegen die Ungerechtigkeit dieses Vorwurfs zuhörte, konnte sich nicht im Amt halten. Diese Anschuldigung war noch nie wahr gewesen, aber das hielt Millionen Franzosen nicht davon ab, an sie wie an einen Glaubensgrundsatz zu glauben, und wenn irgendwann ein deutscher Staatsmann nachzuweisen versuchte, die eben freigegebenen Akten des Auswärtigen Amtes, die die Regierung unter dem Titel *Die Große Politik der europäischen Kabinette* veröffentlichte, oder die

1924 aus den zaristischen Geheimarchiven[13] veröffentlichten Dokumente stützten diesen Vorwurf nicht, dann versetzte er damit lediglich Männer wie Poincaré in Rage, die von einem solchen Gegenbeweis nichts wissen wollten. Stresemann hatte ein unparteiliches Tribunal zur Prüfung des Beweismaterials angeregt, aber wie ein Leitartikler in *La Nation* sagte, hatte »die Geschichte sich der Frage angenommen und ihr Urteil gesprochen«. Die Veröffentlichung von *Die Große Politik* hinterließ einen starken Eindruck bei Historikern in aller Welt und leistete einen gewaltigen Beitrag zu dem Revisionismus hinsichtlich der Ursachen des Ersten Weltkriegs, der die nächste Gelehrtengeneration in Europa und den Vereinigten Staaten beherrschte. Politisch aber veränderte sich die Linie in Frankreich nie auch nur um ein Jota: Die Kriegsschuldklausel hatte ihre eigene Mystik, sie blieb im Vertrag und im Denken und Fühlen aller, die sie dort sehen wollten, wie viele Beweise auch gegen sie sprechen mochten.

So lebten denn Deutsche und Franzosen in einem chronischen Zustand der Enttäuschung und Unzufriedenheit. Welchen Kurs das Reich auch einschlagen mochte, es konnte seine Zersplitterung nicht überwinden. Die schmerzlichen Fragestellungen wirkten als Spaltpilze in Philosophien und Parteien. Der Dawes-Plan wurde gebilligt, weil viele nationalistische Abgeordnete für ihn als ein notwendiges Übel trotz der Tatsache stimmten, daß die meisten ihrer Parteimitglieder gegen den Plan waren. Seeckt war für seine Annahme, aber Ludendorff und andere nannten ihn ein »jüdisches Tannenberg«, er war ein fortdauernder Beweis für die Tragödie des verlorenen Krieges, von der der Kaiser jetzt im Exil behauptete, sie gehe auf das Konto der Freimaurer, der Juden und der Politiker in Frankreich und Italien, wobei er diesmal seine einstigen schwarzen Schafe, seine Vettern in England und den inzwischen ermordeten russischen Zaren, nicht nannte.

Dennoch gelang Stresemann die Neuorientierung nicht nur der deutschen, sondern auch der französischen Außenpolitik. Frankreich konnte die angestrebte Sicherheit niemals aus eigener Kraft erlangen; weder mit seiner Bevölkerung noch mit seinem Industriepotential konnte es erfolgreich mit Deutschland konkurrieren. Blieb es bei dem traditionellen Kurs der französischen Diplomatie, dann konnte es seine Position als Großmacht nur mit Hilfe auf Sand gebauter Allianzen und durch Rückgriff auf die moralischen Schlagworte des Völkerbundes bewahren, der leicht bei der ersten ernsthaften Prüfung in Stücke gehen konnte. England lehnte die Ratifizierung des sogenannten Genfer Protokolls ab, das es im Falle einer deutschen Aggression zur militärischen Hilfeleistung an Frankreich verpflichtet hätte. Natürlich war die Formulierung des Protokolls weder so präzise noch auch so eng gefaßt. Das vom Völkerbund am 2. Oktober 1924 einstimmig den in ihm vertretenen Regierungen zur Annahme empfohlene Protokoll sah die sogenannte »friedliche Beilegung internationaler Streitigkeiten« vor. Nach seinen Bestimmungen genoß jedes im Völkerbund vertretene Land die Garantie gegen einen ungerechtfertigten Angriff und war verpflichtet, »dem angegriffenen oder bedrohten Staat« zu Hilfe zu kommen. [17] Die Idee stammte von dem Engländer Lord Robert Cecil und wurde von Ramsay MacDonald dem Völkerbund vorgeschlagen. Das Protokoll war jedoch für die britischen Dominions unannehmbar, die nicht länger von·der praktischen Notwendigkeit oder auch dem moralischen Gebot überzeugt waren, ihre Jugend in einen europäischen Krieg zu schicken, den andere Länder zu führen beschlossen. Die neugewählte konservative Regierung unter Stanley Baldwin lehnte das Protokoll ab, und Frankreich blieb nur noch sein Bündnis mit Belgien, der Tschechoslowakei, Polen und den anderen militärisch keineswegs sehr eindrucksvollen Nachfolgestaaten des Ersten Weltkriegs.

An dieser Stelle belebte Stresemann einen Gedanken neu, der erstmalig im Dezember 1922 von Reichskanzler Cuno angeregt worden war, den aber Poincaré glatt abgelehnt hatte. Es handelte sich um den bescheidenen Vorschlag, Deutschland und Frankreich sollten zusammen mit England und Italien unter der Bürgschaft der Vereinigten Staaten den Status quo am Rhein garantieren, indem sie sich verpflichteten, für ein Menschenalter keinen Krieg gegeneinander zu führen. Poincaré, der mit dem Rheinland immer noch anderes im Sinn hatte, gab darauf zur Antwort, der Plan schwäche nur Frankreichs Position, und Frankreich könne nicht in diese Falle gehen. [18]

Diesmal aber fand der Vorschlag offenere Ohren. Briand lehnte ihn nicht etwa ab, sondern nannte ihn einen Segen für die Menschheit, und der Vertrag von Locarno, der sich daraus entwickelte, wurde zum Musterbeispiel für den Geist der Versöhnung nach dem Kriege und die friedliche Lösung jahrhundertealten Streits. Der Pakt sah gegenseitige Garantien der französischen, deutschen und belgischen Grenze vor und sollte von diesen Staaten sowie von Großbritannien und Italien unterzeichnet werden; des weiteren enthielt er Schiedsvereinbarungen zwischen Polen, Frankreich, Belgien, der Tschechoslowakei und Deutschland, und als Rückversicherung französisch-polnische und französisch-tschechoslowakische Beistandsverträge für den Fall eines unprovozierten Angriffs. Locarno wurde überschwenglich gefeiert, jedoch sowohl in Frankreich wie in Deutschland auch mit beträchtlicher Skepsis, um nicht zu sagen Zynismus, aufgenommen. Am 5. Oktober 1926 schrieb der Deutschlandkorrespondent von *La Nation* anläßlich einer Rede Stresemanns in Köln:»Ein böswilliger Betrachter könnte feststellen, daß Stresemann in einem mit kaiserlichen Fahnen drapierten Saal sprach, in dem die meisten Delegierten das Zeichen der Hohenzollern am Revers trugen. Auf diese Weise trägt man in Deutschland die Verbundenheit mit der Republik zur Schau... Völkisch oder demokratisch, Junker oder Sozialist – jeder Deutsche bleibt allemal Deutscher. Stresemann ist der Freund aller Welt. Aber er besitzt eindeutig nicht die Friedensmystik, die Briand beseelt. Er neigt zum Frieden, weil ihm dies im Augenblick der beste Weg zu sein scheint, Deutschlands Wiedererstarkung zu erlangen, aber ebensogut würde er ruhigen Gewissens und ohne Störung seiner Verdauung zum Krieg neigen, wenn er glaubte, Deutschland könne dadurch gewinnen. Er besaß die Geschmacklosigkeit – aber ist er nicht Deutscher? –, des langen und breiten auf die Ursprünge des Krieges und die Nichtschuld Deutschlands einzugehen. Er erklärte sich willens, die Frage der Verantwortung für den Krieg durch ein unparteiisches Tribunal prüfen zu lassen. Das ist sinnlos! Die Geschichte hat sich der Frage angenommen und ihr Urteil gesprochen.« [19]

Im Reich traten die vier deutschnationalen Mitglieder in Luthers[14] Kabinett aus Protest gegen Locarno zurück, Hindenburg zeigte sich von dem Pakt keineswegs angetan, und Ludendorff brandmarkte ihn als ein Dokument der »Schande und Unehre«. Da sie befürchteten, Deutschland würde ins antisowjetische Lager einschwenken, griffen ihn auch die kommunistischen Parteiführer in Deutschland und Rußland an, wo Stalin ihn als bloße »Fortsetzung von Versailles« bezeichnete, die den Status quo erhalten wolle, kraft dessen Deutschland ein besiegtes Land und die Entente die Siegerin sei. Locarno verankere die neuen Grenzen juristisch zugunsten Frankreichs und Polens, bekräftige Deutschlands Verlust der Kolonien und zwinge es gleichzeitig, an Händen und Füßen gebunden, in ein Prokrustesbett. Auch Seeckt hielt Locarno für einseitig und praktisch nutzlos. Deutschland, so meinte er, sei zu schwach, um den anderen Staaten gleichwertig entgegenzutreten; das Reich sei bloßes Objekt der Politik und bestenfalls ein gefügiger Verbündeter, den man jederzeit fallenlassen konnte, wenn man ihn nicht mehr brauchte oder sich ein besserer Verbündeter anbiete. Was Deutschland brauche, sei eine freie Hand im Osten. [20] Seeckt sah die Lösung für die deutschen Probleme in der Wiedergewinnung der militärischen Stärke; war das einmal erreicht, dann erledigte sich alles andere von selbst. Waren einmal die Ketten von Versailles zerbrochen, dann konnten die Franzosen weder im Rheinland noch im Ruhrgebiet einmarschieren, und was im Osten und Westen verlorengegangen war, konnte sehr wohl auf dieselbe Weise wiedergewonnen werden, wie es der Feind errungen hatte. Seeckt wollte eine vorsichtige Ostorientierung, ein russisch-deutsches Verhältnis, das wenigstens militärisch das Potential der Franzosen und ihrer Verbündeten mehr als wettmachte.

Ein Bündnis mit Rußland blieb für viele deutsche Nationalisten eine verführerische und keineswegs immer nur theoretische Möglichkeit. Selbst Stresemann sagte einmal zum englischen Botschafter D'Abernon, hätten die Franzosen das Reich zu weit getrieben, dann hätte es sich an die Sowjetunion wenden müssen, und gemeinsam hätten sie Europa überflutet. D'Abernon dachte, Stresemann bluffe und die deutsche zivile und militärische Führung würde niemals zu einer Bolschewisierung des Reiches ihr Einverständnis geben, was als Folge einer Öffnung der Tore für die russische Armee, die sowjetischen Propaganda und Geheimpolizei unausweichlich eingetreten wäre. Dennoch war dieser Gedanke stets mehr als ein bloßer Traum oder Alptraum. Kurz nach dem Volksentscheid in Oberschlesien war bereits 1921 eine deutsche Militärmission zu ersten Sondierungen über eine mögliche militärische Zusammenarbeit nach Moskau gesandt worden. Lenin war voll und ganz für eine russische Annäherung an die Reichswehr, und 1922 traf sich Seeckt in Berlin mit Radek zu Militärgesprächen, die den Weg nach Rapallo ebnen halfen.

Es war dies der Anfang einer wenn auch bescheidenen, so doch erfolgreichen Zusammenarbeit, die bis nach Hitlers Machtübernahme zehn Jahre später andauern sollte. Die sowjetische Führung, der sehr daran lag, aus dem Cordon sanitaire auszubrechen, der sie seit 1919 umgab, bot den Deutschen in dem rund 300 Kilometer südwestlich Moskaus gelegenen Lipezk die Errichtung eines Flugzentrums an, das die Deutschen 1924 zu bauen begannen. Dem folgte 1927 die Einrichtung einer Schule für Ausbildung und Technik des Gaskampfes in der Nähe von Saratow an der unteren Wolga und 1930 die Einrichtung einer Kampfwagenschule in Kasan an der mittleren Wolga. Artilleriemunition für die Deutschen wurde im Ural hergestellt.

Als Gegenleistung erhielt die Sowjetunion die Erlaubnis, in Lipezk technisches Bodenpersonal auszubilden und Offiziere nach Berlin zu entsenden, wo sie die taktischen und operativen Grundsätze und Vorschriften des (trotz seiner theoretischen Abschaffung durch den Versailler Vertrag getarnt weiterbestehenden) deutschen Generalstabs studierten und auch an Generalstabsreisen zu Truppenübungen teilnehmen durften. [21]

Die Zahl des so erfaßten Personals war nicht groß. Lipezk beispielsweise umfaßte vier Staffeln mit durchschnittlich je 60 Mann sowie 100 bis 200 Mann Bodenpersonal, aber das Vorhaben wirkte psychologisch nachhaltig auf die daran teilnehmenden Deutschen und verhalf ihnen und der deutschen Heeresleitung zu dem Gefühl, mit der militärischen Entwicklung Schritt zu halten. Gleichzeitig wirkte es gewissermaßen symbolisch als Rückversicherung gegen die überwältigende militärische Macht Frankreichs und seiner Verbündeten, denen das Reich anläßlich der Ruhrbesetzung nichts als passiven Widerstand hatte entgegensetzen können. Das deutsche fliegende Personal wurde zunächst in Deutschland an den zivilen Schulen für Sport- und Verkehrsflieger ausgebildet; dort erwarb man den sogenannten »B2-Schein« und ging anschließend zur militärischen Flugschulung nach Lipezk.

In Holland wurden 100 Jagdflugzeuge der Fokker-Werke bestellt und mit Geldern aus dem für Zwecke des passiven Widerstandes im Ruhrgebiet gebildeten »Ruhrfonds« bezahlt. Junkers baute in Rußland Fabriken, eine davon in der Nähe Moskaus, die jährlich 300 Flugzeuge herstellte, 200 für das Reich, 100 für die Sowjetunion. Die Bereitstellung der Gelder war schwierig, teilweise auch wegen der notwendigen absoluten Geheimhaltung des Unternehmens. Obwohl Reichspräsident, Reichskanzler und Reichswehrminister über die Ausbildung von Fliegern und Panzerbesatzungen im Bilde waren, lag es in der Natur der Sache, daß das Ganze nicht veröffentlicht oder im Reichstag debattiert werden durfte, und im Durchschnitt belief sich die Summe der für die Ausbildung des Personals in Rußland, den Nachschub und die Instandhaltung des Materials erforderlichen Mittel auf nicht mehr als 10 Millionen Mark jährlich. Geld und Material waren so knapp, daß die Fokker-Flugzeuge ausgeschlachtet werden mußten, um Ersatzteile für die allmählich abgenutzten Maschinen zu beschaffen. Auf deutscher Seite hatte die Zusammenarbeit vor allem psychologische Wirkung. Da die Flugzeuge Polen nicht überfliegen konnten, wurden sie in großer Höhe und ohne Zwischenlandung über Litauen und Lettland in die Sowjetunion eingeflogen. Segler, die aus Sicherheitsgründen nur von Offizieren bemannt waren, pendelten zwischen Deutschland und den sowjetischen Häfen, und die Leichen der während der Ausbildung abgestürzten Flieger mußten in Kisten verpackt und als »Maschinenteile« deklariert versandt werden. Nicht einmal nahe Verwandte in Deutschland durften etwas über den Aufenthaltsort der nach Rußland entsandten jungen Männer erfahren. Die Zusammenarbeit der Generalstäbe war etwas einseitig. Zwar durften russische Offiziere an deutschen Kriegsspielen und Manövern teilnehmen, Inspektionsreisen beiwohnen und Ausbildungskurse für Stabsoffiziere besuchen, aber die russische Armee gewährte hier in aller Regel keine Gegenseitigkeit. 1925 durften jedoch höhere Offiziere der Reichswehr, als »kommunistische deutsche Arbeiterdelegation« getarnt, dem russischen Großmanöver dieses Jahres beiwohnen; in späteren Jahren erschienen sie dann in Uniform. Das geplante »Vergleichsfliegen« deutscher und russischer Flieger fand jedoch nie statt, und den Deutschen wurde nur eine begrenzte Beobachtung russischer Artillerieübungen erlaubt.

Das deutsche Personal auf den Stützpunkten unterlag einer ständigen Überwachung durch die sowjetische Geheimpolizei, doch die Freiheit in der Luft war fast unbegrenzt; Weg, Ziel und Auftrag jedes Flugs entzogen sich der russischen Kontrolle. Überdies wurden die Deutschen gut versorgt mit Lebensmitteln, die die Sowjetunion zu einer Zeit lieferte, da die russische Bevölkerung unter akutem Mangel litt. Die Russen waren gastfreundlich, aber persönliche Beziehungen blieben auf ein Mindestmaß begrenzt, alle Einladungen ergingen jeweils nur in Gruppen, und es ergab sich keine Gelegenheit, enge persönliche Bindungen zu knüpfen. Dennoch waren die Russen offenkundig ebenso für die Zusammenarbeit wie die Reichswehr. Selbst nachdem Hitler an die Macht gekommen war, erhielten die Deutschen im gleichen Umfang sowjetisches Hilfspersonal wie zuvor, und auch die Reichswehr hätte die Zusammenarbeit nur allzu gerne weitergeführt.

Nach Auffassung des deutschen Generalstabs lag die größte Hoffnung auf einen Schutz des Landes darin, den Versailler Vertrag so weit wie nur irgend möglich zu umgehen, ohne damit Repressalien heraufzubeschwören, denen die Armee nichts entgegenzusetzen hatte. Nach dem Vertrag sollte das Rheinland in bestimmten Stufen geräumt werden, aber als die Alliierten am 10. Januar 1925 Köln räumen sollten, weigerten sie sich. Sie behaupteten, die Deutschen hätten ihre vertraglichen Verpflichtungen nicht erfüllt, der Generalstab bestehe immer noch, die Polizeiverbände seien in Wirklichkeit Militäreinheiten, Krupp stelle Munition her und andere Firmen fabrizierten anderes Kriegsgerät in einem Umfang, der die zugelassenen Kontingente übersteige. Die Alliierte Militärkontrollkommission erwähnte die deutschen Stützpunkte in der Sowjetunion nicht, weil sie nichts von ihnen wußte. Aber die Deutschen, angefangen bei Stresemann bis hin zur extremen Rechten und Linken, waren verärgert über die fortdauernde Besetzung Kölns. Luther und Stresemann wiesen darauf hin, die angeblichen Vertragsverletzungen seien unbedeutend, das Heer sei auf 100 000 Mann verringert, und die Luftwaffe, Panzer und Großkanonen seien vernichtet worden. In einer Antwortnote auf die alliierten Vorwürfe erklärte Stresemann, für eine so lange dauernde und ein so großes Gebiet umfassende Besetzung gebe es seit Jahrhunderten kaum eine Parallele, mit solchen Maßnahmen habe man die friedliche Zusammenarbeit noch nie gefördert, sie stünden überhaupt in keinem Verhältnis zu den vorgeblichen Vertragsverletzungen des Reiches und stellten einen schweren Schlag für die deutschen Bemühungen um Versöhnung dar.[15]

Das alles machte Stresemann das Leben schwer, aber er schritt unbeirrt voran und gewann innerhalb und außerhalb des Reiches an Boden. Zu den Nationalisten, die gegen den Vertrag von Locarno und den Beitritt Deutschlands zum Völkerbund wetterten, gehörte Kronprinz Wilhelm, und in einem Brief vom 7. September 1922 [22] erklärte ihm Stresemann, was er mit Locarno und dem Völkerbund bezwecke. Stresemann schrieb, eine der großen Aufgaben für Deutschland sei die Korrektur der Ostgrenzen einschließlich der Grenze Oberschlesiens, die Wiedergewinnung von Danzig und des polnischen Korridors. Im Hintergrund stehe der Anschluß von Deutsch-Österreich, der allerdings Deutschland nicht nur Vorteile, sondern auch Nachteile einbrächte.

Der katholische Bevölkerungsanteil verstärke sich dadurch, ebenso die Bedeutung Bayerns im Vergleich zu Preußen, und damit wachse der Einfluß der katholischen Hierarchie und der Sozialisten in Österreich. Der Verzicht auf die Rückgewinnung Elsaß-Lothringens sei ohnehin nur theoretischen Charakters, da keine Möglichkeit eines Krieges gegen Frankreich bestehe. Der Beitritt zum

Völkerbund berühre die deutsche Option zwischen Osten und Westen nicht; optieren könne ein ohnmächtiges Land ohnehin nicht, folglich könne Deutschland weder zum Kontinentaldegen für England werden noch sich auf ein deutsch-russisches Bündnis einlassen. Er warne vor der Utopie, man könne mit dem Bolschewismus kokettieren. Wenn die russische Fahne vom Berliner Schloß wehe, werde Rußland Europa bis zur Elbe bolschewisieren und das übrige Deutschland den Franzosen zum Fraß geben. Dennoch verändere sich die Sowjetunion. Sie werde sich entwickeln, und damit ergäben sich Möglichkeiten, sich auf anderer Basis zu verständigen. Die wichtigste Aufgabe des Reiches sei das Freiwerden deutschen Landes von fremder Besatzung; man müsse den Würger erst vom Halse haben. Deshalb müsse die deutsche Politik wie zur Zeit Metternichs und der Herrschaft Napoleons über Europa »finassieren« und den großen Entscheidungen ausweichen.

Stresemann unterschrieb den Brief nicht, doch wurden Inhalt und Autor bald erkannt, und man warf ihm vor, er treibe ein Spiel mit doppeltem Boden. Immerhin konnte er aber sowohl Chamberlain wie auch Briand davon überzeugen, der Vorwurf sei unberechtigt oder zumindest übertrieben und er verfolge nur ein Hauptziel, nämlich für das Reich und Westeuropa einen Kurs der Versöhnung einzuschlagen, die mindestens eine Generation andauern werde. Und schließlich sei sein Brief an den Kronprinzen ja an einen glühenden Nationalisten gerichtet gewesen, dessen Unterstützung er für Locarno und Deutschlands Beitritt zum Völkerbund gut brauchen könne. In dem Brief stehe nichts, was dem Wesen seiner Außenpolitik zuwiderlaufe. Finassieren war ja nun in der europäischen Diplomatie nichts Neues, noch auch stand das Reich allein da mit dem Ziel, stark zu sein und als Gleicher mit Gleichen zu verhandeln. Eine Hinwendung zum Osten konnte Deutschland nur als Drohung, ein Bündnis mit der Sowjetunion nur als letzte Zuflucht verwenden. Stresemann wußte das sehr wohl, und als er mit Tschitscherin zu einem langen Gespräch zusammenkam, in dem er ihm vor der Abreise nach Locarno die neutralistischen Intentionen des Reiches darlegte, hatte er nicht allein die Sowjetunion im Auge. Wie Stresemann in seinem Brief gesagt hatte, kam eine alles umfassende Allianz mit der Sowjetunion nicht in Frage; trotzdem mußte deren Potential intakt bleiben, wenn Deutschland auch nur einigermaßen den Alliierten als Gleiche unter Gleichen entgegentreten wollte, und im Reich drangen nicht nur Militärs, sondern auch Diplomaten wie Ago von Maltzan und Brockdorff-Rantzau auf engere Bindungen mit Rußland.

Locarno stellte für das Reich echte Zugeständnisse dar. Trotz Deutschlands Hilflosigkeit war das förmliche und freiwillige Anerkenntnis des endgültigen Verlustes Elsaß-Lothringens ein Riesenschritt für ein Land, das von diesem Gebiet seit jeher behauptet hatte, es sei mehr deutsch als französisch, und das sich fragte, warum denn die Franzosen, wenn sie sich der Gefühle der Bewohner so sicher waren, einen Volksentscheid verweigerten. Die Entschärfung der Rheinlandgrenze und die endgültige Hinnahme der territorialen Verluste des Reiches im Westen in einem von drei ehemaligen Feinden unterschriebenen Vertrag waren ebenfalls keine leichte Bürde, und im Vergleich zu diesen Verzichten schienen die unmittelbaren Vorteile für das Reich keineswegs überwältigend. Die Franzosen wollten nicht aus Köln heraus, taten es aber dann doch am 1. Februar 1926 – etwas über ein Jahr später, als die Deutschen erwartet hatten; und Locarno gab ihnen wenigstens gegenüber ihren eigenen Nationalisten ein paar plausible Gründe dafür an die Hand.

Sicher, die Garantien der Unterzeichnerstaaten von Locarno erstreckten sich nicht auf Deutschlands Ostgrenzen; ein östliches Locarno, das Gebiete umfaßt hätte, die nach der festen Überzeugung jedes Deutschen dem Reich entwunden worden waren, auf eine Weise, die den Grundsätzen der Alliierten von Selbstbestimmung Hohn sprach und den Ergebnissen der für das Reich günstig verlaufenen Volksentscheide ins Gesicht schlug, konnte Deutschland nicht akzeptieren. Kein Deutscher betrachtete die Grenze zu Polen als endgültig. Jede Reichsregierung konnte bestenfalls zugestehen, sie werde ihre Ansprüche auf Grenzrevision nur auf friedlichem Wege geltend machen, und darin wurde das Reich von England unterstützt, das keine Lust hatte, für eine französische Garantie des polnischen Gebietserwerbs an Deutschlands Ostgrenze in den Krieg zu ziehen. Mit Polen und der Tschechoslowakei wurden getrennte Schiedsverträge geschlossen, aber ein östliches Locarno gab es nicht. Keine deutsche Regierung, welcher Färbung auch immer, konnte die Grenze Oberschlesiens, den polnischen Korridor oder den Status Danzigs als Freier Stadt etwa in der Weise als endgültig anerkennen, wie sie sich zum Verlust Elsaß-Lothringens hatte bekennen können. Stresemann sagte, ein Grund, warum das Reich die Rückkehr Elsaß-Lothringens an Frankreich hinnehmen konnte, sei der, daß der Verlust ohnehin nicht zu vermeiden war. Ganz anders dagegen sah es hinsichtlich dessen aus, was er und seine Landsleute als den widersinnigen Anspruch eines rückständigen, unfähigen Polen auf alte deutsche Städte und Gebiete ansahen, deren Bewohner, wie in den Volksentscheiden deutlich geworden war, mit überwältigender Mehrheit zum Reich gehören wollten, wie ihre Vorfahren jahrhundertelang zum Reich gehört hatten.

Mit Locarno verband sich auch die Frage des Beitritts Deutschlands zum Völkerbund. Viele deutsche Sprecher innerhalb und außerhalb des Reichstags wiesen immer wieder darauf hin, der Völkerbund sei eine Organisation, die im Versailler Vertrag wurzele, und die gesamte deutsche Öffentlichkeit, angefangen von den Nationalisten über die Sozialdemokraten bis hin zu den Kommunisten, hatten in ihm lange nichts als ein eigens zur Besiegelung des Entente-Sieges und zur Bemäntelung ihrer nackten Machtpolitik erfundenes Instrument erblickt. Der Völkerbund sagte mit seinen hochtrabenden Erklärungen in Wirklichkeit nichts anderes, als daß jetzt, da die Alliierten ihr Ziel, Deutschland zur Ohnmacht zu verurteilen, erreicht hatten, jedes Rütteln an dem in Versailles entstandenen Gebilde unrechtmäßig und unmoralisch sei. Ein SPD-Abgeordneter erklärte im Reichstag, der Völkerbund repräsentiere die kapitalistische Welt [23], und die deutschen Kommunisten hielten es weiterhin mit der Linie, die Moskau seit Lenins Zeiten vertrat, der im Völkerbund nichts als eine Organisation raffgieriger Imperialistenstaaten sah, die es gerne hätten, wenn sich Deutschland ihnen und ihrer antisowjetischen Verschwörung anschlösse. Der Sowjetkommissar für die Auswärtigen Angelegenheiten, Tschitscherin, war der Meinung, unter der konservativen Regierung baue England eine Einheitsfront gegen die Sowjetunion auf. Nach Artikel 16 der Völkerbundsatzung wäre Deutschland verpflichtet, fremden Truppen in Verfolgung eines Aggressors Durchzug durch das Reichsgebiet zu gewähren, und die Sowjetunion erblicke in der Anwendung dieser Bestimmung nichts anderes als die Zielsetzung der Alliierten, den »Cordon sanitaire«, mit dem Rußland eingekreist werden solle, um das strategische Gebiet des Reiches zu erweitern. Im Falle eines neuen Krieges mit Polen, bei dem der Völkerbund Rußland zum Aggressor erkläre, könnte Frankreich darauf bestehen, es habe das Recht, zur Unterstützung seines polnischen Verbündeten Truppen durch Deutschland zu schicken (eben das habe es vor wenigen Jahren tun wollen). Tschitscherin versicherte den Deutschen, die Sowjetunion denke nicht daran, jemals an die Tür des Völkerbundes zu klopfen und Einlaß zu begehren; darauf werde der Völkerbund lange warten müssen, sagte Tschitscherin, und wenn es nach ihm gehe, werde er ewig umsonst warten. [24]

Trotz allem aber war nicht nur mit Locarno, sondern auch mit dem Geist der Versöhnung unausweichlich die Frage verknüpft, ob sich Deutschland den Großmächten in Genf anschließen sollte. Männer wie Stresemann sahen darin einen vorsichtigen Schritt, der dem Reich ebenso wie der Sache des europäischen Friedens nützlich sein konnte, sofern Deutschland seine Bedingungen für einen Beitritt klarmachte. Sicher empfanden nur wenige Deutsche eine besondere Zuneigung zum Völkerbund, aber mancher, der an sich gegen ihn war, gelangte nach und nach zu der Auffassung, es könnte immerhin von Vorteil sein, wenn Deutschland drin wäre und nicht vor der Tür stünde. Außerhalb des Völkerbundes blieb dem Reich nichts als der Protest gegen die Behandlung der deutschen Minderheit in Polen, gegen das Berlin eine lange Klageliste ins Feld führen konnte: Die Deutschen, die sich für das Reich ausgesprochen hatten, wurden ausgewiesen und ihre Geschäfte beschlagnahmt, in deutschen Schulen durfte kein Unterricht in deutscher Sprache erteilt werden, und häufig wurde gegen Volksdeutsche brutal vorgegangen. Innerhalb des Völkerbundes konnte das Reich solche Proteste wirksamer vorbringen. Des weiteren gab es andere Fälle, in denen der Völkerbund als Forum für die deutsche Forderung nach Gleichberechtigung nützlich sein konnte. Nach dem Versailler Vertrag waren seine Mitglieder zur Abrüstung verpflichtet, aber bislang waren nur die besiegten Mächte entwaffnet worden. In einer Note wies die Reichsregierung darauf hin, die Franzosen besäßen 5000 Tanks, 1500 Militärflugzeuge und soviel schwere Artillerie, wie sie nur eine bis zu den Zähnen bewaffnete Macht benötigte, und weder Frankreich noch seine Verbündeten in der kleinen Entente zeigten die geringste Neigung zu einer Verringerung ihrer Streitkräfte. Eine deutsche Note vom Dezember 1924 [25] zählte die Militärstärke der Verbündeten Frankreichs auf: Ein Land mit weniger als 8 Millionen Einwohnern (Belgien) habe ein stehendes Heer von 80 000 Mann, ein weiterer Nachbarstaat mit weniger als 14 Millionen Einwohnern (Tschechoslowakei) ein stehendes Heer von über 150 000 Mann, ein dritter mit weniger als 30 Millionen Einwohnern (Jugoslawien) ein stehendes Heer von 275 000 Mann, ein vierter mit weniger als 40 Millionen Einwohnern (Polen) ein stehendes Heer von über 700 000 Mann. Alle diese Heere seien überdies auf dem System der allgemeinen Wehrpflicht aufgebaut, das im Kriegsfall den Einsatz der gesamten Volkskraft sicherstelle. Deutschland dagegen befinde sich in völliger militärischer Ohnmacht, und wenn die in Artikel 16 vorgesehenen Maßnahmen des Völkerbundes zu kriegerischen

Ereignissen führten, wäre Deutschland außerstande, einem militärischen Einbruch in sein Gebiet wirksam entgegenzutreten. Es wäre vollständig auf den militärischen Schutz der Bundesmitglieder angewiesen, ohne daß diese zur Gewährung des Schutzes gezwungen werden könnten. In den meisten denkbaren Fällen, so fuhr die Note fort, wäre Deutschland zum Schauplatz europäischer Völkerbundskriege geradezu prädestiniert. Die gesamte Organisation des Völkerbundes sei unvereinbar mit einseitiger Abrüstung. Dies also waren die Vorbehalte des Reiches, und die mit den sechs in Locarno vertretenen Mächten ausgehandelte Kompromißformel versuchte, ihnen gerecht zu werden. Darin war bestimmt, über den Umfang seiner Verpflichtungen entscheide jeder Staat nach Maßgabe seiner Kräfte und seiner geographischen Lage, ein Vorbehalt, der nach Stresemanns Auffassung dem Reich ausreichend Schutz gewährte, auch wenn Deutschland selbst entwaffnet blieb.

Für Stresemann und Luther wogen die Vorteile eines Beitritts zum Völkerbund beträchtlich schwerer als die Nachteile: Das Reich hatte in seiner Auslegung der Satzung die ihm zufallenden Verpflichtungen klar eingeschränkt, es würde – dies war die Voraussetzung für seinen Beitritt – neben Frankreich, England, Italien und Japan als fünftes ständiges Mitglied im Völkerbundsrat sitzen.[16]

Diese in Locarno zwischen Briand, Chamberlain, Luther und Stresemann getroffene Vereinbarung rief innerhalb des Völkerbundes starken Widerstand hervor. Polen erhob – nach Auffassung mancher Kreise dazu von französischen Nationalisten angestachelt und von seiner Presse nachhaltig unterstützt – ebenfalls Anspruch auf einen ständigen Ratssitz, desgleichen Spanien und Brasilien. In diesem Punkt blieb Stresemann jedoch unnachgiebig, und da Brasilien im Völkerbundsrat gegen den deutschen Beitritt stimmte, mußte dieser einige Monate hinausgeschoben werden. In der Zwischenzeit wurde eine für das Reich und die meisten Völkerbundsmitglieder annehmbare Kompromißformel gefunden, wonach Deutschland als eines von fünf ständigen Mitgliedern dem Rat angehörte und drei neue Ratssitze geschaffen wurden, deren jeweilige Inhaber von zwei Dritteln der Bundesversammlung gewählt werden mußten. Damit erhielten Spanien und Brasilien die Möglichkeit, wenigstens halbständig dem Rat anzugehören, aber keines der beiden Länder betrachtete diese Lösung als zufriedenstellend, so daß sie beide den Völkerbund verließen. Die anderen Bundmitglieder waren aber zu diesem Handel bereit.

Doch Deutschlands Tür nach Osten blieb offen. Tschitscherin, der auf eine Stärkung des Vertrages von Rapallo drängte, um auch den letzten Verdacht einer antisowjetischen Einheitsfront unter Einschluß Deutschlands auszuräumen, war nach Berlin gekommen und wollte unbedingt den Abschluß eines neuen Pakts noch vor Deutschlands Beitritt zum Völkerbund. Und da Stresemann gute Beziehungen mit Ost und West für möglich hielt, blieb ihm kaum etwas anderes übrig, wenn er diese ausgeglichene Politik fortsetzen wollte. So wurde am 24. April 1926 der Berliner Vertrag geschlossen, wenige Tage, bevor das Reich zur Teilnahme an den Beratungen des Studienausschusses des Völkerbundes eingeladen wurde, der den Kompromiß ausarbeiten sollte, der Deutschland einen ständigen Ratssitz zusicherte. Gewollt oder ungewollt befand sich Stresemann damit in einer Position, wo er zur Erlangung der Zugeständnisse, die die Entente ohnehin zu machen bereit war, notfalls die Ostkarte ausspielen konnte.

Der Berliner Vertrag hatte eine Laufzeit von fünf Jahren und enthielt wie der Vertrag von Rapallo keine Geheimklauseln. Er bestätigte die deutsch-russischen Beziehungen auf der Grundlage von Rapallo; falls einer der beiden Staaten trotz seiner friedlichen Haltung von Dritten angegriffen würde, werde sich der andere strikt neutral verhalten, und keiner von beiden werde sich an einem wirtschaftlichen oder finanziellen Boykott oder einer Koalition gegen den anderen beteiligen. In einer Begleitnote an den russischen Botschafter Krestinski in Berlin erklärte Stresemann, der Vertrag diene der Erhaltung des allgemeinen Friedens und stehe im Einklang mit dem Beitritt Deutschlands zum Völkerbund und mit Artikel 16 und 17 der Völkerbundssatzung, die Sanktionen gegen einen Angriff vorsahen. Der russische Botschafter antwortete darauf lediglich, er habe von diesen Ausführungen Kenntnis genommen. Stresemann erklärte darüber hinaus, falls gegen die Sowjetunion der Vorwurf eines Angriffs im Sinne dieser Artikel erhoben würde, wäre dieser für Deutschland nur mit ausdrücklicher Zustimmung bindend, und es könne nicht zu Sanktionen gezwungen werden.

Briand ebenso wie Stresemann waren in den zwanziger Jahren zwar beide nur kurze Zeit Regierungschefs, blieben aber beide lange Zeit Außenminister – Briand von 1929 bis 1932, Stresemann von 1923 bis 1929. Die Wirtschaftskrise in Frankreich hatte Poincaré wieder an die Regierung gebracht, in der er Ministerpräsident und Wirtschaftsminister war; er mischte sich aber nicht in die von Briand eingeschlagene Politik ein. Luther mußte als Reichskanzler zurücktreten wegen einer scheinbar nebensächlichen, aber doch stark emotional belasteten Angelegenheit, des sogenannten Flaggenstreits. Tatsächlich hatte die Weimarer Verfassung zur Beschwichtigung nationalistischer Gefühle der deutschen Handelsflotte die Möglichkeit eingeräumt, die schwarz-weiß-rote Flagge mit den Farben der Republik in der linken oberen Ecke zu führen. Hindenburg, der die längste Zeit seines Lebens unter der kaiserlichen Flagge gedient hatte, hatte verfügt, auf deutschen Gesandtschaften und Konsulaten sowie in Häfen neben der schwarz-rot-goldenen Flagge der Republik auch die deutsche Handelsflagge zu führen, und sicher ließ sich im Analogiewege manches dafür vorbringen. Luther, der mit ihm einer Meinung war, zeichnete die Verordnung gegen; die Folge war ein wütender Konflikt, der die ganze tiefe Spaltung des deutschen politischen Lebens augenscheinlich werden ließ. Die republikanischen Parteien erblickten in der Verordnung einen Angriff auf Verfassung und Existenz der Republik, eine reaktionäre Geste, die nicht weit von einem Staatsstreich entfernt war. Sozialdemokraten und Demokraten unterstützten einen Mißtrauensantrag gegen Luther, und dieses Votum erhielt im Reichstag eine Mehrheit, weil sich die Nationalisten lieber der Stimme enthielten, als daß sie Luther unterstützten, der ihnen ohnehin ein Greuel war und der daraufhin als Reichskanzler zurücktreten mußte. Die Verordnung, beide Flaggen zu zeigen, blieb zwar in Kraft, aber wieder einmal hatte dieser Anlaß die ganze, bei jeder Wahl und bei jeder Massenkundgebung brodelnde Leidenschaft auf den Siedepunkt erhitzt, nur daß diesmal die Nationalisten im Widerstreit zwischen ihrer glühenden Verehrung der alten Flagge und ihrem Zorn auf Luther in bebende Untätigkeit verfielen.

Marx trat an die Stelle Luthers, aber Stresemann blieb Außenminister, und so war der Weg frei für den feierlichen Einzug des Reiches in das kollektive Sicherheitssystem des Völkerbundes im September 1926. Stresemann wurde in der Völkerbundversammlung in Genf mit einer gewaltigen Ovation begrüßt. Das Reich nahm wieder einen anerkannten Platz unter den Nationen ein, auch wenn es als Machtfaktor unbedeutend blieb. Die Alliierten erklärten sich zur Reduzierung ihrer Truppen in den Brückenköpfen der Zone zwei und drei am Rhein bereit, die ihnen noch verblieben waren, nachdem sie mit Köln die Zone eins geräumt hatten. In einer deutschen Note war die Besatzung als eine der lastendsten Bedingungen von Versailles bezeichnet worden, und deutsche Zeitungen brachten Artikel über die dadurch erzeugten Exzesse und Kosten, die alle dem Reich aufgebürdet wurden. So schrieb die *Augsburger Postzeitung,* das Monatseinkommen eines französischen Generalleutnants betrage 4038 Mark, eines englischen sogar 6773 Mark, eines deutschen dagegen nur 610 Mark. Und so sei es auf der ganzen Linie: Ein französischer Oberst beziehe 2520 Mark, ein englischer 3417, ein deutscher nur 387; ein französischer Major bekomme 1956 Mark im Monat, ein englischer 1866, ein deutscher 287,75; ein französischer Hauptmann 1567 Mark, ein englischer 1347, ein deutscher 241,25. [26] Jedenfalls trügen die Deutschen die gesamten Kosten der Rheingarnisonen, wo sie doch gar keine fremden Truppen auf ihrem Boden wollten. Aber damit nicht genug. Im Gegensatz zur deutschen Praxis bei der Besetzung Frankreichs 1871 brächten die Franzosen ihre ganzen Familien bis zu entfernten Verwandten mit, und auch deren Unterhalt müsse das Reich bezahlen. Briand sagte (mit gewisser Berechtigung), die Deutschen stellten unablässig Forderungen – ein Maximum an Forderungen bei nur einem Minimum an Erfüllung –; tatsächlich aber hatten die Alliierten eine Rechnung aufgestellt, die keine Regierung und kein Land jemals einlösen konnte, und die Deutschen hätten lange warten müssen – wenn es nach dem Sinn der Franzosen gegangen wäre, vielleicht für immer –, bis sie Gleichheit mit ihren Eroberern erlangt hätten, die soviel Hilfe von außen gebraucht hatten, um überhaupt an den Rhein zu kommen.

Stresemanns Politik der Versöhnung und des Verzichts fand Gefallen bei den Engländern und in gewissem Maße auch bei den Franzosen, aber einem beträchtlichen Teil der deutschen Bevölkerung erschien das, was er erreicht hatte, zweideutig, und für die radikale Rechte wie Linke grenzte es schon an Hochverrat. Die Kriegsschuldklausel war ebenso geblieben wie die Reparationszahlungen, mit denen eine Arbeitslosigkeit im Reich einherging, die im Dezember 1925 erstmalig seit Kriegsende die Millionengrenze überstieg. Unablässig griffen die nationalistischen Redner und die nationalistische Presse Stresemann an, und ein solcher Angriff war eine kaum verhüllte Aufforderung zum Mord an ihm. Eine Kampagne des Hasses, die an die Diffamierung Rathenaus erinnerte, und die ganz und gar erfundene Geschichte, Rathenaus Schwester sei mit Radek verheiratet, fand ihr Gegenstück in dem Gerücht, Stresemanns Schwägerin sei Poincarés Frau. Den vaterländischen Fanatikern war kein Mittel zu niedrig.

Trotz allem aber erhob sich Deutschland langsam aus seinem Zustand der Abhängigkeit, und die stürmische Ovation für Stresemann beim Beitritt des Reiches zum Völkerbund war nur eine Bekundung, wie sehr man es begrüßte, daß Deutschland wieder Einfluß in Europa gewann. Die neutralen Länder des Festlandes – Schweiz, Schweden, Norwegen, Holland und Spanien – waren für den Kriegsschuldvorwurf und die Greuelbezichtigungen der Alliierten gegen Deutschland nie so anfällig gewesen wie die Vereinigten Staaten, und sie konnten jetzt ebenso wie viele Menschen in den Völkern, die im Krieg gegen Deutschland gekämpft hatten, das Wiedererscheinen des Reiches in den Ratsgremien Europas begrüßen. Zwar war die Bedeutung dieser Begeisterung nicht völlig klar, aber der Revisionismus der Historiker fand sein Echo in zahllosen Artikeln der englischen und amerikanischen Presse. Desgleichen fand er seinen Niederschlag in der Reaktion englischer und vor allem amerikanischer Soldaten, die in Frankreich gekämpft und an der Besetzung Deutschlands teilgenommen hatten und von denen viele gesagt haben sollen, ihre Länder hätten auf der falschen Seite gekämpft. Überdies sprach man jetzt zuversichtlich von einer neuen Weltfriedensordnung und äußerte die Hoffnung, die Millionen Kriegstoten seien nicht umsonst gestorben, denn die menschliche Rasse könne die Schrecken der mechanisierten Massenhinschlachtung nicht länger ertragen. Deutschlands Erscheinen in Genf stärkte zwar diese Hoffnungen, aber es änderte nichts an der kahlen Wirklichkeit, in der die Siegermächte auf dem Kontinent immer noch von Waffen starrten, obwohl sie sich nicht mehr den Millionen Soldaten des kaiserlichen Deutschland, sondern einem entmilitarisierten, demokratischen Reich und einem militärisch ohnmächtigen Österreich gegenübersahen. Das einzige Zugeständnis an das Abrüstungsversprechen, das Frankreich im Vertrag gemacht hatte, betraf die Verminderung der Wehrdienstzeit auf ein Jahr, aber sein Militäretat stieg weiter.

Wie für Deutschland überstieg auch für Frankreich die ihm aufgeladene Bürde seine Tragfähigkeit. Sein militärisches Potential war so groß wie eh und je und kostete mehr als je zuvor, seine Kriegsschulden in England und den Vereinigten Staaten gingen weit über seine Rückzahlungsfähigkeit hinaus, es hatte russische Kriegsanleihen in Millionenhöhe verloren, deren Anerkennung die sowjetische Regierung verweigerte; die Meinung, der »boche« müsse für alles aufkommen, hatte sich als illusorisch herausgestellt, und die gezahlten Reparationen deckten nicht einmal das laufende Defizit. Als Poincaré wieder Ministerpräsident wurde, war der Franc auf ein Zehntel seines Vorkriegswertes gefallen, während die Mark jetzt wieder eine solide Währung darstellte. Als sich daher nach dem feierlichen Einzug des Reiches in den Völkerbund Stresemann und Briand in einem kleinen Gasthaus in dem Städtchen Thoiry im Jura zum Frühstück trafen, war es Briand, der in Frankreichs Finanznöten um Hilfe bitten mußte, und es war Stresemann, der für die Gewährung dieser Hilfe Bedingungen stellen konnte. Was not tue, sagte er zu Briand, sei eine Generalbereinigung der deutsch-französischen Meinungsverschiedenheiten: Das Rheinland müßte bis Ende September 1927 geräumt, die alliierte Militärkommission abgeschafft und das Saarland zum gegenseitig annehmbaren Preis von 300 Millionen Goldmark für die Bergwerke an Deutschland zurückgegeben werden. Als Gegenleistung würde Deutschland aus den Hypotheken auf seine Eisenbahnen die notwendigen Mittel zur Sanierung des absackenden Franc bereitstellen.[17] Nach seiner Schätzung belaufe sich der Anteil Frankreichs auf 750 Millionen Goldmark. Später stellte sich heraus, daß Poincaré den Wert des Franc auch ohne die deutschen Gelder wieder verbessern konnte, doch zeigte die Zusammenkunft höchst eindrucksvoll, wie schnell sich die wirtschaftliche Balance verändert hatte. Erst drei Jahre vorher, als Frankreich das Ruhrgebiet besetzte, war die Währung des Reiches noch völlig wertlos gewesen.

Selbst der bislang völlig unnachgiebige Poincaré mußte dieser Veränderung Rechnung tragen, auch wenn seine Reden weiterhin im alten Ton gehalten waren und er in ihnen sein Thema von der Kriegsschuld des Kaisers breitschlug und den Deutschen – freilich nicht allen Deutschen – vorwarf, sie hielten immer noch an ihren finsteren Plänen für eine Wiedergewinnung Elsaß-Lothringens fest. In einer Rede in Lunéville im Juni 1927 sagte er [27], Frankreich habe dem Besiegten spontan die Hand gereicht, jedoch unter der einen Bedingung, daß man nicht versuche, ihm seinen Sieg streitig zu machen. Es fordere nur die Sicherheit seiner Grenzen und Reparationszahlungen. In Locarno wie in Genf habe es offenkundige Beweise seines friedlichen Willens gegeben, und er fragte, warum Deutschland vor zwei Wochen ostentativ ein Kriegsschiff mit dem Namen »Elsaß« nach Lissabon entsandt habe? Warum habe ein deutscher Minister [Stresemann] nach Locarno erklärt, Deutschlands Verzicht auf die bewaffnete Gewalt sei lediglich durch die Tatsache diktiert worden, daß es keine bewaffnete Macht mehr besitze? Warum habe er erklärt, Deutschland habe in keiner Weise moralisch auf deutsche Provinzen oder deutsche Bevölkerung verzichtet, und warum habe ein anderer Minister ausdrücklich hinzugefügt, er betrachte das Elsaß als eine deutsche Provinz? Warum ließen hohe deutsche Finanzautoritäten bereits jetzt durchblicken, Deutschland fordere binnen zwei Jahren eine Revision des Dawes-Plans? Wenn Deutschland zu Frankreich sagen würde: »Ich habe auf Elsaß-Lothringen, das ich euch 1871 gewaltsam entrissen habe und das einmütig gegen die Annexion protestierte, verzichtet, und ich werde nicht versuchen, es euch durch eine neue Gewalttat noch durch List... wieder zu nehmen‹, wenn Deutschland gleichzeitig... einwilligen würde, seine Polizei zu reorganisieren, die militärischen Verbände aufzulösen, die Arsenale und Kasernen zu veräußern, die es in Verletzung des Versailler Vertrages behält... dann würde es der Welt Friedenspfänder geben... Man hat mich als eine Art Monomanen hingestellt und behandelt als die halsstarrige Personifizierung des armen Lothringers, unfähig, andere Absichten als die der Rache zu hegen. Aber«, so fuhr er fort, »unsere Toten haben gedacht, daß ein Krieg, der ihnen erklärt wurde, nicht zu Ende gehen dürfe, ohne daß Frankreich die Provinzen zurückerhalte, die man ihm genommen hatte. Der Sieg hat unsere Bemühungen gekrönt. Frankreich hat nichts mehr zu wünschen als den Frieden und die Beobachtung der Verträge.«

Das war der alte, wütende, endlos wiederholte Tenor, aber es folgten andere Reden. Ganz allmählich veränderte sich der Ton. 1928 sagte Poincaré, die Gespräche von Thoiry zur Beilegung der Probleme zwischen Frankreich und Deutschland habe er veranlaßt. Er stellte es so hin, als habe er nicht nur Briand die Fortsetzung seiner Versöhnungspolitik erlaubt, sondern er nahm sogar noch die Autorenschaft dafür in Anspruch. Am 1. April 1928 brandmarkte er in einer Rede in Carcassonne seine politischen Gegner, die zu einer Politik des Mißtrauens gegen Deutschland zurückkehren wollten, während er, wie er sagte, entschlossen für eine Aussöhnung der Geister und der Herzen arbeite. Und in einem Interview mit einem deutschen Journalisten ging er sogar so weit, daß er zugab, Artikel 231 des Versailler Vertrages, der Deutschland die alleinige Kriegsschuld gebe, sei »bedauerlich« gewesen. Als ihm der Interviewer daraufhin die Frage stellte, warum er denn dann unablässig die Nadelstichpolitik verfolge und dem deutschen Volk die Kriegsschuld vorhalte, verneinte er, das je getan zu haben; er habe immer nur das Kaiserregime angegriffen, sagte er. Er hege keinerlei Groll gegen die Deutschen, keinerlei Groll gegen die Republik. Doch die Deutschen hatten Grund genug, seine Handlungen in einem anderen Licht zu sehen; nicht gegen das Reich des Kaisers hatte Poincaré die französische Armee ins Ruhrgebiet einmarschieren und die Rheinstädte besetzen lassen, und auch seine Bemühungen um die Einrichtung von Separatistenstaaten waren nicht gegen den Kaiser, sondern sehr wohl gegen die Republik gerichtet gewesen. Die Angriffe auf die Weimarer Republik wegen ihrer vorgeblichen Weigerung abzurüsten, waren angesichts der ungeheuren Rüstung Frankreichs plus seiner Verbündeten geradezu lachhaft. Die Verletzungen der Entwaffnungsbestimmungen, die die alliierte Kontrollkommission aufdeckte, waren winzig; nichts war festgestellt worden, das auch nur irgendwie erheblich der Tatsache widersprach, daß Deutschland tatsächlich abgerüstet und der Kriegsmaschinerie, über die Poincaré oder irgendeine andere französische Regierung verfügte, nichts entgegenzusetzen hatte.

Doch Poincarés Problem war seit eh und je dasselbe. Natürlich wußte er, daß Deutschland entwaffnet war und in den zwanziger Jahren und vielleicht auch noch ein Jahrzehnt lang keinerlei Bedrohung darstellen konnte. Was aber würde in 20 oder 30 Jahren sein? Er sagte selbst, weder Frankreichs Geburtenrate noch der Zustand seiner Wirtschaft schneide im Vergleich mit Deutschland vorteilhaft ab, und wenn Elsaß-Lothringen französisch bleiben solle, dann könne dies nur durch das Zusammenwirken mehrerer Strategien erreicht werden: durch Aufrechterhaltung der militärischen Übermacht Frankreichs, seines Bündnissystems, der kollektiven Sicherheit des Völkerbundes und vor allem durch Deutschlands Hinnahme des Verlustes der umstrittenen Provinzen. In Locarno war das gelungen, aber Locarno war eben auch nicht mehr als ein Augenblick in der Geschichte, und was war denn dieses Gerede vom niemaligen Verzicht auf deutsches Gebiet und dieses Taufen von Kriegsschiffen auf den Namen »Elsaß« anderes als ein fernes Trommelrühren?

Die Politik der Versöhnung obsiegte also in beiden Ländern aus denselben Gründen; kurzfristig hatte keines von beiden eine andere Wahl, und Stresemann und Briand waren entschlossen, diese Frist so weit wie nur irgend möglich auszudehnen. Als ihnen gemeinsam im Dezember 1926 der Friedensnobelpreis verliehen wurde, glaubten viele Menschen, ein historischer Durchbruch sei gelungen, eine blutige Feindschaft begraben worden und das Opfer von Millionen junger Menschenleben habe einen Sinn erhalten, der weit über ihr Heldentum hinausgehe. In seinem Glückwunschtelegramm an Stresemann zur Verleihung des Friedenspreises schrieb Hjalmar

Schacht: »Weitere drei Jahre Außenpolitik unter Ihrer Führung, und aus dem Silberstreifen wird das Morgenrot.« Das Reich genoß allgemeines Wohlwollen bei vielen Ländern. Die Genesung Deutschlands war möglich geworden mit Hilfe von mehr als drei Milliarden Mark in Anleihen, hauptsächlich aus den Vereinigten Staaten, und dieses Geld wurde nicht nur deshalb zur Verfügung gestellt, weil die Republik als gute Finanzanlage angesehen wurde, sondern auch, weil damit eine neue Ebene der internationalen Zusammenarbeit auf der Grundlage des freiwilligen Gebietsverzichts, der Stärkung der kollektiven Sicherheit im Völkerbund und in Vereinbarungen über die Beilegung von Streitigkeiten auf dem Schiedsweg anstatt auf den Schlachtfeldern in Sicht kam. Daß dieser Wandel bloße drei Jahre nach der Ruhrbesetzung und dem Zusammenbruch der deutschen Währung zustande kam, war nicht nur ein Verdienst des Reiches, sondern auch der Länder, die Deutschland bei seiner Wiedergesundung beigestanden hatten – und dazu gehörte auch das Frankreich Briands.

Die Frage war aber, ob dieser tapfere neue Geist, der in Briand und Stresemann seinen Ausdruck fand, wirklich Europa beseelte, oder ob die beiden lediglich einen kurzen Zustand der Euphorie geschaffen hatten. Vom Standpunkt der Nationalisten beider Länder war Locarno entweder eine Schande oder die Aufgabe berechtigter Ansprüche oder eine bloße Übertünchung der grundlegenden Malaisen, die unausweichlich noch virulenter erneut ausbrechen würden. In Deutschland mußte General von Seeckt seinen Abschied nehmen, als herauskam, daß er dem Sohn des Kronprinzen, Prinz Wilhelm, den Herbstmanövern der Reichswehr beizuwohnen erlaubt hatte. Seeckt hatte eigenmächtig gehandelt und weder Reichswehrminister Gessler noch den Reichskanzler oder Reichspräsidenten konsultiert. Da Wilhelm der Thronerbe der Hohenzollern war, hatte seine Anwesenheit beim Manöver in Reichstag und Presse einen so großen Wirbel verursacht, daß die Regierung ohnehin nur schwer damit hätte fertig werden können; völlig unmöglich wurde dies schließlich, als bekannt wurde, daß Seeckt völlig eigenmächtig gehandelt hatte und keinerlei Bereitschaft zeigte, sein unbedachtes Vorgehen zu bereuen oder auch nur zu erklären. Er hatte aus seiner Geringschätzung für Gessler nie ein Hehl gemacht, diesen Zivilisten von Reichswehrminister, der Offizieren Befehle erteilte, die daran gewöhnt waren, Befehle nur von ihresgleichen anzunehmen, und er fühlte sich nicht bemüßigt, sich wegen dieser Affäre gegenüber Gessler oder dem Reichstag zu entschuldigen.

Als der Aufruhr den Weiterbestand der Regierung Marx bedrohte, blieb dieser nichts übrig, als Seeckts Rücktritt zu fordern, und eben dies tat denn auch Gessler in einem höflich gehaltenen Brief, in dem viel von langer Zusammenarbeit und Gesslers Mißvergnügen darüber, daß Seeckt nun gehen müsse, die Rede war. Marx und Hindenburg billigten die Entscheidung, und Seeckt gehorchte, obwohl man in Offizierskreisen davon sprach, Seeckt könnte sich an die Spitze der Reichswehr stellen und eine Revolte gegen die von ihm als subversiv bezeichneten Elemente des Landes anführen, die in Wirklichkeit nur die Zerstörung der Reichswehr im Auge hätten. Doch diese Revolte gelangte nie über das Stadium der Kasinogespräche hinaus, denn sie hätte ja nicht nur den Aufstand gegen die Marx-Regierung bedeutet, sondern auch gegen Hindenburg und die Republik, auf deren Verteidigung die Generäle ihren Eid geleistet hatten, und ein solches Unterfangen konnten weder sie noch Seeckt selbst je ernsthaft ins Auge fassen. Bislang hatten die Generäle noch nie einen Putsch befürwortet, ob an dessen Spitze nun Kapp, Buchrucker, Hitler oder Ludendorff stand. Auch im Falle Seeckt konnten sie nur die Möglichkeit prüfen und dann ebenso verwerfen wie er selbst. In einem Tagesbefehl vom 13. Oktober 1926 verabschiedete sich Seeckt von der Truppe. Er sagte darin, er habe nichts Besseres tun können, als zu versuchen, ihnen die Tugenden des alten Heeres weiterzugeben. »Ob mir das gelungen ist, können nur Sie, meine Kameraden, beweisen ...«

Seeckt war eine vielschichtige Persönlichkeit. Intelligent, reserviert, undurchdringlich – »die Sphinx« war einer seiner Spitznamen – und nicht wenig arrogant, genoß er die Bewunderung vieler, aber nur wenige liebten ihn oder hatten ihn auch nur gern. Die *Revue Militaire Française* machte sich zum Echo von Seeckts eigenen Worten über die Treue der Reichswehr und sagte, die Armee sei ihm so blindlings ergeben, daß sie nicht einmal gezögert habe, auf einen General – Ludendorff – zu schießen, der sie oft zum Siege geführt habe. Das war eindeutig übertrieben. Die Armee hatte nie auf Ludendorff geschossen, obwohl kaum bezweifelt werden kann, daß sie es getan hätte, wenn Seeckt es ihr befohlen hätte. Gewiß – er war arrogant, aber der eine ist arrogant, der andere unzähmbar, und als die Alliierten verlangten, Seeckt solle in Versailles in Zivilkleidung erscheinen, hatte er geantwortet, er werde das gerne tun, wenn Marschall Foch ein Gleiches tue. [28]

Seeckt war kein Säbelraßler; nach seinen Worten war Krieg immer ein Unglück, und das einzige, was ihn rechtfertige, sei zu überleben. Das Ziel der Außenpolitik sah er darin, der Verständigung, dem Frieden und dem Zusammenleben zu dienen. Aber nach seiner Meinung wollte Frankreich das Reich zerstören, und Stresemanns Politik brachte er wenig Vertrauen entgegen. Der Völkerbund war für ihn kein Gebäude des Friedens, sondern lediglich ein Gebilde, das die in Versailles auferlegten Bedingungen verewigen sollte. Wo waren denn der Völkerbund und seine Friedensmechanismen gewesen, als Rhein und Ruhr besetzt wurden oder die Iren ihr Recht auf Selbstbestimmung forderten, die Ägypter Anspruch auf Unabhängigkeit von England verlangten, die Polen den Litauern Wilna oder die Litauer den Deutschen Memel wegnahmen? Wenn sich für das Reich dabei etwas Gutes herausschlagen ließ, wollte er sich dem Völkerbundsbeitritt Deutschlands nicht widersetzen, aber wie dem auch sei, der Völkerbund war schwach und großspurig. Hindenburg hielt Seeckt für eingebildet, und in den Augen des greisen Feldmarschalls mit seinen preußischen Normen des spartanischen, selbstlosen Dienstes am Vaterland war das ein ernsthafter Charaktermangel. Dennoch hatte Seeckt das 100 000-Mann-Heer zu einem Präzisionsinstrument geformt, das trotz seines geringen Umfangs sowohl eine Verteidigungsstreitmacht darstellte als auch als Ausbildungsrahmen für die weit größeren Heere dienen konnte, über die das Reich eines Tages würde verfügen können. Er hatte ein Heer von wohlausgebildeten Berufsoffizieren und -unteroffizieren geschaffen, die sich für zwölf Jahre verpflichteten und vom gemeinen Mann aufwärts, sobald sich die Gelegenheit bot, Führungsaufgaben wahrnehmen konnten, die ihren jeweiligen Dienstgrad weit überragten.

Sein Monokel, sein Auftreten, der Abstand, den er zwischen sich und der übrigen Welt wahrte – all das stand in schlagendem Gegensatz zu den Briefen an seine Frau. Die Seeckts mußten oft fern voneinander leben, als er in den ersten Kriegstagen an der Westfront und danach auf dem Balkan und in Polen und schließlich in der Türkei diente. Fast täglich schrieb er an seine Frau; es waren herzliche, liebevolle Briefe an seine »geliebte Dicke«, wie er sie nannte. Die Briefe sind aufschlußreich sowohl in dem, was in ihnen steht, als auch in dem, was sie verschweigen. Nie beklagt sich Seeckt, wenn die Dinge an der Front schlechtstehen; er sucht nach keinem Sündenbock für die Niederlage und nach keinem Siegfried für den Sieg. Seine Helden sind die einfachen Männer an der Front, die sich Tag für Tag gegen den Feind werfen und ihre Stellung halten, ohne an sich selbst zu denken. Immer ist er besorgt um seine

»Dicke«, es interessiert ihn alles, was sie tut, es bekümmert ihn, wenn er auch nur ein paar Tage nichts von ihr hört. Zum Verlobungstag schickt er konventionelle, aber liebevolle Grüße: »Ein schöner, lieber und teurer Tag der Erinnerung. Gott schütze und erhalt Dich mir wie seit 22 Jahren.« In einem langen Brief von der Rumänienfront, in dem er ihr erzählt, was er tut und treibt, und ihr rät, mit ihrem kleinen Kapital keine Kriegsanleihen mehr zu kaufen, bemerkt er auch, er habe sich »etwas den Fuß verletzt«, aber sie brauche sich keine Sorgen zu machen. [29] Erst später erfährt Frau von Seeckt, daß die Dinge in Wirklichkeit ganz anders ausgesehen hatten. Seeckt war mit einem gebrochenen und zersplitterten Wadenbein unter sein »kleines, braves Tragetier« geraten, als dieses auf dem Eis ausrutschte, und es hatte mehr als eine Stunde gedauert, bis er sich unter ständigem feindlichen Beschuß hatte befreien können. Schließlich war er auf einer Bahre nach rückwärts getragen worden, wo ihn die Sanitäter in einem Behälter einem Esel aufladen konnten. Vier Stunden lang hatten sie ihn mit unverbundenem Bein transportiert, dann auf ein anderes Tragetier geladen und schließlich in einen Zug verfrachtet, der ihn in ein österreichisches Feldlazarett brachte. Dort angekommen weigerte er sich, sich krank zu melden, und sobald sein Bein in Gips gelegt war, diktierte er die Befehle für die weiteren Operationen. Vier Tage später schrieb er wieder an seine Frau und äußerte die Hoffnung, sie mache sich keine Sorgen, und sagte ihr, die Verletzung sei lediglich unbequem und ärgerlich; zwei Tage lang sei er im Gips umhergegangen, und schon das Treppensteigen sei ihm beschwerlich gewesen.

Das Geheimnis einer besonderen Lieblingsoperation Seeckts wurde Anfang Dezember 1926 gelüftet, als der *Manchester Guardian* die geheime Zusammenarbeit zwischen der Reichswehr und der Sowjetunion aufdeckte. Es entbehrte nicht der Ironie, daß die Sache ausgerechnet dadurch herauskam, weil die Firma Junkers, die ihre Produktionsverträge in der Sowjetunion nicht hatte erfüllen können, eine Entschädigung durch die Reichsregierung verlangte. Wegen des geheimen Charakters der ganzen Sache hatte Junkers keine Klage vor Gericht anbringen können; um jedoch Druck auf die Regierung auszuüben, hatte die Firma einem Reichstagsabgeordneten im einzelnen über ihre unbezahlte Betätigung berichtet, und von da aus war der Bericht in die Hände eines englischen Reporters gelangt. Außerdem hatten Hafenarbeiter in Stettin, die Handgranatenladungen auf russischen Schiffen löschten, trotz ihrer Geheimhaltungsverpflichtung einem sozialdemokratischen Abgeordneten über ihre Tätigkeit berichtet. Der *Vorwärts* griff die Geschichte auf, die dann Philipp Scheidemann Anlaß zu einer leidenschaftlichen Rede im Reichstag gab. Scheidemann sprach von den Junkers-Flugzeugen und den riesigen Summen, die da ausgegeben würden – nach seiner Darstellung 70 Millionen Mark jährlich und manchmal an einem einzigen Tag 100 000 bis 300 000 Goldmark. Er gab die Namen von russischen Schiffen preis, die von Leningrad aus deutsche Häfen angelaufen hätten, und ein weiteres Schiff, dessen Name ihm entfallen sei, sei gesunken; außerdem beschuldigte er die Reichswehr, sie unterhalte Beziehungen mit verbotenen Kampfverbänden und verbrecherischen Organisationen wie dem »Consul«.

Wieder kam es zu einem riesigen Krach im Reichstag, bei dem Rechte, Zentrum und Kommunisten die Zusammenarbeit verteidigten oder abstritten und die Sozialdemokraten und ihre Verbündeten nach neuen Reformen und nach einer neuen Regierung riefen. Reichskanzler Marx verneinte irgendwelche Beziehungen der Reichswehr mit den Kampfverbänden oder sonstigen verbotenen politischen Organisationen und erklärte, die Frage von Geldspenden unterliege zur Zeit einer Neuregelung, nach der die Annahme von privaten Geldspenden jeder Art der Zustimmung des Ministers bedürfe, eine Nachweisung der auf Privatdienstvertrag beim Reichswehrministerium angestellten Personen könne dem Reichstag auf Wunsch bis zum Ende des Etatjahres vorgelegt werden, und er versicherte den Abgeordneten, die Wehrmacht sei ein zuverlässiges Instrument der Republik. Der Zentrumsabgeordnete und frühere Reichskanzler Dr. Wirth erinnerte den Reichstag daran, wie kritisch die Lage ausgesehen habe, als er Reichskanzler gewesen sei und mit dem Druck Frankreichs und den separatistischen Bewegungen am Rhein habe fertig werden und gleichzeitig die Ostgrenze nach Polen habe verteidigen müssen. Ein kommunistischer Abgeordneter sagte, die Dokumente seien zweifelhafter Herkunft, und wollte wissen, wie jene, die die Vorwürfe erhöben, zu sagen wagten, es sei kein ehrliches und sauberes Verhältnis, wenn Reichswehroffiziere mit der sowjetischen Regierung verhandelten, »mit Kommunisten, die eine siegreiche Revolution gemacht haben, nach neun Jahren noch dastehen und Rußland von allen imperialistischen Einflüssen freigehalten haben«. [30]

Seltsamerweise blieben die Enthüllungen fast ohne Rückwirkung in England und auf den Annäherungskurs von Briand und Stresemann. Die *Times* sagte, die Angelegenheit solle man der deutschen öffentlichen Meinung überlassen; der *Manchester Guardian* forderte in der gleichen Ausgabe, die die Enthüllungen über die geheime Rüstung enthielt, die Auflösung der Alliierten Militärkontrollkommission. Zusammenarbeit hieß das Leitmotiv des Tages, und über diesen Wandel war man viel zu froh, als daß man ihn hätte durch relative Nebensächlichkeiten gefährden wollen. Schließlich hielt sich dieses deutsch-russische Techtelmechtel in bescheidenen Grenzen, und wie sehr es auch diejenigen beunruhigte, für die eine deutsch-russische Verständigung ein Alptraum war, so berührten ein paar Flugzeuge oder Tanks der Reichswehr die deutsche Entwaffnung doch kaum. Zudem war der Aufruhr im Reichstag und der deutschen Presse ausreichend Beweis für den Wunsch der Deutschen, ihr Haus in Ordnung zu halten. Die Beziehungen zwischen dem Reich und seinen früheren Feinden wurden durch diese Affäre so wenig beeinflußt, daß die Alliierte Militärkommission Ende 1927 tatsächlich aufgelöst und durch eine Untersuchungskommission des Völkerbundes ersetzt wurde, deren einzig ernst zu nehmende Aufgabe darin lag, das Verschwinden der überlebten Alliierten Militärkommission zu verschleiern.

Die Silberstreifen wurden heller. Die Republik hatte die Anschläge von innerhalb und außerhalb der Reichsgrenzen überlebt, ihr höchster Soldat konnte von Zivilisten entlassen werden, ohne daß es zu irgendwelchen heftigen Reaktionen Seeckts oder des Offizierskorps gekommen wäre. Seeckt selbst hatte, wenn auch widerstrebend, seine Entlassung akzeptiert und damit das Beispiel des Reichswehroffiziers gegeben, der zwar eine andere Staatsform herbeisehnte, aber dafür weder zur Waffe noch zur Sabotage greifen mochte, und seine Haltung sprach für die Mäßigung der Nationalisten, denen die Legalität über alles ging, so geringschätzig sie auch über die Weimarer Verfassung und den daraus entstandenen Staat denken mochten. Weit abgeschlagen war die lächerliche Randgruppe der Nationalsozialisten und Geheimorganisationen à la »Consul«, die es immer noch gab und die immer noch darauf brannten, die Vaterlandsverräter vor die Schranken ihrer Femegerichte[18] zu zerren oder auch kurzerhand umzubringen. Zu ihnen gehörten nicht nur zügellose jugendliche Verbrecher wie jene, die Rathenau ermordet hatten, sondern auch Prinz Oskar von Preußen, der auf die Nachricht von der Verhaftung eines Mannes, der geplant hatte, Stresemann zu ermorden, dem Häftling 50 Zigaretten und ein paar anerkennende Worte schickte. Als man ihm allerdings die Bedeutung seines Vorgehens vorhielt, entschuldigte er sich mit der

Bemerkung, er habe nicht gewußt, daß der Mann Stresemann habe ermorden wollen, sondern geglaubt, der Betreffende sei in irgendeine nationalistische Affäre verwickelt gewesen. Dennoch war Oskar ein Beispiel dafür, wie labil die psychologische Verfassung der Extremisten auch weiterhin war. Desgleichen war Oskar ein hervorragendes Beispiel königlichen Undanks, war es doch kein anderer als Stresemann gewesen, der seinem Bruder, dem Kronprinzen, die Heimkehr aus dem Exil ins Reich gestattet hatte. Und in Reih und Glied mit Prinz Oskar und seinesgleichen standen die Nationalsozialisten. Nach weniger als neun Monaten Haft in einer Festung, die ihm sämtliche Vorzüge eines Aufenthalts in einem Landgasthaus offerierte, war Hitler aus seiner Luxusgefangenschaft in Landsberg wieder aufgetaucht, wo er Rudolf Heß in aller Muße *Mein Kampf* hatte diktieren können. Hitler hatte sich gezwungen gesehen, die Liste seiner Besucher zu kürzen, damit ihn die vielen, die ihn sehen wollten, nicht in seiner Arbeit störten.

Wieder in Freiheit, verschaffte er sich sofort wieder die Macht über die Partei, mußte sich dafür aber zuvor eines Aufruhrs unter Führung der Brüder Strasser entledigen, denen sich eine Zeitlang auch Joseph Goebbels angeschlossen hatte und die alle der Meinung waren, Hitler habe zu sehr der kapitalistischen Seite zugeneigt, während sie eine stärkere Betonung der sozialistischen Hälfte der nationalsozialistischen Formel forderten. Aber diese extremen Randgruppen waren kaum mehr als eine potentielle Gefahr für die Republik. Mit ihren Putschversuchen und Morden war man fertig geworden, dabei wohl auch mit ziemlich leichter Hand verfahren, und sie hatten die Stabilität des Staates ebensowenig ernsthaft bedroht wie eine linksradikale Terroristenorganisation, die »Deutsche Tscheka«.[19]

Die radikale Rechte einschließlich der Nationalsozialisten vermochte in ihre Parteiversammlungen und Mitgliederverzeichnisse nicht mehr als die 2 oder 3% der Wählerschaft zu locken, die sie in den Wahlen von 1924 für sich hatte verbuchen können. Mit Hindenburg als Reichspräsident und Stresemann im Auswärtigen Amt hatte das Reich nicht nur sein Gleichgewicht wiedergewonnen, sondern sich auch einen Platz sichern können, von dem aus es hoffen durfte, nun auch noch den Rest seiner inneren und äußeren Probleme ohne Putsch oder bewaffneten Konflikt lösen zu können. Das Land war produktiver denn je zuvor in seiner Geschichte an Experimenten, Ideen und Glanzleistungen in Kunst, Theater, Film, Literatur und Wissenschaft, und nahm sich im Vergleich dazu auch die politische Bühne schäbig aus, so funktionierte die Republik doch einigermaßen ordentlich und verschaffte sich ein Ansehen in der Welt, wie es Deutschland seit Bismarck nicht mehr genossen hatte. Waren auch die Linke und die Rechte zutiefst zerstritten, so stand an der Spitze des Staates doch ein hervorragender Nationalist, der trotzdem der Republik Treue geschworen hatte und nicht zögerte, den kommandierenden General der Reichswehr wegen seines Fehlurteils und mangelnder Konsultation der zivilen Instanzen zu entlassen. Überdies war das Ganze ohne ernsthafte Drohung seitens des Heeres vonstatten gegangen. Die Franzosen räumten das Rheinland, langsam zwar, aber sie räumten es. Die Mark gehörte zu den stabilsten Währungen Europas. Und das Schönste von alledem: Der Hunne war aus dem Repertoire der früheren Feinde Deutschlands verschwunden, und an seine Stelle war der arbeitsame, zuverlässige Michel getreten.

KAPITEL 7

»ÜBER GRÄBER VORWÄRTS«

Als sich Seeckt nach seinem Rücktritt am 9. Oktober 1926 von den Offizieren des Reichswehrministeriums verabschiedete, rief er ihnen zu: »Wenn der Winter sein Leichentuch über die junge Saat deckt, dennoch über Gräber vorwärts!« [1] Das Lebensgefühl dieses Goethe-Zitats gefiel ihm so gut, daß er es in seinem letzten Tagesbefehl an die Truppe am 13. Oktober wiederholte. Auch ihr rief er zu: »Über Gräber vorwärts!« Es waren Worte, auf die das Heer ansprang, und nicht nur das Heer allein, sondern die gesamte alte Garde – Beamtenschaft, Monarchisten, Nationalisten aller Schattierungen. Es war das Dementi der Niederlage, ein Ziel und eine Hoffnung, eine Beschwörung des Geistes, der aus den Ruinen aufersteht. Die Wunden, die der verlorene Krieg und die tiefe Spaltung dem deutschen Volk geschlagen hatten, wollten nicht vernarben. Zu viele Menschen hatten ihr Leben gelassen, zuviel war verlorengegangen, als daß sich die Überlebenden mit der grauen, gequälten Welt hätten abfinden können, die nun die ihre war. Ein paar Silberstreifen am Horizont reichten nicht aus, um die Nation mit sich selbst zu versöhnen; mochte auch das Land wieder grünen und die Sonne am Himmel scheinen, so hatte sich doch das Fundament verschoben.

Daß Seeckt, als er zum Rücktritt gezwungen war, keinerlei Staatsstreich versuchte und die Armee seinen Weggang akzeptierte, zeigte, wie stark die junge Republik inzwischen geworden war und wie sehr sich das Prinzip der zivilen Obergewalt durchgesetzt hatte. Aber selbst jetzt noch hätte Seeckt sehr wohl der Aufforderung zum Rücktritt Widerstand leisten können, wäre da nicht die überragende Gestalt Hindenburgs als Reichspräsident gewesen, der die Entscheidung des Kabinetts billigte. Nicht nur den Reichstag regierten wechselnde Minderheitskoalitionen und lösten ihn immer wieder auf. Die Reaktion der Presse auf Seeckts Rücktritt war genauso gespalten wie die der Parteien. Generell genoß er hohes Ansehen, wobei allerdings die rechtsstehende *Deutsche Zeitung* meinte, wer in

Seeckt einen Staatsmann gesehen habe, wisse entweder nicht, was ein Staatsmann sei, oder er habe einen trüben Blick. Seeckt habe im Deutschland der Nachkriegszeit bei den verschiedensten Gelegenheiten Macht und Möglichkeit genug besessen, um den Staat den Händen der internationalen Großfinanz und des internationalen Judentums zu entreißen; in der Stunde der Tat aber habe er stets versagt. Gewiß habe er dem Vaterland gedient, aber er habe die Wehrmacht zu einem passiven Instrument der Staatsautorität gemacht, statt sie zum aktivistischen Stoßtrupp des nationalen Gedankens zu entwickeln. Hier kam die wahre Stimme der radikalen Rechten einschließlich der Nationalsozialisten zu Wort, die diesen Mann ablehnte, der es nicht nur unterlassen hatte, sich dem Hitlerputsch anzuschließen, sondern die Reichswehr gar gegen ihn einzusetzen bereit war. Es gab jedoch auch andere Stimmen. Die nationalistische *Kreuzzeitung* gab auf die rhetorische Frage »Wer ist denn Seeckt?« selbst die Antwort: »Der Gefeierte, Bewunderte, der Gehaßte eines noch immer feindlichen Auslands.« Er habe die Reichswehr geschaffen, und vielleicht sage man nicht zuviel, wenn man in Frage stelle, ob es heute wohl ein Deutsches Reich in irgendwelcher Form und Gestalt gäbe, wenn er, der kaiserliche Offizier, nicht in die breit klaffende Bresche der Republik getreten wäre. Das Ganze mute an wie ein Stück aus dem Tollhaus. Der *Berliner Lokalanzeiger* verglich Seeckt und den Sozialdemokraten Carl Severing, der aus Gesundheitsgründen als preußischer Innenminister hatte zurücktreten müssen, und bemerkte, für Severing sei die SPD gleichbedeutend mit Deutschland, während Seeckts Partei das Vaterland sei. Die *Deutsche Allgemeine Zeitung* schrieb: »Dieser überzeugte Monarchist hat aus militärischer Pflichterfüllung heraus das Reich gerettet. Freilich ist es ja nicht der erste Fall in der Geschichte der Demokratie aller Zeiten, einsam ragende Herrennaturen herunterzuholen.« Die *Schlesische Zeitung* sagte: »Generaloberst v. Seeckt ist zurückgetreten! Wo die größte Freude hierüber herrschen mag, ob in Paris oder bei den deutschen Linksparteien, ist schwer zu sagen.« Die Londoner *Times* nannte Seeckts Verabschiedung den Sieg des Pazifismus in Deutschland. [2]

Aber im Reich gab es wenig eindeutige Siege, und stellte sich einmal ein solcher Sieg ein, dann war er meist sehr kurzlebig. Die Rechte war in sich uneins, die Linke war in sich uneins, und die Parteien dazwischen waren untereinander uneins. Stresemanns eigene Deutsche Volkspartei versagte ihm oft die Unterstützung, weil selbst die solide Mittelschicht, die sie und er verkörperten, oft nicht wußte, was denn nun ihr und dem Vaterland zu Nutz und Frommen war. Seltsamerweise war es eben die Volkspartei, der sich Seeckt einige Jahre nach seinem Rücktritt anschloß, und nach Stresemanns Tod wurde er als einer ihrer Abgeordneten in den Reichstag gewählt. Obwohl in vielem keineswegs einer Meinung, waren Seeckt und Stresemann doch beide kompromißlose Patrioten, die sich miteinander vertrugen und sich gegenseitig benutzten. Als Seeckt seinen Reichswehrposten niedergelegt hatte, wurde er Berater des Außenministers mit einem Jahresgehalt von rund 20 000 Mark, wobei allerdings unklar ist, ob er Stresemann viele Ratschläge gab oder dieser viel von ihm annahm. Ihre Auffassung vom Wohl des Reichs war viel zu weit voneinander entfernt, als daß sie hätten eng zusammenarbeiten können, aber allein die Anwesenheit Seeckts an der Seite Stresemanns machte es den Kritikern der Erfüllungspolitik schwer, bei jedem Vorschlag Stresemanns von Verrat zu reden. Seeckt seinerseits war ein viel zu aktiver Geist und die das Vaterland bedrängenden Probleme beschäftigten ihn viel zu sehr, als daß er sie einfach anderen hätte überlassen können. Außerdem konnte er ein zusätzliches Einkommen zu seiner Pension, die etwa soviel betrug wie sein Beratergehalt, sehr gut brauchen. Er lebte gern auf großem Fuß, und noch mehr gefiel es ihm, seinen Einfluß geltend zu machen.[1]

Nur im Rückblick erscheint dieser Zeitabschnitt in mildem Licht, maßvoll und glücklich, als fröhlicher Tummelplatz einer beschwingten Generation. Für diejenigen, die ihn miterlebten, stellte er sich als ebenso kummervoll dar wie jeder andere, und die zwanziger Jahre in Deutschland machten da keine Ausnahme. Nur wenige Leute scheinen sie damals genossen zu haben, und doch ging es mit dem Land überall aufwärts: die Reallöhne erkletterten wieder ihr Vorkriegsniveau, verdoppelten sich für Tausende und Abertausende gelernter Arbeiter zwischen 1924 und 1928; deutsche Handelsschiffe befuhren wieder die Weltmeere; ein Zeppelin flog über den Atlantik. Die Lufthansa beförderte in ihren modernen Flugzeugen Passagiere auf regelmäßigen Linienflügen nach Prag und Wien. Deutsche Chemie-, Maschinenbau- und Elektrofabriken erzeugten mehr Waren als je zuvor, mit neuen Produktionsanlagen, die sie mit dem Kapital der Auslandsanleihen gekauft hatten. Die Leistungen in Philosophie und Naturwissenschaften waren geradezu sagenhaft. Einstein, Heisenberg und Planck interpretierten den Kosmos neu, Husserl, Heidegger, Jaspers und Cassirer boten neue Weltanschauungen oder arbeiteten an ihnen, und Karl Barth, Martin Buber und

Paul Tillich rangen mit den ewigen Fragestellungen der Theologie im Lichte der Nachkriegszeit des zwanzigsten Jahrhunderts. Die deutsche Literatur schuf reichste zeitgenössische Werke in den Romanen eines Thomas und Heinrich Mann, Lion Feuchtwanger, Arnold Zweig und Hermann Hesse, in den Gedichten Rainer Maria Rilkes und Stefan Georges, in den Dramen eines Brecht, Hauptmann und Zuckmayer und den Inszenierungen eines Max Reinhardt. In den bildenden Künsten trat mit den revolutionären Gestaltungen eines Walter Gropius, Mies van der Rohe und des Bauhauses ein neuer Architekturstil seinen Siegeszug durch Europa, in den Fernen Osten und die Vereinigten Staaten von Amerika an. Die französischen Spätimpressionisten fanden in Deutschland begeistertere Aufnahme noch als in Frankreich, und Maler wie Max Beckmann, Paul Klee und Oskar Kokoschka erhielten Professuren in Berlin, Frankfurt und Dresden, eine ganz und gar ungewöhnliche Anerkennung für Modernisten in der akademischen Welt.

Die Städte des deutschen Reiches waren wie steinerne Kessel, aus denen viele Talente und hin und wieder ein Genie empordampften und wo Satiriker wie Kurt Tucholsky und George Grosz durch den schillernden Hexentrank hindurch den giftigen Bodensatz erkannten. Es war eine Zeit, in der man Werte mit leichter Hand über Bord warf, in der Menschen nach den Worten Franz Werfels mit dem Gedanken spielten, der eigentlich Schuldige sei das Opfer und nicht der Mörder, und in der Vatermord zum bevorzugten Thema von Erfolgsstücken wurde.

Berlin war damals wohl die offenste und aufgeschlossenste Stadt der ganzen Welt. Gutbesuchte Homosexuellenlokale und Kabaretts florierten ebenso wie die nackte Lasterhaftigkeit, wie sie Marlene Dietrich im *Blauen Engel* auf die Leinwand zauberte. Die tosenden zwanziger Jahre lärmten in Berlin lauter als in irgendeiner anderen Stadt Deutschlands oder Europas oder Amerikas, doch gab es auch andere Töne – die Musik Hindemiths, Schönbergs oder Richard Strauss' ebenso wie Beethovens, Bachs oder Brahms' unter der Stabführung eines Furtwängler oder Klemperer. Dem Berlin der zwanziger Jahre war nichts Menschliches fremd, in ihm fand jede erdenkliche Mutation des menschlichen Geistes Raum zum Atmen; die Möglichkeit, das Opfer sei der Schuldige, war kaum seltsamer als der Tod von Millionen junger Männer, die sich keines Verbrechens schuldig gemacht hatten. Für wen oder was waren sie gestorben? Für den dickwanstigen Schwarzmarktschieber, für die absurden, bösen Philister, die Grosz' Zeichnungen füllten? Roman- und

Theaterschriftsteller rangen um eine Antwort auf diese Fragen ebenso wie Schriftsteller à la Spengler, und im Vergleich dazu nahm sich die politische Welt und der Alltag, in denen es ums reine Überleben ging, grau und langweilig aus. In den zeitgenössischen Zeugnissen findet sich niemand, der in der Berliner U-Bahn fuhr oder an der Werkbank schwitzte oder eine Industrie tüchtiger managte als je zuvor in Europa und seine Zeit als Goldenes Zeitalter angesehen hätte. Erst sehr viel später, als das ganze Gebäude eingestürzt war, stellte sie sich als solches dar. In Wirklichkeit rang das Reich Mitte der zwanziger Jahre unablässig mit Problemen. Erst 1928 hatten die Fabrikarbeiterlöhne wieder den Stand der Vorkriegsjahre 1913/1914 erreicht, und die Kaufkraft der Bevölkerung betrug 1925–1929 bloße 696 Mark, verglichen zu 728 Mark in der Zeit von 1911 bis 1915. [3] Es war eine ruhelose Gesellschaft, in der immer noch Reparationen zu zahlen, Haushalte unausgeglichen und die Forderungen an den Staat höher waren, als er hätte leisten können. Das Einkommen der Beamten, die das Räderwerk der Verwaltung in Stadt und Land in Gang hielten, war seit der Vorkriegszeit beträchtlich geschrumpft. Der deutsche Beamte war nie hoch bezahlt gewesen, hatte aber oft wie der Offizier eine Frau geheiratet, deren Einkommen aus Anteilen oder Ersparnissen ihm ein anständiges, mittelständisches Leben erlaubte, bis dann Inflation und Geldentwertung ihren Zoll forderten. Jetzt verabschiedete der Reichstag, dessen Abgeordnete zu über einem Drittel aus der Beamtenschaft kamen, eine hübsche Besoldungserhöhung, je nach Besoldungsgruppe um 21 bis 25%. Diese Anhebung trat zu den anderen Nachkriegsausgaben der Landesregierungen und Stadtverwaltungen hinzu und riß ein beträchtliches Loch in den Reichshaushalt. Die Reichsausgaben hatten sich 1913 auf 2378 Milliarden Mark belaufen; 1925 mußte das Reich für mehr als das Dreifache – 7903,9 Milliarden – aufkommen, und die Ausgaben schwollen immer weiter an, auf 9182,5 Milliarden im Jahre 1926 und auf über 10 Billionen 1927. Die Besoldungsanhebung entsprach zweifellos in etwa dem Anstieg der Löhne der gelernten Arbeiter im gleichen Zeitraum, aber das Reich konnte nun einmal nicht alle Forderungen erfüllen, die an es gestellt wurden, und Hjalmar Schacht, der um die Stabilität der Mark bangte, erhob schwere Bedenken gegen den sprunghaften Anstieg der Länder- und Gemeindeausgaben, die im wesentlichen für überflüssige oder nicht notwendige Dinge wie »Schwimmbäder, Bibliotheken und Sportplätze« aufgewendet würden. Der amerikanische

Bankier Parker Gilbert, Generalagent für die Reparationen, erklärte warnend, die hohen Ausgaben der Reichsregierung, die in zwei Jahren um 1700 Millionen Mark angeschwollen seien, gefährdeten die nach dem Dawes-Plan fälligen Zahlungen. [4] Ähnlich äußerte sich Stresemann in einem Schreiben an den Duisburger Oberbürgermeister Carl Jarres. Er schrieb, der Staat Preußen habe für den Umbau der Berliner Oper bereits 14 Millionen ausgegeben, und die Endsumme werde sich wahrscheinlich auf 20 Millionen belaufen. So verschwenderisch sei keine Siegermacht gewesen. Es gab andere Beispiele in Hülle und Fülle. Der Kölner Oberbürgermeister Konrad Adenauer brüstete sich damit, im Kölner Gürzenich die größte Orgel der Welt eingebaut zu haben. Frankfurt am Main hatte eine Musikausstellung ein Defizit von zweieinhalb Millionen eingebracht. Dresden hatte mit Reichszuschüssen ein Hygienemuseum errichtet. Stresemann bat Jarres, er solle ihm bitte sagen, was er denn den Vertretern fremder Mächte sagen solle, wo derartige Dinge den Eindruck vermittelten, Deutschland habe den Krieg nicht etwa verloren, sondern gewonnen. [5]

In den zwanziger Jahren war der Druck nach mehr Reichsausgaben fast unwiderstehlich. Mit der Revolution von 1918 und der Abschaffung des Dreiklassenwahlrechts in Preußen hatte sich die politische Macht Deutschlands von der bürgerlichen Mittel- und Oberschicht in die breiten Massen verlagert, die viel höhere Ausgaben für Sozialleistungen forderten, als die Vorkriegsregierungen für machbar angesehen hatten. Mit der Ausdehnung des Beamtenapparats war eine Ausbreitung der Kartelle Hand in Hand gegangen, die auf über 2500 anwuchsen und sich durch gegenseitige Absprachen vor Konkurrenz und durch Schutzzölle vor ausländischen Produkten sicherten. [6] In den nach amerikanischem Vorbild durch das Fließband rationalisierten Betrieben stieg zwar die Produktivität, aber die Industrie litt an Kapitalmangel und war in hohem Maße auf Fremdanleihen angewiesen, und eine Depression konnte sowohl im staatlichen als auch im privaten Sektor schwere Rückschläge mit sich bringen, in deren Gefolge eine weit größere politische Labilität drohte als vor dem Krieg. Auch die Landwirtschaft zog großes ausländisches Kapital an sich – ein Großteil der Landverschuldung von sieben Milliarden Mark war mit Auslandsanleihen finanziert worden –, und die landwirtschaftlichen Erzeugnisse wurden durch Einfuhrzölle vor ausländischer Konkurrenz geschützt. Damit blieben die Lebensmittelpreise natürlich hoch, aber trotz der Kritik der Wirtschaftswissenschaftler schafften es die Bauern ebenso wie die

Industriellen immer wieder, mit Hilfe der Unterstützung von rechts die protektionistischen Maßnahmen aufrechtzuerhalten.

Trotz des labilen Unterbaus gelang aber Mitte der zwanziger Jahre doch eine beträchtliche industrielle Expansion, und im In- und Ausland kehrte das Vertrauen auf die Zukunft des Reiches und der kapitalistischen Welt zurück. Das Reich setzte die unter Bismarck begonnene Politik der sozialen Sicherheit fort, die von den fortschrittlichen Kräften jedes Landes zu den aufgeklärtesten gezählt wurde, die es in der Welt gab. Schlichtungsausschüsse, in denen die Sozialpartner paritätisch vertreten waren, und Arbeitsgerichte legten Arbeitsstreitigkeiten bei und verhinderten damit eine neue Streikwelle, wie sie etwa nach dem verlorenen Krieg ausgebrochen war und die Produktion mehrfach bedroht hatte. Fast die gesamte arbeitende Bevölkerung war gegen Krankheit und Unfall versichert, und die Sozialausgaben der Regierung (einschließlich Arbeitslosenversicherung) stiegen Jahr für Jahr. [7]

Außenpolitisch erhob sich das Reich weiterhin ganz allmählich von der Niederlage, die so viele Deutsche immer noch nicht verwinden konnten. Die Einweihung des Tannenberg-Denkmals im September in Erinnerung an den großen Sieg vom August 1914 war eine Feier der Paradoxe. Da wurde einerseits der historische Triumph der deutschen Waffen und Feldherrnkunst gefeiert, den ein an Gewehren und Männern weit unterlegenes Heer errungen hatte, das dennoch einen verbissen kämpfenden Feind umzingelt und vernichtet hatte. Auf der anderen Seite aber warf immer noch die Niederlage ihre Schatten über Deutschland, standen fremde Truppen immer noch auf deutschem Boden und waren immer noch die Strafreparationen zu zahlen, weil die Sieger und der Versailler Vertrag dem Reich die Kriegsschuld zuschoben.

Hat ein Sieg tausend Väter, so bekennt sich keiner zur Vaterschaft einer Niederlage, und immer noch stritt man sich, wer denn eigentlich der Sieger von Tannenberg sei. Ludendorff war überzeugt, er habe die Schlacht gewonnen, nicht Hindenburg; andere wieder sagten, entscheidend sei Hoffmanns Strategie gewesen. Als ihm die Sache zur Kenntnis gebracht wurde, faßte Hindenburg sie jedoch einfach so zusammen: »Es ist schön, daß Tannenberg gewonnen wurde, nun haben es viele gewonnen. Wäre die Schlacht verlorengegangen, ich hätte sie allein verloren.« [8]

Bei der Einweihung des Denkmals kam es zwischen den Generälen zu Querelen. Ludendorff lehnte es ab, sich mit Hindenburg ins gleiche Automobil zu setzen, von dem aus sie auch gemeinsam den Vorbeimarsch der Truppen abnehmen sollten.

In einer grollenden, für seine Verhältnisse geradezu leidenschaftlichen Rede lehnte Hindenburg die Kriegsschuld Deutschlands ab. Er sprach das aus, was jeder seiner Landsleute fest glaubte und jeder Franzose ebenso fest verwarf; einleitend ehrte er das Gedächtnis der im Kriege Gefallenen und sagte dann, ihr Andenken, aber auch die Ehre der Überlebenden, verpflichteten ihn dazu, feierlich zu erklären:»Die Anklage, daß Deutschland schuld sei an diesem größten aller Kriege, weisen wir, weist das deutsche Volk in allen seinen Schichten einmütig zurück! Nicht Neid, Haß oder Eroberungslust gaben uns die Waffen in die Hand. Der Krieg war uns vielmehr das äußerste, mit den schwersten Opfern des ganzen Volkes verbundene Mittel der Selbstbehauptung einer Welt von Feinden gegenüber. Reinen Herzens sind wir zur Verteidigung gezogen, und mit reinen Händen hat das deutsche Heer das Schwert geführt. Deutschland ist jederzeit bereit, dies vor unparteiischen Richtern nachzuweisen!« [9] Diese Rede, die nicht nur der legendäre Sieger von Tannenberg, sondern der Reichspräsident gehalten hatte, rief in Frankreich einen Sturm der Entrüstung hervor. Poincaré ging auf die Hindenburg-Rede zwar nicht direkt ein, erinnerte aber in Belfort seine Zuhörer daran, Frankreich habe binnen 60 Jahren dreimal gegen fremde Einfälle zu kämpfen gehabt, es sei stark an der Aufrechterhaltung des Friedens interessiert, sei aber niemals völlig sicher, ihn zu bewahren, weil der Friede in Europa viel mehr von anderen Völkern abhänge. Frankreich brauche Sicherheit, die ihm der Völkerbund nicht garantieren könne, so bewundernswert dessen Absichten auch seien; deshalb müsse sich Frankreich auf seine eigenen Anstrengungen verlassen. Dieses Thema griff er in einer Rede in Bar-le-Duc am 26. September erneut auf, und ihm schloß sich der französische Justizminister Jean Louis Barthou an, der den deutschen Einfall von 1914 mit dem Marokkokrieg verglich, in den Frankreich damals verwickelt war. Barthou sagte, Frankreich habe keinen der beiden Kriege gewollt, sondern Wilhelm II. und Abd el Krim hätten sie angefangen.»Wir sind in gleicher Weise unschuldig an dem Blut, das ein herrschsüchtiges Volk, ein Wilhelm II. und ein Abd el Krim haben vergießen lassen«, sagte er. [10]

Diese Auseinandersetzung konnten keine unparteiischen Richter schlichten. Das Urteil, wenn nicht der Geschichte, so doch vieler Historiker, neigte damals eher Deutschland zu, denn das allmählich auftauchende Beweismaterial beeindruckte englische und amerikanische Geschichtsgelehrte immer mehr.[2] Doch je mehr ihre Forschung die Kriegsschuld des Reiches verminderte, desto unglücklicher fühlten sich die Deutschen mit ihren blutenden Grenzen, verlorenen Provinzen, mit ihren Schulden und ihrer militärischen Ohnmacht und desto bedrohter fühlten sich die Franzosen.

Frankreich befand sich wie seit eh und je auf der Suche nach dem heiligsten aller Grals, der sich ihm weiterhin entzog, nach dem verzweifelt ersehnten, absoluten Bollwerk unumstößlicher Sicherheit, die es weder auf den Bajonetten seiner Heere an Ruhr und Rhein noch im kollektiven Sicherheitssystem des Völkerbunds und des Vertragswerks von Locarno noch im fehlgeschlagenen Genfer Protokoll noch auch in seinen Bündnissen hatte finden können.

Nie endet solches Suchen, nie läßt sich das Endziel erreichen, und so kam Briand mit einem neuen Vorschlag; diesmal ging es um einen Ersatz für den Garantievertrag, den Wilson 1919 Frankreich zugesagt, der Kongreß aber dann abgelehnt hatte. In einer Botschaft vom 6. April 1927 wandte sich Briand nicht etwa an Präsident Coolidge oder das amerikanische Außenministerium, sondern an das amerikanische Volk und schlug vor, die beiden seit der Unabhängigkeit der Vereinigten Staaten verbündeten Republiken sollten in einem bilateralen Vertrag auf jeglichen Krieg gegeneinander verzichten und ihn ächten.[3]

Da Frankreich und die Vereinigten Staaten letztmalig zwischen 1798 und 1800 miteinander Krieg geführt hatten – es hatte nur noch verschiedentlich Seekriegsoperationen ohne Erklärung von Feindseligkeiten gegeben –, war nicht unmittelbar ersichtlich, welche praktischen Folgen ein solcher Vertrag haben könnte. Für Briand aber lagen die Ziele und Wirkungen klar genug auf der Hand; die Vereinigten Staaten waren das Treibhaus, in dem die meisten Weltfriedensbewegungen gediehen, und wenn sie auch geteilter Meinung waren, auf welche Weise sich dieses Ziel am ehesten erreichen lasse, so waren sich doch im Grunde alle Amerikaner einig, daß die Vereinigten Staaten mit der Ablehnung des Völkerbundes einen fatalen Fehler gemacht hatten, den sie gutzumachen entschlossen waren.

In den Vereinigten Staaten[4] blühten Friedensgruppen zu Dutzenden, von den militanten Pazifistenorganisationen, deren Mitglieder das Tragen von Waffen in jedwedem Krieg völlig ablehnten, bis hin zu revolutionären Gruppen, die der Überzeugung anhingen, der universale Frieden lasse sich nur durch den Sturz der bestehenden politischen und wirtschaftlichen Ordnung erreichen. Briand aber interessierten nicht etwa die Pazifisten, Antimilitaristen oder Revolutionäre, sondern ihm ging es darum, die Unterstützung der Anhänger einer kollektiven Sicherheit zu gewinnen, also die Mitglieder von Organisationen wie etwa der Carnegie Endowment for International Peace, der World Peace Foundation, der Foreign Policy Association, der Woodrow Wilson Foundation und des American Committee for the Outlawry of War.

Die einflußreichste unter ihnen war die Carnegie Endowment, die sich der Mitwirkung berühmter Wissenschaftler und Gelehrter rühmen konnte und über einen Jahresetat von gut 600 000 Dollar verfügte, der aus einem Stiftungskapital von zehn Millionen Dollar floß, das in während des Ersten Weltkriegs im Wert erheblich gestiegenen Stahlpapieren angelegt war. Ihr standen nicht nur große Summen zur Verfügung, sondern sie besaß auch reichlich Einfluß im Universitäts- und Bildungswesen und bei Zeitungen wie der *New York Times*. Der Präsident der Stiftung, Nicholas Murray Butler, war gleichzeitig Präsident der Columbia-Universität, und der Leiter der Abteilung Wirtschaft und Geschichte bei Carnegie, James T. Shotwell, gehörte dem Lehrkörper von Columbia an.

In den Friedensorganisationen waren fast ausschließlich eifrige Idealisten tätig, die zutiefst die Überzeugung hegten, der Krieg sei die schrecklichste Geißel der Menschheit und das Menschengeschlecht könne die Zerstörungen und Leiden des Krieges nicht mehr ertragen. Ein weiterer Zusammenstoß wie der letzte würde genügen, und nicht nur die Lichter Europas gingen eins nach dem anderen aus, wie Sir Edward Grey 1914 gesagt hatte, sondern höchstwahrscheinlich bräche die Kultur überhaupt zusammen. Die Zielsetzungen der Friedensgruppen standen nicht in Frage; was ihre Kritiker – außer der breiten Kluft zwischen den Friedensbeteuerungen und dem tatsächlichen Verhalten der Außenämter – am meisten störte, das waren die erwartbaren Folgen vieler Friedensvorschläge (angefangen bei der kollektiven Sicherheit bis hin zur Verweigerung des Dienstes mit der Waffe) für die Handlungsfreiheit und das Wohlergehen der Vereinigten Staaten. Konkrete Maßnahmen zur Verringerung der Kriegsgefahr wie etwa die Seeabrüstungskonferenz, die Präsident Coolidge schon vorgeschlagen hatte, als Briand seine Note an das amerikanische Volk richtete, fanden bei Briand keinerlei Anklang. Frankreich hatte die Einladung zu dieser Konferenz, die im Frühsommer 1927 in Genf stattfinden sollte, ausgeschlagen.[5] Auch anderes wirkte abkühlend auf die Begeisterung; dazu gehörte beispielsweise, daß die Kriegs- und Nachkriegsanleihen der Vereinigten Staaten an Europa in Höhe von über zehn Milliarden Dollar immer noch nicht zurückgezahlt waren und die Alliierten versuchten, die Rückzahlung auf die Höhe der deutschen Reparationszahlungen zu begrenzen; desgleichen gehörte die Enttäuschung Amerikas über die nackte Machtpolitik Europas nach dem Kriege in diesen Zusammenhang. Präsident Coolidge und das State Department waren daher von Briands Vorschlag ganz und gar nicht angetan. In einer Aufzeichnung vom 24. Juni gab der Leiter der Westeuropa-Abteilung des State Department, J. Theodore Marriner, zu verstehen, der Briand-Entwurf eines französisch-amerikanischen Vertrages solle lediglich von der Seeabrüstungskonferenz ablenken, die am 20. Juni begonnen hatte. Marriner schrieb, Briand wolle lediglich»den Eindruck einer Art ewigen Bündnisses zwischen den Vereinigten Staaten und Frankreich erwecken, und das würde mit Sicherheit die anderen europäischen Großmächte – England, Deutschland und Italien – beunruhigen. Dies träfe ganz besonders deshalb zu, weil damit die neutrale Position der Vereinigten Staaten in irgendeinem Krieg, in den Frankreich verwickelt wäre, äußerst schwierig würde, denn Frankreich könnte es für notwendig halten, unsere Rechte als neutraler Staat im Rahmen dieser Nichtangriffsgarantie zu schmälern. Desgleichen könnte ein solches Bündnis in Frankreich selbst dazu benutzt werden, die Ratifizierung der Schuldenregelung zu vertagen und den Eindruck zu erwecken, daß eine Rückzahlung nicht notwendig sei.« [11]

Nach Ansicht des State Department strebte Frankreich ein negatives Bündnis an, das an die Stelle des von Wilson 1919 in Paris versprochenen positiven Bündnisses treten sollte. Ein negatives Bündnis würde die Vereinigten Staaten in das französische Sicherheitssystem einbeziehen und es Amerika, wie Marriner deutlich machte, erschweren, in irgendeinem europäischen Krieg, an dem Frankreich beteiligt wäre, neutral zu bleiben. Natürlich hatten Briand und seine amerikanischen Freunde genau das im Sinn; er wollte nicht etwa Neutralität, sondern ein Posse comitatus.

Den Friedensverfechtern standen große Summen für allerlei Veröffentlichungen – von Bulletins und Zeitschriften bis zu Büchern – zur Verfügung, von denen viele unmittelbar die Notwendigkeit eines Beitritts Amerikas zum System der kollektiven Sicherheit direkt oder indirekt ansprachen. Die Carnegie Endowment for International Peace unterstützte»Clubs für Internationale Beziehungen« an höheren Schulen und Colleges sowie sogenannte»International Mind Alcoves«, wo man sich entsprechende Bücher ausleihen konnte, gab Zuschüsse an kleinere Friedensorganisationen und stiftete Lehrstühle für internationale Beziehungen.

Alles in allem übten die organisierten Friedensapostel beträchtlichen Einfluß in den Kreisen aus, die glaubten, die neue Weltordnung stehe vor der Tür, wenn sich nur die Vereinigten Staaten ihr anschlössen. In einem Leitartikel erklärte die *New York Times,* zwar lasse sich der Krieg wohl schwerlich gleich weltweit ächten, aber die Ächtung eines Krieges nach dem andern etwa in der Weise, wie es Briand zunächst zwischen den Vereinigten Staaten und Frankreich vorgeschlagen habe, sei doch ein deutlicher Schritt nach vorn. Angesichts der Mischung aus Mißtrauen und Skepsis bei Präsident Coolidge, Außenminister Frank B. Kellogg und ihren Beratern wäre die ganze Sache wohl eingeschlafen, hätte nicht Charles A. Lindbergh am 21. Mai den Atlantik überquert. Mit diesem Symbol des Zusammenhangs zwischen Kontinenten und mit der jubelnden Begeisterung, die Lindbergh in Frankreich entgegenschlug, erhielt die Kampagne für ein Zusammengehen beider Länder und ein Abschwören des Krieges neuen Auftrieb. Dennoch wollten weder der Präsident noch das State Department vom Abschluß eines derartigen Paktes mit Frankreich allein, wie ihn Briand vorgeschlagen hatte, etwas wissen; wenn ein derartiger Vertrag überhaupt zustande kommen sollte, dann mußte er allen Ländern der Welt offenstehen, und das war ja nun überhaupt nicht Briands Bestreben. Aber auch für ihn schrieb die Hand der Friedensbewegung Worte an die Wand. Es mußte einfach irgendein Vertrag zugunsten des Weltfriedens geschlossen werden, was immer Politiker und Sachverständige der Außenämter davon halten mochten.

Nun befaßten sich ja schon einige Artikel der Völkerbundssatzung mit der Verhinderung von Kriegen. In Artikel 10 verpflichtete sich jedes Mitglied, die Unversehrtheit und Unabhängigkeit aller anderen Mitglieder zu achten und gegen jeden äußeren Angriff zu wahren. Artikel 11 besagte, der Krieg gehe alle Mitglieder an. Artikel 16 sah wirtschaftliche und militärische Sanktionen gegen einen Aggressor vor. Ein Hauptgrund der Ablehnung des Völkerbundsbeitritts durch die Vereinigten Staaten war es gerade gewesen, daß sie nach der Satzung zur Entsendung von Truppen und Kriegsschiffen einfach dadurch verpflichtet werden konnten, daß der Völkerbundsrat eine Nation, mit der die Vereinigten Staaten in keinerlei Streit lagen, zum Aggressor erklärte. Das State Department stand solchen Vorkehrungen für kollektive Sicherheit weiterhin höchst mißtrauisch gegenüber. So befand sich beispielsweise 1926 Frankreich im Bunde mit Spanien im Krieg gegen marokkanische Streitkräfte, die unter Führung von Abd el Krim (der nach Barthous Worten die blutigen Auseinandersetzungen angezettelt hatte) für die Unabhängigkeit kämpften. Zwar schien es, daß Frankreich und Spanien aus eigener Kraft mit der Unabhängigkeitsbewegung Abd el Krims fertig werden konnten; wie aber, wenn sich das als falsch herausstellte? Angenommen, die Marokkaner würden zu den Aggressoren erklärt, als die sie Barthou bezeichnete? Würde das bedeuten, daß aufgrund eines neuen Dokuments, das die Vereinigten Staaten in das kollektive Sicherheitssystem des Völkerbundes einbezöge, von den Vereinigten Staaten erwartet würde, daß sie sich in die Schlacht stürzten, um Spaniern und Franzosen wieder zu diesem Teil Afrikas zu verhelfen? Und dann gab es da noch die sogenannte »Lücke« oder Lücken in der Völkerbundssatzung, die die Friedensverfechter zu schließen versuchten. Eine solche Lücke tat sich auf, wenn sich der Rat nicht einig werden konnte, wer denn nun der Aggressor sei, eine andere, wenn es sich um einen Krieg etwa des marokkanischen Typus handelte, der in den nationalen Zuständigkeitsbereich fiel – ein Bürger- oder Kolonialkrieg. Würde ein Vertrag der Art, wie ihn die Friedensgruppen zur Schließung der Lücke befürworteten, die Vereinigten Staaten auch noch in Konflikte verwickeln, die weit über die in der Satzung vorgesehenen hinausgingen?

Der amerikanische Außenminister schließlich war es, der eine für jedermann mehr oder weniger annehmbare Lösung vorlegte, obwohl es vieler Briefwechsel bedurfte, um zu erklären, was der Wortlaut des Paktes bedeutete. Von Anfang an stand fest, daß die Vereinigten Staaten weder dem Völkerbundssystem der kollektiven Sicherheit beizutreten noch irgendein negatives oder positives Bündnis ausschließlich mit Frankreich zu schließen gedachten. Der britische Außenminister Sir Austen Chamberlain stellte gleichfalls klar, daß England einen solchen Vertrag nur mit Vorbehalten akzeptieren würde. In einer Note an Kellogg sagte er, der Pakt gelte nicht für »gewisse Regionen der Welt, deren Wohlfahrt und Integrität für unseren Frieden und unsere Sicherheit von besonderem und vitalem Belang sind. Die Regierung Seiner Majestät hat es sich angelegen sein lassen, schon in der Vergangenheit deutlich zu machen, daß hinsichtlich dieser Regionen keinerlei Einmischung hingenommen werden kann.« [12] Zwar wurden die Regionen nicht

311

näher genannt, aber gemeint war beispielsweise Ägypten, und wenn Kellogg auch den Vorbehalt nicht billigte, so konnte Chamberlain doch darauf verweisen, daß die Vereinigten Staaten hinsichtlich der westlichen Hemisphäre, in der immer noch die Monroe-Doktrin galt, ähnliche Vorbehalte machten. Stresemann nahm in seine zustimmende Note drei Vorbehalte auf: das Recht auf Selbstverteidigung, die Bestimmung, daß jeder Vertragsbruch das Reich von seinen Pflichten entbinde, und den weltweiten Beitritt als Endziel des Vertrages.

Führten also Rußland und Polen erneut Krieg gegeneinander, so wäre das Reich nicht verpflichtet, sich an den Feindseligkeiten oder Gegenmaßnahmen der Verbündeten Polens zu beteiligen. Noch auch gedachte Frankreich mit seiner großen Armee und seinen zahlreichen Bündnissen, auf denen seine Verteidigung hauptsächlich aufbaute, und mit seiner Bereitschaft, 200 Millionen Francs für die Maginotlinie auszugeben, seine Sicherheit durch irgendeinen weltweiten Kriegsverzichtspakt zu gefährden. Ein Friedenspakt mußte sein Verteidigungssystem stärken und nicht aushöhlen, und so sagte Briand, der Pakt müsse ausdrücklich das Recht auf Notwehr im Rahmen bestehender Verträge ausnehmen, womit nicht nur Locarno gemeint war, sondern auch Frankreichs Militärabmachungen mit Belgien, Polen, der Tschechoslowakei, Rumänien und Jugoslawien. Auch für Frankreich machte Briand den Vorbehalt, jeder Vertragsbruch befreie einen Unterzeichner von seinen Verpflichtungen.

In Beantwortung dieser verschiedenen Vorbehalte sagte Kellogg, das Recht auf Selbstverteidigung sei »jedem souveränen Staat inhärent und jedem Vertrag implizit. Es steht jeder Nation jederzeit frei ... sein Staatsgebiet gegen Angriff oder Einfall zu schützen, und sie allein befindet darüber, ob die Umstände den Rückgriff auf Krieg in Selbstverteidigung erfordern.« [13] Das von Kellogg schließlich vorgelegte Dokument, das 63 Staaten unterschrieben oder dem sie beitraten, bedeutete also – je nachdem, was man herauslesen wollte – alles oder auch nichts. Einzig und allein die Augen des Betrachters entschieden darüber, ob es sich hier um ein Leuchtfeuer handelte, das den Weg zu den Häfen des Weltfriedens wies, oder um ein bloßes Strohfeuer am Horizont der ewig gleichen Machtpolitik. Im Anschluß an eine Präambel, in der die feierliche Verpflichtung der Unterzeichner beschworen wurde, die Wohlfahrt der Menschheit zu fördern, hieß es in dem Pakt:

»Artikel 1: Die Hohen Vertragschließenden Parteien erklären

feierlich im Namen aller Völker, daß sie den Krieg als Mittel für die Lösung internationaler Streitfälle verurteilen und auf ihn als Werkzeug nationaler Politik in ihren gegenseitigen Beziehungen verzichten.

Artikel 2: Die Hohen Vertragschließenden Parteien vereinbaren, daß die Regelung und Entscheidung aller Streitigkeiten oder Konflikte, die zwischen ihnen entstehen könnten, welcher Art oder welchen Ursprungs sie auch sein mögen, niemals anders als durch friedliche Mittel angestrebt werden soll.« [14]

Da nach Kelloggs Worten jedem souveränen Staat und jedem Vertrag das Recht auf Selbstverteidigung innewohnte und da ebenfalls nach seinen Worten jede Nation selbst befand, wann der Zustand der Selbstverteidigung gegeben war, erklärten die amerikanischen Kritiker des Pakts wie die Sowjetunion ihn für wertlos. Senator Carter Glass aus Virginia meinte: »Ich werde zwar für den Friedenspakt stimmen, möchte aber nicht, daß irgend jemand in Virginia dem Glauben huldigt, dem Pakt komme bei der Erreichung eines dauerhaften Friedens auch nur der Wert einer Briefmarke zu ... Aber ich werde wie die Mehrheit von Ihnen einfältig genug sein, für die Ratifizierung dieses wertlosen, aber vollkommen harmlosen Friedensvertrages zu stimmen.« [15] Edwin M. Borchard, Professor für Völkerrecht an der Yale Law School, erklärte, angesichts der Bestimmung, daß jedes Land allein entscheiden könne, ob es einen Selbstverteidigungskrieg führe oder nicht, könne man den Pakt überhaupt nicht verletzen. Er schrieb: »Da der Vertrag offenbar jedes Land ... zum alleinigen Richter über das einsetzt, was ›Selbstverteidigung‹ ist – wer könnte da behaupten, daß irgendein Unterzeichner, der unter Umständen, die nach seiner Auffassung eine ›Selbstverteidigung‹ erfordern, zum Krieg schreitet, den Pakt verletze? Ist jemals irgendeine Nation der Neuzeit (wobei ich überhaupt keine Böswilligkeit unterstelle) aus irgendeinem anderen Grund zum Krieg geschritten? Wie also sollte man je diesen Pakt legal verletzen?« [16]

Kellogg selbst spielte die denkbaren Verpflichtungen aus diesem Pakt herunter. Während der Anhörungen im Senatsausschuß für Auswärtiges wurde er gefragt: »Angenommen, ein Staat bricht diesen Vertrag, warum sollten wir uns darum kümmern?« Worauf Kellogg erwiderte: »Es gibt dafür nicht den geringsten Grund.« Er fügte hinzu, aus seinen Noten sei allen Staaten bekannt, daß er nicht bereit gewesen sei, den Vereinigten Staaten irgendeine Verpflichtung aufzuerlegen.»Ich wußte ja, daß das nicht in Frage kam.« [17]

Nachdem Stresemann seine Vorbehalte vorgebracht hatte, zögerte er nicht, namens des Reiches zu unterschreiben, und da Deutschland den Vertrag noch vor Frankreich annahm, konnte der amerikanische Botschafter in Deutschland, Jacob G. Schurmann, in einer Rede, die Briand wenig tröstlich empfunden haben dürfte, sagen, Deutschland und die Vereinigten Staaten »marschieren zusammen in einem großen und edlen Abenteuer für die Sache der Menschlichkeit«. [18]

Der Sowjetunion – immer noch Paria oder gar Geächtete in den Augen der Großmächte – wurde nicht gestattet, der feierlichen Unterzeichnung in Paris beizuwohnen; trotzdem unterschrieb sie, wobei der sowjetische Kriegskommissar K. E. Woroschilow erläuterte, die sowjetische Regierung habe den Kellogg-Pakt nie ernst genommen und sei ihm nur aus rein praktischen Gründen beigetreten, um nämlich anderen Mächten die Möglichkeit zu nehmen, sie des »roten Imperialismus« zu bezichtigen. [19] Führende Völkerrechtler und die Mitglieder der Friedensgruppen zeigten sich hingegen von der Bedeutung des Paktes beeindruckt. Einige von ihnen erklärten, er mache den Krieg illegal, es gebe keine Neutralität mehr, und von nun an sei die Welt gegen jeden Aggressor gerüstet. Mehrere Kapazitäten behaupteten, die Vorbehalte in den an Washington gerichteten Noten und in Kelloggs Antworten seien ungültig, weil sie nicht Bestandteil des Paktes seien; sie dienten höchstens zur Klarstellung seiner Bedeutung, und mit diesem Pakt sei für die Welt ein neuer Tag angebrochen. Professor Hersch Lauterpacht, Herausgeber der hervorragendsten Fachzeitschrift auf diesem Gebiet, *Oppenheim's International Law*, sagte, im Vergleich mit der Größenordnung des Wandels, den der Pakt im Völkerrecht bewirke, seien die Ausnahmen geringfügig. Die Anhänger des Paktes waren sich einig, daß der Krieg jetzt geächtet sei und die Staaten im Kriegsfalle nicht mehr unparteiisch bleiben dürften. Sie könnten nunmehr zwischen Aggressor und Opfer entscheiden, womit sich aus der Aggression kein Rechtsanspruch auf das eroberte Gebiet mehr ergebe, und hohe Regierungsbeamte, die in Verletzung des Paktes einen Krieg führten, seien nunmehr strafrechtlich verantwortlich für das, was bislang als staatlicher Hoheitsakt angesehen worden sei, der nicht den Gesetzen unterlag.

63 Länder unterschrieben den Vertrag oder traten ihm später bei. Nur ein paar südamerikanische Staaten sowie Marokko, Liechtenstein und San Marino sahen davon ab. Zu den Unterzeichnern bzw. Beitretenden gehörten die Sowjetunion, der Irische Freistaat, die

Union Südafrika, Neuseeland, Indien, Italien, Polen und Japan. Japan unterschrieb als letzter Staat, weil nach Artikel 1 der Pakt im Namen der betreffenden Völker unterschrieben wurde, bei den Japanern jedoch der Kaiser einen Vertrag nur in seinem Namen unterschrieb. Aber auch sie unterschrieben schließlich, und der japanische Außenminister Baron Kijuro Sidehara erklärte, mit dem Pakt öffne sich ein neues Kapitel in der Geschichte der internationalen Beziehungen.

Stresemann hegte anscheinend keinerlei Zweifel an der Wirksamkeit des Pakts und sagte, er entspreche dem innersten Sehnen der Völker. Obwohl ihm seine Ärzte wegen seines angeschlagenen Gesundheitszustandes dringend nahelegten, nicht zur Unterzeichnungsfeierlichkeit nach Paris zu reisen, fuhr er doch hin. Eine große Ovation der versammelten Menge begrüßte ihn, und er erlebte einen ebenso bewegten Empfang wie vordem in Genf, als Deutschland dem Völkerbund beigetreten war. Die Pariser brachen in Hochrufe aus und schwenkten ihre Hüte in einem Sturm der Begeisterung, wie sie sie lange, lange nicht mehr für einen Deutschen empfunden hatten.

Ob der Pakt nun wertlos war oder nicht, wenn es darum ging, Krieg zu verhindern oder einen Aggressor zu ächten, der wie seit eh und je schwer zu erkennen blieb, wenn er sich nicht gerade selbst zu erkennen gab, so fand der Pakt doch offensichtlich williges Gehör bei einer Welt, die nach der guten Nachricht hungerte, welche er vermeintlich brachte. Die Menschen in Frankreich, in Deutschland oder in den Vereinigten Staaten brauchten keine Völkerrechtsexperten, um zu wissen, daß der Krieg schrecklich ist. Die Verkündigung des Paktes wirkte wie eine Mitteilung des Gesundheitsministers, in der zu lesen steht, es gebe keine Krankheit mehr, wenn nur alle gemeinsam auf dieses Ziel hinwirkten. Die Staatsmänner, die den Pakt unterschrieben, wußten freilich, daß sie von ihm nicht mehr erwarten konnten, als ihr Land aus Feindseligkeiten herauszuhalten, an denen sie kein erhebliches Interesse hatten, oder sich doch wenigstens auf die Seite des Siegers zu schlagen, der – handelte es sich um eine Status-quo-Macht – sich auf den Pakt berufen, andernfalls aber seine Anwendbarkeit bestreiten würde.

Stresemann wußte – allerdings nur in dem Umfang, in dem er kraft seines Amtes davon wissen mußte – von den Versuchen der Reichswehr, die in Versailles auferlegten Bedingungen zu umgehen. Ebenso Reichswehrminister Otto Gessler, auch er ein Mann von hohen Grundsätzen, und als 1927 ausgerechnet zu der Zeit, als Briand seine Vorschläge an die Vereinigten Staaten richtete, ein größerer Skandal drohte, den die linke Presse im Reich noch kräftig schürte, gerieten beide Männer in seinen Sog, Gessler allerdings viel mehr als Stresemann. Die Kosten für die Unterhaltung der Reichswehr, so klein sie auch war, waren ständig gewachsen. Der Heeresetat stieg von 476 Millionen Mark 1925 auf 553 Millionen Mark im Jahre 1927; bei der Marine lauteten die Zahlen 156 Millionen für 1925 und 215 Millionen für 1927. Gesslers eigene Demokratische Partei gehörte zu denen, die eine mindestens zehnprozentige Kürzung des Wehretats forderten. Um mehr Geld für Rüstungsausgaben zu haben, die nicht den scharfen Augen der Entente vorgelegt zu werden brauchten, beauftragte das Reichswehrministerium mit Gesslers Billigung den Leiter seiner Seetransportabteilung, einen Kapitän Lohmann, sich mit Geldern des Wehrministeriums an profitträchtigen Unternehmungen zu beteiligen oder sie zu errichten. Zur Verhüllung dieser Vorgänge wurden dem Reichstag gefälschte Budgets vorgelegt. Die richtigen Rechnungen bekamen nur die Berichterstatter der Budget-Kommission zu Gesicht, von denen einer dem Zentrum, der andere der sozialdemokratischen Fraktion angehörten und die »aus vaterländischen Empfindungen heraus mitmachten«, wie ein Vertrauensmann Stresemanns schreibt.[6] Auf diese Weise trug Lohmann zur Ausstattung der Reichsmarine mit torpedobestückten Schnellbooten sowie zur Ausbildung der erforderlichen Besatzungen bei. Er legte auch Geld in den Dornier-Flugzeugwerken in Friedrichshafen an, die in der Schweiz eine Tochterfirma errichteten, die ausländische Aufträge erfüllte, gleichzeitig aber auch dafür sorgte, daß das Reich mit der Entwicklung der Flugzeugtechnik Schritt halten konnte, insbesondere im Bereich der übergroßen Maschinen, auf die Dornier spezialisiert war. Lohmanns ausgefallenstes Unternehmen war aber die Beteiligung an einem Unternehmen der Filmindustrie, der Phoebus-Film-AG., mit Wehrmachtsgeldern. Phoebus sollte nicht nur Geld einspielen, sondern seine Filme sollten auch das Deutschtum im Inland beleben und im Ausland verkünden helfen. Doch Phoebus ging bald in Konkurs, und im Konkursverfahren wurden die ganzen Transaktionen aufgedeckt, auch Gesslers Rolle dabei. Von solchen Unternehmungen wollten Leute wie Stresemann und Gessler möglichst wenig wissen, wobei man Stresemann die vorgebliche Unwissenheit glaubte, jedenfalls im Reich, wenn auch nicht so ganz bei den skeptischen Ausländern. Das ganze Projekt wurde jedoch politisch wie finanziell zur Katastrophe, denn die Sozialdemokraten machten es sich zunutze, um ihren alten Feinden, den Militaristen und der Rechten, eins auszuwischen. Gessler sah sich zum Rücktritt gezwungen. Dagegen netzten die Protestwogen nur Stresemanns Füße, so daß er seine Erfüllungspolitik fortsetzen und den Geist der Versöhnung weitertragen konnte.

Unter seiner Leitung war die Sache des Reiches sogar so weit gediehen, daß – als die Engländer einen großen sowjetischen Spionage- und Propagandaring aufdeckten und sich daraus akute Spannungen zwischen England und der Sowjetunion entwickelten – es Stresemann war, an den sich Chamberlain und Briand wandten, damit die Krise nicht außer Kontrolle geriet. Im Mai hatte die britische Polizei bei der Durchsuchung der Räume der sowjetischen Handelszentrale in London »All Russian Cooperative Society (ARCOS)« Beweismaterial entdeckt, wonach auch Spionage und die Verbreitung kommunistischer Propaganda zu den Aufgaben dieser Handelsstelle gehörten. Daraufhin brach England am 26. Mai die diplomatischen Beziehungen mit der Sowjetunion ab. Wenige Tage später, am 7. Juni, wurde der russische Botschafter in Polen im Warschauer Bahnhof von einem weißrussischen Studenten ermordet, und die Sowjetunion verknüpfte diese Vorfälle zu einem antisowjetischen Komplott. Am Tage der Ermordung des Botschafters sagte Tschitscherin zu dem in Baden-Baden zur Kur weilenden Stresemann in einem Gespräch, Pilsudski sei nichts als ein »Romancier und Aventurier«, der mittels eines Krieges Litauen, Weißrußland und die Ukraine mit Polen zu einem Föderativsystem vereinigen wolle. [20] Tschitscherins Worte beunruhigten Briand zutiefst, dem ständig das Bündnis mit Polen und die französischen Verpflichtungen gegenüber Warschau im Gedächtnis waren, und sie vertieften noch die Besorgnis der Engländer.

Während der Völkerbundstagung im Juni 1927 konzentrierten sich Chamberlain, Briand und die Außenminister der übrigen Locarno-Mächte auf die Lage in Rußland, und in ihrem Namen appellierte Chamberlain an den Deutschen Stresemann, mit seinen guten Beziehungen zu Tschitscherin eine Gefährdung des Friedens in Europa zu verhindern. Eine Aufgabe, der sich Stresemann gern unterzog; er war unverändert gegen jeglichen antisowjetischen Kreuzzug (den weder Chamberlain noch Briand wollten, welche Absichten ihnen auch die Russen unterstellen mochten), und allein die Tatsache, daß man Stresemann um seine guten Dienste ersuchte, bedeutete eine Würdigung der Segnungen, die er binnen weniger Jahre für das Reich eingeheimst hatte.

Mochten auch noch so viele Pakte geschlossen und tönende Reden über die Ächtung des Krieges in der Welt gehalten werden – nirgendwo verließ sich auch nur ein Mensch darauf. Sie waren dazu da, in Sonntagsreden beschworen zu werden, nicht aber die Stelle von Heeren, Flotten und Luftwaffen einzunehmen, sondern diese im Gegenteil noch zu verstärken. Um Frieden zu wahren oder Kriege zu gewinnen, hielt man es weiterhin mit den alten Methoden. Frankreich wollte seine Landmacht nicht kürzen, England nicht seine Flotte. Von jeher hatten die Engländer eine Marine unterhalten, die es mit den kombinierten Seestreitmächten der Kontinentalmächte aufnehmen konnte, und im 1902 geschlossenen Bündnis mit Japan überstieg ihre Feuerkraft auch noch die der amerikanischen Flotte. Auf der Washingtoner Seeabrüstungskonferenz von 1921/22 hatte sich England widerwillig zur Marineparität mit den Vereinigten Staaten bereitgefunden. Beide Länder sollten über 500 000 BRT »capital ships« unterhalten – diese »capital ships« waren definiert als Wasserfahrzeuge von mehr als 10 000 BRT mit Achtzollkanonen –; demgegenüber wurden Japan 300 000 BRT zugestanden. Die Seeabrüstungskonferenz von 1927 in Genf, der die Franzosen fernblieben, war an der Frage der Begrenzung der Kreuzer und Kanonen gescheitert. Die Amerikaner drangen auf ein Abkommen, das den Bau von Kreuzern mit einer Wasserverdrängung von über 8000 BRT und einer Bestückung mit Achtzollgeschützen zuließ, während die Engländer auf kleineren Kreuzern und Sechszollkanonen bestanden – was angesichts der britischen Stützpunkte in der ganzen Welt die Seeüberlegenheit Englands über alle anderen Mächte einschließlich der Vereinigten Staaten aufrechterhalten hätte.

Während Kellogg und Briand über den Formulierungen ihres Paktes brüteten, schlossen England und Frankreich für sich ein Abrüstungsabkommen, das die amerikanischen Marinepläne zunichte machen sollte. In dem Abkommen wurde der Vorschlag gemacht, bei Überwasserfahrzeugen nur Schiffe mit einer Höchsttonnage von 10 000 BRT und einer Bestückung mit Kanonen von mindestens sechs und höchstens acht Zoll zuzulassen und bei seetüchtigen U-Booten die Höchsttonnage auf 600 BRT festzulegen. Damit versuchten England und Frankreich, Washington zu einem Abkommen zu drängen, in dem es sich mit einer Schiffsgröße und -bestückung einverstanden erklärte, wie sie England und Frankreich benötigten – leichte Kreuzer und kleine U-Boote –, dagegen den Bau der Schiffstypen einzustellen, wie sie die Vereinigten Staaten haben wollten – schwere Kreuzer und große U-Boote. Das englisch-französische Abkommen beunruhigte Kellogg so sehr, daß er zum Präsidenten sagte, es tue ihm leid, zur Unterzeichnung des von ihm entworfenen Paktes nach Paris reisen zu müssen. Im übrigen brachte der englisch-französische Versuch einer Begrenzung der Größe und Feuerkraft der amerikanischen Schiffe den Amerikanern lediglich die höchste Flottenrechnung seit dem Kriege ein, eine Rechnung, wie sie weder England noch Frankreich noch Japan zu begleichen hatten.

1928 traten auch die Deutschen, wenngleich in bescheidenem Rahmen, in den Wettlauf zur See ein, mit Bauplänen für Schiffe, die innerhalb der vom Versailler Vertrag auferlegten 10000-Tonnen-Grenze lagen. Die genialen Entwürfe der deutschen Schiffsbauingenieure sollten dem Reich einen Schiffstyp verschaffen, an den die Autoren des Versailler Vertrages nicht gedacht hatten – einen schwer gepanzerten und mit Elfzöllern bestückten Zehntausendtonner. Dieser Schiffstyp sollte 26 Knoten machen, war also schneller als ein Schlachtschiff, und seine Feuerkraft reichte aus, um jeden anderen Zehntausendtonner vom Wasser zu blasen. Der neue Reichswehrminister, General Groener, war ein starker Befürworter des Vorhabens und verlangte vom Reichstag die Genehmigung einer Anzahlung von 9,3 Millionen Reichsmark bei der ersten Kiellegung.

Der Vorschlag zum Bau des neuen Panzerkreuzers entfesselte im ganzen Land und im Reichstag, bei Groeners eigener Demokratischer Partei ebenso wie bei Sozialdemokraten und Kommunisten, einen wahren Sturm der Entrüstung. Er wurde auch zum Thema der Reichstagswahlen. Die Sozialdemokraten befehdeten den Plan mit der Parole »Keine Panzerkreuzer, sondern Kinderspeisung«, und ihnen schlossen sich die Kommunisten an, nicht nur aus sozialen Gründen, sondern weil sie den Verdacht hegten, die Schiffe seien zum Einsatz gegen die Sowjetunion gedacht. Allgemein hatte die Marine eine schlechte Presse. Admiral Tirpitz hatte im wesentlichen für die verhängnisvolle Entscheidung zugunsten eines uneingeschränkten U-Boot-Krieges verantwortlich gezeichnet, die Brigade Ehrhardt hatte ein Marineoffizier befehligt, und die Revolution hatte mit einer Matrosenmeuterei ihren Anfang genommen.

Trotz dieser Widerstände bewilligte der neue Reichstag die Gelder. Das Reich besaß in Wilhelm Groener als Reichswehrminister einen Mann, der solche chronischen Spaltungen zwischen der Rechten und der Linken überbrücken konnte, obwohl oder weil er für keine Seite ganz und gar annehmbar war. Hindenburg hatte Groener weniger auf Vorschlag des Reichskanzlers, sondern mehr auf eigene Initiative für den Posten ausgesucht.[7]

Die Ernennung Groeners kam also auf umgekehrtem Wege zustande: Hindenburg schlug ihn Marx vor, der mit Hindenburgs Wahl einverstanden war. Hindenburg hielt es für ausschlaggebend, daß an der Spitze des Reichswehrministeriums nicht ein Zivilist wie Gessler, sondern ein Soldat stand, und der Mann, den er sich dafür aussuchte, war der gleiche General, auf den seine Wahl 1918 als Ersatz für Ludendorff gefallen war.

Die Rechts- und Linksradikalen betrachteten Wilhelm Groener – wie jeden anderen im Reich – mit gemischten Gefühlen. In den Augen der Rechtsradikalen sprach nur die Tatsache für ihn, daß er Hindenburgs Kandidat war; sonst hätte er keine Chance gehabt. Er hatte zur Abdankung Wilhelms II. geraten und – schlimmer noch – einmal gesagt, in Zeiten der Revolution seien Begriffe wie Treueeid und oberster Kriegsherr bloße Gedankenspielerei. Er war sogar schon weiter gegangen und hatte in einer Rede im Reichstag etwas für einen Deutschen Unerhörtes und für einen General jedweder Nationalität Ungewöhnliches gesagt. Groener hatte erklärt:»Ich bekenne mich, wie die Mehrzahl der Kriegsteilnehmer, zu einem gesunden und vernünftigen Pazifismus – allerdings nicht zu dem, der einer knechtischen Gesinnung entspricht.« [21] Groener hatte sich auch für die Unterzeichnung des Versailler Vertrages ausgesprochen, denn er und Hindenburg wußten nur zu gut, daß das Reich keine Alternative hatte. Aber Hindenburg hatte es Groener überlassen, die Bürde auf sich zu nehmen und Ebert zu sagen, er müsse unterschreiben, und während die beiden miteinander telefonierten, war Hindenburg aus dem Zimmer gegangen. Den gemäßigten Parteien fiel es schwer, etwas an Groener auszusetzen zu finden; allerdings beklagten sich führende Sozialisten über Groeners harte Linie anläßlich der Streiks der Rüstungsarbeiter Ende Januar/ Anfang Februar 1918. Groener war überzeugter Republikaner. Nach seinem Ausscheiden aus der Armee war er von 1920 bis 1923 Reichsverkehrsminister. Und überdies war er ein ehemaliger Generalleutnant, in den Hindenburg offenbar volles Vertrauen setzte.

Daß die Bewilligung von 80 Millionen Mark für den Bau eines Kreuzers nicht nur erwogen, sondern auch verabschiedet werden konnte, war ein deutliches Zeichen der Erholung Deutschlands. Noch 1925 war es schwergefallen, für den Bau kleinerer Kreuzer und Zerstörer als Ersatz für die überalterten Schiffe, die die Entente der Reichsmarine belassen hatte, Geld aufzubringen. 1927 aber – in dem Jahr also, als England und Frankreich Stresemann um seine guten Dienste bei den Russen baten und Briand und Kellogg an ihrem Pakt arbeiteten – konnte das Reich eine bescheidene Aufrüstung zur See in Betracht ziehen, die es, wie Groener im März 1928 in einer Reichstagsrede sagte, in die Lage versetzte, seine Verteidigung gegen jeden polnischen Angriff aus Ostpreußen oder Oberschlesien zu verstärken. In eben dieser Rede erklärte Groener auch, die Bewilligung der Kreuzer durch den Reichstag habe mit Militarismus nichts zu tun, und in ihr bekundete er seinen Glauben an einen vernünftigen Pazifismus. Ohne weiteres konnte sich das Reich die Panzerkreuzer nicht leisten, aber ebensowenig konnte es auf sie verzichten.

Die Zeit arbeitete für die Republik. Diese hatte soviel Vertrauen gewonnen, daß Anfang 1927 das öffentliche Redeverbot für Adolf Hitler in Bayern und Sachsen aufgehoben werden konnte. Die Rechtsradikalen waren in einem üblen Zustand; es gab sie zwar noch, aber ihre Führung war heillos zerrissen, und die Machtkämpfe, die im umgekehrten Verhältnis zur schwindenden Zahl ihrer Anhänger standen, wogten heiß hin und her.

Nach dem Gerichtsurteil, das ihn nach Landsberg brachte, hatte Hitler für die Dauer der Haft die Parteiführung formal niedergelegt und seine Anhänger gebeten, ihn künftig bitte nicht mehr zu besuchen. Besuchern sagte er, der Grund für diese Entscheidung liege darin, daß er unmöglich praktische Verantwortung übernehmen könne, denn er habe mehr als genug zu tun, da er an einem umfangreichen Buch schreibe und dazu entsprechend viel freie Zeit brauche. General Ludendorff habe Gregor Strasser gebeten, während seiner Abwesenheit die Parteiführung zu übernehmen.

Die NSDAP war verboten worden, bestand aber unter zwei anderen Bezeichnungen weiter – der »Großdeutschen Volksgemeinschaft« unter Führung Alfred Rosenbergs, Julius Streichers und des Journalisten Hermann Esser, und des »Volksblock« in Bayern (aus dem für ganz Deutschland die Nationalsozialistische Freiheitsbewegung oder -partei hervorging) unter Ludendorff, Albrecht von Graefe und Gregor Strasser. In den Landtagswahlen vom April 1924 war es dem Volksblock gelungen, 23 der 129 Mandate des Bayerischen Landtags zu gewinnen, und in den Reichstagswahlen vom Mai 1924 erhielt die Nationalsozialistische Freiheitspartei 6,5% der Stimmen. Von da an ging es mit ihr jedoch bergab, und in den

Dezemberwahlen 1924 erhielt sie weniger als 3% der Stimmen. Die Rechtsradikalen konnten sich auf nichts auch nur für kurze Zeit einigen, nicht einmal mehr auf einen gemeinsamen Feind. Im Februar 1925, knapp ein Jahr nach ihrer Gründung, traten Graefe und Ludendorff schon wieder aus der Nationalsozialistischen Freiheitspartei aus. Nach Meinung eines ihrer Reichstagsabgeordneten, Reinhold Wulle, stellten die Katholiken – denen nach seiner Meinung Hitler wie die meisten Bayern zu freundlich gesinnt waren – eine größere Gefahr dar als die Juden, und Wulle erklärte im Januar 1925 in einer Parteiversammlung, Hitler werde nie wieder seine alte Autorität erlangen, eine Auffassung, die auch von anderen Anwesenden geteilt wurde. Als die Nationalsozialistische Arbeiterpartei zusammen mit der KPD[8] im Februar 1925 wieder zugelassen wurde, war der innere Zwist über Grundsatzfragen der Politik so groß, daß man Joseph Goebbels nachsagt, er habe Adolf Hitler als »Spießbürger« gebrandmarkt, der aus der Partei zu werfen sei. Goebbels und Strasser standen der Sowjetunion sehr viel geneigter gegenüber als Adolf Hitler. Goebbels beeindruckte der Utopismus der russischen Führung, und Strasser wollte ein Bündnis mit Moskau gegen den französischen Militarismus, den englischen Imperialismus und den Wall-Street-Kapitalismus. In der Frage, die in der ersten Jahreshälfte 1926 das Reich aufwühlte – ob der Grundbesitz der einstigen Fürstenhäuser entschädigungslos enteignet werden sollte[9] –, kam es zu einer tiefen Spaltung. Wer tatsächlich Eigentümer eines Großteils des umstrittenen Grundbesitzes war, ließ sich nicht eindeutig feststellen. Zum Großteil war der Besitz während der Herrschaft der Fürsten als Staatsbesitz erworben worden, und die Deutsche Demokratische Partei war wie die Sozialisten und Marxisten der Meinung, dieser Besitz gehöre wohl eher dem Staat als den Fürstenhäusern. Der linke NSDAP-Flügel, darunter Gregor Strasser und Joseph Goebbels, plädierte für eine öffentliche Nutzung dieses Grundbesitzes. In einer Parteiversammlung in Norddeutschland, bei der Goebbels anwesend war, stellten NSDAP-Führer die Frage, warum die kleinen Rentner, die Leute, die ihr Geld in Kriegsanleihen gesteckt und verloren hätten, und die anderen Gläubiger der Länder und Gemeinden keine Abfindungen bekämen, während die Fürsten so reich seien wie eh und je? Eine Frage, die auch Hitler in den Anfangszeiten der Partei gestellt hätte; da er es aber vermeiden wollte, die eben erst von der Rechten zu ihm gestoßenen Anhänger einer Entschädigung der Fürsten zu verlieren, hatte er seine Haltung und die der Partei in dieser Frage umgestoßen.[10] Goebbels tobte, und als Hitler im Februar 1926 in Bamberg sprach, fragte sich Goebbels in seinem Tagebuch, was für eine Art Mensch dieser Hitler denn nun eigentlich sei und ob er überhaupt etwas anderes als die reine Reaktion verkörpere. Am 14. Februar 1926 trug Goebbels in sein Tagebuch ein:»Dann durch Bamberg. Entzückende Stadt. Alt, jesuitisch. Hitler rast im Auto vorbei. Ein Händedruck. Aha! Schlange-Berlin, Streicher, Esser, Feder. Dann an die Arbeit. Hitler redet. Zwei Stunden. Ich bin wie geschlagen. Welch ein Hitler? Fabelhaft ungeschickt und unsicher. Russische Frage: vollkommen daneben. Italien und England naturgegebene Bundesgenossen. Grauenhaft! Unsere Aufgabe ist die Zertrümmerung des Bolschewismus. Bolschewismus ist jüdische Mache! Wir müssen Rußland beerben! 180 Millionen!!! Fürstenabfindung! Recht muß Recht bleiben. Auch den Fürsten. Frage des Privateigentums nicht erschüttern! Grauenvoll!! Programm genügt! Zufrieden damit. Feder nickt. Ley nickt. Streicher nickt. Esser nickt. Es tut mir in der Seele weh, wenn ich dich in der Gesellschaft seh!!! Kurze Diskussion. Strasser spricht. Stockend, zitternd, ungeschickt, der gute, ehrliche Strasser, ach Gott, wie wenig sind wir diesen Schweinen da unten gewachsen! Eine halbe Stunde Diskussion nach einer vierstündigen Rede! Unsinn, du siegst! Ich kann kein Wort sagen! Ich bin wie vor den Kopf geschlagen. Mit dem Auto zur Bahn ... Abschied von Strasser. In Berlin übermorgen sehen wir uns wieder. Ich möchte weinen! ... Traurige Heimfahrt ... Ich sage kaum ein Wort ... Eine grauenvolle Nacht! Wohl eine der größten Enttäuschungen meines Lebens. Ich glaube nicht mehr restlos an Hitler. Das ist das Furchtbare: mir ist der innere Halt genommen. Ich bin nur noch halb.« [22]

Seine wirtschaftlichen Auffassungen hatte Goebbels von Leuten wie Strasser bezogen, dessen Sekretär er war, von Männern, die fest entschlossen waren, die Privilegien der Besitzenden zu brechen, den deutschen Arbeiter aus der Sklaverei zu befreien und ihn an Ertrag, Besitz und Unternehmensleitung zu beteiligen. Dieser Auffassung hatte auch Hitler gehuldigt, und das war der Grund gewesen, warum sich die Bewegung den Namen Nationalsozialismus gegeben hatte, eine Bewegung, die sich ausdrücklich vorgenommen hatte, die alte Ordnung zu zerschlagen und sie durch ein Gemeinschaftsempfinden zu ersetzen, in dem Herkunft und Geld nicht die entscheidende Rolle spielten.»Wir sind Sozialisten«, sagte Strasser, »Todfeinde des heutigen kapitalistischen Wirtschaftssystems mit seiner Ausbeute der wirtschaftlich Schwachen, mit seiner Ungerechtigkeit der Entlohnung, mit seiner unsittlichen Wertung der Menschen nach Vermögen und Geld, statt nach Verantwortung und Leistung ... Dieser Geist, der zu überwinden ist, ist der Geist des Materialismus!« [23] Gregor Strasser und sein Bruder Otto waren die Hauptsprecher der Gruppe, die mit aller Kraft versuchte, Hitler auf den sozialistischen Kurs der Anfangszeit der Partei einzuschwören. Der Gauleiter von Hamburg, Albert Krebs, nannte Strasser einen »Urbayern«, äußerlich und innerlich derb, angriffslustig, aber zuzeiten auch vorsichtig und voll bäuerlicher Schlauheit und Beharrlichkeit. Einmal hatte Strasser Krebs die Geschichte seiner Heimkehr aus dem Kriege 1918 erzählt. Strasser war mit seiner Artillerieeinheit von der Front zurückgeritten, und als die Batterie wieder nach Landshut kam, von wo sie bei Kriegsbeginn ausgerückt war, mußte Strasser wütend einem Mitglied des Soldatenrats zuhören, der von den »blutsaufenden Generälen«, den Kriegshetzern, Kapitalisten und »Burschoas« (Bourgeois) schwatzte. Warum Strasser diese Haßtiraden so erregten, dürfte in der Tatsache zu suchen sein, daß er den Redner als spartakistischen Agitator betrachtete, denn schließlich war das, was der Mann sagte, gar nicht weit von dem entfernt, was Strasser in späteren Jahren in Wahlreden für die NSDAP von sich gab. Jedenfalls erzählte Strasser Krebs: »Ich saß oben auf meinem Gaul, den ich so heimlich gegen den Kerl drückte, daß der immer wieder einen Schritt zurück mußte, sagte gar nichts und sammelte nur langsam das ganze Maul voll Spucke. Schließlich war der Kerl am Ende und schrie: ›Liefert die Waffen ab, reißt die Fahnen und Kokarden herunter, wählt Soldatenräte!‹ Da war ich auch so weit; das ganze Maul voll habe ich ihm mitten ins Gesicht gespuckt. Weggeschwemmt hab' ich den Lump. Und dann hab' ich kommandiert: ›Batterie trab!‹ und wir sind in Landshut eingezogen, wie wir 1914 ausgezogen sind.« [24]

Adolf Hitler war der einzige, der die Widersprüche innerhalb der Partei und in seinem eigenen Denken auflösen konnte. Ohne ihn gab es dutzenderlei Ultranationalismen und noch ein paar Dutzend Rezepte, wie man sich der Republik entledigen, eine Revolte machen und die Größe des Reiches wiederaufrichten könne. Hitler war ein Fanatiker, aber im Gegensatz zu den meisten seiner Art konnte er in Dingen, die er für unwichtig hielt, sehr wohl Kurswechsel vornehmen, ja sogar volle 180-Grad-Wendungen vollziehen, ohne außer Tritt zu geraten oder auch nur einmal sein Ziel aus dem Auge zu verlieren. Ein Beispiel dafür war sein Kurswechsel in der Frage des Privatvermögens. Das »unabänderliche Programm« der

Partei, das er ausgearbeitet hatte, forderte in Punkt 17 ein Gesetz zur unentgeltlichen Enteignung von nicht genutztem Boden für gemeinnützige Zwecke. Als jedoch die NSDAP 1928 die bayrischen Bauern umwarb, war eine derartige Wahlplattform eine schwere Belastung. Also schaltete Hitler um. Wie die Fürsten, so durften auch die Bauern ihr Land behalten, was immer sie damit zu tun beliebten. Hitler sagte, Punkt 17 des nationalsozialistischen Programms richte sich gegen die jüdischen Spekulanten, und die Partei stehe fest auf dem Boden des Privateigentums. Zyniker mögen darin einen politischen Schachzug erblicken, aber Hitler war es völlig gleichgültig, was die Leute dachten. Entweder gewann er sie – wie z.b. Goebbels – für seine Auffassung, oder er verlor sie wie Gregor Strasser und seinen Bruder, aber er selbst ging einfach seinen Weg, der kein anderes Ziel hatte als die Erringung der Macht und die Zerschlagung des Feindes, und sein Feind war jeder, der ihm im Wege stand. Mit Rivalen, seien sie völkisch oder anderer Machart, gab es für ihn keine Kompromisse; in Fragen aber, die ihm im Vergleich zu dem einen großen Ziel, von dem ihn nichts abbringen konnte, nebensächlich erschienen, war er höchst flexibel. Er hatte aus seinem fehlgeschlagenen Putsch gelernt, mochte er ihn dem Münchner Gericht auch noch so großsprecherisch als gewaltigen Erfolg dargestellt haben. Später berichtete Hitler, wenn er nicht gerade sein Buch diktiert habe, habe er in Landsberg eine Menge gelesen – Treitschke, Chamberlain, Marx, Bismarck und die Memoiren von Generälen und Staatsmännern. Er hatte sicherlich inzwischen mehr Vorsicht üben und mit Würdenträgern wie dem Ministerpräsidenten Heinrich Held von Bayern sammetweich reden gelernt. Über den bayrischen Justizminister Gürtner als Mittelsmann hatte sich Hitler ein paarmal mit Held getroffen und ihn ebenfalls wissen lassen, was der Ministerpräsident gerne hören wollte – der Putsch sei ein Fehler gewesen und er verspreche, künftig die Angelegenheiten der Partei auf legalem Wege zu betreiben.

Einer schweren Gefahr entging Hitler mit Hilfe der von ihm so oft beschworenen Vorsehung, die in diesem Fall die menschliche Gestalt des österreichischen Bundeskanzlers Ignaz Seipel annahm. Die bayrische Regierung hatte Hitler nach der Verbüßung der Strafe als unerwünschten Ausländer nach Österreich abschieben wollen. Die Linzer Landesbehörden waren bereit, ihn aufzunehmen, doch die Wiener Zentralregierung weigerte sich kategorisch, ihn in sein Geburtsland zurückschicken zu lassen. Seipel wies die

Grenzpolizei an, ihm das Betreten österreichischen Gebiets zu untersagen, und damit fiel die geplante Ausweisung ins Wasser. Am 27. April 1925 fuhr Hitler nach Linz und ersuchte um Entlassung aus der österreichischen Staatsbürgerschaft, mit der Begründung, er lebe seit 1912 in Deutschland, habe viereinhalb Jahre im deutschen Heer gedient und wolle deutscher Staatsbürger werden. Am 30. April kam die Linzer Landesbehörde seinem Ersuchen nach, und Hitler wurde staatenlos, ein Zustand, in dem Hitler einige Jahre verbleiben mußte, bis es ihm endlich gelang, die ersehnte deutsche Staatsbürgerschaft zu erlangen.

Hitler mußte für seine Partei Mitglieder gewinnen, und dazu brauchte die Partei eine rechtmäßige Existenz und er das Rederecht. Es war aber nicht einfach, sein und seiner Anhänger revolutionäres Feuer zu bremsen und ihre Äußerungen in den von den Landes- und Ortsbehörden als zulässig erachteten Grenzen zu halten. Wegen einer Ordnungsstörung, die in einer Berliner Parteiversammlung unter Goebbels' Vorsitz stattgefunden hatte, wurde die Partei in der Stadt vom März 1927 bis März 1928 verboten, und ein öffentliches Redeverbot für Hitler in Preußen blieb bis September 1928 in Kraft. Manches, was er zu sagen hatte, klang politisch durchaus vernünftig. In einer geschlossenen Veranstaltung in Hamburg im Februar 1926 sagte er, die 30 bis 32 Millionen deutschen Wähler teilten sich in drei Gruppen. Das eine Drittel kümmere sich kaum oder gar nicht um Politik, ein zweites Drittel denke international, das letzte Drittel schließlich sei vaterländisch gesinnt. Seine Adressaten waren ein Bruchteil dieses letzten Drittels, und die geschlossene Veranstaltung und analytische Redeweise stellten ein beträchtliches Kommunikationshindernis dar. Andere Reden waren ganz in der alten Machart, nach der seine Zuhörer lechzten. Als er in Bayern wieder öffentlich auftreten durfte, sagte er im März 1927 im Zirkus Krone in München seinen »Heil«-rufenden Anhängern, was die Leute wollten, sei nicht die Herrschaft der Mehrheit; sie wollten vielmehr Führung, sie wollten eine Fahne, und das Deutschland, von dem er spreche, habe weder eine Fahne noch auch irgend etwas, was den Namen Regierung verdiene. Er sprach von der Unfähigkeit der Parlamente und sagte, man brauche sich ja nur den Landtag anzusehen, und schon brüllte der Saal vor Gelächter. Er verglich die Verfolgungen der Nazipartei mit den frühen Christenverfolgungen. Er beklagte die traurige Lage Deutschlands, die »Sklavenverträge« von Locarno, das armselige deutsche Heer, die Arbeitslosigkeit. Und da die Nationalsozialisten im Reich keinerlei

Massenanhängerschaft besaßen noch auch aller Wahrscheinlichkeit nach je erringen würden, machte Hitler seinen Zuhörern klar, der Himmel gebe das Herrschaftsrecht nicht der zahlenmäßigen Mehrheit, sondern denen, die über die Mehrheit der Energie verfügten. Eine umfangreiche Anhängerschaft zu gewinnen wollte ihm einfach nicht gelingen.[11]

Stand der Reichstag auch vor dringenden und entscheidenden innenpolitischen Fragen, so bedrohte doch keine das Überleben der Republik. Eine Streitfrage, die mächtige Emotionen weckte, galt dem Religionsunterricht in der Grundschule. Wieder einmal lagen sich Protestanten, Katholiken und Gegner des Religionsunterrichts in diesem uralten Streit in den Haaren. Die Weimarer Verfassung hatte die religiösen Unterschiede mit der Einrichtung sogenannter »Simultanschulen«, die von Katholiken und Protestanten gemeinsam besucht wurden, auszugleichen versucht. Dieser Schultyp wurde zur Norm erklärt, wobei allerdings in den Fällen Ausnahmen gemacht werden konnten, in denen Eltern oder Lehrer entweder eine Konfessionsschule oder eine konfessionell nicht gebundene Schule vorzogen. Die verzwickte Frage wurde nie zur völligen Zufriedenheit der religiösen und nichtreligiösen Gruppen geregelt, noch legte sich die Aufregung in dieser Frage von selbst, wie man gehofft hatte. Auch in England und Frankreich gab es ähnliche Streitereien, in Deutschland wurde das Problem jedoch noch dadurch erschwert, daß sich das Land in eine protestantische Mehrheit und eine große katholische Minderheit gliederte, zu der noch eine wachsende säkulare Bewegung trat, die den Religionsunterricht ganz aus dem Klassenzimmer verbannt sehen wollte. Der nationalistische Innenminister Walter von Keudell, ein Protestant, schlug dem Reichstag die Billigung von drei Schultypen vor: Konfessionsschulen für beide christliche Bekenntnisse; Simultanschulen, in denen Katholiken und Protestanten ihren Kindern einen Religionsunterricht ihres jeweiligen Bekenntnisses erteilen lassen konnten, und weltliche Schulen, in denen kein Religionsunterricht stattfände. In jeder Gemeinde sollten die Eltern entscheiden, welche Schulart sie haben wollten.

Der Vorschlag gefiel den Katholiken außerordentlich gut, und die Regierung unter dem Zentrumsmann Marx beschloß seine Annahme, obwohl die beiden Minister der Deutschen Volkspartei, Stresemann und Reichswirtschaftsminister Curtius, nicht dafür waren, weil sie fürchteten, damit gehe die Simultanschule zugrunde.

Stresemann war für die Simultanschule. Er wollte den Einfluß beider Konfessionen in den Schulen so eng wie möglich eingrenzen. Die Gefühle waren so in Leidenschaft geraten, daß das Zentrum damit drohte, Stresemann seines Postens als Außenminister zu entheben, wenn es zur Abstimmung komme und er gegen das neue Schulgesetz stimme. An dieser Meinungsverschiedenheit zerbrach die seit 1923 im Amt befindliche Koalition der bürgerlichen Parteien; Neuwahlen mußten ausgeschrieben werden, und die Regierung Marx mußte zurücktreten.

Die Wählerschaft verteilte sich über 31 Parteien, von denen nur 14 überhaupt Abgeordnete in den Reichstag schickten. Damit waren über eine Million Wähler überhaupt nicht im Parlament vertreten. Manche Parteien waren nur Splitter von Splitterparteien; sie trugen Namen wie »Volksblock der Inflationsgeschädigten«, »Aufbau- und Aufwertungspartei«, »Unpolitische Liste der Kriegsopfer«, »Partei für Recht- und Mieterschutz« und »Deutsche Haus- und Grundbesitzerpartei«. Sie stellten winzigste philosophische, politische oder ideologische Schattierungen dar, die dem Außenstehenden leicht verborgen bleiben konnten, und das war einer der Gründe für die Konturlosigkeit der Wählerschaft. Zu großen Fragen wie der Fortdauer des parlamentarischen Systems und der Außenpolitik der Versöhnung ließ sich sowohl im Lande als auch im Reichstag eine Mehrheit finden[12], aber diese war stets eine labile Schönwetter-Allianz, die nur so lange hielt, als keine größeren Erschütterungen ihr wenig tragfähiges Fundament zerbrachen.

In den Reichstagswahlen vom Mai 1928 mußten die Rechtsparteien schwere Verluste hinnehmen. Die Deutschnationale Volkspartei fiel von 6,2 auf 4,4 Millionen Stimmen, der Anteil der Nationalsozialisten ging von 907 300 auf 810 000 zurück. Auch die meisten Parteien der Mitte verloren an Boden. Die Deutschen Demokraten und das Zentrum verloren je 400 000 Stimmen, wodurch die Demokraten von 1,9 auf 1,5 Millionen und das Zentrum von 4 120 000 auf 3 700 000 Stimmen zurückgingen. Stresemanns Volkspartei, deren Mitglieder zum Teil seine Außenpolitik mißbilligten, sank von 3 000 000 auf 2 680 000 Stimmzettel, doch wandten sich einige seiner Wähler den neuen und anderen bürgerlichen Parteien wie der Reichspartei der Deutschen Mittelschicht (früher Wirtschaftspartei) zu, die um 400 000 Stimmen von einer Million auf 1,4 Millionen anstieg, desgleichen der Christlich-Nationalen Bauern- und Landvolkpartei, die 582 000 Stimmen hinzugewann, und der Deutschen Bauernpartei mit 481 000 Stimmen. Die

Linksparteien einschließlich der Kommunisten verzeichneten Gewinne: Der Wähleranteil der Kommunisten stieg von 2,7 auf 3,2 Millionen, die SPD machte einen Sprung von 7 881 000 auf 9 153 000 Wähler. Insgesamt handelte es sich um einen neuen Schub, diesmal nach links. Die SPD hatte ihren Wahlkampf mit der Parole »Mehr Wohnungen und Kinderspeisung anstatt Panzerkreuzer« geführt, und dies hatte bei vielen Wählern verfangen, die das Marinebauprogramm für zu kostspielig und wenig sinnvoll hielten im Vergleich zur drängenden Not im Lande. Neuer Reichskanzler wurde der Sozialdemokrat Hermann Müller, der schon einmal – von März bis Juni 1920 – zwei Monate lang das Kanzleramt innegehabt hatte. Müller vertrat die größte Reichstagsfraktion, auch er mußte mit einer Koalition aus Demokraten, Zentrum und Deutscher Volkspartei regieren, einer Mischung aus bürgerlichen und Arbeiterparteien, von der von vornherein feststand, daß sie nur mit größter Mühe in Wirtschafts- und Sozialfragen eine einheitliche Auffassung vertreten konnte. Trotzdem blieb sie fast zwei Jahre lang an der Regierung, von Juni 1928 bis März 1930, länger als jede andere Nachkriegsregierung, bis Hitler Reichskanzler wurde. Typisch für das parlamentarische Karussell war, daß die Regierung Müller, die sogenannte »große Koalition«, fast genau aus denselben Parteien – plus SPD – zusammengesetzt war wie vorher die Regierung Marx.[13]

Stresemann blieb Außenminister, obwohl sich seine Partei gegen eine Koalition mit den Sozialdemokraten sträubte. In einem Telegramm vom 23. Juni 1928 an Hermann Müller erklärte er, es komme darauf an, daß die Parteimitglieder – von den Sozialdemokraten bis zur Volkspartei – als Einzelpersönlichkeiten und nicht als bloße Verlängerung ihrer Parteien zusammenarbeiteten. Sie sollten als Minister eines Kabinetts auftreten, das dem Reichstag gegenüber ein vereinbartes Ziel vertrete und mit seinem Programm stehe oder falle. Dies entspreche dem Geist der Weimarer Verfassung, die nur eine Verantwortung von Ministern, nicht von politischen Gruppen kenne. Damit war eine Möglichkeit angedeutet, wie man mit dem bunten Parteisystem und Stresemanns Schwierigkeiten mit seiner eigenen Volkspartei fertig werden konnte, aber wie hauchdünn diese Lösung war, wurde bald anläßlich der Abstimmung der Gesetzesvorlage über die Panzerkreuzer im Reichstag ersichtlich. Unter dem starken Drängen des Reichswehrministers General Groener, der in dieser Frage mit seinem Rücktritt drohte, brachte die Regierung den Gesetzesentwurf ein, aber der Widerstand der

SPD-Hinterbänkler war so groß, daß der Reichskanzler und seine SPD-Minister, darunter auch Carl Severing, der als Innenminister ins Kabinett eingetreten war, gegen die Maßnahme stimmten. Sie handelten dabei aus Überzeugung, wie beispielsweise Severing, oder aber auf Parteibefehl, wie Hermann Müller. Severing wandte sich in der Reichstagsdebatte gegen die Vorlage, weil sie zuviel koste und zudem Deutschlands Forderungen nach allgemeiner Abrüstung schade.

Die Panzerkreuzer-Vorlage wurde im Reichstag mit 257 gegen 202 Stimmen verabschiedet, aber die ganze Hilflosigkeit des parlamentarischen Systems des Reiches, bei dem Kabinettsmitglieder gegen eine Maßnahme stimmten, der sie vermutlich vorher zugestimmt hatten, trat in den Augen seiner Feinde von links und rechts wieder einmal überdeutlich zutage. Immerhin gab es auch kleinere Erfolge. Wegen des für die SPD triumphalen Wahlausgangs wurde die Frage des neuen Schulgesetzes vertagt, denn das Zentrum konnte jetzt nicht mehr wie in der vorherigen Koalition mit den Nationalisten eine Sektenlösung durchsetzen. In einigen Fragen dagegen, beispielsweise in der Panzerkreuzer-Angelegenheit, konnte es gar keine echte Einigung innerhalb der Koalition geben, weil dazu die Parteien viel zu sehr ihrer jeweiligen Ideologie verhaftet waren. Der eine oder andere, der die größeren Zusammenhänge im Auge hatte, mochte diese Unnachgiebigkeit ablehnen, und ein Sozialdemokrat, Julius Leber, soll gesagt haben: »Ich weiß nicht, für wie viele Panzerkreuzer ich stimmen würde, wenn sich damit die Demokratie und die Republik retten ließen.« Aber das ganze Paradox des Weimarer Parteisystems machte solch tapfere Bekenntnisse zunichte. Unterstützte die Regierung den Bau der Panzerkreuzer nicht, dann träte Reichswehrminister Groener – der frühere General und der Mann, der sich als vernünftigen Pazifisten bezeichnet hatte und mit den heimlichen Fonds für die Rüstung des Reiches Schluß machen wollte – zurück, und damit würde die Regierung stürzen; unterstützte das Kabinett die Vorlage, dann waren der Reichskanzler und die Vertreter der größten Parteien der Koalition gezwungen, gegen einen Gesetzesentwurf zu stimmen, den sie selbst eingebracht hatten.

So lagen die Dinge in der Politik. Die sozialen Unruhen gingen noch tiefer. Am stärksten hatten Inflation und Abwertung die Mittelschicht getroffen. Die ganze Verwirrung dieser Schicht läßt sich an der Proliferation von Parteien der Mitte ablesen, die sich auf kein gemeinsames Programm einigen konnten. In seiner Rede

anläßlich der Verleihung des Friedensnobelpreises hatte Stresemann 1927 erklärt, nicht verlorene Gebietsteile, verlorene Kolonien, verlorene Staats- und Volksvermögen sei der schwerste Verlust des Reiches gewesen, sondern dieser schwerste Verlust habe
darin bestanden, daß jene geistige und gewerbliche Mittelschicht,
die traditionsgemäß Trägerin des Staatsgedankens war, ihre völlige
Hingabe an den Staat im Kriege mit der völligen Aufgabe ihres
Vermögens bezahlt habe und dadurch proletarisiert worden sei, daß
das vom Staat ausgegebene Geld wertlos gewesen und nicht wieder
ersetzt worden sei. [25] Und selbst nach der Euphorie des Emp-
fangs, den ihm Paris, Genf und Oslo bereitet hatten, erschien ihm
die wirtschaftliche Lage des Reiches höchst prekär. Im November
1928 erklärte er in einer Pressekonferenz, bei der Beurteilung der
wirtschaftlichen Lage dürfe man nicht vergessen, daß Deutschland
in den letzten Jahren von gepumptem Geld gelebt habe. Wenn
einmal eine Krise in Deutschland komme und die Amerikaner ihre
kurzfristigen Kredite abriefen, sei der Bankrott da. Was die Regierung an Steuern erhebe, gehe an die Grenze dessen, was ein Staat
überhaupt tun könne, und er wisse nicht, woher neue Steuern geholt
werden könnten. »Die Statistiken zeigen«, sagte er, »wieviel die
Städte gebraucht haben, wieviel die Industrie gebraucht hat, wieviel
fremdes Geld wir überhaupt aufgenommen haben, um uns aufrechtzuerhalten. Wir sind nicht nur militärisch entwaffnet, wir sind auch
finanziell entwaffnet. Wir haben keinerlei Mittel mehr.« [26]

Diese Worte waren wie eine Vorahnung, doch schienen die Dinge
für die Republik jedenfalls im Augenblick ganz gut zu laufen. In der
Presse erschienen Artikel, die das Ende der völkischen und nationalsozialistischen Bewegung voraussagten, deren Führer in sich
gespalten und gegen ihre Verbündeten nicht weniger haßerfüllt
waren als vorher gegen den gemeinsamen Feind auf der Linken.
Viele sachkundige Beobachter meinten, man könne die ganze
Bewegung abschreiben. Die Kurve der Wählerstimmen der gesamten radikalen Rechten kroch am Boden entlang; die Nazis brachten
nur 12 und die Deutschnationalen 73 Abgeordnete in den Reichstag
gegenüber 153 Sozialdemokraten, 62 für das Zentrum und 54 für die
Kommunisten.

Abgesehen von immer wieder auftauchenden innenpolitischen
Krisen schien die Sache des Reiches im Vergleich zur jüngsten
Vergangenheit zu blühen und zu gedeihen. Sicher gab es die Warn-
zeichen, auf die Stresemann hingewiesen hatte, und außerdem stand
es schlecht für die Landwirtschaft, insbesondere in Ostpreußen und

Schleswig-Holstein. Zweimal hintereinander – 1926 und 1927 – war die Ernte schlecht ausgefallen, und die Verschuldung der ostpreußischen Grundbesitzer und Bauern stieg 1927 um 80 Millionen Mark. Die Bankzinsen lagen zwischen 8% und 15%, manchmal sogar mit geringen Vorteilen für die Bank bei bis zu 23%, und die Steuerlast drückte schwer. Hindenburg tat alles in seiner Macht Stehende, um Abhilfe zu schaffen; er schlug langfristige Kredite für Agrarboden vor, Steuersenkungen und verbilligte Transporttarife für Agrarerzeugnisse – Maßnahmen, die binnen weniger Jahre auf das gesamte Reich ausgedehnt werden mußten. Im Augenblick aber war es Ostpreußen mit seinem kargen Boden und seiner strategischen und psychologischen, vom polnischen Korridor noch verschärften Verwundbarkeit, das die Last der landwirtschaftlichen Probleme zu tragen hatte. Hindenburgs Sorge um die Provinz, in der er und der Vater seines Vaters geboren worden waren und ihr ganzes Leben verbracht hatten, schrieb der sozialdemokratische Ministerpräsident Otto Braun einer Junker-Verschwörung der Großgrundbesitzer zu, denen auf diese Weise ihr Beitrag zur Schenkung des Familienguts Neudeck in Ostpreußen an den Reichspräsidenten zurückgezahlt werden solle.[14] Obwohl Hindenburg darauf verwies, die Hälfte des Bodens in Ostpreußen entfalle auf mittelgroße Güter, ein Viertel auf kleine Bauerngehöfte und nur ein Viertel auf den Großgrundbesitz, konnte er diese Verleumdung doch nie zur Zufriedenheit von Leuten wie Braun beantworten, die sie nun einmal gerne glauben wollten, auch wenn nachher eben die von Hindenburg vorgeschlagene Maßnahme auf das ganze Reich ausgedehnt werden mußte.

Ein weiterer schwacher Punkt im wirtschaftlichen Bereich war die wachsende Arbeitslosigkeit. Nur 1925 war sie einmal unter die Millionengrenze gesunken. Im Januar 1926 und 1927 waren etwa 2,3 Millionen Arbeitslose gemeldet; ihre Zahl fiel im Januar 1928 auf 1,8 Millionen, stieg aber dann im gleichen Jahr wieder an und erreichte Anfang 1929 die Dreimillionengrenze. Insgesamt war die Produktion jedoch regelmäßig gestiegen. Die Reallöhne erreichten 1928 erstmalig wieder ihr Vorkriegsniveau von 1913/14, und das Pro-Kopf-Einkommen lag so hoch wie nie zuvor. Die Zahl der Streiks war von 1614 im Jahre 1924 auf 691 im Jahre 1928 zurückgegangen, die Aussperrungen in derselben Zeitspanne von 398 auf 72. Ein ungemütlicher Arbeitsfriede, aber doch Arbeitsfriede.

Doch wirtschaftliche Klippen standen zu erwarten, und Stresemann erkannte sie klarer als die meisten anderen.[15] Auch mit seiner Gesundheit ging es bergab. Im Wahlkampf 1928 war er durchs ganze Reich gereist und hatte sich für die Kandidaten seiner Partei eingesetzt und dabei selbst an den Rand der Erschöpfung gebracht. Eine paratyphusähnliche Krankheit befiel ihn, seine Nieren waren angegriffen und er mußte seine politische Tätigkeit für eine Kur in Baden-Baden unterbrechen. Er erholte sich nie wieder völlig. Aber das wilde Getümmel der unmittelbaren Nachkriegszeit hatte sich gelegt. Wenn es auch einer Bande renommierender Nationalsozialisten gelang, Stresemann bei einer politischen Versammlung durch Johlen und Pfeifen am Reden zu hindern und er schließlich das Rednerpult hatte verlassen müssen, so schien ihre Partei doch gezähmt zu sein. Die ganze radikale Rechte hatte an Boden verloren und stellte keine unmittelbare Bedrohung des Staates mehr dar. Die Reichsgrenzen waren relativ gesichert, die Wirtschaft verhältnismäßig stabil.

Daß große Teile der Wählerschaft alles andere als zufrieden waren, ließ sich am Zuwachs des kommunistischen Wähleranteils ablesen, der von 8,9 auf 10,6% gestiegen war, aber dafür hatten die anderen republikfeindlichen Parteien erheblich an Stimmen verloren, und bei den Kampfverbänden, der Reichswehr oder der Bevölkerung hätte weder ein Putsch von rechts noch von links irgendwelche Erfolgsaussichten gehabt. Immer noch war die Republikfeindlichkeit groß, aber man schien sich damit abgefunden zu haben, das Ziel mit rechtmäßigen Mitteln zu erreichen. Die Kommunisten forderten eine Volksabstimmung in der Panzerkreuzerfrage, der Stahlhelm zur gesamten Verfassung. Im Oktober verbreitete der Stahlhelm – Bund der Frontsoldaten, angestachelt von der Wahlniederlage der Nationalisten, ein Manifest, in dem es hieß:»Wir hassen mit ganzer Seele den augenblicklichen Staatsaufbau, seine Form und seinen Inhalt, sein Werden und sein Wesen. Wir hassen diesen Staatsaufbau, weil in ihm nicht die besten Deutschen führen, sondern weil in ihm ein Parlamentarismus herrscht, dessen System jede verantwortungsvolle Führung unmöglich macht.« Die»Haßbotschaft« zählte dann alle Mängel der Republik auf: Klassen- und Parteienkampf und die Unfähigkeit, das geknechtete Vaterland zu befreien und das deutsche Volk von der erlogenen Kriegsschuld zu reinigen, den notwendigen deutschen Lebensraum im Osten zu gewinnen und Landwirtschaft und Industrie gegen den feindlichen Wirtschaftskrieg zu schützen.»Wir wollen einen starken Staat«, hieß es weiter,»in dem die verantwortungsvolle Führung der Beste hat und nicht verantwortungsloses Bonzen- und Maulheldentum führt.« Das Manifest schloß mit einem Appell an die Kirchen, keinerlei Bindungen internationaler Art einzugehen, und erklärte, ein Freiheitskampf könne nur dann mit Erfolg geführt werden, wenn es einer kämpfenden Kirche gelinge, die Masse des deutschen Volkes auf die höchsten Grundlagen von Gott und Christentum zurückzuführen. [27]

Doch was die Führer des Stahlhelm forderten, war nicht etwa eine Revolution, sondern ein Volksentscheid, in dem die Verfassung geändert und dem Reichspräsidenten mehr Macht eingeräumt werden sollte. Hindenburg war Ehrenmitglied des Stahlhelm, hatte aber auch geschworen, die Republik zu erhalten, die der Stahlhelm ganz offen verabscheute. Wegen der »Haßbotschaft« untersagte die Volkspartei ihren Abgeordneten im Reichstag und im preußischen Landtag die weitere Zugehörigkeit zum Stahlhelm, und es wurde ziemlich laut die Forderung erhoben, auch Hindenburg solle aus dem Stahlhelm austreten. Wie konnte der Präsident der Republik einer Organisation angehören, deren Mitglieder erklärten, sie fühlten sich weiterhin an ihren Eid auf den Kaiser gebunden, und deren Sprecher sagten, sie haßten die Republik? Eine schwierige Frage für den alten Herrn, der alle Probleme, seien sie nun groß oder klein, mit festen Grundsätzen anging, die ihm zur zweiten Natur geworden waren und ohne die ihm das Leben undenkbar erschien. Pflichterfüllung, Hingabe ans Vaterland, die Heiligkeit des Eides und der rechtmäßigen Ordnung – lauter Tugenden, die alter deutscher Tradition entsprangen und das einzige Bleibende waren in einer vielschichtigen und unsicheren Welt, in der Gottes Antlitz so oft verhüllt war. Der Widerspruch zwischen dem, was Hindenburg selbst wollen mochte und was er hinnehmen mußte, zwischen den Notwendigkeiten des Staates und dem, was er als seine innerste Pflicht ansah, war manchmal nicht immer klar ersichtlich, nicht einmal für Hindenburgs preußisch-einfaches Gewissen. Hingabe an das Vaterland und Hingabe an das Deutschland von heute sei nicht ein und dasselbe, sagten die Führer des Stahlhelm, aber Hindenburg mußte beides miteinander vereinen, so wie er seinen Treueeid auf den Kaiser damit hatte vereinbaren müssen, daß er Wilhelm sagte, er müsse ins holländische Exil gehen. »Wollte Gott, es wäre anders«, war alles, was er seinem König sagen konnte. [28] Immer würde er sich dem Stahlhelm und den kleinen und großen Gütern Ostpreußens verbundener fühlen als den Sozialdemokraten, und doch mochte und vertraute er Hermann Müller und ertrug er Stresemanns Außenpolitik, auch wenn sie den Verzicht auf deutsches Gebiet bedeutete, solange dies eben die Politik der rechtmäßigen Reichsregierung war. Also rief Hindenburg die Führer des Stahlhelm zu sich, um sie wegen des Manifests zu befragen, und als sie ihm versicherten, sie wollten die darin genannten Ziele nur auf legalem, verfassungsmäßigem Weg erreichen, erklärte er, er bleibe Ehrenmitglied des Bundes. Er gab Druck, von welcher Seite er kommen mochte, nicht leicht nach. Als ihn die Nationalisten wegen der Annahme des Vertrages von Locarno angriffen, den Ludendorff ein »Dokument der Schande und Ehrlosigkeit« nannte, kümmerte er sich keinen Deut um sie, obwohl auch er für den Vertrag keinerlei Begeisterung empfand.

Mochte Stresemanns Außenpolitik dem Ausland auch mehr behagen als Millionen Deutschen, so billigte sie doch eine Mehrheit des Reichstags und vermutlich der Wählerschaft, und es bestand kein Zweifel, daß sie Deutschlands Gewicht in den Gremien Europas beträchtlich gestärkt und einen neuen Einmarsch an Ruhr und Rhein unmöglich gemacht hat. Noch war das Vaterland zwar nicht gerettet, aber es lebte immerhin in Gestalt der Republik. Dornenvolle Probleme blieben; sie ergaben sich aus den Reparationen, aus dem immer noch besetzten Rheinland, aus der chronischen Abneigung großer Teile der Bevölkerung und aus der Tatsache, daß die Wirtschaft weitgehend mit Hilfe ausländischer Anleihen funktionierte. Keiner sah dies klarer als Stresemann und zweifellos auch Hindenburg, aber doch war der Himmel im Augenblick heller als irgendwann seit dem Kriege. Dem Betrachter im Reich boten sich nicht mehr nur Silberstreifen am Horizont, und als Stresemann in Berlin zu den Journalisten sprach, da war die Wolke, die er sah, nicht größer als eine Männerhand.

KAPITEL 8

IM ZEICHEN DES HAKENKREUZES

Es war nur eine Atempause. Sie dauerte ein paar Monate – Tage im Leben eines Staates, Stunden im Leben eines Volkes. Anfang 1929 mußte man sich wieder mit den Reparationen befassen. Der Dawes-Plan war als Zwischenlösung gedacht gewesen, und die darin vorgesehene Zahlung von jährlich zweieinhalb Milliarden Goldmark konnte sich nicht endlos fortsetzen. Im Sommer 1928 nahmen Hjalmar Schacht und Parker Gilbert die Gespräche auf, die schließlich im März 1930 zu der, wie man damals dachte, endgültigen Regelung der Reparationsfrage führten – zum Young-Plan. Dieser stellte in vieler Hinsicht eine vernünftige Lösung dar und war von alliierten und deutschen Finanzexperten unter Vorsitz des amerikanischen Geschäftsmannes Owen D. Young ausgearbeitet worden. Von Februar bis Juni tagte das Expertenkomitee in Paris, daran schlossen sich zwei Konferenzen in Den Haag an, die erste im August 1929, die zweite, auf der der Young-Plan endgültig verabschiedet wurde, im Januar 1930. Als es endlich so weit war, hatte die Depression bereits beträchtliches Tempo gewonnen, war Stresemann tot und sahen sich die Industrienationen vor wirtschaftliche Probleme gestellt, die zu bewältigen jenseits der Macht irgendeiner Konferenz lag.

Mit dem Young-Plan (der auch unter dem Namen »Neuer Plan« bekannt war) gelang es immerhin, für die Reparationen eine Gesamthöhe festzusetzen: 121 Milliarden Mark sollten in 59 Jahresraten abgezahlt werden. Von jetzt an konnten die Reparationsforderungen nur noch verringert und nicht mehr – wie noch unter dem Dawes-Plan – mit einsetzendem Wohlstand des Reiches erhöht werden. An die Stelle wirtschaftlicher oder politischer Sanktionen trat eine Schiedsgerichtsbarkeit, und die Auflagen auf den deutschen Eisenbahnen und Zöllen wurden ebenso abgeschafft wie die Sonderbesteuerung der deutschen Industrieobligationen. Noch wichtiger aber war, daß Stresemann – da die tatsächlichen Zahlungen des Reiches nur noch während einer bestimmten Zeit zu leisten waren – die Alliierten während der ersten Haager Konferenz dazu überreden konnte, als Gegenleistung zur Annahme des Reparationsabkommens die noch besetzten Rheinbrückenköpfe zu räumen.

Die erste Konferenz ging am 31. August 1929 zu Ende, die englische Garnison in Wiesbaden holte am 12. Dezember die Fahne ein. Die Franzosen stimmten einer Räumung ihrer letzten Brückenköpfe acht Monate nach Ratifizierung des Young-Plans durch Frankreich und Deutschland, spätestens aber bis 30. Juni 1930, zu, also viereinhalb Jahre früher, als der Versailler Vertrag vorsah.

Eine gewaltige Leistung, die den kranken Mann fast die letzte Kraft kostete, doch als Dank dafür erntete Stresemann nur Schmähung durch die ultranationalistische Presse, die ihn einen Verräter und Hauptfeind seines Volkes nannte. Stresemann hatte sich nur noch mit letzter Kraft zu den Haager Zusammenkünften schleppen können, so krank war er, aber unter welchen Qualen er die Verhandlungen leitete, sahen die Ausländer, denen er gegenübersaß, deutlicher als die meisten seiner Landsleute. Als es schien, daß es mit Frankreich keinen Ausweg aus der Sackgasse gab, weil sich auch Briand mit seinen Generälen, Nationalisten und Zweiflern herumschlagen mußte, die die französische Armee bis zum letzten Tag, möglichst bis zum Tag des Jüngsten Gerichts, am Rhein stehen lassen wollten, hatte ihm Stresemann in seinem steifen, an das 19. Jahrhundert gemahnenden Stil einen Brief geschrieben, der die ganze Tiefe seiner Empfindungen verriet. Er schrieb: »Während der vielen Jahre, in denen ich die Ehre und das Vergnügen hatte, mit Ihnen politische Verhandlungen zu führen, habe ich mich noch niemals des Briefes bedient, um Ihnen meine Auffassung über eine bestimmte politische Frage zum Ausdruck zu bringen. Wenn ich davon abgehe und mich vor meinem Gewissen verpflichtet fühle, Ihnen heute zu schreiben, so wollen Sie, bitte, daraus ersehen, welche Bedeutung ich der Frage beilege, die ich vor Ihnen erörtern möchte... Ich habe nie in der Vertretung meiner Politik das deutsche Prestige in den Vordergrund gestellt... Es liegt mir auch fern, mit dem Gedanken persönlicher Folgerungen zu spielen, die ich aus einer bestimmten politischen Lage ziehen müßte. Nicht weil irgendein Druck der öffentlichen Meinung bis zur Stunde auf mir lastet... sondern einfach, weil mich mein Gewissen treibt, fühle ich mich veranlaßt, Ihnen, verehrter Herr Ministerpräsident, zu sagen, daß ich mit einem Vorschlag dieser Art, wie Sie ihn mir heute für die Beendigung der Räumung zum Ausdruck gebracht haben, oder auch nur einem annähernd ähnlichen Vorschlag als Außenminister nicht vor mein Kabinett treten kann und daß ich bei dem Festhalten an einem solchen Termin auch nicht in der Lage sein würde, meine Unterschrift unter den Young-Plan zu setzen, der für mich eine Einheit zwischen den wirtschaftlichen und politischen Fragen in sich birgt. Ich, der ich nicht Finanzminister bin, der die Ziffern studiert, sondern Außenminister, der unsere ganzen Verhandlungen unter dem Gesichtspunkt eines großen europäischen Ereignisses, als den Endpunkt einer seit Jahren von Ihnen und mir verfolgten Politik einer deutsch-französischen Verständigung angesehen hat – ich fühle mich nicht imstande, diese Politik weiterzuführen, wenn ich in einer Frage, in der, wie ich weiß, Ihre Auffassung seit Jahren ebenso wie die meinige dahin gerichtet war, der Besetzung deutschen Landes ein Ende zu bereiten, einen in der Zeit so offenbaren Mißerfolg erziele. Von der Existenz dieses Briefes haben meine Ministerkollegen keine Kenntnis. Ich bitte Sie, ihn als ein persönlich an Sie gerichtetes Schreiben anzusehen. Ich fürchte aber, daß Sie selbst mir Vorwürfe machen könnten, wenn ich Sie auf den Ernst der gesamten politischen Situation, wie ich ihn aus dem Ergebnis unserer heutigen Unterredung ersehe, nicht hinweisen würde.« [1]

Was dieser Brief bedeutete, verstand Briand besser als viele in der politischen Meinungsmache führende Deutsche. Nach einer der Haager Sitzungen war Stresemann zusammengebrochen und hatte nur noch gekeucht: »Ich kann nicht mehr weiter.« Briand wußte, wie wahr das war, und wie schon zuvor entschied er sich für die Verständigung. Elfeinhalb Jahre nach Kriegsende sollten endlich keine fremden Truppen mehr innerhalb Deutschlands Grenzen stehen.

Stresemann erholte sich von seinem Haager Zusammenbruch wenigstens so weit, daß er noch einmal nach Genf reisen konnte, wo er Briand zuhörte, der beredt ein einiges Europa beschwor. Dann, am 9. September, hielt Stresemann seine letzte Rede, und sie atmete denselben Geist. Er erinnerte seine Zuhörer daran, Briand habe einmal davon gesprochen, wie außerordentlich schwierig es sei, die Jugend eines Landes für die Verständigung der Völker und für den Frieden zu gewinnen, weil der Heroismus des Krieges die Poesie beherrsche. »Unzweifelhaft ist es richtig«, sagte er, »und wir wollen uns klar darüber sein und uns dessen freuen, daß der Heroismus, die Hingabe des Lebens für ein großes Ideal, niemals in den Völkern aussterben wird. Aber ich glaube denen, die in den Erinnerungen leben an den Heroismus der Jugend aller Völker in

der Geschichte der Jahrhunderte und Jahrtausende, das eine zuru-
fen zu dürfen, daß die technischen Kriege der Zukunft, selbst wenn
man von allem anderen absieht, für persönlichen Heroismus wenig
Betätigungsmöglichkeiten geben werden.« Ihn dünke, das weite
Gebiet der Siege der Menschheit über die Natur gebe genügend
Möglichkeiten zum Heroismus und Opfer, und daß hier ein enormes
Gebiet sei, auf dem in Zukunft vielleicht einmal das ewige Rätsel
des Verhältnisses des Menschen zum All weiterdurchforscht und
weitergebracht werde.»Wir in unserem Kreis«, fuhr er fort, »wir
haben die nüchterne Aufgabe, die Völker einander näherzubringen,
ihre Gegensätze zu überbrücken. Zweifeln wir nicht daran: sie sind
einander nicht so nahe, wie es zu wünschen wäre; zweifeln wir nicht
daran: es gibt Gegensätze ... Auch diese Arbeit wird nicht durch
Elan und Hurra allein sich lösen lassen, sondern sie wird zu der
Tätigkeit gehören, von der ein deutscher Dichter einmal gesagt hat:

Daß sie zum Bau der Ewigkeiten
Zwar Sandkorn nur um Sandkorn reicht,
Doch von der großen Schuld der Zeiten
Minuten, Tage, Jahre streicht!«

Ein Augenzeuge beschreibt ihn bei seiner letzten Rede als bloßen
Schatten seiner selbst in einem viel zu weit gewordenen Anzug, wie
er um Atem ringt und wie Hustenanfälle oft seine Worte ersticken.
Stresemann sollte den Abzug der französischen Truppen vom Rhein
nicht mehr erleben, noch auch die endgültige Verabschiedung des
Young-Plans. Er starb am 3. Oktober 1929 in Berlin einundfünfzig-
jährig an einem Herzschlag.[1]

War auch die französische Besetzung deutschen Bodens um viereinhalb Jahre gekürzt worden, so traf doch jeglicher Vorschlag fortge-
setzter Reparationszahlungen, die noch ungeborenen Generationen
Opfer abverlangten, wohl oder übel auf bitteren Widerstand. Und
der Young-Plan, der nicht nur für Frankreich, Belgien, England,
Italien und das Reich der Slawen, Kroaten und Slowenen, dessen
Staatsbürger den Erzherzog und seine Gemahlin ermordet hatten,
sondern auch so weit vom Krieg entfernten Ländern wie Portugal
und Japan ein Stück vom deutschen Kuchen abschnitt, bot sich als
Zielscheibe geradezu an.[2] Sogar der sozialistische Schatzkanzler
Philip Snowden war aus Den Haag nach London mit der Zusage
erheblich höherer als den ursprünglich vorgesehenen Leistungen
zurückgekehrt und von den Finanzkreisen als Nationalheld gefeiert
worden, nach deren Meinung Frankreich und Italien auf Kosten

Englands bisher zu gut weggekommen waren. Snowden sagte, er wolle den englischen Anteil nicht durch Anhebung der Leistungen des Reiches erhöht sehen, aber was immer England bekam, konnte ja nur aus einer Quelle kommen.

Alle Feinde der Republik rotteten sich gegen den Young-Plan zusammen. Die Kommunisten forderten gemeinsam mit der Rechten seine Ablehnung. 22 Admiräle und Generäle der alten kaiserlichen Armee und Marine, unter anderem Generalfeldmarschall von Mackensen und Admiral von Tirpitz, wandten sich an Hindenburg und baten ihn, sich an die Spitze der sogenannten »Widerstandsbewegung gegen die Unterdrückung« zu stellen und ihnen bei der Ablehnung des Abkommens zu helfen. In der Gegnerschaft zum Young-Plan fanden sich nicht nur Kommunisten und Rechtsradikale zusammen, sondern sie machten auch Adolf Hitler »salonfähig«, denn der neue Führer der Deutschnationalen Volkspartei, Alfred Hugenberg, der einen großen Teil dessen beherrschte, was man eine Generation später die »Medien« nannte[3], verstand es, sich ausgiebig das Talent des kleinen Mannes aus Wien zunutze zu machen, der seine Anhänger stundenlang von den Stühlen zu reißen vermochte, und Hugenberg freute sich sehr, daß er in seinem Feldzug gegen das Abkommen die krakeelenden Nationalsozialisten zu seinen Verbündeten zählen konnte.

Der Young-Plan war der Anlaß, der Adolf Hitler im Kampf gegen den Plan und gegen die Republik zur herausragendsten Gestalt machte. Er stieg zum Hauptsprecher einer Bewegung auf, die nur der Haß vereinte. Die Bundesführer des Stahlhelm, Hugenberg, Franz Seldte und Theodor Duesterberg, und der Führer des Alldeutschen Verbandes Heinrich Claß hatten bislang nie mit Hitler und seinen Nationalsozialisten gemeinsame Sache gemacht, jetzt aber war es Hitler, der ihren Angriff auf den Feind anführte, und in der Hugenberg-Presse erschien er als einer der großen Helden in dieser Schlacht. Die angestauten Emotionen der seit langem frustrierten Hypernationalisten entluden sich schlagartig in dieser einen Frage.

Heinrich Claß erklärte, die Bevölkerung des Rheinlands wolle lieber einen weiteren Einmarsch über sich ergehen lassen, als daß das deutsche Volk auch nur einen Pfennig aufgrund des »Neuen Plans« zahle; Hugenberg sagte, er zöge es vor, wenn Deutschland (und vermutlich er selbst) proletarisiert würde, aber dem Plan könne er keinesfalls zustimmen; die völlig heterogenen Gruppierungen setzten alles daran, ein Zustandekommen dieses Plans zu verhindern. Sie formierten sich als »Reichsausschuß für das deutsche Volksbegehren« und entwarfen ein »Gesetz gegen die Versklavung des deutschen Volkes«. Das vorgeschlagene Gesetz verlangte ein förmliches Außerkraftsetzen des Reichskriegsschuldanerkenntnisses im Versailler Vertrag. Sein Paragraph 3 lautete: »Auswärtigen Mächten gegenüber dürfen neue Lasten und Verpflichtungen nicht übernommen werden, die auf dem Kriegsschuldanerkenntnis beruhen.« Der Reichskanzler und die Regierungsbevollmächtigten sollten strafrechtlich verfolgt werden können, wenn sie irgendein Dokument mit einer fremden Macht unterzeichneten, welche die Kriegsschuld anerkenne.

In Plakaten wurden Wähler zur Teilnahme an Protestdemonstrationen mit dem Hinweis aufgefordert, nach den Bestimmungen des Neuen Plans müßten sie 60 Jahre lang jede Sekunde 80 Goldmark zahlen und drei Generationen lang Sklavenarbeit verrichten. Hugenberg und seinen Bundesgenossen gelang die Sammlung von 4 153 000 Unterschriften für ein Volksbegehren; das war etwas mehr als die verfassungsmäßig erforderlichen 10% der Wählerschaft und stellte in etwa das Höchstmaß an Unterstützung im Volk dar, die sie trotz der Intensität der Kampagne zusammentrommeln konnten. In einer tumulthaften Versammlung von 7000 Menschen im Zirkus Krone traten Hugenberg und Hitler gemeinsam auf demselben Podium auf und begannen mit der Rekrutierung einer Mehrheit, die den Plan in einem auf den 22. Dezember 1929 angesetzten Volksentscheid zu Fall bringen sollte. Plakate und Spruchbänder der Nationalsozialisten, auf denen diesmal die Hakenkreuze und judenfeindlichen Schlachtrufe fehlten, versuchten den Wählern einzureden, die Annahme des »Freiheitsgesetzes« oder »Gesetzes gegen die Versklavung des deutschen Volkes« bedeute die Ablehnung des Young-Plans und setze die nachfolgende Generation in den Stand, die Früchte der eigenen Arbeit zu genießen anstatt 60 Jahre lang für die internationale Hochfinanz Fronarbeit leisten zu müssen. Dies, so versicherten die Naziplakate dem deutschen Wähler, sei das Weihnachtsgeschenk, das er seinen Kindern damit machen könne, wenn er am 22. Dezember mit Ja stimme.

Die nationalsozialistischen Propagandaredner waren so virulent, wie Hugenberg sich nur hatte träumen lassen. Goebbels ließ eine Rede aufnehmen, in der er sagte: »Das deutsche Volk ist ein Sklavenvolk. Es rangiert heute völkerrechtlich hinter der letzten Negerkolonie am Kongo. Man hat uns alle Souveränitätsrechte genommen, und nun sind wir dem internationalen Börsenkapital gerade gut genug, seine Geldsäcke mit Zinsgeldern und Prozenten zu füllen.« [2] So also tobte die Kampagne der radikalen Rechten, aber an ihrer Seite und an der Seite der Kommunisten, die den Young-Plan als SPD-Verrat brandmarkten, standen auch vernünftige Gemäßigte wie Heinrich Brüning, der ihn ein »Diktat« nannte, obwohl er schließlich dann doch für ihn stimmte. Auch Hjalmar Schacht, der zu den wesentlichen Urhebern des Plans gehört hatte, wandte sich gegen ihn, als in Den Haag noch Bedingungen hinzukamen, die er als zu gefährlich für die Stabilität der Reichsmark und auch als zu belastend für die deutsche Volkswirtschaft ansah, und er trat als Präsident der Reichsbank zurück. Millionen Deutschen stellte sich der Plan als Zeugnis nicht etwa von Stresemanns Erfolg dar, dem es gelungen war, den Rhein ohne einen einzigen Schuß wieder freizubekommen, sondern als Zeugnis für die Schwäche der republikanischen Regierung und die Verlogenheit der moralischen Ansprüche der Entente, die unter dem Deckmantel einer neuen und besseren europäischen Ordnung lediglich auf Reparationen bestand, die Deutschland zahlen mußte, weil es angeblich den Krieg angefangen hatte, wo doch sein einziges Verbrechen darin bestand, den Krieg verloren zu haben. So konnte ein gemäßigter Prorepublikaner wie Brüning der scheinbar endlosen Erpressung genau so überdrüssig werden wie Extremisten à la Claß und Hitler.

Letzten Endes aber stimmten nur 5,8 Millionen Wähler – 13,8% – für das sogenannte »Freiheitsgesetz« (21 Millionen Ja-Stimmen wären notwendig gewesen), und der Reichstag billigte den Young-Plan mit 266 gegen 193 Stimmen. 21 deutschnationale Abgeordnete, darunter Graf Westarp und der frühere Innenminister Walter von Keudell, traten wegen dieser Frage aus ihrer Partei aus.[4] Sie gründeten eine konservative Splittergruppe, die allerdings nie großen Anhang gewinnen konnte.

Die Gegner des Young-Plans gaben sich noch nicht geschlagen: sie richteten einen letzten Appell an Hindenburg, er solle die Unterschrift unter das Gesetz verweigern. Hindenburg lehnte dies jedoch ab und unterschrieb, wie er selbst erklärte,»schweren, aber festen Herzens«. [3] Seine Entscheidung rief weite Zustimmung jenseits aller Partei- und Weltanschauungsgrenzen hervor; viele ergebene Anhänger der Linken wie der Rechten, Deutschnationale wie Sozialdemokraten, pflichteten ihm bei. Hindenburg galt als lupenreiner Nationalist, desgleichen die Mitglieder des Kyffhäuserbundes, Graf Westarp und die anderen, die aus der Deutschnationalen Partei ausgetreten waren, aber sie akzeptierten die Auffassung Stresemanns und Hermann Müllers, daß der Young-Plan bei all seinen Mängeln unterschrieben werden mußte. Außerdem war Hindenburg überzeugt, daß der Plan nicht lange leben würde; er würde nicht einmal zwei Jahre lang halten, sagte er und erwies sich damit als ein besserer Prophet, als damals irgend jemand wissen konnte.

In einem Aufruf an das deutsche Volk erläuterte er, warum er dem Gesetz zugestimmt habe, und sagte, nach sorgfältiger Abwägung des Für und Wider sei er zu der Überzeugung gelangt, trotz der schweren Belastung, die der neue Plan dem deutschen Volke auf lange Jahre hinaus auferlege, stelle der Young-Plan im Vergleich mit dem Dawes-Plan eine wirtschaftliche und politische Besserung dar und bedeute einen Fortschritt auf dem schweren Wege der Befreiung und des Wiederaufbaus Deutschlands. Die politischen Auseinandersetzungen der letzten Monate müßten nunmehr einer entschlossenen praktischen Arbeit Platz machen, welche die Gesundung der Finanzen, die Belebung der gesamten Wirtschaft und damit die Beseitigung der ungeheuren Arbeitslosigkeit und nicht zuletzt die Linderung der schweren Lage der Landwirtschaft zum Ziele haben müsse. Er forderte alle Deutschen auf, sich über die Grenzen der Parteien hinaus zur gemeinsamen Mitarbeit die Hände zu reichen. [4]

Hindenburg konnte das; er konnte Ludendorff die Hand bieten, der die ausgestreckte Hand übersah[5], und er konnte sie Müller reichen, der die Geste herzlich erwiderte. Die Fanatiker von links und rechts aber brachten das nicht fertig. Fast sechs Millionen Menschen hatten gegen den Young-Plan gestimmt; Hitler und Hugenberg erblickten in ihnen die Avantgarde des neuen Deutschland, die ersten Marschkolonnen einer unübersehbaren, unerschrockenen Menge, die sich nicht mehr versklaven ließ, die dem Feind ein Nein ins Gesicht schleuderte, um jeden Preis, selbst wenn dies, wie Claß dachte, eine erneute Invasion zur Folge hätte.

Stresemanns Leistung, der ohne einen einzigen Schuß und ohne Verlust eines einzigen Soldaten das Rheinland befreit hatte, war in den Augen der radikalen Rechten lachhaft. Und doch besaß sie kein anderes Mittel, mit dem sie hätte dasselbe Ziel erreichen können; sie konnte lediglich gegen das Unrecht wüten, das darin bestand, daß man sich mit dem Grundsatz von Reparationen für weitere 60 Jahre abfand, und laut schreien, sie würde sie niemals bezahlen. Aber gab es denn überhaupt eine Alternative? Niemand, weder

Stresemann noch Hindenburg, noch Hermann Müller, noch irgendein anderes Kabinettsmitglied, hielt es für gerecht, daß sich die
Reparationsleistungen bis ins achtziger Jahrzehnt erstrecken sollten; keiner akzeptierte die Kriegsschuldklausel, keiner die einseitige
Entwaffnung Deutschlands als dauerhafte Grundlage für den Frieden; aber sie trugen die Regierungsverantwortung, mit ihnen biß die
überwältigende Mehrheit des deutschen Volkes die Zähne zusammen. Mochte der Young-Plan auch drückend sein, so war er doch,
wie Hindenburg sagte, eine Besserung gegenüber dem Dawes-Plan,
und Deutschland konnte wahrscheinlich mit ihm leben. Es sollte
nicht sehr lange mit ihm leben müssen; eine neue, in vieler Hinsicht
ebenso verheerende Katastrophe wie der Krieg braute sich über der
Welt zusammen, und ihren rasenden Kern bildete das Reich.

Drei Wochen nach Stresemanns Tod brach am Schwarzen Freitag
(24. Oktober 1929) die New Yorker Börse zusammen, doch in
Deutschland hatte die Depression schon vorher eingesetzt. In dem
ungewöhnlich harten Winter war die Arbeitslosenzahl im Januar
1929 auf 2 850 000 gestiegen, im Februar auf über drei Millionen
geklettert, und ein Jahr später, im Januar 1930, befanden sich
3 218 000 Menschen auf Arbeitssuche, und zählte man die Teilzeit-
beschäftigten, die eine Ganztagsarbeit suchten, und die nicht gemel-
deten Arbeitslosen mit, so waren es über viereinhalb Millionen. Für
Millionen Menschen bedeutete das den Rückfall in äußerste Not
und Sorge, und verbunden mit Depression und Arbeitslosigkeit
veränderte die Schlacht um den Young-Plan die politische Land-
schaft in Deutschland von Grund auf.
   Zu den von Franzosen und Belgiern besetzten Städten gehörte
Koblenz, das nach dem Versailler Vertrag[6] spätestens Anfang
Januar 1930 geräumt sein sollte. Der bevorstehende Abzug der
Besatzungstruppen machte es den ultranationalistischen Kräften
sehr leicht, all jene anzusprechen, die plötzlich erkannt hatten, wie
satt sie ihr freudloses Dasein hatten, die fremde Besatzung, für die
sie noch lange nach dem Weggang der Soldaten zahlen sollten. Läßt
der glorreiche Tag der Befreiung zu lange auf sich warten, dann
steigt der Unmut der Leute desto höher, je näher dieser Tag rückt.
Bei den preußischen Landtagswahlen im November 1929 errangen
die Nationalsozialisten in Koblenz, das die Franzosen Ende November – also 40 Tage vor dem im Versailler Vertrag genannten Termin
– räumen sollten, nicht weniger als 38,5%. Das war das beste
Ergebnis für die Nationalsozialisten in ganz Preußen. [5] Ähnlich

war es in Thüringen, wo am 8. Dezember Landtagswahlen abgehalten wurden.[7] Stresemanns Leistung, die Beendigung der Rheinbesetzung, brachte keiner Regierungspartei Gewinne ein. Den Lorbeer der Freiheit pflückten die Nationalsozialisten. In Thüringen schoben sie sich mit einem Schlag auf den Platz der drittgrößten Partei; von weniger als 28000 Stimmen und zwei Mandaten, die sie 1927 errungen hatten, schnellten sie auf 90000 Stimmen und sechs der 53 Landtagssitze empor. Damit gelangten die Nationalsozialisten in die Regierungskoalition; Wilhelm Frick, der zu Hitlers treuesten Genossen gehörte, wurde mit 28 gegen 22 Stimmen vom Landtag zum thüringischen Minister für Inneres und Volksbildung gewählt – der erste nationalsozialistische Landesminister.

Die Wirtschaftslage verschlechterte sich rapide. Bauernhöfe wurden in nie dagewesenem Umfang versteigert, und viele andere standen öd und verlassen, weil ihre Besitzer die Hoffnung aufgegeben hatten, jemals ihre Schulden und Steuern bezahlen zu können. Immer mehr Arbeiter und Angestellte waren auf Arbeitssuche. Die kurzfristigen Auslandsanleihen stellten sich als genauso gefährlich heraus, wie Stresemann vorhergesagt hatte: Die in Schwierigkeiten geratenen amerikanischen Gläubiger riefen ihre Anleihen ab, und dies traf die deutsche Landwirtschaft so hart wie die Industrie. Unter dem wachsenden wirtschaftlichen Druck kamen die tiefen Risse der Weimarer Konstruktion schnell wieder zum Vorschein. Immer mehr Arbeitslosengeld mußte ausgezahlt werden, und die Regierung Hermann Müller mußte irgendeinen Weg dafür finden. Es wurde immer schwerer, Geld aufzunehmen. Eine neue Regierungsanleihe in Höhe von 500 Millionen Mark wurde mit dem hohen Zinssatz von 7% und zusätzlichen Anreizen in Form von Vergünstigungen bei der Einkommens-, Vermögens- und Erbschaftsteuer aufgelegt, aber nur mit insgesamt 177 Millionen gezeichnet. Alles erdenkliche war schon besteuert – Einkommen, Vermögen, Erbschaft, Waren und Dienstleistungen jeder Art. Nur das Bier war eine Zeitlang noch der Steuerschlacht entkommen. Als die Regierung die Biersteuer anheben wollte, stellte sich die Bayerische Volkspartei quer und drohte mit dem Auszug aus der Koalition. Die Branntweinsteuer und andere Getränkesteuern konnte man anheben, denn Branntwein war nie wie Bier das Symbol deutschen Wohlbefindens und deutscher Gemütlichkeit gewesen. Und die Bayern setzten sich durch: Die Biersteuer blieb zunächst unangetastet. Die bürgerliche Volkspartei, die hauptsächlich die Unternehmer vertrat, wollte die Beiträge zur Arbeitslosenversicherung und deren Leistungen möglichst niedrig halten, aber die SPD verlangte eine Erhöhung. Als dann Hermann Müller und sein Kabinett einschließlich Stresemanns Anfang Oktober 1929 für eine Anhebung der Beiträge zur Arbeitslosenversicherung um ein bescheidenes halbes Prozent auf dreieinhalb Prozent der Lohnsumme stimmten, verweigerte die Volkspartei ihre Zustimmung. Das beste, was Stresemann einen Tag vor seinem Tod noch erreichen konnte, war, daß die Abgeordneten seiner Partei wenigstens nicht gegen die Erhöhung stimmten. Sie enthielten sich der Stimme, und so wurde die Maßnahme im Reichstag mit 238 gegen 155 Stimmen verabschiedet. Es war der letzte Dienst, den er der Republik erweisen konnte. In der Gegnerschaft fanden sich seltsame Bettgefährten – Kommunisten, Deutschnationale, die Wirtschaftspartei und die Nationalsozialisten, ein seltsames Gemisch aus Konservativen und einem harten Kern von Leuten, die grimmig entschlossen waren, nicht nur die Regierung zu stürzen, sondern auch der Republik den Garaus zu machen. Sie setzten sich zwar nicht durch, aber der Steuerstreit war keineswegs beendet und zwang schließlich die Regierung Hermann Müller zum Rücktritt.

Um die galoppierende Arbeitslosigkeit zu meistern, schlug im März 1930 Paul Moldenhauer, Wirtschaftsminister und Mitglied der Deutschen Volkspartei, eine Anhebung des Arbeitslosenbeitrags auf vier Prozent vor, aber wieder sperrte sich seine eigene Partei dagegen. Heinrich Brüning, Führer des Zentrums, und Oskar Meyer von der Demokratischen Partei versuchten sich an einem Kompromiß. Sie schlugen vor, die Regierung solle die für das Jahr erforderlichen zusätzlichen Mittel garantieren, die man auf rund 150 Millionen Mark schätzte, und wenn sich, wie zu erwarten war, dieser Betrag als zu gering herausstellte, sollte der Beitrag auf 3,75% angehoben werden. Das Kabinett stimmte zu, auch drei SPD-Mitglieder (Hermann Müller, Severing und der Wirtschaftsminister Robert Schmidt); nur der sozialdemokratische Arbeitsminister Rudolf Wissel verweigerte seine Zustimmung. Aber die SPD-Reichstagsabgeordneten waren Wissels Auffassung und lehnten den Kompromiß ab, obwohl der sozialdemokratische Reichskanzler und seine zwei SPD-Kollegen dafür waren. Die SPD besaß im Reichstag 150 Mandate, von denen über ein Drittel in den Händen von Gewerkschaftlern lagen, und sie lehnten den Vorschlag ab, weil sie in ihm eine Gefährdung des gesamten Systems der Arbeitslosenversicherung erblickten und sich dem ständigen Vorwurf der Kommunisten aussetzten, sie verrieten die Arbeiterklasse. Zwar zielte der

Vorschlag Brünings und Meyers nur auf eine Verschiebung der Entscheidung über die Beitragsanhebung bis zum Herbst ab, aber die SPD-Abgeordneten befürchteten, zu diesem Zeitpunkt würde der Druck der anderen Parteien eher in Richtung auf eine Senkung als auf eine Anhebung gehen. Wiederum also waren Hermann Müller und seine Regierung gezwungen, gegen eine Maßnahme zu stimmen, die sie vorher unterstützt hatten, und so mußte die Regierung zurücktreten. Die Sache, derentwegen die Sozialdemokraten eine von einem der Ihren geführte Regierung stürzten, in der sie überdies mehr Ministersessel besaßen als jede andere Partei, war relativ unbedeutend, und ihre Dickköpfigkeit sollte sie teuer zu stehen kommen. Sie waren in keiner Weimarer Regierung mehr vertreten.

Am 28. März 1930 wandte sich Hindenburg an den Führer des Zentrums, Heinrich Brüning, mit der Bitte, einer Regierung vorzustehen, der alle Parteien der Regierung Hermann Müller mit Ausnahme der SPD angehörten. Der damals fünfundvierzigjährige Brüning hatte in England und an der Bonner Universität Nationalökonomie studiert und war ein intelligenter Mann von untadeligem Charakter, der, obwohl konservativ, enge Verbindungen zur Arbeiterschaft besaß, mit der er viele Jahre in der christlichen Gewerkschaftsbewegung zusammengearbeitet hatte. Er hatte sich Anfang des Krieges freiwillig gemeldet und bis zu seiner Kopf- und Brustverwundung als Unteroffizier gedient. Nach fünfwöchigem Lazarettaufenthalt wurde er auf die Offiziersschule geschickt und erhielt das Leutnantspatent. In den mörderischen Schlachten an der Westfront hatte er in einer MG-Abteilung gedient. Er gehörte nicht nur im politischen Sinne zum Zentrum, zur Mitte; er war ein Mann der Mäßigung und des überlegten Urteils, der die Notwendigkeit des Kompromisses in der Politik verstand, ein Monarchist, der die Republik unterstützte, und ein früherer Soldat, der zu seinem ehemaligen Oberbefehlshaber ein nüchternes, aber herzliches Verhältnis pflog.

Sein Aussehen war eher das eines Asketen – François-Poncet sagte, man habe ihn für einen katholischen Prälaten oder anglikanischen Priester halten können [6] – als das eines Politikers. Dünnlippig, sorgfältig rasiert, mit einem durchdringenden Blick hinter ungerahmten Gläsern, hätte man ihn eher für das gehalten, was er später dann auch wurde, nämlich für einen Professor der Nationalökonomie, als für den höflichen Vorkämpfer der Republik, der so gar nicht zu Adolf Hitler und seinen bramarbasierenden Nationalsozialisten paßte.

Hindenburg beurteilte die Menschen um sich nach ein paar einfachen, aber strengen Grundsätzen. Er schätzte den fleißigen, unbestechlichen Hermann Müller trotz dessen sozialistischer Prinzipien, und er brachte den anderen Parteiführern Achtung entgegen, die jene vaterländische Gesinnung hegten und moralische Zuverlässigkeit besaßen, wie er sie für ein hohes Amt für unerläßlich hielt. Am liebsten hätte er einen Reichskanzler ohne jede Parteizugehörigkeit gehabt, aber da es das nicht gab, war Brüning eine vernünftige zweite Wahl. Ein Mann der Mitte mit solider politischer Erfahrung, der sich im Krieg hervorgetan hatte und mit dem Eisernen Kreuz Erster Klasse ausgezeichnet worden war, dürfte einen fähigen Kanzler abgeben.

Hindenburgs Vertrauen zu Brüning wurde noch erheblich dadurch verstärkt, daß sich General Groener und Groeners Chef des Ministeramts, Kurt von Schleicher, damals noch Oberst, für Brünings Kandidatur einsetzten. Hindenburg wie Groener schätzten Schleicher als bemerkenswert begabten politischen Berater; Groener nannte ihn »mein Kardinal *in politicis*«, ein unter deutschen Offizieren so seltener Typus, daß man ihn leicht überschätzte. Als er Brünings Ernennung unterstützte, bewies von Schleicher freilich sehr viel mehr Weitblick als in seinem späteren politischen Urteil. Er sah in Brüning einen Mann – und er überredete Groener und den Reichspräsidenten zur selben Auffassung –, der in etwa dem entsprach, was Deutschland nach Meinung der Reichswehr am dringendsten brauchte: ein sachkundiger und verläßlicher Politiker mit Grundsätzen, der an der Spitze eines »Präsidialkabinetts« Hindenburg verantwortlich war und nicht den Eintagskoalitionen des Parlaments, die bei jeder Kleinigkeit auseinanderfielen.

Die Schwierigkeit war, daß das Brüning-Kabinett, wenn nicht entweder die SPD oder die Rechtsparteien hinter ihm standen, nur ganz gelegentlich im Reichstag eine Mehrheit hatte. Aber Hindenburg blieb kaum eine andere Wahl; da die SPD den Rücktritt eines von einem der ihren geführten Kabinetts erzwungen hatte und die radikale Linke wie Rechte nicht nur in Opposition zur Regierung, sondern auch zur Republik stand, konnte er sich nur noch an dieselben Gruppen der Mitte halten, die vorher in Koalition mit der SPD einigermaßen erfolgreich regiert hatten. Ein Kabinett also aus Minderheitsparteien, die auch zusammen noch in der Minderheit blieben, das aber an der Stelle einer inexistenten Mehrheitskoalition die Verantwortung übernehmen mußte. Das Fehlen einer zuverlässigen Reichstagsmehrheit für ein solches Kabinett zwang den Reichspräsidenten dazu, häufig die ihm nach Artikel 48 der Verfassung zustehenden Notvollmachten anzuwenden. Berief er sich aber nicht nur in Notfällen auf den Artikel 48, so stand dies wohl im Widerspruch zu Artikel 54, in dem es hieß, der Reichskanzler und die Reichsminister bedürften zu ihrer Amtsführung des Vertrauens des Reichstages und jeder von ihnen müsse zurücktreten, wenn ihm der Reichstag durch ausdrücklichen Entschluß sein Vertrauen entziehe. Hindenburg und Brüning waren beide, wie sie sich gegenseitig versicherten, entschlossen, nur mit verfassungsmäßigen Mitteln zu regieren, aber die Verfassung war nun ganz und gar nicht auf die Art Regierung zugeschnitten, wie sie sie ausüben mußten. Im Vielparteiensystem war der Reichstag bestenfalls ein Rube-Goldberg-Apparat, selbst wenn er als das funktionierte, als was er gedacht war, nämlich demokratisch gewählter Querschnitt der Wählerschaft, der nur vorübergehend mit Hilfe der Präsidialvollmacht nach Artikel 48 übergangen werden konnte. Auf diese Weise – in den unruhigen ersten Jahren der Republik hatte Ebert 136mal von Artikel 48 Gebrauch gemacht – war es dem parlamentarischen System gelungen, sich von Krise zu Krise hinüberzuretten. Als jedoch dem Reichstag die Koalitionsmöglichkeiten ausgingen, weil sich nicht einmal mehr für die Verabschiedung solcher Kleinigkeiten wie eine Erhöhung der Versicherungsbeiträge um ein halbes Prozent als Maßnahme gegen den anhebenden Orkan der Depression eine Mehrheit fand, wurde Artikel 48 zum festen Bestandteil des legislativen Prozesses.[8]

Ohne arbeitsfähigen Reichstag konnte sich der Reichspräsident nur einer ihm selbst verantwortlichen Regierung der Mitte zuwenden und hoffen, daß es ihr im Laufe der Zeit gelingen werde, eine parlamentarische Mehrheit hinter sich zu scharen. Brüning brachte innerhalb von drei Tagen ein Kabinett zustande, das Hindenburg billigte. Den Deutschdemokraten Hermann Dietrich setzte Brüning als Reichswirtschaftsminister ein; aus der Regierung Hermann Müller behielt er Julius Curtius bei, der an Stresemanns Stelle Außenminister geworden war, und um sich bei der Rechten eine Unterstützung zu sichern, entschied er sich für das Mitglied der Wirtschaftspartei Johann Bredt als Justizminister und zwei frühere Deutschnationale, Gottfried Treviranus als Minister für die besetzten Gebiete und Martin Schiele als Landwirtschaftsminister.

In seiner Regierungserklärung vom 1. April 1930 begründete

Brüning den von ihm beabsichtigten Kurs einleuchtend. Er sagte, er sei an keine Koalition gebunden und das Kabinett sei zu dem Zweck gebildet worden, die nach allgemeiner Auffassung für das Reich lebensnotwendigen Aufgaben in kürzester Frist zu lösen. Er warnte die Abgeordneten, dies sei der letzte Versuch, die Lösung mit diesem Reichstag durchzuführen. Die Krise in Wirtschaft und Landwirtschaft müsse schleunigst behoben werden. Er werde nicht vor außergewöhnlichen Maßnahmen zurückschrecken. Den verzweifelten Grundbesitzern in der Ostmark werde sofort durch Zins- und Lastensenkung und Bereitstellung von Krediten geholfen werden.

Daraufhin brachten die Kommunisten und Sozialdemokraten einen Mißtrauensantrag gegen die neue Regierung ein, der angesichts der Oppositionsmehrheit von 200 Stimmen leicht hätte durchgehen können; da aber Hilfe für die Landwirtschaft trotz Hugenbergs heftiger Angriffe auf die Regierung Brüning und ihr Programm die Unterstützung zahlreicher nationalistischer Abgeordneter genoß, wurde der Mißtrauensantrag mit 253 gegen 187 Stimmen abgelehnt.

Es war ein kurzlebiger Sieg für Brüning. Als sein Finanzminister Anfang Juli zur Deckung des schweren Haushaltsdefizits die Anhebung sowohl der direkten als auch der indirekten Steuern vorschlug, stellte sich der Reichstag dagegen, und Brüning mußte Hindenburg bitten, von Artikel 48 Gebrauch zu machen. Daraufhin erließ der Reichspräsident am 26. Juli 1930 die Verordnung »zur Lösung der finanziellen, wirtschaftlichen und sozialen Nöte« mit einer Reihe von Steuererhöhungen und Ausgabensenkungen, die Dietrich und Brüning für lebensnotwendig hielten. Desgleichen wurde der Finanzminister ermächtigt, für die Gewährung von Darlehen an die Landwirtschaft in Ostpreußen bis zum Betrag von 100 Millionen Mark Bürgschaften zu übernehmen, und für drei Monate wurde Vollstreckungsschutz eingeführt.

Notverordnungen konnten jedoch außer Kraft gesetzt werden, wenn eine Mehrheit des Reichstags die Aufhebung verlangte und Neuwahlen forderte. Dazu kam es, als sich Kommunisten, Sozialdemokraten, Deutschnationale und Nationalsozialisten gegen die Regierung zusammentaten. Möglicherweise hätte sich eine Regierungskoalition finden lassen, wenn Brüning zu einem Zugeständnis an die sozialdemokratische Forderung nach Stufung der neueingeführten Kopfsteuer nach Einkommenshöhe bereit gewesen wäre – eine Maßnahme, die später tatsächlich getroffen werden sollte. Aber Brüning weigerte sich; da jedermann an den Wahlen teilnahm, sollte auch jeder zur Erhaltung des Staates beitragen, und irgendwie mußte der Haushalt ausgeglichen werden. Vergeblich hatte Dietrich an den Reichstag appelliert und gesagt, die Frage sei nachgerade, »ob wir Deutsche ein Haufen von Interessenten oder ein Staatsvolk sind«. [7] Die Antwort gaben SPD[9], KPD, DNVP und NSDAP, die mit 236 Stimmen die Aufhebung der Notverordnung verlangten, und da nur 221 Abgeordnete für die Regierung gestimmt hatten, wurden für den 14. September Neuwahlen ausgeschrieben.

28 Parteien kandidierten in den Reichstagswahlen, und das Abstimmungsergebnis kam einem Erdrutsch gleich. Aus der abgehalfterten Partei des Münchner Putsches, die sich aus Raufbolden und judenfeindlichen Kämpfern für die Wiedergeburt des arischen Vaterlandes zusammensetzte, war die zweitgrößte Partei im Reich geworden. Die Nationalsozialisten zählten statt der 12 Abgeordneten, die 1928 in den Reichstag gewählt worden waren, jetzt 107 Mandate. Und anstelle von 810 000 von 1928 hatten diesmal 6,4 Millionen Männer und Frauen für sie gestimmt. Ihr Stimmanteil von 2,6% war auf 18,3% angeschwollen. Die Deutschnationalen hatten nur noch die Hälfte der vorigen Stimmen bekommen, ihr Anteil fiel von 14,2% auf 7%, und sie stellten nicht mehr 73, sondern nur noch 41 Abgeordnete. Die Deutsche Volkspartei, der die Führerpersönlichkeit Stresemann fehlte, fiel fast genauso schroff von 8,7 auf 4,5% ab. Das Zentrum, das hinter Brüning stand, errang unter anderem dank der steten Unterstützung durch die politisch nicht zu verführenden katholischen Frauen 400 000 Stimmen mehr als 1928 (sein Stimmanteil ging allerdings leicht zurück) und erhielt 68 anstatt vorher 62 Mandate. Die Demokratische Partei verlor fünf Mandate und stellte nur noch 20 Abgeordnete. Die Sozialdemokraten erhielten 600 000 Stimmen und damit zehn Mandate weniger, stellten jetzt statt 153 nur noch 143 Abgeordnete, und ihr Stimmanteil verringerte sich von 28,7 auf 24,5%, doch bildeten sie weiterhin die stärkste Fraktion im Reichstag. Die Kommunisten kamen von einem Stimmanteil von 10,6% auf 13,1% und von 54 auf 77 Mandate.

Hatten die prorepublikanischen Demokraten auch immer noch 60% der Sitze inne, so hatten doch fast 14 Millionen Wähler gegen die Republik gestimmt. Die Rechts- und Linksradikalen waren zu politischen Schlüsselparteien geworden. Sie hatten über 30% der Stimmen erhalten, und ihr Zuwachs ging einerseits auf Kosten der Deutschnationalen und anderer Mitte-Rechts-Parteien, und ande-

Links:
Walther Rathenau, 1922.
(Ullstein)

Unten: April 1923: Reichspräsident Ebert verkündet vor den Abgesandten des von Frankreich besetzten Ruhrgebiets den »passiven Widerstand«. *(Süddeutscher Verlag)*

Proklamation

an das deutsche Volk!

Die Regierung der November=
verbrecher in Berlin ist heute
für abgesetzt erklärt worden.

Eine provisorische deutsche
National-Regierung
ist gebildet worden.

Diese besteht aus

General Ludendorff, Adolf Hitler
General von Lossow, Oberst von Seisser

Links: 1923: Proklamierung der provisorischen »National-Regierung« in München. *(Preußischer Kulturbesitz)*

Oben: März 1924 in München: Gerichtsverfahren gegen Hitler, Ludendorff und weitere Putschisten. Die Angeklagten sitzen links.
(Süddeutscher Verlag)

Links: 11. November 1923, Hitlerputsch: Verhaftung des Münchener Oberbürgermeisters und des Stadtrats durch SA und Freikorps. *(Preußischer Kulturbesitz)*

Gestern noch auf stolzen Rossen...

"Zwölf Mark koft' dees Büachl? A bißl teier, Herr Nachber ... Zündhölzeln ha'm S' koane?"

Links: Karikatur aus dem Simplicissimus: Nach der Haftentlassung versucht Hitler neue Anhänger zu werben und verkauft seine Reden und Mein Kampf.
(Süddeutscher Verlag)

Unten: März 1924: Die Nationalsozialisten marschieren am Deutschen Tag in Halle.
(Süddeutscher Verlag)

ben: 1925: Neugründung der NSDAP durch Hitler im Hinterzimmer eines Münchener Wirtshauses.
lfred Rosenberg sitzt als dritter zu Hitlers Rechten. Zu Hitlers Linken sitzen Gregor Strasser, Heinrich
immler, Karl Fiehler (einer der Anführer des Putsches von 1923) und Julius Streicher.
üddeutscher Verlag)

nten: Der Versailler Vertrag verbot der Reichswehr den Besitz schwerer Waffen; bei Manövern
enutzte sie deshalb Nachbildungen aus Holz und Pappe. *(Preußischer Kulturbesitz)*

Oben: Berlin 1925: Nach seiner Wahl zum Reichspräsidenten nimmt Paul von Hindenburg mit Reichswehrminister Otto Gessler und General von Seeckt die Ehrenbezeigung eines Ehrenbataillons entgegen *(Süddeutscher Verlag)*

Unten: September 1926: Gustav Stresemann mit den Außenministern Englands und Frankreichs, S Austen Chamberlain und Aristide Briand. *(Süddeutscher Verlag)*

Hitler auf dem Parteitag der NSDAP in Nürnberg. Auf dem Trittbrett der damalige SA-Chef Franz Pfeffer von Solomon, hinter ihm Rudolf Hess, ganz links Julius Streicher. *(Süddeutscher Verlag)*

Depression 1930. Arbeitslose aus dem oberschlesischen Kohlerevier haben in Hütten am Stadtrand Unterschlupf gesucht, weil ihr winziges Arbeitslosengeld nicht für die Miete reicht. *(Süddeutscher Verlag)*

Ausgabe amtlicher Bettelausweise an arbeitslose Landarbeiter in Thüringen. *(Süddeutscher Verlag)*

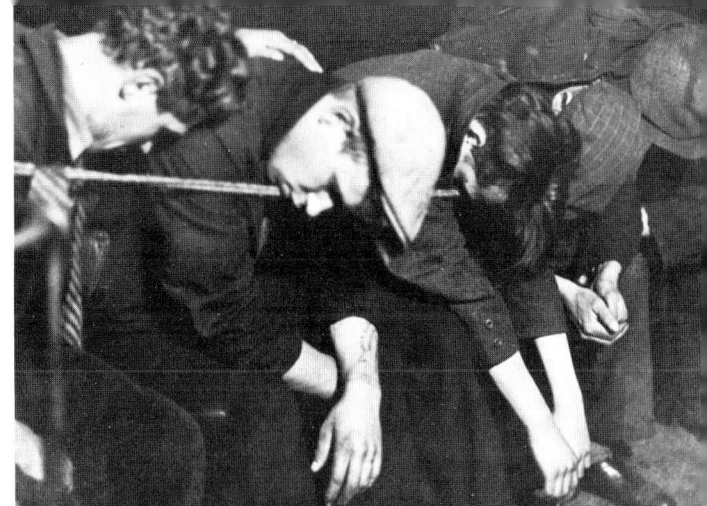

Depression
Oben: »Auf dem Seil«. Für ein paar Pfennige konnten Arbeitslose wenigstens auf diese Weise ein paar Stunden schlafen und waren vor dem Wetter geschützt.
Mitte: Arbeitslose haben sich in Berlin auf einem unbebauten Grundstück eingerichtet, dem sie den Namen »Pension Zum Goldenen Eck« gaben.
Unten: Winter 1929/30: »Aufwärmraum« in Berlin.
(Süddeutscher Verlag)

Oben: Hitler bei der Tagung der Harzburger Front. Rechts am Rednerpult sitzend: Hugenberg; rechts außen: Duesterberg. *(Süddeutscher Verlag)*

Unten: 1931: Brüning in London. V.l.n.r.: Brüning, Ramsay MacDonald, Konstantin von Neurath. *(Süddeutscher Verlag)*

Links: September 1932 in Berlin: Kommunisten und Nationalsozialisten machen gemeinsame Sache bei einem Mietstreik.
(Preußischer Kulturbesitz)

Unten links: Hitler-Wahlplakat 1932 in Berlin.
(Süddeutscher Verlag)

Unten rechts: SPD-Wahlplakat 1932.
(Süddeutscher Verlag)

DER ARBEITER
IM REICH DES HAKENKREUZES!

DARUM WÄHLT
SOZIALDEMOKRATEN!

LISTE 1

1932: Hitler beim Verlassen des Reichswehrministeriums nach einer Zusammenkunft mit Papens Reichswehrminister Kurt von Schleicher. *(Süddeutscher Verlag)*

Mai 1932: Hitler und Goebbels in Weimar. *(Süddeutscher Verlag)*

Rechts: Sommer 1932: Schleicher und Hammerstein.
(Preußischer Kulturbesitz)

Unten: V.l.n.r. mit dem Gesicht zur Kamera: Franz von Papen, Wilhelm von Gayl, Paul von Hindenburg, Kurt von Schleicher; mit dem Rücken zur Kamera: Otto Meißner.
(Süddeutscher Verlag)

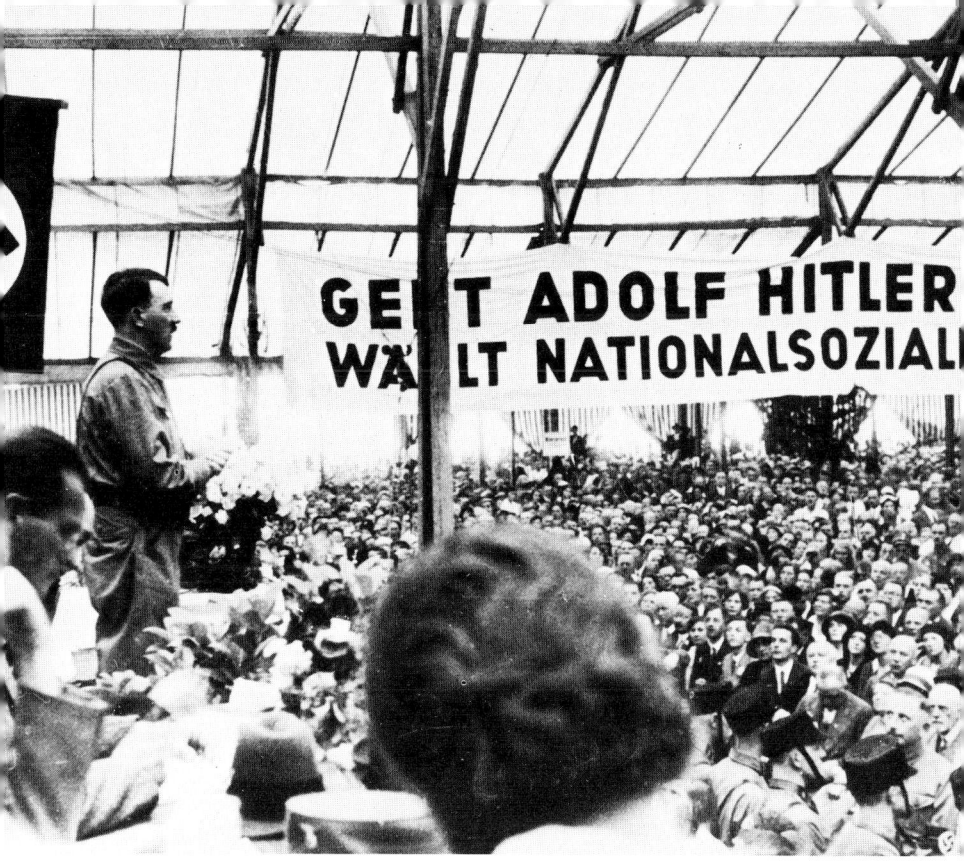

1932: Hitler auf einer Wahlversammlung in München. *(Süddeutscher Verlag)*

1932: Hitler im Wahlkampf. V.l.n.r.: Göring, Frick, Hitler, Gregor Strasser und Goebbels. *(Süddeutscher Verlag)*

rerseits auf Kosten der SPD und der Mitte-Links-Parteien. Kräftigen Zulauf hatten die Nationalsozialisten aus den Reihen der unzufriedenen Bauern; in Schleswig-Holstein, in dessen Bauernschaft es schon seit langem gärte, hatte die Partei über 400 000 Stimmen erhalten.[10] Zum Teil aber ging ihr Zuwachs nach Meinung politischer Beobachter auch auf das Konto junger Erstwähler. Die Gesamtwählerschaft war seit 1928 um 1,7 Millionen gewachsen, und die Wahlbeteiligung lag ebenfalls höher – 1930 waren 82% zur Wahl gegangen, 1928 nur 74%. Alles in allem gingen 1930 vier Millionen mehr Wähler zu den Urnen als 1928.

Jedem war klar, daß sich inzwischen ein beträchtlicher Teil der deutschen Wähler nicht mehr als Teil der Gesellschaft empfand. Die Arbeitslosigkeit hatte Mitte September die Dreimillionengrenze überstiegen, und die Angst vor dem Verlust des Arbeitsplatzes wirkte fast ebenso demoralisierend wie die Arbeitslosigkeit selbst. Ein Großteil der Bevölkerung machte die Schwäche der republikanischen Regierung, die Reparationen und den Young-Plan für die sich ständig verschlechternde politische und wirtschaftliche Lage verantwortlich. Das Wahlergebnis selbst verschärfte die Depression sofort. Die Reichsbank verlor binnen einer Woche eine Milliarde Mark, weil Ausländer ihre Guthaben abriefen.

Nationalsozialisten und Kommunisten hatten für die Katastrophe, die das Reich befallen hatte, eine einfache Erklärung: Das Reich war eine Schatzkammer, die vom internationalen Kapitalismus geplündert wurde; ohne Revolution, die seine Ausbeuter stürzte, würde es sich nie befreien. Ein Wahlplakat der NSDAP zeigte den schwer arbeitenden deutschen Michel, der seinen Jahrestribut von zwei Milliarden Mark trägt und von einer Hand mit Hakenkreuzbinde aufgehalten wird. Und unter die Schar der internationalen Feinde mischte sich die alte Phalanx der Dämone der Nationalsozialisten, die Bolschewiken und Juden, die sich zusammen mit den Kapitalisten anschickten, Deutschland den Todesstoß zu versetzen.

Für die Wahl am 14. September gab Hitler die Parole aus: »Schlagt die politischen Bankrotteure unserer alten Parteien! Vernichtet die Zersetzer unserer nationalen Einheit! Weg mit den Verantwortlichen für unseren Verfall! Volksgenosse, schließe dich an der marschierenden braunen Front des erwachenden Deutschlands!« [8] Das alles war keineswegs neu, aber die Zuhörerschaft griff so gierig danach wie nie zuvor.

Brüning sprach von Opfern zum Wohle der Nation, Hitler vom

Kampf gegen die dunkle Verschwörung, die das Reich zerstören wolle und die selbst vernichtet werden müsse, wenn die Nation leben solle. Am 5. Oktober wurde Hitler mit Frick und Göring von Reichskanzler Brüning empfangen, der auch mit anderen Parteiführern solche Gespräche geführt hatte, und dabei wurde über die Möglichkeit eines Eintritts Hitlers und zweier weiterer Nationalsozialisten in das Kabinett Brüning gesprochen. Daraus wurde jedoch nichts. Hitler war nicht der Mann, der mit wem immer zusammenarbeitete; wenn er in eine Regierung eintrat, dann, um selbst das Heft in die Hand zu nehmen. Die Nationalsozialisten waren Revolutionäre, sie konnten innerhalb oder außerhalb der Macht nur als Revolutionspartei vorgehen.

Hitler dachte nicht ernstlich an eine Zusammenarbeit mit Brüning oder jemand anderem. Beim Einzug in den Reichstag im Oktober trugen die 107 nationalsozialistischen Abgeordneten die verbotene SA-Uniform, die sie ins Reichstagsgebäude geschmuggelt hatten. Draußen auf der Leipziger Straße verprügelten nationalsozialistische Horden Leute, die wie Juden aussahen, und schlugen die Fenster jüdischer Läden ein. Selbst den namentlichen Aufruf der Abgeordneten im Reichstag verwandelten die Nationalsozialisten in eine Bierkellerszene, denn sie brachen bei der Nennung des Namens derer, die ihnen besonders mißfielen, in lautes Buhgeheul aus. In seinen Memoiren erzählt Severing, die Nazis seien das politische Streitgespräch nicht gewöhnt gewesen. Sie hätten nur in »Heil-« und »Pfui«-Geschrei und gelegentlichem Verdreschen ihrer Gegner Übung gehabt. Als das neue Parlament zusammentrat, benutzten sie die Taktik, die sie beherrschten. Sie machten sich daran, den Reichstagspräsidenten Paul Löbe abzusetzen, schrien die Oppositionsredner nieder und drohten ihnen Hiebe an. Trotzdem wurde Löbe wiedergewählt, und Severing ließ sich von den Braunhemden nicht beeindrucken, sondern schritt langsam und selbstbewußt durch ihre Reihen. Sie schleuderten ihm beim Vorbeigehen Flüche ins Gesicht und drohten ihm mit den Fäusten, aber niemand legte Hand an ihn.

In dieser Atmosphäre gab Brüning am 16. Oktober unter den Schreien der Kommunisten »Nieder mit dem Hungerkanzler!« seine Regierungserklärung im neuen Reichstag ab. Brüning vertrat seine Politik nüchtern und gelehrtenhaft und warnte die Abgeordneten davor, die Notverordnungen rückgängig zu machen. Die Wirtschaft stecke in einer schlimmen Zwangsjacke, das Haushaltsdefizit werde sich auf 450 bis 500 Millionen Mark belaufen, und wenn keine

Besserung eintrete, werde es auf eine Milliarde Mark steigen. Das Ausland habe seine Kredite abgezogen, und viele Deutsche hätten unseligerweise das gleiche getan. Immerhin habe sich ein amerikanisches Bankenkonsortium zu einer Anleihe von 125 Millionen Mark bereiterklärt, vorbehaltlich der Amortisierung der Defizite, und Brüning forderte die Abgeordneten auf, ihrem Land dasselbe Vertrauen entgegenzubringen wie diese Ausländer, und seine einschneidenden Maßnahmen zur Erlangung eines ausgeglichenen Haushalts zu akzeptieren.

Seine Rede war ein Plädoyer für stillschweigende Zusammenarbeit, wenn schon nicht Einigkeit erzielt werden konnte. Sie sollte die vernünftigen Kräfte auf der Rechten umwerben und verfolgte deshalb in außen- wie innenpolitischen Fragen eine harte Linie. Brüning verbat sich den Vorwurf, was er tue, bedeute auf längere Sicht eine Minderung der Reallöhne, doch müßten, wie er sagte, kurzfristig die Löhne gesenkt werden, damit deutsche Waren auf dem Weltmarkt wettbewerbsfähig würden. Niemand, weder die Beamten noch sonst jemand, bleibe von den Einsparungen verschont. Die Landwirtschaft und die Arbeitslosen müßten unterstützt werden, und für die Zuschüsse müsse man aufkommen.

Er predigte Hindenburgs Doktrin von der deutschen Einheit, die über allem stehen müsse, und bat die Parteien inständig, sich angesichts der schlimmen Not des deutschen Volkes nicht gegenseitig zu zerfleischen. Zwar seien große Opfer vonnöten, aber diese Opfer könnten zur Freiheit und Erholung des gesamten Reiches führen. Und er fand beredte Worte zur Besänftigung der Rechten. Höchstes Ziel deutscher Außenpolitik sei die Erlangung der moralischen und materiellen Gleichberechtigung mit den anderen Völkern. Er erwähnte die Reparationen, die Nichteinhaltung der Vierzehn Punkte Wilsons durch die Alliierten und die einseitige Entwaffnung Deutschlands, die nicht fortdauern könne, wenn andere Länder ihre Abrüstungsverpflichtung nicht achteten. Damit verband er die innenpolitische Krise mit der Außenpolitik; es könne kein Land für sich allein eine Krise überwinden, die im Grunde eine internationale Krise sei. Alles, was er sagte, zielte auf Ausgleich hin; er erklärte, er wolle die Politik Stresemanns fortsetzen und die Reparationen und einseitigen Entwaffnungen beenden, jene zwei Schreckgespenster der nationalistischen Opposition.

Im Dezember erließ er eine Notverordnung mit den angekündigten Sparmaßnahmen. Sämtliche Beamtengehälter wurden um 6% gekürzt, desgleichen die Pensionen. Entsprechende Kürzungen wurden an den Gehältern des Reichspräsidenten, des Reichskanzlers und seiner Minister sowie an den Pensionen ihrer Erben vorgenommen. Die Beiträge zur Arbeitslosenversicherung wurden auf 6,5% angehoben, die außerordentlichen Steuern und Abgaben blieben in Kraft.

Doch nichts von alledem konnte der Depression Einhalt gebieten oder sie auch nur verlangsamen. Sie war wie eine Epidemie, die die ganze Welt erfaßt und dergleichen es noch nie gegeben hatte. Immer wieder war von Vertrauen die Rede, als handele es sich bei der Depression nur um einen Geisteszustand, der in dem Augenblick verschwinde, an dem die Menschen Optimismus an den Tag legten. Nichts aber führte an der Tatsache vorbei, daß ein normales Leben, in dem man für die Zukunft arbeiten und Pläne schmieden konnte, für immer größere Teile der Bevölkerung außer Reichweite geriet.

Neben den inneren Problemen gab es ständig Beweise dafür, daß der Versailler Vertrag trotz allen Geredes von Frieden und Versöhnung immer noch in Kraft war. Sicher: Die Franzosen hatten im Juni 1930 den letzten Rheinbrückenkopf geräumt, und ganz Deutschland feierte das Ereignis. Der Stahlhelm veranstaltete seine Märsche, und es gab Fackelzüge und zahllose Reden, von denen keine einzige den Namen Stresemann erwähnte, obwohl er es doch gewesen war, der die Franzosen dazu überredet hatte, viereinhalb Jahre vor dem ursprünglichen Termin abzuziehen. Die Saar jedenfalls war immer noch vom Reich getrennt, und Polen hielt immer noch Gebiete besetzt, die nach der Überzeugung vieler Tausend Ost- und Westpreußen mindestens so deutsch waren wie Königsberg oder Berlin. In einer Versammlung der »heimattreuen« Ostorganisationen im August 1930 in Berlin plädierte der Reichsminister für die besetzten Gebiete, Gottfried Treviranus, ein früherer Marineoffizier, für die Mobilisierung der Energie des ganzen deutschen Volkes, um die schwärenden Wunden der Ostflanke zu verbinden, und er ließ die Polen wissen, ihre Zukunft werde niemals sicher sein können, wenn die deutsch-polnischen Beziehungen durch ungerechte Grenzen vergiftet blieben. Unter dem Druck Brünings und seines Außenministers Curtius mußte Treviranus einen Rückzieher machen und den wütenden Polen und Poincaré erläutern, er habe dabei nicht etwa an die Anwendung von Gewalt gedacht. Aber für Millionen Deutsche war das, was er zuerst gesagt hatte, die ewige Wahrheit und sein Rückzieher bloße Augenwischerei. Natürlich ließen sich die verlorenen Gebiete durch nichts anderes für das

Reich zurückgewinnen als durch direkte Aktion oder durch Verhandlungen von einer Position der Stärke aus, und genau davon hatte Treviranus gesprochen. Die vorzeitige Freigabe des Rheinlands rückte die Lage der Ostprovinzen in noch schärferes Licht, und deren baldige Rückgabe auf demselben Wege war höchst unwahrscheinlich.

Das Problem wurde noch genährt durch eindrucksvolle Schilderungen polnischer Übergriffe gegen die deutsche Minderheit in Polen. Im Mai 1931 vertrat Curtius den deutschen Standpunkt auf der Ratssitzung des Völkerbundes so erfolgreich, daß der Rat einen Bericht, welcher den deutschen Beschwerden im weitem Maße recht gab, widerspruchslos annahm und sein Vorsitzender, der englische Außenminister Arthur Henderson, den Rat dazu beglückwünschte, weil er das System des Minderheitenschutzes so entschlossen aufrechterhalten habe. Aber mit der Annahme des Berichts verstummten keineswegs die Schilderungen von den Leiden der deutschen Bevölkerung unter den polnischen Machthabern, und eine große Tagung des Stahlhelm im Mai 1931 in Breslau bekräftigte das anhaltende und kämpferische deutsche Interesse an der Not der deutschen Minderheit in Polen und in den verlorenen Gebieten. Trotz der Depression strömten 100 000 Menschen aus allen Teilen des Reiches zu dieser Veranstaltung. Unter den Teilnehmern waren der frühere Kronprinz und die Kronprinzessin, General von Seeckt, Feldmarschall von Mackensen und der kürzlich als Chef der Reichswehr verabschiedete General Heye. Dramatisch auf die polnische Grenze weisend, rief der Vorsitzende des Stahlhelm, Franz Seldte: »Kameraden, dort ist der deutsche Osten; dort liegt Deutschlands Zukunft, Deutschlands Schicksal.« [9]

Die Polen protestierten, aber wenn Brüning irgendwie ernsthaft gegen solche Veranstaltungen vorgegangen wäre oder die leidenschaftlichen Ausbrüche öffentlich mißbilligt hätte, so hätte er angesichts des dann ausbrechenden Sturms der Entrüstung in Öffentlichkeit und Reichstag zurücktreten müssen, dem sich zweifellos auch die Kommunisten angeschlossen hätten, die nicht weniger polenfeindlich waren als die Nationalisten.

Je mehr man orthodoxen Lösungen mißtraute, desto phantastischere Gelegenheiten boten sich den Propagandisten von links und rechts, sogar im Heer Anhänger zu gewinnen. Im Januar 1930 schrieb Reichswehrminister General Groener einen »Hirtenbrief« an die Reichswehr, in dem er die Truppe vor den schweren Gefah-

ren für Reich und Heer von seiten der Kommunisten und Nationalsozialisten warnte, die, wie er sagte, mit Bürgerkrieg zu einer Zeit
drohten, da das Reich draußen schon genug Feinde habe. Sie gingen
den Weg der Zerstörung des Staates, aber es böten sich auch
Möglichkeiten, die »natürlichen Kräfte« des Vaterlandes zu entwik-
keln und zu stärken, und die Reichswehr habe die feierliche Pflicht,
der Ausbreitung von Klassen- und Parteidifferenzen entgegenzutreten, die zum Bürgerkrieg führten. Die Wehrmacht sei die Verlängerung der Staatsidee; ihr zu dienen sei ihr einziges Interesse, ihr
einziges Anliegen, und er forderte ihre Offiziere auf, in der politischen Erziehung der Truppen zusammenzuarbeiten. Einen Monat
später kam Groener in der sogenannten »Uhrenverordnung« auf
dieses Thema zurück. Den Versuchen radikaler Elemente, die
Reichswehr zu unterwandern, müsse entgegengetreten werden, und
zu diesem Zweck schlug er vor, Soldaten, die über die radikalen
Machinationen berichteten, mit einer entsprechend gravierten Uhr
oder mit Sonderurlaub, in außergewöhnlichen Fällen auch mit einer
Beförderung zu belohnen.

Die »Uhrenverordnung« wurde weitgehend als eher komisches
Zwischenspiel angesehen, aber Groener sah keineswegs Gespen-
ster. Drei Leutnants des 5. Artillerieregiments der Ulmer Garnison,
Hans Ludin, Richard Scheringer und Friedrich Wendt, alle weniger
als 26 Jahre alt, standen im September 1930 unter der Anklage des
Hochverrats vor Gericht. Sie waren der NSDAP beigetreten, und
zwei – Ludin und Scheringer – hatten auf Reisen in ganz Deutschland versucht, andere Offiziere für die Bewegung gegen den Links-
kurs der Heeresleitung und die Verseuchung des Heeres mit pazifistischen Ideen zu gewinnen, wie sie es nannten. Im Prozeß beschrieben sie sich als »vaterländisch gesinnt« und gaben sich bedrückt ob
der Tatsache, daß nur so wenige Parteien ihre Auffassung teilten.
Ludin sprach vom Versailler Vertrag, der die Annahme des Young-
Plans erzwungen habe, den das deutsche Volk ablehne, und meinte,
der wahre Wille des Landes werde unterdrückt. Die Offiziere hätten
nicht revoltieren, sondern nur zeigen wollen, daß junge Männer im
Heer wirklich als »denkende Menschen« handeln könnten. Es habe
ihn schmerzlich berührt, daß in fast jedem Berliner Theater Stücke
gespielt würden, die den Offizieren kritisch gegenüberstünden. Er
erwähnte Seeckts Entlassung, der doch als Schöpfer der Reichswehr
ein Symbol sei, und wenn Ludin auch bereitwillig eingestand, daß er
von seiner Stelle aus die hohe Politik des Reiches nicht beurteilen
könne, so erklärte er doch dem Gericht, er wisse, welch böse

Wirkung sie auf Offiziere und Mannschaften ausübe. Scheringer sagte, mit Seeckts Entlassung sei das Heer politisiert worden. Ludin bestätigte dies und fügte hinzu, der Fall Seeckt sei ein Schlag ins Gesicht des Offizierskorps gewesen. Die Teilnahme des Preußenprinzen an Manövern sei nur ein Vorwand gewesen, um Seeckt loszuwerden.

Die Aussage der jungen Leute war nicht sehr überzeugend, aber ihr Prozeß lieferte Hitler den dramatischen Hintergrund für ein weiteres Auftreten vor Gericht, bei dem er in seiner großspurigen Art das Vorhaben der jungen Offiziere erläutern konnte. Sie wurden für schuldig befunden und zu 18 Monaten Festungshaft[11] verurteilt, während deren Verbüßung einer von ihnen, Leutnant Scheringer, erklärte, er habe sich der kommunistischen Partei zugewandt und schwöre Hitler und allen seinen Werken ab. Scheringer und Ludin wurden aus dem Heer ausgestoßen. Wendt gab sein Offizierspatent ab.

Die Sensation des Prozesses war Adolf Hitlers Auftritt zugunsten der Angeklagten. Seine Zeugenladung hatte einer der Verteidiger, Hans Frank, gefordert, mit der Begründung, Hitlers Zeugenaussage sei nötig, um zu beweisen, daß die Nationalsozialisten nur auf rechtmäßige, verfassungskonforme Weise an die Macht gelangen wollten. Frank – der spätere Generalgouverneur in Polen – war seit langem erfahren im Herauspauken junger Nazis aus den Klauen des Gesetzes nach Straßenkämpfen und schreibt in seiner Autobiographie, zwischen 1925 und 1933 hätten 40 000 derartige Verfahren stattgefunden, und er sei in Dutzenden davon als Verteidiger tätig gewesen. Im Prozeß gegen die jungen Offiziere gelang es ihm, das Gericht zur Anhörung Hitlers zu überreden, der diese Gelegenheit wiederum weidlich zu nutzen verstand.

Mit einem Auge schielte er auf Hindenburg und mit dem anderen auf die Wähler, als er erneut schwor, die Partei wolle nur auf verfassungsmäßigem Wege an die Macht kommen. Er versicherte dem Gericht, nichts liege ihm ferner als eine Zersetzung der Reichswehr. Schon 1925 habe er geschworen, die Ereignisse von 1923 völlig auszulöschen. Er habe die absolute Waffenlosigkeit der SA befohlen, die keinerlei militärischen Charakter habe und ohnehin nie als Kampfgruppe gegen den Staat gedacht gewesen sei. Sie sei einzig und allein zum Schutz der nationalsozialistischen Bewegung gegen die Rausschmeißer-Banden der Linken geschaffen worden. Unbefugter Waffenbesitz und die Abhaltung militärischer Übungen führten zur Ausstoßung aus der SA. Wenn er von Revolution spreche, dann meine er eine Revolution des Geistes. Nie habe er seine Ziele mit unrechtmäßigen Mitteln zu erreichen versucht. Die Partei habe sich lediglich gegen die roten Horden gewehrt, sie habe ihre Mitglieder vor dem Niedergeschlagenwerden beschützen wollen, wenn ihre Versammlungen gesprengt worden seien.

Der Gerichtsvorsitzende erinnerte Hitler daran, er habe gesagt, eines Tages würden Köpfe rollen, »entweder unsere oder die anderen«, und Hitler erklärte ganz in der Art seiner Predigt vor dem Münchner Gericht 1924, was er wirklich gemeint habe. »Wenn unsere Bewegung siegt«, sagte er, »dann wird ein neuer Staatsgerichtshof zusammentreten, und vor diesem wird das Novemberverbrechen von 1918 seine Sühne finden. Dann allerdings werden Köpfe in den Sand rollen.« [10] Der mit Nationalsozialisten und ihren Sympathisanten vollbesetzte Gerichtssaal brach in jubelnden Beifall aus, und der Vorsitzende hatte keine weiteren Fragen.

Hitler wiederholte andere Äußerungen aus dem Jahre 1924. Er sagte, der Tag werde kommen, an dem von den 40 Millionen Wählern 35 Millionen zu seiner Bewegung gehören würden, und dann werde man genau verstehen, was die Nationalsozialisten wollten. Aus den 107 Reichstagsabgeordneten würden dann 250 werden, die absolute Mehrheit. Noch zwei bis drei Wahlen, und die Nationalsozialisten seien an der Macht.

Aber all das, so wiederholte er unentwegt, werde auf legalem Wege erreicht werden, und er habe viele Mitglieder, die anders dächten, aus der Partei ausgestoßen, auch Otto Strasser, der mit dem Gedanken an eine Revolution gespielt habe.[12]

Wegen der übertriebenen Äußerungen, die oft im Namen der Partei gemacht wurden, verwies Hitler darauf, an der Bewegung beteiligten sich Millionen junger Leute, die nur das Beste für Deutschland wollten. Oft würden sie vom roten Mob niedergeschlagen. Würden verhaftet und verfolgt. Es sei also verständlich, daß sie im jugendlichen Überschwang manchmal Dinge sagten, die nicht mit den Auffassungen der Bewegung übereinstimmten.

Wie schon bei Hitlers Plädoyer vor dem Gericht 1924 fehlte auch in dieser Rede das antisemitische Wortgut, das sonst seine Parteitiraden durchzog. Wieder gab er sich vor Gericht als der treue Diener des Vaterlandes, als Anwalt des gerechten Grolls Deutschlands und der jungen Männer, die nichts anderes als die Beseitigung der Ursachen seiner Kümmernisse wollten. Wieder war der Redeschwall mit Erfundenem nur so gespickt. Denn die SA war keineswegs die harmlose Behüterin der Partei, als die Hitler sie darstellte;

sie war immer noch der gleiche Stoßtrupp wie beim Putsch von 1923. Hitlers Legalitätseid war nichts als Taktik, »ein genialer Schachzug«, wie Goebbels zu Leutnant Scheringer sagte. [11]

In der Eröffnungssitzung des Reichstag am 12. Oktober 1930 hatte auch Gregor Strasser keinen Zweifel daran gelassen, was die Partei im Sinn hatte. »Wir sind jetzt für die Verfassung«, sagte er zu den Abgeordneten, »wir sind für die Demokratie Weimars, wir sind für das Republikschutzgesetz, solange es uns paßt. Und so lange werden wir jede Machtposition auf der Grundlage der Demokratie verlangen und erhalten, solange wir wollen. Sie haben das alles geschaffen, nicht wir, und wenn es sich heute gegen Sie wendet, dann gehen Sie nur gegen die Verfasser aus Ihren Reihen vor.« [12] »Wir kommen (in den Reichstag)«, hatte Goebbels vier Jahre zuvor geschrieben, »nicht als Freunde, auch nicht als Neutrale. Wir kommen als Feinde! ... Wir gehen in den Reichstag hinein, um uns im Waffenarsenal der Demokratie mit deren eigenen Waffen zu versorgen. Wir werden Reichstagsabgeordnete, um die Weimarer Gesinnung mit ihrer eigenen Unterstützung lahmzulegen.« »Nach der Verfassung«, wiederholte er am 5. Februar 1931 vor dem Reichstag, »sind wir nur verpflichtet zur Legalität des Weges, nicht aber zur Legalität des Zieles. Wir wollen legal die Macht erobern. Aber was wir mit dieser Macht einmal, wenn wir sie besitzen, anfangen werden, das ist unsere Sache.« [13]

Ein paar Tage später, am 10. Februar, zog die Fraktion der NSDAP mit Goebbels und Gregor Strasser aus dem Reichstag aus, gefolgt von 41 Abgeordneten der Deutschnationalen Volkspartei und vier Landvolkabgeordneten, und sie schworen, dorthin nur zurückzukehren, »um eine besonders tückische Maßnahme der volksfeindlichen Mehrheit des Reichstags zu vereiteln«. [14] Sie dachten einen Augenblick daran, ein Gegenparlament aus Vertretern der Nationalen Opposition nach Weimar einzuberufen, ließen den Gedanken aber bald wieder zugunsten der Rückkehr in den Reichstag fallen.

Inzwischen hatten die Radikalen von links und rechts so verhängnisvolle Fortschritte erreicht, daß Preußen schon im Juni 1930 den Staatsbeamten die Mitgliedschaft in der kommunistischen und nationalsozialistischen Partei verboten hatte, und sowohl Bayern als auch Preußen untersagten das Tragen der Braunhemduniformen. Daraufhin zogen die Nazis weiße Hemden an und setzten ihre Paraden und Demonstrationen fort. Im März 1931 erließ Brüning eine Notverordnung »zur Bekämpfung politischer Unruhen«. Sie verbot das Tragen von Waffen[13], eine Maßnahme, von der Hitler vor dem Leipziger Gericht behauptet hatte, er habe sie hinsichtlich der SA und SS bereits getroffen. Wieviel seine Beteuerungen vor Gericht wert waren, zeigte aber die Tatsache, daß er der SA und SS jetzt unter Androhung des Parteiausschlusses die Einhaltung der Brüningschen Notverordnung befahl. Gleichzeitig allerdings tröstete er sie mit dem Hinweis, die Brüning-Verordnung zeige, daß die Feinde Deutschlands allmählich die Nerven verlören; der Nationalsozialismus werde sie unausweichlich besiegen. Er spielte ein ungewohnt vorsichtiges Spiel, und es stellte sich heraus, daß keine Gegenmaßnahme den Aufstieg seiner Bewegung auch nur im geringsten aufhielt.

Bis 1928 war den Nationalsozialisten ebensowenig wie ihren antisemitischen Vorläufern vor dem Krieg die Gewinnung einer irgendwie nennenswerten Anhängerschaft gelungen. Die judenfeindlichen Parteien vor 1914 hatten in einer dreißigjährigen Kampagne nicht mehr als 130 000 Mitglieder rekrutieren können, und die politisch organisierte Bewegung war ganz einfach von der Bildfläche verschwunden. Von der Handvoll Abgeordneten, ihrer ganze sechs, die sie seit 1912 im Reichstag hatten, waren fünf von der Konservativen Partei absorbiert worden, und damit war der politische Antisemitismus allem Anschein nach am Ende. Als Hauptquelle einer politischen Weltanschauung war der Antisemitismus im Reich viel zu steril. Die Parteien, die ihn sich zur Grundlage auserwählt hatten, konnten nur den bunten Haufen Fanatiker mobilisieren, die jahrein, jahraus ihre Schlagwörter skandierten, wie entsprechende Gruppen sie jahrzehntelang in Österreich, Frankreich, Rußland, Polen und vielen anderen Ländern wiedergekäut hatten.

In Deutschland hatten die judenfeindlichen Parteien nie die langanhaltend erfolgreiche politische Führung besessen, wie sie etwa in Wien Karl Lueger bot. Während der Kriegsjahre verschwand der politische Antisemitismus gänzlich von der deutschen Bühne, und als er mit Hitlers kleiner Schar nationalsozialistischer Revolutionäre wieder auftauchte, war ihm ein Jahrzehnt lang keinerlei Glück beschieden: Weder in den Reichstag noch in die Landtage konnte er eine nennenswerte Zahl von Abgeordneten schicken.

Binnen weniger Monate hatte sich die Lage völlig verändert. Die Aufnahme, die Hitler in Versammlungen fand, deren Zuhörerschaft von Mal zu Mal wuchs und der er einhämmerte,»Novemberverbrecher«, internationale Hochfinanz, Bolschewismus und Kapitalismus seien Träger ein und derselben undeutschen Krankheit, die von den Juden ausgehe – diese Aufnahmebereitschaft erfuhr eine geradezu chemische Veränderung. Doch mit dem rituellen Antisemitismus gingen auch Beschimpfungen der Männer und des Systems einher, die über das einst blühende Land nicht enden wollende Not gebracht hätten. Den Antisemitismus mochte sich ein Neubekehrter zu eigen machen oder auch nicht. Albert Speer beispielsweise schenkte ihm keinerlei Beachtung; für Leute wie ihn versprach die Bewegung eine deutsche Erneuerung, eine wirtschaftliche und geistige Gesundung. An Hitlers Botschaft hatte sich nichts geändert. Neu war nur die Bereitschaft der Zuhörer, sie sich anzuhören.

1914 waren die deutschen Armeen in Polen mit einem Aufruf an die Juden eingerückt, der besagte, sie kämen als Befreier. In einem Aufruf der Generalkommandanten der vereinigten Armeen Deutschlands und Österreichs, der bei Kriegsausbruch in Berlin herausgegeben wurde, wurde den Ostjuden erklärt, die Armeen der Mittelmächte führten keinen Krieg gegen die Bevölkerung, sondern nur gegen die russische Tyrannei. Im Aufruf hieß es weiter: »Juden in Polen! Wir kommen als Freunde und Erlöser zu Euch. Unsere Fahnen bringen Euch Recht und Freiheit: gleiches, volles Bürgerrecht, wirkliche Glaubensfreiheit und Lebensfreiheit auf allen wirtschaftlichen und kulturellen Gebieten.« Der Aufruf erinnerte die Juden an die Hohlheit der russischen Freiheitsversprechungen, die Pogrome, Massenausweisungen und -vertreibungen, die ihnen in so viele vom Zar beherrschte Städte und Dörfer gefolgt seien. Er erinnerte sie auch an die niederträchtige Lügenanklage des Ritualmordes, mit der die russischen Juden verteufelt worden seien; wie sie mit Weib und Kind »wie die wilden Tiere« gejagt und gehetzt worden seien. Sie sollten an die beschränkenden Gesetze denken und wie man die Tore des Lebens und die Tore der Bildung zugeschlagen habe vor den jüdischen Kindern, die aus russischen Schulen, russischen Städten und Dörfern gejagt worden seien. Nur mit gelben Pässen, als Prostituierte, hätten sie in Rußland wohnen dürfen.

Der Aufruf fuhr fort: »Juden in Polen! Die Stunde der Vergeltung ist gekommen. Die tapferen Armeen der Großmächte Deutschland und Österreich-Ungarn sind in Polen, und sie werden mit Gottes Hilfe mit Euren Bedrückern und Peinigern abrechnen.« Die Juden wurden aufgefordert, dabei zu helfen. Von den einrückenden Armeen hätten sie nichts zu befürchten, kein Haar werde ihnen gekrümmt werden. Die Soldaten der Mittelmächte würden bar und gut bezahlen, was ihnen geliefert werde. Der Aufruf schloß mit den Worten: »Helft bei der Niederringung des Feindes und arbeitet für den Sieg von Freiheit und Gerechtigkeit!« [15]

Natürlich war dieser Aufruf ein reines Propagandamanöver, um für die Armeen der Mittelmächte alle erdenkliche Unterstützung zu mobilisieren. Sein Sinn und Zweck war fast ausschließlich militärischer Natur. Immerhin hätten die wirklich antisemitischen Länder Europas – Rußland etwa mit seinen polnischen, ukrainischen, lettischen, litauischen und estischen Gebieten - wohl kaum einen solchen Aufruf erlassen können.

1930 aber tauchten im Reich wieder Zellen des politischen Antisemitismus auf. In Thüringen setzte sich Innenminister Wilhelm Frick über die Entscheidung der Professorenschaft hinweg und verlieh dem nazistischen Rassentheoretiker Hans Günther einen Lehrstuhl an der Jenaer Universität. Ein anderes Parteimitglied, Paul Schultze-Naumburg, ernannte er zum Leiter der Weimarer Kunsthochschule. Frick war es auch, der den »Negerjazz« in thüringischen Biergärten und Restaurants verbot und neue Schulgebete einführte, die das oberste Leipziger Gericht wegen ihrer Judenfeindlichkeit für verfassungswidrig erklärte. Frick verlor seinen Posten im April 1931, als die Koalition zwischen NSDAP und Deutscher Volkspartei in Thüringen zerbrach – aber das war nur ein vorübergehender Rückschlag.

In Braunschweig wurde am 14. September 1930 – dem Tag der Reichstagswahlen – auch der Landtag gewählt, und die NSDAP erhielt dabei 22% der Stimmen und errang 9 der 20 Landtagsmandate. Ein Parteimitglied, Anton Franzen, wurde Innenminister. Im November rückten die Nationalsozialisten in Danzig zur zweitstärksten Fraktion auf; sie errangen 12 Mandate gegenüber 19 der SPD, 11 des Zentrums, 10 der Deutschnationalen und 7 der Kommunisten. Im selben Monat gewannen die Nationalsozialisten in Bremen 32 der 120 Sitze. Am 3. Mai 1931 erhielten sie in Schaumburg-Lippe einen Stimmanteil von 26,9% und am 17. Mai in Oldenburg 19 der 48 Mandate; hier wurden sie zum erstenmal größte Fraktion in einem deutschen Landtag.

Nicht als habe sich das deutsche Volk – oder auch nur 18% der Bevölkerung – plötzlich den politischen Antisemitismus zu eigen gemacht, den es jahrzehntelang stets abgelehnt hatte. Vielmehr stimmte der exponierte, verwundbare Teil der Bevölkerung einer an Erosion leidenden Gesellschaft gegen die Parteien, die unfähig schienen, die Welt in Ordnung zu halten. Ende 1930 hatte die

Arbeitslosigkeit im Reich die Fünfmillionenmarke überschritten. In England lag sie bei zweidreiviertel Millionen, in Italien bei einer Million, und in den Vereinigten Staaten gab es 11,5 Millionen Arbeitslose. Aber in diesen Ländern mußte niemand Reparationen zahlen, und auch prozentual war die Arbeitslosigkeit im Reich höher als irgendwo sonst. Ende 1932 konnte ein Drittel der arbeitsfähigen Bevölkerung des Reiches keine Arbeit mehr finden. Auf je 1000 Erwerbstätige entfielen 275 Arbeitslose, verglichen mit 207 in den USA, 186 in England, 110 in Japan und 61 in Frankreich. [16]

Wie die meisten Politiker des Westens versuchte auch Brüning, der Krise mit herkömmlicher Wirtschaftsweisheit Herr zu werden. Der Haushalt mußte ausgeglichen werden. Am 5. Juni 1931 verringerte er das Arbeitslosengeld um 5%. Wiederum kürzte er die Gehälter der hohen Regierungsbeamten, diesmal um 20%, die der Kabinettsmitglieder um 30%, und wo immer möglich hob er den Steuersatz an. Es war ein drakonisches Sparprogramm, und selbst wenn er damit erfolgreich gewesen wäre, hätte es doch lange gedauert, bis sich Ergebnisse eingestellt hätten.

Am meisten befürchtete Brüning eine neue Inflation. Arbeitsbeschaffungsprogramme hätten riesige Staatsausgaben ausgelöst, an deren Ende nur eine noch viel schlimmere Lage stehen konnte, als sie das Reich schon einmal hatte erfahren müssen. Es sei furchtbar für den Menschen von heute, sagte Brüning, ohne die Arbeit leben zu müssen, die seinem Dasein Inhalt und Sinn gebe. Das führe dazu, daß er sich »seelisch deklassiert« fühle. Aber Arbeitsbeschaffungsprogramme würden dem Reich noch schwerere Katastrophen bescheren. Eine zweite Inflation könne das deutsche Volk nicht durchstehen. Notwendig sei eine konzentrierte internationale Aktion gegen die gemeinsame Plage und ein neues Vertrauensklima, wie es aus vernünftigen politischen Lösungen entstehe. Das Problem sei, daß es unglückliche Besiegte, aber auch keine glücklichen Sieger gebe. Aus diesem Grund plädierte er für Abrüstung und internationale Zusammenarbeit.

Soviel zu den Worten. In der wirklichen Welt mußte Arbeitslosengeld aufgebracht werden, das alles, was je in der Reichsversicherung vorgesehen gewesen war, weit überstieg; ebenso galt es Zehntausende Hektar landwirtschaftlichen Bodens zu retten. Der Reichskommissar für die Osthilfe Schlange-Schöningen berechnete, 610 000 Hektar des östlichen Grundbesitzes seien über 150%, 1,2 Millionen Hektar über 100% des Einheitswertes verschuldet. [17]

Ohne eine Soforthilfe, die nur die Reichsregierung leisten könne, lägen große Teile des östlichen Grundbesitzes brach, und gleich daneben stünden wie eh und je die landhungrigen Polen mit ihren Radikalen, die das Land nur zu gerne übernehmen würden, wenn sie eine Möglichkeit dazu sähen. Die mit der Notverordnung vom Juli durch die Regierung Brüning bereitgestellten 100 Millionen Mark Ostpreußenhilfe seien nur ein Pflaster auf einer schwärenden Wunde. Mindestens 850 Millionen Mark seien vonnöten, doch woher diese zusätzlichen Gelder angesichts des verheerenden Zustands der Wirtschaft kommen sollten, sei ein Rätsel.

Eine Maßnahme, von der sich Hermann Müller und der Altdiplomat Staatssekretär Bernhard von Bülow sowohl wirtschaftlich als auch politisch etwas versprachen, war die beabsichtigte Zollunion mit Österreich. Brüning und Curtius, die eine weitergespannte Zollunion unter Einschluß der Balkanländer vorgezogen hätten, stimmten widerwillig der begrenzteren österreichischen Version zu, und so wurde am 22. März 1931 in Berlin und Wien bekanntgemacht, das Reich und Österreich hätten sich über die Bedingungen geeinigt. Österreich, unter den Habsburgern dereinst Zentrum eines Freihandelsimperiums, war jetzt kaum noch etwas anderes als ein bißchen Landgegend um die provinziell gewordene Stadt Wien herum, und beiden Ländern erschien der Plan einer Zollunion als großer Schritt auf dem Wege zur wirtschaftlichen, politischen und psychologischen Genesung. Bülow sah darin auch einen geschickten Schlag gegen Adolf Hitler, einen aktivistischen Schachzug der deutschen Diplomatie, der den Angriffen der Ultranationalisten auf die Schwäche der deutschen Außenpolitik den Wind aus den Segeln nehmen sollte. Der österreichische Außenminister und Vizekanzler Johann Schober, Mitglied des Nationalen Wirtschaftsblocks, einer früheren alldeutschen Partei, erblickte darin eine Rettungsaktion für sein heimgesuchtes Land.

Für Frankreich und seine Verbündeten aber war die deutsch-österreichische Zollunion ein Alptraum. Was anderes konnte das sein als das Vorspiel zum »Anschluß« und zu einer unausdenklichen Stärkung Deutschlands. Aus französischer Sicht hatte ein deutscher Zollverein eine bedrohliche Geschichte. War doch der von Preußen geführte (und damals gegen die österreichische Vormachtstellung gerichtete) Deutsche Zollverein Anfang des 19. Jahrhunderts der erste Schritt zur Einigung Deutschlands gewesen. Frankreich erklärte also, das Vorhaben stelle einen Bruch des Versailler Vertrages dar, in dem sich Deutschland zur Achtung der Unabhängigkeit Österreichs verpflichtet hatte, und einen Bruch des Vertrags von St. Germain, in dem sich Österreich zur Wahrung der Unabhängigkeit bekannt hatte. Mindestens ließ sich einwenden, die Zollunion bedrohe die wirtschaftliche Unabhängigkeit Österreichs, aber Paris sah noch viel schlimmere Folgen voraus. Frankreich zog also seine Bankguthaben aus Wien ab, und danach mußten, wie François-Poncet schreibt, Deutschland und Österreich »wie zwei Schuldige« vor dem Völkerbundsrat erscheinen und sich dem Spruch des Haager Schiedsgerichtes unterwerfen, das sich mit acht gegen sieben Stimmen gegen die Zollunion aussprach. [18]

Die Vertreter Frankreichs, Polens, Rumäniens, Italiens, Spaniens, Kubas, Kolumbiens und El Salvadors stimmten gegen die Zollunion; Japan, die Vereinigten Staaten, England, Holland, Belgien, China und Deutschland sprachen sich dafür aus. Natürlich handelte es sich dabei um keine juristische, sondern um eine politische Entscheidung, und sie dürfte im übrigen auf den Verlauf der Depression in Deutschland oder Österreich kaum einen Einfluß ausgeübt haben. Aber sie war für sehr viele Deutsche und Österreicher wieder einmal der Beweis, daß jeder Versuch, wirtschaftliche Fragen irgendwie vernünftig zu lösen, ungeachtet aller überzeugenden Argumente einfach unmöglich war, wenn Frankreich aus rein politischen Gründen dagegen war.[14]

Briand hatte einen Plan, der in seinen Augen ein Ersatz für jede Zollunion sein konnte. Teil seiner großen Vision war eine Europäische Union, eine räumlich begrenztere Version der kollektiven Sicherheit als die des Völkerbundes, in der sich sowohl wirtschaftliche wie politische Barrieren beseitigen ließen. Diesem Vorschlag stand England mit seinem Commonwealth ebenso reserviert gegenüber wie zuvor dem Genfer Protokoll, und Brüning, der befürchtete, eine Europäische Union würde den Weg zu einer Revision der Ostgrenzen versperren, erklärte, das Reich könne einem solchen Bund nicht beitreten, wenn England nicht Mitglied sei. So war dieses Projekt fallengelassen worden, wobei jedoch ohnehin etwaige wirtschaftliche Auswirkungen in viel zu ferner Zukunft gelegen hätten als daß sie sich auf die unmittelbare Krise hätten auswirken können.

Um den wirtschaftlichen Ruin des Reiches zu verhindern, war aber, wie Brüning sagte, irgendeine sofortige internationale Aktion unbedingt notwendig. Nun macht ein Staat ja nie im engeren Sinne Bankrott; Einzelpersonen, Finanzeinrichtungen, Unternehmen, sogar Städte mögen sich insolvent erklären, aber Staaten können mehr Geld drucken, wodurch sich ihre Währung aufblähen und ihre Verschuldung willkürlich schrumpfen mögen, sie aber doch nur moralisch und nie fiskalisch bankrott gehen. Bankrott gehen ihre Banken, ihre Industrie und manchmal ihre Städte. Im Mai konnte die größte Bank in Österreich, die sich im Besitz der Familie Rothschild befand – der Wiener Zweig der Österreichischen Kreditanstalt – ihren Zahlungsverpflichtungen nicht mehr nachkommen und mußte ihre Pforten schließen. Von diesem Zusammenbruch wurden fast alle größeren österreichischen Industrieunternehmen betroffen, und die Wiener Regierung mußte eine Notanleihe von 100 Millionen Schilling auflegen, deren einzige Geldquelle das Ausland sein konnte. Bald sah sich Deutschland einer ähnlichen Krise gegenüber. Im Juli schloß die viertgrößte Bank Deutschlands, die Darmstädter und Nationalbank – kurz Danatbank genannt – ihre Tore. Das war der größte Bankenzusammenbruch in der europäischen Geschichte, und seine Ausstrahlungen erschütterten die ohnehin prekäre deutsche Wirtschaftsstruktur bis ins Mark.

Brünings Notverordnung vom 5. Juni 1931 zur »Sicherung von Wirtschaft und Finanzen«, mit der erneut die Gehälter, Arbeitslosen- und Wohlfahrtsleistungen beschnitten wurden, zog die Schraube noch fester an für Millionen Menschen, die ohnehin nur noch ein karges Dasein fristeten. Da der Reichstag zur Zeit des Erlasses nicht tagte und erst im Oktober wieder zusammentrat, konnte Brüning nur von der Presse und den Sprechern der politischen Parteien angegriffen werden. Als er auf dem Weg nach England durch Cuxhaven kam, empfingen ihn die Hafenarbeiter mit dem Ruf »Hungerkanzler!«, ein Schlagwort, das nicht nur Goebbels, sondern auch die Kommunisten benutzten, die gleichfalls seine Entlassung forderten. Wie Stresemann genoß auch Brüning im Ausland viel höheres Ansehen als im Reich. Bei seinem Besuch in London wurde er vom König empfangen; in Paris wohnte er in Notre Dame der Messe bei, was bei einem beträchtlichen Teil der französischen Bevölkerung Gefallen erregte, und Briand sowohl als auch der neue französische Ministerpräsident Pierre Laval schätzten ihn sehr. Wie die britische Regierung waren auch sie sich des in den Kulissen wartenden Adolf Hitler wohl bewußt, und sie versuchten deshalb, ihre Hochachtung vor Brüning auch deutlich zu zeigen, allerdings nicht bis zu einem Punkt, der auch noch die Zollunion eingeschlossen hätte.

Aber was Brüning und das Reich brauchten, das war mehr als bloße Zeichen der Wertschätzung, und während seines Aufenthalts in London sagte Brüning zu seinen englischen Gastgebern, Deutschland könne seinen Verpflichtungen nach dem Young-Plan nicht mehr lange nachkommen. Das Ungleichgewicht zwischen Eingängen und Außenständen war katastrophal. Am 19. Juni sah sich Hindenburg gezwungen, Präsident Hoover zu telegrafieren, die Not des deutschen Volkes veranlasse ihn, um Amerikas Hilfe zu ersuchen. Hindenburgs Biograph meint, es sei Hindenburg schwergefallen, diese Botschaft zu schicken, denn damit stellte er sein Land unter den Schutz einer fremden Macht, aber er hatte keine andere Wahl. Wenn nicht sofort etwas geschah, war ein Drittel der gewerblichen Arbeiter ohne Arbeit; das Reich hatte alles getan, was es tun konnte, jetzt waren seine Mittel erschöpft. Die Vereinigten Staaten, denen die meisten Länder Europas, Sieger wie Besiegte, große Geldsummen schuldeten, waren trotz ihrer eigenen Finanzprobleme das einzige Land der Erde, das massive Hilfe bieten konnte.

Präsident Hoover antwortete noch am selben Tag, an dem ihm Hindenburgs Telegramm zugegangen war. Er schlug ein einjähriges Moratorium für die Zahlung aller den Vereinigten Staaten geschuldeten Beträge vor und verlangte eine Stundung aller Reparationen bis Juli 1932. England stimmte sofort, Frankreich nach einiger Verzögerung zu. Paris befürchtete, die Einstellung der sogenannten »ungeschützten« Jahresleistungen, die von einem Moratorium ausgenommen waren, könnte das Ende aller künftigen Reparationen bedeuten. Es bedurfte daher langgezogener Verhandlungen, bis eine Formel gefunden wurde, die wenigstens die Fiktion der Zahlungen aufrechterhielt. Das Reich erklärte sich formell bereit, die fälligen Beträge bei der Bank für Internationale Zahlungen (BIZ) zu hinterlegen, die sie dann nach Berlin zurücktransferieren sollte.

Trotz der amerikanischen Rettungsaktion hielt die Krise an. Als die Danatbank am 13. Juli die Schalter schloß, garantierte die Reichsregierung die Einlagen, aber das verhinderte nicht den Run auf alle deutschen Banken, weshalb sich Brüning gezwungen sah, mit einer Notverordnung ihre vorübergehende Schließung zu erlassen, eine Art »Zwangs-Bankfeiertag«, der bis zum 5. August dauerte. Seit der Septemberwahl seien vier Milliarden Reichsmark bei den deutschen Banken abgehoben worden, erklärte Dietrich, und die deutschen Bankkunden hätten sich mit den Ausländern zusammengetan und mangelndes Vertrauen auf die Stabilität des Reiches und seiner Finanzinstitute bewiesen.

Wieder wandte sich Brüning an die Gläubigerländer mit der Bitte um eine Anleihe. Über Paris begab er sich nach London und traf in den beiden Hauptstädten nicht nur mit den Vertretern der europäischen Gläubiger zusammen, sondern auch mit dem amerikanischen Schatzminister Andrew Mellon und Außenminister Henry Stimson. Der Schlüssel für eine Anleihe lag in Frankreich. Als Vorbedingung für die Gespräche forderten Briand und Laval, daß die Reparationen nicht auf der Tagesordnung stehen dürften, und wenn sie auch bereit waren, gemeinsam mit Vertretern der übrigen Mächte eine Beteiligung an einer 500-Millionen-Dollar-Anleihe zu erwägen, so verlangten sie als Gegenleistung dafür nicht nur finanzielle, sondern auch politische Zusagen. Deutschland sollte garantieren, daß es zehn Jahre lang den Status quo nicht antaste, keine Veränderung des polnischen Korridors oder der Ostgrenzen des Reiches fordern und keinen Anschluß Österreichs versuchen werde. In aller Höflichkeit lehnte Brüning diese Bedingungen ab. Weder er noch irgendein Reichskanzler hätte die geringste Chance gehabt, länger im Amt zu bleiben, als der Reichspräsident oder die Reichstagsabgeordneten gebraucht hätten, um auch nur Brünings Unterschrift unter solchen Bedingungen zu lesen. Und während die Londoner Konferenz stattfand, sandten Hitler und Hugenberg ein offenes Telegramm an Brüning, mit der Warnung, sie würden unter keinen Umständen irgendwelche Vereinbarungen als rechtsverbindlich ansehen, die irgendwelche Übergriffe der Franzosen auf die deutsche Souveränität hinnähmen; ferner erklärten sie wie schon einmal Friedrich der Große nach dem Siebenjährigen Krieg[15], das Reich müsse sich auf seine eigenen Kräfte verlassen. Dazu gehöre, sagte Hitler, »nichts als Charakter, Selbstvertrauen und Gottvertrauen«. [19]

Die Besprechungen führten zwar zu keiner Anleihe, aber doch zu einem Stillhalteabkommen, in dem die Gläubigerstaaten ihren Staatsangehörigen empfahlen, ihre Guthaben nicht aus Deutschland abzuziehen. Das Abkommen, das eine Laufzeit von sechs Monaten hatte und verlängert werden konnte, vermochte den Verlust von Fremdeinlagen aufzuhalten. Überdies folgten den Konferenzen zwei Staatsbesuche; den einen statteten gleich nach den Londoner Gesprächen Ende Juli MacDonald und Henderson ab[16], den anderen im Spätherbst Laval und Briand. Auch diese Zusammenkünfte förderten keine nennenswerten politischen Ergebnisse zutage, aber Briand legte an Stresemanns Grab einen Kranz nieder, und er und Laval trafen mit Hindenburg zusammen. Eine gewisse Bedeutung lag in der bloßen Tatsache, daß sie um dieses Gespräch nachgesucht hatten, denn schließlich stand Hindenburg immer noch auf der Liste der deutschen Kriegsverbrecher, und ihr Wunsch nach einem

Zusammentreffen mit ihm konnte als Geste gedeutet werden, daß alles vergeben und vergessen sei. Das Ganze war eine ziemlich förmliche Angelegenheit, die an den Nöten des Reiches überhaupt nichts änderte, aber Hindenburg schien sich über seine Besucher zu freuen. Er nahm den französischen Botschafter, der seinen Minister begleitete, beiseite und bemerkte fürsorglich, die lange Reise müsse den alten Herrn Briand doch ermüdet haben. Briand war gerade 69, Hindenburg 84.

Aus den deutschen Banken war sehr viel mehr Geld abgezogen worden, als noch an Reparationen unbezahlt war, und das Hoover-Moratorium brachte für den leeren Staatssäckel des Reiches keinerlei Wirkung. Wieder einmal war also davon die Rede, das Vertrauen müsse gestärkt werden. Die französische Forderung, das Reich solle für zehn Jahre auf jeglichen Versuch einer Revision der Friedensverträge verzichten, war aber – falls Brüning sie akzeptierte – gleichbedeutend mit der Forderung nach Brünings politischem Selbstmord. Die Verträge wurden nicht nur von Gelehrten kritisiert, sondern die deutsche Presse durfte zu ihrer Genugtuung feststellen, daß sogar die American Legion eine Entschließung verabschiedet hatte, in der ihre Revision oder die Aushandlung neuer Verträge gefordert wurde, die an ihre Stelle treten sollten. Vertrauen gewannen in schöner Regelmäßigkeit nur diejenigen, die auf den Sturz der Republik setzten – Hitler, die Ultranationalisten und die Kommunisten. Ein Versuch, wie der der Franzosen, das einzufrieren, was jeder politischen Gruppierung in Deutschland als unannehmbarer Status quo im Osten erschien, bedeutete die Stärkung all derer, die erklärten, der einzige Weg zu einer Veränderung führe über die Wiedergewinnung militärischer Macht. War Frankreich weiterhin der Auffassung, die Ostgrenzen dürften in keiner wie immer gearteten Konferenz in Frage gestellt werden, so konnte Adolf Hitler aus dieser Hartleibigkeit weit mehr Kapital schlagen als Brüning aus der Kranzniederlegung Briands am Grabe Stresemanns. Bedurfte es auch einer angestrengten Logik, um ihm zu folgen, so konnte Hitler doch scheinbar mit Fug und Recht fragen, was die Politik der Versöhnung denn für die Millionen notleidender Deutscher erbracht habe, die verzweifelt Tag für Tag ihres Lebens hinter sich brächten und denen sich keine Hoffnung biete, aus der Grube herauszuklettern, die sie nicht selbst gegraben hatten.

Die treibenden Kräfte für eine Organisierung der Ende 1931 fast sechs Millionen Arbeitslosen waren die Kommunisten und die

Nationalsozialisten. Gewalttat und Straßenkämpfe wurden zur Tagesordnung; der preußische Innenminister Severing berichtet 1931, innerhalb eines Jahres seien über 300 politische Morde verübt worden, und als er unparteiisch gegen die, wie er sie nannte, Desperados von rechts und links vorging, machten sie gemeinsame Sache, um sich seiner zu entledigen. Bei der Durchsuchung einer von den Kommunisten benutzten Autowerkstatt in Breslau Ende Mai entdeckte die preußische Polizei ein größeres Dynamitversteck, dessen Menge ausgereicht hätte, ganze Häuserblocks im Umkreis in die Luft zu jagen. Nationalsozialisten und Kommunisten setzten gegeneinander und gegen die Polizei jede Waffe ein, die sie sich aneignen konnten. Immer wieder fanden Polizeibeamte den Tod, wenn sie versuchten, Hausdurchsuchungen vorzunehmen oder Straßenkämpfe niederzuschlagen. Die in erbeuteten Dokumenten belegte Strategie der Kommunisten bestand darin, die Polizei in Atem zu halten, ihre Kräfte zu spalten und Unruhe zu stiften. Sie organisierten Streiks und Demonstrationen, und sie waren angewiesen, neben Messern, Schlagringen und benzingetränkten Lappen auch Handgranaten, Äxte, Ziegelsteine und siedendes Wasser als Waffen im Kampf gegen die Polizei in den Straßen der Arbeitersiedlungen einzusetzen. »Schlagt die Faschisten, wo ihr sie erwischt«, hieß die Parole, und als Faschist galt in großzügiger Auslegung jeder, der ihnen im Weg stand. Severing verbot in Preußen politische Demonstrationen mit provokatorischen Schlagworten; daraufhin kündigten sowohl die Nazis als auch die Kommunisten ihre Massenkundgebungen als Sportveranstaltungen an. Die SA gab eine »Sport«-Versammlung bekannt, in der Goebbels reden sollte. Die Kommunisten nannten ihre Kundgebung »Spartakiade«. Severing verhinderte beide Veranstaltungen, aber die Verbote konnten mit den Finten nicht Schritt halten. Der preußische Landtag und seine erfolgreiche Koalition mit Männern wie Josef Hess, Braun und Severing in der Regierungsmannschaft waren ein Dorn im Fleische der Rechts- und Linksradikalen. Die kommunistische Zeitung *Die rote Fahne* schrieb, die Sozialdemokraten seien pseudomarxistische Verführer des Proletariats, unheilvoller noch als die Nationalsozialisten, sie seien »der Hauptfeind des Proletariats«, gegen den die Partei im Klassenkampf den Hauptangriff führen werde.

Zum Sturz der demokratischen Koalition in Preußen formierte sich ein anderes, wohlfunktionierendes Bündnis zwischen der extremen Rechten und der extremen Linken. Der Stahlhelm organisierte ein Volksbegehren für die Auflösung des preußischen Landtags und sammelte mit Hilfe der Nationalisten und Nationalsozialisten fast sechs Millionen Unterschriften für einen Volksentscheid. Bald schlossen sich ihnen noch die Kommunisten an, und wenn den antiparlamentarischen Kräften auch keine Mehrheit gelang, so konnten sie doch immerhin 9 740 000 Stimmen, 37% der Wählerschaft, für sich buchen. Es war eine jener Niederlagen, die die Rechte zum Sieg umfunktionieren konnte. Fast zehn Millionen Menschen hatten gegen ein Bollwerk der Republik gestimmt; das waren vier Millionen weniger, als man für die Auflösung des Landtags gebraucht hätte, aber es war doch eine gewaltige, mächtige, vernichtende Minderheit, die sich um einen harten Kern von Muskelprotzen und Raufbolden geschart hatte, denen an Dreinschlagen und Terrorismus mehr lag als an dem Gebrauch des Stimmzettels.

Theoretisch hätte Brüning die Möglichkeit gehabt, durch Aufnahme von Männern wie Braun und Severing in sein Kabinett die Unterstützung der Sozialdemokraten zu gewinnen. Tucholsky nannte die Sozialdemokraten die Partei der »Jeinsager«, die die Regierung unausgesprochen tolerierte, und zwar trotz der Notverordnungen, die in ihren Augen reaktionär seien. Brüning empfing Braun und Severing zu Gesprächen, aber ein Regierungsbündnis gelangte über das Stadium der Vorgespräche nicht hinaus, weil – so jedenfalls Severing – Brüning nach Einleitung der Gespräche die Sache auf sich beruhen ließ. Zweifellos zerstob die mögliche Koalition vor Hindenburgs Widerwillen gegen einen neuen Versuch, die SPD versöhnlich zu stimmen. Der Reichspräsident war wie eh und je seit seinem Amtsantritt überzeugt, die Rettung des Vaterlandes liege in der Gewinnung der Unterstützung der konservativen Rechten, die niemand besser vertrat als er selbst. Aber Verbündete waren ganz und gar nicht leicht zu gewinnen. Mit Fehlschlagen des Projekts der Zollunion war Julius Curtius zum Rücktritt als Außenminister gezwungen gewesen. Curtius gehörte der Deutschen Volkspartei an, und nach seinem Rücktritt schickte sich seine Partei an, sich mit der rechten Opposition zu verbünden. Ihnen schlossen sich noch die Abgeordneten des »Landbund« und des »Landvolk« an, zwei Bauernparteien, die bislang Brüning gestützt hatten, und so sah sich auch dieser schließlich mit seinem gesamten Kabinett zum Rücktritt gezwungen.

Hindenburg betraute ihn jedoch sofort wieder mit der Regierungsbildung; wieder sollte die Regierung über den Parteien stehen, d.h. wenig Unterstützung im Reichstag genießen. Abgesehen von

Curtius fielen nur Joseph Wirth und Verkehrsminister Theodor von Guérard – wie Wirth Zentrumsabgeordneter – der Regierungsneubildung zum Opfer. Hindenburg hatte für Wirth, der bei Rathenaus Ermordung den Satz »Der Feind steht rechts« geprägt hatte, nie viel übrig gehabt. Mochte der Verlust zweier Zentrumsleute in einem von einem Zentrumsmann geführten Kabinett auch einen weiteren Schritt in Richtung eines jenseits der Parteien und wechselnder Reichstagskoalitionen stehenden Präsidialkabinetts sein – eine sichtbare Unterstützung im Parlament brachte das der Regierung nicht ein. Groener übernahm in Personalunion neben dem Reichswehrministerium auch das Portefeuille des Inneren, eine angesichts des Aufstiegs der Rechtsradikalen weise Maßnahme zur Stabilisierung. Treviranus trat an Guérards Stelle; Wirtschaftsminister wurde das frühere Vorstandsmitglied von I.G. Farben, Hermann Warmbold, und Dietrich blieb Finanzminister. Es waren schüchterne Versuche, Verbündete auf der Rechten zu gewinnen, und Hindenburg hätte entschiedenere Schritte in dieser Richtung vorgezogen, beispielsweise durch Ernennung des Karrierediplomaten Konstantin von Neurath zum Außenminister und Berufung des konservativen Leipziger Oberbürgermeisters Carl Goerdeler und des früheren Reichswehrministers Otto Gessler in das neue Kabinett, aber alle drei hatten abgelehnt.

Das zweite Kabinett Brüning war von Buchstaben und Geist einer parlamentarischen Regierung noch weiter entfernt als das erste. Die entscheidenden Verfassungsreformen, nämlich die Abschaffung der Verhältniswahl und damit der Anhäufung winziger Splitterparteien, waren wegen des Widerstandes der Länder, insbesondere Bayerns, sowie der Abgeordneten und Amtsträger unmöglich, die glaubten, sie verdankten ihre Posten dem heillosen System. Immer mehr mußte Brüning seine Zuflucht zu Notverordnungen nehmen. Zwischen April und Dezember 1931 wurden 40 Notverordnungen erlassen, während im selben Jahr der Reichstag 41 Sitzungen abhielt. 1932 waren es 59 Notverordnungen, verglichen mit 13 Sitzungen des Reichstags. [20]

Der Versuch, eine Mitte-Rechts-Koalition zu bilden, die eine Regierung unter Hindenburg und Brüning stabilisieren sollte, schlug vor allem deswegen fehl, weil die Rechtsradikalen inzwischen siegessicher geworden waren und viele einflußreiche Mitglieder der konservativen Parteien befürchteten, die Hoffnungen der Extremisten seien nur allzu gerechtfertigt. 1924 hatte Hitler davon gesprochen, wie die dünnen Reihen der Nationalsozialisten auf Tausende und dann Millionen anschwellen würden, und nun, 1932, trat eben dies ein. Hitler war viel zu mächtig geworden, als daß Regierung oder Reichswehr noch an ihm vorbeigekonnt hätten. General von Schleicher, der nicht viel von ihm hielt, war immerhin zu der Meinung gelangt, er sei »ein interessanter Mann mit überragender Rednergabe. In seinen Plänen versteigt er sich in höhere Regionen. Man muß ihn dann am Rockzipfel auf den Boden der Tatsachen herunterziehen.« [21] Nach Auffassung Schleichers war die SA im Falle von Streitigkeiten im Osten, bei denen wieder polnische Banden die Grenze überschreiten könnten, als Verteidigungsverband unerläßlich, und deshalb hielt er sowohl mit Hitler als auch mit dem Stabschef der SA, Röhm, Verbindung.

Hindenburg klammerte sich an die Hoffnung, jeder vaterländisch gesinnte Deutsche, sogar Hitler, sei für die Sache der Einheit der Deutschen zu gewinnen, und während der Umbildung des Kabinetts Brüning trafen der einstige Generalfeldmarschall und der Gefreite zum erstenmal zusammen. Der Reichspräsident war von Hitler und den Nationalsozialisten alles andere als angetan. Ihre Presse hatte bösartige Angriffe auf ihn gedruckt, und Goebbels hatte ihn einen Idioten genannt, natürlich nicht direkt, denn Goebbels zitierte eine Charakterisierung des Marschalls MacMahon aus dem 19. Jahrhundert, aber so subtil war der Nazi-Journalismus nun auch wieder nicht, und was Goebbels meinte, war deutlich genug. Gleichgültig, ob Hindenburg die gegen ihn gerichteten Angriffe gelesen hatte oder nicht, war er sich doch der Nazitaktik bewußt, und so erwartete Hitler ein ziemlich kühler Empfang. Zur Zusammenkunft mit dem Reichspräsidenten erschien er in Begleitung von Hermann Göring, der den Pour-le-Mérite angelegt hatte. Obwohl Hitler seine Worte sehr sorgfältig abwog, beeindruckte sein endloses Gerede Hindenburg überhaupt nicht. Als Hitler zu ihm sagte, das Land brauche eine einige Führung, und ihm versicherte, er werde zur Erreichung dieses Zieles nur legale Mittel einsetzen, verwies Hindenburg darauf, trotz der Legalitätsbeteuerungen habe sich die Partei doch wiederholter Gewalttaten schuldig gemacht, und bezog sich – nach Meißners Bericht einigermaßen erregt – auf die nationalsozialistischen Angriffe auf die Juden. Hitler erwiderte, nur in Notwehr gegen marxistische Überfälle sei es zu Gewalttaten gekommen. Hindenburgs Appell an Hitlers Vaterlandsliebe, die dieser ständig im Munde führe und die ihn doch zur Duldung oder eventuell sogar Zusammenarbeit mit der Regierung Brüning veranlassen sollte, blieb auf Hitler ebenso wirkungslos wie Hitler auf Hindenburg, und als sich die beiden trennten, waren sie genausoweit voneinander entfernt wie zuvor. Hindenburg sagte zu Brüning, Hitler habe sich zwar ganz annehmbar geäußert, aber Minister könne er nicht werden.

Dennoch ritt Hitler auf hoher Woge. Am 11. Oktober reiste er nach Bad Harzburg in Braunschweig zu einer Konferenz der »Nationalen Opposition«, die Hugenberg veranstaltet hatte. Es war eine ziemlich bunt zusammengewürfelte Versammlung, die von rechtsradikalen Führern wie Hugenberg, Seldte, Duesterberg und Hitler bis zu eher orthodox Konservativen wie General von Seeckt, der jetzt Reichstagsabgeordneter der Deutschen Volkspartei war, und General von der Goltz reichte. Außerdem waren Industrielle wie Ernst Poensgen von den Vereinigten Stahlwerken, Bankiers wie Hjalmar Schacht sowie zwei Söhne des Kaisers, Prinz Eitel Friedrich und Prinz August-Wilhelm, anwesend, der vor kurzem in die SA eingetreten war. Es war der zweite Versuch Hugenbergs, Adolf Hitler für seinen Feldzug gegen die Republik zu gewinnen. Hitler, der sein Braunhemd angezogen hatte (das er in Braunschweig legal tragen durfte), saß bei der Eröffnungsfeier neben ihm, und beide hielten eine Rede. Hugenberg verkündete, diese Versammlung vertrete die Mehrheit des deutschen Volkes, und er ließ die Opportunisten, die Großkopfeten der Republik und all jene, die das Vaterland ausplünderten, wissen, eine neue Welt sei im Entstehen begriffen. Hitler selbst ließ die ganze Veranstaltung ziemlich ungerührt, und er sagte in einer Routinerede, Deutschland stehe vor der Wahl zwischen der nationalen Wiedergeburt, d.h. der nationalsozialistischen Partei, und dem Kommunismus.

Schacht gab sich als beunruhigter Patriot ohne parteimäßige Bindung. Er geißelte das »System« des Mannes, der ihn als Reichsbankpräsident abgelöst hatte – Hans Luther – , und des Finanzministers Hermann Dietrich. Er sah nur »Unaufrichtigkeit, Rechtsunsicherheit und Mangel an Handlungsfähigkeit« zur Führung der Geschäfte des Reiches. Wie Hitler meinte auch er, das Land müsse zu den Tugenden Friedrichs des Großen zurückfinden und sich auf sich selbst, auf seinen Charakter, auf Selbstvertrauen und Gottvertrauen verlassen. [22] Schacht hatte den Schock, an der Spitze der Reichsbank abgelöst worden zu sein, nie verwunden.

Hitler nahm nur widerstrebend an Veranstaltungen teil, in denen er nicht selbst den Vorsitz führte, und in Harzburg trat er nur der Öffentlichkeitswirkung und der Kundgebung der nationalistischen Stärke wegen auf. Harzburg war eine Demonstration einer kurzlebigen Einheit der nationalistischen Front, die mit der Forderung nach Rücktritt Brünings und Brauns, Neuwahlen im Reich und in Preußen mit anschließender Bildung einer echt nationalen Regierung durch Hindenburg schloß. Den Reden und Entschließungen folgte ein Vorbeimarsch der SA, der SS, des Stahlhelm und der Vaterländischen Verbände, aber von allen Bekundungen der Gemeinsamkeit hielt sich Hitler doch ziemlich fern. Zum Essen mit Hugenberg und den Führern des Stahlhelm erschien er nicht und wohnte nur dem Vorbeimarsch von SA und SS bei; als dann die Verbände des Stahlhelm vorbeiparadierten, war er bereits gegangen.

Seldte und Duesterberg waren darüber verärgert, und es folgte ein ziemlich erregter Briefwechsel mit Hitler. Die Führer des Stahlhelm schickten ihm eine Liste von Klagen über sein Verhalten: Er habe sich 50 Meter vom Podium entfernt aufgehalten, an den Feiern mit den Führern der anderen Verbände nicht teilgenommen, sei vorzeitig weggegangen usw. Hitler verbarg in seiner Antwort kaum seine Geringschätzung für Seldte und Duesterberg. Er sagte, er nehme nie einen Vorbeimarsch ab, der nicht unter seinem Befehl stehe, und außerdem – was natürlich höchst unwahrscheinlich war – habe er gar nicht gewußt, daß der Stahlhelm ebenfalls vorbeimarschieren wollte. Aber auch wenn er anwesend gewesen wäre, hätte er nicht gewußt, in welcher Form er die Stahlhelm-Verbände oder ihre Banner hätte grüßen sollen. Seine verspätete Ankunft am Vortag schob er auf die Schließung von 44 SA-Heimen durch die Regierung[17]; 1000 seiner Männer hätten keine Unterkunft mehr gehabt und 4000 seien der von diesen SA-Dienststellen bereitgestellten Mahlzeit verlustig gegangen. Zum Essen in Harzburg sei er nicht gekommen, weil 80% seiner SA arbeitslos seien und nichts zu essen hätten, und sie hätten es ihrem Führer nur übelnehmen können, wenn er an einer so üppigen Tafel gespeist hätte. Er erinnerte die Stahlhelm-Chefs daran, daß er der Führer der größten nationalistischen Bewegung sei, und bemerkte, unter den herrschenden Umständen habe er sich der sanftesten Sprache bedient. Die Nationalsozialisten würden zwar weiterhin das Weimarer System bekämpfen, aber sie duldeten keine Einmischung von außen.

Die »Harzburger Front« – dieser Name wurde gewählt, um ihre Geschlossenheit und kämpferische Einstellung zu unterstreichen – stand von Anfang an auf wackligen Beinen, und tatsächlich besaß sie kein Durchhaltevermögen. Mochte Hugenberg auch wieder das Bündnis mit Hitler, dem begabten »Massentrommler«, suchen, wie schon einmal im Kampf gegen den Young-Plan, so hatte Hitler für ihn doch kaum etwas anderes als Verachtung übrig – wie für jeden Rivalen. Wenige Wochen nach dem Harzburger Treffen beklagte sich Hugenberg über die fortdauernden, beißenden Angriffe der Nationalsozialisten auf seine Partei. Die Harzburger Front wurde nie einsatzfähig; wie so vieles auf der extremen Rechten war auch sie ein nebulöser Wunsch, der sich nie verwirklichen ließ, denn ihre Führer verwandten auf interne Machtkämpfe mindestens ebensoviel Energie wie auf den Kampf gegen den gemeinsamen Feind. Ebensowenig Aussicht auf Erfolg hatte Hindenburgs Absicht, um Brüning eine Regierung der nationalen Einheit – im wesentlichen eine konservative Regierung, in der sich die gemäßigten Kräfte von den Demokraten bis hin zu den Nationalisten zusammenfanden – zu scharen.

Der Reichspräsident zeigte unfehlbare Zeichen der Vergreisung. Im Herbst 1931 erkrankte er an Grippe, und Brüning glaubte, Hindenburg sei während der Krankheit vorübergehend seiner Sinne nicht mehr mächtig gewesen. Schon als Brüning im Juli 1930 ihn nach den Feierlichkeiten aus Anlaß der Rheinlandräumung in Berlin vom Zug abholte, erkannte Hindenburg weder Brüning noch den ihn begleitenden Treviranus. Sein Sohn Oskar, der bemerkt hatte, daß der greise Feldmarschall die beiden nicht erkannte, sagte zweimal zu ihm: »Hier ist der Reichskanzler mit dem Minister Treviranus.« Aber auch dann ging nicht in sein Bewußtsein ein, wer die beiden waren. [23] Sein Arzt Dr. Hugo Adams berichtet dagegen, bis zu seinem Todesjahr 1934 habe Hindenburg keinerlei Zeichen von Senilität gezeigt, ebenso äußerten sich sein Staatssekretär Meißner und sein Militäradjutant Leutnant von der Schulenburg. Brüning aber war wegen des Verfalls der Kräfte Hindenburgs bestürzt und wiederholte in späteren Jahren, Hindenburg habe ihn oft nicht erkannt.

Hindenburgs Geisteszustand war, wie es bei Greisen oft der Fall ist, ganz von der Tagesform oder gar der Stunde abhängig, zu der ihn ein Beobachter traf. Wie bei vielen alten Menschen schwankte auch bei ihm die Schärfe der Wahrnehmung stark hin und her; nach Brünings Worten stand es jeweils am Ende eines langen Arbeitstages um ihn am schlechtesten. Männer wie Meißner, Schulenburg und der Arzt, die ständig um ihn waren, bemerkten möglicherweise seine Absencen nicht so leicht – oder wollten sie nicht wahrhaben – wie etwa Brüning, der den Reichspräsidenten nur dann sah, wenn

Staatsgeschäfte gemeinsam zu erledigen waren. Und neben Tagen der Geistesabwesenheit hatte Hindenburg auch gute Tage, an denen Brüning ihn so aufgeweckt wie eh und je fand. Daß seine geistigen Kräfte jedoch insgesamt schwanden, stand außer Zweifel. Als Brüning dem Reichspräsidenten 1931 seine Gründe für den Rücktritt vortrug, schrieb Hindenburg sie sich auf, brachte aber alles durcheinander, als er sie Brüning gegenüber wiederholen wollte. Die beiden machten also einen zweiten Versuch, bei dem Hindenburg sorgfältig die Korrekturen zwischen die zuerst geschriebenen Zeilen schrieb. Als er dann das Ganze ein zweites Mal vorlesen wollte, war es noch verwirrter als das erste Mal, und Brüning mußte die Sache auf sich beruhen lassen. Hindenburg selbst scheint sich seines Zustandes in gewissem Umfang bewußt gewesen zu sein; seine Amtszeit endete im April 1932, und er wollte nicht wieder kandidieren. Es bedurfte großer Überredungskunst und zahlreicher Appelle an seine vaterländische Pflicht, auch durch Männer, die seinen politischen Auffassungen so fernstanden wie der Sozialdemokrat Otto Braun, bis man ihn endlich davon überzeugt hatte, er müsse unbedingt noch einmal kandidieren. Zur zweiten Kandidatur mußte man ihm noch viel mehr zureden als schon zur ersten, obwohl er auch damals schon nicht Reichspräsident hatte werden wollen.

Doch die Gefahren für das Vaterland lagen klar und drängend zutage, und Hindenburg blieb kaum etwas anderes übrig, als noch einmal zu kandidieren. Der Reichstag trat am 13. Oktober wieder zusammen; am 14. erklärte die Nationale Opposition – die Abgeordneten der wenige Tage zuvor gebildeten Harzburger Front –, sie sei bereit, die Regierung zu übernehmen. Nationalisten und Nationalsozialisten brachten einen Mißtrauensantrag gegen Brüning ein und verlangten die Auflösung des Reichstags. Beide Anträge wurden abgelehnt, der Mißtrauensantrag mit 295 gegen 270, die Reichstagsauflösung mit 319 gegen 250 Stimmen. Wieder verdankte Brüning seine Rettung den Stimmen des Zentrums, der Sozialdemokraten, der Wirtschaftspartei und einzelner Abgeordneter der Deutschen Volkspartei zusammen mit ein paar Abtrünnigen anderer kleiner Parteien, die ihn schon bislang unterstützt hatten. Aber infolge ihrer Niederlage zog die Nationale Opposition wieder aus dem Reichstag aus, der bis 23. Februar vertagt wurde. Die Legislative war nicht mehr funktionsfähig, und je schwächer die parlamentarischen Parteien wurden, desto stärker wurden die Nationalsozialisten. Am 15. November wurden sie bei den hessischen Landtagswahlen stärkste Partei und errangen 27 von insgesamt 70 Mandaten, ein ziemlicher Sprung seit der letzten Landtagswahl, in der sie nur einen Sitz errungen hatten.

Doch wieder gab es Anzeichen inneren Zwists in der NSDAP. Der Nazi-Abgeordnete Schäfer übergab der Frankfurter Polizei eine Sammlung von Dokumenten, in denen ein Schlachtplan skizziert war, auf den sich die nationalsozialistischen Führer in einer Sitzung im Boxheimer Hof bei Worms am 25. November 1931 geeinigt hatten. Sie enthielten Anweisungen für die Partei nach Abschaffung »der früheren Staatsautorität« und »nach Niederringung der Kommune«. Alle Macht sollte dann an die nationalsozialistischen Organisationen wie SA und dergleichen übergehen, und in den meisten Fällen sollte Opposition gegen ein Parteidekret sowie Widerstand oder Sabotage mit dem Tode bestraft werden. Wer es unterließ, eine in seinem Besitz befindliche Waffe innerhalb von 24 Stunden der SA auszuhändigen, sollte als Volksfeind auf der Stelle erschossen werden. Nahrungsmittel sollten den nationalsozialistischen Behörden ausgeliefert werden, Juden sollten keine Lebensmittel erhalten. Nichtbefolgung von Befehlen sollte mit dem Tode bestraft werden, und als letzten Trumpf der sozialistischen Hälfte des nationalsozialistischen Programms wurde angekündigt, das Privateigentum sei bis auf weiteres abgeschafft. Autor des Dokuments war der Rechtsanwalt und hessische Parteiführer Werner Best. Später wurde Best zum Volkskommissar für das besetzte Dänemark ernannt.

Zumindest bewiesen die Boxheimer Papiere, daß die Nazis zum Hochverrat bereit waren. Aber die Hauptreaktion auf sie kam nicht etwa von Brüning oder den Gerichten, sondern von der Reichswehr, deren Führung ein Uniformverbot für nichtstaatliche Organisationen verlangte. Brüning war im Prinzip für eine solche Verordnung, doch versuchte er auch eine Koalition zwischen Zentrum und NSDAP in Hessen zu fördern, und wenn er den Braunhemden das Tragen von Uniformen untersagte, war es mit dieser Möglichkeit aus. Auch befürchtete er, Hindenburg werde sich wie bisher jedem Uniformverbot widersetzen, das den Stahlhelm einschloß. Außerdem wies Brüning darauf hin, den kommunistischen Verbänden sei zwei Jahre lang das Tragen von Uniformen untersagt gewesen, aber ihre Terrorakte seien dadurch keineswegs zurückgegangen. Wenn die Reichswehrführung jedoch glaube, sie brauche diese Maßnahme aus militärischen Gründen, dann werde er eine weitere Notverordnung – die vierte – erlassen. Dazu kam es dann in einer Sitzung, an der General Groener, Justizminister Kurt Joël, General von Schleicher, Erich Zweigert vom Innenministerium und Hermann Pünder von der Reichskanzlei teilnahmen; der Empfehlung eines Uniformverbots stimmten Brüning wie Hindenburg zu, und die Notverordnung wurde am 8. Dezember unterzeichnet. Wieder kleidete sich der Erlaß in eine Verordnung für die »Sicherung von Wirtschaft und Finanzen und zum Schutz des inneren Friedens«, mit der wiederum vor allem eine Preissenkung erreicht werden sollte. Zu diesem Zweck wurde ein Preiskontrollkommissar ernannt – der Leipziger Oberbürgermeister Carl Friedrich Goerdeler.

Das Uniformverbot nahm sich unbedeutend aus neben der gewaltigen Zentrifugalkraft, die die Massen den Extremisten zutrieb. Die zivile Regierung und die Reichswehr empfanden das Bedürfnis, mit Hitler – mit oder ohne SA-Uniformen – zu irgendeinem Arrangement zu kommen. Die Reichswehr hatte die Rekrutierung von Kommunisten oder Nationalsozialisten untersagt, da sich beide Parteien den Sturz der Republik zum Ziel gesetzt hatten, doch erließ der unerschütterliche Antinazi General Groener am 29. Januar 1932 neue Befehle, wonach die Aufnahme solcher Kandidaten nur dann verweigert werden sollte, wenn der Anwärter nachweislich an unzulässigen Aktivitäten mit dem Ziel einer Subversion der Verfassung teilgenommen hatte. Fehltritte einzelner Parteiführer sollten nicht den Ausschluß von Mitgliedern ihrer Einheiten nach sich ziehen. Groener verteidigte seinen Befehl mit dem Hinweis auf Hitlers Zusage, er werde die Macht nur mit legalen Mitteln anstreben. Desgleichen sondierte Brüning in seiner rastlosen Suche nach Verbündeten von rechts oder links bei Hitler und Gregor Strasser und beim linken Flügel der NSDAP, ob sie nicht zu einer Art Zusammenarbeit bereit wären. Brüning selbst war allerdings ein viel zu korrekter Mann, viel zu ehrlich und gewissenhaft, als daß er Hitlers dämonisches Machtstreben auch nur einigermaßen hätte erkennen können. Häufig traf er sich, meist heimlich, mit Göring und anderen Nazigrößen, auch mit Hitler selbst, und stand unter dem Eindruck, seine Appelle an sie verfehlten ihre Wirkung auf seine Gesprächspartner nicht, und diese könnten zu der Einsicht gebracht werden, daß seine Politik dem nationalen Wohl diene. Natürlich mußte er aus den Dokumenten und aus der Presse die Gefährlichkeit der Nationalsozialisten erkennen, aber er verabscheute sie doch nie so gründlich wie die Kommunisten. Er hatte nach dem Krieg die linke Unordnung, die Soldatenräte und die Verwüstungen durch die Spartakisten selbst miterlebt. Den Kommunistenterror hatte er am eigenen Leib verspürt, den nationalsozialistischen Terror kannte er nur vom Lesen; er kannte ihre Führung aus Berichten und relativ höflich verlaufenden Gesprächen und gab die Hoffnung nicht auf, sie für sich gewinnen zu können. Sogar die Boxheimer Papiere ließen sich als lokale Angelegenheit wegdiskutieren – wie es die Nazisprecher taten –, als Weisungen, die nur im Falle eines kommunistischen Putsches gelten sollten. Brüning versuchte bei Hitler dieselbe Taktik wie bei Hugenberg oder auch den Sozialdemokraten: Er erläuterte geduldig seine Politik, in der Hoffnung, Hitler werde ihre Richtigkeit erkennen. Diese Taktik funktionierte bei den Sozialdemokraten, Gemäßigten und Konservativen alten Stils. Die Duldung und sogar sporadische Unterstützung durch SPD-Führer und viele Konservative wie etwa den Grafen Westarp konnte er erlangen.

Brüning ging es letztlich darum, in der Krise Zeit zu gewinnen und eine legale Wiedererrichtung der Monarchie vorzubereiten – ein Ziel, an das auch Hindenburg seit jeher glaubte – für den Zeitpunkt, an dem die Deutschen zur Zustimmung bereit sein würden. Aber Brünings großer Wurf und seine listigen Kunstkniffe verfingen bei Hitler nicht. Je mehr Brünings Schwierigkeiten wuchsen, desto klarer erkannte er, daß alles an Hindenburgs weiterem Verbleib im Amt des Reichspräsidenten hing. Gelang es, den alten Herrn zu einer erneuten Kandidatur oder den Reichstag zu einer Verlängerung seiner Amtszeit mit einer Zweidrittelmehrheit zu bewegen, dann konnte die Republik überleben, wäre der Weg zu einer konstitutionellen Monarchie freigelegt, die Hitlerdrohung gebannt und kehrten Friede und Ordnung wieder ins Reich ein. Brüning war überzeugt, sein Programm des vernünftigen Nationalismus, das die Politik der Versöhnung fortsetzte, die Beendigung der Reparationen anstrebte, ein gewisses Maß an Rüstungsgleichheit erreichen und die Löschung der Kriegsschuldklausel erzielen wollte, finde immer mehr Unterstützung in England, Italien, Skandinavien, Belgien, Holland und den Vereinigten Staaten. Seine Deflationsmaßnahmen, die er mit einer zwanzigprozentigen Abwertung der Mark und einer weiteren zehnprozentigen Senkung der Löhne und Gehälter fortzusetzen gedachte, wodurch deutsche Waren auf internationalen Märkten wettbewerbsfähiger würden, konnten nach seiner festen Überzeugung gar nicht umhin, die Woge der Depression zu bannen, wenn nur er und das Land noch ein bißchen länger durchhalten würden.[18]

Doch die Kräfte der sichtbaren und unsichtbaren Opposition waren viel mächtiger, als er dachte. Mehr und mehr Großkonzerne und Kleinbetriebe machten Bankrott oder standen kurz vor dem Zusammenbruch. Die Reedereien Hapag und der Norddeutsche Lloyd waren, wie Brüning berichtete, schwer angeschlagen, ebenso die beiden größten Kohleerzeuger, Dahlbusch und König Ludwig. Sämtliche Verleger mit Ausnahme des Ullsteinverlags kämpften verzweifelt ums Überleben, desgleichen Zeitungen wie die *Frankfurter Zeitung*, die *Kölnische Zeitung* und die *Volkszeitung*. Zu Brünings Bestürzung – er hielt das für einen Einbruch in das unabhängige Pressewesen – mußte die *Frankfurter Zeitung* von I.G. Farben aufgekauft werden. Die bedrohten Kohlebergwerke wurden von französischen Anlegern aufgekauft, und Hapag und dem Norddeutschen Lloyd mußte mit Regierungsanleihen unter die Arme gegriffen werden. Im Januar 1932 waren über sechs Millionen Arbeitslose registriert, zählte man die Kurzarbeiter und die nicht registrierten Arbeitslosen hinzu, waren es über 9,6 Millionen Stellungssuchende. Zu Millionen entstammten sie dem Mittelstand – Ladeninhaber, Büroangestellte, Buchhalter, Schauspieler und Handelsvertreter, deren weiße Krägen allmählich ausgefranst und grau wurden. In Berlin wurde ein säuberlich gekleideter Mann photographiert, der auf der Straße ein Paket trug, auf dem zu lesen stand: »Stellen Sie mich ein. Ich suche nach Arbeit gleich welcher Art und bin an gutes, hartes Arbeiten gewohnt. Spreche fließend Französisch, Niederländisch, Russisch, Polnisch, Deutsch und Englisch ...« Die Städte richteten öffentliche Suppenküchen ein, und im kalten Winter 1931/32 machten sie Lokale auf, in denen sich die Menschen für kurze Zeit aufwärmen konnten. Desgleichen gab es Jugendsammelstellen, wo sich junge Leute aufhalten und Schach spielen konnten. Was immer die Regierung in dieser Beziehung an Hilfe bereitstellte, mußte hauptsächlich eine Forderung erfüllen: es mußte billig sein.

Hitler und die Kommunisten machten gemeinsame Sache in der Forderung nach Anhebung des Arbeitslosengeldes und nach Beendigung der Lohn- und Gehaltskürzungen. Sie gingen noch weiter und bildeten eine streitsüchtige Gemeinschaft, die Tag für Tag die Straßen füllte und deren Mitglieder fest überzeugt waren, eines Tages – und bald – würden sie sich den Weg ins gelobte Land mit Gewalt erzwingen. Sofern sich Hitler tatsächlich an sein Legalitätsversprechen halten wollte, standen ihm zwei Wege zur Macht offen. Er konnte entweder Hindenburg als Reichspräsident nachfolgen oder aber so viele Nationalsozialisten in den Reichstag wählen lassen, daß Hindenburg gar nicht mehr anders konnte, als ihn zum

Reichskanzler zu ernennen. Hitler sagte zwar zu Brüning, eventuell würden die Nationalsozialisten im Reichstag für eine Verlängerung der Amtszeit Hindenburgs stimmen, verschwieg ihm aber, daß er nur dann mitmachen wollte, wenn sich Hindenburg von Brüning trennte. Im übrigen machte er eine Neuwahl des Reichstags zur Bedingung (bei der Hitler mit einem noch größeren Sieg als beim letztenmal rechnete); danach müsse eine Regierung der Rechten gebildet werden. Da Hindenburg aber keine Bedingungen akzeptierte, entschloß sich Hitler gleich zu beiden Alternativen. Er würde für das Amt des Reichspräsidenten kandidieren, und seine Partei würde die Reichstagswahlen gewinnen. Sich gegen Hindenburg als Kandidat aufstellen zu lassen, hieß sich gegen alle Wahrscheinlichkeit stellen. Da war auf der einen Seite der mythische Kriegsheld und Staatschef, auf der anderen Seite der ehemalige Gefreite, geborene Österreicher und jetzige Staatenlose, der in deutschen Wahlen nicht einmal das Stimmrecht besaß. Aber Hitler sagte zu Meißner – und sicher glaubte er das auch –, er werde als Gegenkandidat auftreten und werde aus diesem Wahlkampf als Sieger hervorgehen. [24]

KAPITEL 9

DIE MACHTERGREIFUNG

Hindenburg stellte drei Bedingungen, ehe er sich 1932 zur Kandidatur entschloß. Er schrieb Brüning, er müsse erstens überzeugt sein, daß sein Verbleiben im Amt für das Wohl des Vaterlandes wesentlich sei, seine Kandidatur dürfe zweitens nicht der geschlossenen Opposition der Rechten begegnen, und drittens müsse sicherstehen, daß er im ersten Wahlgang gewinne. In Wirklichkeit war dann nur eine dieser Bedingungen erfüllt. Aber Hindenburg spürte bald, wenn er sich nicht zur Wiederwahl stellte, könnte ein Rechtsradikaler gewählt werden, möglicherweise sogar ein Marxist, wenn sich Sozialdemokraten und Kommunisten auf einen gemeinsamen Kandidaten einigten, um Hitler den Weg zu versperren. Und bald erhielt er schlagenden Beweis dafür, daß seine persönliche Anziehungskraft auf Millionen Deutsche nach wie vor ungeschmälert war. Brüning organisierte einen überparteilichen Ausschuß unter Vorsitz des Berliner Oberbürgermeisters Heinrich Sahm; dieser Ausschuß sammelte an einem einzigen Tag mehr als 100 000 Unterschriften unter eine Petition an Hindenburg, eine Wiederwahl anzunehmen, und binnen zwei Wochen war die Zahl der Unterschriften auf dreieinhalb Millionen angewachsen. Mitglieder aller Parteien, von den Sozialdemokraten bis zu den Konservativen, drangen in ihn, sich zur Wiederwahl zu stellen, und am 16. Februar erklärte Hindenburg die Bereitschaft dazu,»im Bewußtsein meiner Verantwortung für das Schicksal unseres Vaterlandes«. Der Umstand, daß die Aufforderung hierzu an ihn nicht von einer Partei, sondern von einer breiten Volksschicht ergangen sei, lasse ihn in seiner Bereiterklärung eine Pflicht erblicken.»Für mich gibt es nur ein wahrhaft nationales Ziel: Zusammenschluß des Volkes in seinem Existenzkampf, volle Hingabe jedes Deutschen in dem harten Ringen um die Erhaltung der Nation.« [1]

Im Januar nominierten die Kommunisten ihren Kandidaten, Ernst Thälmann. Im Februar zerfiel die Harzburger Front, als Hugenberg eine Unterstützung Hitlers verweigerte, der im Falle der

Wahl die wichtigsten Regierungsämter für sich und seine Anhänger forderte. Die Deutschnationalen und der Stahlhelm erkoren den zweiten Mann des Stahlhelms, den Oberstleutnant a. D. Theodor Duesterberg, zum Kandidaten. Daraufhin gab Goebbels frohlokkend bekannt, auch Hitler werde kandidieren. »Als vor vier Wochen in diesem Saal diese Frage zum erstenmal aufgeworfen wurde«, rief er am 22. Februar in einer Mitgliederversammlung der NSDAP im Berliner Sportpalast aus, »da standen spontan 15 000 Menschen auf und jubelten dem Namen unseres Führers zu. Ich selbst stand damals zitternden Herzens daneben und durfte nichts sagen.« Jetzt aber könne er ihnen die frohe Botschaft bringen. »Hitler wird unser Reichspräsident.«[1] [2]

Diese Prophezeiung sollte sich erst später bewahrheiten; immerhin aber hatte Hindenburg einen unerwartet schweren Stand. Er erhielt zwar vier Millionen Stimmen mehr als 1925, aber die Rechte sprach sich weitgehend gegen ihn aus, und da noch drei Kandidaten im Rennen lagen[2], verfehlte er die absolute Mehrheit um 0,4% (250 000 Stimmen). Für Hindenburg stimmten 18 650 730 Wähler (49,6%), für Hitler 11 339 285 (30,1%), für Thälmann 4 983 197 (13,2%) und für Duesterberg 2 557 390 (6,8%). So mußte Hindenburg die Demütigung hinnehmen, die er sich ersparen zu können gehofft hatte – er mußte sich einer Stichwahl gegen Adolf Hitler stellen.

Wieder bescherte ihm das veränderte Wahlklima eine unangenehme Überraschung. Nicht die Rechte, mit der er sich zeitlebens identifiziert hatte, stimmte für ihn, sondern die Mitte und die Linke. In beiden Wahlkämpfen tat Brüning alles in seiner Macht Stehende für den Mann, der seiner Meinung nach als einziger das Vaterland retten konnte. Im ganzen Reich hielt er Reden und sammelte Geld, in Breslau, Weimar, Berlin und Düsseldorf, und immer wieder versuchten die Nazis, seine Versammlungen zu sprengen. Einmal stellte er fest, wie eine plötzliche Unruhe die Zuhörer erfaßte und einige sogar den Saal verließen. Die Ursache fand er später heraus. Die Nazis hatten Kästen voll weißer Mäuse[3] in den Saal gebracht – eine bei ihnen sehr beliebte indirekte Methode, Versammlungen zu sprengen, die ihnen nicht behagten –, und die Tierchen schurrten nun fröhlich durch die Reihen und ließen einen Teil der Zuhörerschaft, wie Brüning berichtet vor allem Frauen, schleunigst das Weite suchen. Brüning hatte jedoch in manchen Gegenden unerwarteten Erfolg. In Weimar war es so kalt, daß er im Mantel reden mußte; dennoch fand er begeisterte Aufnahme, und viele Zuhörer harrten die ganze Zeit ohne Mantel in dem eisigen Saal aus.

Die Rechte ließ (mit einigen bemerkenswerten Ausnahmen) ihren früheren Helden im Stich. Die Vereinigten Vaterländischen Verbände unter General von der Goltz stellten sich gegen Hindenburg. Sein alter Freund Elard von Oldenburg-Januschau, führendes Mitglied der Gruppe, die ihm Gut Neudeck geschenkt hatte, sprach sich ebenso für Duesterberg aus wie viele andere ostpreußische und pommersche Großgrundbesitzer. Der Hindenburg-Anhänger Baron von Berg sagte dem Reichspräsidenten, er habe als Vorsitzender der Adelsgesellschaft zurücktreten müssen, weil er im *Adelsblatt* einen Wahlaufruf zugunsten Hindenburgs veröffentlicht habe. Der Nationalvorstand deutscher Offiziere erklärte seinen Mitgliedern, zwar könne er gegen den Generalfeldmarschall nicht in offenem Kampf auftreten, doch müßten persönliche Erwägungen in den Hintergrund treten; das überragende Ziel liege darin, den Weg zu bereiten für eine Beendigung des Systems, das aus den Ereignissen vom November 1918 entstanden sei.

Nur mit Mühe brachte Brüning das nötige Geld für Hindenburgs Wahlkampf zusammen. Hindenburgs traditionelle Anhänger in der Großindustrie, darunter Friedrich Flick, Gustav Krupp von Bohlen und Halbach, Robert Bosch u.a.m., stifteten zwar runde zwölf Millionen Mark, aber eine beträchtliche Zahl anderer, ähnlich betuchter Industrieller unterstützten Hitler. Wie Brüning berichtete, spendeten die Vereinigten Stahlwerke für Hindenburg 5000 Mark, für Hitler eine halbe Million. Aus Hindenburgs Wahlkampf von 1925 war immer noch eine Schuld von mehr als fünf Millionen Mark unter anderem bei Druckereien zu begleichen, und so mußte Brüning zur Abtragung der Schulden neben privaten Geldern auch Staatsmittel verwenden. Der Einsatz von Staatsgeldern war in den Augen Brünings und der peinlich korrekten öffentlichen Stellen, darunter Reichsfinanzminister Dietrich und der preußische Innenminister Severing, dadurch gerechtfertigt, daß mit dem Geld Recht und Ordnung gewahrt, also die Nazis besiegt werden sollten. Die Gelder flossen Parteien und Organisationen wie dem Reichsbanner mit der ausdrücklichen Auflage zu, sie für Ausgaben zugunsten des Reichspräsidenten zu verwenden. Hitler seinerseits fand plötzlich Zugang zu Finanzquellen, an die er bislang nie herangekommen war.

Das soziale und politische Klima hatte sich total verändert, ein Großteil der Bevölkerung bis hin zu konservativen Großindustriellen war radikalisiert. Bis zu den Wahlen von 1930 hatte Hitler von dieser Seite kaum Unterstützung genossen. Zwar hatten ihm schon vorher Fritz Thyssen, der Klavierhersteller Karl Bechmann, Generaldirektor Emil Kirdorff vom Rheinisch-Westfälischen Kohlesyndikat, der Münchner Verleger Hugo Bruckmann, der Lokomotivenfabrikant Ernst von Borsig u.a.m. beträchtliche Summen zukommen lassen, aber im Januar 1932 brachte Thyssen eine Einladung Hitlers zu einem Vortrag vor den wichtigsten Vertretern der Industrie- und Finanzwelt in den Düsseldorfer Industrieklub zuwege, die bislang mit Hitler nichts zu tun haben wollten.

Auch diesmal ging Hitler meisterhaft auf sein Publikum ein. Er sagte seinen Zuhörern das, wovon sie ohnehin schon überzeugt waren, daß nämlich die Demokratie im politischen Bereich genausowenig tauge wie in ihrem ureigensten Bereich, in der Wirtschaft. Demokratie bedeute eine Majorisierung des Genies, sie sei nicht etwa Volksherrschaft, sondern Herrschaft der Dummheit, der Mittelmäßigkeit, der Schwäche, der Unzulänglichkeit. Es sei Widersinn, wirtschaftlich das Leben auf dem Gedanken der Leistung des Persönlichkeitswertes, »damit praktisch auf der Autorität der Persönlichkeit aufzubauen«, politisch aber diese Autorität der Persönlichkeit zu leugnen und das Gesetz der größeren Zahl, die Demokratie, an deren Stelle zu schieben. Der politischen Demokratie analog sei auf wirtschaftlichem Gebiet der Kommunismus. Nur ein autoritärer Staat könne die wirtschaftliche Freiheit gewährleisten, denn hinter ihm stehe der geeinte Wille der Nation. [3]

Er sprach zwei volle Stunden, und zum Schluß dankten ihm seine Zuhörer mit stürmischem, langanhaltendem Beifall. Mehr noch: Sie dankten ihm mit Geld, an das er bislang nur sehr schwer herangekommen war, mit Geld im übrigen, das in der Vergangenheit großenteils Hindenburg zugeflossen war. War Hitlers Rede auch geschickt, so hatte er doch schon früher ähnliche Reden gehalten und dennoch bei Industriellen wenig Anklang gefunden. 1932 aber waren diese Männer der Geschäftswelt voller Angst, genauso angstvoll wie ihre Angestellten und Arbeiter. England hatte den Goldstandard aufgegeben; überall im Reich brachen alte, solide Unternehmen zusammen. Was Brüning auch tat, wie sehr ihm dabei die deutschen Volkswirtschaftler auch beipflichteten – nichts schien die Beschleunigung der Abwärtsbewegung zu einem Sturz ins Bodenlose noch aufhalten zu können. Die Grandseigneurs der Wirtschaft starrten wie gebannt auf zwei Dinge: auf den drohenden Kommunismus und Sozialismus und auf die wachsende Macht der Gewerkschaften, und das eine konnte leicht zum anderen führen. In seiner schonungslosen Feindschaft gegen die Linke sprach Hitler ihre

Sprache; und doch hatten bis 1931 seine Worte bei ihnen genausowenig verfangen wie bei den Arbeitern, Bauern oder Angestellten, die bis dahin ebenfalls in keiner Wahl für die Nationalsozialisten gestimmt hatten.

Bald nach Bekanntgabe der Kandidatur Duesterbergs entdeckten die Nazis, daß er einen jüdischen Großvater hatte, und damit gab er für die Nazipresse und NS-Parteiredner eine ideale Zielscheibe ab. Daß der frühere Oberstleutnant Duesterberg mit dem EK I und II ausgezeichnet worden war und als zweiter Mann an der Spitze des martialischen Stahlhelm stand, hinderte Goebbels keineswegs, ihn als »rassisch minderwertig« zu brandmarken. So wurde er eines der ersten Opfer der Parteidoktrin, wonach jemand mit auch nur einem jüdischen Großelternteil in einem arischen Staat weder für ein hohes Amt in Frage kam noch vollgültige Bürgerschaft genoß.

Im Reichstag warf Goebbels am 25. Februar Hindenburg vor, er werde von der »Asphaltpresse« und der SPD, der »Partei der Deserteure«, unterstützt. Der SPD-Abgeordnete Kurt Schumacher konterte mit der Bemerkung, die Nationalsozialisten appellierten unablässig »an den inneren Schweinehund« und mobilisierten nichts als menschliche Dummheit. Schumacher war als Gegner ein erklecklicher Brocken, denn er war im Krieg schwer verwundet worden; er sagte weiter, die Nazis hätten das Gerücht ausgestreut, er habe sich selbst verstümmelt, und für diese Zeitungsente seien drei NSDAP-Mitglieder wegen Verleumdung verurteilt worden. Er sprach damit etwas an, was jeder Reichstagabgeordnete wußte, daß nämlich eben der Goebbels, dem die Parole von der »Partei der Deserteure« so leicht von der Lippe ging, einen Klumpfuß hatte und deshalb die Kriegsjahre, während Leute wie Schumacher an der Front kämpften, weit hinter der Front im sicheren Reich verbracht hatte.

Im Verlauf der Reichstagsdebatte beging auch Alfred Rosenberg einen ähnlichen taktischen Irrtum wie Goebbels, als er Brüning einen Verräter nannte. Der Baltendeutsche Rosenberg sprach besser Russisch als Deutsch, und als er diese Bemerkung machte, sprang Brüning auf und sagte, während Rosenberg, nicht recht wissend, zu welchem Staat er eigentlich gehöre, in Paris gelebt habe, sei er, Brüning, aus den Schützengräben heimgekehrt mit den Truppen, die die Revolution niedergeschlagen hätten. Als Replik auf Rosenberg war diese Äußerung sicherlich sehr schlagkräftig, aber bei den Sozialdemokraten einschließlich Schumachers, die ja auf der Seite der Revolution gestanden hatten, machte sich Brüning nicht gerade beliebt.

Nach der ersten Präsidentenwahl zog Duesterberg seine Kandidatur zurück, und in der Stichwahl stimmte ein Großteil der Deutschnationalen für Adolf Hitler, obwohl die Parteiführung zur Stimmenthaltung aufgerufen hatte; offensichtlich stimmten auch erhebliche Teile der Kommunisten für Hitler. Hindenburg erhielt 19 359 633 Stimmen, mithin 53%; Thälmann verlor eine Million Stimmen und bekam nur 3 706 655 (10,2%), und 13 418 051 (36,8%) Wähler gaben Hitler ihre Stimme. Damit war Hindenburg für weitere sieben Jahre gewählt, aber im Vergleich zum ersten Wahlgang hatte er nicht einmal eine Million Stimmen hinzugewonnen, während Hitler mit Hilfe der radikalen Rechten und der extremen Linken zwei Millionen hinzugewann. Das Wahlergebnis enttäuschte den Generalfeldmarschall schwer; er hatte das Gefühl, das Volk, auf das er sich zeit seines Lebens verlassen hatte, habe ihm den Rücken gekehrt. Für ihn hatte sich die Mitte und die Linke ausgesprochen, und darin lag ein erheblicher Wandel im Vergleich zu 1925, als er die Wahl mit massiver Unterstützung der Rechten gegen den Zentrumsmann Wilhelm Marx und den Kommunisten Thälmann gewonnen hatte. Nicht weniger enttäuscht vom Wahlergebnis waren Adolf Hitler und seine Anhänger. Sie waren von seinem Sieg überzeugt gewesen; mit seiner Niederlage wurde der Strasser-Flügel der Partei gestärkt, der nun Hitlers Strategie und seine hartnäckige Ablehnung jeglicher Zusammenarbeit mit jeglicher Koalition wieder lauter kritisierte. Daß Hindenburg über 53% der Stimmen erhalten hatte, war zweifellos seinem legendären Ruhm zuzuschreiben, aber auch der Tatsache, daß die Wählerschaft wie bisher dem Mittelweg den Vorzug gab. Immerhin aber zeugten die 47% Gegenstimmen von der Existenz einer großen enttäuschten Minderheit von Unternehmern, Arbeitern, Ladenbesitzern und Bauern und eines ganzen Heeres von Arbeitslosen, die allesamt radikalere Lösungen wollten, als Hindenburg oder auch irgendeine parlamentarische Regierung vermutlich zu bieten bereit waren. Der kleine Mann mit der heiseren, schrillen Stimme, der nach den Worten eines Beobachters eher wie ein Heiratsschwindler wirkte und über ein Jahrzehnt lang das Land gegen sich gehabt oder gleichgültig gelassen hatte, hatte fast über Nacht für Millionen Menschen die Züge eines Retters in der Not angenommen. Für viele aber ließ sich die Lösung, die die Nazis für die Übel des Reiches predigten, nur in dem hoffnungslosen Ausspruch zusammenfassen:
»Lieber ein Ende mit Schrecken
als ein Schrecken ohne Ende.« [4]

Über den Umfang der nazistischen Bedrohung konnte sich kaum ein Politiker in der Reichsregierung und den Landesregierungen einem Zweifel hingeben. Polizeiliche Hausdurchsuchungen in Preußen und Bayern hatten im März Beweismaterial zutage gefördert, wonach die Nationalsozialisten im Falle der Wahl Hitlers zum Reichspräsidenten die SA und SS aus den Beständen der Reichswehr zu bewaffnen und die Regierung zu übernehmen planten. In einer Wahlrede im pommerschen Lauenburg hatte Hitler den Verbänden der Braunhemden an der Ostgrenze versprochen, er werde sie nicht dem »System« opfern, die Grenze werde erst verteidigt, nachdem das System vernichtet sei. In Bayern beschlagnahmte die Polizei ein geheimes Waffenlager in der Nähe des Chiemsees, und in einer Landtagsrede sagte der bayrische Ministerpräsident Heinrich Held, die Naziübergriffe könnten nicht mehr länger hingenommen werden; die Nazis machten der Bevölkerung und den Beamten das Leben so unerträglich, daß sie ihren normalen Aufgaben nicht mehr nachkommen könnten.

Die Innenminister aller größeren Länder – Preußen, Baden, Bayern, Württemberg, Hessen und Sachsen – erklärten General Groener, die Reichsregierung müsse eingreifen und die öffentliche Ordnung aufrechterhalten, andernfalls nähmen sie die Sache selbst in die Hand. Das ließ sich Groener nicht zweimal sagen. Nach einem Gespräch mit den Chefs von Heer und Marine, die ebenfalls aktive Maßnahmen für notwendig hielten, schlug er Brüning vor, er und Hindenburg sollten eine Notverordnung erlassen und die SA und SS auflösen. Brüning schwankte; er befürchtete, eine solche Maßnahme könnte den Stimmenanteil der NSDAP in den bevorstehenden preußischen Landtagswahlen am 24. April noch verstärken, meinte aber, wenn die Reichswehr es für wesentlich halte, sei er bereit, dem Reichspräsidenten eine Notverordnung vorzuschlagen.

Groeners Ministerialchef Schleicher hatte eine solche Auflösungsverordnung zunächst begeistert unterstützt, nach weiterer Überlegung aber zu einem langsamen Vorgehen geraten. Für Hitler hatte er nicht viel übrig, meinte aber, die Opposition falle den Nationalsozialisten zu leicht, man müsse sie deshalb in die Regierung bringen und die Verantwortung für schwierige und unpopuläre Entscheidungen mittragen lassen, so daß sie wie jede andere Partei der Kritik ausgesetzt wären. Schleicher ignorierte lieber die Worte des Führers an seine pommerschen Braunhemden, denn wie die Generäle, die die Truppen an der Ostgrenze kommandierten, und die jungen Offiziere im Reichswehrministerium in Berlin war er überzeugt, den nationalsozialistischen Verbänden käme bei etwaigen Feindseligkeiten an der polnischen Grenze eine entscheidende Rolle zu. In einer zweiten Zusammenkunft mit Groener drängte er darauf, Hitler zunächst Gelegenheit zu geben, selbst die SA und die SS aufzulösen, und die Notverordnung nur zu erlassen, wenn er dieser Aufforderung nicht nachkomme. Schleicher wurde aber von Brüning und Kabinett einmütig überstimmt, und Hindenburg unterschrieb, nachdem ihm Groener versichert hatte, die Länder und die Reichswehr verlangten die Notverordnung.

Mit der Notverordnung vom 13. April wurden nicht nur die SA und SS, sondern auch die kleineren Hilfsorganisationen der Nationalsozialisten aufgelöst: Motorkorps, Fliegerkorps, Reiterei, Marineverbände, Führungsschulen, SA-Einrichtungen usw. Für die Parteiführung war das ein harter Schlag. Goebbels, der leicht zur Übertreibung neigte, notierte in seinem Tagebuch, wenn die Verordnung nicht aufgehoben werde, sei es mit der Partei aus. Severing, der als preußischer Innenminister die polizeilichen Durchsuchungen geleitet hatte, die das Beweismaterial für die subversive Tätigkeit der Nationalsozialisten in Preußen zutage gefördert hatten, schrieb in seinen Memoiren, falsch an der Notverordnung sei lediglich gewesen, daß sie so spät erlassen worden sei.

War dies auch die Ansicht der Republiktreuen, so löste die Notverordnung doch in anderen Kreisen einen Proteststurm aus. Hindenburg geriet sofort unter schweren Druck, er solle die Notverordnung zurücknehmen oder wenigstens dadurch ein Gleichgewicht schaffen, daß er auch linke Formationen verbiete. Der Kronprinz und frühere Reichswehrgeneräle, die sich wie Schleicher wegen der Verwundbarkeit der Ostgrenze Sorgen machten, wollten unter gar keinen Umständen eine weitere Schwächung der verfügbaren Verteidigungskräfte. Sie hielten einen polnischen Einfall für die viel akutere Gefahr als eine nationalsozialistische Machtergreifung. Bald wußte Hindenburg nicht mehr aus noch ein. Die Männer, auf deren Rat er hörte, darunter Schleicher, Meißner und sein mit Talenten nicht gerade reich gesegneter Sohn Oskar – Reichswehroberst und Politikdilettant –, taten nichts, um seine Unsicherheit zu mindern. Mehr noch als Schleicher und Meißner war Oskar in der Lage, Hindenburg unentwegt Ratschläge zu erteilen, und wenn er auch sicherlich von großer Sohnestreue erfüllt war, fehlte es ihm beträchtlich an Urteilsvermögen, was Menschen oder politische Ereignisse anlangte. Im Heer hatte er den Spitznamen 1:100000, womit sein Format im Verhältnis zu dem seines berühmten Vaters gemeint war, und dieser Spitzname war bezeichnend für die Einschätzung, die er bei seinen Offizierskameraden genoß. Da er aber mit seinem Vater im gleichen Haushalt lebte, hatte er dessen Ohr; dasselbe galt in geringerem Maße für Staatssekretär Meißner, der noch von Ebert ernannt worden war. Meißner war ehemaliger Hauptmann der Reserve. Er war ein vorsichtiger, zuverlässiger Beamter und brachte es fertig, seinen Posten unter dem Sozialdemokraten Ebert, dann unter Hindenburg und schließlich unter Hitler zu behalten, was mehr für seine angeborene Zurückhaltung als für kräftige Überzeugungen spricht.

Schleicher hatte sich gegen die Auflösungsverordnung gewandt, und Oskar befürchtete, sie könnte der ohnehin angeschlagenen Stellung seines Vaters bei der Rechten noch weiter schaden. Diese schloß sich den zahlreichen Kritikern der Notverordnung an und vergrößerte damit noch die Unsicherheit des alten Herrn. Groener hatte ihm versichert, sämtliche Länder und die Reichswehr befürworteten die Notverordnung, aber bald erfuhr Hindenburg, einige der kleineren Länder, in denen die Nazis kräftig Fuß gefaßt hatten, seien ebenso dagegen wie viele jüngere Reichswehroffiziere. Groener hatte an die älteren Offiziere gedacht, die Hitler mißtrauten und ohnehin von Privatarmeen nichts hielten. General von Hammerstein, der Heye als Chef der Reichswehr nachgefolgt war, hatte in einer Generalsbesprechung gesagt, eventuell müsse man gegen Hitler sogar Gewalt anwenden, falls das deutsche Volk so verrückt wäre, einen solchen Narren an die Macht zu bringen, und die Generäle einschließlich Schleicher hatten ihm zugestimmt. Aber Schleicher hatte hinsichtlich der Notverordnung seine Meinung geändert, und der Beschluß der Notverordnung gegen seinen Rat hatte die Kluft zwischen ihm und Brüning noch vertieft. Schleicher fühlte sich in seiner wachsenden Überzeugung bestärkt, weder Brüning noch Groener seien ihrem Posten länger gewachsen. Schon einen Monat vorher hatte Schleicher im März bei einem Abendessen in der Russischen Botschaft (Schleicher war ein starker Befürworter der militärischen Zusammenarbeit zwischen dem Reich und der Sowjetunion) zu Severing gesagt, mit dem »guten Heinrich« sei es wohl nicht mehr weit her; der Mann komme ja zu keinen Entschlüssen und unter seiner Amtsführung strömten immer mehr Arbeitslose auf die Straße. [5]

Seit 1931 war Schleicher der Überzeugung, da die Regierung Unterstützung bei der Rechten suche, sollte man sich der Nationalsozialisten bedienen. Der intelligente, zynische, ehrgeizige und der

Reichswehr ganz und gar ergebene Schleicher stand bei vielen Offizierskameraden in hohem Ansehen; er brachte es in ihren Augen fertig, das scheinbar hoffnungslos verwickelte politische Durcheinander zu durchschauen, und besaß das Talent, Soldatentum mit Politik zu verbinden, etwas, das sie gewöhnlich herzlich haßten, ohne das aber ihrer Meinung nach die Reichswehr vollends verloren war. Andere wiederum mißtrauten ihm und konnten ihn nicht leiden; seit Jahren hatte er kein Truppenkommando mehr innegehabt, und wie ein Beobachter, Generalmajor von Holtzendorf, schrieb, konnte in einer Zeit der politischen Schwäche und des inneren Zwists die Rolle eines politischen Soldaten in der Reichswehr nur unpopulär sein.

Schleicher gehörte trotzdem, was Groener nie gelungen war, zum Kreis der Beliebten unter den Offizieren und bei Hindenburg. In der Kadettenschule war er eine Klasse unter von Hammerstein gewesen, desgleichen hatte er dem 3. Garde-Infanterieregiment angehört, dem Regiment Hindenburgs und seines Sohnes Oskar. Seit 1913 war er im Generalstab und nach dem Krieg politischer Berater General Groeners und danach Seeckts gewesen. Man hielt ihn für einen außergewöhnlich fähigen jungen Offizier, weltmännisch und geschickt, aber er überschätzte seine Fähigkeit, zweierlei gleichzeitig zu tun, d.h. Hitler einerseits in Schach zu halten und sich gleichzeitig der NSDAP und SA auf seiten der Reichswehr gegen Brüning und Groener zu bedienen. Schleicher war zu der Meinung gelangt, beide Herren seien ihrer Aufgabe nicht mehr gewachsen, womit er ganz einfach meinte, beide hörten nicht mehr auf ihn. Er war fest überzeugt, Hitler zähmen und sich zugleich dieser beiden Versager entledigen zu können, mit einer Strategie, die noch subtiler war als die Brünings und so zielstrebig wie die Hitlers. Vom Führer hatte er nie viel gehalten; beim gleichen Abendessen in der Russischen Botschaft, bei dem er sich abfällig über Brüning ausgelassen hatte, hatte er erklärt, die Reichswehr werde nie dulden, daß die Nazis an die Macht kämen. [6] In der SA erblickte er eine Quelle für ausgezeichnetes Personal, das lediglich der Disziplin und Erziehung zum Dienst am Vaterland bedurfte, wie das Heer sie liefern konnte, und was Hitler anging, so könne man ihn durch die Widersprüche innerhalb seiner eigenen Partei und dadurch in Schach halten, daß man ihn zwang, als Mitglied einer Rechtsregierung Verantwortung zu übernehmen.

Der Druck auf Hindenburg tat seine Wirkung; zwei Tage nach Unterzeichnung der Notverordnung schrieb er Groener einen Brief, der in allen Zeitungen abgedruckt wurde. Beigefügt war ein Dossier, das Hindenburg aus Reichswehrkreisen (vielleicht von Schleicher) zugespielt worden war und angebliches Beweismaterial über die Staatsgefährdung durch die uniformierten Frontkämpferverbände der Linken – z.B. das »Reichsbanner«, linkes Gegenstück zum Stahlhelm – enthielt, die größtenteils der SPD und den Gewerkschaften angeschlossen waren. In dem Brief hieß es, Groener habe dem Reichspräsidenten versichert, der SA-Auflösungserlaß sei notwendig zur Erhaltung der Autorität des Staates, aber nachdem er die Verordnung unterzeichnet habe, seien ihm Beweise vorgelegt worden, wonach andere Parteien ebenfalls Organisationen hätten, ähnlich denen, die er verboten habe. Bei der Ausübung der nicht parteigebundenen Pflichten, die ihm sein Amt auferlege, müßten alle derartigen Organisationen die gleiche Behandlung erfahren. Mit diesem in hochfahrendem Ton gehaltenen Brief wurde der Mann öffentlich gemaßregelt, der Hindenburg in drangvollen Zeiten treu gedient hatte; gleichzeitig griff der Brief jene an, die Hindenburg unterstützt hatten, und besänftigte jene, die alle Hebel in Bewegung gesetzt hatten, ihn aus dem Amt zu jagen. Überdies enthielt das Dossier keinerlei Beweismaterial, daß die Zielsetzungen des Reichsbanners mit denen der SA oder einer sonstigen NS-Organisation gleichgesetzt werden konnten. Die Sprache offenkundiger Fairneß und gleicher Behandlung für jedermann wirkte auf Hindenburg sicherlich überzeugend, war aber in diesem Zusammenhang reiner Unsinn. Das Reichsbanner war zum Schutz von Verfassung und Republik gebildet worden; kein Fetzchen eines Beweises wurde gefunden, daß es je einen Aufstand geplant hätte, während Material in Hülle und Fülle darüber vorlag, daß die Nationalsozialisten eben dieses im Sinne hatten.

Groener sagte, er könne in den Dokumenten nichts finden, was eine Auflösung des Reichsbanners oder des Stahlhelms rechtfertige; er hatte recht, und Hindenburg war im Unrecht, aber Groeners Tage waren von nun an gezählt. Im aristokratisch orientierten Offizierskorps war er nie das Musterbeispiel eines Generals gewesen. Er hegte liberale politische Anschauungen, sein Vater war Heereszahlmeister gewesen, und nach langer Witwerschaft hatte Groener 1930 eine Frau geheiratet, die weder beim Offizierskorps noch bei den Offizieren als salonfähig galt. Den Hochzeitsfeierlichkeiten war schon nach fünf Monaten die Geburt eines Sohnes gefolgt, der von den Lästermäulern der Offizierskasinos nach dem finnischen Schnelläufer den Spitznamen »Nurmi« erhielt, und beide

Ereignisse erhöhten nicht gerade Groeners Ansehen bei Hindenburg.

Als Groener im Reichstag auf die Angriffe antwortete, die Göring namens der Nationalsozialisten auf ihn abfeuerte, gab er eine ziemlich erbärmliche Figur ab. Die Nazis störten sein stotterndes Ablesen einer glanzlosen, wenig überzeugenden Rede mit schrillen Zwischenrufen. Seine gesundheitliche Verfassung war schlecht, er litt an Zucker und unter Furunkulose; ein Furunkel saß auf seiner Stirn, so daß er mit verbundenem Kopf und hohem Fieber auf der Rednertribüne stand, und selbst denen, die es gut mit ihm meinten, schien seine Verteidigung gegen die nazistischen Angriffe eher kümmerlich. General von Hammerstein, einer der schärfsten Hitler-Gegner, distanzierte sich mit Schleicher und anderen von Groener. Am 12. Mai mußte Groener als Reichswehrminister zurücktreten, am 29. Mai als Innenminister. Brüning, der ihn loyal unterstützt hatte, bot daraufhin dem Reichspräsidenten seinen eigenen Rücktritt und den seines Kabinetts an.

Viel wichtiger als Schleichers Intrigen wirkten sich für Groeners und Brünings Sturz die Wahlergebnisse aus; in den Landtagswahlen vom 24. April erzielten die Nationalsozialisten dramatische Gewinne; in allen Ländern mit Ausnahme Bayerns wurden sie stärkste Fraktion, und auch in Bayern, wo sie bisher neun Sitze innegehabt hatten, errangen sie 43 der insgesamt 128 Landtagsmandate. In Preußen brachten sie es von den 1928 errungenen sechs Sitzen auf 162 von insgesamt 423 Mandaten. In Württemberg, wo sie bislang nur einen einzigen Abgeordneten gestellt hatten, erlangten sie 23 von 80 Sitzen. In Anhalt war es ähnlich; auch hier hatten sie bislang von den 36 Abgeordneten des Landtags nur einen einzigen gestellt; jetzt entfielen 15 Mandate auf sie. In Hamburg kamen sie auf 51 von 160 Sitzen. Wenige Wochen später errangen sie in Oldenburg die absolute Mehrheit mit 24 von 46 Abgeordneten anstelle von vorher nur drei.

Vor allem verglichen mit anderen Parteien war ihre zahlenmäßige Stärke eindrucksvoll. In Preußen fielen Hugenbergs Deutschnationale von 71 auf 31 Sitze und die SPD von 137 auf 94. Da die Sozialdemokraten nun nicht mehr die größte Fraktion bildeten, mußten sie das Amt des Landtagspräsidenten an die Nationalsozialisten abgeben. Das Zentrum kam verhältnismäßig ungeschoren davon; es verlor nur vier von vorher 71 Sitzen. Die liberalen Parteien aber erlitten schwere Einbußen; die Volkspartei rutschte auf sieben, die Staatspartei auf zwei Mandate ab. Die Kommunisten kletterten von 48 auf 57 Sitze, und damit brauchte entweder die Rechts-Mitte- oder die Links-Mitte-Koalition ihre Stimmen zur Mehrheit.

Die Landtagswahlen waren ein schwerer Schlag für die Republik und die Regierung Brüning. Die demokratische Bastion des preußischen Landtags, in dem seit Jahren eine Koalition aus Zentrum und SPD die Mehrheit behauptet und wo die preußische Polizei dem entschlossenen Nazigegner Severing unterstanden hatte, war nun dahin; die fanatischen Feinde der Republik hatten jetzt die Mehrheit. Angesichts der bevorstehenden Reichstagswahlen mußte man den Nationalsozialisten schon mit wirksameren Maßnahmen begegnen als mit dem bloßen Verbot der SA, deren Auflösung die politische Schlagkraft der Partei keineswegs vermindert hatte. Brüning war weitgehend der Auffassung Schleichers, man müsse die Nazipartei in die Regierung einbinden, und er versuchte es über den Strasser-Flügel. Er traf sich in aller Heimlichkeit mit Vertretern von Gregor Strasser. Einmal wechselte er mehrmals das Taxi, stieg wieder aus, schlenderte durch Nebenstraßen und fuhr dann in umgekehrter Richtung, ehe er schließlich im Haus eines Freundes mit Strassers Abgesandtem zusammentraf. Aber die Gespräche führten zu nichts, und so blieb Brüning nur noch eine Karte: die Außenpolitik. Da zwei wichtige Konferenzen über Abrüstung und Reparationen bevorstanden, drängte Hindenburgs konservativer Freund Graf Westarp beim Reichspräsidenten darauf, er solle Brüning wenigstens noch so lange im Amt lassen, bis diese beiden Fragen geregelt seien.

Die Abrüstungskonferenz hatte seit dem 2. Februar in Genf immer wieder getagt, aber die Ergebnisse waren mager. Der französische Ministerpräsident Tardieu hatte einen Plan eingebracht, der darauf abzielte, die französische Waffenüberlegenheit und insgesamt den Status quo aufrechtzuerhalten; die Deutschen hatten die Abschaffung der Waffen vorgeschlagen, die sie selbst nicht haben durften – schwere Artillerie, Kriegsflugzeuge und Giftgas –, und keiner der beiden Vorschläge fand bei den anderen Ländern besondere Gegenliebe.[4]

Als Tardieu Ende April erkrankte und Genf fernbleiben mußte, gelang es Brüning, England und die Vereinigten Staaten für die deutsche Auffassung zu gewinnen, Deutschland müsse endlich der Grundsatz der Waffengleichheit zugestanden werden. Schon im Oktober 1931 hatte er dem italienischen Außenminister Grandi gegenüber verlauten lassen, ihm gehe es darum, den Versailler Diktatfrieden durch Wilsons Vierzehn Punkte zu ersetzen, gegen die die Alliierten nach einhelliger deutscher Überzeugung gröblich verstoßen hatten. Jetzt sah es so aus, als würde es Brüning gelingen, daß sich die nächste Vollkonferenz wenigstens die deutsche Auffassung von der Unausgewogenheit der Bewaffnung und vielleicht sogar die Notwendigkeit einer Revision der Grenzen im Osten zu eigen machte, wo von Selbstbestimmung keine Rede mehr sein konnte. In der Zusammenkunft im April, die ohne Tardieu stattfand, hatte der amerikanische Vertreter Norman Davis zu Brünings Vorschlägen erklärt:»It is very fair what the Chancellor is asking for, very fair indeed« (»Was der Reichskanzler da verlangt, ist nur recht und billig, wirklich sehr recht und billig«). Henderson und MacDonald hatten dem beigepflichtet. [7]

In einer mitreißenden Rede im Reichstag am 11. Mai sagte Brüning zu den Abgeordneten, sein Ziel sei es, auf dem Weg über eine allgemeine Abrüstung zur Gleichberechtigung zu gelangen und ein für allemal die Reparationen loszuwerden, und sei das erst erreicht, könne endlich Frieden in der Welt einkehren. Sogar die Nationalsozialisten hatten ihm schweigend zugehört, als er sagte, nur noch hundert Meter trennten Deutschland von diesem Ziel. In der gleichen Sitzung, in der die Nazis Groener ausgebuht und niedergeschrien hatten, begrüßten die Abgeordneten Brüning mit Begeisterung und sprachen ihm ihr Vertrauen aus.

Da Hitler sprungbereit hinter der Bühne auf seinen Auftritt wartete, erhielten Brünings Argumente in den Augen der Amerikaner und Engländer immer größere Überzeugungskraft. Das Reich, sagte Brüning zu Ramsay MacDonald und Henry Stimson, besitze nicht einmal genug Finanzkraft, die ohnehin stark herabgesetzten Wehrausgaben der nächsten fünf Jahre durchzuhalten, obwohl bereits in den letzten zwei Jahren die Ausgaben für Munitionserneuerung fast gänzlich gestrichen worden seien. Vier Fünftel aller Ausgaben des Wehretats seien durch die zwölfjährige Dienstzeit und die daraus resultierenden Pensionsleistungen bedingt. Die Dienstzeit sollte deshalb auf sechs Jahre herabgesetzt werden. Das 100 000-Mann-Heer sollte eventuell durch eine gleich große Miliz vergrößert und die Heere der anderen Mächte müßten verringert werden.

Offenkundig strebte Brüning damit eine Verstärkung der Verteidigungskraft des Reiches an, um die Wiederholung von Vorgängen wie einer erneuten Ruhrbesetzung verhindern und den Schutz der polnischen Grenzen gewährleisten zu können. Nach den Versailler Bestimmungen, so sagte er, dürften Waffen und Munition nicht in derselben Fabrik hergestellt werden, und so entfielen 50% der gesamten Herstellungskosten allein auf Fracht- und Verladekosten. Dabei sei die Munitionsherstellung mengenmäßig begrenzt, so daß die geschulten Munitionsarbeiter und die Maschinen nur zwei Monate im Jahr beschäftigt werden könnten, während der übrigen zehn Monate aber die Löhne und die Zinsen für die stillstehenden Maschinen weiterbezahlt werden müßten. Frankreich und Polen verfügten über starke Angriffskräfte, und die polnische Kavallerie könne binnen 24 Stunden in Berlin sein und Schlesien vom Reich abschneiden. Deshalb seien die deutschen Garnisonen aus der Provinz abgezogen worden, weil Oberschlesien nicht zu verteidigen sei. Im Elsaß hätten er und der amerikanische Vorkämpfer für den Frieden, Norman Davis, auf einer Fahrt die großen Befestigungsanlagen gesehen, die Frankreich – zumeist mit Hilfe deutscher Reparationszahlungen — gebaut habe. [8]

Es bestand kaum Zweifel, daß Brüning bei den nächsten Sitzungen in Anwesenheit Frankreichs eine Grundsatzeinigung in der Rüstungsfrage erlangen würde. Er dachte auch, die französischen Wahlen würden ihm den Weg ebnen; aus ihnen war gerade wieder eine Linksregierung unter dem Radikalsozialisten Edouard Herriot hervorgegangen, der doch erheblich umgänglicher war als der ehemalige Clemenceau-Mitarbeiter André Tardieu. Doch Brüning sollte die Früchte seiner hohen Politik nie einheimsen. Er wolle, sagte er zu Schleicher, den er zur Unterstützung seines Kabinetts bewegen wollte, der Wiedererrichtung der Monarchie den Weg ebnen. Brüning versprach Schleicher, dieser werde sein Nachfolger und könne dann selbst die letzten Schritte für die Rückkehr der Hohenzollern tun. Aber Brüning hatte kein Glück. Schleicher war viel zu schlau, als daß er an Bord eines sinkenden Schiffes gegangen wäre. Er wußte – und keiner wußte es besser als er –, daß Brüning erledigt war. [9]

Hindenburg hörte zu, als Brüning ihm seine Vorstellungen erläuterte, er müsse nur lange genug aushalten, bis einer konstitutionellen Monarchie der Weg bereitet sei. Hindenburg hörte zu, aber Brüning war sich ganz und gar nicht sicher, ob er überhaupt verstand, was ihm der Reichskanzler da sagte. Der Reichspräsident erklärte ihm, er wolle mit den Parteiführern über die Sache reden, und damit hatte Brüning den Beweis, daß Hindenburg seinem Reichskanzler die Unterstützung entzogen hatte.

Brünings letztes Zusammentreffen mit dem Reichspräsidenten war völlig nichtssagend und dauerte ganze dreieinhalb Minuten. Am Vortag hatte Hindenburg zu Brüning gesagt, er sei zu unpopulär geworden und könne deshalb nicht mehr im Amt bleiben, und jetzt nahm er zu seinem knappen Vorrat an politischen Denkwürdigkeiten Zuflucht und sagte, er müsse um Brünings Rücktritt bitten, »meines Namens und meiner Ehre wegen«. [10] Dann fragte er ihn noch, ob er nicht den Posten des Außenministers übernehmen wolle, und als Brüning ablehnte, war das Gespräch beendet.

Als Brüning das Präsidentenpalais verließ, spielte gerade die Marinekapelle in Erinnerung an die Schlacht am Skagerrak, und der ehrwürdige Generalfeldmarschall nahm ihren Vorbeimarsch vom Fenster aus ab. Nicht ein Wort des Dankes hatte er für seinen Reichskanzler gefunden, der ihm nach besten Kräften 26 Monate lang gedient hatte und dem er mehr als jedem anderen seinen Sieg über Hitler verdankte. Vielleicht konnte er es Brüning nicht verzeihen, unpopulär geworden zu sein, vielleicht auch konnte er es nicht verwinden, daß Brüning den Sieg Hindenburgs gegen den Widerstand vieler Rechtskonservativer durchgesetzt hatte, mit denen sich Hindenburg zeit seines Lebens identifiziert hatte. Hindenburg glaubte inzwischen selbst an seine eigene Legende und fühlte sich von eben jenen verraten und verlassen, die er stets als die Seinigen angesehen hatte. Nun plötzlich dem katholischen Zentrum und den Sozialdemokraten seine Wahl verdanken zu müssen war für ihn, als stehe er plötzlich im Lager der Neutralen und des Feindes, und dies war es, was er für unvereinbar hielt mit seinem Namen und seiner Ehre.

Der Mann, für den sich Hindenburg als Nachfolger für Brüning entschied, Franz von Papen, war wie Brüning ein frommer Katholik und im Gegensatz zu Brüning ein abtrünniger Rechtsradikaler im Zentrum. Im Reich war er fast ein Unbekannter. Sein künftiger Finanzminister Schwerin von Krosigk befand sich gerade in Paris auf einer Wirtschaftskonferenz, als er von Papens Ernennung erfuhr, und berichtete, alle Welt einschließlich des deutschen Botschafters habe ihn gefragt, wer denn Papen sei. François-Poncet schreibt, die Nachricht von Papens Ernennung sei zunächst ungläubigem Staunen begegnet, und als die Nachricht bestätigt worden sei, habe man allgemein nur mitleidig gelächelt. Papen habe es an sich, daß ihn weder seine Freunde noch seine Feinde ganz ernst nähmen. Man nenne ihn oberflächlich, eitel, ehrgeizig, verschlagen und intrigant; seine einzigen guten Eigenschaften seien, daß er Selbstsicherheit besitze und jeden Fehdehandschuh aufnehme. [11]

Papen war preußischer Landtagsabgeordneter gewesen und hatte sich dort lange der Koalition des Zentrums mit der SPD widersetzt; in einem Artikel im vom Deutschen Herrenklub herausgegebenen *Ring* hatte er kurz zuvor genau das geschrieben, was sein Freund Schleicher hören wollte. Im Leitartikel stellte Papen die rhetorische Frage, ob nicht dem Zentrum, das es sehr oft als seine historische Mission bezeichnet habe, die Sozialdemokratie in den Staat hineinzubringen, sie zu »bourgeoisieren«, nunmehr die gleiche historische Verpflichtung gegenüber der Bewegung obliege, die heute von rechts her das deutsche Land überflute. [12]

Auf solche Fragen hatte Papen immer eine Antwort parat, und er wiegte sich in dem Glauben, Hitler lasse sich zähmen und für verantwortungsvolle Arbeit gewinnen. Sein Leitartikel gefiel Schleicher sehr; die beiden waren alte Freunde, hatten gemeinsam die Kriegsakademie besucht und nannten sich »Fränzchen« und »Kurtchen«. So wurde denn Papen Schleichers Kanzlerkandidat. Er wußte, daß Papen nicht gerade der Intelligenteste war, und als ein pommerscher Landtagsabgeordneter ihm vorhielt, Papen sei kein kluger Kopf, erwiderte Schleicher, der neue Kanzler solle ja auch nicht der Kopf der Regierung sein, sondern nur ihr Hut. Selbst wollte er nicht Kanzler werden; er haßte öffentliches Auftreten und zog es vor, hinter den Kulissen zu wirken. Papen hatte seine Auffassung zur politischen Lage in einem langen Brief an Schleicher dargelegt, und als die beiden dann am 28. Mai 1932 in Berlin in Schleichers Büro zusammentrafen, um sich darüber ausführlich zu unterhalten, unterrichtete Schleicher Papen zu dessen Erstaunen, er denke an ihn als Kanzlerkandidat und habe ihm bereits ein Kabinett zusammengestellt. Papen schrieb später, er habe den Posten eigentlich nicht annehmen wollen, doch scheint er lediglich Schleicher dankbar dafür gewesen zu sein, daß er ihm vorsorglich schon das Kabinett zusammengestellt hatte. Schleicher sagte ihm, der Reichspräsident wolle ein überparteiliches Kabinett der Fachleute, diesmal aber von der Rechten, wobei freilich dem Außenstehenden nicht recht ersichtlich sein mochte, welchen Sachverstand denn nun Papen selbst einbrachte.

Im Ersten Weltkrieg hatte er an der Westfront und in Palästina redlich gedient, bei anderen Regierungsaufgaben allerdings sagte man ihm ungewöhnliche Unfähigkeit und zudem Glücklosigkeit nach. Dennoch war Schleicher der Meinung, mit Hindenburgs

Unterstützung und unter Schleichers Anleitung könne sich Papen bei der Absicht, Hitler einzurahmen und eine starke nationalistische Regierung zu bilden, nützlich machen. Zum Beweis für Fortschritte in dieser Richtung sagte Schleicher zu Papen, in Gesprächen mit Hitler und Röhm habe er die Zusage eingehandelt, Hitler werde ein Kabinett Papen unter der Bedingung »tolerieren«, daß das Verbot der SA und SS aufgehoben und Neuwahlen ausgeschrieben würden. Hindenburg ließ sich auf Schleichers Lösung ein, weil dieser eine überparteiliche Rechtsregierung etwa der Art versprach, die er sich von Brüning erhofft hatte. Papen ließ sich von den Appellen an Vaterlandsliebe und soldatische Pflichterfüllung, vor allem aber durch seinen Ehrgeiz, der seiner politischen Kunstfertigkeit weit überlegen war, zur Annahme bewegen.

Von Natur aus war Papen ein einnehmender Charmeur, der sich auf glattem Parkett zu bewegen wußte. Der frühere Kavallerist schnitt in Amateurrennen gut ab und war ein bekannt treffsicherer Jäger. Nach dem Kriege wechselte er zum Journalismus über und erwarb 47% des Kapitals der Zentrumszeitung *Germania,* deren Aufsichtsratsvorsitzender er wurde. Er entstammte einer alten katholischen Familie, die seit dem 15. Jahrhundert in Westfalen ansäßig war; er war dem Zentrum beigetreten, wäre aber wohl in einer der angesehenen Rechtsparteien besser zu Hause gewesen. Verheiratet war er mit der Tochter eines reichen französischen Industriellen, ein Umstand, der ihn, wie er selbst sagt, veranlaßt habe, gut Französisch zu lernen und frankophil zu werden. Er stand unablässig am Anfang einer aussichtsreichen Karriere, die sich ebenso regelmäßig wieder zerschlug.

Während des Krieges war er eine Zeitlang Militärattaché an der Deutschen Botschaft in Washington, eine Tätigkeit, die mit einer Katastrophe für ihn und das Reich ihr Ende fand. Er wollte den Munitionsnachschub aus den Vereinigten Staaten für die Alliierten so weit wie irgend möglich bremsen und die amerikanische Kriegsproduktion unter anderem dadurch sabotieren, daß er Arbeiter deutscher und österreichischer Herkunft dazu überredete, langsamer zu arbeiten. Einem Mann, der beim Überschreiten der Grenze denn auch prompt geschnappt wurde, gab er 500 Dollar, damit er eine kanadische Brücke in die Luft sprenge. Seinen einzigen Erfolg verbuchte er mit dem Aufkauf einer Waffenfabrik in Bridgeport für Deutschland; das Ganze war allerdings mehr in dem Sinne nützlich, daß die Fabrik in Bridgeport Rohstoffe verbrauchte, die somit den für die Alliierten arbeitenden Fabriken fehlten, und weniger in dem

Sinne, daß sie Waffen und Munition für die Mittelmächte herstellte, weil diese an den Ausstoß der Fabrik in Bridgeport gar nicht herankommen konnten. Ein Mitarbeiter Papens, ein gewisser Dr. Heinrich Albert, ließ in der New Yorker Hochbahn versehentlich seine Aktentasche mit wichtigen und sehr belastenden Papieren liegen, die dann drei Tage später von der *New York World* veröffentlicht wurden. Sie enthielten Einzelheiten über Papens Versuche einer Organisierung der deutschen und österreichischen Arbeiter sowie Meldungen über die Verschiffung von Waffenladungen für die Alliierten.

Das war aber erst der Anfang von Papens Mißgeschick mit Geheimpapieren. Wenige Wochen später vertraute er einen Brief an seine Frau einem Journalisten an, der gerade ins Reich fuhr. In dem Brief hieß es:»Unglücklicherweise haben sie dem guten Albert in der Hochbahn seine ganze dicke Aktentasche gestohlen. Wie herrlich an der Ostfront! Ich sage diesen blöden Yankees immer, sie sollten den Mund halten oder noch besser ihre Bewunderung über all das Heldentum aussprechen.« [13] Bei der Durchsuchung des Gepäcks des Journalisten in Falmouth wurde der Brief gefunden und stand wenige Tage später ebenfalls in allen Zeitungen. Als Papen schließlich von der amerikanischen Regierung zur Persona non grata erklärt und mit britischem sicherem Geleit auf dem holländischen Schiff Nordam nach Deutschland zurückgeschickt wurde, beschlagnahmte man bei der Durchsuchung seines Gepäcks in Falmouth seine persönlichen Papiere. Sie enthielten unter anderem ungültig gemachte Schecks für Agenten, die kanadische Brücken sprengen sollten, sowie Unterlagen über seine Bemühungen um den Aufbau eines deutschen Spionagerings in den Vereinigten Staaten. Auch diese Papiere wurden in der alliierten und amerikanischen Presse veröffentlicht.

In den späteren Kriegsjahren dann als Generalstabsoffizier in Palästina, fuhr Papen einmal von Nazareth nach Deutschland auf Urlaub. Während seiner Abwesenheit nahmen die Engländer nicht nur die altehrwürdige Stadt ein, sondern fanden auch wieder mal Papen-Papiere. Diesmal betrafen sie Aufstände in Irland und Indien und Sabotage in den Vereinigten Staaten, und nach Aussage des Papen-Mitarbeiters Hauptmann von Rintelen wurden daraufhin deutsche Agenten in England und den Vereinigten Staaten verhaftet und entweder ins Gefängnis gesteckt oder hingerichtet.[5] [14]

Nach dem Kriege war Papen zwölf Jahre lang Zentrumsabgeordneter im preußischen Landtag und versuchte dort und in der *Germa-*

nia, der Partei seine Auffassung einzureden, anstelle der Zusammenarbeit mit der SPD müsse das Zentrum mit der Rechten koalieren. Seine regelmäßige Wiederwahl verdankte er seinem konservativen und weit überwiegend katholischen Wahlkreis, in dem hauptsächlich westfälische Bauern und Gutsbesitzer beheimatet waren, die ihm zweifellos vor allem deshalb immer wieder ihre Stimme gaben, weil er sich für eine weit stärkere Landhilfe einsetzte. Das Brüningsche Umsiedlungsprogramm war ihm ein ebenso großer Horror wie den ostpreußischen und westfälischen Gutsbesitzern, doch hatte er keinerlei Pläne zur Entschärfung der Wirtschaftskrise, die über Brünings Programm hinausgegangen wären. Er regierte mit den gleichen Notverordnungen, wie sie Brüning der Unterschrift des Reichspräsidenten vorgelegt hatte und die zum Ausgleich für die verminderten Staatseinnahmen eine Senkung der Arbeitslosen- und Unterstützungsgelder vorsahen. Seine politische Position war aber noch schwächer als die Brünings, der wenigstens eine Partei hinter sich gehabt hatte.

Schleicher hatte unter anderem Papen als Reichskanzler haben wollen, weil er hoffte, dieser werde die Unterstützung des Zentrums einbringen, das nach Schleichers Meinung von jeher mal mit der Linken, mal mit der Rechten hätte koalieren sollen, wie die Lage es gerade erforderte. Nach Schleichers Rechnung war jetzt die Rechte an der Reihe, und das hatte Papen schon seit langem im preußischen Landtag befürwortet, wo er versucht hatte, die Koalition zwischen Braun und Hess aufzubrechen.

Angesichts der Wählertendenzen wäre dies möglicherweise für das Zentrum auch vernünftig gewesen, aber die Ernennung Papens war von Anfang an eine Katastrophe. Das Zentrum nahm es ihm sehr übel, daß er den Reichskanzlerposten annahm, den gerade ein führendes Zentrumsmitglied verloren hatte, und wäre Papen nicht selbst aus der Partei ausgetreten, hätte sie ihn ausgestoßen. Die Zusage, die Schleicher Adolf Hitler abgerungen zu haben glaubte, Hitler werde die Regierung Papen tolerieren, wurde nie eingehalten. Hitler aber erhielt genau das, was er verlangt hatte. Am 4. Juni wurden der Reichstag aufgelöst und Neuwahlen für den 31. Juli ausgeschrieben, und am 14. Juni wurde das SA-, SS-Uniform- und Demonstrationsverbot aufgehoben.[6] Von einem Tolerieren, geschweige denn einer Unterstützung Papens durch Hitler aber war weit und breit nichts zu merken, und schon wenige Tage nach Amtsantritt stellte Papen fest, daß er im Reichstag bei keiner Partei Rückhalt fand und völlig alleine stand. Das Zentrum war wütend über seine Annahme der Kanzlerschaft nach Entlassung des bedeutendsten Zentrumsmannes und stand einhellig gegen ihn; sein Wortbruch war um so schlimmer, als er vorher dem Zentrumschef Prälat Kaas versprochen hatte, den Posten nicht anzunehmen. Diese Entscheidung Papens hatte Kaas in einer Sitzung der Zentrumsabgeordneten dankbar verkündet und Papens Selbstlosigkeit gelobt, um nur wenige Stunden später erfahren zu müssen, Papen habe nach einem Gespräch mit dem Reichspräsidenten nun doch die Berufung angenommen.

Auch Papens Kabinett löste keinerlei Begeisterung aus. Mit Ausnahme von drei Mitgliedern – Hermann Warmbold, der schon in Brünings Kabinett Wirtschaftsminister gewesen war, des früheren bayrischen Justizministers Franz Gürtner, der jetzt Reichsjustizminister wurde, und des früheren Krupp-Direktors und jetzigen Reichsarbeitsministers Hugo Schäffer – führte jedes Kabinettsmitglied das Adelsprädikat in seinem Namen. Papen erläuterte dazu, eine Reihe von Ministerposten sei Nichtadeligen angeboten, von diesen aber ausgeschlagen worden. Wie dem auch sei: Jedenfalls hieß das Kabinett nicht etwa »Kabinett der Fachleute«, sondern »Kabinett der Barone«, und diese fanden bei den politischen Gruppierungen kaum mehr Anklang als Papen selbst. Außenminister wurde der bisherige Botschafter in England und dort sehr beliebte Konstantin von Neurath. Das Innenministerium übernahm der ostpreußische Baron von Gayl. Schleicher hatte zunächst Otto Hasse als Reichswehrminister vorgeschlagen, übernahm schließlich aber selbst den Posten. Im übrigen gehörten dem Kabinett qualifizierte, wenn auch wenig überzeugend wirkende Reserveoffiziere an, die sämtlich dem Adel entstammten. Wie Papen riefen auch sie das Hohngelächter der Rechts- und Linksradikalen hervor und konnten sich nicht der Unterstützung der Gemäßigten versichern. Später verschwanden sie weitgehend von der Bildfläche, wobei allerdings fünf, darunter auch Papen selbst, noch in Hitlers erstem Kabinett figurierten.

Was Schleicher und Papen im Sinn hatten, war undurchführbar, obwohl zumindest Schleicher gewisse Gründe für die Annahme hatte, er habe eine gesunde, pragmatische Lösung für die politische Krise. In seinen Augen kam es vor allem darauf an, Hitler aus dem so bequemen Abseits zu locken, von wo aus er alles und jedes lautstark kritisieren konnte, und in die Regierungsmannschaft einzuspannen, in der er für die Geschehnisse verantwortlich wäre. Von Schleichers Standpunkt aus mußte man alles daran setzen, das

Menschenpotential der nationalsozialistischen Bewegung dem Vaterland dienstbar zu machen. Wie allen Reichswehroffizieren war auch ihm jede Privatarmee ein Greuel, und er war überzeugt, wenn Hitler erst einmal an der Regierung beteiligt sei, werde er sich der Forderung von SA und SS gegenübersehen, sie müßten den neuen Kern der Streitkräfte des Reiches bilden. Da dies keine Regierung zugestehen konnte, würde sich damit die NS-Bewegung spalten. Schon vorher hatte es in ihr Häretiker gegeben – Gregor Strasser, sogar Goebbels, ganz zu schweigen von der nicht unerheblichen Zahl früherer Anhänger, die abgewandert waren –, und immer noch gab es in ihr Flügelkämpfe zwischen links und rechts und Auseinandersetzungen über die künftige Rolle von SA und SS. Schleicher war nicht dumm, oft gelangen ihm sogar sehr scharfsinnige Analysen, und sein Plan, die Nationalsozialisten aus den Straßenkämpfen und Aufständen heraus und in die Regierungsämter hinein zu führen, wo sie sich an schwierigen und oft unpopulären Entscheidungen beteiligen mußten, war theoretisch ein kluger Schachzug. Wäre ein kluger Schachzug gewesen, hätte er es mit einem anderen als mit Adolf Hitler zu tun gehabt.

Papen hatte keinerlei eigenes Programm; zwar führte er gerne die Notwendigkeit eines christlichen Konservativismus im Munde, aber konkret hatte er nichts anderes vor als die Fortsetzung dessen, was vor ihm schon Brüning getan hatte. Schleicher war politisch der sehr viel klügere Kopf, aber mit einem Fanatiker wie Hitler hatte auch er keinerlei Erfahrung. [15] Er dachte, es sei ihm gelungen, diesen Führer zu einer vernünftigeren Haltung in der Judenfrage zu überreden – zu einer jener taktischen Umschichtungen, wie sie für Leute wie ihn und Papen durchaus im Bereich des Möglichen lagen. Tatsächlich aber waren sie für Hitler geradezu ideale Gegenspieler – seinem eisernen Willen, seiner völligen Mißachtung überkommener Normen und seiner unbeirrbaren Zielstrebigkeit hatten sie nur ihre Pfadfindertricks entgegenzusetzen, mit denen sie ihn einfangen wollten.

Doch wie auch immer: Irgend etwas mußte gegenüber den Nationalsozialisten unternommen werden. Die Bewegung, hatte Papen geschrieben, überflute das Land. In Wirklichkeit stand es um sie keineswegs so rosig; mochte sie in den Wahlen vom Juli 1932 auch einen aufsehenerregenden Stimmanteil von 37,7% erringen, so war das doch keineswegs eine Sturmflut. Und es war der höchste Stimmenanteil, den die Nazis je in einer freien Wahl erzielen sollten. Er war allerdings immerhin so groß, daß eine Regierungsbildung ohne ihre Beteiligung fast unmöglich wurde. Am 5. Juni hatten die Nationalsozialisten in Mecklenburg-Schwerin im Landtag die absolute Mehrheit, 30 von 59 Mandaten, erreicht. Nicht nur im Reichstag bildeten sie die größte Fraktion, sondern auch unter anderem im preußischen, hessischen, thüringischen Landtag. Vom Standpunkt der Republikaner noch schlimmer war wohl, daß die antidemokratischen Parteien nach der Juliwahl im Reichstag und im preußischen Landtag die Mehrheit bildeten; Nazis und Kommunisten hatten zusammen über 51% der Reichstagssitze inne.

Mit der Ernennung Papens, der im Reichstag keinerlei nennenswerten Rückhalt genoß, hatte Hindenburg faktisch das Ende des parlamentarischen Systems herbeigeführt, und die Neuwahlen bestätigten seine Entscheidung. Kein demokratisches Parlament kann funktionieren, wenn sich die Mehrheit seine Zerstörung an die Fahnen geheftet hat und es auf legalem Wege abwürgen kann. Die Weimarer Republik ging in Stücke, und von außerhalb des Reiches wurde ihr kaum Stützung zuteil. Die Abrüstungskonferenz, von der sich Brüning für das Reich Waffengleichheit versprochen hatte, tat nichts dergleichen. Sie tagte seit 2. Februar ohne Unterbrechung, bis sie am 23. Juli zu Ende ging, erfüllte aber in keiner Weise die Forderungen des Reichs nach militärischer Gleichberechtigung, und am letzten Konferenztag erklärte der deutsche Vertreter Nadolny den Konferenzteilnehmern, ohne klare Anerkennung der Gleichberechtigung aller Staaten in Fragen der nationalen Sicherheit könne die Reichsregierung ihre Mitarbeit in der Konferenz nicht fortsetzen. Erst am 11. Dezember stimmten die übrigen Mitgliedsstaaten dem Anspruch des Reiches auf Gleichberechtigung zu; zu diesem Zeitpunkt war schon Schleicher Reichskanzler und Hitler ihm auf den Fersen, so daß diese Zugeständnisse nur noch Hitler zugute kommen konnten.

Die Reparationskonferenz in Lausanne erbrachte günstigere Ergebnisse für Papen. Inzwischen war jedermann, Freund und Feind gleichermaßen, aufgegangen, daß das Reich keine Reparationen mehr zahlen konnte; bestenfalls war noch eine Art Schlußzahlung zu erwarten, deren Fälligkeit sich aber nach der Zahlungsfähigkeit richten mußte. Auch in Lausanne machte Papen eine seiner charakteristischen Dummheiten. Die ihn begleitende Delegation, darunter Neurath, Bülow, Schwerin-Krosigk und Warmbold, hatte sich auf das Angebot einer letzten Kapitalzahlung durch das Reich geeinigt; das sollte aber völlig geheim bleiben und erst als letzter

Trumpf in den Verhandlungen ausgespielt werden. Doch der impulsive Papen erzählte das gleich in den ersten Konferenztagen einem ihn interviewenden französischen Journalisten und gab damit die Verhandlungsposition des Reiches preis. Großer Schaden entstand allerdings nicht, denn obwohl sich die Lausanner Konferenz nach langwierigen Debatten auf eine Schlußzahlung des Reiches in Höhe von drei Milliarden Goldmark in Form von Schuldverschreibungen einigte, die von der Bank für Internationale Zahlungen nach drei Jahren in Umlauf gesetzt werden sollten, kam es nie zum Vollzug dieser Abmachung. Als die drei Jahre abgelaufen waren, hatte Adolf Hitler bereits das Heft in der Hand; weder das Reich noch die Gläubigernationen erwarteten von ihm auch nur einen Pfennig, den er auch nicht zahlte. Trotzdem war Lausanne für Papen ein gewisser Erfolg; zu spät freilich, als daß ihm dies noch beim Reichstag oder der deutschen Wählerschaft irgend etwas hätte einbringen können. [16]

Ein typischer Papen-Erfolg. Papen sprach fließend Französisch und verfehlte damit nicht einen guten Eindruck auf Herriot und die französische Delegation, zudem legte er einen atemberaubenden Vorschlag auf den Tisch. Angesichts der französischen Sicherheitsbesessenheit schlug er nicht mehr und nicht weniger vor als ein Militärbündnis zwischen Deutschland und Frankreich, bei dem Mitglieder beider Generalstäbe ihre Plätze tauschen sollten. Später schrieb Papen, die Franzosen habe sein bemerkenswerter Plan positiv beeindruckt, doch sei aus dem Ganzen nichts geworden, weil die Engländer ein solches Ungleichgewicht auf dem Kontinent nicht hätten hinnehmen wollen. Tatsächlich nahm außer ihm kein Mensch seinen Plan ernst. Ramsay MacDonald sagte, Papen selbst habe den Plan als »verrückte Idee sowohl für Frankreich als auch für Deutschland« bezeichnet [17], und in Deutschland hätte er ihn nie durch den Reichstag gebracht, auch wenn die Franzosen mitgemacht hätten, wozu sie keinerlei Neigung bekundeten. Der Vorschlag verschwand einfach in den Schubladen, doch Papen war stets überzeugt, es sei ihm fast gelungen, die Franzosen für einen revolutionären neuen Kurs zu gewinnen.

In der Innenpolitik zerrann Papen alles, was er in die Hand nahm, zwischen den Fingern. Ein kühner Schritt, der zu anderer Zeit auf rechtsradikale Eiferer sehr anziehend hätte wirken können, isolierte ihn jetzt nur noch mehr. Preußen war Adolf Hitler schon lange ein Dorn im Auge, und am 20. Juli begab sich Papen daran, dieses Störelement zu beseitigen. Infolge der Niederlage der SPD in den

Landtagswahlen war der bisherige preußische Ministerpräsident Braun zurückgetreten, und die Staatsgeschäfte wurden nunmehr wie zuvor in Bayern und anderen Ländern von einem Verwaltungsausschuß wahrgenommen, dem auch Severing angehörte. Den Nationalsozialisten ging es in Preußen vor allem anderen darum, Severing und seinen Polizeipräsidenten Albert Greszinski loszuwerden, die für die Hausdurchsuchungen verantwortlich gezeichnet hatten, bei denen so unerfreuliche Informationen über die Partei ans Licht gekommen waren, und die sich nicht zierten, gegen die Gewalttaktik von SA und SS auch ihrerseits Gewalt einzusetzen.

Papen übernahm kurzerhand die Verwaltung Preußens. Mit einer Notverordnung ausgestattet, rief er drei Schlüsselgestalten der preußischen Regierung – Severing, Wohlfahrtsminister Heinrich Hirtsiefer und Finanzminister Otto Klepper – für den 20. Juli in die Reichskanzlei zu einer Besprechung, begrüßte sie dort höflich und erklärte ihnen dann, sie seien abgesetzt. Wenige Tage später wurde für Berlin und ganz Brandenburg der Notstand ausgerufen, und Schleicher übertrug dem Kommandanten des Wehrbezirks III, General von Rundstedt, die Verantwortung. Damit befand sich der gesamte preußische Verwaltungs- und Sicherheitsapparat in den Händen des Reichskommissars von Papen und Schleichers.

Zur Rechtfertigung seines Vorgehens konnte Papen eine Reihe plausibler Erklärungen vorbringen: die Notwendigkeit der Bekämpfung von Ausschreitungen, die Mitteilung Schleichers anhand eines Berichtes des Innenministeriums über »ein höchst bedrohliches Bündnis«, das sich zwischen den beiden marxistischen Parteien SPD und KPD anbahne, und schließlich sein und Schleichers Wunsch, die preußische Polizei nicht in die Hände der Nationalsozialisten fallen zu lassen. [18]

Daß die Ordnung gestört war, stand außer Zweifel. Binnen eines Monats nach Aufhebung des SA-, Uniform- und Demonstrationsverbots hatte es 99 Tote und 1125 Verwundete gegeben. In Hamburg-Altona waren am Sonntag, dem 17. Juli, rund zwei Wochen vor den Reichstagswahlen, bei Zusammenstößen zwischen Nationalsozialisten und Kommunisten 17 Menschen getötet und 64 ins Krankenhaus eingeliefert worden. Der sozialdemokratische Polizeipräsident von Altona, Otto Eggerstedt, hatte den Nationalsozialisten einen Wahlmarsch erlaubt. Die Kommunisten hatten dagegen protestiert und, als die Erlaubnis nicht zurückgezogen wurde, erklärt, sie würden zur Selbsthilfe schreiten. Für die Kundgebung waren 7000 Nationalsozialisten, viele aus der Hamburger Innenstadt, gekommen. Sie zogen zwei Stunden lang ohne Zwischenfall durch die Arbeiterviertel von Altona, bis aus Fenstern und von Hausdächern die ersten Schüsse fielen.

Das Gerücht eines Bündnisses zwischen SPD und KPD war reine Erfindung. Schon 1924 hatte der Vorsitzende der Komintern und Mitglied des Politbüros Grigorij Sinowjew die SPD als »Flügel des Faschismus« und »offene Kampforganisation der Konterrevolution« gebrandmarkt. [19] SPD und KPD waren weiter voneinander entfernt als Kommunisten und Nationalsozialisten. Moskau war überzeugt, eine »faschistische« Machtübernahme im Reich sei ein notwendiges Vorspiel für einen kommunistischen Sieg, und so arbeitete die KPD viel mehr in die Hände der Nazis als der SPD.

In Preußen aber funktionierte immer noch die parlamentarische Regierungsverwaltung unter Severing und seinen Zentrumsverbündeten, der rund 85 000 Polizisten unterstanden, und diesen Zustand hielt Adolf Hitler nach den Frühjahrswahlen für unerträglich. Für Papen andererseits war eine Ausschaltung der preußischen Regierung ein wünschenswertes Ziel und sicherlich ein kleiner Preis als Gegenleistung für die Unterstützung seiner Kanzlerschaft durch Adolf Hitler.

In Preußen regte sich kein Widerstand, nichts, was dem Generalstreik geglichen hätte, der dem Kapp-Putsch den Garaus gemacht hatte. Wie hätte man auch bei sechs Millionen Arbeitslosen einen Generalstreik ausrufen oder die Polizei zum Widerstand gegen die Reichswehr einsetzen sollen? Severing sagte zwar, er weiche nur der Gewalt, aber als zwei Polizisten in Begleitung des neuernannten Polizeipräsidenten und früheren Essener Oberbürgermeisters Franz Bracht in Severings Büro erschienen, war ihm das Gewalt genug, und er räumte das Feld.

Es wäre ungerecht, Severings Zivilcourage zu schmälern; immer und immer wieder hatte er sich trotz der Drohung brutaler Gewalt den Nazis entgegengestellt, doch diesmal war die Gewalt, der er wich, symbolischer Art. Keine Unruhen, kein wirklicher Widerstand bildeten sich. Dafür appellierte die preußische Landesregierung, der sich Bayern und Württemberg anschlossen, gegen die Machtübernahme an den Staatsgerichtshof, der am 25. Oktober seinen Urteilsspruch fällte, den man weithin salomonisch nannte. Doch wie immer man ihn nennen mochte, er regelte nichts, außer daß der Notstand mit Papen an der Spitze rechtmäßig fortdauern durfte. Der Gerichtshof machte sich die Urteilsfindung nicht leicht, wog bis ins einzelne die Erwägungen ab, die das Vorgehen der

410

Reichsregierung einerseits als ungesetzlich, andererseits als rechtmäßig bezeichneten. Rechtmäßig war es insofern, als der Reichspräsident mit einer Notverordnung die preußische Regierung vorübergehend suspendieren konnte, wenn die öffentliche Ordnung und Sicherheit ernsthaft gestört oder gefährdet waren. Gleichzeitig verwarf das Gericht Papens Hauptbegründung für sein Eingreifen, wonach Preußen seiner Pflicht zur Wahrung der öffentlichen Ordnung nicht nachgekommen war. So schien denn der Reichspräsident zum Erlaß der von ihm unterschriebenen Notverordnung zur Wahrung der öffentlichen Ordnung und Sicherheit berechtigt, zu einer Zeit, in der, wie der Gerichtshof erläuterte, die politischen Parteien zum offenen Konflikt bereit waren. Papen und der Reichspräsident hatten aber ohne hinreichenden Grund gehandelt, und die preußischen Minister blieben also Minister, auch wenn sie nicht im Amt waren und ihre Funktionen nicht erfüllen konnten. Unter dem Strich blieb nach aller juristischer Spitzfindigkeit als einzig klares Ergebnis, daß Preußen weiterhin Papens und Schleichers Verfügungsgewalt unterstand.

Der Gerichtsbeschluß wurde in den Kreisen der Republikaner als ominöses Umgehen der Verfassungsfrage betrachtet, und auch heute stellt er sich kaum anders dar. Mit der Weimarer Verfassung war nie die Absicht verbunden, daß irgendein Reichspräsident, und heiße er Hindenburg, mit solch fadenscheiniger Begründung derart umfangreiche Vollmachten, wie sie Papen in Anspruch nahm, selbst ausübte oder einem anderen übertrug; doch unter Adolf Hitler war die Ausübung solcher Vollmachten bald gang und gäbe.

Was immer Papens Absichten sein mochten – sein Eingreifen in Preußen stellte sich wieder einmal als Fehlschlag heraus. Die Nazis beschwichtigte es nicht, alles, was links von Hugenberg stand, entfremdete er sich, und die Straßenkämpfe tobten weiter. In der Nacht zum Wahltag vom 31. Juli kam es in Königsberg wiederum zu blutigen Zusammenstößen, in deren Verlauf die Nationalsozialisten gegen ihre Feinde Handgranaten und Gewehre einsetzten und ein kommunistischer Abgeordneter im Bett ermordet wurde.

Die Regierung ergriff Gegenmaßnahmen; eine Verordnung vom 9. August drohte jedem die Todesstrafe an, der »in der Leidenschaft des politischen Kampfes aus Zorn und Haß« einen tödlichen Angriff auf seinen Gegner unternimmt. [20] Spontaner politischer Totschlag unterlag somit derselben Strafe wie Mord im Sinne des Strafgesetzbuches.

Kaum war diese Verordnung erlassen, drangen in dem oberschlesischen Ort Potempa fünf uniformierte SA-Männer in eine Wohnung ein, die der kommunistische Grubenarbeiter Konrad Pietrzuch mit seinem Bruder und seiner Mutter bewohnte. Der Bruder erhielt einen schweren Schlag auf den Kopf, überlebte aber, während Konrad in Anwesenheit seiner Mutter eine halbe Stunde lang verprügelt und niedergetrampelt wurde, bis er schließlich tot war. [21]

Die Mordgesellen wurden bald gefaßt und kamen vor ein Sondergericht in der benachbarten Stadt Beuthen. Der Prozeß fand in Anwesenheit vieler SA-Männer statt, die einen Höllenlärm vollführten, unter ihnen der SA-Führer Heines, der selbst einen Fememord auf dem Gewissen hatte. Weniger als zwei Wochen nach der Tat wurden fünf der neunköpfigen Bande am 22. August nach der neuen Verordnung über die Bestrafung politischer Mordtaten zum Tode verurteilt, und am nächsten Tag schickte Hitler ein Trost- und Aufmunterungstelegramm an die Verurteilten. Es lautete:»Angesichts dieses ungeheuerlichen Bluturteils fühle ich mich Euch in unbegrenzter Treue verbunden. Eure Freiheit ist von diesem Augenblick an eine Frage unserer Ehre. Der Kampf gegen eine Regierung, unter der dieses möglich war, unsere Pflicht.« [22]

Die Brutalität des Verbrechens erregte den Abscheu des ganzen Landes, auch vieler Mitglieder der NSDAP. Von diesem Zeitpunkt an ging die Unterstützung der NS-Bewegung im Volk merklich zurück. Der Mord und Hitlers Telegramm zeigten mehr, als jede Bloßstellung durch politische Gegner vermocht hätte, das wahre Gesicht dieser Bewegung, die den Anspruch erhob, das Land einer neuen Zukunft entgegenzuführen, und nicht einmal die Tatsache, daß der Ermordete einer Partei angehörte, die ebenfalls über ihr Kontingent von Rowdies und Mördern verfügte, konnte in den Augen von Millionen Deutschen die Bestialität des Verbrechens mildern.

Papen wurde in der Nazipresse in dem geschwollenen Kauderwelsch angegriffen, das sich Hitler zu eigen gemacht hatte. Im *Völkischen Beobachter* schrieb Hitler:»Herr von Papen, Ihre blutige Objektivität kenne ich nun ... Wir werden den Begriff des Nationalen befreien von der Umklammerung durch eine ›Objektivität‹, deren wirkliches inneres Wesen das Urteil von Beuthen gegen das nationale Deutschland aufpeitscht. Herr von Papen hat damit seinen Namen mit dem Blute nationaler Kämpfer in die deutsche Geschichte eingezeichnet.« [23]

Der Mord von Potempa gebot dem bisher stetigen Anstieg der

Nationalsozialisten Einhalt. Bislang hatten die meisten blutigen Zwischenfälle nur Vorwürfe und Gegenvorwürfe zur Folge, mit denen jede Seite der anderen die Schuld in die Schuhe schob, diesmal aber gab es keinerlei Zweifel mehr. Das war keine Repressalie gegen einen Angriff aus dem Hinterhalt. Es war schierer Mord und Folterung zum Zwecke einer politischen Ideologie, und eine Welle der Empörung erfaßte das Land. Zu Tausenden wandten sich frühere Anhänger jetzt gegen die Nationalsozialisten. General von Hammerstein sagte, jetzt könne er nachts wieder ruhig schlafen, die Reichswehr sei von den Nazis angeekelt und würde jedem Befehl, auf sie zu schießen, gehorchen.

Auch Hindenburg erwähnte die Terror- und Gewalttaten der Nazis, als sich Hitler am 13. August beim Reichspräsidenten einfand. In Begleitung von Frick und Röhm war Hitler einige Stunden zuvor mit Papen und Schleicher zusammengetroffen (von denen keiner den Mord erwähnte), und Hitler hatte dabei ihr Angebot, den Posten des Vizekanzlers zu übernehmen, abgelehnt. Sodann begab sich Hitler mit seiner Begleitung ins Präsidialpalais, wo ihn Hindenburg in Gegenwart von Papen und Meißner empfing. Als Hitler zu Hindenburg sagte, er werde sich nicht an der Regierung Papen beteiligen, sondern müsse die Führung einer Regierung in vollem Umfang für sich verlangen, war Hindenburgs Antwort ein glattes Nein. Er könne es nicht verantworten, einer Partei die gesamte Regierungsgewalt zu übertragen, schon gar nicht einer Partei, die einseitig gegen Andersdenkende eingestellt sei. Dagegen sprächen auch andere Gründe, wie die Besorgnis vor größeren Unruhen und die Wirkung auf das Ausland. Hitler erwiderte, er sehe nur die eine Lösung. Daraufhin ermahnte ihn Hindenburg, die Opposition ritterlich zu führen. Er habe keinen Zweifel an Hitlers Vaterlandsliebe, werde aber gegen etwaige Terror- und Gewaltakte der SA mit aller Schärfe einschreiten. Nach einem anderen Bericht soll er gesagt haben: »Herr Hitler, ich werde schießen.« Mit einem bezeichnenden Appell an den früheren Frontsoldaten sagte er dann noch: »Wir sind ja beide alte Kameraden und wollen es bleiben«, und bot Hitler die Hand. Damit war die zwanzigminütige Besprechung beendet. [24]

Als der Reichstag am 30. August wieder zusammentrat, führte nach altem Brauch das älteste Mitglied, die kommunistische Abgeordnete Clara Zetkin, den Vorsitz. Man hatte verschiedentlich für ihr Leben gefürchtet, doch konnte sie, gerade von einem Moskaubesuch zurückgekehrt, eine unerwartet friedliche Sitzung bis zur

413

Wahl des neuen Reichstagspräsidenten leiten. Frau Zetkin durfte sogar mit ihrer brüchigen, ältlichen Stimme ihre Rede ohne Unterbrechung zu Ende bringen und sprach von der Notwendigkeit einer Einheitsfront der Arbeiter gegen den Faschismus und ihrer Hoffnung auf eine Räterepublik in einem sowjetischen Deutschland der Zukunft. [25] Eine solche Rede hätten die Nazis normalerweise niedergeschrien, aber diesmal hörten sie schweigend zu und blieben auch dann noch still, als ein kommunistischer Abgeordneter »ein dreifaches Rotfront« auf Frau Zetkin ausgebracht wissen wollte. Als Führer der stärksten Fraktion wurde Hermann Göring zum Reichstagspräsidenten gewählt. Dieser Stellung haftete beträchtliche strategische Bedeutung an, und Göring nutzte sie weidlich. Bei einem Empfang im Präsidialpalais für Mitglieder des Reichstagspräsidiums bat er Hindenburg, Gerüchten entgegenzutreten, wonach er den Reichstag aus dem Regierungsprozeß auszuschließen beabsichtige (damit erklärte sich die ungewöhnliche Zurückhaltung der Nazis während der Rede der Alterspräsidentin Zetkin). Der Reichstag habe doch eine arbeitsfähige parlamentarische Mehrheit und werde sich nicht ausschalten lassen, und er, Göring, sei vom Reichstag einstimmig gebeten worden, dies dem Herrn Reichspräsidenten vorzutragen.

Görings Feststellung traf auf den sofortigen Widerspruch des DNVP-Abgeordneten und Vizepräsidenten Walther Graef, der erklärte, das Reichstagspräsidium sei keine politische Instanz und habe dem Reichspräsidenten keine politischen Ratschläge zu erteilen. Aber Görings Worte waren eine Kriegserklärung an Hindenburg und die Regierung Papen, falls sie mit Notverordnungen regieren wollten, und wenn die Nazis auch eben dies für sich selbst anstrebten, stand doch von vornherein fest, daß es Papen mit dem neuen Reichstag schwer haben würde.

Am 2. September versuchte Papen wiederum mit einer Geste die Nationalsozialisten zu beschwichtigen; er wandelte die Todesurteile von Potempa in lebenslängliche Haft um. Dennoch erließ er weiterhin Notverordnungen, so am 4. September »zur Wiederherstellung der Wirtschaft«, weil er fest überzeugt war, die Depression sei jetzt am Tiefpunkt angelangt. Neben Maßnahmen wie einem verstärkten Arbeitsbeschaffungsprogramm sollte das Geschäftsleben durch Steuerzertifikate belebt werden, die mit 40%igem Abschlag zur Bezahlung gewisser Steuern verwendet werden konnten und so für neue Unternehmen Kredite beschaffen halfen. Zur Besserung der Beschäftigungslage konnten derartige Unternehmen Arbeiter unterhalb der geltenden Lohntarife beschäftigen, was den Sozialde-mokraten und Kommunisten zwar den Atem verschlug, der Regie-rung aber keineswegs die Unterstützung der Nazis eintrug. Als der Reichstag am 12. September wieder tagte, verlangten Nationalsozialisten und Kommunisten gemeinsam die Aufhebung der letzten Notverordnung und brachten einen Mißtrauensantrag gegen Papen ein. Papen hatte eine ausführliche Rede vorbereitet, mit der er dem Reichstag seine Politik auseinandersetzen wollte, kam aber nie dazu, die Rede zu halten. Sofort nach Eröffnung der Sitzung erteilte Göring dem kommunistischen Abgeordneten Ernst Torgler das Wort, der eine Änderung der Tagesordnung beantragte und die Anti-Papen-Anträge einbrachte. Daran schloß sich eine halbstündige Sitzungspause an, in der es Papen gelang, von Hinden-burg eine weitere Notverordnung zur Auflösung des Reichstags unterschreiben zu lassen.[7] Nach der Sitzungspause hielt Papen die Auflösungsorder – sie befand sich in der seit Bismarcks Tagen traditionellen, auffällig roten Mappe – in der Hand. Als Reichs-kanzler hatte er das verbriefte Recht, jederzeit das Wort an den Reichstag zu richten, aber vergebens schwenkte er seine rote Tasche, damit ihm Göring das Wort erteile. Göring übersah den aufgeregten Papen einfach. Er ließ die Abstimmung durchführen, und der Antrag auf Aufhebung der Notverordnung und der Miß-trauensantrag wurden mit der überwältigenden Mehrheit von 512 gegen 42 Stimmen angenommen. Erst nach Auszählung der Stim-men wandte Göring seine Aufmerksamkeit Papen und seiner Auflö-sungsorder zu, die er aber wegen des eben ausgesprochenen Miß-trauens für ungültig erklärte. Die Verordnung war von Papen und seinem Innenminister von Gayl gegengezeichnet, und diese, so Göring, seien nicht mehr im Amt. Er sei entschlossen, fuhr Göring fort, das Prestige des Reichstags rein zu erhalten, vor allem das Recht der deutschen Volksvertreter auf ungehinderte Ausübung ihrer verfassungsmäßigen Pflicht.

Beide Seiten beschworen leidenschaftlich ihr Bekenntnis zur Legalität, und beide befanden sich auf schwankendem Boden. Die Notverordnungen waren nie dazu gedacht, die gesetzgeberischen Aufgaben des Parlaments regelrecht zu ersetzen, sondern sollten nur unter außergewöhnlichen Umständen angewendet werden, kei-nesfalls aber systematisch und über längere Zeit, wie Hindenburg das tat. Andererseits war auch die Abstimmung über den Raus-schmiß Papens und seines Kabinetts zu einem Zeitpunkt, da die Auflösungsverordnung bereits vorlag, keineswegs rechtens. Nun jedenfalls wurden der Reichstag aufgelöst und für den 6. November Neuwahlen ausgeschrieben, also genau das, was Hitler gefordert hatte.

Kurz vorher jedoch ereignete sich wiederum etwas, das erneut die unglaubliche Verwandtschaft zwischen Kommunisten und Nationalsozialisten beleuchtete. In Berlin mußten die Verkehrsbetriebe wie alle anderen öffentlichen Einrichtungen ihre Kosten senken und versuchten deshalb, in einem Tarifvertrag mit der Verkehrsarbeitergewerkschaft die Stundenlöhne zu verringern. Die organisierten Arbeiter verlangten überwiegend einen Streik, erreichten aber in einer Urabstimmung nicht die notwendige Dreiviertelmehrheit. Trotzdem erklärte sich die kommunistische »Revolutionäre Gewerkschaftsopposition« mit dem Streik solidarisch; im übrigen fand der Streik statt, nachdem ein Schiedsmann einen Spruch gefällt hatte, der den Tarifstreit eigentlich hätte beenden sollen. Die Gewerkschaft befolgte daher den Streikaufruf nicht, dagegen unterstützten ihn die Kommunisten und Nationalsozialisten. Ein Beobachter schrieb, welch seltsames Bild sich dargeboten habe, als diese geschworenen Feinde Arm in Arm durch die schweigenden Straßen gezogen seien und gemeinsam versucht hätten, mit allen erdenklichen Mitteln die Nottransportmittel aufzuhalten. Streikende griffen Streikbrecher an, Straßenbahnschienen wurden herausgerissen, es kam zu Straßenschlachten, und wieder floß Blut. Der Streik war indes in dem Augenblick verloren, als die Nationalsozialisten sofort nach der Wahl, als sie keinen unmittelbaren Anlaß mehr hatten, sich um die Stimmen der Arbeiter zu bemühen, die Streikenden einfach sitzenließen. Am Tag nach der Wahl brach der Streik zusammen.

Die Novemberwahlen brachten Adolf Hitler eine handfeste Niederlage ein. Unter Verlust von fast zwei Millionen Stimmen ging die NSDAP von 13 745 800 auf 11 737 000 und prozentual von 37,2% auf 33% zurück, während die Kommunisten einen Zuwachs von 700 000 (5 980 000 anstatt vorher 5 282 600) Stimmen verbuchten und von vorher 14,2% der abgegebenen Stimmen auf 16,8% kamen. Die Deutschnationalen und die Deutsche Volkspartei, die als einzige beim Mißtrauensantrag für Papen gestimmt hatten, verzeichneten Gewinne auf Kosten der Nazis. Die Deutschnationalen stiegen von 2 177 400 auf 2 959 000, die Deutsche Volkspartei von 436 000 auf 661 800 Stimmen. Die Sozialdemokraten verloren Wähler an die Kommunisten und sanken von vorher 7 959 700 auf 7 248 000 Stimmen ab. Auch das Zentrum verzeichnete kleine Verluste und erhielt nur noch 4 230 600 gegenüber vorher 4 589 300 Stimmen. In Berlin blieben die Nationalsozialisten mit 269 294 Stimmen weit abgeschlagen hinter den Kommunisten zurück, für die 450 793 Wahlzettel angekreuzt waren.

Die Niederlage der Nazis war sicher nicht nur auf den Potempa-Mord zurückzuführen. Im Oktober war die Arbeitslosenzahl um 123 000 zurückgegangen, und Papen hatte 2,2 Millionen Mark für Arbeitsplätze im öffentlichen Sektor bereitgestellt. Dennoch spielten die Straßenkämpfe und Streiks und Mordtaten, die man mit den Nazis in Verbindung brachte, ebenso mit wie Hindenburgs glatte Weigerung, Adolf Hitler die Regierung zu übertragen. Eigentlich hätte Hitlers Niederlage ein Papen-Sieg sein sollen, wenn auch etwas dadurch gedämpft, daß die kommunistische Reichtagsfraktion auf 100 Sitze anstieg. Aber die Parteien, die für eine Unterstützung Papens überhaupt in Frage kamen – die Deutschnationalen und die Deutsche Volkspartei –, verfügten nur über ein gutes Zehntel der Sitze im Reichstag. Immer noch war die NSDAP mit ihren 196 Mandaten die größte Reichstagsfraktion, und es fand sich beim besten Willen keine irgendwie nennenswerte Koalition zur Unterstützung Papens; neun Zehntel wollten ihn los sein. Es gab nur zwei Parteien, die unter den insgesamt 584 Reichstagsmandaten eine Mehrheit bilden konnten (hauchdünn freilich mit zusammen 50,4%), nämlich die 196 Nazis und die 100 Kommunisten, aber gemeinsam hatten die beiden nur das eine Ziel: die Vernichtung der Weimarer Republik. Zusammenarbeiten konnten sie gegen Papen und bei der Unterstützung des Berliner Verkehrsstreiks, aber das war schon alles. Das einzige, woran sich Papen halten konnte, war sein Wunsch, Kanzler zu bleiben, und die Unterstützung des Reichspräsidenten. Am 10. November forderte ihn Hindenburg auf, im Gespräch mit Parteiführern zu klären, unter welchen Umständen sie mit ihm in einer Regierung »der nationalen Konzentration« zusammenarbeiten und seine Verfassungsänderung durchsetzen würden.[8]

Weder in seinen Gesprächen mit den Führern des Zentrums, die ihm seinen Verrat nicht verziehen, noch mit den Sozialdemokraten, die ihn verabscheuten, hatte Papen Glück. Als er versuchte, Hitler zum Eintritt in sein Kabinett zu bewegen, erhielt er wieder eine Absage. Die Schlappe in den Novemberwahlen verminderte in nichts Hitlers Selbstvertrauen. Er schrieb Papen, er sei nicht in der Lage, zu einer mündlichen Aussprache nach Berlin zu kommen; wenn überhaupt ein Gedankenaustausch gewünscht werde, müsse das schriftlich geschehen, und er sei unter keinen Umständen gewillt, das Verfahren des 13. August an sich wiederholen zu lassen. Er werde sich an keiner Koalition beteiligen; im übrigen gehe es dem Reich unter der wenig glücklichen Hand Papens von Tag zu Tag schlechter. [26]

Papen hatte nichts und niemanden, wohin er sich wenden konnte. Schleicher war schon lange zur Überzeugung gelangt, Papen sei nutzlos; in Schleichers Sicht war Papen nicht einmal das Aushängeschild gewesen, das er hätte benutzen können. Papen war seinen eigenen, albernen Weg gegangen, und dieser Weg konnte nur zu einem anderen Kanzler führen. In der Kabinettssitzung vom 17. November schlug Schleicher vor, Papen und das gesamte Kabinett sollten zurücktreten und dem Reichspräsidenten damit Gelegenheit zur Bildung einer neuen Regierung geben. Da weder seitens der politischen Parteien noch seitens der Gewerkschaften oder der Reichswehr irgendeine Unterstützung in Aussicht stand, blieb Papen nichts anderes übrig, als dem Reichspräsidenten seinen Rücktritt und den des Kabinetts einzureichen. Hindenburg bat sie jedoch alle, im Amt zu bleiben, bis eine neue Regierung gebildet werden könne, und hegte immer noch die Hoffnung, Papen könnte der führende Mann dabei sein. Inzwischen begab er sich selbst auf die Suche nach einer politischen Lösung. Am 18. November empfing er nacheinander die Führer des Zentrums und der Rechtsparteien und bat sie um ihre Mitarbeit in der von ihm vorgeschlagenen Regierung der »nationalen Konzentration«, aber während sie alle mit Hindenburgs Zielsetzungen einverstanden waren, überließen sie höflich die Entscheidung, wer Kanzler sein solle, doch ihm. Der Zentrumschef Prälat Kaas sagte ihm allerdings, ein Zurück zu dem Kabinett von Papen, so wie es gewesen sei, erscheine ihm nicht richtig. [27]

In seinen Verhandlungen mit Hitler, die mit einer Zusammenkunft am 19. November begannen und sich über ein weiteres Gespräch und einen Briefwechsel bis 24. November erstreckten, hatte Hindenburg ebensowenig Erfolg wie vordem Papen. Sie scheiterten an denselben Differenzen wie schon zuvor – Hitler forderte die Kanzlerschaft in einem Präsidialkabinett, Hindenburg weigerte sich, die Regierung einem Manne anzuvertrauen, der daraus, wie er sagte, unausweichlich eine Parteidiktatur machen würde. Hitler müsse eine parlamentarische Mehrheit gewinnen, ehe Hindenburg ihn zum Reichskanzler ernenne; an die Spitze eines Präsidialkabinetts werde er ihn nicht berufen, denn dieses müsse nach seiner Meinung überparteilich sein. [28]

Am 24. November waren die Verhandlungen beendet, und manche Beobachter glaubten schon, damit sei auch Adolf Hitler am Ende. Hindenburgs Weigerung, ihn zu ernennen, seine Wahlniederlage, die Finanzkrise und die drohende Spaltung der Partei konnten sehr wohl tödlich sein. Der führende Ideologe der englischen Labour Party, Harold Laski, schrieb, der Tag, da die Nationalsozialisten eine Lebensbedrohung dargestellt hätten, sei vorüber. Es sei gar nicht unwahrscheinlich, daß Hitler seine Laufbahn als alter Mann in einem bayrischen Dorf beschließe, der beim täglichen Abendspaziergang seinen Vertrauten erzähle, wie er einmal beinahe das Deutsche Reich umgestürzt hätte. [29] Der *Simplicissimus* äußerte sich ähnlich in seinem Neujahrsgedicht:

Eins nur läßt sich sicher sagen,
Und das freut uns rundherum:
Hitler geht es an den Kragen,
Dieses »Führers« Zeit ist um. [30]

Wieder wandte sich Hindenburg an Kaas mit der Frage, ob er irgendeine Möglichkeit zur Bildung eines Mehrheitskabinetts sehe. Kaas sagte zu Hindenburgs Mittelsmann Meißner, es sei schade, daß Hitler nicht zur Zusammenarbeit bereit sei, aber zu Papen könne man keinesfalls zurück, und er regte an, vielleicht könne man Brüning wieder zum Reichskanzler ernennen. Als Hindenburg dann am 25. November Kaas persönlich empfing, fragte er in seiner Ratlosigkeit, ob vielleicht er, der Reichspräsident, einer politischen Lösung im Wege stehe, und Kaas erwiderte ehrerbietig: »Am Tage, wo Sie, Herr Reichspräsident, uns verlassen, würde die letzte Hoffnung auf Sammlung und Zusammenfassung uns entschwinden.« Hindenburg erwiderte betrübt, man zeige ihm immer mit der einen Hand das Zuckerbrot, mit der anderen die Peitsche. Brüning könne er nicht wieder ernennen, und Hitler wolle er nicht ernennen.

Die Alternativen, die Hindenburg vorschwebten, gaben alle nichts her. In einer Besprechung am 1. Dezember, an der Meißner, Schleicher und Oskar von Hindenburg teilnahmen, bat Papen den Reichspräsidenten, den Notstand auszurufen, den Reichstag aufzulösen und ihm zu gestatten, ohne neue Reichstagswahlen mit Artikel 48 so lange zu regieren, bis er genügend Anhänger für seine Verfassungsreform gefunden habe. Dann solle eine Volksabstimmung oder eine neue Verfassunggebende Versammlung über die neue Staatsreform beschließen. Papen räumte ein, ein solcher Kurs bedeute einen Bruch der Verfassung, doch halte er das unter den Umständen für das kleinere Übel.

Schleicher war sowohl gegen Papens Plan als auch gegen Papen selbst. Er hatte jetzt nur noch eines im Sinn: ihn loszuwerden. Anhand eines eigenen Plans für die Rettung des Reiches hatte Schleicher bei Hitler und Strasser sondiert, ob sie etwa in ein Kabinett unter seiner Führung eintreten würden. Hitler hatte das abgelehnt, aber Strasser zeigte sich ziemlich geneigt. Es bleibt zweifelhaft, ob Schleicher wirklich gerne Kanzler werden wollte. Bezweifelt wird es vom britischen Botschafter Sir Horace Rumbold und anderen. Schleicher wußte, daß er in der Öffentlichkeit keine gute Figur machte, das Scheinwerferlicht der Öffentlichkeit lag seinem Naturell nicht; außerdem hatte er noch andere Kandidaten im Auge: Schacht z.b. und Franz Bracht, den er später zum Innenminister ernannte. Eines aber stand fest: Papen mußte weg, und wenn es gar nicht anders ging, würde Schleicher eben selbst seinen Posten übernehmen.

Schleicher hielt sich für einen Mann mit einer breitangelegten, pragmatischen politischen Philosophie. In einer Rundfunkansprache hatte er wenige Monate vor der Zusammenkunft mit Hindenburg dem deutschen Volk erklärt, es sei nicht Aufgabe der Reichswehr, überalterte Wirtschaftssysteme oder Besitzansprüche zu stützen. Seit langem stand er in Kontakt mit den Kräften der Rechten wie der Linken; er war einer der Baumeister der militärischen Zusammenarbeit mit Rußland; er unterhielt Verbindungen zu den Gewerkschaften wie zum Strasser-Flügel der NSDAP. Als er jedoch mit Hindenburg und Papen zusammentraf, blieb ihm für weiteres Manövrieren und Taktieren keine Zeit mehr: Er mußte schnell handeln. Er erklärte dem Reichspräsidenten, dieser brauche weder seinen Amtseid noch die Verfassung zu brechen, wenn er ihn selbst zum Reichskanzler ernenne. Schleicher skizzierte seinen Plan, mit dem er im Reichstag eine Mehrheit gewinnen zu können glaubte, indem er mit Hilfe Strassers und weiterer rund 60 Abgeordneter der NSDAP – die zusammen mit der »Gewerkschaftsachse« (bürgerliche Partei und SPD) in seine Regierung eintreten würden – die Nationalsozialisten spalte. Eine unwahrscheinliche Koalition, die Schleicher nie auch nur annähernd zustande brachte. Jedenfalls war Hindenburg nicht sehr beeindruckt und zog Papens Lösung der Schleicherschen vor. Lange sollte das allerdings nicht währen.

Schleicher besaß einen Trumpf, gegen den Papen nichts Vergleichbares anzubieten hatte, und diesen Trumpf spielte Schleicher am nächsten Tag in der Kabinettssitzung aus. Er hatte Oberst Ott im Reichswehrministerium die Erlaubnis erteilt, ein Kriegsspiel für den Fall eines von Nazis, SPD und Kommunisten unterstützten Generalstreiks im Reich auszuarbeiten. Ähnliches hatte sich bereits während des Verkehrsarbeiterstreiks in Berlin abgespielt, und Ott gelangte zu dem Schluß, im Falle eines solchen Generalstreiks könnten Reichswehr und Polizei die öffentliche Ordnung nicht mehr gewährleisten; die Reichswehr könne nicht gleichzeitig die unweigerlich auftretenden großen inneren Unruhen bekämpfen und die Reichsgrenzen verteidigen. Im Ruhrgebiet und Rheinland könnten leicht wieder separatistische Bewegungen auftauchen, die Polizei sei in diesen Gebieten schwach und im Falle eines kommunistischen Aufstands möglicherweise auch nicht verläßlich, und die Reichswehr dürfe die entmilitarisierte Zone nicht einmal betreten. Im Osten stünden die Dinge noch schlimmer; dort könnten polnische Radikale sehr wohl die Gelegenheit, die ihnen Bürgerunruhen in Deutschland lieferten, ergreifen und in das von Polen schon lange beanspruchte Gebiet einfallen. Zudem seien die Nationalsozialisten in den unteren Schichten der Reichswehr ziemlich stark vertreten, weshalb es fraglich sei, wie diese auf den Befehl, auf ihre ehemaligen Genossen zu schießen, reagieren würden. Ott verschwieg, daß die neuerdings wachsende Zahl der Braunhemden oder SS-Leute in der Reichswehr weitgehend darauf zurückzuführen war, daß Schleicher sie gerne in der Reichswehr haben wollte. Zu diesem Kurs hatte Schleicher vor allem Groener geraten. Ebensowenig wies Ott darauf hin, daß die Chance einer wirklichen Zusammenarbeit zwischen Nationalsozialisten, SPD und Kommunisten praktisch gleich Null war.

Lediglich hinsichtlich der polnischen Grenze ließ sich einiges für Otts Darstellung sagen. Als Hitler schon an der Macht war, erteilte Marschall Pilsudski ohne die notwendige Genehmigung des Hohen Kommissars des Völkerbundes am 6. März 1933 einem polnischen Marinebataillon den Befehl, auf die Westerplatte am Eingang des Danziger Hafens zu marschieren und die dortige polnische Garnison zu verstärken. Pilsudski nahm dabei ein Risiko auf sich, wie es für Hitler bald zur Gewohnheit werden sollte. Der Vorfall wurde von vielen so ausgelegt, daß damit ein deutscher Gegenzug und somit französische Militärhilfe für Polen ausgelöst werden sollte, doch endete in diesem Fall der Streit nach langer Diskussion im Völkerbundsrat mit einem Kompromiß, als die polnische Verstärkung abgezogen wurde. [31]

Otts Darstellung war jedoch als Berechnung gedacht, was

schlimmstenfalls passieren könnte – wie es ja stets Aufgabe der Generalstabsplanung ist. Ob es nun sachlich gerechtfertigt war oder nicht – jedenfalls brachte es Papens Sturz. Nach Anhören von Otts Bericht konnte sich praktisch niemand mehr Papens Lösung anschließen; sie wurde abgelehnt. Als Papen am nächsten Tag Hindenburg von der Entscheidung des Kabinetts in Kenntnis setzte, mußte der Reichspräsident seinen Beschluß vom Vortag rückgängig machen. »Ich bin zu alt geworden«, sagte er, »um am Ende meines Lebens noch die Verantwortung für einen Bürgerkrieg zu übernehmen.« [32] Wie Papen berichtet, habe ihn der Reichspräsident daraufhin – zwei dicke Tränen rollten über seine Wangen – entlassen und ihm als Abschiedsgeschenk sein Bild geschenkt, unter das er mit starker Hand in tiefschwarzer Tinte die Widmung setzte: »Ich hatt' einen Kameraden!«

Schleicher wurde Reichskanzler und veränderte Papens Kabinett nur an zwei Posten. Franz Bracht wurde anstelle des Papen-Anhängers Baron von Gayl Innenminister, und der Agrarexperte Günter Gereke wurde Reichskommissar für Ostsiedlung. Keiner von ihnen brachte viel politische Unterstützung ein. Als preußischer Reichskommissar war Bracht zur Zielscheibe des Spotts geworden, weil er eine Verordnung, den »Zwickelerlaß«, erlassen hatte, in der genauestens geregelt war, welche Badeanzüge in öffentlichen Schwimmbädern getragen werden durften; Gereke hatte einen Arbeitsbeschaffungsplan vorgelegt, der zwar den Beifall der Gewerkschaften fand, der SPD-Führung jedoch mißfiel und von der Industrie als inflationär abgelehnt wurde.

Was Schleicher im Sinn hatte, entsprach etwa dem Vorgehen Mussolinis in Italien: Er wollte das Reich in eine Super-Wehrmacht verwandeln, in der die politischen Parteien und Gesellschaftsschichten vertreten wären und in einem disziplinierten Gemeinnützigkeitsstaat zusammenarbeiten sollten, der die Depression ebenso überwinden würde wie die militärische Verwundbarkeit des Reiches. Ott schickte er zu Hitler, er selbst traf sich mit Strasser und den Gewerkschaftsführern Theodor Leipart und Wilhelm Eggert. Wie Gereke schlug auch er einen weitgespannten Plan zur Arbeitsbeschaffung vor, darunter auch einen Jugendplan und ein Siedlungsprojekt, womit er die Zuneigung der Arbeitnehmer und die Mitarbeit der SPD zu gewinnen hoffte. Seine Strategie ging ins Leere. Die SPD-Führung konnte ihm seine Rolle in der Preußenaffäre nicht verzeihen, und die Rechte begegnete ihm wegen seines Geredes von den überholten Wirtschaftssystemen und seiner Landreformpläne mit Mißtrauen. Für Hitler war Schleicher ein alter Feind, und obwohl Strasser gerne mit ihm zusammengearbeitet hätte, zwang ihn Hitler, den von Schleicher angebotenen Kabinettsposten abzulehnen.

Indessen schien die Verwirklichung von Schleichers Vorhaben keineswegs unmöglich. Vor allem wollte er die Nationalsozialisten spalten, und die Zeit schien dafür günstig. Röhm kritisierte in aller Öffentlichkeit »Adolf Légalité«, dessen Verhalten er für reine Liebedienerei hielt, und aus Goebbels' Tagebucheintragungen ist die ganze Verzweiflung herauszulesen, die die Parteiführer angesichts der leeren Kassen und des riesigen Schuldenberges empfanden, wobei sich gleichzeitig die öffentliche Meinung gegen die Partei wandte. In Thüringen, schreibt Goebbels, habe die Partei in den Gemeindewahlen vom 4. September gegenüber der Vorwahl nahezu 40% Verluste erlitten, eine Situation, die er »katastrophal« nennt. Am 8. Dezember schreibt er, in der Organisation herrsche schwere Depression; die Geldsorgen machten jede zielbewußte Arbeit unmöglich. »Es laufen Gerüchte um, daß Strasser eine Palastrevolution plane ... Man ist innerlich so wund, daß man sich nichts sehnlicher wünscht, als für ein paar Wochen aus all diesem Getriebe zu entfliehen. Mittags platzt die Bombe: Strasser hat an den Führer einen Brief geschrieben, in dem er ihm mitteilt, daß er seine sämtlichen Parteiämter niederlege.« Hitler sei niedergeschlagen, vermerkt Goebbels. Um zwei Uhr morgens wird Goebbels in den Kaiserhof gerufen, wo Hitler, Röhm und Himmler versammelt sind. Sie halten die Morgenausgabe der *Täglichen Rundschau* in der Hand, mit einem Artikel, in dem Strassers Rücktritt von seinen Parteiämtern ausposaunt und gesagt wird, jetzt müsse Strasser an Hitlers Statt Führer der Bewegung werden. »Verrat! Verrat! Verrat!« schreibt Goebbels. Hitler geht stundenlang mit langen Schritten im Hotelzimmer auf und ab, bleibt schließlich stehen und sagt: »Wenn die Partei einmal zerfällt, dann mache ich in drei Minuten mit der Pistole Schluß.«

Goebbels hegte nur noch schwache Hoffnung für die Zukunft. Am 15. Dezember schreibt er, vorläufig biete sich nicht die geringste Aussicht, daß die Partei an die Macht komme, und am 21. Dezember notiert er, die Geldkalamität halte immer noch an. [33]

Es sah ganz so aus, als brächen nun die Nazis hundert Meter vor dem Ziel zusammen, doch da kam Hilfe von zwei höchst unterschiedlichen Seiten: von den Sozialdemokraten und von der Großin-

423

dustrie. Die SPD lehnte trotz Schleichers Verordnungen zugunsten der Arbeitnehmer eine Zusammenarbeit ab; Mitte November verkündete eine eindrucksvolle Zahl prominenter Finanz- und Industriemagnaten, sie unterstützten Hitler als Kanzlerkandidaten. Ihrer zwanzig, darunter Hjalmar Schacht, Fritz Thyssen, Albert Vögler von den Vereinigten Stahlwerken und der Kölner Bankier Baron von Schröder, unterzeichneten einen Brief an Hindenburg, in dem sie ihn ehrerbietig baten, Hitler zum Reichskanzler zu berufen. Einige, z.B. Thyssen, waren alte Nazi-Sympathisanten, aber andere – wie Schacht – empfanden für Hitler und seine Partei wenig Begeisterung. Die Gründe, die sie für ihren Gesinnungswechsel angaben, waren vielfältiger Art. Schacht erklärte, er habe seine Mitarbeit angeboten, um zu verhindern, daß eine künftige Regierung Hitler von dem wirtschaftlichen Unsinn beherrscht werde, wie ihn Gottfried Feder predige. Thyssen sagte, er habe den Nationalsozialisten Finanzhilfe gegeben »aus einem einzigen, eindeutigen Grund: ... weil ich nämlich der Auffassung war, daß der Young-Plan für Deutschland eine Katastrophe bedeute«.[9] [34]

Sicherlich gab es auch andere Gründe, die sie aber wohlweislich verschwiegen. Seit 1931 verhielt sich Hitler der Großindustrie gegenüber respektvoller, wie seine Düsseldorfer Rede bewies. Was die Bankiers und Industriellen wollten, war eine stabile Rechtsregierung, die sich dem kapitalistischen Unternehmertum geneigt zeigte und den Linkssozialismus und alle seine Werke ablehnte. Das Anwachsen des kommunistischen Stimmanteils in den Novemberwahlen war beunruhigend, ebenso Schleichers Bemerkungen von den »überholten Wirtschaftssystemen«, sein »inflationäres« Arbeitsbeschaffungsprogramm und sein »agrarbolschewikisches« Siedlungsprojekt. Hitler hatte in Düsseldorf den Unternehmern gesagt, wie hoch er sie schätze, und viele glaubten ihm, zweifellos oft schon deshalb, weil ihnen nicht viel anderes übrigblieb.

Im Augenblick tat ihr Brief an den Reichspräsidenten allerdings noch keine Wirkung. Hindenburg wollte Hitler nicht zum Reichskanzler ernennen, und so blieben die Nazikassen leer. Was Hitler zur Deckung seiner Schulden[10] brauchte, ließ sich nur noch aus einer einzigen Quelle holen – aus dem Staatssäckel –, und dieses Ziel sollte er bald dank der Unterstützung der 20 Unterzeichner und anderer ihresgleichen erreichen.

Die SA-Leute klapperten mit ihren Sammelbüchsen – ein Beobachter sah sie sogar bei einer Beerdigung –, standen an den Berliner Straßenecken und riefen ihr »Winterhilfe für die NSDAP«. Andere

424

schrien mit grimmigem Humor: »Hilfe für die bösen Nazis!« Wichtige Hilfe kam ihnen von Leuten wie Baron von Schröder, Franz von Papen und den Bankiers und Industriellen, die ihnen bisher aus dem Wege gegangen waren, deren Herz jetzt aber den Nazis gegenüber viel weicher war als das der meisten Passanten. Papen sagte, er habe nie in seinem Leben erwartet, einmal Reichskanzler zu werden, und das mag wohl wahr sein; ebenso wahr ist aber auch, daß er, nachdem er das Amt erst einmal innehatte, es höchst ungern wieder abgab, und so wandte er sich gegen Schleicher, der ihm zuerst den Posten verschafft und ihn dann zum Abgang gezwungen hatte.

Die Ereignisse zwischen Mitte Dezember und Ende Januar hat Papen in seinen Büchern, seiner Aussage in Nürnberg, in Verhören und in dem Prozeß, den die Deutschen ihm machten, in allen Einzelheiten erläutert. Er leugnet, Hitler ausgesucht oder Schleicher irgendwie torpediert zu haben, obwohl er in Wirklichkeit wohl beides getan haben dürfte. Im Grunde wollten weder Papen noch Schleicher, daß Hitler Reichskanzler wird; sie mißtrauten ihm mit Sicherheit beide und waren beide der Auffassung, man müsse ihn durch Leute wie sie selbst in Schach halten. Schleicher hatte gesagt, man müsse »den Kerl in die Mitte« nehmen »und ihm zwei Gewichte« anhängen, auf der einen Seite ihn (Schleicher) und die Reichswehr, auf der anderen Seite den alten Herrn (Hindenburg) und seine Autorität, »da werden wir Adolf schon kirre kriegen!«. [35] Doch nachdem Schleichers Versuch einer Spaltung der NSDAP fehlgeschlagen war, merkte er, daß er jetzt Hitler den offenen Kampf angesagt hatte, und war bereit, gegen ihn und die SA die Polizei und sogar die Reichswehr einzusetzen.

Papen andererseits hatte sein Amt verloren und besaß keinerlei politische Zukunftsaussichten, und so belebte er seine alte Hoffnung neu, er könne Hitler zum eigenen und des Vaterlandes Wohle benutzen. Eben erst war Papen die Zielscheibe jener ätzenden Angriffe gewesen, auf die die Nazipresse spezialisiert war, und zwar wegen seines vorgeblichen Übelwollens gegenüber den Potempa-Mördern, und er wußte, daß er als erstes Hitlers Abneigung gegen sich überwinden mußte. Nur durch Hitler konnte er wieder einen Platz erreichen, von dem aus er die Rolle in der Lenkung der Staatsangelegenheiten spielen konnte, die ihm seiner Meinung nach zukam. Papen war es ein leichtes, sich davon zu überzeugen, er könne Hindernisse überwinden, die manchen anderen, der etwas selbstkritischer war, abgeschreckt hätten. Außerdem war seine

Eitelkeit verletzt; Schleicher hatte ihn aus dem Sattel gehoben, und der Gedanke, Schleicher nun mit Hilfe Hitlers aus dem Sattel zu heben, hatte etwas Verführerisches.

Am Abend des 16. Dezember hielt Papen wieder einmal eine Rede im Herrenklub vor 300 Prominenten, Unternehmern, Gutsbesitzern und hohen Beamten. Er verteidigte seine Kanzlerschaft und sein Kabinett der Barone, sagte seinen Zuhörern jedoch auch, die führenden Kräfte einer Gesellschaft könnten nicht nur aus einer Klasse kommen, man müsse sie aus dem ganzen Volk gewinnen. Diese völkische Litanei hätte geradewegs von Hitler sein können, aber Papen wurde noch deutlicher. Er sagte:»Der tragische Fehler der Regierung Brüning scheint mir die Versäumung der Eingliederung der Nationalsozialistischen Partei in einen nationalen Block gewesen zu sein ... So riß man das Volk in zwei Hälften ...« [36] Das politische Leben von heute gleiche der Schlacht; falle der Fahnenträger, so reiße ein anderer die Fahne hoch und trage den Angriff vorwärts. Personen seien nichts, die Sache sei alles. Nie sei das Prinzip von Führer und Gefolgschaft lebendiger und zwingender gewesen als in diesen Tagen, und immer wieder müsse man die Augen der Nation auf den Mann richten, der diese besten völkischen Eigenschaften in sich verkörpere. Damit meinte er Hindenburg, aber die Botschaft richtete sich nicht an ihn allein.

So also das Zitat aus der veröffentlichten Version der Rede, aber andere, die bei dem Jahresessen anwesend waren, erinnern sich anders (der Originaltext der Rede scheint verlorengegangen zu sein). Einer, der sie selbst gehört hat, bezeichnet sie nicht nur als Aufforderung an die Nazis, in die Regierung einzutreten, sondern als Dolchstoß gegen Schleicher, zumal doch die Anwesenden wüßten, daß Papen nach wie vor der Vertrauensmann Hindenburgs sei. Der ebenfalls anwesende Chef der Reichskanzlei, Erwin Planck, nannte die Rede den Schwanengesang eines schlechten Verlierers. [37]

Auch hinsichtlich des folgenden gehen die Darstellungen auseinander. Papen stellt es so dar, als habe ihn Baron von Schröder, der bei dem Essen gewesen war, wegen einer gemeinsamen Unterhaltung mit Hitler angerufen, um mit Hitler die Möglichkeit eines Eintritts in das Kabinett Schleicher zu besprechen. Papen sagt, er habe zugestimmt, obwohl er Zweifel gehabt habe, ob ihn Hitler nach ihren bösen Meinungsverschiedenheiten überhaupt sehen wollte.

Auch diese Geschichte klingt unwahrscheinlich, und sowohl Schröder als auch Meißner behaupten, die Dinge seien anders gewesen: Papen habe ein Gespräch mit Hitler gewollt. Wie dem auch sei: Nach Papens Rede schrieb ein Freund Schröders, Wilhelm Keppler, Leiter einer Fabrik für Photoplattenbeschichtung und Wirtschaftsberater der Nationalsozialisten, an Hitler einen Brief und sagte ihm, Papen habe jetzt erkannt, daß Hitler Reichskanzler werden müsse, und unterstütze seine Kandidatur. Papen, so Keppler, möchte gerne insgeheim mit Hitler in Schröders Kölner Haus zusammentreffen. Später erklärte Papen, Keppler habe seinen Brief nur geschrieben, um Hitlers Abneigung gegen eine Zusammenkunft zu überwinden und Papen Gelegenheit zu geben, Hitler zum Eintritt als Vizekanzler in das Kabinett Schleicher zu überreden. In Kepplers Brief steht aber auch, Papen habe inzwischen den Charakter Schleichers kennengelernt, der zum eigenen Vorteil seine Mitarbeiter immer nur täusche und ihnen ausweiche. Außerdem sei Schleichers Position sehr schwach; Hindenburg hege von ihm jetzt eine schlechte Meinung, während Papen das volle Vertrauen des alten Herrn genieße.

Auch im Lichte des Keppler-Briefes zerfällt Papens Darstellung. Wie konnte Papen Hitler die Vizekanzlerschaft in einem »Duumvirat« – wie er es selbst nannte – mit Schleicher als Kanzler vorschlagen, wenn er doch laut Keppler jetzt Hitlers Kandidatur auf die Kanzlerschaft unterstützte? Welchen Zweck hätte es haben sollen, daß Papen diesen Vorschlag nunmehr in Verbindung mit dem »intriganten« Schleicher wiederholte, da Hitler doch bislang jeden derartigen Vorschlag abgelehnt hatte? Offensichtlich heißt die Antwort, daß Papen nichts dergleichen tat. Er wollte mit Hitler sprechen, um ihm etwas anderes anzubieten als einen hohen Posten in einem Schleicher-Kabinett, und dieses andere war es ja auch, was Papen sich zugute hielt, nachdem Hitler Reichskanzler geworden war.

Zwei weitere Beweisstücke bestätigen die vermutliche Unrichtigkeit von Papens Darstellung. Am 5. Januar, einen Tag nach der Zusammenkunft im Hause Schröder, notiert Goebbels in seinem Tagebuch:»Die Unterredung zwischen dem Führer und Herrn von Papen in Köln hat stattgefunden. Sie sollte geheim bleiben, aber durch eine Indiskretion ist sie in die Öffentlichkeit gedrungen ... Man scheint zu ahnen, was hier gespielt wird ... Eins wird die amtierende Regierung auch wissen: daß es im Ernst um ihren Sturz geht. Wenn dieser Coup gelingt, dann sind wir nicht mehr weit von der Macht entfernt.«[38] Und als Hitler zehn Jahre später, 1942, die Zusammenkunft beschrieb, sagte er, zur Zeit seines Gesprächs mit Papen habe er den Eindruck gewonnen, alles gehe gut voran, und Kompromisse seien nicht notwendig.

Für Hitler mußte trotz der Verachtung, die er für Papen hegte, die Einladung zu einem Gespräch mit einem der vertrautesten Berater Hindenburgs wie ein Akt der Vorsehung wirken. Hitler und seine Partei waren am Fuße eines langen Abhangs angekommen. Er selbst schuldete dem Finanzamt runde 400 000 Mark Einkommenssteuer[11], und neben beträchtlichen laufenden Ausgaben waren da noch die ansehnlichen Rechnungen des Kaiserhofs, wo er großspurige Einladungen gab. Auch die Partei und die SA waren schwer verschuldet. Die Nazi-Abgeordneten konnten nicht einmal einem Mißtrauensantrag gegen das Kabinett Schleicher zustimmen, weil die Partei keinen großen Wahlkampf hätte finanzieren können. Die Uhr lief gegen Hitler.

Hitler und seine Begleitung nahmen den Zug von München nach Bonn, wo am frühen Morgen Hitlers Chauffeur Julius Schreck mit dem Wagen am Hauptbahnhof wartete. Sie fuhren nach Bad Godesberg, wo sie in einem von Hitlers Lieblingshotels frühstückten. Ein Auto mit verhängten Fenstern fährt vor, in dem Hitler, Keppler, Heß und Himmler wegfahren. Die anderen bleiben zurück. Dietrich setzt sich in Befolgung genauer Instruktionen neben Schreck auf den Platz im Führerauto, den sonst Hitler einnimmt, und stülpt die Autokappe über, die sonst Hitler trägt. Sie fahren in Richtung Düsseldorf, halten drei Kilometer hinter Köln und warten zwei Stunden, bis endlich Hitler mit seinem kleinen Gefolge wiederkommt. Dietrich war der Zweck der Reise nie gesagt worden, auch nicht, wohin Hitler und die anderen fuhren; so streng wurde das Geheimnis bewahrt. [39]

Als Hitler und seine Begleitung in dem Wagen mit den verhängten Fenstern vor Schröders Haus vorfuhr, stand da ein Fotograf von der *Täglichen Rundschau* und wollte von ihnen wie auch von Papen beim Aussteigen aus dem Taxi, mit dem er kam, Aufnahmen machen. Ganz umsonst hatte Schleicher nicht den Spitznamen eines »Kardinals in politicis«. Mit einer Subvention aus Reichswehrmitteln hatte er die *Tägliche Rundschau* über Wasser gehalten, um in der deutschen Presse über ein Sprachrohr zu verfügen. Der Herausgeber der *Täglichen Rundschau*, Hans Zehrer, hatte einen Vertrauensmann in Hitlers Sicherheitsdienst[12] und wußte daher jederzeit, was Hitler vorhatte und wo er hinfahren wollte.

Zum erstenmal in ihrer Laufbahn konnten Hitler und Papen zusammenarbeiten. Und ist auch Papens Darstellung ihrer Unterredung höchst phantasievoll, so kommt der Bericht Schröders dem tatsächlichen Geschehen vermutlich ziemlich nahe. [40] Nach Schröder beklagte sich Hitler zunächst bei Papen wegen der Verurteilung der Potempa-Mörder, worauf Papen erwiderte, nach dem Gesetz seien diese Urteile unvermeidlich gewesen. Hitler reagierte darauf mit dem Hinweis, man könne zumindest Hindenburg um Begnadigung bitten. Dann brachte er das Gespräch auf Hindenburgs Weigerung, ihn zum Reichskanzler zu ernennen, die er Schleichers Einfluß zuschrieb. Woraufhin sich Papen des langen und breiten über seinen Vorschlag einer Koalitionsregierung der Konservativen und Deutschnationalen mit den Nationalsozialisten ausließ. Hier war es, daß er ein Duumvirat vorschlug, allerdings nicht aus Schleicher und Hitler, sondern aus Hitler und ihm selbst, die sich die Macht teilen sollten. Hitler wiederholte, was er schon immer gesagt hatte: Er selbst müsse Reichskanzler sein, doch könnten Papen und seine nationalistischen Partner Kabinettsmitglieder werden. Und Juden, Sozialdemokraten oder Kommunisten dürften im Lande keinerlei führende Stellung einnehmen. Die beiden Männer, die einander so nötig hatten, scheinen sich dann auf ein vages Abkommen über eine Art Machtteilung geeinigt zu haben, wenigstens für den Augenblick, und erreichten darin laut Schröder grundsätzliche Einigung.

Obwohl über das, was in der Besprechung tatsächlich gesagt wurde, nie eine zuverlässige und detaillierte Quelle verfügbar wurde, ist die Situation, in der sich Hitler und Papen befanden, doch klar genug. Was Hitler Papen anbieten konnte, war die Rückkehr in eine Position von Macht und Ansehen, und in der Euphorie einer solchen Aussicht konnte Papen jede Befürchtung, die er eventuell noch hinsichtlich des Ergebnisses einer solchen Zusammenarbeit hegen mochte, beiseite schieben. Er sah sich als derjenige, der sowohl Schleicher als auch Hitler ausmanövrierte und gleichzeitig dem Vaterland einen ruhmreichen Dienst erwies, indem er endlich Hitler in die Regierung und an eine Stelle brachte, wo er sich verantwortungsbewußt verhalten mußte, weil Papen und seine konservativen Freunde ihn zügeln konnten. Im Grunde weitgehend derselbe Plan, wie er Schleicher vorgeschwebt hatte, aber bei Papen hatte er zwei alternative Formen. In der einen Form würde er selbst Kanzler in einem Duumvirat mit Hitler als Vizekanzler bis zu dem Zeitpunkt, da er Hindenburg von der Verläßlichkeit des inzwischen gezähmten Hitler überzeugen konnte; lernte der Reichspräsident diesen bemerkenswerten Mann dann erst einmal kennen, wäre er auch dazu zu bringen, ihn zum Reichskanzler zu ernennen. Zweifellos gab Papen dieser Spielart den Vorzug. In der anderen Form sah er Hitler wiederum in einem Duumvirat als Kanzler und sich selbst als Vizekanzler; sie hätten gleiche Rechte, und Papen würde im Verbund mit seinen konservativen Partnern Hitler und den einen oder die zwei Nationalsozialisten überstimmen können, die Hitler für sein Kabinett zugestanden würden. Auch damit wären diese Straßenkämpfer durch vorsichtige Männer eingerahmt, von denen der Reichspräsident wußte, daß auf sie Verlaß war.

Dem, der den Naziführern Glauben schenkte, lieferten sie massenhaft Beweise für einen bemerkenswerten Sinneswechsel. Göring versicherte Papen, die Nationalsozialisten forderten keineswegs die Regierungsgewalt allein für sich; sie wollten mit anderen vaterländisch gesinnten Parteien zusammenarbeiten und mit ihnen gemeinsame Sache machen. Hitler ließ den Reichspräsidenten wissen, er betrachte sich nicht in erster Linie als Parteiführer, sondern ganz einfach als Deutscher, der eine Bewegung gegründet und aufgebaut habe, um Deutschland vor dem Marxismus zu retten. In einem Brief an Meißner schrieb Hitler:»Ich verspreche, daß ich unter vollem Einsatz meiner Person und meiner Bewegung mich aufopfern will für die Rettung unseres Vaterlandes.« Alle seine Handlungen würden verfassungsmäßig sein; er werde mit dem Reichstag zusammenarbeiten, allerdings unter rechtmäßigen Bedingungen, womit er möglicherweise gemeint hat, mit den Notverordnungen, die ein Nicht-Hitler-Kabinett stützten, müsse Schluß sein. [41]

In der Unterhaltung in Schröders Haus scheint Hitler zunächst Papens Vorschlag für ein Duumvirat ausgewichen zu sein. Als er dann aber merkte, was Papen meinte, stimmte er zu, und die beiden verabschiedeten sich lächelnd und mit Handschlag vor Schröders Tür, wo sie wieder photographiert wurden.

Die Photos und die Berichte über die Zusammenkunft Hitler — Papen machten in der deutschen Presse Furore und brachten Schleicher in Rage. Mochten Hitler und Papen auch in einer gemeinsamen Verlautbarung erklären, sie hätten lediglich über die Möglichkeit der »Schaffung einer großen, nationalen, politisch geeinigten Front« gesprochen und über das derzeitige Kabinett sei kein Wort gefallen, so glaubte doch niemand, am wenigsten Schleicher, auch nur einen Augenblick lang daran. Doch Schleichers Spielraum für Gegenaktionen war begrenzt. Papen stand Hindenburg in jeder Beziehung viel näher; er wohnte ganz in der Nähe der Reichskanzlei, in der der Reichspräsident vorübergehend Wohnung genommen hatte[13], und konnte jederzeit durch die Gärten völlig ungesehen in Hindenburgs Wohnung kommen, wenn er es für nützlich hielt. Papen schreibt, er habe sowohl den Reichspräsidenten als auch Schleicher über den Inhalt seines Gesprächs mit Hitler und seinen Versuch unterrichtet, Hitler zum Eintritt in das Kabinett Schleicher zu bewegen. Und tatsächlich hatte er nach der Zusammenkunft, nachdem er den Photographen bemerkt hatte, unmittelbar Schleicher geschrieben und erklärt, was vorgefallen war. Aber es fiel Schleicher ganz und gar nicht schwer, die Nebelwand zu durchschauen, hinter der Papen operierte, und er bat Hindenburg, Papen derartige verfassungswidrige Aktivitäten künftig zu verbieten und ihn nur noch in seiner Gegenwart zu empfangen.

An Hindenburg zu appellieren war alles, was er tun konnte. Sein großer Wurf war danebengegangen. Es war ihm weder gelungen, Hitler zur Tolerierung und gar zum Eintritt in sein Kabinett zu bewegen, noch hatte er die Nationalsozialisten zu spalten oder die Unterstützung der Sozialdemokraten zu gewinnen vermocht; er konnte weiterhin nur mit Hilfe der Präsidialverordnungen regieren, wie vordem Brüning und Papen, und verfügte keineswegs über mehr Rückhalt im Parlament als Papen. Lange Zeit hindurch war ihm Hindenburg sehr geneigt gewesen; bei Übermittlung seiner Neujahrsglückwünsche schrieb ihm der Reichspräsident, er habe die ruhigsten Weihnachten seit Jahren genossen, und dafür danke er ihm.

Außerhalb des Präsidial-Sanktuariums aber befand sich das Land weiterhin in schwerer Gärung. Am 5. Dezember, dem Tag der Eröffnung des neuen Reichstags, sprach eine Zeitung von drohendem Bürgerkrieg. Kommunistische Pläne für einen Aufstand seien gefunden worden, die genaue Kampfanweisungen enthielten. [42] In der Eröffnungssitzung des Reichstags, die diesmal nicht mehr Clara Zetkin, sondern der nationalsozialistische Abgeordnete und ehemalige General Karl Litzmann als Alterspräsident leitete, erklärte dieser – auch er überzeugt, im Grunde habe er für Hindenburg die Schlacht bei Tannenberg gewonnen – in seiner Eröffnungsansprache, auf Hindenburg laste der »geschichtliche Fluch«, daß er das deutsche Volk in Verzweiflung und in den Bolschewismus treibe, obwohl doch ein Retter zur Hand sei. Seine Ansprache wurde durch häufige kommunistische Zwischenrufe und Pfuirufe unterbrochen, und einige Tage später kam es im Reichstag zwischen Kommunisten und Nationalsozialisten zu einer blutigen Prügelei, in deren Verlauf schwere Gegenstände und Telefonapparate von den Wänden gerissen und als Waffen benutzt und Spucknäpfe, Stühle, schwere bronzene Aschenbecherständer, Schreibpulte – alles, was nicht niet- und nagelfest war – gegen den Gegner geschleudert wurden. Draußen im Lande wogten ähnliche Kämpfe zwischen Nationalsozialisten und Kommunisten hin und her, die mit konventionelleren Waffen ausgetragen wurden und in denen man auf beiden Seiten Tote und Verletzte zählte. Und die Not der Bevölkerung zeigte wenig Anzeichen einer Besserung, obwohl es hieß, mit der Wirtschaft gehe es aufwärts. Eine Münchner Zeitung, die einen Hilfsfonds für Notleidende eingerichtet hatte und um Beiträge ihrer Leser warb, schrieb, jeder dritte befinde sich in schwerster Not. Die traurigen Annoncen waren ein einziges Klagelied. »Herzliche Bitte!« überschrieb ein Mann seine Annonce in den *Münchner Neueste Nachrichten,* »Wer kann einem verheirateten Mann in großer Notlage Arbeit gleich welcher Art geben? Ich bin ein junger Mann aus gutem Hause und besitze beste Referenzen.« Im selben Blatt erschien ein Bild mit zwei Kindern, die in einer eiskalten bayrischen Stadt Mitte Dezember barfuß zur Schule gingen. [43]

Am 15. Januar trat dann eines jener politischen Ereignisse ein, die eigentlich nur symbolische Bedeutung haben. In dem winzigen Land Lippe-Detmold mit seinen 163 000 Einwohnern und etwa 100 000 Wahlberechtigten fanden Wahlen statt. In einem Land von der Größe Lippe-Detmolds konnten sich die Nationalsozialisten noch einen Wahlkampf leisten, und sie mobilisierten dafür alle Kräfte. Hitler sprach allein sechzehnmal an verschiedenen Orten und versprach den Bauern Land, aber nicht – so sagte er – indem er wie Schleicher andere Bauern vom Land verjage.[14]

Das hatte zur Folge, daß die Nationalsozialisten noch 6000 Stimmen mehr erhielten als in den Novemberwahlen, in denen sie schon 33 038 Wahlzettel für sich hatten verbuchen können. Mit 39 065 Stimmen erreichten sie 39,6%, nicht ganz soviel wie im Juli (42 000 Stimmen), aber doch genug, um von einem großen moralischen Sieg sprechen zu können. 6000 Stimmen mehr war zwar keineswegs gewaltig, aber es wurde zu einem mächtigen Zeichen der Aufwärtsbewegung der Partei aufgebläht und zur großen Sehnsucht des deutschen Volkes hochstilisiert, das die Nazis an der Macht sehen wolle. Zusammen mit allem anderen kennzeichnete es auch den Anfang vom Ende der Kanzlerschaft Schleichers.[15]

Nach der Zusammenkunft zwischen Hitler und Papen mochte Hindenburg zwar Schleichers Meinung teilen, Papen sei in seinem Kölner Gespräch zu weit gegangen, aber Schleichers Bitte, Papen nur noch in seiner (Schleichers) Anwesenheit zu empfangen, schmeckte ihm mit Bestimmtheit nicht. Das klang allzusehr, als brauche der Reichspräsident einen Aufpasser. Jedenfalls konnte Papen trotz Schleichers Protest Hindenburg davon überzeugen, der langgehegte Wunsch des Reichspräsidenten, eine Koalition der nationalen Kräfte sei in greifbare Nähe gerückt, denn die reformierten Nazis wären bereit, mit anderen Rechtsparteien als Partner in einem parlamentarischen Regime zu regieren. Daraufhin sagte Hindenburg zu Papen, er könne mit Hitler weiterverhandeln, wenngleich er, wie er in den folgenden Wochen wiederholt Besuchern gegenüber bemerkte, keineswegs die Absicht hatte, Hitler zum Reichskanzler zu ernennen. Dennoch konnte Papen seine Sondierungen fortsetzen, und auch er, Hindenburg, sprach seinerseits mit Parteiführern.

Die ergebnislosen Zusammenkünfte gingen also weiter. Am 11. Januar empfing der Reichspräsident Gregor Strasser, den er Hitler bei weitem vorzog. Doch Strasser sagte zu ihm, eine Spaltung der Nationalsozialisten komme überhaupt nicht in Frage, und auch Hugenberg, mit dem Hindenburg ebenfalls ein Gespräch führte, hatte keine Lösung anzubieten. Die Wahlergebnisse in Lippe verschafften Papen weitere Munition, um den Reichspräsidenten mürbe zu machen. Diese Wahl sei so etwas wie eine amerikanische oder englische Nachwahl, erläuterte er Hindenburg, an der sich der aktuelle Wählerstand ablesen lasse, und dieser könne gar nicht anders ausgelegt werden als pro-Hitler und anti-Schleicher.

Genau dasselbe, was Schleicher den Sturz Papens ermöglicht hatte, spielte sich jetzt mit umgekehrten Vorzeichen ab. Jetzt war es Schleicher, der vorschlug, man solle gegen die Kommunisten und Sozialdemokraten mit Hilfe von Notverordnungen regieren. Die Deutschnationalen lehnten Schleichers Landreform ab; Zentrum und Splitterparteien konnten sich jeden Augenblick gegen ihn wenden. Hitler wußte sehr wohl, daß er die Kanzlerschaft jetzt oder nie erringen mußte. Hindenburg war der alternde Riese, der ihm den Weg dorthin versperrte. Papen hatte er schon für sich eingenommen; gelang es ihm jetzt noch, den Sohn des Reichspräsidenten und Meißner zu gewinnen, dann bliebe in Hindenburgs nächster Umgebung niemand mehr übrig, der Hindenburgs Widerstand weiter nährte.

Also schickte Hitler den Schwiegersohn des Inhabers der Sekt-firma Henkell, das zwar wenig bekannte, aber um so eifrigere Parteimitglied Joachim von Ribbentrop, zu Papen mit einer Einladung zu einem Gespräch in Ribbentrops Villa in Berlin-Dahlem. Oskar von Hindenburg und Otto Meißner wurden gleichfalls eingeladen, und wiederum galt äußerste Geheimhaltung. Der Hindenburg-Sohn und Meißner schlüpften während einer Vorstellung in der Staatsoper in der Dunkelheit aus ihrer Loge, nahmen ein Taxi nach Dahlem, stiegen ziemlich weit von Ribbentrops Villa aus und legten den restlichen Weg zu Fuß durch den Schnee zurück. Hitler war schon da, und während sich die Besucher dankbar mit Henkell-Sekt aufwärmten, den livrierte Diener herumreichten (Hitler trank nur Mineralwasser), erhob sich Hitler plötzlich und bat Oskar in den Nebenraum. Eine der verschiedenen Versionen von dem dortigen Geschehen lautet, Hitler habe mit einer Aufdeckung des»Neudeck-Skandals« gedroht, der Bedingungen also, unter denen der Reichspräsident und Oskar den Familienbesitz unversteuert erhalten hatten. Diese Geschichte ist ziemlich unwahrscheinlich; Hitler verfügte gegenüber Oskar über viel schlagkräftigere Waffen als über bloße Drohungen. Überdies war die Neudeck-Angelegenheit weder unrechtmäßig noch skandalös. Von den Enthüllungen über betrügerische Verwendung von Staatszuschüssen für Grundbesitzer in Ostpreußen, bei denen einige Großgrundbesitzer Millionen Mark vergeudet hatten, waren die Hindenburgs stets unberührt geblieben.[16]

Obwohl kaum bekannt ist, was während des einstündigen Gesprächs Hitlers und Oskar von Hindenburgs unter vier Augen gesagt wurde, läßt sich Hitlers Strategie doch aus Meißners Aussagen in Nürnberg ganz gut rekonstruieren. [44] Während Hitler und Oskar im trauten Tête-à-tête waren, unterhielten sich Meißner und Göring, und dabei versicherte ein jovialer und schenkelklopfender Göring dem Staatssekretär, die NSDAP denke gar nicht daran, die volle Regierungsgewalt für sich zu beanspruchen. Das habe sie nie gefordert, sagte Göring, und sie fordere es auch jetzt nicht. Zur Rettung des Vaterlandes, versprach er feierlich, werde die NSDAP mit anderen vaterländisch gesinnten Parteien zusammenarbeiten; die Nationalsozialisten würden sich strikt an die Verfassung halten und nur nach Recht und Gesetz regieren. Außerdem forderten sie in einem zwölfköpfigen Kabinett nur zwei Ministersessel – das Auswärtige Amt und das Reichswehrministerium. Die Bescheidenheit dieses Ansinnens verschlug Meißner die Sprache; er glaubte, nicht recht zu hören.»Nur zwei?« fragte er.»Zwei«, wiederholte Göring und schlug sich zur Bekräftigung auf die Brust. Außerdem sei »der Führer zu jedem tragbaren Entgegenkommen« bereit, wenn man nur »die einzige, die berechtigte und die notwendige Forderung erfülle«, ihn mit der Kanzlerschaft zu betrauen. [45] Im übrigen, sagte Göring, könne die Reform, die die NSDAP durchzuführen bestrebt sei, in der Wiedererrichtung der Monarchie ihre Krönung finden, von der der Führer wisse, daß sie ein Herzenswunsch des Präsidenten sei. Dieses Ziel aber könne niemand erreichen als eben die NSDAP.

Mithin bot sich die Aussicht auf eine geordnete, kooperationswillige Übergangsregierung unter Adolf Hitler. Meißner war wie vom Donner gerührt, erklärt aber, er sei trotzdem mißtrauisch geblieben. Auf der Rückfahrt mit Oskar nach Berlin hoffte er von Hindenburgs Sohn zu erfahren, was Hitler gesagt hatte, aber Oskar blieb schweigsam. Nach einer langen Pause sagte er nur: »Ich fürchte, wir werden um diesen Hitler nicht herumkommen. Er macht jetzt so viele Konzessionen und gibt so viele feierliche Versprechen ab, daß man wirklich nicht mehr weiß, wie es zu begründen wäre, wenn man ihn auch jetzt noch nicht heranläßt.« [46] Meißner konnte ihm nur zustimmen. Trotz aller Vorsichtsmaßregeln blieb auch diese Zusammenkunft nicht geheim. Früh am nächsten Morgen rief Schleicher Meißner an und fragte ihn, wie das Gespräch mit Hitler verlaufen sei.

Die letzten Abwehrstellungen des Reichspräsidenten brachen zusammen. Seine vertrautesten Ratgeber, sein Sohn, sein Staatssekretär, Papen – alle fanden sich entweder mit Hitlers Kanzlerschaft ab oder machten sich, wie Papen, zu ihrem aktiven Befürworter. Und Schleicher selbst war alles andere als hilfreich. Der Reichstag sollte am 24. Januar wieder zusammentreten, aber der Ältestenrat[17] hatte als ersten Sitzungstag erst den 31. Januar angesetzt. Wiederum forderte Schleicher, der im Reichstag keine zuverlässige Mehrheit besaß, von Hindenburg uneingeschränkte Vollmacht für Notverordnungen; und da er auch in der Wählerschaft kaum Aussicht auf politischen Rückhalt hatte, verlangte er vom Reichspräsidenten außerdem, er solle die Reichstagswahlen sine die vertagen. Er brauchte Zeit, um seine Pläne für soziale Reformen und zur Verbesserung der Wirtschaftslage zu verwirklichen, vor allem aber brauchte er Zeit, um das Hitler-Papen-Techtelmechtel auszumanövrieren. Doch was er von Hindenburg verlangte, war genauso verfassungswidrig wie vordem die Forderung Papens, die der Reichspräsident abgeschlagen hatte.

Zwar konnte der Reichspräsident den Reichstag auflösen, aber die Wahlen konnte er nach der Verfassung nicht sine die vertagen. Hitler hatte entweder von Papen oder aus anderer Quelle erfahren, daß Schleicher die Auflösungsorder vom Präsidenten verweigert worden war, und wenn Schleicher den Reichstag nicht auflösen konnte, brauchte Hitler nur abzuwarten, bis Papen, Meißner, Hindenburgs Sohn und die Not der Stunde Hindenburg dazu zwangen, seinen doch so bescheidenen Vorschlag anzunehmen.

Da die drohende Reichstagsauflösung nicht zustande kam und Schleicher isoliert war, brauchte Hitler keinerlei Zugeständnisse mehr zu machen oder Kompromisse einzugehen. Es würde keine Neuwahlen geben, die sich die NSDAP nicht hätte leisten können, und die Kanzlerschaft fiele ihm einfach in den Schoß. Und doch hatten zwei Drittel der Wähler nicht für ihn gestimmt, und selbst seine zeitweiligen Verbündeten hegten kaum Zweifel hinsichtlich des wahren Gesichts der Nationalsozialisten. In einem Rundschreiben an ihre Landesverbände vom 24. Januar machte die Führung der Deutschnationalen in aller Klarheit deutlich, wie gering ihre Begeisterung war.

Für den Fall von Neuwahlen bereite sie für die Redner der Deutschnationalen eine Zusammenstellung von Fällen vor: alle Fälle, in denen die NSDAP bei Besetzung von Ämtern offenkundig sachwidrig unter reinem Parteigesichtspunkt gehandelt habe; alle Fälle, in denen von der NSDAP gestellte Amtsträger, vor allem Landesminister, anfechtbare Maßnahmen getroffen hätten, die durch mangelnde Sachkenntnis oder durch eine einseitige Voranstellung des Parteizweckes veranlaßt gewesen seien; alle Fälle, in denen die NSDAP-Fraktionen Agitationsanträge gestellt hätten, deren Unausführbarkeit im voraus festgestanden habe oder deren Zweck es gewesen sei, mit den Kommunisten oder Sozialdemokraten in der Schärfe des Klassenkampfstandpunktes zu konkurrieren; alle Fälle, in denen die NSDAP durch ihre Anträge und vor allem durch ihre Abstimmungen ihren Agitationsbehauptungen zuwidergehandelt habe oder in denen sie sich gegenüber ihrer anfänglichen Stellungnahme im Parlament einen klaren Umfall zuschulden kommen ließ; alle Fälle, in denen nationalsozialistische Abgeordnete oder Kommunalvertreter die politische Auseinandersetzung mit Gewalttätigkeiten unter Benutzung fiskalischer Aschenbecher, Spucknäpfe usw. fortgesetzt hätten; schließlich alle Fälle, in denen nationalsozialistische Parlamentarier oder maßgebliche Führer der Organisationen innerhalb oder außerhalb ihres Parteibetriebes verwerfliche Handlungen wie Unterschlagungen usw. begangen hätten. [47]

Waren Unehrlichkeit und Doppelzüngigkeit der Nationalsozialisten sogar ihren Verbündeten so offenkundig und weigerte sich der Reichspräsident weiterhin, Hitler zum Reichskanzler zu ernennen, dann hätte wohl Schleicher mit Hilfe einer Reichstagsauflösung Hitler zu einem Kompromiß zwingen können. Hitler hatte bereits – jedenfalls scheinbar – Abstriche an seine Forderungen nach voller Machtbefugnis gemacht, und er konnte sich eine Neuwahl nur leisten, wenn er im Amt war und ihm Staatsgelder zur Verfügung standen.

In einer Reihe getrennter Gespräche mit Schleicher und Papen zwischen dem 26. und 28. Januar aber weigerte sich Hindenburg standhaft, Schleichers oder auch Papens Drängen zu folgen. Schleicher wollte er die gewünschte Notverordnung nicht geben, und Hitler wollte er nicht zum Reichskanzler ernennen. Müde, bei schlechter Gesundheit, gelegentlich zu keinem klaren Gedanken mehr fähig, wußte Hindenburg nicht mehr ein noch aus. Sehr wahrscheinlich hätte er am liebsten wieder Papen als Reichskanzler gesehen und hoffte immer noch, daß sich das machen lasse. Schleicher hatte seine Netze weit ausgeworfen und versucht, bei Strasser, bei Hugenberg und seinen Deutschnationalen, bei den Gewerkschaften und in der SPD Unterstützung zu gewinnen, aber vergebens. Strasser konnte weder sich noch auch einen anderen Nationalsozialisten in sein Kabinett einbringen, Hugenberg sah in Schleicher einen Sozialisten, Schleicher tat Hugenberg als Reaktionär ab, und die Sozialisten und Gewerkschaften lehnten eine Mitarbeit in einem Kabinett ab, in dem sie eine Militärdiktatur erblickten. Der einzige Ausweg für Schleicher war die Gewährung uneingeschränkter Regierungsvollmachten durch Hindenburg, damit er Papen und den Nationalsozialisten frontal entgegentreten konnte. Alles andere hatte er schon versucht; jetzt mußte er aufs Ganze gehen und dabei in Kauf nehmen, nicht nur eine Schlacht, sondern den Krieg zu verlieren.

Hindenburg fragte Meißner, ob er nach der Verfassung den Reichstag auflösen und gleichzeitig die Neuwahlen vertagen könne. Meißner erwiderte, dies wäre verfassungswidrig. Binnen 60 Tagen nach Auflösung des Reichstags müßten Neuwahlen stattfinden, sonst könnte ja eine Regierung unbegrenzt im Amt bleiben und mit Verordnungen regieren. Hindenburg sagte, das habe er sich gedacht, und damit war die Bühne frei für die große Abrechnung.

Am Vormittag des 28. Januar hielt Schleicher eine Kabinettssitzung ab, in der er sagte, eine noch größere Gefahr als die Ernennung Hitlers zum Reichskanzler sei ein Kabinett Papen-Hugenberg, da dieses die Stimmung der breiten Massen in stärkster Weise gegen sich hätte. Das könnte eine Staats- und eine Reichspräsidentenkrise zur Folge haben. Konstantin von Neurath und Finanzminister Schwerin-Krosigk stimmten ihm zu. Krosigk sagte, die Gefahr bei Bildung eines Kabinetts Papen-Hugenberg sehe er vielleicht noch ernster als der Reichskanzler; deshalb sei es nach seiner Ansicht geboten, daß der Reichskanzler dem Reichspräsidenten vorschlage, sich auch von anderen Mitgliedern des Reichskabinetts objektiv über die gegenwärtige politische Lage unterrichten zu lassen – durch von Neurath z.b. [48]

Als Neurath sagte, er werde dem Präsidenten gerne seine Meinung über die Gefahren eines Kabinetts Papen-Hugenberg auseinandersetzen, begab sich Schleicher sofort zu Hindenburg. Er verließ die Kabinettssitzung um 12 Uhr 10. 25 Minuten später war er schon wieder zurück und sagte dem Kabinett, er und seine Kollegen müßten zurücktreten.

Es blieben nur noch drei Möglichkeiten, hatte er dem Reichspräsidenten gesagt. Erstens könne Hitler zum Kanzler eines Kabinetts mit parlamentarischer Mehrheit ernannt werden; zweitens gäbe es die Möglichkeit der Ernennung Hitlers in einem Präsidial-Minderheiten-Kabinett; oder drittens könne die jetzige Präsidialregierung im Amt bleiben und volle Regierungsgewalt bekommen, verbunden mit der Zusage des Reichspräsidenten, daß er den Reichstag bei dessen nächster Sitzung auflöse. Letzteres könne nur dann geschehen, wenn sich Hindenburg nicht an den Buchstaben der Verfassung halte; dies sei jedoch dadurch gerechtfertigt, daß sich das Land in einer Krise befinde, die die Väter der Verfassung nicht vorausgesehen hätten.

Desgleichen warnte Schleicher vor einer Regierung Papen-Hugenberg, die sich allein auf die Deutschnationalen stützen würde und gegen die neun Zehntel des deutschen Volkes wären. Doch was immer geschehe, bitte er den Reichspräsidenten, bei der Neubildung der Reichsregierung namentlich das Reichswehrministerium keinem Parteigänger Hitlers zu übertragen; das würde die Reichswehr in größte Gefahr bringen. [49]

Nach einem anderen Bericht[18] beschwor er den Reichspräsidenten auch, KPD, SA und SS müßten verboten werden, um das Vaterland vor der Tyrannei und dem Verderben zu retten. Gewalt müsse angewendet werden; gefährliche Radikale, vor allem Männer wie Dr. Goebbels, müßten verhaftet werden; leisteten sie Widerstand, müßten Polizei und Reichswehr gerufen werden. Stimme der Reichspräsident seinen Vorschlägen aber nicht zu, dann müsse er, Schleicher, sein Amt zur Verfügung stellen. Hindenburgs Antwort glich der, die er zwei Monate zuvor Papen gegeben hatte: In seinem Alter könne er keinem Vorgehen zustimmen, das zu Bürgerkrieg und Blutvergießen führen könnte. Und er fügte hinzu:»Ich werde ja wohl bald vor dem ewigen Richter stehen, und der wird mir sagen, ob ich recht gehandelt habe oder nicht. Hier kann mir das keiner sagen.« [50] Daraufhin sagte Schleicher, er trete zurück; damit war der Kampf beendet und verloren.

Nach Meißners Meinung stand Schleicher noch eine andere Möglichkeit offen; hätte er vom Reichspräsidenten nur eine Auflösungsorder verlangt, dann hätte er noch nach Auflösung des Reichstags bis zu den Neuwahlen 60 Tage im Amt bleiben können, und Meißner fragte ihn, warum er das nicht versucht habe. Schleicher zuckte nur die Schultern. Offenbar war er entschlossen, aufs Ganze zu gehen. Er hatte den Reichspräsidenten zwingen wollen, ein für allemal zwischen ihm und Papen und Hitler zu wählen. Er blieb noch als Reichswehrminister im Amt, allerdings nur für einen Tag. Die von ihm subventionierte *Tägliche Rundschau* veröffentlichte einen Artikel, in dem es hieß, ein mit allen Vollmachten ausgestattetes Kabinett Papen würde die Stellung des Reichspräsidenten erschüttern und zur Katastrophe führen. Hindenburg las den Artikel, kurz nachdem Schleicher ihm seinen Rücktritt als Reichskanzler erklärt hatte, und war sehr verärgert. Er war sicher, daß Schleicher hinter dem Artikel stand und ihm wieder einmal eine Lektion über die Pflichten des Reichspräsidenten verpassen wollte, und deshalb wollte er Schleicher überhaupt in keinem Kabinett mehr haben.

Als Papen zum Reichspräsidenten kam, nachdem Schleicher gerade gegangen war, war Hindenburg am Ende seiner Widerstandskraft. Die beiden gingen noch einmal alle Möglichkeiten durch, aber es schien nur noch eine einzige zu geben – Hitler zum Reichskanzler zu berufen und den Nationalsozialisten zwei Kabinettssitze einzuräumen, wobei die Namen der Minister allerdings noch nicht feststanden. Papen hatte dem Präsidenten noch einmal gesagt, wie man Hitler unter Kontrolle halten könne: Papen würde – darauf bestand Hindenburg – immer anwesend sein, wenn Hindenburg Hitler empfing; als Vizekanzler habe er, Papen, erheblichen Einfluß auf die Entscheidungen und werde zusammen mit Hugenberg, Neurath und den anderen Konservativen die National- sozialisten im Zaum halten. Die letzten Waffen wurden Hindenburg aus der Hand gerissen. Widerwillig fragte er Papen:»Dann habe ich also die unangenehme Pflicht, diesen Hitler als Kanzler zu beru- fen?« und Franz von Papen nickte. [51] Es war auch ein Triumph Papens.»Wir haben ihn [Hitler] uns engagiert«, sagte er; nach seiner Überzeugung hatten er und die übrigen Konservativen den Führer im Schlepptau.»Was wollen Sie denn?« fragte er den konservativen Kritiker Ewald von Kleist-Schmenzin.»Ich habe das Vertrauen Hindenburgs. In zwei Monaten haben wir Hitler in die Enge gedrückt, daß er quietscht.« [52]

Als Hindenburgs Vertrauensmann nahm Papen wenige Stunden nach dem Gespräch mit Hindenburg seine Besprechungen mit den maßgeblichen Parteiführern auf, um das neue Kabinett aufzustel- len. Schon zwei Tage vor Schleichers Rücktritt war er mit den Stahlhelm-Führern Seldte und Duesterberg zusammengetroffen, um sie aufzufordern, in eine Regierung Hitler-Papen einzutreten. Duesterberg hatte abgelehnt und Papen vor der »Dynamik in Hit- lers Natur und dem Fanatismus seiner Massenbewegung« gewarnt; Seldte dagegen hatte ebenso zugestimmt wie Hugenberg. Hitler stelle keine Bedrohung dar, sagte Hugenberg, da Papen Vizekanz- ler würde, er selbst die Wirtschaft und Seldte das Arbeitsministe- rium übernähmen.»Wir rahmen also Hitler ein«, hatte Hugenberg gesagt. Diesen Wahn teilte er mit Papen. [53]

Am 28. Januar trifft Papen wieder mit Hugenberg zusammen, und der Chef der Deutschnationalen weiß wieder mal was Neues. Er sagt, die Deutschnationalen forderten zwei Ministersessel und Hit- ler verlange wiederum den Vorsitz in einem Präsidialkabinett und sei nicht gesonnen, sich auf eine Reichstagsmehrheit zu stützen, weil er sonst auf die Unterstützung der Deutschnationalen im Reichstag angewiesen wäre. Eine Stunde später trifft Papen mit Hitler selbst zusammen, der jetzt in der Überzeugung, daß ihn nichts mehr aufhalten kann, den Preis anhebt; außer dem Reichswehr- und dem Reichsinnenministerium verlangt er nunmehr für die Nationalsozia- listen auch das »Reichskommissariat für Preußen«, das gleichbedeu- tend ist mit dem Amt des preußischen Ministerpräsidenten und das Hindenburg für den Vizekanzler von Papen vorgesehen hatte. Überdies verlangt Hitler für seine Partei das preußische Innenmini- sterium. Diesem Amt untersteht die schlagkräftige preußische Poli- zei. Papen stutzt und fragt maliziös zurück, ob Herr Hitler sich sonst mit den Vorschlägen des Herrn Reichspräsidenten zufriedengäbe. Hitler erwidert leichthin, er habe nur noch eine letzte Forderung: Die anderen vom Präsidenten bestimmten Minister dürften sich an keine Partei gebunden fühlen. Papen erklärt, er werde dem Präsidenten darüber berichten. Als nächsten Politiker empfängt Papen den führenden Mann der Bayerischen Volkspartei, Fritz Schäffer, und fragt ihn, ob er bereit sei, in ein Kabinett Hitler-Papen einzutreten. Schäffer erklärt, er sei durchaus bereit, in eine Regierung Hitler einzutreten, dagegen werde seine Partei ein Kabinett Papen keinesfalls unterstützen. Papen mußte also weitersuchen. [54]

Am 26. oder 27. Januar, also ein oder zwei Tage vor Schleichers Rücktritt, hatte Hindenburg noch zwei andere Besucher empfangen: den General von dem Bussche-Ippenburg, der jede Woche dem Reichspräsidenten über den Stand der Truppenplanung berichtete und den diesmal der Chef der Reichswehr, General von Hammerstein-Equord, begleitete. Was genau gesprochen wurde, ist unsicher, denn die Berichte darüber wurden entweder geschrieben, nachdem Hitler seine Macht schon gefestigt hatte, und da wäre es tollkühn gewesen, hätte jemand seine Gegnerschaft gegen seine Berufung zum Reichskanzler zugegeben, oder aber sie erschienen nach Hitlers Ende, also zu einer Zeit, als sich jedermann angelegen sein ließ, nachzuweisen, daß er schon immer dagegen gewesen sei. Über die Zusammenkunft gibt es eine Reihe von Darstellungen, aber von den drei Anwesenden schrieben nur zwei – Hammerstein und Bussche – ihre Version des Gesprächs nieder, und diese beiden Versionen widersprechen sich. Hindenburg selbst schwieg. Alle übrigen Darstellungen beruhen auf reinem Hörensagen.[19]

Hammerstein schrieb im Januar 1935, er habe den Reichspräsidenten aufgesucht, um sich gegen ein mögliches Kabinett Papen-Hugenberg auszusprechen, vor allem, weil daran die Nationalsozialisten nicht teilnähmen und sich die Reichswehr einer Zivilbevölkerung gegenübersähe, die überwältigend gegen eine derartige Regierung eingestellt wäre. Desgleichen seien er und Schleicher sich einig gewesen, der nächste Reichskanzler könne nur Adolf Hitler heißen. Hindenburg sei über diesen Versuch einer »politischen Einflußnahme« seitens eines Generals verärgert gewesen, habe aber klargestellt, daß er Hitler keinesfalls ernennen wolle. [55] Hammersteins Niederschrift stammt aber aus einer Zeit, in der jede andere Äußerung höchst gefährlich gewesen wäre. Eben erst war Hammersteins naher Freund, General Kurt von Schleicher[20], zusammen mit seiner

Frau auf Hitlers Befehl ermordet worden. Und Hammersteins Darstellung widerspricht von dem Bussche, der zur Zeit seiner Niederschrift, nämlich 1952, für Hitler ja unerreichbar war.

In seiner Darstellung erwähnt von dem Bussche Papen nicht. Er sagt lediglich, Hammerstein habe Hindenburg kategorisch vor einer Berufung Hitlers gewarnt. Da er spürte, wozu die Herren gekommen waren, hatte Hindenburg die Generäle kurz angebunden behandelt und ihnen gesagt, wenn seine Generäle nicht mehr parieren wollten, würde er sie alle verabschieden. Hammerstein habe ihm darauf lächelnd versichert, die Armee stehe absolut zum Reichspräsidenten als ihrem Befehlshaber, worauf sich Hindenburg wieder beruhigte und Hammerstein zugehört habe, der ihm sagte, er habe ernste Bedenken gegen eine mögliche Kanzlerschaft Hitlers; dessen Extremismus könne zu einer Zersetzung der Reichswehr und zu krassen Gehorsamsverweigerungen in der Truppe führen. Daraufhin habe Hindenburg entgegnet: »Sie werden mir doch nicht zutrauen, meine Herren, daß ich diesen österreichischen Gefreiten zum Reichskanzler mache.« [56]

Zwischen den verschiedenen Darstellungen bestehen einige nicht sehr bedeutende Unterschiede; Hammerstein schreibt, die Zusammenkunft habe am Morgen des 26. Januar stattgefunden, und Bussche datiert sie auf den 27. Andere Unterschiede wiegen schwerer. Haben nach Hammerstein er und Bussche Hindenburg vor einem Kabinett Papen-Hugenberg gewarnt, von dessen Ernennung Gerüchte umliefen, so sagt Bussche, sie seien wegen einer möglichen Berufung Hitlers besorgt gewesen, und Hammerstein habe seine Bedenken gegen Hitlers Kandidatur mit starken Worten zum Ausdruck gebracht. Einig sind sich Hammerstein und Bussche in der Feststellung Hindenburgs, daß er nicht beabsichtige, Hitler zum Reichskanzler zu machen.

Die widersprüchlichen Darstellungen sind jedoch keineswegs unvereinbar, wenn man sie in den Zusammenhang sctzt. Obwohl sich Hammerstein früher positiver über Hitler geäußert hatte, war er im Laufe der Zeit immer hitlerfeindlicher geworden. Er war der General gewesen, der gesagt hatte, die SA müsse nicht nur aufgelöst, sondern an die Wand gestellt werden; er hatte gesagt, nun, da er wisse, daß die Armee einem Befehl, notfalls auf die Braunhemden zu schießen, gehorchen würde, könne er wieder ruhig schlafen. Er hatte auch gesagt, er könne nicht glauben, daß das deutsche Volk einen solchen Narren wie Hitler zum Reichskanzler wählen würde. Über Hammersteins Abneigung gegen Hitler besteht kein Zweifel;

Jahre später – 1939 – hatte er Hitlers Verhaftung bei einem Besuch in seinem Hauptquartier in Köln vorbereitet, die nur deswegen fehlschlug, weil ihm Hitler den Gefallen nicht tat, zu kommen. [57] Hitler selbst war sich der Gefühle Hammersteins bewußt; als er sich 1942 einmal über seine Generäle ausließ, sagte er, Hammerstein habe ihm erklärt, die Reichswehr werde ihn unter keinen Umständen als Reichskanzler akzeptieren. [58] Hammerstein sei sein Feind und müsse weg, aber er könne doch eiskalt politisch denken. Es ist also höchst unwahrscheinlich, daß Hammerstein Hindenburg einzig und allein dazu aufgesucht haben soll, ihn zur Ernennung Hitlers zum Reichskanzler zu bereden.[21]

Bussche schrieb fast 20 Jahre später, sie hätten mit Hindenburg über Hitler gesprochen; er sagte nicht, daß sie über Papen nicht sprachen. Natürlich wußten die Generäle, daß Papen versucht hatte, Hindenburg zur Berufung eines Duumvirats, bestehend aus ihm und Hitler, zu überreden; ebenso war ihnen bekannt, daß Hindenburg am liebsten wieder Papen ohne Hitler an seinem alten Posten gesehen hätte. Es ist also nicht unmöglich, daß an den Gerüchten, der Reichspräsident denke an die Ernennung eines Kabinetts unter Papen-Hugenberg unter Ausschluß der NSDAP, etwas dran war und Hammerstein deshalb Hindenburg sowohl vor einem solch gefährlichen Schritt als auch vor der Ernennung Hitlers warnen wollte. Er und die Reichswehr wollten zweifellos, daß Hindenburg Schleicher als Reichskanzler und Reichswehrminister im Amt beließ – vor allem als Reichswehrminister, falls der Präsident doch Hitler zum Kanzler machen sollte.

In seiner Niederschrift von 1935 spricht Hammerstein auch von einem freundschaftlichen Besuch, den er am 29. Januar 1933 Hitler abgestattet habe, um sich über dessen Aussichten zu vergewissern. Er sagt, er und Schleicher hätten befürchtet, der Reichspräsident könnte trotz seiner fortlaufenden Verhandlungen mit Hitler in Wirklichkeit doch Papen berufen wollen, was einen Generalstreik oder gar Bürgerkrieg zur Folge gehabt hätte. Hätte er damals freimütiger schreiben können, hätte er vielleicht gesagt, er und Schleicher hätten in ihrem tiefen Mißtrauen gegen Hitler und in Ahnung der Katastrophe für das Reich im Falle einer Kanzlerschaft Papens in einem Kabinett ohne die Nationalsozialisten keinen von beiden haben wollen, Papen aber noch weniger als Hitler. Und ironischerweise wandten sie sich laut Hammerstein an Hitler, um festzustellen, ob der Präsident mit ihm ernstlich verhandle.

In der Atmosphäre des Hitlerreichs von 1935 ist leicht verständlich, warum Hammerstein hitlerfeindliche Gefühle möglichst herunterspielen wollte; daß er diesen Besuch bei Hitler und sein Gespräch mit ihm erfunden haben könnte, ist dagegen sehr unwahrscheinlich. Hitler wußte sicherlich, ob er mit Hammerstein zusammengekommen war und worüber sie geredet hatten.

In den letzten Januartagen beschleunigte ein weiteres Gerücht die Berufung des Kabinetts Hitler, ein Gerücht, das nicht völlig frei erfunden war, daß nämlich die Heeresleitung gegen den Reichspräsidenten selbst vorgehen wolle, um auf die Wahl des Reichskanzlers bestimmenden Einfluß zu nehmen. Das Gerücht über einen Putschplan Schleichers ging überall um. Die Geschichte erschien im Londoner *Daily Express* und wurde von den deutschen Zeitungen übernommen; danach soll die Potsdamer Garnison von Schleicher in Alarmzustand versetzt worden sein und sollen er und die Generäle eine Verhaftung Hindenburgs und die Übernahme der Regierung vorbereitet haben. [59]

Oberflächlich betrachtet scheint dieses Gerücht Legende gewesen zu sein; als solche wurde es jedenfalls von den deutschen Historikern bezeichnet. Der bloße Gedanke, die Reichswehr könnte ihre eigenen Oberbefehlshaber und den größten deutschen Kriegshelden verhaften, scheint absolut abwegig. Wie würden denn die anderen Generäle im Reichswehrministerium und die Truppenkommandeure auf einen solchen Befehl reagiert haben, und was anderes hätte er zur Folge haben können als einen Bürgerkrieg? Bussche, Hammerstein und Schleicher dementierten unisono jeglichen Gedanken daran. Hammerstein schrieb 1935, ohne ihn hätten Schleicher und die Reichswehr einen Staatsstreich überhaupt nicht versuchen können, und er hätte nie mitgemacht. Schleicher dementierte in einem Brief an die *Berliner Zeitung am Mittag* sofort das Gerücht, und Bussche sagte, es habe keinerlei derartiges Komplott gegeben.

Ganz so aus der Luft gegriffen scheint die Geschichte jedoch nicht zu sein. Ein zuverlässiger Augenzeuge, Oberst Ott, erzählte später, am 26. oder 27. Januar habe im Reichswehrministerium in seinem Beisein eine Zusammenkunft mit Schleicher, Hammerstein, Staatssekretär Planck, General von Bredow und Major Marcks vom Pressebüro des Ministeriums stattgefunden. Im Laufe der Diskussion habe Hammerstein angeregt, Hindenburg ultimativ aufzufordern, Hitler nicht zum Reichskanzler zu ernennen; lehne Hindenburg ab, sollten sie den militärischen Notstand ausrufen. Die Anregung wurde zunächst fallengelassen, als sich Schleicher dagegen aussprach. [60]

Das war aber noch nicht alles. Einige Tage später, am 29. Januar, trafen sich die Generäle Adam, von dem Bussche, Hammerstein und Schleicher in Hammersteins Büro, und Schleicher, der inzwischen Gewißheit erlangt hatte, daß Hindenburg Hitler berufen werde, sagte resigniert, es bleibe jetzt wohl nichts anderes übrig, als sich zum Reichspräsidenten loyal zu verhalten. Einer der anderen Generäle bemerkte, es gäbe noch eine andere Möglichkeit, nämlich gegen Hindenburg vorzugehen, aber diese Anregung wurde nur kurz erörtert und dann verworfen. Beim Verlassen des Raumes stand Oberst von Reichenau an der Tür und sagte, Hindenburg müsse verhaftet werden; daraufhin erwiderte von dem Bussche »Unsinn«, und damit war die Sache erledigt. Nie erreichte irgendein Befehl die Potsdamer Garnison noch andere Truppendienststellen.[22]

Wir verfügen aber noch über ein weiteres interessantes Indiz für die Gemütsverfassung der Beteiligten. Am Abend des 29. Januar rief Schleichers Staatssekretär Erwin Planck einen Freund an und sagte ihm, die Potsdamer Garnison liege in Bereitschaft, um, wenn der alte Herr etwa unter dem Einfluß Papens oder seines Sohnes Hitler zum Kanzler ernennen würde, in Marsch gesetzt zu werden. Dies geschähe, »um den alten Herrn vor seinen Ratgebern zu schützen«. [61] Planck, der Schleicher ergeben war und ziemlich genau wußte, wie Schleichers Gehirnzellen funktionierten, hatte offensichtlich von den Gerüchten Wind bekommen und ihnen Glauben geschenkt. Das Körnchen Wahrheit in den Putschgeschichten scheint also darin zu liegen, daß die Generäle tatsächlich über die Möglichkeit gesprochen haben, Hindenburg in eine Art Schutzhaft zu nehmen und vor seinen schlechten Ratgebern etwa in dem Sinne abzuschirmen, wie ein paar hyperpatriotische japanische Offiziere zu Ende des Zweiten Weltkriegs eine Entführung des Kaisers ins Auge gefaßt hatten, als sich dieser auf den Rat seiner Minister anschickte, Frieden zu schließen.

Die Potsdamer Garnison wurde nie in Alarmbereitschaft versetzt, der Marsch auf Berlin nie befohlen, aber Papen und Hitler waren von beidem überzeugt. Ein Mitglied des Herrenklubs, Werner von Alvensleben[23], der mit den Nazis enge Verbindung unterhielt, war auch mit Hammerstein und Schleicher in Kontakt, die ihn dazu benutzten, sich über die Ereignisse auf dem sich immer schneller drehenden politischen Karussell auf dem laufenden zu halten. Während eines Gesprächs mit Alvensleben hatte entweder Hammerstein oder Schleicher gesagt, Hindenburg sei nicht mehr im Vollbesitz seiner Kräfte und werde wahrscheinlich eine Präsidentenkrise verursachen. Alvensleben machte sich darauf seinen eigenen Reim und erzählte Hitler und einigen seiner Anhänger in Goebbels' Berliner Wohnung, Heereseinheiten würden mobilisiert und seien auf dem Weg zur Verhaftung Hindenburgs und Papens, desgleichen Hitlers und der neuen Kabinettsmitglieder. Vermutlich war es Alvenslebens am späten Nachmittag des 29. Januar erstatteter Bericht, der Görings Telefonanruf beim Polizeipräsidenten Diels auslöste, aber Diels' Antwort, an dem Gerücht sei kein wahres Wort, beruhigte niemand.

Papen erklärte, Schleicher spiele jetzt seinen letzten Trumpf aus, und wenn die neue Regierung nicht spätestens am nächsten Tage, dem 30. Januar, um elf Uhr vereidigt sei, werde es eine Militärdiktatur unter Schleicher und Hammerstein geben. Auch Meißner war besorgt; um zwei Uhr früh hatte ihn ein Anruf aus dem Schlaf gerissen mit der Mitteilung, Schleicher wolle ihn und Oskar von Hindenburg verhaften lassen. [62] Nunmehr glaubten alle, das Gerücht sei wahr; als Duesterberg vor der Tür Oskars von Hindenburg einen Wachtposten sah, wußte er nicht, ob er seinem Schutz oder seiner Bewachung diente. Oskar selbst war sicher, daß sich Schleicher des Hochverrats schuldig gemacht hatte; was sein Vater dachte, ist unbekannt, obwohl er offensichtlich die Putschgerüchte selber ruhig aufnahm.

Am 29. Januar hatte Hindenburg seinerseits jedenfalls gehandelt. Er war zu dem Schluß gelangt, daß Schleicher im neuen Kabinett nicht Reichswehrminister sein konnte, und nachdem er sich die möglichen Kandidaten angesehen hatte, entschied er sich für General Werner von Blomberg, der als Militärvertreter des Reiches an der Abrüstungskonferenz in Genf teilnahm. Wenn Hindenburg Hitler einen starken Reichswehrminister entgegensetzen wollte, war Blomberg eine seltsame Option. Er gehörte nämlich zu den wenigen nazifreundlichen Generälen der Reichswehr. Brüning hatte 1931 gesagt, er sei der einzige Nazifreund, und hatte bei Groener die Entlassung Blombergs angeregt, weil dieser nach einem schweren Sturz vom Pferd an einer Nervenstörung leide. Hindenburg berief jedoch Blomberg telegrafisch sofort zu sich nach Berlin, und dieser traf nach vierzehnstündiger Fahrt am 30. Januar um 8 Uhr in völliger Unkenntnis dessen, was ihn erwartete, am Anhalter Bahnhof ein. Und was ihn da erwartete, war ziemlich interessant. Schleicher hatte von Hindenburgs Telegramm erfahren, und so empfingen

Blomberg gleich zwei Vertreter seiner Vorgesetzten. Der eine war Oskar, der Sohn des Reichspräsidenten, in Zivil; der andere war Hammersteins Adjutant, Major Adolf Kuntzen, in Uniform.

Oskar von Hindenburg hatte Auftrag, Blomberg direkt zum Reichspräsidenten zu bringen, damit er vereidigt werden konnte, ehe sich irgendwelche Putschisten seiner bemächtigten. Major Kuntzen sollte Blomberg direkt ins Reichswehrministerium zu Hammerstein bringen, wo man ihn über die Gefahren eines Kabinetts Papen-Hugenberg aufklären wollte. [63]

Aber Hindenburg war Oberster Befehlshaber der Streitkräfte, und da Major Kuntzen einem Befehl des Reichspräsidenten schlecht den Gehorsam verweigern konnte, folgte Blomberg pflichtschuldigst Oskar von Hindenburg. Als sie in der Reichskanzlei anlangten, erläuterte der Reichspräsident kurz die Situation und vereidigte Blomberg sofort als Reichswehrminister.

So wurde Blomberg um neun Uhr morgens Mitglied des Kabinetts Hitler, noch ehe Hitler Reichskanzler war. Danach unterrichtete Meißner Schleicher telefonisch, daß Blomberg seinen Platz als Reichswehrminister eingenommen habe; Blomberg selbst wurde geraten, sich nicht ins Reichswehrministerium zu begeben, weil er dort verhaftet werden könnte. Zu diesem Zeitpunkt war die Lage so verworren, daß bloße zwei Stunden vor Vereidigung des neuen Kabinetts sowohl der Außenminister von Neurath als auch der Finanzminister von Krosigk immer noch glaubten, Hindenburg wolle ein Kabinett Papen-Hugenberg berufen, und sich gegenseitig versprachen, sich jedem »moralischen Druck« zu widersetzen und »für die kleine Lösung nicht zu haben zu sein«. [64] Als sich dann nach und nach die Mitglieder des neuen Kabinetts versammelten, begab sich Duesterberg, der gekommen war, um der Feierlichkeit beizuwohnen, zu Seldte in den Garten der Reichskanzlei. Dort sagten die beiden zu Blomberg, um Hitler nicht die totale Herrschaft auszuliefern, müsse er darauf achten, daß die preußische Polizei keinesfalls einem Nationalsozialisten anvertraut werde.

Noch aber war eine letzte Szene des Unmuts in der nationalen Front auszutragen. Als sich die Mitglieder des Kabinetts Hitler in Meißners Arbeitszimmer versammelten, schienen die letzten Schwierigkeiten beseitigt. Der Streit wegen Görings Ernennung zum Reichskommissar für Preußen wurde durch einen Kompromiß geschlichtet: Göring sollte Reichsminister ohne Portefeuille, Reichsluftfahrtkommissar und außerdem Innenminister von Preußen werden; Frick war als Reichsinnenminister vorgesehen; Neurath sollte Außen- und v. Krosigk Finanzminister bleiben, Hugenberg war zum Reichswirtschafts- und Seldte zum Reichsarbeitsminister ausersehen. Hitler, den es ärgerte, daß Göring auf den Posten als Reichskommissar für Preußen hatte verzichten müssen, erklärte plötzlich, seine Regierung müsse durch das Volk bestätigt werden. Hugenberg, der wußte, daß bei einer solchen Abstimmung die Deutschnationalen Verluste erleiden würden, lehnte kategorisch ab. Aber Hitler, dem jetzt jedes besänftigende Wort leicht von den Lippen ging, versprach Hugenberg, er werde sich niemals von den anwesenden Herren trennen; sie blieben an seiner Seite, Wahl hin, Wahl her. Papen, auf dem die angebliche Putschdrohung schwer lastete, warf seine Stimme in die Waagschale: »Wer könnte nicht dem feierlichen Ehrenwort eines deutschen Mannes trauen?« fragte er Hugenberg. Außerdem könne man doch im Falle der Neuwahlen einen starken Wahlblock aller konservativen Elemente schaffen; schließlich möge das Kabinett die ganze Frage der Auflösung des Reichstags und der Ausschreibung von Neuwahlen ruhig Hindenburg überlassen. [65]

Hugenberg faßte dies so auf, daß Hindenburg *entscheiden* werde, *ob* überhaupt Neuwahlen stattfinden sollten, aber Papen dachte lediglich daran, die Zustimmung des Reichspräsidenten zur Auflösungsorder einzuholen. Diese beiden Auffassungen standen weiterhin gegeneinander.

Inzwischen wartete Hindenburg nebenan, um das Kabinett zu vereidigen, und Meißner befürchtete, der alte Herr, der nicht gerne wartete, könnte wieder weggehen, bevor die Vereidigung stattgefunden hatte. Die Krise wurde beigelegt, indem sich ein völlig verwirrter Hugenberg der Auffassung der anderen anschloß, in der Meinung, sie nähmen ihren Posten an und danach obliege es Hindenburg zu entscheiden, ob Neuwahlen ausgeschrieben würden oder nicht. So erschien also das Kabinett um 11 Uhr 15, eine Viertelstunde nach der vorgesehenen Zeit, endlich vor dem Präsidenten, und dort schwor Hitler feierlich, die Verfassung zu wahren, die zu zerstören er gekommen war. Als die Zeremonie beendet war, sagte der Reichspräsident: »Und nun, meine Herren, mit Gott voran!«

Doch Ludendorff kam der Wirklichkeit erheblich näher, als er zwei Tage später, am 1. Februar 1933, an Hindenburg schrieb: »Sie haben durch die Ernennung Hitlers zum Reichskanzler unser heiliges deutsches Vaterland einem der größten Demagogen aller Zeiten ausgeliefert. Ich prophezeie Ihnen feierlich, daß dieser unselige

Mann unser Reich in den Abgrund stürzen und unsere Nation in unfaßbares Elend bringen wird. Kommende Geschlechter werden Sie wegen dieser Handlung in Ihrem Grabe verfluchen.« [66]

Und in der Nacht des 30., als die jubelnden Nazis den historischen Tag feierten und mit einem Fackelzug an der Reichskanzlei vorbeizogen, den Hitler und der Reichspräsident von zwei nebeneinanderliegenden Fenstern aus abnahmen, soll Hindenburg beim Anblick der Braunhemd-Kolonnen gesagt haben:»Ich wußte gar nicht, daß wir so viele russische Gefangene gemacht haben.« Sicher auch dies eine Sage, aber »si non è vero è ben' trovato«. Der alte Herr hatte sich selbst überlebt.

KAPITEL 10

UND SO WAR ES GESCHEHEN

Eine lange Reise war es gewesen von Linz und den Straßen von Wien bis hin zu jenem Fenster, von dem aus Hindenburg auf die marschierenden Braunhemden mit ihren brennenden Fackeln hinuntersah. Im letzten Teil der Reise hatte das Tempo im Vergleich zu den früheren Etappen beträchtlich zugenommen. Nach zehn Jahren der Beschimpfungen und Ermahnungen hatte Hitler ganze 2,6% der deutschen Wähler dazu überredet, ihm ihre Stimme zu geben, während über 97% ihn immer noch ignorierten oder ablehnten. Dann war binnen zweier Jahre der Anteil der Männer und Frauen, die ihn als Reichskanzler wollten, auf 18% gestiegen, und wieder zwei Jahre später waren es 37%, die dann freilich schnell auf 33% zurückgingen. An dem Evangelium, das Hitler predigte, hatte sich nichts verändert. Er war derselbe geblieben, der Anfang der zwanziger Jahre seine Getreuen zu Begeisterungsstürmen hingerissen hatte; er sagte immer noch dieselben Dinge und machte immer noch dieselben Versprechungen. Auch an seinem Gehabe hatte sich nichts geändert. Die heisere Stimme, das falsche Pathos in Sprache und Pose, all die Gespreiztheit und all das Marktschreiertum, die den Außenseiter so albern anmuteten – all das war geblieben mit der einzigen Ausnahme, daß er in seiner Anfangszeit nur zu sich selber und seinen tumben Jüngern gesprochen hatte, und ihn jetzt ein Drittel des deutschen Volkes hörte. Dieser Mann, der sich in scharfen Augen wie ein »Heiratsschwindler«, ein »stigmatisierter Oberkellner« oder ein Strandfotograf in einem billigen Badeort ausnahm, war plötzlich zum Ritter in schimmernder Rüstung, zum wahren »Führer« avanciert, wie man ihn nach Landsberg[1] immer häufiger nannte, der bald, in voller Montur auf einem weißen Schlachtrosse sitzend, gemalt werden sollte, wie er auszieht, der germanischen Welt das Heil zu bringen.

Als Hitler im Januar 1932 [1] vor dem Düsseldorfer Industrieklub sprach, wich er von seinen Grundsatzerklärungen in *Mein Kampf* nicht um Haaresbreite ab. Er orchestrierte lediglich seine Themenvielfalt im Hinblick auf seine Zuhörerschaft. Er sprach nicht von den Juden, sondern er geißelte die Bolschewiken und die nivellierende Wirkung des demokratischen Prozesses, der die Autorität der Persönlichkeit zerschlage. Er sagte nicht, Versailles, sondern die für Versailles Verantwortlichen seien am Unglück des Reiches schuld. Es war eine kunstvoll auf den Anlaß zurechtgeschneiderte Rede, und doch hätten ihm noch kurz zuvor nur wenige der Anwesenden überhaupt zugehört.

Wohl war der Judenhaß der emotionale Kern von Hitlers Kreuzzug, aber 1928 haßte Hitler die Juden nicht weniger als 1932 oder ein Jahrzehnt später, als Ende 1941 die Vernichtungslager ihr grausames Werk begannen. Und doch stimmten 1928 von einer Gesamtwählerschaft von über 30 Millionen Deutschen nur ganze 810 000 für die Nationalsozialisten und zogen nur elf Abgeordnete ins Halbrund des Reichstags, das 481 Abgeordnetenplätze umfaßte. Diese »Leistung« war kaum nennenswerter als das, was die antisemitischen Parteien im Wilhelminischen Reich auf die Beine gebracht hatten, als sie nach 30 Jahren unermüdlicher Werbung 1912 ein verlorenes Häuflein von sechs Abgeordneten in den Reichstag schickten, die sogleich jeden Anspruch auf Bildung eines Machtblocks abschreiben mußten und in der Konservativen Partei aufgingen.

Wenn Hitler der Trommler war, dessen dumpfe Wirbel den schlafenden Antisemitismus in der deutschen Volksseele weckten, dann hätte er zur Zeit der Räterepublik, als in den Revolutionsregierungen nicht wenige Juden saßen und Rosa Luxemburg und Karl Liebknecht von glühenden Nationalisten ermordet wurden, viel mehr Erfolg haben müssen. Aber jahrelang blieben die Antisemiten eine abgetakelte Randerscheinung der deutschen Gesellschaft und Politik. Die spontane Volkstrauer bei Rathenaus Tod 1922 sagte genug darüber aus, wie wenig die antisemitische Propaganda verfing, und dieser Eindruck bestätigte sich in der Reichstagswahl von 1924, als die Nationalsozialisten weniger als zwei Millionen Stimmen erhielten, die aber immer noch das Dreifache dessen ausmachten, was ihnen vier Jahre später an Stimmen zufiel.

In vielem war der Nazismus das genaue Gegenteil der Ideale, die die Masse der Deutschen zu bewundern erklärte und denen sie jedenfalls Lob zollte. Er war marktschreierisch, undiszipliniert, prahlerisch; sein Führer war ein halbgebildeter Poseur, der zudem Ausländer war; und wo der Generalstab mit seiner tugendhaften preußischen Tradition die Anonymität vorzog, das »Mehr sein als scheinen«, konnten die Nationalsozialisten nur aus dem leben und gedeihen, was man nach Stalin den »Persönlichkeitskult« nannte, mit dem allwissenden Führer, der alle Entscheidungen traf. Nicht nur Price Collier sagte den Deutschen nach, bei ihnen müsse alles durch Vorschriften geregelt sein, sie brauchten genaueste Regeln und Verhaltensnormen, die nichts dem Zufall, den unvorhersehbaren Launen der Bürger oder den Auslegungen dieses oder jenes Beamten, Richters oder Politikers überließen. Ein Jahrzehnt lang galten die Nationalsozialisten als Rowdies, als Phänomen des Zusammenbruchs einer Gesellschaft, der man höchstens den Vorwurf machen konnte, daß sie übermäßig geordnet gewesen war, bevor ihre Tabus in Städten wie Berlin allesamt durchbrochen wurden. Eine Zeit der intellektuellen und antiintellektuellen Gärung, verbunden mit Zügellosigkeit und Kreativität, hatte die alten Formen gesprengt. Die Bewegung war eine Karikatur der deutschen Eigentümlichkeiten, wie sie sich vielen Ausländern darstellten. Die ins Lächerliche gesteigerte Titelsucht, bei der jede Position und Funktion ihren Namen haben mußte, hatte in SA und SS solche Ungetüme wie »Herr Obersturmbannführer«, »Herr Obergruppenführer«, »Herr Hauptsturmführer«, »Herr Hauptscharführer« und so weiter und so fort hervorgebracht. Manche Titel ließen sich militärisch prägnant abkürzen, so stand »OSAF« für »Oberster SA-Führer«, »Adj. Gaust.« für »Adjutant eines Gausturms«, »Gruf.« für »Gruppenführer«. Die Überzeugung von deutscher rassischer und ethnischer Überlegenheit, wie sie sich etwa in dem Sprichwort »Am deutschen Wesen soll die Welt genesen« niederschlug, gerann zu Kurzvokabeln wie »Herrenrasse« für die Arier und »Untermenschen« für Juden, Slawen und andere Nichtarier. Die Mutprobe der Männlichkeit, wie sie dramatisch in Studentenduellen ihren Ausdruck fand, deren Schmisse man ein Leben lang stolz als Ehrenmal zur Schau trug, degenerierte zur Abschlachtung politischer Gegner, wie sie Hitler und seine Handlanger so gerne praktizierten.

Politisch indessen stand das Land nach den Nachkriegswirren weiterhin in oder nahe der Mitte. Mochte die SPD auch manche marxistischen Züge aufweisen, so war sie doch eine Partei der schwer arbeitenden und keineswegs kommunistischen Lohnempfänger, die mit führenden Männern wie Ebert und Severing Reformen, aber keine Revolution wollten; das Zentrum war eine christliche, vor allem katholische Partei, der Männer wie Brüning vorstanden; die Konservativen und Nationalisten teilten sich in die Kapps, die glaubten, sie könnten die gute alte Zeit auf den Bajonetten der Armee wiedererrichten, und die Reinhardts, die bereit waren, gegen erstere ihrerseits die Bajonette des Heeres einzusetzen. Zwischen 1923 und 1929 hatte das Reich sein politisches, wirtschaftliches und psychologisches Gleichgewicht gefunden. Die Nationalsozialisten waren als politischer Faktor praktisch inexistent. Am 17. Dezember 1929 schrieb der britische Botschafter in Deutschland, Sir Horace Rumbold: »Bis vor wenigen Wochen schenkte die deutsche Öffentlichkeit außerhalb Bayerns und der Länder im Süden Herrn Hitler und seinen Umtrieben nicht die geringste Aufmerksamkeit. Man wußte so gerade, daß er überhaupt kein Deutscher ist ... und daß er eine dahinschwindende Partei in Bayern führt ...«. [2]

Was dann geschah, geschah verhältnismäßig schnell – binnen drei oder vier Jahren. Die politische Struktur, die wieder einmal Belastungen ausgesetzt war, für die sie nicht geschaffen war, fiel einfach in sich zusammen. Der Reichstag konnte nicht als demokratisches Parlament funktionieren, wenn – wie im Juli 1932 – über die Hälfte seiner Mitglieder entweder Nationalsozialisten oder Kommunisten waren, die gleichermaßen nur seine Abschaffung in Sinne hatten. Die deutsche Gesellschaft hatte den Schock des verlorenen Krieges, die Forderungen und Arroganz der Sieger, die Besetzung von Rheinland und Ruhrgebiet überstanden, hatte Inflation und immer wieder Wirtschaftsdepressionen überlebt; es war die Häufung all dieser Übel und Kümmernisse, die ihre Kräfte überstieg. Jedenfalls für fast 19 der insgesamt 39,8 Millionen Wähler, 19 Millionen, die im Juli 1932 den antirepublikanischen Parteien NSDAP und KPD ihre Stimme gaben. Sogar der steifnackige Preuße General von Seeckt war gegen 1930 zu der Auffassung gelangt, eine Regierung Hitler sei lebensnotwendig, und 1932 schrieb er seiner Schwester, er rate ihr, NSDAP zu wählen. Derselbe Mann, der von der Notwendigkeit einer legalen Militärdiktatur überzeugt war und dennoch seine diktatorischen Befugnisse, die ihm Ebert 1923 übertragen hatte, gehorsamst zurückgegeben hatte, als der Hitler-Putsch niedergeworfen war. Und wie er in seinem Erlaß an die Truppe vom 9. November 1923 klargemacht hatte, hätte er nicht gezögert, die Reichswehr gegen Hitler einzusetzen.[2]

Ab 1930 gewann Hitler Anhänger in Großindustrie und Bankenwelt, die ihm lange die kalte Schulter gezeigt hatten. Die Konvertiten waren Männer wie Schröder, Schacht, Bosch, Krupp und konservative Großgrundbesitzer wie Oldenburg-Januschau. Sogar

Reichswehrgeneräle wie Hammerstein und Bussche, die Hitler auch weiterhin nicht mochten und ihm mißtrauten, zogen doch, vor die harte Alternative gestellt, einen Hitler einem Kabinett Papen vor, das mit größter Wahrscheinlichkeit bürgerkriegsähnliche Zustände heraufbeschworen hätte. Vor allem galt dies für Hindenburg. Vor die Entscheidung gestellt zu sein, entweder Hitler zu berufen oder einen anderen zu ernennen, der gegen Hitler die Reichswehr hätte einsetzen müssen, war grausam für diesen Mann, der noch zwei Tage vor Hitlers Ernennung versprochen hatte, ihn nie zum Reichskanzler zu berufen. Am Ende aber sah der von allen Seiten bedrängte alte Herr keinen anderen Ausweg mehr. Die politischen Berater, auf deren Rat er hörte – Papen, Meißner und sein Sohn –, sagten ihm, es gebe keine andere Wahl: Auf der einen Seite war die Möglichkeit, ja Wahrscheinlichkeit eines Aufstands, auf der anderen stand ein zugeständnisbereiter, kooperationseifriger Hitler, der dem Reichspräsidenten völlig wahrheitsgemäß versicherte, die nächste Wahl nach Auflösung des Reichstags werde die letzte in Deutschland sein. Jede andere Lösung schien geradewegs zu Aufständen zu führen, mit denen nur noch die Reichswehr fertig werden konnte, und Hindenburg konnte den bloßen Gedanken daran nicht ertragen. Nie hatte er ein Heer gegen das Volk befehligt, zu dessen Verteidigung es bestimmt war.

Mehr war zusammengebrochen als der bloße politische Überbau der Republik. Für die Hälfte des deutschen Volkes war die Sicht auf die Vergangenheit versperrt und hatte sich die traditionelle Zukunftserwartung ins Nichts aufgelöst. Hindenburg hatte zwar seine Sinnsprüche parat, aber damit er den Familiensitz Neudeck nicht verlor, ließ er ihn sich schenken. Keine Gesellschaftsschicht hatte die Serie der Katastrophen unbehelligt gelassen. Schon Stresemann hatte den Niedergang des Bürgertums und die daraus folgende Auswirkung auf die Stabilität des Reiches beklagt, und wenige Jahre nach seinem Tod drohte denen, die von dieser Schicht übriggeblieben waren, vollends der Verlust der letzten Fetzen eines anständigen Lebens.

Ende 1932 erinnerte die *Münchner Neueste Nachrichten* ihre Leser daran, daß ein Drittel der Bevölkerung Münchens ohne ihre Hilfe nicht mehr leben könne. Was hatte ihnen denn die alte Schulbuchweisheit, die Volksweisheit von Bürgerpflicht in einer guten Gesellschaft zu sagen, ihnen oder den Familienvätern, die ihre Kinder in der Winterkälte barfuß zur Schule schicken mußten, ihnen oder den Männern, die sich nicht einmal mehr eine Schlafstelle leisten konnten und für ein paar Pfennige stehend schliefen, ihren Oberkörper über ein gespanntes Seil hängend, in einer langen Reihe des Elends? Auch andere Länder hatte die Pest der Arbeitslosigkeit geschlagen, doch, wie wir sahen, keines so schlimm wie das Reich, und in keinem anderen Lande war die Depression Höhepunkt einer langen Reihe von Leiden, die dem Volk zur Bestrafung auferlegt worden waren.

Die Agrar- und Industriegesellschaften Europas hatten jahrhundertelang im Glauben an die Zukunft gewurzelt. Selbst wenn es Mißernten gab, mußte doch Saatgut für die nächste Ernte gespart werden, und die Geschichte von der Vorsorge der Ameise im Vergleich zur Unbekümmertheit der Heuschrecke war die Geschichte vom Überleben der Bauern. Das galt für alle Agrargesellschaften, und wenn die Zukunft zu düster oder die Ausbeutung durch die Herren für die Bauern unerträglich wurde, dann wanderte man aus oder revoltierte. Mit der Industrialisierung wurden das Sparen des Notgroschens und die Kapitalansammlung zum Bollwerk gegen die ungewisse Zukunft. Arbeitete der Mann von früh bis spät und endete nie die Sorge der Frau, so galt ihr Arbeiten und Mühen und Sorgen doch nie nur dem Tag, sondern immer auch dem Tag danach.

Nichts war in Deutschland geblieben von dieser alten Weisheit. Alle Opfer waren umsonst gewesen; all die im Krieg geopferten Menschenleben und all die Jahre des Hungers und Elends hatten im Nichts geendet. Die eiserne Disziplin, die die kämpfenden Truppen von der Front geordnet in die Heimat zurückgeführt hatte, war ein handfestes Zeugnis deutscher Tugend gewesen; aber das Vertrauen auf die Zusage des fernen Friedensmachers in Washington, der Krieg gelte nicht dem deutschen Volk, sondern seinen militärischen Machthabern, war pure Augenwischerei gewesen. Was die Deutschen sahen, nachdem sich der Rauch der Schlacht und der großen Reden verzogen hatte, war nichts als der Militarismus einer fremden Macht, die ihr Land besetzte und sich dafür weitgehend mit dem Schweiß der Deutschen bezahlen ließ. Die feierlichen Abrüstungsversprechungen der Alliierten ebenso wie die Zusagen der Selbstbestimmung waren nichts anderes als ein Komplott, Deutschland zu entwaffnen und zu zerstückeln. Und womit wurde dieser Straffriede entschuldigt, womit gerechtfertigt? Damit, daß die Deutschen ganz alleine an dem Krieg schuld gewesen seien, eine Lüge, an der man sogar dann noch festhielt, als die in Moskau freigegebenen Dokumente schon eine ganz andere Sprache redeten. Und was die

Greueltaten anlangte, waren es ja nicht etwa deutsche Truppen, die unbewaffnete Arbeiter in den Krupp-Fabriken niederschossen. Mit Hilfe von Staatsmännern wie Stresemann und Briand war dieses harte Brot verdaut und ein neuer Anfang gemacht worden. Das Reich hatte eine notdürftige Stabilität erreicht. Waren viele eifrige Patrioten auch noch unruhig, so waren sie doch nicht aufsässig. Die Offiziere waren sich einig in der Notwendigkeit, Versailles zu revidieren und mit der einseitigen Entwaffnung Schluß zu machen, und in dem Glauben, eine Wiederherstellung der Volksgemeinschaft werde den Spaltpilz der Industrialisierung überwinden, konnten gerade die idealistischeren, vor allem in den unteren Offizierrängen, den Nationalsozialisten zustimmen.

Scheringer, Ludin und Wendt beispielsweise zählten dazu. Sie hatten einem Freikorps angehört, gegen die rheinischen Separatisten gekämpft und sich trotz des Verbots jeder Parteimitgliedschaft in der Wehrmacht den Nationalsozialisten angeschlossen, weil ihnen das Heer der Republik von einer angeborenen Schwäche befallen schien. Sie waren – dies wurde in ihrem Prozeß deutlich – weniger Adepten einer Revolution als vielmehr ratlose junge Männer. Nach der Verurteilung wurde einer von ihnen Kommunist; und was die Proselytenmache unter den jungen Offizieren für die Nationalsozialisten anging, war ihnen wenig Erfolg beschieden: Keinen ihrer Offizierskameraden konnten sie auf ihre Seite herüberziehen; bis zu ihrer Verhaftung wegen Hochverrats und auch danach standen sie mit ihrer Auffassung im Heer ganz alleine da.

Das großsprecherische Getue und die Zügellosigkeit der Nazis widerten im großen und ganzen die höheren Offiziere an. Empfanden sie auch Sympathie für den Nationalismus der Nazis und betrachteten sie das Menschenmaterial der SA als mögliche Kader, die nur einer richtigen Ausbildung bedurften, so war ihnen doch die NS-Führung verdächtig, und ohnehin hatten sie für Privatarmeen nichts übrig. Weder die Armee noch die traditionellen Nationalisten wollten eine Revolution à la Hitler; die meisten von ihnen sehnten einen legalen, nationalen Umschwung herbei, möglichst eine Wiedereinsetzung der Monarchie, ein Zurück zur verläßlichen Vergangenheit des Reiches mit einem Kaiser, zu dem man mit mehr Anstand aufschauen konnte als zu Wilhelm. Die einzige geordnete Gesellschaft, die sie erlebt hatten, war die Monarchie gewesen; die Republik war das Vermächtnis der Niederlage und hatte nichts als die Anarchie der Aufstände und die Sterilität des Parlaments hervorgebracht.

Trotz allem aber war in den zwanziger Jahren aus den Auseinandersetzungen von rechts und links das Volk der Dichter und Denker wieder auferstanden im Bauhaus, in seinen Theaterstücken, seinen Romanen, in Wissenschaft und Technik, sogar in der politischen Führung der Republik, bis dann die Siebte Plage, die Große Depression, in die schon geschwächten Abwehrkräfte die entscheidende Bresche schlug. Die Mitte hatte nicht standgehalten. Die Hälfte des Landes wollte jetzt die extremen Lösungen, die sie bisher stets abgelehnt hatte.

In keinem Land kann sich die Mitte auf ewig halten. Nach einer von einem äußeren Feind beigebrachten Niederlage oder infolge eines Übermaßes an innerem Zwist kann sie schnell und spurlos verschwinden. Revolutionen der äußersten Rechten und der extremen Linken sind noch nie mit dem Stimmzettel zur Macht gelangt; stets sind sie immer dann erfolgreich, wenn die organisierte Energie nicht mehr ausreicht, um einer Einmischung von außen oder dem Zwist im Innern entgegenzutreten. Auch im 20. Jahrhundert ist die Demokratie immer noch die Ausnahme, auch wenn die Vokabel, wie sich an der beträchtlichen Zahl der Volksdemokratien ablesen läßt, gängige Münze ist.

Der Kommunismus in Rußland – oder China – ist nie vom Volk gewählt worden. Nur in einem einzigen Land – der Tschechoslowakei – kam er ein einziges Mal auf dem Weg ordnungsgemäß gewählter Vertreter des Volkes an die Macht. In Rußland waren die Bolschewiki, die die provisorische Regierung stürzten, eine wenn auch hochmotivierte und -organisierte, so doch sehr kleine Minderheit unter einem begabten Führer, der in der Verwirrung einer militärischen Niederlage Frieden, Land und Gemeinsinn versprach. In Italien sind die Faschisten nie mit dem Stimmzettel zur Regierung gewählt worden. Von den 535 Mitgliedern des italienischen Parlaments waren 1921 ganze 31 Faschisten, und noch 1919 hatte es keinen einzigen faschistischen Abgeordneten gegeben. Mussolini wurde 1922 Diktator in einem Land, das genauso wie das Reich am Rande des Zusammenbruchs stand. Es schien nur noch zwei Möglichkeiten zu geben: entweder die Hinnahme andauernder Streiks und die Besetzung von Fabriken durch die Linken oder die Gegenmaßnahmen der militanten Rechten, die der Ex-Sozialist Mussolini mobilisierte. Auch die Diktaturen in Südamerika und Afrika entstanden aus ähnlicher Zersplitterung und Hilflosigkeit und nicht etwa aus starken Mehrheiten hinter einem Führer. Die starken Männer werden immer erst im Amte stark.

Derartige politische Erdrutsche können sich aus opportunistischen Staatsstreichen ergeben; sie können auch die Oberflächenerscheinung tieferliegender Wandlungen des Nationalcharakters sein, wie sie sich offenbar unablässig vollziehen. Der quicklebendige Engländer der Elisabethanischen Zeit hatte mit dem gleichmütigen, schweigsamen, allen Schlägen trotzenden Phileas Foggs des 19. Jahrhunderts wenig Ähnlichkeit. Die marodierenden Wikinger, die die Küsten Europas in Angst und Schrecken versetzten und manchmal auch besiedelten, hatten wenig gemein mit ihren friedfertigen Nachfahren, die Wohlfahrtsstaaten errichteten, in denen Armut fast ein Fremdwort ist und die, wie Schweden, im Vergleich zur übrigen Welt den höchsten Lebensstandard genießen und die höchste Selbstmordziffer beklagen. Auch in den Japanern der Jahre nach der Niederlage von 1945 waren kaum noch die prahlerischen Eroberer der Mandschurei und des chinesischen Festlands wiederzuerkennen. Ein überaus militaristisches Land, das jahrhundertelang den Samuraikrieger glorifizierte und seiner Neuverkörperung in den arroganten, medaillenbewehrten Generälen der kaiserlichen Armee gehuldigt hatte, unterhielt wenige Jahre später nur noch höchst widerwillig winzige Streitkräfte, die noch nicht einmal ausreichten, die eigenen Ufer zu verteidigen, und begab sich sorglos unter den Schirm des Feindes von gestern. Das Gegenstück zu solcher Abkehr von martialischen Großtaten finden wir bei den Israelis, die sich über Nacht eine militärische Organisation gaben, die Mann für Mann, Frau für Frau, General für General zu den besten der Welt zählen dürfte. Die Nazis hatten einstmals erklärt, der Talmud schreibe dem Juden vor, er solle als letzter in die Schlacht gehen, damit er als erster davonlaufen könne, aber seit 1948 dürfte sich kaum mehr jemand im Nahen Osten zu dieser Lesart des Talmud verstehen können. Wie die Japaner standen nach dem Zweiten Weltkrieg auch die Deutschen einer Wiederbewaffnung höchst widerwillig gegenüber, und da im Innern keinerlei Druck in dieser Richtung wirkte, bedurfte es kräftiger Anstachelungen durch ihre Feinde von gestern, bis sie sich endlich zur Unterhaltung von Streitkräften bequemten, die gerade das Notwendigste zur Verteidigung der eigenen Grenzen darstellen, zu dem man sie noch hatte überreden können. Die Ursachen solcher Wandlungen des Nationalcharakters lassen sich nur in den seltensten Fällen auf einen einzigen Faktor zurückführen. In England folgte der Rückzug aus dem Empire großen Siegen; in Deutschland wurde er von totalen Niederlagen ausgelöst. Die Evolution des Nationalcharakters wird unablässig von einer ganzen Kette von Ereignissen stimuliert, bei denen kaum einmal bewußte Entscheidungen mitspielen. Sie scheint einfach zu geschehen, so wie sich Änderungen in der Sprache einfach einstellen, bei denen nicht nur das Vokabular, sondern auch die Morphologie neue Formen annimmt, mögen auch die Akademien noch so dagegen protestieren. Daß Hitler an die Macht kam, war nicht die Folge einer einzigen Ursache; er war nichts als ein Teilstück in einer Ablaufkette, die die deutsche Gesellschaft bis ins Mark erschütterte.[3]

Als Hitler Reichskanzler wurde, wollte die Hälfte des Landes eine Revolution, und in dieser Hälfte machten die wahren Bräukeller-Orthodoxen, die Straßenkämpfer, die politischen Mordbuben, die »alten Kämpfer«, wie Hitler sie liebevoll nannte, nur einen kleinen Bruchteil aus. 1933 waren sie zur Vorhut einer Armee sich gegenseitig bekriegender Kräfte geworden, denen nur eines gemeinsam war: der Wille, die alte Ordnung zu zerschlagen. Das, wofür sie standen, findet sich in sporadischen Erscheinungen in jeder Gesellschaft: in den Psychopathen, den Fanatikern, den Verbrechern, den Helden der Gegenkultur. Unter anomalen Bedingungen wuchern sie und wuchern ihre Chancen. Unter extremen Bedingungen tauchen manchmal längst vergessene bizarre Verhaltensweisen und totgeglaubte Wildheit auf. So ist es beispielsweise auch in zivilisierten Gruppen zu Fällen von Kannibalismus gekommen, und im Guerilla-Krieg werden Greueltaten schon längst nicht mehr als schrecklich empfunden, sondern gelten als ganz normaler Teil des Daseins. Auch im Frieden und in Wohlstandsgesellschaften kann ein gefühllos gewordenes Volk, das den Gemeinsinn verloren hat, einen hohen Anteil von Gewaltverbrechen, die ihm einst eisige Schauer über den Rücken gejagt hätten, als ganz normal ansehen. Aus einer Gallup-Umfrage vom Juli 1975 geht hervor, daß sich 45% der Bevölkerung in Städten von mehr als 500 000 Einwohnern in den Vereinigten Staaten von Amerika nachts nicht einmal in ihrer unmittelbaren Umgebung auf die Straße wagen[4], aber sie empfinden offenbar ihre Angst als Teil des Preises, den man nun einmal zahlen müsse, wenn man in der Stadt lebt. Oft gelangen sie auch in den Zustand der Gleichgültigkeit, die sie ohne einzugreifen oder auch nur Hilfe herbeizurufen einfach zuschauen läßt, wie eine Frau ermordet wird. Zivilisation ist nur die Glasur auf einem zerbrechlichen Geschirr.

Der Nationalsozialismus besaß für Intellektuelle kaum Anziehungskraft. Einige wenige allerdings fühlten sich zu irgendeinem Teil seines Programms, das jedem etwas brachte, hingezogen. Martin Heidegger gehörte beispielsweise dazu; eine kurze Zeit lang auch Oswald Spengler, und noch einer: der Sänger des martialischen Heldendaseins, Ernst Jünger. Aber das gesamte Bauhaus ging ins Exil, desgleichen die meisten Schriftsteller von Brecht bis Mann, ganz zu schweigen von denen, in deren Adern eine Spur jüdischen Blutes rann. Die Akademiker fanden sich zumeist mit dem Nationalsozialismus ab oder ertrugen ihn, wie wenig er ihnen auch gefallen haben mochte, ehe Hitler an die Macht kam. Ein mit dem Nobelpreis ausgezeichneter Physiker, Philipp Lenard, sollte sich eines Tages gar für die Entwicklung einer »deutschen Physik« einsetzen, und der Leiter der Abteilung für Anthropologie im Berliner Kaiser-Wilhelm-Institut traf sich mit SS-Führern und diskutierte mit ihnen über Maßnahmen gegen die ostischen Untermenschenrassen.

Anfang der dreißiger Jahre fanden die Nazis bei allen Schichten gewissen Anklang, einschließlich der Kaisersöhne und Männern wie Albert Speer, der keine Spur von Hitlers Antisemitismus besaß. Speer entstammte einer wohlhabenden Familie der höheren Bürgerschicht; er gehörte nicht zu jenen, die über einem gespannten Seil hängend Schlaf suchten oder sich einmal am Tag in einer Suppenküche einen Teller voll holten. Er sah in der Partei einen Hoffnungsstrahl für ein von allen Seiten bedrängtes Deutschland, und er sah in ihr auch die Chance für eine Karriere als Architekt, die ihm sonst nicht offengestanden hätte. Und was die wilden Zügellosigkeiten betraf, konnte er sich sagen, das seien Kinderkrankheiten, die sich mit der Zeit gäben, oder aber er konnte sie ignorieren, wie er es später tat, als er nach der Kristallnacht der Scherben ansichtig wurde.

Die Männer der Wirtschaft suchten wie ihre italienischen Kollegen eine politische Führung, die es ihnen ermöglichen würde, im Geschäft zu bleiben und ihre Fabriken weiterzubetreiben. Die meisten von ihnen – und gerade die Mächtigsten – wandten sich Hitler erst zu, als sie keine andere Möglichkeit mehr sahen. Lange hatte sie der Sozialismus der Partei abgeschreckt, ihr Gerede von der Zinsknechtschaft, der Schädlichkeit des internationalen Kapitals, der Konfiszierung unzweckmäßig genutzten Eigentums und was derlei Äußerungen mehr waren. Aber sie waren an einem Punkt angelangt, an dem ihr Geschäft wiederum bedroht schien, an dem durch die anhaltende wirtschaftliche Misere große wie kleine

Firmen vor dem Bankrott standen. Schacht, der große Befürworter einer stabilen Währung und der vorsichtigen Staatsausgaben, ließ sich zum Nazismus bekehren, und sein Bruch mit Hitler kam erst Jahre später, als er dem Führer mit allem Nachdruck sagte, Deutschland könne sich die Wiederaufrüstung in dem von Hitler befohlenen Tempo keinesfalls leisten. Industriekapitäne und Bankiers hatten ihren Glauben an die Lehrsätze der freien Marktwirtschaft verloren und nahmen begierig Hitlers Polit-Ökonomie auf. Schon die 2500 Kartelle im Reich zeigten, daß sie ohnehin seit langem handelseinschränkende Absprachen und die sie stützenden Regierungsverbindungen dem Marktwettbewerb vorzogen, zu dem sie sich lautstark bekannten.[5]

Hitler hatte seine Taktik geschickt auf die Meinungen der Reichen und Einflußreichen abgestimmt, die er hoffte anzapfen zu können. In der Rede vor dem Industrieklub fehlten die üblichen Angriffe auf die Zinsknechtschaft und den Anleihekapitalismus ebenso wie die Vorschläge des Parteiprogramms von 1920, daß Warenhäuser zu vergemeinschaften, unverdientes Einkommen abzuschaffen und Kriegsgewinner hinzurichten seien. Dafür redete Hitler vom Führerprinzip, das in der Regierung ebenso nutzbringend Verwendung finden könne, wie es in der Wirtschaft der Fall sei, wenn diese Industriekapitäne ihm zur Kanzlerschaft verhelfen würden. Er konnte, während er seine Zuhörer gleichzeitig in ihrer Überzeugung bestärkte, welch wichtige Rolle sie für das Volk zu spielen hätten, allerlei Verführerisches bieten: das Ende der Arbeitskämpfe, der Arbeitslosigkeit und der linken Drohung. Er gewann diese Unternehmer für seine Sache, ohne auch nur einen Augenblick von seiner zentralen Zielsetzung abzugehen, die darin bestand, daß er die gesamte Macht einschließlich der Beherrschung ihrer Unternehmen auf sich vereinigen, das Reich nazifizieren und die ganze bolschewikisch-international-kapitalistisch-jüdische Unterwanderung der politischen und wirtschaftlichen Substanz des Reiches ausmerzen wollte. In der Endphase der Depression kam ein Punkt, an dem diese Männer so wie Speer einfach wegsahen oder weghörten, wenn ihnen die Aussage eines Parteiredners oder das widerliche Verhalten eines Sturms von Braunhemden allzu mißlich erschien.

Die Weimarer Verfassung war ein humanes, gelehrtes Dokument, Erzeugnis der Nation der Dichter, Denker und Gelehrten eher als das Werk eines Staatsmannes. Sie war ultrademokratisch angelegt; auch die kleinste Partei mit einer kleinen Schar von

Anhängern sollte dank des Verhältniswahlrechts ihre Stimme im Parlament zu Gehör bringen können. Der Wähler konnte unter Dutzenden von Kandidaten wählen, was ihm zwar feinste Differenzierungen zwischen politischen Weltanschauungen erlaubte, in der Praxis aber dazu führte, daß ein großer Block der Wählerschaft ohne jede Vertretung im Parlament blieb und keine Partei eine funktionsfähige Mehrheit erlangte. Diese Verfassung gewährte nicht nur sämtliche Bürgerrechte, sondern hatte sich auch andere lobenswerte, aber schwer erreichbare Ziele gesetzt, so z.B. die Bestimmung (Art. 151), die Ordnung des Wirtschaftslebens solle ein menschenwürdiges Dasein gewährleisten.

Dennoch wurden fähige Männer zu Volksvertretern gewählt, in die Regierung berufen, und dennoch funktionierte der schwerfällige Apparat irgendwie. Stand auch das politische Genie des Reiches nie auf gleicher Höhe mit seiner geistigen, künstlerischen und wissenschaftlichen Leistung, so ist das in einer Industrie-Demokratie keineswegs neu. Männer bescheidener Herkunft, wie Ebert, Scheidemann, Gustav Bauer, Stresemann und Severing, gelangten genausogut in hohe Staatsämter wie Gelehrte à la Brüning oder alte Soldaten wie Hindenburg. Die Wählerschaft war politisch sehr interessiert, die Wahlbeteiligung betrug in Reichstagswahlen durchschnittlich 80%.[6] Mit der Republik als Staatsform war man allerdings nicht besonders einverstanden. Selbst solideste republikanische Reichskanzler wie Stresemann und Brüning waren im Grunde ihres Herzens Monarchisten, ebenso Reichspräsident Hindenburg, von Schleicher und Papen ganz zu schweigen. Es gab wohl nur wenige führende Persönlichkeiten der Weimarer Republik, die das schmalbrüstige republikanische System der soliden Monarchie des 19. Jahrhunderts oder dem vorzogen, was ihrer Meinung nach eine wiederbelebte konstitutionelle Monarchie dem Reich geben konnte.

Die Republik war nichts anderes als das Überbleibsel, nachdem der Kaiser abgedankt hatte. Sie ging aus einer militärischen Niederlage hervor, und ihre Wurzeln reichten nie bis ins Blut der im Kampf gegen uralte Ungerechtigkeit gefallenen Märtyrer. Im Vergleich dazu hatte das Symbol der deutschen Einheit, die Monarchie, bei aller Exzentrizität des letzten Kaisers bis weit in den Krieg hinein hervorragend funktioniert, und politisch tendierte sie viel stärker zur konstitutionellen Monarchie des britischen Typs als zum Gottesgnadentum des russischen Zaren. Unter der Monarchie hatte das Reich nicht nur gut gelebt, sondern auch ein freies und günstiges Klima für einen geistigen Schöpfer- und Forscherdrang geschaffen, der nirgends seinesgleichen hatte, und mag es auch Klassenstrukturen und traditionelle Hierarchien gegeben haben, so stellte doch die Sozialdemokratische Partei die mächtigste politische Kraft dar. Ein Staat auch, der ungewöhnlichen Bürgersinn hervorgebracht hatte; höchst selten hatte es – wenn überhaupt – Skandale gegeben wegen einer Bestechung von Richtern oder Ministern oder anderer Staatsdiener, ganz im Gegensatz zu den permissiveren Demokratien auf dem Kontinent oder in Amerika. Geistig und politisch war das Kaiserreich eine offene Gesellschaft großer religiöser Toleranz, in der sich der politische Antisemitismus ins Nichts aufgelöst hatte. Einstein, Ballin, die Brüder Zweig, Rathenau und Hunderttausende ihrer Glaubensgenossen, zumeist der Mittelschicht angehörende Kaufleute, Ärzte, Zahnärzte, Rechtsanwälte und ein paar Großgrundbesitzer und Proletarier, dürften sich hier mehr zu Hause gefühlt haben als sonst irgendwo in Europa, England vielleicht ausgenommen. Ein jüdischer Schriftsteller hat einmal gesagt, viele seiner Glaubensgenossen seien so in Deutschland verliebt gewesen, daß sie sogar für antisemitische Kandidaten gestimmt hätten. [3]

Nach dem Kriege hatte sich das Ideal der deutschen Frau, das sich vordem in »Kaiser, Kirche, Kindern, Küche und Kleidern« erschöpft hatte, gewandelt und umfaßte nun auch die emanzipierte Frau, die in Büros und freien Berufen ebenso anzutreffen war wie in den Fabriken. In den zwanziger Jahren gab es elf Millionen voll berufstätige Frauen, und jenseits der Arbeitswelt hatte sich ein erotischer und ästhetischer Frauenkult als neues Phänomen in Deutschland breitgemacht, wo jetzt Sängerinnen wie Marlene Dietrich, Oben-ohne-Varietéstars wie Josephine Baker, Primaballerinen wie Anna Pawlowa und expressionistische Tänzerinnen wie Mary Wigman bei Männern und Frauen große Beliebtheit genossen. In der Politik waren die Frauen vor allem in extremistischen Parteien stark vertreten: Rosa Luxemburg und Clara Zetkin waren Kommunistinnen, und Hitler, »der schöne Adolf«, wie er in Polizeiberichten hieß, zog sich in den Naziversammlungen eine große und hingerissene weibliche Anhängerschaft zu. Hitler war ihre Anwesenheit recht, aber die Emanzipation der Frau war einer der Punkte, die gegen die Republik zählten, war ein Zeichen ihres Zerfalls und ein Hinweis auf das bolschewistische Muster der freien Liebe und der Zersetzung der Familie.⁷ So war denn die Republik für die Kommunisten, für die Nazis und für viele dazwischen der Inbegriff alles Falschen und Schlechten; sie hatte in schlimmen Zeiten ihren Anfang genommen, und diesen Geburtsfehler wurde sie nie wieder los.

Und doch hatte die große Mehrheit der Bevölkerung sie akzeptiert und mit ein bißchen mehr Glück hätte sie überleben können.

Mehr politischer Großmut seitens der Alliierten in der Kriegsschuldklausel, in den Reparationen und in der Frage der einseitigen Entwaffnung hätte viel Gift der antirepublikanischen Kräfte abgesogen. Erst wenige Monate vor Berufung Hitlers zum Reichskanzler waren die Alliierten widerstrebend bereit, der Republik im Prinzip zuzugestehen, was sie wenig später Hitler, sobald er im Amte war, in den Rachen werfen mußten. Moralisch stand ihre Argumentation gegen das Reich von Anfang an auf schwachen Beinen, aber sie machten nie einen einzigen ernsthaften Versuch, ihre Vorwürfe zu mäßigen, wie schwer auch das Gewicht der offiziellen Dokumente gegen sie sprach. Doch hätten sie solche Zugeständnisse gemacht, wäre das ganze Gebäude der kollektiven Sicherheit und Nachkriegsallianzen zusammen mit der einseitigen Auslegung des Selbstbestimmungsrechts und der Ablehnung deutscher Forderungen nach einer Revision des Versailler Vertrages erschüttert worden, und sie hätten genau dort wieder anfangen müssen, wo sie waren, ehe sie sich jene Schlagworte zu eigen machten, die den amerikanischen Präsidenten sagen ließen, es gehe darum,»die Welt für die Demokratie zu sichern«.

Im Reich selbst war Hindenburg trotz all seiner bemerkenswerten Qualitäten seinem Posten nicht mehr gewachsen; seine geistigen Kräfte hatten nachgelassen, und, müde geworden und nicht mehr ein noch aus wissend, gab er sich allzugerne dem Trost abgestandener Moralpredigten und alter Freundschaften hin. Mit der Ernennung Papens, der keinerlei Partei hinter sich hatte, versetzte er in Wirklichkeit dem parlamentarischen System den Todesstoß, und Schleichers Kanzlerschaft war eine weitere Strophe desselben Lieds.

Obwohl Hindenburg fest entschlossen war, Hitler nicht zu berufen, und obwohl zwei Drittel der Wähler ihn ablehnten, waren es doch eben der Reichspräsident und die Stimmen einer Mehrheit der Wählerschaft einschließlich derer, die ihn haßten, die Hitler zur Kanzlerschaft verhalfen. Schon Papen und Schleicher regierten autoritär ohne den Reichstag mit Hilfe präsidialer Notverordnungen und waren nicht mehr, wie die Verfassung doch als Norm vorsah, einem gewählten Parlament verantwortlich. Und was den Reichstag selbst anging, so wollte ihn eine Mehrheit seiner Abgeordneten zerstören.

Dennoch bleibt die Frage: Wäre es angesichts Hindenburgs hartnäckiger Weigerung, Hitler zu berufen, und angesichts der Gegnerschaft von zwei Dritteln des Landes noch möglich gewesen, Hitler von der Macht fernzuhalten? Welche Alternativen standen der Opposition eigentlich noch offen? Die sozialdemokratische Führung hätte, wie manche SPD-Mitglieder wollten, mit der Regierung Schleicher zusammenarbeiten können. Aus sozialistischer Sicht war das bei weitem das kleinere Übel; schon wenige Monate später hätten sich sogar die schlimmsten Schleicher-Feinde in der SPD glücklich geschätzt, hätte Schleicher an Hitlers Stelle gestanden, der jetzt die SPD-Mitglieder zu Hunderten ins Gefängnis warf und die Partei verbot. Theoretisch hätte es nach dem Mord von Potempa, als die Nationalsozialisten zwei Millionen Stimmen verloren, noch möglich sein sollen, eine Anti-Hitler-Koalition zusammenzubringen. Wäre Hindenburg noch jünger gewesen, hätte er es vielleicht besser gemacht und nicht Papen und dann Schleicher ernannt. Wie Prälat Kaas dem Reichspräsidenten sagte, stand Brüning zur Verfügung, und unterstützt von Reichspräsident, Zentrum und Reichswehr und in Koalition mit anderen Antinazis wäre es ihm vielleicht gelungen, Hitler zu weitreichenden Kompromissen zu zwingen oder überhaupt von der Macht fernzuhalten. Hitler und die NSDAP waren bankrott; nur das Schatzamt des Reiches konnte sie noch vor dem Ruin retten, und den Zugang dazu hätte man ihnen noch monatelang verweigern können. Und so weiter und so fort.

Doch all das konnte an der berstenden Not des Reiches nichts Entscheidendes mehr ändern. Die Kette der Katastrophen hatte eine psychische Fehlfunktion nicht nur des parlamentarischen Systems, sondern der Gesellschaft überhaupt ausgelöst. 1932 wollte die Mehrheit – eine dünne Mehrheit gewiß, aber eben doch eine Mehrheit – der Gesellschaft eine Revolution. Den weitaus größten Teil dieser knapp 50% machten die Nationalsozialisten aus, an ihrer Spitze ein grimmig entschlossener, fanatischer, jede Moral verachtender Führer, der sich gleichwohl erst dann als ungemein talentierter Volksverführer entpuppte, als Millionen seiner neuen Anhänger demoralisiert und dadurch für ihn bereit waren.

Die Mixtur einer denkbaren Anti-Hitler-Koalition war derart kompliziert, daß aus ihr nichts Zusammenhängendes werden konnte. Ein radikal rechtsstehender Nationalist wie Ludendorff sah mit schrecklicher Klarheit voraus, welche Gräßlichkeiten Hitler dem Reich einbringen würde. Doch wie hätte man Ludendorff, Hindenburg, Schleicher, Brüning und Severing, d.h. die hitlerfeindliche Rechte, das Zentrum und die SPD mit den Kommunisten, die ja auch gegen Hitler waren, aber dennoch glaubten, das, was sie als »Faschismus« bezeichneten, sei ein unabdingbares Vorspiel zu ihrer eigenen Revolution – wie hätte man all das unter einen Hut bringen sollen?

Alles spricht dafür, daß es 1932 kein Zurück mehr gab. Millionen Menschen waren ihres trostlosen Schicksals, das sich vor ihnen ausdehnte, so weit das Auge reichte, zu überdrüssig geworden, als daß sie noch bereit gewesen wären, sich weiter auf diesem Weg abzurackern. Ihr Leben war zu trist, zu hoffnungslos geworden, als daß sie sich noch hätten einem Katechismus zuwenden können, mit dem sie einst erzogen worden waren; der Haß hatte sich ihnen ins Herz gefressen; nichts war ihnen geblieben, keine Liebe, kein Glaube, keine Hoffnung. Sie waren ihrer Tradition radikal entrissen, waren Entwurzelte, waren zu *Ik*[8] geworden: Ihre Vergangenheit hatte jeglichen Sinn verloren. Gewiß wären Brüning, Schleicher und Hindenburg und vielleicht Millionen anderer nur allzugern zu einer Monarchie zurückgekehrt, aber gegen sie standen – trotz des Lügenmärchens, das Göring dem Staatssekretär Meißner auftischte – die Nationalsozialisten und die Kommunisten mit der fast sicheren Aussicht auf einen Bürgerkrieg. Die Republik war schon lange vor dem 30. Januar 1933 dahingeschieden; ein kleiner Mann, ein halbgebildeter Fremdling, hinter sich ein Drittel des Landes, trug sie zu Grabe.

ANHANG

Kapitel 1

1 So berichtete beispielsweise der *Salzburger Lokalanzeiger* am 7. Juli 1902 von einem »teuflischen Plan«, der die Errichtung einer tschechischen Universität in Brünn in Böhmen zum Ziel habe, und von tschechischen Versuchen einer Verslawung der Alpenprovinzen. Die *Deutsche Tiroler Stimmen* veröffentlichten am 27. März 1907 einige Verse des »Lieds der Deutschen in Österreich«:
»Wir haben deutsche Sitten
In dieses Land gebracht ...
Gen Welsche, Tschechen, Polen,
Stehn wir auf hoher Wacht ...«

2 Ein bei den Deutschen dieser Region sehr beliebter Name.

3 Alois selbst war Vater eines unehelichen Kindes, das Franziska Matzlberger 1882 zur Welt brachte. Ein Jahr danach heiratete er sie, und sie starb ein Jahr später, im August 1884. Adolf Hitlers Mutter Klara Pölzl, eine Verwandte von Alois, die während Franziskas Krankheit ins Haus gekommen war, um bei der Hausarbeit zu helfen, war wahrscheinlich auch schon von Alois geschwängert worden, ehe die beiden 1885 heirateten.

4 Dieser »Stiefbruder«, von dem Frank spricht, war Patrick Hitler, Sohn von Adolf Hitlers Halbbruder, der wie ihr Vater Alois hieß. Patrick, dessen Mutter Engländerin war, war ein unbemittelter junger Mann, der unter chronischem Geldmangel litt und keine Gelegenheit ausließ, die ihm Geld bringen konnte, sei es nun von seinem Onkel oder von sonst irgendwem. Adolf Hitler wollte nichts mit ihm zu tun haben. Tatsächlich schrieb Patrick 1939 im *Paris Soir* einen Bericht über seinen berühmten Onkel und war auch von verschiedenen englischen Zeitungen zu diesem Thema interviewt worden, doch gibt es bislang keine Anhaltspunkte, daß er für irgendeine Zeitung einen Artikel geschrieben hätte, in dem gesagt worden wäre, Hitler habe einen jüdischen Großvater. In *Paris Soir* erklärte er lediglich, Adolf Hitlers Nichte Geli Raubal, in die Adolf Hitler sehr verliebt war, sei 1931 von ihm schwanger gewesen. (Werner Maser, *Adolf Hitler*, S. 36)

5 Schulzwang wurde in Österreich erst im Mai 1869 eingeführt.

6 Kubizek schreibt, Hitler habe der Name August nicht gefallen, weshalb er ihn entweder mit Gustav (manchmal mit v und manchmal mit ph geschrieben) oder Gustl angeredet habe.

7 In einigen völkischen Darstellungen wurde Jesus »arisiert«. Adolf Lanz beispielsweise nannte ihn *Frauja*.

8 Bis 1866 galt in Österreich als großdeutsch, wer eine Führungsrolle Österreichs unter den deutschen Staaten befürwortete. Nachdem Preußen Österreich besiegt hatte und zum beherrschenden deutschen Staat geworden war, hielten die Großdeutschen Preußen für die zur Führung der Alldeutschen Bewegung auserwählte Macht. Ihr Held war Bismarck, und sie waren meistenteils antiklerikal und antisemitisch und in unterschiedlichem Maße völkisch.

9 *Der Kyffhäuser* (Linz), *Freie Deutsche Schule* (Wien), *Der Hammer* (Eger), das *Grazer Wochenblatt* und *Neue Bahnen* (Wien) nennt André Banuls u.a. in einer langen Liste in *Vierteljahrshefte für Zeitgeschichte* vom April 1970.

10 Theodor Kohn, Fürst-Erzbischof von Olmütz 1892-1904, war als Fürst berechtigt, im Oberhaus des Reichsrats zu sitzen, der sich nach englischem Vorbild aus Herren- und Abgeordnetenhaus zusammensetzte. 1904 verlor er sein Amt. (Hugo Hantsch, *Die Geschichte Österreichs*, Bd. 2, S. 360)

11 Die jüdische Verbrechensrate in Österreich lag insgesamt relativ niedrig; bei Unzucht, betrügerischem Bankrott und Betrug jedoch war sie etwa doppelt so hoch wie bei der übrigen Bevölkerung. (William A. Jenks, *Vienna and the Young Hitler*)

12 Chamberlain lebte 20 Jahre in Wien und schrieb sein Hauptwerk in deutscher Sprache.

13 Zum Schutze der kleinen Spezialgeschäfte waren Kaufhäuser bis 1900 verboten. (William M. Johnston, *The Austrian Mind*)

14 Nach Lady Phipps, der Frau des britischen Botschafters in Berlin, hat Hitler nur ein paar Worte Englisch gesprochen. Über Unity Mitford habe er stockend gesagt: »Young lady, young English lady, Freeman, honourable lady ...« (David Pryce-Jones, *Unity Mitford: A Quest*, S. 100)

15 Auch in späteren Jahren schrieb Hitler Worte, die mit zwei *nn* zu schreiben waren, nur mit einem *n*, so z.B. *denn, dennoch, wenn* usw., wobei er manchmal sogar den ihm zuviel erscheinenden Buchstaben wieder durchstrich. (»Hitlers Handschrift und Masers Lesefehler«, in: *Vierteljahrshefte für Zeitgeschichte*, Juli 1973, S. 332-335)

16 Viele Jahre später schrieb Dr. Bloch, zur Zeit von Frau Hitlers Tod habe ihm ein tiefgerührter Hitler gesagt, er werde ihm »ewig dankbar« sein, und meinte, nachdem Hitler an die Macht gekommen sei, habe er (Bloch) tatsächlich besondere Privilegien genossen. (Eduard Bloch, »My Patient Hitler«, in: *Collier's*, 15. und 22. März 1941)

17 Kubizeks Schilderung von Hitlers Plänen zur Beseitigung der Elendsquartiere, zum Wohnungsbau usw. sind mit mehr als einem Körnchen Salz zu versehen. Als Kubizek seine Erinnerungen an den jungen Hitler niederschrieb, nämlich 1938, hatte Hitler derartige Programme schon ausgeführt. Während Kubizek seine Memoiren vorbereitete, stand er in engem Kontakt mit Parteifunktionären, die die Manuskripte für das Hauptarchiv der NSDAP haben wollten. Kubizeks Darstellung von Hitlers Abscheu vor den Wienern und seiner Bewunderung für große

Teile der Architektur der Stadt wird jedoch von den Feststellungen vieler anderer, einschließlich Hitler selbst, gestützt. (Werner Maser, *Adolf Hitler*, S. 307)

18 Hauptquellen dieser Geschichten sind Reinhold Hanisch, ein Landstreicher, der zwischen Ende 1909 und Sommer 1910 als Hitlers Partner die von diesem gemalten Postkarten und andere Gemälde verkaufte, und Josef Greiner, der behauptete, Hitler gut gekannt zu haben in der Zeit, als Hitler so schmutzig, verlaust und zerlumpt herumlief, daß ihn der Vorsteher des Männerheims habe hinauswerfen wollen. Aber sowohl Hanisch als auch Greiner sind zweifelhafte Zeugen. Hitler sorgte dafür, daß Hanisch im August 1910 verhaftet wurde, weil er angeblich den Löwenanteil eines verkauften Hitler-Aquarells einbehalten hatte; Hanisch sagte, er habe dafür nur 12 Kronen bekommen, während Hitler behauptete, es seien 50 Kronen gewesen. Obwohl Hanisch sehr wohl nur 12 Kronen bekommen haben mag, hatte er neben Hitlers Anschuldigung in den Augen der Polizei noch anderes auf dem Kerbholz, da er sich im Männerheim unter einem falschen Namen eingetragen hatte. Er wurde zu sieben Tagen Gefängnis verurteilt, und das war dann das Ende jeder Beziehung mit Hitler, bis dieser Reichskanzler geworden war und Hanisch weitere, angeblich von Hitler gemalte Bilder zu verkaufen versuchte. Nach dem Einmarsch in Österreich wurde er verhaftet und starb im Gefängnis, entweder an einer Lungenentzündung oder durch Selbstmord. Greiners Berichte strotzen von Falschfeststellungen und Ungenauigkeiten. (Reinhold Hanisch,»I was Hitler's Buddy« in *New Republic*, 1939; Josef Greiner, *Das Ende des Hitler-Mythos*)

19 Werner Maser, *Hitlers Briefe und Notizen*, S. 34

20 August Kubizek erzählt, Hitler habe sich im wesentlichen von Brot und Milch und Essen aus öffentlichen Küchen ernährt, aber Hitler aß ohnehin nie verschwenderisch, selbst nachdem er Reichskanzler geworden war.

Kapitel 2

1 1883 war die Krankenversicherung eingeführt worden, zu der Arbeitgeber und Arbeitnehmer je zur Hälfte beitrugen, 1884 folgte die Unfallversicherung, 1889 die Alters- und Invaliditätsversicherung, zu der das Reich auf Bismarcks Drängen finanzielle Zuschüsse leistete. (Bruno Gebhardt, *Handbuch der Deutschen Geschichte*, Bd. 3, 9. Ausg., 1970, S. 306)

2 1871 verfügte die deutsche Handelsmarine über 147 Schiffe mit insgesamt 81 994 BRT. 1913 waren es 2098 Schiffe mit insgesamt 4 380 348 BRT. (G. Stolper u.a., *Deutsche Wirtschaft seit 1870*, S. 29)

3 Der Generalstab galt allerdings als eine Art Kollektiv, in dem jeder auf der Arbeit seiner Vorgänger aufbaute, ein Verfahren, das eher Konformität als Einfallsreichtum förderte.

4 1890 waren 35% der Fähnriche der preußischen, sächsischen und württembergischen Armee Abiturienten; 1912 waren es 65%. (Karl Deme-

ter, *Das Deutsche Offizierskorps in Gesellschaft und Staat 1650-1945*,
S. 89)

5 Ganz selten konnte sogar jemand, der von Geburt und Ausbildung her
nur wenig mitbrachte, einen hohen Rang im Generalstab erlangen,
wenn er außergewöhnlich talentiert war. So hatte General Reyher, Chef
des preußischen Generalstabs unter Prinz Wilhelm, seine militärische
Laufbahn als Regimentsschreiber begonnen, wurde Wachtmeister, legte
dann als Autodidakt die Offiziersprüfungen ab, qualifizierte sich für den
Generalstab und wurde 1848 zum amtierenden Kriegsminister ernannt.
(Herbert Rosinski, *Die Deutsche Armee*, S. 105)

6 1914 waren von den 113 Stabsoffizieren 69 bürgerlicher Herkunft.
(Walter Görlitz, *Der deutsche Generalstab*, S. 212)

7 Die bayrischen Truppen traten erst bei der Mobilmachung unter den
Oberbefehl des Kaisers, der jedoch im Frieden das Inspektionsrecht
besaß. (Militärgeschichtliches Forschungsamt [Hrsg.], *Die Generalstäbe
in Deutschland, 1871-1945*, S. 15) Die Heere der meisten deutschen
Bundesstaaten wurden nach der Revolution von 1848 auf die Verfassung vereidigt. (Herbert Rosinski, *Die Deutsche Armee*, S. 87)

8 »Bei Jena erfriert die preußische Armee fast neben riesigen Holzstößen,
die sie nicht anzurühren wagt, und nach Auerstädt blieben die Truppen
zwei Tage lang ohne Verpflegung, weil Beschlagnahmungen bei den
Bauern ›eine Art Raub dargestellt hätten, den es in der preußischen
Armee ‹nicht gab und der ihrer Moral widerstrebt hätte‹.« (Generalmajor J. F. C. Fuller, *War and Western Civilization 1832-1932*, S. 29)

9 Der Kaiser sagte damals: »Bei den gegenwärtigen sozialistischen
Umtrieben kann es geschehen, daß Ich euch befehle, auf eure Brüder
und Schwestern, ja auf eure Väter und Mütter zu schießen. Auch dann
müßt ihr Mir gehorchen, ohne zu zögern.« (Hans Meier-Welcker und
Wolfgang von Groote, *Handbuch zur deutschen Militärgeschichte*,
Bd. 5, S. 113)

10 1871 waren zwei Drittel der Bevölkerung in der Landwirtschaft tätig,
1913 kamen auf jeden Landwirt fast zwei gewerblich Tätige. 1871
wohnten 36% der Bevölkerung in der Stadt, 1913 waren es 60%. (Bruno
Gebhardt, *Handbuch der Deutschen Geschichte*, 10. Ausg., 1970,
Bd. 3, S. 378)

11 Bethmann Hollweg, der einer alten Frankfurter Bankiersfamilie entstammte, die in den Adelsstand erhoben worden war, trug bei seinem
ersten Auftreten als Kanzler im Reichstag 1909 die Majorsuniform.
1914 war er nicht nur deutscher Reichskanzler, sondern auch Generalleutnant à la suite der Armee. (Hans Meier-Welcker und Wolfgang von
Groote, *Handbuch zur deutschen Militärgeschichte*, Bd. 5, S. 87)

12 Bebel, Sohn eines Unteroffiziers, sagte auf dem Parteitag 1910 in
Magdeburg: »Es gibt keinen zweiten, dem preußischen ähnlichen Staat,
aber wenn wir einmal diesen Staat in der Gewalt haben, haben wir
alles ... im Süden versteht man nicht diesen Junkerstaat in seiner
ganzen Schönheit.« (Hans Meier-Welcker und Wolfgang von Groote,
Handbuch zur deutschen Militärgeschichte 1648–1939, Bd. 5, S. 21)

13 Die religionsgesetzlichen Vorschriften in bezug auf Speisen und Sabbat-
heiligung zählten dabei zu den Hindernissen. Tatsächlich hatte 1913 der

Provinzialrabbiner Dr. Cahn in Fulda in einem Gutachten einen Dispens von diesen religiösen Geboten als ausgeschlossen erklärt. (Karl Demeter, *Das Deutsche Offizierskorps in Gesellschaft und Staat 1630-1945*, S. 202)

14 In einer Rede vor Rekruten sagte er:»Mit dem Fahneneide habt Ihr als deutsche Männer Eure Treue geschworen, und zwar vor Gottes Altar, unter freiem Himmel, auf sein Kruzifix, wie es brave Christen müssen. Wer kein braver Christ ist, der ist kein braver Mann.« *(Münchner Neueste Nachrichten*, 15. Juni 1913)

15 Dieses Tabu konnte gelegentlich durchbrochen werden. Vor 1885 hatten Juden als Reserveoffiziere in der Preußischen Armee gedient und in den sechziger Jahren des 19. Jahrhunderts verhalf König Wilhelm I. von Preußen entgegen den Einwänden der adligen Offiziere dem Sohn eines ihm befreundeten jüdischen Bankiers zum Offizierspatent in einem der feudalsten Kavallerieregimenter. Der junge Mann machte sich in zwei Kriegen sehr verdient und wurde von Wilhelm II. geadelt.

16 In einem Geheimvertrag von 1876 hatten sich Rußland und Österreich auf eine Aufteilung türkischen Gebiets geeinigt, bei der Österreich als Gegenleistung für seine Neutralität im bevorstehenden Krieg Rußlands mit der Türkei Bosnien und die Herzegowina erhalten sollte. Nach dem türkisch-russischen Krieg von 1877-1878 gestattete der Berliner Kongreß Österreich-Ungarn die Besetzung dieser nominell weiterhin türkischen Provinzen.

17 75% der Mischbevölkerung Elsaß-Lothringens sprachen Deutsch. Die streng katholischen Elsaß-Lothringer empörte der französische Antiklerikalismus, aber noch weniger begeisterte sie eine Einbeziehung in das protestantische Deutschland, das ihnen zwar eine tüchtige Verwaltung bot, aber gegen ihren Sinn für ihre Eigenart und ihre Selbstachtung verstieß.

18 Das österreichische stehende Heer sollte von 385 000 Mann im Jahre 1912 bis 1914 auf 470 000 Mann erhöht werden. Damit blieb es immer noch sowohl ausrüstungs- als auch zahlenmäßig weit hinter allen anderen Mächten zurück. (Bruno Gebhardt, *Handbuch der Deutschen Geschichte*, Bd. 3, 1970, S. 373). Die französischen Anleihen wurden für zwei genau bestimmte Zwecke gegeben: Erstens zum Bau strategischer Eisenbahnlinien zur deutschen Grenze, die gemeinsam mit dem französischen Generalstab geplant worden waren, und zweitens Anhebung der Friedenspräsenzstärke des russischen Heeres. *(Der diplomatische Schriftwechsel Iswolskis 1911-1914*, Bd. 3, No. 936)

19 Rußland hatte seine Militärkonvention mit Frankreich durch ein Abkommen ergänzt, das im Kriegsfall gemeinsame Seeoperationen der beiden Länder vorsah. (Bruno Gebhardt, *Handbuch der Deutschen Geschichte*, Bd. 3, 1970, S. 373)

20 Aufgrund eines Berichtes des britischen Geheimdienstes, Napoleon werde demnächst in Dänemark einfallen, hatte im September 1807 eine britische Land- und Seestreitmacht Kopenhagen im neutralen Dänemark beschossen.

21 Trotzdem war Kriegsgeschrei immer für eine Schlagzeile gut. Die *Daily Mail* erklärte 1909, nur England stehe dem deutschen Drang nach

Weltgeltung im Wege, und in einem Artikel der *Saturday Review* stand zu lesen, mit jedem Engländer, der vom Erdboden verschwinde, gewännen die Deutschen entsprechend mehr Macht. Zwei aufstrebende Nationen stünden »Mann gegen Mann in der ganzen Welt. Einer von beiden muß weichen, einer von beiden wird weichen.« (Joachim Remak, *The Origins of World War I*, S. 85)

22 Der russische Außenminister Sasonow berichtete Ende 1913 dem Zaren, Rußland könne es nicht zulassen, daß im Schwarzen Meer eine türkische Flotte anwesend sei, die stärker sei als die russische. Der türkische Besitz der Meerengen habe ein Defizit im russischen Haushalt zur Folge gehabt, als die Meerengen 1912 vorübergehend geschlossen worden seien, und Sasonow stellte die rhetorische Frage, was denn geschähe, wenn die Meerengen in den Besitz eines Staates kämen, der fähig wäre, sich den Forderungen Rußlands zu widersetzen? Die russischen Bemühungen, über die Dardanellen Gewalt zu bekommen, seien nicht um einen Schritt vorangekommen, und nur im Bunde mit Frankreich und vielleicht auch mit England lasse sich das Ziel erreichen, in den Besitz der Meerengen zu gelangen. *(Der diplomatische Schriftwechsel Iswolskis*, Bd. 3, No. 1157)

23 1914 schlossen jedoch England und Deutschland ein Abkommen, in dem für den Bau neuer Schiffe das Verhältnis 16:10 vereinbart wurde.

24 Die Baupläne galten einer deutschen Flotte, die defensiv operieren und sich dabei in Hafenbecken, Kanalschleusen und seichten Küstengewässern bewegen können sollte; deshalb unterlagen Schiffslänge, -breite und -tiefgang bestimmten Beschränkungen. Offensivaufgaben, abgesehen von Ausfällen kleiner Geschwader, sollten Torpedoboote und U-Boote übernehmen. (Karl Friedrich Nowak, *Chaos*).

25 Die Mittel wurden von der Kammer am 6. Juli mit 428 gegen 106 Stimmen gebilligt. *(Schulthess' Europäischer Geschichtskalender*, S. XII, 4)

Kapitel 3

1 Bis 1912 hatte Sir Edward das Kabinett zu keinem Zeitpunkt über die Heeres- und Marinebesprechungen Englands mit Frankreich unterrichtet. Das Parlament und die Öffentlichkeit erfuhren von ihnen erstmalig am 3. August 1914. (Sidney B. Fay, *The Origins of the World War*, dt: *Der Ursprung des Weltkrieges*, Bd. 1, S. 219-220)

2 Zwei Kriegsgegner, Lord Morley und John Burns, legten aus Protest ihr Ministeramt nieder.

3 Hierzu läßt sich die interessante Spekulation anschließen, was geschehen wäre, wenn die deutsche Heeresleitung dem Chef des Generalstabs, Helmuth von Moltke, gefolgt wäre, der 1910 vorgeschlagen hatte, den Schlieffen-Plan umzukehren, im Westen defensiv zu bleiben und den Hauptschlag gegen Rußland zu führen. Bei einer solchen Strategie wäre es Grey schwergefallen, das Kabinett dazu zu überreden, an der Seite Frankreichs in den Krieg zu ziehen, wenn dieses damals Deutschland angegriffen hätte, aber andererseits wäre auch angesichts der Größe

und Tiefe des russischen Raums und des Umfangs der Zarenarmee ein
schneller, entscheidender Sieg unmöglich gewesen. Deswegen entschied
man sich für den Schlieffen-Plan.

4 Das österreichische Ultimatum zählte zuerst die Beweise für eine serbische Duldung und Mitwisserschaft in den begangenen Verbrechen auf
und forderte von Serbien die Verurteilung antiösterreichischer Propaganda, Entschuldigung für die Beteiligung serbischer Beamter an solcher Propaganda und Unterdrückung jeglicher Einmischung in die
Angelegenheiten Österreich-Ungarns. Des weiteren wurde die Forderung erhoben, daß Serbien erstens antiösterreichische Veröffentlichungen verbiete, zweitens die *Narodna Odbrana* auflöse, drittens in den
Schulen alles beseitige, was die Propaganda gegen Österreich-Ungarn
nähren konnte, viertens Offiziere und Beamte, die sich antiösterreichischer Propaganda schuldig machten, entlasse, fünftens Vertreter der
k. u. k. Regierung in Serbien bei der Unterdrückung der antiösterreichischen Subversivbewegung mitwirken lasse (worin eine Verletzung
der serbischen Souveränität gelegen hätte), sechstens gegen die Teilnehmer des Komplotts eine gerichtliche Untersuchung einleite und von der
k. u. k. Regierung hierzu delegierte Organe an den Erhebungen teilnehmen lasse, siebtens zwei namentlich genannte Männer, die durch die
Untersuchung kompromittiert seien, verhafte, achtens die Teilnahme
der serbischen Behörden am Einschmuggeln von Waffen und Explosiv-
körpern über die Grenze verhindere und die Organe des Grenzdienstes,
die den Urhebern des Mordes von Sarajewo bei ihrem Eintreten nach
Bosnien behilflich gewesen seien, bestrafe, neuntens erkläre, warum
serbische Beamte sich im In- und Ausland feindselig gegen Österreich
äußerten, und zehntens die k. u. k. Regierung von der Durchführung
dieser Maßnahmen unterrichte. Eine Antwort werde bis zum 25. Juli
um sechs Uhr nachmittags erwartet.

5 Wie Sidney B. Fay in *The Origins of the World War* feststellt, war die
serbische Antwort hinsichtlich Ziffer 4, 5 und 9 ausweichend und
lehnten die Serben Ziffer 6 glatt ab.

6 Bethmann Hollweg wies bei der Übermittlung des Plans des Kaisers den
deutschen Botschafter in Wien an, sich gegenüber dem österreichischen
Außenminister Graf Berchtold »nachdrücklich« zu äußern, fügte aber
hinzu: »Sie werden es dabei sorgfältig zu vermeiden haben, daß der
Eindruck entsteht, als wünschten wir Österreich zurückzuhalten.«
(Zitiert nach Sidney B. Fay, *Der Ursprung des Weltkriegs*, Bd. 2,
S. 311) Wie der Kaiser hielt auch Grey es für möglich, den Krieg zu
lokalisieren, »sofern Österreich zwar sagt, es müsse das besetzte Gebiet
so lange halten, bis es von Serbien volle Genugtuung erfahren habe,
aber auch erklärt, daß es nicht darüber hinaus vorrücken werde, sofern
die Mächte sich um eine Vermittlung zwischen ihm und Rußland
bemühen«. (Zitiert nach Luigi Albertini, *Le origini della guerra del
1914,* Mailand 1942-1943, Bd. 2)

7 Das Auswärtige Amt versprach, bei Kriegsende die Souveränität über
belgisches Gebiet voll wiederherzustellen und für Schäden, die infolge
der Besetzung einträten, aufzukommen.

8 In seinen Memoiren schrieb Hindenburg, Rußland habe im August/

September nicht weniger als 800 000 Mann und 1700 Geschütze gegen Ostpreußen herangeführt, zu dessen Verteidigung nur 210 000 Deutsche mit 600 Geschützen verfügbar gemacht werden konnten. Insgesamt hätten russischerseits gegen Deutschland und Österreich-Ungarn 3 Millionen Mann gestanden; die Heere der Mittelmächte hatten demgegenüber nur ein Drittel gezählt. (Generalfeldmarschall von Hindenburg, *Aus meinem Leben*, S. 80, 96)

9 Die Verluste der Alliierten beliefen sich auf 5 150 000 Tote und 12 800 000 Verwundete. Die Mittelmächte hatten 3 386 000 Tote und 8 388 400 Verwundete zu beklagen.

10 Als Preis für seinen Kriegseintritt waren Italien im Vertrag von London von 1915 das Trentino und Tirol bis zum Brennerpaß sowie Triest, Istrien und Dalmatien versprochen worden. Bei Kriegsende beanspruchte es außerdem Fiume. Dieser Gebietserwerb umfaßte Tausende Deutschsprechender in Tirol und 250 000 Slawen in Venezia Giulia und auf der Halbinsel Istrien. Es erhielt nur einen kleinen Teil des von ihm beanspruchten Dalmatien, das zum größten Teil an Jugoslawien ging, und der geforderte Gebietsausgleich für den Erwerb der deutschen Afrika-Kolonien durch Frankreich und England wurde ihm ebenfalls versagt.

11 Welcher Stolz über die Leistungen des deutschen Heeres selbst antimilitaristische Intellektuelle erfüllte, geht aus dem hervor, was Thomas Mann während des Krieges schrieb. Er schätzte die Länge der deutschen Front auf 1800 km im Vergleich zu 600 km der Franzosen und 250 km der Briten und meinte, das genüge als Kommentar zum Vorwurf der Alliierten, Deutschland habe den Krieg absichtlich ausgelöst. (Thomas Mann, »Betrachtungen eines Unpolitischen«, S. 333)

12 Die Geheimverträge wurden allerdings bekannt, als sie in Form von Broschüren in den Zeitungen vieler Länder einschließlich der Vereinigten Staaten erschienen, nachdem die sowjetische Regierung sie Ende 1917 veröffentlicht hatte.

13 Kurt Riezler erzählte dem Verfasser diese Geschichte 1939. Sie erscheint nicht in dessen *Tagebücher, Aufsätze, Dokumente*.

14 Die linksstehenden Unabhängigen Sozialdemokraten forderten in einer getrennten Erklärung die Abhaltung einer Volksabstimmung in Elsaß-Lothringen, das 1871 gegen den Willen der Bevölkerung annektiert worden sei.

15 Zwölf Tage nach Kriegsausbruch sagte Präsident Wilson im August zu seinem Freund Oberst House, »wenn Deutschland gewänne, dann würde das den Gang unserer Zivilisation verändern und aus den Vereinigten Staaten eine Militärnation machen«, und im Mai 1915 vor dem Kabinett, »die Alliierten kämpfen mit dem Rücken zur Wand gegen wilde Bestien«. (Charles Seymour, *The Intimate Papers of Colonel House*, Bd. 1, S. 293; *New York Times* vom 29. Januar 1925, zitiert in Edwin Borchard und William Potter Lage, *Neutrality for the United States*, S. 35)

16 In der Londoner Erklärung war ein Großteil des geltenden Völkerrechts, wie es sich aus dem Haager Vertrag und anderen Verträgen ergab, zusammengefaßt. Obwohl ihr Frankreich und Deutschland zuge-

stimmt hatten, hatte 1914 der US-Senat ihre Ratifizierung zwar empfohlen, aber noch nicht abgeschlossen. Das britische Unterhaus hatte sie gebilligt, aber das Oberhaus hatte sie wegen der darin enthaltenen Beschränkungen britischer Blockademaßnahmen abgelehnt. Das amerikanische Außenministerium forderte nichtsdestoweniger die Kriegführenden auf, die Erklärung als Gesetzesregel im derzeitigen Konflikt einzuhalten, wozu sich Deutschland und Österreich bereit erklärten, die Engländer aber nicht. Als Folge verzichteten die Vereinigten Staaten bald auf eine weitere Befürwortung der Erklärung und gingen in ihrer Argumentation von da an nicht mehr vom traditionellen Völkerrecht, sondern von Wilsons Prinzipien aus.

17 Als die Armbrust eingeführt wurde, galt sie als schreckliche und zügellose Waffe,»gottgehaßt und eines Christen unwürdig«, weil man mit ihr eine Ritterrüstung durchbohren konnte. 1139 verbot Innozenz II. ihren Einsatz außer gegen Ungläubige, aber dennoch blieb sie eine Hauptwaffe im Arsenal des Mittelalters, bis sie durch den noch leistungsstärkeren englischen Langbogen ersetzt wurde. Und als Pierre Terrail Bayard,»der Ritter ohne Furcht und Tadel«, 1524 von einem Schuß aus einer Arkebuse getroffen im Sterben lag, tröstete er sich mit dem Gedanken, daß er niemals einem Musketier Pardon gewährt habe. (Lynn White jr.,»Technology from the Stance of a Medieval Historian«, *The American Historical Review*, Februar 1974, Bd. 79, No. 1, S. 1-13; E. Davidson, *The Nuremberg Fallacy*, S. 284)

18 Was hier tatsächlich geschah, war noch weiter von der Einhaltung der Kriegsregeln entfernt, als Lansings Bericht andeutet. Die *Baralong* versenkte nicht nur das U-Boot, sondern tötete auch die gesamte Mannschaft, mit dem Kapitän fünf Mann, die im Wasser schwammen und von denen einige wassertretend die Hände zum Zeichen der Kapitulation hoben, und weitere sechs, die nach dem Bericht von Augenzeugen»wie Hunde« auf dem verlassenen Schiff *Nicosian* abgeknallt wurden, wohin sie sich gerettet hatten. (Colin Simpson, *The Lusitania*, S. 247; Thomas A. Bailey und Paul B. Ryan, *The Lusitania Disaster*, S. 51)

19 Das englische *Naval Pocket Book* für 1914 zählte beide als»Armed Merchantmen« (bewaffnete Handelsschiffe) auf; in Brassey's *Naval Annual, 1914,* waren sie als»Royal Naval Reserved Merchant Cruisers« (etwa:»Für die Königliche Marine reservierte Handelskreuzer«) aufgeführt.

20 Diese Behauptung hatte zweifellos für die traditionellen Regeln des Überwasserkrieges Gültigkeit, wo Prisenschiffe feindliche oder neutrale Schiffe aufbrachten, konnte aber kaum oder gar nicht für U-Boote gelten, die gegen bewaffnete Handelsschiffe operierten, denen die Admiralität befohlen hatte, U-Boote zu versenken oder zu rammen.

21 Die deutsche Heeresleitung überschätzte die Chancen eines Sieges mit Hilfe der U-Boot-Gegenblockade gewaltig. Bei Kriegsanfang besaß Deutschland rund zehn U-Boote, die es gegen England führen konnte; insgesamt verfügte es über 21 U-Boote, von denen zwölf mit Benzin anstatt Dieselöl fuhren, und zu keiner Zeit konnte mehr als die Hälfte der U-Boot-Flotte im Einsatz sein. Gegen Ende 1915 befanden sich nur

acht U-Boote im Einsatz; das Oberkommando glaubte dagegen, zwischen 40 und 50 für den uneingeschränkten U-Boot-Krieg zur Verfügung zu haben. (Gerhard Ritter, *Staatskunst und Kriegshandwerk*, Bd. 3, S. 147)

22 Der Titel hatte nichts mit einer militärischen Laufbahn zu tun, wurde ihm vielmehr verliehen, als er in den Mitarbeiterstab des Gouverneurs von Texas, James S. Hogg, eintrat. House wurde jedoch durchweg von allen als Oberst tituliert, deren Briefe in Charles Seymours Ausgabe von *The Intimate Papers of Colonel House* erscheinen, und dieser Titel steht auch über dem Geleitwort, das House diesem Werk voranstellte.

23 Beispiele dafür sind fehlgeschlagene Produktwerbungen wie etwa beim Edsel-Autotyp und der Mißerfolg politischer Kandidaten, deren überfinanzierte Wahlkampagnen in keinerlei Verhältnis mehr stehen zu der Anziehungskraft, die sie tatsächlich auf ihre Wähler ausüben.

24 Die von einem französischen Exekutionstrupp erschossene Mata Hari war Berufsspionin und deshalb nicht wie Miss Cavell ein Symbol humanitärer Selbstlosigkeit.

25 Ein mitfühlender reicher Amerikaner wollte diese Kinder adoptieren, aber man konnte kein einziges Kind finden. (James Morgan Read, *Atrocity Propaganda 1914-1919*, S. 36)

26 Ein englischer Professor der Rechte schrieb, schon die geringste Verweigerung eines Ansinnens deutscher Soldaten werde mit sofortiger Tötung geahndet; als eine junge Mutter in Bailleul 23 deutsche Soldaten nicht mit Kaffee habe versorgen können, habe ein Soldat ihren Säugling gepackt und dessen Kopf in siedendes Wasser getaucht. (J. H. Morgan, *German Atrocities – An Official Investigation*, S. 77)

27 Nach dem Kriegsrecht fast aller Länder galt die Hinrichtung von Geiseln als legitime Repressalie gegen ungesetzliche Handlungen, gegen eine Verletzung des Völkerrechts. Die Römer nahmen Geiseln, die Engländer in Indien und die Franzosen in Nordafrika. Im amerikanischen Bürgerkrieg ließ General Shermann 54 Kriegsgefangene als Repressalie für den Mord an 27 seiner eigenen Soldaten hinrichten. Nach dem *British Manual of Military Law* galten solche Repressalien als »unersetzliches Mittel«. (August von Knieriem, *Nürnberg. Rechtliche und menschliche Probleme*, S. 406, 412)

28 Wilsons am 8. Januar 1918 einer gemeinsamen Sitzung des Kongresses vorgetragenen Vierzehn Punkte erwähnten die Selbstbestimmung nicht. Die Vierzehn Punkte, die sowohl die deutsche Regierung als auch die Alliierten als Grundlage für Friedensverhandlungen annahmen, bestimmten u.a.:

1. Öffentliche und öffentlich zustande gekommene Friedensverträge ...
2. Vollkommene Freiheit der Schiffahrt auf See ...
3. Beseitigung aller wirtschaftlichen Schranken, soweit sie möglich ist ... unter allen Staaten ...
4. Austausch angemessener Bürgschaften dafür, daß die Rüstung der Völker auf das niedrigste, mit der inneren Sicherheit zu vereinbarende Maß herabgesetzt werden.
5. Freie, weitherzige und unbedingt unparteiische Schlichtung aller kolonialen Ansprüche ...

6. Räumung des ganzen russischen Gebietes, so daß es seine eigene politische Entwicklung und nationale Politik unabhängig bestimmen könne.
7. Räumung Belgiens und Wiederherstellung seiner Souveränität.
8. Räumung besetzten französischen Gebiets und Wiedergutmachung des »Unrechts, das Frankreich von Preußen im Jahre 1871 in Elsaß-Lothringen zugefügt wurde«.
9. Eine Berichtigung der Grenzen Italiens »nach dem klar erkennbaren nationalen Besitzstand«.
10. »Den Völkern Österreichs-Ungarns, deren Platz unter den anderen Nationen wir gewährleistet und sichergestellt zu sehen wünschen, müßte freiester Spielraum zu selbständiger Entwicklung gegeben werden.«
11. Rumänien, Serbien und Montenegro sollen geräumt werden; Serbien soll »freien und sicheren Zugang zur See erhalten«.
12. Den türkischen Teilen des gegenwärtigen Osmanischen Kaiserreiches sollte unbedingte Selbständigkeit gesichert werden, aber die anderen Nationalitäten, die jetzt unter türkischer Herrschaft stünden, sollten Sicherheit des Lebens und »ganz ungestörte Gelegenheit zu selbständiger Entwicklung« erhalten, die Dardanellen »als freie Durchfahrt den Schiffen und dem Handel aller Nationen ... dauernd geöffnet werden«.
13. Ein unabhängiger polnischer Staat sollte errichtet werden und »alle Länder, die von einer unzweifelhaft polnischen Bevölkerung bewohnt sind«, umfassen und Zugang zur See erhalten.
14. »Es muß eine allgemeine Vereinigung der Völker ... gebildet werden«, um »politische Unabhängigkeit und die Unverletzlichkeit des Gebietes zu gewährleisten.«

In einer Reihe weiterer Reden befaßte sich Wilson mit dem Grundsatz der Selbstbestimmung, der schon vorher in den Äußerungen der französischen und deutschen Sozialisten und des Petersburger Stadtsowjet aufgetaucht war. Am 11. Februar 1918 sagte Wilson vor dem Kongreß: »Es darf keine Annexionen, keine Kontributionen, keine Entschädigungen mit Strafcharakter geben. Menschen sollen nicht von der einen in eine andere Souveränität übergehen ... Nationale Bestrebungen müssen geachtet werden; von jetzt an sollen die Menschen nur mit ihrer eigenen Zustimmung regiert und beherrscht werden. ›Selbstbestimmung‹ ist keine hohle Phrase. Sie ist ein zwingendes Gebot des Handelns, das Staatsmänner von nun an nicht mehr ungestraft ignorieren werden.« Auch Lloyd George sprach sich für diese Doktrin aus, ebenso General Smuts, aber der Völkerbundpakt enthielt keinerlei Bezugnahme darauf. Die Bedingungen des Versailler Vertrages standen zu offenkundig in schierem Widerspruch dazu, soweit Deutschland betroffen war. (C. E. Carrington, »National Self Determination«, *Modern Age*, Bd. 11, No. 3, S. 247-248; James Brown Scott, *President Wilson's Foreign Policy*, S. 368)

29 Artikel 231 lautete: »Die alliierten und assoziierten Regierungen erklären, und Deutschland erkennt an, daß Deutschland und seine Verbündeten als Urheber für alle Verluste und Schäden verantwortlich sind, die

die alliierten und assoziierten Regierungen und ihre Staatsangehörigen infolge des Krieges, der ihnen durch den Angriff Deutschlands und seiner Verbündeten aufgezwungen wurde, erlitten haben.«

30 Hitler war fünf Monate lang frontunfähig, brachte einen Teil der Zeit in einem Lazarett in Beelitz bei Berlin zu und wurde danach zum Ersatzbataillon in München versetzt.

31 Die Verhandlungen zwischen den Russen und den Mittelmächten wurden im Dezember 1917 aufgenommen und der Friedensvertrag am 3. März 1918 unterzeichnet.

32 Der Friede von Brest-Litowsk schloß in Artikel 9 zwar Reparationen aus, doch willigte in einem Zusatzabkommen vom 27. August 1918 die sowjetische Regierung ein, Deutschland mit 25% der Erdölerzeugung von Baku zu beliefern und »Deutschland sechs Milliarden Mark für durch russische Maßnahmen verursachte Verluste ...« zu zahlen. (John W. Wheeler-Bennett, *The Forgotten Peace*, S. 440)

33 General Hoffmann wies darauf hin, zwar hätten die Alliierten die Bedingungen des Vertrages von Brest-Litowsk widerrufen, sich dessen hauptsächliche Bestimmungen jedoch ihrerseits zu eigen gemacht, wonach die baltischen Länder und Polen von Rußland abgetrennt wurden. (General Max Hoffmann, *Der Krieg der versäumten Gelegenheiten*)

34 Die ukrainische Delegation bei der Brest-Litowsker Friedenskonferenz lehnte es ab, russisch zu sprechen, und führte ihre Verhandlungen mit General Hoffmann in ukrainischer Sprache.

35 Wilson sagte, wenn die Vereinigten Staaten »mit den militärischen Herren und monarchischen Autokraten Deutschlands zu verhandeln hätten, dann müßten sie nicht etwa Friedensverhandlungen, sondern Kapitulation fordern«. (Zitiert in John Morton Blum, *Woodrow Wilson and the Politics of Morality*, S. 150)

36 Der Berliner Eisner war Theaterkritiker der *Münchner Post* und versuchte sich auch als Stückeschreiber. Antimilitaristisch, antipreußisch und antibolschewistisch eingestellt, wollte er ein »Regime der Güte« aufrichten und hoffte, Deutschland zum Eintritt in den Völkerbund bereitmachen zu können.

Kapitel 4

1 Allein der Kaiser leistete Widerstand gegen seine Abdankung. Anfang November verließ er Berlin und nahm Zuflucht im Hauptquartier der Obersten Heeresleitung in Spa, wo er davon sprach, er wolle die Truppen aus den Schützengräben heimführen und mit ihnen die Aufständischen besiegen. Aber lange konnte Wilhelm solchen Wunschträumen nicht nachhängen. Als ihm sogar Hindenburg sagte, er könne nicht mehr auf die Treue der Truppen zählen, blieb dem Kaiser keine andere Wahl, als auf seinen Thron als deutscher Kaiser und König von Preußen zu verzichten.

2 Am 4. Juli 1918 hatte Wilson seinem Friedensprogramm vier weitere Punkte hinzugefügt:
   1. Die Vernichtung jeder willkürlichen Macht, gleichgültig wo, die

gesondert, insgeheim und nach ihrer eigenen Wahl den Frieden der
Welt zu stören vermag ...
2. Die Erledigung jeder Frage, ob sie sich auf Gebiete, auf Souveränität, auf wirtschaftliche Vereinbarungen oder auf politische Beziehungen erstreckt, aufgrund der freien Annahme jener Vereinbarung
durch das unmittelbar davon betroffene Volk und nicht aufgrund des
materiellen Interesses oder des Vorteils irgendeiner anderen Nation
oder eines anderen Volkes ...
3. Die Zustimmung aller Nationen, daß sie sich in ihrem Verhalten
zueinander durch die nämlichen Prinzipien der Ehrfurcht und der
Achtung vor dem gemeinen Gesetz einer zivilisierten Gesellschaft
leiten lassen, das die einzelnen Bürger ... regiert; damit alle Versprechungen und Verträge als unverletzlich beachtet werden mögen,
sollen keinerlei private Komplotte oder Verschwörungen ausgeklü-
gelt werden ... und ein gemeinsames Vertrauen soll sich auf der
edlen Grundlage einer gemeinsamen Achtung vor dem Recht aufbauen.
4. Die Errichtung einer Friedensorganisation, die es zur Gewißheit
machen soll, daß die vereinte Macht freier Nationen jeden Angriff
auf das Recht abwehren und dazu beitragen wird, Frieden und
Gerechtigkeit größere Sicherheit zu verleihen ...
Und am 27. September 1918 faßte er seine wichtigsten Forderungen in
fünf Punkten zusammen:
1. Die unparteiische Gerechtigkeit darf keine Unterscheidung zwischen denen mit sich bringen, denen gegenüber wir gerecht zu sein
wünschen. Es muß eine Gerechtigkeit sein, die keine Begünstigten
kennt und keine Abstufungen, sondern nur gleiche Rechte für die
beteiligten Völker.
2. Kein besonders abgesondertes Interesse irgendeiner einzelnen
Nation oder Gruppe von Nationen kann zur Grundlage irgendeines
Teiles des Abkommens gemacht werden, wenn es sich mit dem
gemeinsamen Interesse aller nicht verträgt.
3. In der gemeinsamen Familie des Völkerbundes kann es kein Band,
kein Bündnis oder auch keine besonderen Verträge oder Vereinbarungen geben.
4. Es kann innerhalb des Bundes keine besonderen selbstischen wirtschaftlichen Kombinationen geben, keinen ... wirtschaftlichen Boykott in irgendeiner Form oder Ausschließung, ausgenommen Macht-
vollkommenheit, die dem Völkerbund erteilt wird, wirtschaftliche
Strafen durch Ausschluß von den Weltmärkten zu verhängen und
diese wiederum als Mittel der Disziplin und Kontrolle.
5. Alle internationalen Abmachungen und Verträge jeder Art müssen
vollinhaltlich der übrigen Welt mitgeteilt werden.
3 Groener war das genaue Gegenteil von Ludendorff. Er stammte nicht
aus Preußen, sondern aus Württemberg und kam wie andere Mitglieder
der neuen Regierung aus einer Handwerkerfamilie.
4 Am 1. Oktober sagte Ludendorff zu den Chefs der OHL, die deutsche
Armee sei am Ende, der Krieg nicht mehr zu gewinnen, ja eine
endgültige Niederlage sei unvermeidbar. Möglichst schnell müsse ein

Waffenstillstand geschlossen werden. Oberst i.G. von Thaer notierte in seinem Tagebuch, die Wirkung dieser Worte auf die Hörer sei unbeschreiblich gewesen, man habe leises Stöhnen und Schluchzen gehört, und wohl den meisten seien unwillkürlich Tränen über die Backen gelaufen. (Herbert Michaelis u.a., *Ursachen und Folgen*, Bd. 2, S. 323)

5 Aus einem Bericht der Postüberwachungsstelle der 6. Armee vom 4. September 1918 geht hervor, daß von insgesamt 53 781 Sendungen von der Front nach Hause 886 die verschiedensten Klagen enthielten. Manche waren ganz sachlicher Art und betrafen beispielsweise die artilleristische Überlegenheit des Gegners; andere gaben politische Enttäuschung zu erkennen und besagten, die Junker, Kapitalisten und Großgrundbesitzer und ebenso die Kriegsgewinnler und Schwarzhändler ließen es sich zu gut gehen. Manchmal war dies verbunden mit Äußerungen wie »Wir machen nicht mehr mit«, »Wir kommen nicht vom Urlaub zurück«, und »Weitere deutsche Erfolge zögern nur das Kriegsende hinaus«. In den Briefen war auch die Rede von mageren Rationen, das Essen aus der Feldküche enthalte oft keine Kartoffeln und wenig Fleisch. Ein relativ kleiner Anteil der Briefe war pessimistisch und defätistisch; die Mehrheit der Truppe gab keinen Vertrauensschwund zu erkennen, und das Verhältnis von Offizieren und Mannschaften war weiterhin gut. (Herbert Michaelis u.a., *Ursachen und Folgen*, Bd. 2, S. 300)

6 Die Schlacht vor dem Skagerrak hatte vom 31. Mai bis 1. Juni 1916 stattgefunden. Sie war die einzige große Seeschlacht des Ersten Weltkriegs, und die deutsche Flotte verlor in ihr ein Schlachtschiff, einen Panzerkreuzer, vier Kreuzer und fünf kleinere Schiffe. Die Engländer verloren drei Schlachtkreuzer, drei Kreuzer und acht kleinere Schiffe.

7 Der Befehl an die Schiffe, auszulaufen, wurde ohne Wissen der Regierung unter Prinz Max von Baden ausgegeben, die einen Waffenstillstand auszuhandeln versuchte.

8 Die deutschen Matrosen hatten seit über einem Jahr Anzeichen der Unzufriedenheit gezeigt. 1917 hatten Besatzungen, die gegen unzureichende Rationen und schlechte Behandlung durch ihre Offiziere protestierten, die Ausführung von Befehlen verweigert. Ihren Protesten wurde nach ihrer Meinung nur teilweise nachgegeben, indem die Rationen erhöht und deren Qualität verbessert wurde, und die immer noch unzufriedenen Besatzungen waren jederzeit zu weiteren Demonstrationen bereit. Ein deutscher Kapitän gab zu bedenken, einige seiner Leute, die sich für vier Jahre verpflichtet hätten und deren Dienstzeit abgelaufen wäre, seien gezwungen gewesen, bis 1918 im Dienst zu bleiben.

9 Die Unabhängige Sozialdemokratische Partei (USPD) wurde im April 1917 von pazifistischen Mitgliedern des linken SPD-Flügels gegründet.

10 Der führende Sozialdemokrat Gustav Noske sagte am 29. März 1917, man könne schließlich den Kaiser und den Zaren nicht in einem Atemzug nennen, und der sozialdemokratische *Vorwärts* schrieb kurz darauf am 3. April, sobald die Monarchie die Wünsche des Volkes erfülle, sei aller republikanischen Agitation der Boden unter den Füßen weggezogen. Wenn auch Schwierigkeiten zu überwinden seien, so wür-

den sie – voraussichtlich sogar schon in kürzester Zeit – überwunden werden, ohne eine Spur von gewaltsamem Umsturz und ohne Sturz der Monarchie. (Herbert Michaelis u.a., *Ursachen und Folgen*, Bd. 2, S. 545)

11 Die Spartakisten waren bis Dezember 1918 Mitglieder der USPD und gründeten dann die Kommunistische Partei Deutschlands.

12 Der deutschen Regierung war die heimliche Tätigkeit der Botschaft bekannt. Am Bahnhof Friedrichstraße in Berlin war eine aus Moskau nach Berlin geschickte Kiste mit verdächtigem Material aufgebrochen worden, und anschließende Durchsuchungen der sowjetischen Botschaft erbrachten den schlüssigen Beweis für ihre subversive Tätigkeit. Desgleichen waren die Beziehungen mit den Sowjets dadurch belastet worden, daß der deutsche Botschafter in Moskau, Graf von Mirbach, von einem Sozialrevolutionär erschossen wurde und nach Meinung der deutschen Regierung die sowjetischen Behörden keinerlei Anstalten machten, gegen die Attentäter vorzugehen. Das war allerdings schlimmstenfalls eine Unterlassungssünde seitens der Bolschewiki. Die Sozialrevolutionäre, die den Frieden von Brest-Litowsk ablehnten, waren aus Protest aus der Regierung ausgezogen und hatten sich sowohl gegen die Leninisten als auch gegen die Deutschen gewandt, die sie als leninistische Verbündete ansahen.

13 Frankreich sollte jährlich sieben Millionen Tonnen Kohle erhalten zum Ausgleich des Unterschieds zwischen der Vorkriegs- und Nachkriegs-Kohleförderung in den durch den Krieg zerstörten Bergwerken des Nordens und des Pas-de-Calais. An Belgien waren zehn Jahre lang acht Millionen Tonnen Kohle jährlich zu liefern und an Italien zehn Jahre lang eine sich jährlich bis auf schließlich achteinhalb Millionen Tonnen steigernde Menge. (Herbert Michaelis u.a., *Ursachen und Folgen*, Bd. 3, S. 408)

14 Im September schrieben deutsche Zeitungen, ein Drittel der Kinder im schulpflichtigen Alter sei schwer unterernährt. (*Augsburger Postzeitung*, 10. September 1919)

15 Am 15. März 1919 wurden die ersten 270 000 t Lebensmittel ins Reich geschickt, die durch 100 Millionen Goldmark und 25 Millionen ausländische Wertpapiere zu bezahlen waren. (*Die Entwicklung der Reparationsfrage*, 2. Aufl., S. 8)

16 Ein in einer deutschen Zeitung zitierter französischer Autor erklärte, Frankreich verlange sämtliche französischen Gemälde zurück, ob sie sich nun in öffentlicher oder privater Hand befänden, sogar in den Fällen, in denen Deutsche wie Friedrich der Große das Gemälde unmittelbar dem Künstler abgekauft hätten. (*Münchner Neueste Nachrichten*, 6. Februar 1919)

17 Bei der Friedenskonferenz verkehrten die Großen Vier über Dolmetscher miteinander. Keynes wies darauf hin, weder Lloyd George noch Wilson hätten Französisch gekonnt, Orlando habe zwar Italienisch und Französisch gesprochen, Clemenceau aber sei der einzige gewesen, der Französisch und Englisch beherrschte.

18 Auch Arcos Schicksal sprach Bände über die damalige Zeit. Er wurde durch ein Volksgericht zum Tode verurteilt, jedoch ohne »Ehrverlust«,

weil er noch so jung sei und weil er nicht aus niedrigen Beweggründen, sondern aus heißer Liebe für sein Volk und Vaterland gehandelt habe. Das Urteil wurde später in lebenslängliche Haft umgewandelt, und 1927 wurde er begnadigt.

19 Ernst Toller war expressionistischer Schriftsteller und Verfasser des bekannten Theaterstücks *Der Wanderer.* Studiert hatte er bei dem weltberühmten Soziologen Max Weber, der Toller mochte und bei dessen Hochverratsprozeß als Leumundszeuge aussagte, Gottes Zorn habe Toller in die Politik geführt.

20 In einem Brief an einen anderen Räteminister schrieb Lipp, er habe Württemberg und der Schweiz den Krieg erklärt, weil sie ihm keine Lokomotiven schicken wollten, und er werde bestimmt gewinnen, denn er habe den Segen des Papstes, den er gut kenne. (Gustav Noske, *Von Kiel bis Kapp,* S. 136)

21 Sie hießen Seidel, Schicklhofer, Widl, Purzer, Kick, Gesell, Hesselmann, Lermer, Berner, Riethmeyer, Hannes, Fehmer, Volkl, Huber, Petermeier und Schnittele. (*Augsburger Postzeitung,* 2. September 1919)

22 Zwei anderen Rätemitgliedern erging es ähnlich. Sontheimer wurde beim Einmarsch der Reichswehrtruppen in München vor ein Kriegsgericht gestellt und standrechtlich erschossen, und Leviné-Niessen wurde später gefaßt, abgeurteilt und hingerichtet. Landauer, der aus der Politik ausgestiegen war, wurde zu einer Gefängnisstrafe verurteilt und in der Haft von Soldaten getötet. Axelrod und Toller entkamen zwar aus München, wurden aber später verhaftet und mit Gefängnis bestraft. 1933 emigrierte Toller in die Vereinigten Staaten, wo er 1939 Selbstmord beging.

23 Joachim C. Fest, *Hitler,* S. 171

24 Von den 193 eingeschriebenen Mitgliedern im Jahre 1920 waren 51 Arbeiter und Handwerker, 30 gehörten akademischen und intellektuellen Berufen an, 29 kaufmännischen Berufen, 22 waren Berufssoldaten, 16 Angestellte, den Rest bildeten Hausfrauen, Künstler und Beamte. (Joachim C. Fest, *Hitler,* S. 189, 1063)

25 Die einzige promonarchische Partei, die sich an den Wahlen zur Verfassunggebenden Nationalversammlung vom 19. Januar 1919 beteiligte, war die Deutschnationale Volkspartei. Mit ihren Wahlbündnispartnern erhielt sie 10,3% der Stimmen und schickte 44 Abgeordnete in die Nationalversammlung. Extreme Gruppen waren überhaupt nicht vertreten; weder die Kommunisten noch unbedeutende Splittergruppen wie die Deutsche Arbeiterpartei hatten sich an der Wahl beteiligt. Stärkste Partei war die SPD mit 11 509 000 Stimmen oder 37,9% der abgegebenen Stimmen. Die USPD gewann 2 317 300 Stimmen (7,6%), die Deutsche Demokratische Partei 5 641 800 (18,5%) und das Zentrum mit der Bayerischen Volkspartei 5 980 200 (19,7%). Das erste, am 13. Februar unter Philipp Scheidemann (SPD) gebildete Kabinett bestand aus sieben Sozialdemokraten, drei Demokraten und zwei Zentrumspolitikern. Erwähnenswert ist, daß sich keine Partei als »konservativ« oder »Rechte« zu erkennen gab, obwohl die Deutschnationale Volkspartei eine Mischung früherer konservativer Rechtsparteien war. (Herbert

Michaelis u.a., *Ursachen und Folgen*, Bd. 3, S. 245, zitiert aus *Statistisches Jahrbuch für das Deutsche Reich*, Bd. 27, 1928)

26 Das erste Freikorps war am 14. Dezember 1918, kaum einen Monat nach Unterzeichnung des Waffenstillstands, von General Maercker aufgestellt worden. Es rekrutierte sich aus seiner ehemaligen 214. Infanteriedivision und bestand anstelle der getrennten Einheiten der Infanterie, Artillerie usw. aus gemischten Einheiten. Im Gegensatz zu den Einwohnerwehren konnten die Freikorps an verschiedensten Orten eingesetzt werden. (Waldemar Erfurth, *Die Geschichte des deutschen Generalstabes von 1918-1945*, S. 23)

27 In einigen Städten war die Polizei von den Straßen verschwunden. In Berlin hatte die Volksmarinedivision im Januar 1919 das Berliner Schloß besetzt und mußten sich die Regierungstruppen unter General Lequis aus der Stadt zurückziehen, als sich den Matrosen eine Horde von Revolutionären anschloß. Erst Mitte Januar gelang es regierungstreuen Truppen – im wesentlichen Freikorps unter General von Lüttwitz –, Berlin wieder zu besetzen; sie wurden mit Ausnahme eines Regiments bald in verschiedene Vororte beordert, wo sie vor Bekehrungsversuchen der Spartakisten relativ geschützt waren.

28 Zwischen dem 9. Januar 1919 und dem Kapp-Putsch hatte es über 40 größere Ordnungsstörungen gegeben – Aufstände, Straßenschlachten, Generalstreiks und politische Mordanschläge. (Herbert Michaelis u.a., *Ursachen und Folgen*, Bd. 3, S. 559-561)

29 Als er die Aufgabe übernahm, den Berliner Aufstand niederzuschlagen, hatte Noske selbst von sich gesagt, einer müsse ja der Bluthund werden. Dieser Name blieb an ihm hängen, und die Spartakisten sahen in ihm ein Symbol der verhaßten Reaktion und des Verrats der SPD an der Revolution. George Grosz stellte ihn in einer Karikatur mit einem Bajonett dar, auf dem ein Kind aufgespießt war, und alles um ihn war mit Leichen übersät. (Gustav Noske, *Von Kiel bis Kapp*, S. 68)

30 Die Wirtschaft stagnierte, aber nicht das Verbrechertum. Die Rate der Jugendstraffälligkeit war doppelt so hoch wie bei Kriegsausbruch, und dabei waren politische Gewalttaten, Plünderungen und Straßenkämpfe noch nicht einmal mitgezählt. Für heimkehrende Soldaten gab es kaum Arbeitsplätze, und die Tochter eines Offiziers annoncierte um eine Haushaltsstelle entweder als Haushälterin oder als Betreuerin. *(Generalanzeiger*, 5. Januar 1920; *Münchner Neueste Nachrichten*, 6./7. März 1920)

31 Ebert war von der Verfassunggebenden Nationalversammlung zum vorläufigen Reichspräsidenten gewählt worden. Sobald die von der Versammlung entworfene Weimarer Verfassung in Kraft war, sollte der Reichspräsident vom Volk gewählt werden, und viele Generäle hofften, Hindenburg werde an Eberts Stelle treten. Ein oberster Befehlshaber des Heeres wäre für die Alliierten unannehmbar gewesen, die den Generalstab aufgehoben hatten und alles abschaffen wollten, was der Heeresleitung der kaiserlichen Armee ähnlich war.

32 Grabowski war Leiter der Propagandaabteilung der Gardekavalleriedivision gewesen, wo ihn Pabst kennen- und schätzengelernt hatte.

33 Die Rechte mußte sich mit solchen moralischen Siegen begnügen. Die

1870 erbeuteten französischen Fahnen, die nach den Bestimmungen des Friedensvertrages an Frankreich zurückzugeben waren, wurden in Berlin öffentlich verbrannt.

34 Desgleichen Albrecht von Graefe, der in den Reichstagsdebatten von 1913 als »Talmi-Junker« bezeichnet worden war. Graefe warf Erzberger vor, er stehe im Sold der Franzosen und Österreicher. (Harry Graf Kessler, *Tagebücher 1918-1937*)

35 Dem verhinderten Killer, dem früheren Fähnrich Oltwig von Hirschfeld, wurde lediglich wegen »Körperverletzung« anstatt wegen des schweren Vergehens des versuchten Mordes der Prozeß gemacht, und dank »mildernder Umstände« (nämlich Hirschfelds patriotischer Motive) erhielt er lediglich eineinhalb Jahre Gefängnis.

36 Nach ihrer Auflösung existierte die Brigade weiter in Form einer antisemitischen, antijesuitischen geheimen Terrororganisation mit Namen »Organisation Consul«, so genannt, weil »Consul« Ehrhardts Deckname war. Diese Organisation gehörte zu denen, die für eine Reihe von sogenannten »Feme«-Morden an Leuten wie Erzberger verantwortlich zeichneten, die als linke Verräter galten. (Gotthard Jasper, »Aus den Akten der Prozesse gegen die Erzberger-Mörder«, *Vierteljahrshefte für Zeitgeschichte,* Oktober 1962, S. 430-453)

37 Dazu gehörten auch bekannte Gestalten: Der Befehlshaber des Wehrkreises 1 (Ostpreußen), General von Estorff; der Kommandeur des Wehrkreises 2 (Pommern, Schleswig-Holstein, Mecklenburg), General von Bernuth; der Kommandeur einer Freikorps-Brigade, General von Hülsen.

38 Auf einer Karikatur von George Grosz aus dem Jahre 1918 mit dem Titel »Der Weiße General« war ein wildblickender, ordensgeschmückter Oberst mit dem Schwert in der Hand und einem Hakenkreuz auf dem Helm zu sehen. (Harry Graf Kessler, *Tagebücher 1918-1937*)

39 Was noch von der Marine übriggeblieben war, stand auf seiten der Revolte. Einmal war die Brigade Ehrhardt eine Marineformation, zum anderen hatten die Marineoffiziere nicht vergessen, daß die Meuterei gegen die Regierung des Kaisers ihren Ausgang in der Marine genommen hatte. Der künftige Abwehrchef, Admiral Canaris, damals noch Kapitänleutnant in Noskes Stab, stand ebenfalls auf seiten der Putschisten.

40 Er erkrankte offenbar an einem Malariaanfall und genas wieder, als die Revolte vorüber war. (Blomberg, *Lebenserinnerungen,* S. 76, zitiert in Erfurth, *Die Geschichte des deutschen Generalstabes von 1918-1945)*

41 Der Dollar war damals 100 Mark wert. (Otto Gessler, *Reichswehrpolitik in der Weimarer Zeit,* S. 123-125)

42 Darin hieß es, die »vorherige Regierung« habe nicht das Vertrauen der Mehrheit der Bevölkerung gewinnen können; die neue Regierung wurde aufgefordert, Ordnung, Eigentumsrecht und Freiheit der Arbeit aufrechtzuerhalten, sodann sollten neue Wahlen abgehalten werden, um eine verfassungsmäßige Regierung zu bilden.

43 Seine Anziehungskraft auf alle Schichten war ungewöhnlich. Als ihm 1917 eine Gruppe Sozialdemokraten zum Geburtstag gratulierte, sagte Hindenburg bei seinen Dankesworten, er scheine bei den Genossen

recht populär zu sein und werde sich wohl bald eine rote Ballonmütze anschaffen müssen. Bei seiner späteren Wahl zum Reichspräsidenten bemerkte ein Beobachter, auf einer Kundgebung für Hindenburg im Berliner Lustgarten habe ein Wald roter Fahnen geweht, hinter denen die schwarz-rot-goldenen entschieden zurückgetreten seien. (Harry Graf Kessler, *Tagebücher 1918-1937*)

44 Hindenburg nannte den General nicht namentlich, doch ging das Gerücht um, es habe sich um Sir Frederick Maurier gehandelt. Maurier hatte zur Londoner *Daily News* Artikel beigesteuert, die in Übersetzung in der *Neuen Züricher Zeitung* erschienen, und in diesen tauchte das Wort »Dolchstoß« auf.

45 Die in Stuttgart weilende Regierung wußte von diesen Bedingungen nichts, denen in Berlin Vertreter der Koalitionsparteien zugestimmt hatten, die vor allem eine Regelung finden und den Generalstreik beenden wollten. Die versprochene Amnestie wurde nie gewährt, vielmehr wurden Haftbefehle für Kapp und Lüttwitz ausgestellt.

46 Georg-Wilhelm Schiele, wie Kapp und Ludendorff Mitglied der Nationalen Union, Nachfolgeorganisation der Vaterlands-Partei, war in der Kapp-Regierung Wirtschaftsminister.

47 Er saß drei Jahre unter denkbar milden Umständen ab und durfte sogar in der Nähe wohnende Freunde vom Gefängnis aus besuchen.

48 Es war Hitlers erster Flug. Er benutzte dabei einen Zweisitzer.

Kapitel 5

1 Dieses Wort war auch 1918 während der Straßenkämpfe in Berlin von den Unabhängigen Sozialisten zur Brandmarkung der SPD benutzt worden. (Lewis Hertzmann, *DNVP*, S. 93)

2 Millerand versprach zwar, Frankreich werde keine solchen einseitigen Maßnahmen mehr vornehmen, fügte aber die dehnbare Ausweichklausel hinzu: sofern Frankreichs lebenswichtige Belange nicht berührt seien.

3 Die zivilen Einwohnerwehren hatten sich ebenso wie die Freikorps bei der Niederschlagung blutiger Aufstände wie z.B. des kommunistischen Aufstandes unter Max Hölz in Sachsen im April 1920 als wesentlich herausgestellt. In einem Aufruf hatte Hölz gedroht, jede Stadt anzuzünden, die seine Truppen besetzten, und die Bourgeoisie ohne Unterschied des Geschlechtes und Alters abzuschlachten, wenn Sicherheitspolizei oder Reichswehr im Anmarsch seien. Doch auch in Bayern war die Bürgerwehr tätig gewesen, als die Regierung von Ministerpräsident Hoffmann zum Rücktritt gezwungen wurde, und viele Deutsche betrachteten sie ebenso wie die Entente-Führung als politisch gefährlich. (Herbert Michaelis u.a., *Ursachen und Folgen*, Bd. 4, S. 128)

4 Lord D'Abernon sagte, nach seiner Meinung habe Seeckt seine schwierige Rolle als Offizier und Gentleman gemeistert. Als Seeckt das Beratungszimmer verlassen habe, in dem eben der großen deutschen Armee der Garaus gemacht worden sei, habe er – D'Abernon – Seeckt nur bewundern können, der ganz allein dagestanden und, leidenschafts-

los-ruhig seine Umgebung anblickend, auf sein Auto gewartet habe,
und das einzig sichtbare Zeichen»der Erregung, die mit Sicherheit in
ihm tobte ... war, daß er heftig auf einem Zigarrenstummel herum-
kaute«. (Viscount D'Abernon, *Versailles to Rapallo,* S. 66, 68)

5 Sechs Wochen später verlangte Frankreich eine erneute Entschuldigung, diesmal, weil Flüchtlinge aus Oberschlesien einen Sturm auf das
polnische und französische Konsulat in Berlin unternommen hatten.
Paris verlangte 100 000 Mark Entschädigung sowie eine Entschuldigung,
die Außenminister Simons und der preußische Innenminister Carl Severing überbrachten. Der französische Botschafter Charles Laurent nahm
die Sache auf die leichte Schulter und lud Simons und Severing zu einem
Glas Wein ein, eine Einladung, die die beiden nicht ablehnten. (Carl
Severing, *Mein Lebensweg,* Bd. 1, S. 302-303)

6 Hermann von Helmholtz war der Autor eines Standardwerkes über die
Erhaltung der Energie. August von Hofmanns Anilinforschungen schu-
fen eine der Hauptgrundlagen der Farbenindustrie. Wilhelm Dilthey
schrieb eine»Kritik der historischen Vernunft«, mit der er es Kants
bahnbrechender Erforschung der Naturwissenschaften gleichtun wollte.

7 Rathenau war das Original zu Robert Musils Porträt des vollendeten
Weltmannes in *Der Mann ohne Eigenschaften.* Musils Romanfigur
Arnheim ist ein ungeheuer intelligenter, reicher, gebildeter Jude, der in
den Tagen unmittelbar vor dem Ersten Weltkrieg in der sogenannten
europäischen Gesellschaft aus- und eingeht. Er gehört zu den markante-
sten Erscheinungen eines Wiener Salons, den jedermann gern aufsucht,
in dem glänzende Unterhaltung gepflegt wird, in dem aber nicht viel
getan wird. Wie Rathenau ist auch Arnheim ein höchst vielseitiger
Mann, leitet große Unternehmen, schreibt gefeierte, avantgardistische
Bücher – ein Philosoph, Musiker, Physiker und Mystiker, der Prototyp
des großen Mannes der Zukunft, der die Menschheit auf eine höhere
Stufe führen kann.

8 Lili Deutsch, Rathenaus große Liebe, falls er je eine solche besaß, war
die Tochter des amerikanischen Bankiers Otto Kahn und mit Felix
Deutsch verheiratet, der zu den Leitern der Allgemeinen Electricitäts-
Gesellschaft gehörte.

9 Ballin war bei schlechter Gesundheit und litt an Schlaflosigkeit. Er
hinterließ keinen Selbstmordbrief, hatte aber geschrieben:»Lieber ein
Ende mit Schrecken als Schrecken ohne Ende.« (Lamar Cecil, *Albert
Ballin,* S. 347)

10 U.a. benutzte der später von den Nazis ermordete General von Rabenau diesen Begriff zur Charakterisierung Rathenaus in seiner Seeckt-
Biographie *Aus seinem Leben.*

11 Der Völkerbund übernahm die Schiedsgewalt über die Streitigkeit
aufgrund der Bestimmung seiner Satzung, nach der die Lage in Oberschlesien als Bedrohung des Friedens und des guten Einvernehmens
zwischen den Nationen ausgelegt werden konnte. Eine Vierländerkom-
mission – Belgien, Brasilien, China und Spanien – legte die Empfehlun-
gen vor, die danach der Völkerbundsrat und der Oberste Alliierte Rat
annahmen.

12 Aristide Briand war im Januar 1921 französischer Ministerpräsident
geworden und trat im Januar 1922 zurück.

13 Über die französische Nachkriegspolitik hatte sich Lloyd George folgendermaßen ausgelassen: »Poincaré weiß alles und versteht nichts, Briand versteht alles und weiß nichts.« (Erich Eyck, *Geschichte der Weimarer Republik*, S. 269)

14 Der Historiker Erich Eyck schrieb, nach verläßlichen Berichten habe Techow seine Beteiligung an diesem Verbrechen später bereut. Nach seiner Haftentlassung trat er in die Fremdenlegion ein und versuchte später jüdischen Opfern der nationalsozialistischen Verfolgung zu helfen. (Erich Eyck, *Geschichte der Weimarer Republik*, S. 297)

15 Eine zahlenmäßige Aufstellung ergibt, daß 81% der Parteimitglieder in Süddeutschland und nur 18,4% in Norddeutschland zu Hause waren; da die Partei aber 1922 und 1923 in Preußen und Braunschweig verboten war, waren viele Mitglieder aus dem Norden in München registriert. (Michael H. Kater, »Zur Soziographie der frühen NSDAP«, in *Vierteljahrshefte für Zeitgeschichte*, April 1971, S. 124-159)

16 Lloyd George war im Oktober 1922 als Premierminister von Bonar Law abgelöst worden, als die Konservativen wegen seiner nach ihrer Ansicht unklugen Unterstützung der Griechen gegen die Türken seiner Regierung die Unterstützung entzogen. Auch im griechisch-türkischen Konflikt hatten Engländer und Franzosen beträchtliche Schwierigkeiten, bis sie ihre Meinungsverschiedenheiten beigelegt hatten, und als Lloyd George im Februar 1923 den französischen Ruhreinmarsch mißbilligte, fiel die französische Presse über ihn her. »England fängt an zu begreifen«, schrieb *L'Homme libre*, »daß Lloyd George ein Verbrecher ist«, und die Zeitung fügte hinzu: »Der Führer Englands in der Zeit, als er sich der deutschen Vorherrschaft entgegenstellte, war nichts als ein deutscher Agent, der den Auftrag hatte, den Sieg zu verwässern.« *(L'Homme libre, 11. Februar 1923)*

17 Die Reichsregierung berichtete, in den ersten sechs Monaten der Besatzung seien 92 Deutsche getötet und 71 000 aus dem Ruhrgebiet ausgewiesen worden. (Otto Gessler, *Reichswehrpolitik in der Weimarer Zeit*, S. 246-247). Als im September der passive Widerstand aufgegeben wurde, waren 132 Menschen getötet und 150 000 ausgewiesen worden, und der wirtschaftliche Schaden der deutschen Wirtschaft wurde auf dreieinhalb bis vier Milliarden Goldmark geschätzt. (Cuno Horkenbach, *Das Deutsche Reich von 1918 bis heute*, S. 175)

18 In der Pfalz, im Rheinland (wo »Rheinmark« gedruckt wurden) und anderen Regionen versuchten die Separatisten mehrfach an die Macht zu kommen, während die Franzosen das Gebiet besetzt hielten. In Bayern, wo die Franzosen ebenfalls separatistische Hoffnungen hegten, wurde ein gewisser Professor Georg Fuchs, der 15 Jahre lang Musikkritiker bei den *Münchner Neuesten Nachrichten* war, mit einigen Komplizen wegen Hochverrats verhaftet. Vor Gericht sagte Fuchs aus, er habe von den Franzosen 100 Millionen Mark (zum alten Wechselkurs) zur Förderung seiner separatistischen Aktivitäten bekommen.

19 Die »Arbeitskommandos« (Deckname für Formationen der Schwarzen Reichswehr), wurden als Zivilisten rekrutiert, trugen jedoch Armeeuniform und waren kaserniert. Theoretisch galt der ausländische Gegner als ihr Feind, aber sie dürften den Feind eher in der preußischen Polizei

erblickt haben, die einem sozialistischen Staat diente und räumlich näher stand als die Franzosen.

20 Der *Völkische Beobachter,* früher »Völkische Zeitung«, war mit Geldern, die der Augsburger Notar Dietrich Eckart und Gottfried Grandel zur Verfügung gestellt hatten, und durch Vermittlung von Oberst von Epp der Reichswehr abgekauft worden.

21 Was Seeckt an Kahr schrieb, war im wesentlichen das, was er Hitler bei der Zusammenkunft im März 1923 in München sagte. Jeder Regierungswechsel, so stellte er klar, dürfe nur auf rechtmäßigem Wege zustande kommen, und Hitler schrieb später in *Mein Kampf,* als er mit dem »Chef der Wehrmacht« davon gesprochen habe, er solle den Nationalsozialisten »die Möglichkeit einer Auseinandersetzung mit dem Marxismus« geben, habe er tauben Ohren gepredigt. (Friedrich von Rabenau, *Seeckt,* S. 347; Adolf Hitler, *Mein Kampf,* S. 773-774)

22 Pöhner war wegen seiner nationalsozialistischen Sympathien von Schweyer als Polizeipräsident entlassen worden.

Kapitel 6

1 1901 erhielt Wilhelm Röntgen den Preis für Physik und Emil von Behring für Medizin.

2 Die Inflation war nur noch durch Gesetze aufzuhalten, unter denen große Teile der Bevölkerung Schaden litten. Wer große Summen wertloser Papiermark, Schuldverschreibungen, Hypotheken oder Bankguthaben sein eigen nannte, wurde mit Einführung der Rentenmark praktisch enteignet. Hatte jemand vor der Inflation ein Haus mit einer Hypothekenbelastung von 50 000 Mark gekauft, dann konnte er seine Schulden mit Inflationsmark abzahlen, die nicht einmal das Papier wert waren, auf dem sie gedruckt waren. Da Mietbeschränkungen galten, konnte ein Mieter mit schwindendem Markwert fast mietfrei wohnen, da die Mieten mit den übrigen Lebenshaltungskosten überhaupt nicht Schritt hielten. Im Rahmen des Ermächtigungsgesetzes versuchte die Regierung einen gewissen Lastenausgleich, indem sie zunächst eine fünfzehn- und später eine fünfundzwanzigprozentige Anhebung der Altverpflichtungen gegenüber der neuen Währung vornahm. Außerdem erhoben die Gemeinden Steuern vom Zuwachs bei Rentenwerten.

3 Das Ermächtigungsgesetz war nur bis zum 31. März 1924 in Kraft.

4 Hitlers besessener Judenhaß lag immer ziemlich nahe an der Oberfläche, war aber doch auch ein Thema, das er den jeweiligen Umständen anzupassen wußte. Albert Speer, der über ein Jahrzehnt viele Stunden mit ihm zusammen war, sagt, er könne sich nicht erinnern, daß Hitler bei den Gesprächen mit ihm je in antisemitische Tiraden ausgebrochen sei. Und doch gibt Hitler in seinem unmittelbar vor seinem Selbstmord geschriebenen politischen Testament den Juden die Schuld an seinem und des Reiches Sturz, und im letzten Absatz verpflichtet er die neue deutsche Führung zur peinlichen Einhaltung der Rassengesetze und »zum unbarmherzigen Widerstand gegen den Weltvergifter der Völker, das internationale Judentum«.

5 Hitler meint hier den Obelisken auf dem Karolinenplatz in München, der zur Erinnerung an die 30 000 bayrischen Soldaten errichtet wurde, die sich der Großen Armee Napoleons anschließen mußten und in Rußland umkamen.

6 Nach dem Plan in seiner endgültigen Fassung konnte auch dieser Betrag noch erhöht werden.

7 Die hauptsächlich vom russischen Botschafter Iswolski in Paris an Außenminister Sasonow in Petersburg gerichteten Briefe wurden vom früheren russischen Ministerpräsidenten Kokowtzow als echt bezeichnet, als er anläßlich eines Prozesses in Paris als Zeuge aussagte. (Friedrich Stieve, Hrsg., *Der diplomatische Schriftwechsel Iswolskis 1911-1914*, Bd. 1, Einleitung)

8 Raffalowitsch bezeichnete die von der russischen Regierung bereitgestellten Gelder als »Kriegsschatz«. (Friedrich Stieve, Hrsg., *Der diplomatische Schriftwechsel Iswolskis 1911-1914*, Bd. 2, Brief Nr. 649, S. 406)

9 Stephen Pichon, franz. Außenminister 1906-1911.

10 Dies war die Folge des Verhältniswahlrechts, das eingeführt worden war, weil es das demokratischste und gerechteste Wahlverfahren zu sein schien.

11 Hindenburg erhielt 14 655 641 Stimmen, Marx 13 751 605 und Thälmann 1 931 151. Im ersten Wahlgang am 29. März 1925 erhielt der Kandidat einer Reihe rechter und gemäßigter Parteien einschließlich Stresemanns Volkspartei, Carl Jarres, 10,4 Millionen Stimmen, der Sozialdemokrat Otto Braun 7,8 Millionen, Marx 3,8 Millionen, Thälmann 1,9 Millionen, und der von den Nationalsozialisten aufgestellte Ludendorff ganze 285 000.

12 Tirpitz war im Mai 1924 in den Reichstag gewählt worden. Er strebte den Posten des Reichskanzlers an, konnte aber für seine Kandidatur nie irgendwelche ernst zu nehmende Unterstützung gewinnen. Dagegen besaß er bei seinem alten Waffengefährten Hindenburg erheblichen Einfluß.

13 Diese wurden unter der Ägide der sowjetischen Regierung in russischer Sprache und von Marchand in Paris in *Le Livre Noir* veröffentlicht.

14 Luther, der zusammen mit Schacht die deutsche Währung stabilisiert hatte, war parteilos. Vordem Bürgermeister von Essen und Finanzminister, war er Reichskanzler geworden, weil man hoffte, er könne die Unterstützung einer gemäßigten Koalition leichter gewinnen als jemand, der einer Partei angehörte.

15 Luther zitierte Herriot selbst, der zugegeben habe, daß u.a. 33 000 Kanonen, 23 000 Lafetten, 11 000 Minenwerfer, 87 000 MGs, 4,5 Millionen Gewehre und 10 Millionen Handgranaten zerstört worden seien; demgegenüber fielen die alliierten Funde von 100 000 Stahlstäben für Gewehrläufe, 17 000 Stahlstäben für MG-Läufe, 10 000 Pistolenläufen und 100 Werkzeugkasten wirklich nicht ins Gewicht. *(Schulthess' Europäischer Geschichtskalender*, 1925, S. 20-24) Gessler nennt erheblich höhere Zahlen zerstörten deutschen Kriegsgeräts und bemerkt überdies, die alliierte Kontrollkommission, in der sich England und Frankreich oft uneins seien, habe die Zerstörung von Material im Werte von

mehr als 50 Millionen Goldmark angeordnet, das für rein friedliche Zwecke wie etwa zur Linderung der Wohnungsnot hätte verwendet werden sollen. (Otto Gessler, *Reichswehrpolitik in der Weimarer Zeit*, S. 226-228)

16 Nach der Völkerbundsatzung wurden vier – später sechs – Ratsmitglieder aus den kleineren Staaten in den Rat entsandt, wobei hier von Zeit zu Zeit eine Rotation stattfinden sollte. 1920 waren Belgien, Brasilien und Spanien in den Rat gewählt worden, wo sie auch blieben.

17 Eine Hauptgarantie für die Mark war die Bestimmung des Dawes-Plans, wonach Deutschland seine Reparationsleistungen nur mittelbar an die Gläubigerländer zu leisten hatte, und zwar über die Reparationskommission, die nun die Beträge nur in Raten weitergab, damit die Stabilität der Mark nicht gefährdet wurde. Eine unmittelbare Überweisung der Hypothekensummen an Frankreich hätte diesen Schutzmechanismus umgangen, und Stresemann sagte zu Briand, gegen einen solchen Vorschlag erhebe sich in Deutschland harter Widerstand.

18 Die sogenannten Femegerichte waren nach den mittelalterlichen Vorbildern benannt, die oft insgeheim getagt und Todesurteile ausgesprochen hatten. Im Januar 1926 erklärte der SPD-Abgeordnete Müller, erst vor wenigen Wochen seien 16 Fememorde aufgedeckt worden, die von 28 Verdächtigen verübt worden seien, hauptsächlich früheren Offizieren, die der Schwarzen Reichswehr oder der Brigade Rossbach beigetreten seien. Er beschuldigte Gessler, Seeckt und die Reichswehr der Unterstützung dieser Organisationen und sagte, Zusammenarbeit zwischen legalen und geheimen Organisationen könne nur zu solchen Ergebnissen führen.

19 Die Deutsche Tscheka war eine kommunistische Terrororganisation mit dem Ziel, einen gewaltsamen Umsturz in Deutschland durchzuführen und die Diktatur des Proletariats zu errichten. Auf der Liste der zu Ermordenden standen u.a. Seeckt und Hugo Stinnes. Hauptsächlich schien sie es aber auf Beseitigung früherer Kommunisten abgesehen zu haben, die der Bespitzelung verdächtig waren. (Herbert Michaelis u.a., *Ursachen und Folgen*, Bd. 7, S. 298-299)

Kapitel 7

1 Seeckt berichtet, beim Gespräch über seinen Rücktritt habe ihn Hindenburg gefragt, ob er eine Ernennung zum Botschafter in Tokio, London oder Madrid annehmen würde, was er bejaht habe. Dem war jedoch keine Folge beschieden.

2 Im Dezember 1925 veröffentlichte der englische Historiker Gilbert Murray gemeinsam mit anderen Gelehrten, Geistlichen und Schriftstellern eine Petition, in der die Abänderung der Kriegsschuldklauseln (Artikel 231 und 227-230) des Versailler Vertrages gefordert wurde. Sie schrieben:»Wir sind der Ansicht, daß die Artikel offenkundig ungerecht sind und ein ernstes Hindernis für internationale Einvernehmen bilden.« (*Schulthess' Europäischer Geschichtskalender*, 1925, S. 262-263)

In den Vereinigten Staaten veröffentlichte 1928 Sidney B. Fay sein Monumentalwerk *The Origins of the World War* (dt.: *Der Ursprung des Weltkrieges*, Berlin 1930), das wie viele andere »revisionistische« Bücher amerikanischer Geschichtsforscher die Kriegsschuld mindestens ebensosehr den Alliierten anlastete wie den Deutschen.

3 Wie Swifts »Big Endians« und »Little Endians« waren auch in den Vereinigten Staaten die einflußreichsten Friedenskräfte in zwei feindliche Lager gespalten: die »Renunciationists« (Befürworter des Verzichts auf Krieg) unter dem Präsidenten der Columbia-Universität, Nicholas Murray Butler, und dem Leiter der Abteilung für Wirtschaft und Geschichte der Carnegiestiftung T. Shotwell einerseits und die von dem Chikagoer Rechtsanwalt Salmon O. Levinson angeführten »Outlawrists« (Befürworter der Ächtung des Krieges) andererseits. Robert H. Ferrell hat in seinem scharfsinnigen Buch *Peace in Their Time* darauf hingewiesen, daß Briand hinsichtlich der Aufnahme seines Vorschlags keine Gefahr laufen wollte und deshalb vorsichtshalber die Kodebegriffe beider Gruppierungen – »Verzicht« und »Ächtung« – verwendete.

4 In Europa waren die Arbeiterbewegungen und die sozialistischen Parteien von jeher antimilitaristisch; darüber hinaus gab es noch kleinere Organisationen wie etwa das »Bureau International de la Paix« mit Sitz in Genf, die englische »League of Nations Union«, die 1839 gegründete deutsche »Friedensgesellschaft« und die »Ligue des Droits de l'Homme« in Frankreich.

5 Frankreich hatte die Anerkennung des italienischen Anspruchs auf Parität mit der französischen Flotte durch die Washingtoner Seeabrüstungskonferenz von 1921/22 als Affront empfunden.

6 Die Ausgaben für Deutschlands heimliche Rüstung beliefen sich auf insgesamt fünfeinhalb bis sechs Millionen Reichsmark, wie der Sozialdemokrat Severing im Nürnberger Prozeß aussagte. (Erich Eyck, *Geschichte der Weimarer Republik*, Bd. 2, S. 188, 195)

7 Da Groener die Abdankung des Kaisers bei Kriegsende für unerläßlich gehalten hatte, fragte Hindenburg vor Ernennung Groeners beim Kaiser an, ob dagegen Bedenken bestünden.

8 Für viele Konservative hatten diese beiden Parteien viel gemeinsam. Beide wollten die Republik und ihr parlamentarisches System zerstören; beide wollten den »internationalen Kapitalismus« und seine falschen Wertvorstellungen vernichten, die an der Substanz des Volkes zehrten; beide glaubten, die Erlösung der »Massen« oder des »Volkes« sei nur durch eine erbarmungslose Revolution im vollen Wortsinn zu erreichen, an deren Ende eine klassenlose Gesellschaft stünde. Die Unterschiede schienen oft eher verbaler Natur. Der linke NSDAP-Flügel hatte es nicht weniger als die Kommunisten darauf abgesehen, der Weimarer Republik und ihren kapitalistischen Machthabern den Garaus zu machen. Beide Parteien machten mit Abweichlern kurzen Prozeß; für beide galt das als Gesetz, was die Parteiführung sagte. Die kommunistische Partei besaß eine vollständige Weltanschauung, die auf Marx, Engels und Lenin beruhte. Die Nationalsozialisten andererseits hatten sich ihre gesamte Weltanschauung von anderen entlehnt: das messianische Führungsprinzip, den Gruß mit ausgestrecktem Arm und die

Bezeichnung »Führer« hatte Hitler 1921 Mussolini und seinen Faschisten nachgemacht; die wirtschaftlichen Auffassungen der Partei waren ein Mischmasch aus sämtlichen antikapitalistischen Quellen; ihr Antiparlamentarismus war ein Konglomerat aus rechts- und linksradikalen Anschauungen; ihr genetischer Antisemitismus stammte aus dem Mittelalter, dessen rassistische Ausprägung wiederum von Gobineau, Chamberlain u.v.a. Antisemitismus und Rassismus gingen Hand in Hand mit Antiklerikalismus, und manchmal wußte man, wie Wulle mit Recht hervorhob, wirklich kaum mehr, was als das größere Übel galt: der Jude oder die römische Kirche. Weder der Kommunismus noch der Nationalsozialismus duldeten irgendwelche Opposition. Bei beiden galt: Wehe dem Klassen- oder Rassenfeind oder auch jedem anderen, der zum Volksfeind gestempelt wurde!

9 KPD und SPD legten im Januar 1926 Gesetzentwürfe zur Enteignung dieses Grundbesitzes vor. Ein Volksbegehren zugunsten eines Volksentscheids erhielt zwölfeinhalb Millionen Unterschriften, aber als der Vorschlag im Volksentscheid zur Abstimmung kam, wurde er abgelehnt, da er anstatt der erforderlichen 20 nur 15 Millionen Stimmen erhielt.

10 Es heißt, Hitler habe damals monatlich 1500 Mark (etwa drei Viertel seines Einkommens) von der geschiedenen Herzogin von Sachsen-Anhalt bezogen. (F. A. Krummacher und Albert Wucher, Hrsg., *Die Weimarer Republik*, S. 271-272)

11 Die Partei behauptete, am Nürnberger Parteitag 1927 hätten 30 000 SA-Männer und insgesamt 100 000 Menschen teilgenommen, während nach Schätzung der Polizei nicht mehr als 9000 Nationalsozialisten – SA, SS und Hitlerjugend – anwesend waren. Die Partei wuchs langsam, Ende 1927 hatte sie 72 590 eingeschriebene Mitglieder, Ende 1928 waren es 108 717, doch hatte sie in den Reichstagswahlen vom 20. Mai 1928 kein Glück und erhielt nur 2,63% der Stimmen; insgesamt 810 000 Wähler stimmten für die NSDAP, für die SPD dagegen neun Millionen. (Adam Buckreis, *Politik des 20. Jahrhunderts*, S. 509, 510, 515)

12 Die prorepublikanischen Parteien – Sozialdemokraten, Demokraten und Zentrum – verfügten über 256 Mandate, zu denen noch 31 Sitze der mit ihnen verbündeten, meist bürgerlichen Kleinparteien traten. Der rechte Flügel aus Deutschnationalen, Nationalsozialisten und der mit ihnen im Bündnis stehenden kleinen Rechtsparteien einschließlich Stresemanns Volkspartei, die oft gegen seine Politik stimmte, umfaßte 150 Sitze. Damit besaßen die die Republik tragenden Parteien eine klare Mehrheit; immerhin verfügten die antirepublikanischen Parteien jedoch bei Hinzurechnen der KPD über 204 Mandate, während die prorepublikanischen Parteien 287 Sitze hatten. (F. A. Krummacher und Albert Wucher, Hrsg., *Die Weimarer Republik*, S. 253)

13 Es fehlte einzig und allein die Deutschnationale Volkspartei, die in den Maiwahlen 1928 fast zwei Millionen Stimmen eingebüßt hatte.

14 Zu seinem 80. Geburtstag am 2. Oktober 1927 hatte Hindenburg von den ihm Wohlgesonnenen zwei Schenkungen erhalten. Die eine war Gut Neudeck, das Familiengut, das er sein Leben lang liebte und auf das er sich zurückgezogen hatte, bevor er Reichspräsident wurde. Erworben

wurde es mit relativ kleinen Spenden der einfachen Mitglieder von Soldatenorganisationen – Kyffhäuserbund und Stahlhelm – sowie größeren Schenkungsbeträgen der Bewunderer Hindenburgs unter den Großgrundbesitzern, Bank-, Reeder- und Versicherungskreisen. Neudeck wurde auf den Namen von Hindenburgs Sohn Oskar ausgestellt, wobei dem Feldmarschall daraus Zeit seines Lebens ein Zins zustand. Die andere Schenkung war ein Fonds für Kriegsverletzte, Kriegerwitwen und -waisen. Er hieß »Hindenburgspende« und wurde von Mitgliedern aller politischen Parteien sowie Industriellen und Bankiers verwaltet, darunter Franz von Mendelssohn-Bartholdy und Georg Emil von Strauss. Die Schenkung eines Gutes war in der deutschen Geschichte nichts Neues. Bismarck hatte zu seinem 70. Geburtstag eine ähnliche Schenkung erhalten, und ursprünglich war Neudeck einem Vorfahren des Reichspräsidenten, Oberst Friedrich von Hindenburg, von Friedrich dem Großen für seine Verdienste im Kriege geschenkt worden. Deutsche Generäle und Gutsbesitzer waren zumeist alles andere als reich, und nach dem Krieg hatte sich die Familie Hindenburg nicht mehr in der Lage gesehen, das Gut angesichts der hohen Steuern und des niedrigen Ertrags noch zu halten. Daß Hindenburg die Schenkung annahm und diese zur Vermeidung der Erbschaftssteuer auf den Namen seines Sohnes ausgestellt hatte, ist oft kritisiert worden, doch haben auch Kriegshelden anderer Länder ähnliche Geschenke angenommen. 1946 kauften einige Freunde Winston Churchills das Familiengut Chartwell zur Nutznießung durch ihn und seine Familie, und zwar steuerfrei, solange er lebte. Außerdem schenkte ein Londoner Hotelier Churchill eine Villa in Sevenoaks bei Chartwell, die Churchill seinerseits der British Legion zur Verwendung als Erholungsheim für verwundete Soldaten weitergab. (Robert Lewis Taylor, *Winston Churchill*, S. 396)

15 Die deutsche Auslandsverschuldung belief sich auf 25 Milliarden Mark: 12 Mrd. in kurzfristigen, 7 Mrd. in langfristigen Anleihen und 6 Mrd. in sonstigen ausländischen Anlagen in Deutschland. Dagegen standen 10 Mrd. deutsche Auslandsguthaben, davon 5,5 kurzfristig und 4,5 langfristig. (Peter Rassow, *Deutsche Geschichte im Überblick*, S. 658)

Kapitel 8

1 Lebensversicherungen konnten mit den führenden Männern der Republik kein Geschäft machen: Rathenau und Ebert starben vierundfünfzigjährig, Matthias Erzberger sechsundvierzigjährig und Friedrich Naumann, der Führer der Demokratischen Partei, neunundfünfzigjährig. Hermann Müller überlebte das Ende seiner Kanzlerschaft 1930 nur um ein Jahr; er starb vierundfünfzigjährig im März 1931.

2 In einem getrennten Abkommen vom 13. März 1930 erklärte sich Deutschland bereit, bis zum 31. März 1981 jährlich 40,8 Millionen Mark an die Vereinigten Staaten zu zahlen. Außerdem sah eine Tabelle unterschiedliche, genau bezifferte Zahlungen bis hinein ins Jahr 1965 zur Erstattung der auf Rechnung der Kosten für die amerikanische

Besatzungsarmee am Rhein geschuldeten Beträge vor. (Herbert Michaelis u.a., *Ursachen und Folgen*, Bd. 7, S. 632-634)

3 Hugenberg besaß den *Berliner Lokal-Anzeiger*, den *Tag, Die Woche* und andere Zeitungen und Zeitschriften sowie die UFA-Filmstudios.

4 Wie die Mitglieder des Kyffhäuserbundes vertraten sie eine Auffassung, die der des Stahlhelm entgegengesetzt war, indem einige Mitglieder die Aufhebung der Ehrenmitgliedschaft Hindenburgs verlangten, als dieser den Young-Plan befürwortete. Der Kyffhäuserbund dagegen unterstützte Hindenburgs Entscheidung.

5 In der von ihm herausgegebenen *Volkswarte* schrieb Ludendorff, Hindenburg habe alles zerstört, wofür er im Krieg gekämpft habe, und nach den Gesetzen des alten Heeres habe er das Recht verwirkt, in der feldgrauen Uniform begraben zu werden.

6 Nach dem Vertrag sollte Köln fünf, Koblenz zehn (1930), Mainz und Kehl fünfzehn Jahre (1935) nach der Ratifizierung des Versailler Vertrags geräumt werden.

7 Am selben Tag erhielt in der niederbayrischen Kleinstadt Koburg die NSDAP die absolute Mehrheit, 13 von 25 Stadtratssitzen und das Amt des Ersten und Zweiten Bürgermeisters. (Adam Buckreis, *Politik des 20. Jahrhunderts*, S. 521)

8 Nach den ersten, stürmischen Jahren der Republik wurden nur selten Notverordnungen erlassen; zwischen 1925 und 1930 keine einzige, von Dezember 1930 bis April 1931 waren es zwei (verglichen mit 19 Gesetzen, die der Reichstag verabschiedete), während zwischen April und Dezember 1931 vierzig Notverordnungen erlassen wurden und der Reichstag kein einziges Gesetz verabschiedete. 1931 waren es 59 Notverordnungen und fünf vom Reichstag verabschiedete Gesetze. (Otto Meißner, *Staatssekretär unter Ebert, Hindenburg, Hitler*, S. 210)

9 Die Opposition der Sozialisten gegen Brüning im Reichstag stand in scharfem Gegensatz zu ihrer Zusammenarbeit mit dem Zentrumsführer Josef Hess im preußischen Landtag. Dort standen die beiden Parteien in einer Regierungskoalition, die durch die Versöhnungstaktik zwischen SPD-Ministerpräsident Braun und Hess möglich wurde.

10 Die Zahl der Zwangsversteigerungen in Schleswig-Holstein war im Vergleich zu 1913 um das Zwei- bis Dreifache gestiegen. Drei Viertel des betroffenen Besitzes war bäuerlicher Natur. (Walter Görlitz, *Hindenburg*, S. 334)

11 Nach Ansicht des Gerichts kam eine Zuchthausstrafe wegen der hehren Beweggründe der Angeklagten nicht in Betracht.

12 Hitler hatte mit Strasser gebrochen, weil dieser unablässig darauf drang, die Partei müsse neben dem nationalistischen auch einen sozialistischen Kurs verfolgen. In diesem Streit stellte sich jedoch Gregor Strasser auf Hitlers Seite gegen seinen Bruder und blieb deshalb bis Ende 1932, als er von seinem Parteiposten zurücktrat, führendes Mitglied der nationalsozialistischen Reichstagsabgeordneten. Zwei Jahre später, zur Zeit der Röhm-Säuberung, gehörte er zu den ehemaligen Parteiführern, die Hitlers Zorn zum Opfer fielen.

13 Desgleichen wurde darin die Verleumdung des Staates und seiner Beamten sowie religiöser Organisationen verboten.

14 Am 3. September, zwei Tage vor dem Haager Schiedsspruch, hatten Österreich und Deutschland erklärt, sie verfolgten das Projekt freiwillig nicht weiter; diese Erklärung war aufgrund des starken politischen und wirtschaftlichen Drucks und zweifellos in Vorahnung der zu erwartenden Haager Entscheidung abgegeben worden. (Erich Eyck, *Geschichte der Weimarer Republik*, Bd. 2, S. 404-405)

15 Die unter Friedrich dem Großen erfolgreich erlangte Autarkie Preußens gehörte zu Hitlers Lieblingsthemen.

16 Die Labour-Regierung hatte ebenfalls mit Arbeitslosigkeit und Finanzschwierigkeiten zu kämpfen. Wie Brüning versuchte auch MacDonald, die Probleme Englands durch einschneidende Kürzungen im Staatshaushalt einschließlich des Arbeitslosengeldes zu lösen. Als dann eine Devisenkrise eintrat, stellten sich Henderson und die Mehrheit des Kabinetts gegen seine Maßnahme, obwohl Schatzkanzler Philip Snowden hinter ihr stand, und das Kabinett trat am 24. August zurück. Wider Erwarten blieb aber MacDonald Chef einer Koalitionsregierung aus Konservativen, Liberalen und drei Labour-Ministern.

17 Brünings Notverordnung vom 6. Oktober »für die Sicherung von Wirtschaft und Finanzen und für den Kampf gegen politische Unruhen« enthielt den Befehl zur Schließung aller staatsgefährdenden Zentren.

18 Daß der Kornpreis 1931 im Reich dreimal höher lag als in den Vereinigten Staaten und viermal höher als in Argentinien, war die Folge der hohen Zölle, die die Regierung Brüning zur Lösung der Agrarkrise eingeführt hatte. Brüning wollte zwar von der Keynesschen Formel verstärkter Staatsausgaben nichts wissen, weil er sie für gefährlich inflationär hielt, aber mit seinem Dirigismus und seinen hohen Zöllen stand er auch den orthodoxen Regeln einer freien Marktwirtschaft ziemlich fern.

Kapitel 9

1 Hitler hatte endlich die deutsche Staatsbürgerschaft erworben; der NS-Landesminister von Braunschweig, Dietrich Klagges, ernannte ihn zum Regierungsrat bei der Braunschweigischen Gesandtschaft in Berlin. Diese Ernennung bot Hitler erneut Gelegenheit zu einem Legalitätsbekenntnis. Bei der Einführungsfeierlichkeit in Berlin legte er einen Eid auf die Verfassung Braunschweigs und die Reichsverfassung ab.

2 Ein fünfter Bewerber, der parteilose Rechtsanwalt Adolf Winter aus Sachsen, erhielt nur wenige Stimmen. Er trat für die Wiederherstellung des Wertes der alten Tausendmarkscheine ein.

3 Auch Vorführungen des pazifistischen Films *Im Westen nichts Neues* nach Erich Maria Remarques Roman störten die Nationalsozialisten mit weißen Mäusen.

4 Frankreich hatte den Gedanken einer europäischen Polizeistreitmacht ähnlich der im Genfer Protokoll vorgesehenen wiederaufgegriffen; England und Deutschland lehnten diesen Gedanken weiterhin ab.

5 Es ist wie Ironie des Schicksals, daß Papen auch in einem der größten Spionagefälle des Zweiten Weltkriegs mitspielte. Als Botschafter in

Ankara war er es, über den der Spion »Cicero« der deutschen Abwehr Zeit und Ort der alliierten Landung in der Normandie zukommen ließ; eine Information, die Berlin nicht ernst nahm.

6 Bayern und Baden ordneten für den Landesbereich sofort ein neues Uniform- und Demonstrationsverbot an.

7 Die Verordnung war schon in Neudeck vorbereitet worden, doch war »Neudeck« ausgestrichen und durch »Berlin« ersetzt worden. (Georg Usadel, *Zeitgeschichte in Wort und Bild*, S. 251)

8 Papens Plan einer Verfassungsänderung mochte zwar Hindenburg gefallen, fand aber sicher im übrigen keinerlei massive Zustimmung. Papen hatte einen Entwurf für eine sogenannte »autoritäre Regierung« ausgearbeitet, die mit Hilfe einer Verfassungsänderung gebildet werden sollte: Die gesetzgebende Körperschaft sollte aus zwei Kammern bestehen, deren eine der Reichspräsident ernannte und deren andere gewählt wurde. Ein Pluralwahlrecht war vorgesehen, bei dem Familienväter und Kriegsteilnehmer je eine Zusatzstimme hätten. (Hans Otto Meißner und Harry Wilde, *Die Machtergreifung*, S. 106, 281)

9 Er hatte der Partei allerdings schon 1923, lange vor dem Young-Plan, 100 000 Goldmark gegeben.

10 Einen Großteil schuldete die Partei kleinen Geschäftsleuten wie z.B. Druckereien, die nicht lange auf ihr Geld warten konnten.

11 Diesen Betrag war er auch 1934 noch schuldig. (Oron James Hale, »Adolf Hitler: Taxpayer«, in: *The American Historical Review*, Bd. 60, Juli 1955, S. 830-842)

12 Dieser »Sicherheitsdienst« hatte nichts mit dem unheimlichen *SD* gemein, den Hitler und Himmler nach der Machtübernahme organisierten. Er war lediglich eine Sicherungseinheit für den Führer und hohe Parteifunktionäre.

13 Das längst reparaturbedürftige Präsidialpalais wurde gerade umgebaut. Der sparsame Hindenburg hatte die Durchführung der Arbeiten immer wieder abgelehnt, bis man ihm schließlich sagte, die Balken seien derart wurmstichig, daß das Gebäude jeden Augenblick einstürzen könne.

14 Schleicher hatte nichts dergleichen vorgeschlagen; er wollte vielmehr bankrotte Güter in kleine und, wie er hoffte, gewinnbringende Anwesen aufteilen.

15 Sowohl die Deutschnationalen als auch die Kommunisten verzeichneten Verluste, doch konnten die Sozialdemokraten 29 827 gegenüber 25 782 Stimmen bei der letzten Wahl verbuchen. (Ernst Deuerlein, *Der Aufstieg der NSDAP 1919-1933 in Augenzeugenberichten*, S. 415; *Schulthess' Europäischer Geschichtskalender*, 1933, S. 20)

16 Ein Freund Hindenburgs, Elard von Oldenburg-Januschau, hatte eine Anleihe von 610 000 Mark erhalten, von der ihm 400 000 schon ausbezahlt worden waren. Bei der Antragstellung hatte er erklärt, er wolle das Geld zum Ausbau seiner Bienenzucht verwenden, benutzte die 400 000 Mark aber tatsächlich zum Aufkauf weiteren Grundbesitzes. Andere Großgrundbesitzer hatten mit den Staatsgeldern, die zur Entschuldung ihrer bankrotten Güter gedacht waren, Ferienreisen an die Riviera gemacht, Rennpferde oder Autos gekauft. Viele Großgrundbesitzer leisteten sich zwar keine solchen Luxusdinge, betrachteten aber

doch die Zuschüsse als angenehmes Gottesgeschenk, mit dessen Hilfe sie weiterhin auf großem Fuße leben konnten. (Friedrich Martin Fiederlein, *Der deutsche Osten und die Regierung Brüning, Papen, Schleicher*)

17 Der interfraktionelle Ältestenrat hatte die Sitzungstage anzuberaumen.

18 Von Hans Otto Meißner, Sohn des Hindenburg-Staatssekretärs, dem nach Aussage seiner Verleger sein Vater Dokumente und vertrauliche Informationen zugänglich gemacht hatte. (Hans Otto Meißner und Harry Wilde, *Die Machtergreifung*)

19 Hans Otto Meißner schreibt, die Generäle von Hammerstein und Stülpnagel (nicht Bussche) hätten sich beim Reichspräsidenten gemeldet, um ihm zu sagen, daß man im Offizierskorps wie auch bei der Truppe über die Entwicklung der Dinge sehr besorgt sei; das Ausscheiden des Reichskanzlers und Reichswehrministers von Schleicher sei für die Armee untragbar. Darauf sei der Feldmarschall zornig aufgestanden und habe gesagt:»Was für die Wehrmacht tragbar ist, das weiß ich selber. Ich muß mir in dieser Hinsicht jede Belehrung der Herrn Offiziere verbitten ... Es wäre wirklich besser, wenn sich die Herren weniger um Politik und mehr um die Ausbildung der Truppen kümmern würden.« (Hans Otto Meißner und Harry Wilde, *Die Machtergreifung*, S. 178-179)
Schwerin von Krosigk erzählt die Geschichte ähnlich. Hammerstein sei zu Hindenburg gegangen, um ihn vor einer Berufung Hitlers zu warnen, worauf ihm Hindenburg erwidert habe:»Bekümmern Sie sich lieber um Ihre Herbstmanöver.« (Lutz Graf Schwerin von Krosigk, *Es geschah in Deutschland*, S. 113)
Der britische Botschafter in Berlin, Sir Eric Phipps, der über gute Informationsquellen verfügte, berichtete im gleichen Sinne nach London. Hammerstein habe bei Hindenburg darauf gedrängt, Schleicher zu behalten und Hitler nicht zu ernennen. Desgleichen berichtete Phipps, Hammerstein sei bereit gewesen, die Hitler-Bewegung mit Gewalt zu unterdrücken und eine verfassungsmäßige Regierung wiederaufzurichten. (E. L. Woodward und Rohan Butler, Hrsg., *Documents on British Foreign Policy*, Second Series, Bd. 6, 1933-1934, S. 266)

20 Auch Schleicher, der sich seiner prekären Lage sicherlich bewußt war, schrieb am 30. Januar 1934 in einer Leserzuschrift an die *Vossische Zeitung*, er sei seit Sommer 1932 für eine nationalsozialistische Regierung gewesen.

21 J. W. Wheeler-Bennett, *Die Nemesis der Macht*, und Wolfgang Sauer (Karl Dietrich Bracher, Wolfgang Sauer und Gerhard Schulz, *Die nationalsozialistische Machtergreifung*) sind dagegen der Meinung, Hammerstein habe im Auftrag Schleichers eine Kandidatur Hitlers befürwortet, um eine Ernennung Papens zu hintertreiben.

22 Während des Nürnberger Prozesses sagte Hermann Göring zu Papens Verteidiger Egon Kubuschock, Schleicher habe, um Reichswehrminister zu bleiben, angeboten, die Potsdamer Garnison zu mobilisieren und Hindenburg zu verhaften, falls dieser sich weiterhin weigere, Hitler zum Reichskanzler zu ernennen. Nun tischte Göring schon immer gerne großartige Geschichten auf, und der Chef der Berliner Politischen Polizei, Rudolf Diels (dessen erste Frau eine Schwester Görings war),

berichtet, Göring habe ihn angerufen und gefragt, ob das Gerücht stimme, wonach Schleicher die Potsdamer Garnison zum Marsch auf Berlin befohlen habe. Diels sagt, er habe Göring von der Unrichtigkeit des Gerüchts überzeugen können.

Görings Geschichte ist nicht überzeugend; wie Diels später darlegt, gehörte Schleicher zu den Bestgehaßten bei den Nazis, wie ja auch seine Ermordung im Jahre darauf belegt.

23 Bruder des Herrenklub-Präsidenten Bodo von Alvensleben.

Kapitel 10

1 Diesen Begriff benutzten die jüngeren Leute in Hitlers Umgebung schon 1921: Hess, Rosenberg, Esser.

2 Der Erlaß lautete:»Eingriffe Unberufener in die Ordnung des Reiches und der Länder wird die Reichswehr unter meiner Führung mit Nachdruck zurückweisen, von welcher Seite sie kommen mögen.« (Francis L. Carsten, *Reichswehr und Politik*, S. 206)

3 Was einem Volk geschehen kann, das sich Existenzproblemen ausgesetzt sieht, für die seine bisherige Erfahrung keine Lösung bietet, läßt sich in grober Vergrößerung an einem primitiven Modell ablesen. Als der Bergstamm der Ik in Nordwestafrika aus seinen Jagdgründen in Teilen des Sudan, Ugandas und Kenias vertrieben und gezwungen wurde, sich in dem unfruchtbaren Hochland außerhalb seines früheren Gebiets, das zu einem Wildreservat erklärt worden war, als Bauern und Schmarotzer mehr schlecht als recht durchzuschlagen, verlor er bald jede Ähnlichkeit mit dem humanen und wohlfunktionierenden Jägervolk, das er einmal gewesen war und an das sich nur wenige Stammesmitglieder überhaupt noch erinnerten. Binnen dreier Generationen zerfielen in dem hoffnungslosen Exil die primitivsten menschlichen Bindungen. Kaum hatten sie ein Kind geboren, war den Müttern völlig gleichgültig, was mit ihm geschah, das im Alter von drei Jahren schon aus der elterlichen Hütte geworfen wurde. Wenn Kinder überhaupt überlebten, so schlossen sie sich zu Banden zusammen, die sich ihre Nahrung zusammenraubten, und wie die Erwachsenen wandten auch sie sich völlig skrupellos gegen einen der ihren, wenn sie einen Vorteil darin erblickten, sich seiner zu entledigen. Nie machte ein Erwachsener auch nur den Versuch, das Opfer zu schützen. Kroch ein kleines Kind auf ein Feuer zu, so erweckte das bei den Zuschauern nichts als freudige Erwartung, die in Freudengeheul ausartete, wenn das Kleine seine Hand in die Glut steckte. Wer zu alt oder zu schwach war, um seine Nahrung schnell genug zu verschlingen, dem riß man sie einfach vom Munde. Fand oder erlegte ein Mann oder eine Frau irgend etwas Eßbares, so dachte er oder sie nicht im Traum daran, es mit irgend jemand innerhalb oder außerhalb der Familie zu teilen. Dieser Stamm war – und wenn es überhaupt noch Überlebende gibt, ist er es vermutlich heute noch – eine Gesellschaft des »Jeder ist sich selbst der Nächste« und »Jeder ist des andern Feind«. Homo homini lupus. Alle Gefühle und Empfindungen, die in einer Gesellschaft von Jägern und Nahrungssammlern lebenswichtig sind – Zuneigung, Freigebigkeit,

Rücksichtnahme aufeinander im weitesten Sinne – waren untergegangen, und der Berichterstatter, ein Anthropologe, bemerkt, der Stamm sei inzwischen auf ein untermenschliches Niveau abgesunken. Nicht etwa auf ein tierisches Niveau, denn Tiere jagen zusammen, sorgen für ihre Jungen und beschützen sie und wenden höchst selten ihre Krallen gegen ihre eigene Art anstatt gegen Beute oder Räuber. Die Ik wandten sich gegeneinander, der Mann gegen seine Frau, die Mutter gegen ihr Kind. Der Stamm ist als Gesellschaft zerfallen. Selbst in den seltenen Jahren, in denen genug Regen fiel und in ungejäteten, völlig verwucherten Feldern reiche Ernte aufkeimte, machten die Ik nicht den geringsten Versuch, Saatgut fürs nächste Jahr zu speichern oder den Ernteüberfluß in Scheuern zu bewahren. Sie zogen es vor, nur von der Hand in den Mund zu leben, bei unerwartet reicher Ernte ebenso wie bei den von der kenianischen Regierung bereitgestellten Hilfslieferungen in Hungerjahren. Ja – um bloß der Hilfsleistungen nicht verlustig zu gehen, ließen sie alles verkommen, was über das Allernotwendigste hinausging. (Colin M. Turnbull, *Das Volk ohne Liebe: Der soziale Untergang der Ik*, Hamburg, 1973)

4 19% erklärten, sie fühlten sich in ihrer Wohnung nicht sicher. *(New York Times, 28. Juli 1975)*

5 Unter den Geldgebern der NSDAP firmierten nicht nur einige der größten deutschen Industriellen, sondern auch Ausländer wie der holländische Ölmagnat Henry Detering, der Hitler mit beträchtlichen Zuwendungen half. Aus den Vereinigten Staaten erhoffte man sich finanzielle Unterstützung von dem betont antisemitischen Henry Ford, aber Ford wollte Hitler kein Geld geben.

6 Verglichen mit 83% in Frankreich 1929 und rund 57% bei den amerikanischen Präsidentenwahlen von 1928 und 1932. (*Statistique générale de la France*, *Annuaire statistique, 1929*, Paris, 1930; Charles Hickman Titus, *Voting Behavior in the United States*, S. 55)

7 Zwischen 1913 und 1930 verdoppelte sich in Deutschland die Scheidungsrate.

8 Vgl. Anm. 3 dieses Kapitels.

Kapitel 1

[1] Friedrich Percyval Reck-Malleczewen, *Tagebuch eines Verzweifelten*, Stuttgart 1966, S. 26–27.
[2] *Lienzer Zeitung*, 12. November 1904.
[3] Werner Maser, *Adolf Hitler*, München 1971, S. 39.
[4] Ebd., S. 69, 70.
[5] Johann Recktenwald, *Woran hat Hitler gelitten?*, München 1963.
[6] Maser, *Adolf Hitler*, S. 262–263.
[7] Ebd., S. 263.
[8] André Banuls, »Ein völkisches Blatt aus Hitlers Schulzeit«, in: *Vierteljahrshefte für Zeitgeschichte*, April 1970.
[9] *Tiroler Post*, 16. November 1906.
[10] Ebd., 9. September 1903.
[11] Maser, *Adolf Hitler*, S. 79.
[12] Therese Schüssel, *Das Werden Österreichs*, Wien 1968 S. 218; Erich Zöllner, *Geschichte Österreichs*, München 1966.
[13] Hugo Hantsch, *Die Geschichte Österreichs*, Wien 1968, Bd. 2, S. 420.

Kapitel 2

[1] Golo Man, *Deutsche Geschichte des 19. und 20. Jahrhunderts*, Frankfurt am Main 1962, S. 394.
[2] Rudolf Absolon, *Die Wehrmacht im Dritten Reich*, Boppard 1969, Bd. 1, S. 163.
[3] Ebd., S. 164, 165.
[4] Shakespeare, *Heinrich IV.*, 1. Aufzug, 4. Akt, 2. Szene.
[5] Walter Görlitz, *Der deutsche Generalstab*, Frankfurt am Main 1953, S. 19.
[6] Absolon, *Die Wehrmacht im Dritten Reich*, Bd. 2, S.2.
[7] Martin Rittau, *Militärstrafgesetzbuch*, Berlin 1940, S. 103, § 51.
[8] Mann, *Deutsche Geschichte des 19. und 20. Jahrhunderts*, S. 401.
[9] Karl Demeter, *Das deutsche Offizierskorps in Gesellschaft und Staat 1650–1945*, Frankfurt am Main 1962, S. 28.
[10] Reinhard Höhn, *Die Armee als Erziehungsschule der Nation*, Bad Harzburg 1963, S. 506.
[11] Ebd., S. 506–507.

[12] *Handbuch zur deutschen Militärgeschichte*, Bd. 5, S. 39.
[13] Görlitz, *Det deutsche Generalstab*, S. 207.
[14] *Münchner Neueste Nachrichten*, 17. Juni 1913.
[15] Ebd.
[16] Ebd.
[17] *Münchner Neueste Nachrichten*, 6. Juni 1913.
[18] Ebd.; *Frankfurter Nachrichten*, 6. Juni 1913.
[19] *Münchner Neuste Nachrichten*, 7. Juni 1913; *Frankfurter Nachrichten*, 6. Juni 1913.
[20] *Frankfurter Nachrichten*, 3. Juni 1913.
[21] *Münchner Neueste Nachrichten*, 10. Juni 1913.
[22] *Frankfurter Nachrichten*, 5. Juli 1913.
[23] Ebd., 22. Juli 1913.
[24] Ebd., 17. Mai 1913.
[25] Ebd., 16. Juni 1913.
[26] Bernhard Fürst von Bülow, *Denkwürdigkeiten*, Berlin 1930, Bd. 1, S. 359.
[27] Luigi Albertini, *Le origini della guerra del 1914*, Mailand 1942–1943, zitiert nach der englischen Übersetzung von Isabella M. Massey, *The Origins of the War of 1914*, London 1965, Bd. 1, S. 319.
[28] Viscount Grey of Fallodon, *Twenty-five Years*, New York 1925, Bd. 1, S. 84.
[29] Werner Maser, *Hitlers Mein Kampf*, München 1966, S. 173; Werner Maser, *Adolf Hitler*, S. 126.
[30] Albertini, *Le origini della guerra del 1914*, engl. Übs., Bd. 2, S. 185.
[31] Ebd., S. 195.
[32] Ebd., S. 194.

Kapitel 3

[1] Gerhard Ritter, *Staatskunst und Kriegshandwerk*, München 1964, Bd. 2.
[2] Sidney B. Fay, *The Origins of the World War*, New York 1966, dt.: *Der Ursprung des Weltkrieges*, Berlin 1930, Bd. 2, S. 395–397.
[3] Ebd., S. 352.
[4] Luigi Albertini, *Le origini della guerra del 1914*, engl. Übs., Bd. 2, S. 579.
[5] Zitiert in Fay, *Der Ursprung des Weltkrieges*, Bd. 2, S. 352.
[6] *Schulthess' Europäischer Geschichtskalender*, München 1917, Bd. 55, S. 383–384.
[7] Albertini, *Le origini della guerra del 1914*, engl. Übs., Bd. 3, S. 496.
[8] Werner Maser, *Hitlers Briefe und Notizen*, Düsseldorf 1973, S. 63.
[9] Joachim C. Fest, *Hitler*, Frankfurt am Main 1973, S. 104.
[10] Werner Maser, *Adolf Hitler*, S. 138–139.
[11] Maser, *Hitlers Briefe und Notizen*, S. 64.
[12] Gerhard Ritter, *Staatskunst und Kriegshandwerk*, Bd. 3, S. 83.
[13] Herbert Michaelis u.a., *Ursachen und Folgen*, Berlin 1958, Bd. 1, S. 349–351.

[14] Ebd., S. 348.
[15] Ebd., S. 371–372.
[16] Ebd., S. 372–373.
[17] Ritter, *Staatskunst und Kriegshandwerk*, Bd. 4, S. 85.
[18] John Morton Blum, *Woodrow Wilson and the Politics of Morality*, Boston 1956, S. 142.
[19] Michaelis u.a. *Ursachen und Folgen*, Bd. 2, S. 61–62.
[20] Ebd., S. 64–67.
[21] Ebd., Bd. 1, S. 388–390.
[22] Generalfeldmarschall von Hindenburg, *Aus meinem Leben*, Leipzig 1920, S. 220.
[23] *Schulthess' Europäischer Geschichtskalender*, 1920, Bd. 58, 1. Buch, S. 879–880.
[24] Edwin Borchard und William Potter Lage, *Neutrality for the United States*, New Haven 1940, S. 210–211.
[25] Ebd., S. 36.
[26] Zitiert ebd., S. 99–100.
[27] Colin Simpson, *The Lusitania*, Boston 1972; Zitat aus *Public Papers of Woodrow Wilson*, Bd. 3, S. 321.
[28] Borchard und Lage, *Neutrality for the United States*, S. 150.
[29] Simpson, *The Lusitania*, S. 27; Thomas A. Baley und Paul B. Ryan, *The Lusitania Disaster*, New York 1975, S. 17.
[30] Simpson, *The Lusitania*, S. 27.
[31] Zitiert in Bailey und Ryan, *The Lusitania Disaster*, S. 36.
[32] Borchard und Lage, *Neutrality for the United States*, S. 163–164.
[33] Ebd., S. 221.
[34] Zitiert in Ross Gregory, *Walter Hines Page*, Lexington, Kentucky 1970, S. 106.
[35] Ebd., S. 128.
[36] Charles Seymour, Hrsg., *The Intimate Papers of Colonel House*, Boston 1926; dt.: *Die vertraulichen Dokumente des Obersten House* (Ausz.), Stuttgart 1932, S. 95.
[37] Gregory, *Walter Hines Page*, S. 143.
[38] Thomas Mann, *Betrachtungen eines Unpolitischen*, Oldenburg 1960, S. 437.
[39] James Morgan Read, *Atrocity Propaganda 1914–1919*, New Haven 1941, S. 204, 207.
[40] Ebd., S. 187, 229.
[41] John W. Wheeler-Bennett, *The Forgotten Peace: Brest-Litovsk*, New York 1939.

Kapitel 4

[1] Herbert Michaelis u.a., *Ursachen und Folgen*, Bd. 2, S. 295, 321, 322; Cuno Horkenbach, *Das Deutsche Reich von 1918 bis heute*, Berlin 1930, S. 17.
[2] Michaelis u.a., *Ursachen und Folgen*, Bd. 2, S. 330, 331, 336.
[3] Joachim C. Fest, *Hitler*, S. 107.

[4] *Berliner Tageblatt,* 25. November 1918.
[5] Michaelis u.a., *Ursachen und Folgen,* Bd. 2, S. 527.
[6] Ebd., S. 529.
[7] Ebd., S. 528–529.
[8] Ebd., S. 576.
[9] Ebd., Bd. 3, S. 166–169.
[10] Ebd., S. 166–169.
[11] Johannes Erger, *Der Kapp-Lüttwitz-Putsch,* Düsseldorf 1967, S. 200.
[12] Albert Schwartz, *Die Weimarer Republik,* Konstanz 1958, S. 7; Michaelis u.a., *Ursachen und Folgen,* Bd. 3, S. 333, 338, 340, 341, 342.
[13] *Augsburger Postzeitung,* 29. August 1919.
[14] *L'homme libre,* 27. Februar 1923.
[15] *Simplicissimus,* 16. September, 30. September, 1. April 1919.
[16] *London Times,* zitiert in *Münchner Neueste Nachrichten,* 6. Februar 1920.
[17] John Maynard Keynes, *The Economic Consequences of the Peace,* New York 1920, dt.: *Die wirtschaftlichen Folgen des Friedensvertrages,* München 1920, S. 31.
[18] *Münchner Neueste Nachrichten,* 30. Januar 1920.
[19] Robert Lansing, *The Peace Negotiations,* Port Washington, New York/ London 1969, S. 274.
[20] Ebd., S. 272.
[21] *Augsburger Postzeitung,* 14. März 1922.
[22] Michaelis u.a., *Ursachen und Folgen,* Bd. 3, S. 417.
[23] David Mitchell, *1919 – Red Mirage,* New York 1970, S. 211.
[24] *Augsburger Postzeitung,* 17. Januar 1920 und 26. Juli 1919.
[25] Michaelis u.a., *Ursachen und Folgen,* Bd. 4, S. 7–8.
[26] Warren E. Williams, »Die Politik der Alliierten gegenüber den Freikorps im Baltikum 1918–1919« in: *Vierteljahrshefte für Zeitgeschichte,* April 1964, S. 147–169.
[27] Mitchell, *1919 – Red Mirage,* S. 176–177.
[28] Ernst Niekisch, *Gewagtes Leben,* Köln 1958, S. 76.
[29] *Berliner Tageblatt,* 15. April 1919.
[30] Ebd., 15. April 1919.
[31] Ebd., 24. April 1919.
[32] Horkenbach, *Das Deutsche Reich von 1918 bis heute,* S. 67.
[33] Michaelis u.a., *Ursachen und Folgen,* Bd. 3, S. 129.
[34] Eberhard Kolb, *Die Arbeiterräte in der deutschen Innenpolitik* Düsseldorf 1962, S. 332.
[35] Ebd., S. 352.
[36] Michaelis u.a., *Ursachen und Folgen,* Bd. 3, S. 130.
[37] *Berliner Tageblatt,* 5. Mai 1919; Niekisch, *Gewagtes Leben,* S. 77.
[38] Ernst Deuerlein, »Hitlers Eintritt in die Politik und die Reichswehr« in: *Vierteljahrshefte für Zeitgeschichte,* April 1959, S. 177–227.
[39] Ebd., S. 197.
[40] Ebd., S. 200.
[41] Ebd., S. 199.
[42] Ebd., S. 203–205.
[43] *Augsburger Postzeitung,* 10. August 1919.

[44] *Münchner Neueste Nachrichten*, 3./4. Januar und 28. Januar 1920.
[45] *Berliner Tageblatt*, 6. Mai 1919.
[46] Deuerlein,»Hitlers Eintritt in die Politik und die Reichswehr«, *Viertel-jahrshefte für Zeitgeschichte*, April 1959, S. 206.
[47] Reginald H. Phelps,»Hitler als Parteiredner im Jahre 1920«, *Viertel-jahrshefte für Zeitgeschichte*, Juli 1963, S. 316, 318.
[48] Ebd., S. 297.
[49] Ebd., S. 302, 313, 329.
[50] Ebd., S. 303.
[51] Ebd., S. 303.
[52] Ebd., S. 307.
[53] Ebd., S. 300.
[54] Ebd., S. 308.
[55] Ebd., S. 309.
[56] Ebd., S. 311.
[57] Ebd., S. 325.
[58] Ebd., S. 327.
[59] Ebd., S. 327.
[60] Gustav Noske, *Von Kiel bis Kapp*, Berlin 1920, S. 196.
[61] Heinrich Brüning, *Memoiren 1918–1934*, Stuttgart 1970, S. 62.
[62] Erger, *Der Kapp-Lüttwitz-Putsch*, S. 42; E. L. Woodward, Butler, Rohan, Hrsg., *Documents on British Foreign Policy 1919–1939*, London 1956, erste Reihe, Bd. 6, 1919.
[63] Klaus Epstein, *Matthias Erzberger and the dilemma of German democracy*, Princeton 1959, dt.: *Matthias Erzberger und das Dilemma der deutschen Demokratie;* Berlin/Frankfurt 1962, S. 376.
[64] Michaelis u.a., *Ursachen und Folgen*, Bd. 3, S. 548.
[65] Zitiert in Erger, *Der Kapp-Lüttwitz-Putsch*, S. 55, aus Josef Bischoff, *Die Letzte Front*, Berlin 1935, S. 243.
[66] Francis L. Carsten, *Reichswehr und Politik 1918–1933*, Berlin 1964, S. 93.
[67] Ebd., S. 97.
[68] Michaelis u.a., *Ursachen und Folgen*, Bd. 4, S. 88–91, 98.
[69] Ebd., S. 99.
[70] Erger, *Der Kapp-Lüttwitz-Putsch*, S. 211.
[71] Michaelis u.a., *Ursachen und Folgen*, Bd. 4, S. 7.
[72] Erger, *Der Kapp-Lüttwitz-Putsch*, S. 225.
[73] Ebd., S. 280, 287–291.
[74] Ebd., S. 287; Otto Gessler, *Reichswehrpolitik in der Weimarer Zeit*, Stuttgart 1958.

Kapitel 5

[1] Michaelis u.a., *Ursachen und Folgen*, Bd. 4, S. 111–113.
[2] Carl Severing, *Mein Lebensweg*, Köln 1950, Bd. 1, S. 266.
[3] Ebd., S. 297.
[4] Gessler, *Reichswehrpolitik in der Weimarer Zeit*, S. 159.
[5] Harry Graf Kessler, *Walther Rathenau*, Berlin 1928, S. 15.

[6] Hans Lamm, *Walther Rathenau*, Hannover 1968, S. 15.
[7] Helmuth M. Böttcher, *Walter Rathenau*, Bonn 1958, S. 12.
[8] Lamm, *Walther Rathenau*, S. 53.
[9] Kessler, *Walther Rathenau*, S. 58.
[10] Ebd. S. 57.
[11] Lamm, *Walther Rathenau*, S. 35.
[12] Böttcher, *Walter Rathenau*, S. 125.
[13] *Walther Rathenau in Brief und Bild*, Berlin 1967, Brief an Professor Hoffmann vom 10. März 1920, S. 393.
[14] Erich Eyck, *Geschichte der Weimarer Republik*, Stuttgart 1956, Bd. 1, S. 259.
[15] Lamm, *Walther Rathenau*, S. 41.
[16] Ebd., S. 49.
[17] Ebd., S. 102–103.
[18] Kessler, *Walther Rathenau*, S. 329.
[19] Ebd., S. 331.
[20] Wilhelm Orth, *Walther Rathenau und der Geist von Rapallo*, Berlin 1962, S. 128.
[21] Kessler, *Walther Rathenau*, S. 347–348.
[22] Böttcher, *Walther Rathenau*, S. 288–289.
[23] Orth, *Walther Rathenau und der Geist von Rapallo*, S. 142.
[24] Ernst von Salomon, *Der Fragebogen*, Hamburg 1951, S.105–106.
[25] Lamm, *Walther Rathenau*, S. 58.
[26] Ebd., S. 60.
[27] Ebd., S. 59.
[28] Kessler, *Walther Rathenau*, S. 356.
[29] Ebd., S. 354.
[30] Eyck, *Geschichte der Weimarer Republik*, S. 292.
[31] Lamm, *Walter Rathenau*, S. 67.
[32] Eyck, *Geschichte der Weimarer Republik*, Bd. 1, S. 256.
[33] *Münchner Neueste Nachrichten*, 5. Dezember 1923.
[34] Gessler, *Reichswehrpolitik in der Weimarer Zeit*, S. 248.
[35] Ebd., S. 247.
[36] Ebd., S. 248.
[37] *Augsburger Postzeitung*, 17. April 1923.
[38] Ebd., 1. Mai 1923.
[39] Friedrich von Rabenau, *Seeckt, Aus seinem Leben*, Leipzig 1940, S. 341.
[40] Ebd., S. 359.
[41] Gessler, *Reichswehrpolitik in der Weimarer Zeit*, S. 254, 255.
[42] Michaelis u.a., *Ursachen und Folgen*, Bd. 5, S. 402–404.
[43] Ebd., S. 404–407.
[44] Thilo Vogelsang, »Die Reichswehr in Bayern und der Münchener Putsch 1923«, *Vierteljahrshefte für Zeitgeschichte*, Januar 1957, S. 91–101.
[45] Michaelis u.a., *Ursachen und Folgen*, Bd. 5, S. 432.
[46] Ebd., S. 434.
[47] Ebd., S. 440.

Kapitel 6

[1] *Schulthess' Europäischer Geschichtskalender*, Bd. 65, 1924, S. 161; *Augsburger Postzeitung*, 22. Januar 1924.
[2] Walter Görlitz, *Gustav Stresemann*, Heidelberg 1947, S. 183.
[3] Zitiert in Joachim C. Fest, *Hitler*, S. 275.
[4] Deuerlein, *Der Aufstieg der NSDAP 1919-1933 in Augenzeugenberichten*, Düsseldorf 1968, S. 208–209.
[5] Ebd., S. 207.
[6] Ebd., S. 215.
[7] Michaelis u.a., *Ursachen und Folgen,* Bd. 5, S. 451.
[8] Ebd., S. 457–459.
[9] Deuerlein, *Der Aufstieg der NSDAP* ..., S. 214.
[10] Gustav Stresemann, *Vermächtnis*, Berlin 1932, Bd. 1, S. 324.
[11] *Le Quotidien*, 23. Januar 1924.
[12] *Le Petit Journal*, 21. Januar 1924.
[13] Friedrich Stieve, Hrsg., *Der diplomatische Schriftwechsel Iswolskis 1911–1914*, Berlin 1925, Bd. 2, S. 404–405, Bd. 3, S. 96.
[14] Görlitz, *Gustav Stresemann*, S. 195.
[15] Michaelis u.a., *Ursachen und Folgen*, Bd. 6, S. 290.
[16] Ebd., S. 286; *Schulthess' Europäischer Geschichtskalender*, Bd. 66, 1925, S. 59.
[17] Michaelis u.a., *Ursachen und Folgen*, Bd. 6, S. 315–316.
[18] Ebd., S. 310–311.
[19] Edmond de Mesnil, in: *La Nation*, 5. Oktober 1926.
[20] Michaelis u.a., *Ursachen und Folgen*, Bd. 6, S. 434, 445–446; Rabenau, *Seeckt, Aus seinem Leben, 1918–1936*, S. 430.
[21] Helm Speidel,»Reichswehr und Rote Armee«, *Vierteljahrshefte für Zeitgeschichte*, Bd. 1, Januar 1953, S. 9–45;»Bericht des Majors a. D. Tschunke«, in: Michaelis u.a., *Ursachen und Folgen*, Bd. 7, S. 509–512.
[22] Michaelis u. a. *Ursachen und Folgen*, Bd. 6, S. 487–489.
[23] Ebd., S. 495.
[24] Ebd., S. 489.
[25] Stresemann, *Vermächtnis*, Bd. 1, S. 582 ff.
[26] *Augsburger Postzeitung*, 11. Juni 1924.
[27] *Schulthess' Europäischer Geschichtskalender*, Bd. 68, 1927, S. 295–296.
[28] *Seeckt-Papiere*, München, Institut für Zeitgeschichte, Rolle 28, 2. April 1917.
[29] Ebd., Rolle 27, 26. März 1917.
[30] Michaelis u.a., *Ursachen und Folgen*, Bd. 7, S. 497–499.

Kapitel 7

[1] Rabenau, *Seeckt, Aus seinem Leben*, S. 557.
[2] Ebd. s. 571–574.
[3] Kurt Pritzkoleit, *Das kommandierte Wunder*, München 1959, S. 617–619.

[4] Eyck, *Geschichte der Weimarer Republik*, Bd. 2, S. 157, 180; Horkenbach, Hrsg., *Das Deutsche Reich*, S. 626.
[5] Gustav Stresemann, *Vermächtnis*, Bd. 3, S. 263.
[6] Eyck, *Geschichte der Weimarer Republik*, Bd. 2, S. 159.
[7] Ebd., S. 254.
[8] Walter Görlitz, *Hindenburg*, Bonn 1953, S. 78.
[9] Michaelis u.a., *Ursachen und Folgen*, Bd. 7, S. 38–39.
[10] *Schulthess' Europäischer Geschichtskalender*, 1927, S. 303–304.
[11] Robert H. Ferrell, *Peace in Their Time*, New Haven 1952, S. 105–106.
[12] Ebd., S. 180.
[13] Ebd., S. 197.
[14] *Reichsgesetzblatt, Teil II, 1929*, Nr. 9, v. 11. Februar 1929.
[15] Ferrell, *Peace in Their Time*, S. 251.
[16] Ebd., S. 198, Zitat aus Borchard.
[17] Ebd., S. 241.
[18] Ebd., S. 177–178.
[19] Ebd., S. 231.
[20] Eyck, *Geschichte der Weimarer Republik*, Bd. 2, S. 172.
[21] Ebd., S. 200.
[22] Deuerlein, *Der Aufstieg der NSDAP 1919–1933 in Augenzeugenberichten*, S. 256–257.
[23] Ebd., S. 277.
[24] Ebd., S. 248.
[25] Ebd., S. 291.
[26] Ebd., S. 296.
[27] Michaelis u.a., *Ursachen und Folgen*, Bd. 7, S. 423.
[28] Görlitz, *Hindenburg*, S. 197.

Kapitel 8

[1] Stresemann, *Vermächtnis*, Bd. 3, S. 556 ff.
[2] F. A. Krummacher und Albert Wucher, Hrsg., *Die Weimarer Republik*, München 1965, S. 285.
[3] Eyck, *Geschichte der Weimarer Republik*, Bd. 2, S. 303.
[4] Krummacher und Wucher, Hrsg., *Die Weimarer Republik*, S. 285–286.
[5] Albrecht Tyrell, »Führergedanke und Gauleiterwechsel«, *Vierteljahrshefte für Zeitgeschichte*, Oktober 1975, Nr. 4, S. 341–374.
[6] André François-Poncet, *Souvenirs d'une Ambassade à Berlin*, Paris 1946, dt.: *Botschafter in Berlin 1931–1938*, Berlin 1962, S. 20.
[7] Krummacher und Wucher, Hrsg., *Die Weimarer Republik*, S. 299.
[8] Ebd., S. 303.
[9] Eyck, *Geschichte der Weimarer Republik*, Bd. 2, S. 377.
[10] Ebd., S. 358.
[11] Deuerlein, *Der Aufstieg der NSDAP 1919–1933 in Augenzeugenberichten*, S. 337.
[12] Ebd., S. 343.
[13] Ebd., S. 347.
[14] Ebd., S. 348.

[15] S. Adler-Rudel, *Ostjuden in Deutschland 1880–1940*, Tübingen 1959, S. 156–157.

[16] Krummacher und Wucher, Hrsg., *Die Weimarer Republik*, S. 325.

[17] Hans Schlange-Schoeningen, *Am Tage danach*, Hamburg 1946, S. 51.

[18] François-Poncet, *Botschafter in Berlin 1931–1938*, S. 22.

[19] Adam Buckreis, *Politik des 20. Jahrhunderts*, Nürnberg o.J., S. 547.

[20] Görlitz, *Hindenburg*, S. 347.

[21] Deuerlein, *Der Aufstieg der NSDAP*, S. 355.

[22] Michaelis u.a., *Ursachen und Folgen*, Bd. 8, S. 367.

[23] Brüning, *Memoiren 1918–1934*, S. 183.

[24] Otto Meißner, *Staatssekretär unter Ebert – Hindenburg – Hitler*, Hamburg 1950, S. 216.

Kapitel 9

[1] Michaelis u.a., *Ursachen und Folgen*, Bd. 8, S. 392.

[2] Ebd., S. 394–395.

[3] Max Domarus, *Hitler: Reden und Proklamationen 1932–1945*, Neustadt 1962, Bd. 1. S. 68–90.

[4] Albert Wucher, *Die Fahne hoch*, München 1963, S. 16.

[5] Severing, *Mein Lebensweg*, Bd. 2, S. 336.

[6] Eyck, *Geschichte der Weimarer Republik*, Bd. 2, S. 450.

[7] Brüning, *Memoiren 1918–1934*, S. 562.

[8] Ebd., S. 558.

[9] Ebd., S. 90, 578.

[10] Ebd., S. 595.

[11] Lutz Graf Schwerin von Krosigk, *Es geschah in Deutschland*, Tübingen 1951, S. 142; François-Poncet, *Botschafter in Berlin 1931–1938*, S. 49–50.

[12] Meißner, *Staatssekretär*, S. 231.

[13] Eugene Davidson, *The Trial of the Germans*, New York 1966, S. 178.

[14] Ebd., S. 179.

[15] »Dokumentation zum Sturz Brünings«, *Vierteljahrshefte für Zeitgeschichte*, Bd. 1, Nr. 3, Juli 1953, S. 261–288.

[16] Schwerin von Krosigk, *Es geschah in Deutschland*, S. 143.

[17] E. L. Woodward und Rohan Butler, Hrsg., *Documents on British Foreign Policy 1919–1939*, zweite Reihe, Bd. 3, S. 274.

[18] »Dokumentation zur Politik Schleichers gegenüber der NSDAP 1932«, *Vierteljahrshefte für Zeitgeschichte*, Bd. 6, Nr. 1, Januar 1958, S. 86–118.

[19] Dietrich Geyer, »Sowjetrußland und die deutsche Arbeiterbewegung 1918–1932«, *Vierteljahrshefte für Zeitgeschichte*, Bd. 24, Nr. 1, Januar 1976. S. 4–37.

[20] Eyck, *Geschichte der Weimarer Republik*, Bd. 2, S. 514.

[21] Michaelis u.a., *Ursachen und Folgen*, Bd. 8, S. 644; Deuerlein, *Der Aufstieg der NSDAP*, S. 401.

[22] Michaelis u.a. *Ursachen und Folgen*, Bd. 8, S. 645; Deuerlein, *Der Aufstieg der NSDAP*, S. 401.

[23] Eyck, *Geschichte der Weimarer Republik*, Bd. 2, S. 515–516.
[24] Thilo Vogelsang, *Reichswehr, Staat und NSDAP*, Stuttgart 1962, S. 479–480.
[25] Michaelis u.a., *Ursachen und Folgen*, Bd. 8, S. 646; Woodward und Butler, *Documents on British Foreign Policy, 1919–1939*, zweite Reihe, Bd. 4, S. 45.
[26] Michaelis u.a., *Ursachen und Folgen*, Bd. 8, S. 676–678.
[27] Ebd., S. 683.
[28] Ebd., S. 684–686.
[29] Eyck, *Geschichte der Weimarer Republik*, Bd. 2. S. 541.
[30] Zitiert in Hans Otto Meißner und Harry Wilde, *Die Machtergreifung*, Stuttgart 1958, S. 147.
[31] Hans Roos, »Die ›Präventivkriegspläne‹ Pilsudskis von 1933«, *Vierteljahrshefte für Zeitgeschichte*, Oktober 1955, S. 344–363.
[32] Franz von Papen, *Der Wahrheit eine Gasse*, München 1952, S. 250.
[33] Joseph Goebbels, *Vom Kaiserhof zur Reichskanzlei*, München 1937, S. 218–220, 225.
[34] Fritz Thyssen, *I Paid Hitler*, New York 1941, S. 87.
[35] Paul Löbe, *Erinnerungen eines Reichstagspräsidenten*, Berlin 1949, S. 142.
[36] Franz von Papen, *Vom Scheitern einer Demokratie*, Mainz 1968, S. 329–333.
[37] Theodor Eschenburg, »Franz von Papen«, *Vierteljahrshefte für Zeitgeschichte*, April 1953, S. 153–170.
[38] Goebbels, *Vom Kaiserhof zur Reichskanzlei*, S. 235–236.
[39] Otto Dietrich, *Mit Hitler an die Macht*, München 1938, S. 169–170; Meißner und Wilde, *Die Machtergreifung*, S. 154.
[40] International Military Tribunal Nuremberg, *Nazi Conspiracy and Aggression*, Washington 1946–1948, Bd. 2, S. 922–924.
[41] *Meißner Dokumente*, Buch Nr. 1, S. 21. Institut für Zeitgeschichte, München.
[42] *Münchner Neueste Nachrichten*, 5. Dezember 1932.
[43] Ebd., 8. Dezember 1932 und 20. Januar 1933.
[44] Meißner, eidesstattliche Aussage in *Trial of the Major War Criminals before the International Military Tribunal*, Nürnberg 1948, Bd. 32, 3309 PS, S. 146–153.
[45] Meißner und Wilde, *Die Machtergreifung*, S. 163.
[46] Ebd.
[47] Michaelis u.a. *Ursachen und Folgen*, Bd. 8, S. 751–752.
[48] Vogelsang, *Reichswehr, Staat und NSDAP*, S. 491.
[49] Ebd., S. 485, 490–491; Meißner und Wilde, *Die Machtergreifung*, S. 172.
[50] Meißner und Wilde, *Die Machtergreifung*, S. 172–173.
[51] Ebd., S. 177.
[52] Karl Dietrich Bracher, *Die deutsche Diktatur*, Berlin 1969, S. 213.
[53] Eyck, *Geschichte der Weimarer Republik*, Bd. 2, S. 582; Meißner und Wilde, *Die Machtergreifung*, S. 177.
[54] Meißner und Wilde, *Die Machtergreifung*, S. 178; Eyck, *Geschichte der Weimarer Republik*, Bd. 2, S. 583–584.

[55] Karl Dietrich Bracher, *Die Auflösung der Weimarer Republik*, Stuttgart 1955, S. 733; Erich Freiherr von dem Bussche-Ippenburg,»Hammerstein und Hindenburg«, *Frankfurter Allgemeine Zeitung*, 5. Februar 1952, S. 2.

[56] Vogelsang, *Reichswehr, Staat und NSDAP*, S. 378–379.

[57] J. W. Wheeler-Bennett, *The Nemesis of Power*, London 1953, dt.: *Die Nemesis der Macht*, Düsseldorf 1954, S. 481.

[58] Henry Picker, *Hitlers Tischgespräche im Führerhauptquartier 1941–1942*, Bonn 1951, S. 430; Hildegard von Kotze, Hrsg., Major Engel: *Heeresadjutant bei Hitler 1938–1943*, Stuttgart 1974, S. 107.

[59] *Augsburger Postzeitung*, 1. Februar 1933.

[60] Vogelsang, *Reichswehr, Staat und NSDAP*, S. 388; H. R. Berndorff, *General zwischen Ost und West*, Hamburg 1951, S. 262.

[61] Eyck, *Geschichte der Weimarer Republik*, Bd. 2, S. 590.

[62] Vogelsang, *Reichswehr, Staat und NSDAP*, S. 393, 397.

[63] Kunrath Freiherr von Hammerstein,»Schleicher, Hammerstein und die Machtübernahme 1933«, in: *Frankfurter Hefte*, Nr. 3, März 1956, S. 172.

[64] Vogelsang, *Reichswehr, Staat und NSDAP*, S. 398.

[65] Ebd., S. 399.

[66] Michaelis u.a. *Ursachen und Folgen*, Bd. 8, S. 766.

Kapitel 10

[1] Domarus, *Hitler*, Bd. 1, S. 68–90.

[2] W. N. Medlicott, D. Dakin und M. E. Lambert, Hrsg., *Documents on British Foreign Policy 1919–1939*, Reihe 1 A, Bd. 7, S. 259.

[3] Werner E. Mosse unter Mitarbeit von Arnold Pauker, *Entscheidungsjahr 1932*, Tübingen 1965.

Bücher und Aufsätze in Zeitschriften

Absolon, Rudolf, *Die Wehrmacht im Dritten Reich*, 3 Bde., Boppard am Rhein: Harald Boldt Verlag, 1969, 1971, 1975.

Adler-Rudel, S., *Ostjuden in Deutschland, 1880–1940*, Tübingen: J. C. B. Mohr, 1959.

Albertini, Luigi, *Le origini della guerra del 1914*, Milano 1942–43. Engl. Übersetzung von Isabella M. Massey: *The Origins of the War of 1914*, 3 Bde., London: Oxford University Press 1965.

Bailey, Thomas A., und Ryan, Paul B., *The Lusitania Disaster*, New York: Free Press, 1975.

Banuls, André, »Ein völkisches Blatt aus Hitlers Schulzeit«, in: *Vierteljahrshefte für Zeitgeschichte*, April 1970, S. 196–203.

Berndorff, H. R., *General zwischen Ost und West*, Hamburg: Hoffmann und Campe Verlag, 1951.

Bloch, Eduard, »My Patient Hitler«, in: *Collier's*, 15. und 21. März 1941.

Blum, John Morton, *Woodrow Wilson and the Politics of Morality*, Boston: Little Brown, 1956.

Borchard, Edwin, und Lage, William Potter, *Neutrality for the United States*, New Haven: Yale University Press, 1940.

Böttcher, Helmut M., *Walther Rathenau*, Bonn: Athenäum-Verlag, 1958.

Bracher, Karl Dietrich, *Die Auflösung der Weimarer Republik*, Stuttgart: Ring Verlag, 1955.

— *Die deutsche Diktatur*, Köln: Studien-Bibliothek, Kiepenheuer & Witsch, 1969.

Bracher, Karl Dietrich Sauer, Wolfgang und Schulz, Gerhard, *Die nationalsozialistische Machtergreifung*, Köln: Westdeutscher Verlag, 1962.

Brüning, Heinrich, *Memoiren 1918–1934*, Stuttgart: Deutsche Verlags-Anstalt, 1970.

Buckreis, Adam, *Politik des 20. Jahrhunderts*, Nürnberg: Panorama-Verlag, o.J.

von Bülow, Fürst Bernhard, *Denkwürdigkeiten*, Berlin: Verlag Ullstein, 1930.

von dem Bussche-Ippenburg, Erich Freiherr, »Hammerstein und Hindenburg«, in: *Frankfurter Allgemeine Zeitung*, 5. Februar 1952.

Carrington, C. E., »National Self Determination«, in: *Modern Age*, Bd. XI. Nr. 3, S. 247–258.

Carsten, Francis L., *Reichswehr und Politik 1918–1933*, Köln: Kiepenheuer & Witsch, 1964.

Cecil, Lamar, *Albert Ballin*, Princeton: Princeton University Press, 1968.

Class, Heinrich *Deutsche Geschichte von »Einhart«* (Pseudonym), Leipzig: Theodor Weicher, 1923.

D'Abernon, Viscount, *Versailles to Rapallo*, Garden City, N. Y.: Doubleday, Doran & Co., 1929.

Davidson, Eugene, *The Nuremberg Fallacy*, New York: Macmillan, 1973.

— *The Trial of the Germans*, New York: Macmillan, 1966.

Demeter, Karl, *Das deutsche Offizierskorps in Gesellschaft und Staat 1650–1945*, Frankfurt am Main: Bernard & Graefe Verlag, 1962.

Deuerlein, Ernst, Hrsg., *Der Aufstieg der NSDAP 1919–1933 in Augenzeugenberichten*, Düsseldorf: Karl Rauch Verlag, 1968.

— »Hitlers Eintritt in die Politik und die Reichswehr«, in: *Vierteljahrshefte für Zeitgeschichte*, April 1959, S. 177–227.

Diels, Rudolf, *Lucifer ante portas*, Zürich: Interverlag A.G., o.J.

Dietrich, Otto, *Mit Hitler an die Macht*, München: Franz Eher, 1938.

Documents on British Foreign Policy 1919–1939, erste Reihe, Bd. 1–6; zweite Reihe, Bd. 1–7; dritte Reihe, Bd. 1–10 hrsg. v. E. L. Woodward und R. Butler. Erste Reihe, Bd. 7–11; zweite Reihe, Bd. 8 hrsg. v. R. Butler und J. P. T. Bury. Reihe IA hrsg. v. W. N. Medlicott, D. Dakin und M. E. Lambert, London: Her Majesty's Stationery Office, 1947–1975.

»Dokumentation zur Politik Schleichers gegenüber der NSDAP 1932«, in: *Vierteljahrshefte für Zeitgeschichte*, Januar 1958, S. 87–118.

Domarus, Max, *Hitler*, 2 Bde., Neustadt a. d. Aisch: Schmidt, 1962.

»Eine Denkschrift Otto Hoetzschs vom 5. November 1918«, in: *Vierteljahrshefte für Zeitgeschichte*, Juli 1973, S. 337–353.

Engel, Major, *Heeresadjutant bei Hitler 1938–1943*, hrsg. von Hildegard von Kotze, Stuttgart: Deutsche Verlags-Anstalt, 1974.

Die Entwicklung der Reparationsfrage, 2. Ausg., Berlin, N. A. Berlin: Zentral Verlag, 1924.

Epstein, Klaus, *Matthias Erzberger and the dilemma of German democracy*, Princeton, N. J.: Princeton University Press, 1959; dt.: *Matthias Erzberger und das Dilemma der deutschen Demokratie*, Berlin, Frankfurt, 1962.

Erfurth, Waldemar, *Die Geschichte des deutschen Generalstabes von 1918–1945*, Göttingen: Musterschmidt Verlag, 2. Aufl., 1960.

Erger, Johannes, *Der Kapp-Lüttwitz-Putsch*, Düsseldorf: Droste Verlag, 1967.

Eschenburg, Theodor, »Franz von Papen«, in: *Vierteljahrshefte für Zeitgeschichte*, April 1953, S. 153–170.

Eyck, Erich, *Geschichte der Weimarer Republik*, 2 Bde., Stuttgart: Eugen Rentsch Verlag, 1956.

Fay, Sidney B., *The Origins of the World War*, 2 Bde., New York: Free Press, 1929; dt.: *Der Ursprung des Weltkrieges*, Berlin 1930.

Ferrell, Robert H., *Peace in Their Time*, New Haven: Yale University Press, 1952.

Fest, Joachim C., *Hitler*, Berlin: Propyläen, 1973.

Fiederlein, Friedrich Martin, *Der deutsche Osten und die Regierungen Brüning, Papen, Schleicher*, Manuskript, Würzburg 1966

Foertsch, Hermann, *Schuld und Verhängnis*, Stuttgart: Deutsche Verlags-Anstalt, 1951.

François-Poncet, André, *Souvenirs d'une Ambassade à Berlin*, Paris: Flammarion, 1946; dt., *Botschafter in Berlin 1931–1938*, Berlin 1962.

Fuller, J. F. C., Major General, *War and Western Civilization 1832–1932*, London: Duckworth, 1932.

Gebhardt Bruno, *Handbuch der deutschen Geschichte*, 9. Aufl., 4 Bde., Stuttgart: Union Verlag, 1970.

Gessler, Otto, *Reichswehrpolitik in der Weimarer Zeit*, Stuttgart: Deutsche Verlags-Anstalt, 1958.

Geyer, Dietrich, »Sowjetrussland und die deutsche Arbeiterbewegung 1918–1932«, in: *Vierteljahrshefte für Zeitgeschichte*, Januar 1976, S. 4–37.

Goebbels, Joseph, *Vom Kaiserhof zur Reichskanzlei*, München: Franz Eher, 1937.

Görlitz, Walter, *Der deutsche Generalstab*, Frankfurt am Main: Verlag der Frankfurter Hefte, 1953.

— *Gustav Stresemann*, Heidelberg: Ähren Verlag, 1947.

— *Hindenburg*, Bonn: Athenäum Verlag, 1953.

Gregory, Ross, *Walter Hines Page*, Lexington, Ky.: The University of Kentucky Press, 1970.

Greiner, Joseph, *Das Ende des Hitler-Mythos*, Wien: Amalthea, 1947.

Grey, Viscount of Fallodon, *Twenty Five Years*, 2 Bde., New York: Frederick Stokes, 1925; dt.: *Fünfundzwanzig Jahre Politik, 1892–1916*, München 1926.

Hale, Oron James, »Adolf Hitler: Taxpayer«, in: *The American Historical Review*, Bd. 60, Juli 1955, S. 830–842.

von Hammerstein, Kunrath Freiherr, »Schleicher, Hammerstein und die Machtübernahme 1933«, in: *Frankfurter Hefte, Nr. 3, März 1956, S. 11–18*.

Handbuch zur deutschen Militärgeschichte 1648–1939, Buch I, II und V hrsg. von Hans Meier-Welcker und Wolfgang von Groote; Buch IV–1 und IV–2 hrsg. von Friedrich Forstmeier und Hans Meier-Welcker, Frankfurt am Main: Bernard & Graefe, Verlag für Wehrwesen, 1964–1976.

Hanisch, Reinhold, »I was Hitler's Buddy«, in: *New Republic*, 5., 12., und 19. April 1939.

Hantsch, Hugo, *Die Geschichte Österreichs*, 2 Bde., Wien: Verlag Styria, 1968.

Hertzmann, Lewis, *DNVP*, Lincoln, Nebraska: University of Nebraska Press, 1963.

Hindenburg, Generalfeldmarschall von, *Aus meinem Leben*, Leipzig: Verlag von S. Hirzel, 1920.

Hitler, Adolf, *Mein Kampf*, 2 Bde., München: Franz Eher, 1927.

»Hitlers Handschrift und Masers Lesefehler«, in: *Vierteljahrshefte für Zeitgeschichte*, Juli 1973, S. 332–335.

Hoffmann, General Max, *Der Krieg der versäumten Gelegenheiten*, München: Verlag für Kulturpolitik, 1923.

Höhn, Reinhard, *Die Armee als Erziehungsschule der Nation*, Bad Harzburg: Verlag für Wissenschaft, Wirtschaft und Technik, 1963.

Horkenbach, Cuno, Hrsg., *Das Deutsche Reich von 1918 bis heute*, Berlin: Verlag für Presse, Wirtschaft und Politik, 1930.

International Military Tribunal, Nuremberg, *Nazi Conspiracy and Aggression*, 12 Bde. und Anhänge, Washington: United States Government Printing Office, 1946–1948.

Jasper, Gotthard, »Aus den Prozessen gegen die Erzberger-Mörder«, in: *Vierteljahrshefte für Zeitgeschichte*, Oktober 1962, S. 430–453.

Jenks, William A., *Vienna and the Young Hitler*, New York: Columbia University Press, 1960.

Jetzinger, Franz, *Hitlers Jugend*, Wien: Europa-Verlag, 1956.

Johnston, William M., *The Austrian Mind*, Berkely: University of California Press, 1972.

Kater, Michael H., »Zur Soziographie der frühen NSDAP«, in: *Vierteljahrshefte für Zeitgeschichte*, April 1971, S. 124–159.

Kessler, Harry Graf, *Tagebücher 1918–1937*, Frankfurt am Main: Insel-Verlag, 1961.

— *Walther Rathenau*, Berlin: Verlagsanstalt Hermann Klemm, 1928.

Keynes, John Maynard, *The Economic Consequences of the Peace*, New York: Harcourt, Brace and Rowe, 1920; dt.: *Die wirtschaftlichen Folgen des Friedensvertrages*, München 1920.

Knieriem, August von, *Nürnberg: Rechtliche und menschliche Probleme*, Stuttgart 1953.

Kolb, Eberhard, *Die Arbeiterräte in der deutschen Innenpolitik*, Düsseldorf: Droste Verlag, 1962.

von Krosigk, Lutz Graf Schwerin, *Es geschah in Deutschland*, Tübingen/Stuttgart: Rainer Wunderlich Verlag Hermann Leins, 1951.

Krummacher, F. A., und Wucher, Albert (Hrsg.), *Die Weimarer Republik*, München: Verlag Kurt Desch, 1965.

Kubizek, August, *Adolf Hitler. Mein Jugendfreund*, Graz 1953.

Lamm, Hans, *Walter Rathenau*, Schriftenreihe der niedersächsischen Landeszentrale für politische Bildung – Deutsch-jüdisches Gespräch, Hannover 1968.

Lansing, Robert, *The Peace Negotiations*, Boston: Houghton-Mifflin, 1921; dt.: *Die Versailler Friedensverhandlungen*, Berlin 1921.

Liebe, Werner, *Die Deutschnationale Volkspartei 1918–1924*, Düsseldorf: Droste Verlag, 1956.

Loebe, Paul, *Erinnerungen eines Reichstagspräsidenten*, Berlin: Arani, 1949.

Mann, Golo, *Deutsche Geschichte des 19. und 20. Jahrhunderts*, Frankfurt am Main: Fischer Verlag, 1962.

Mann, Thomas, »Betrachtungen eines Unpolitischen«, in: *Reden und Aufsätze*, Oldenburg: Fischer, 1960

Maser Werner, *Adolf Hitler*, München: Bechtle Verlag, 1971.

— *Hitlers Mein Kampf*, München: Bechtle Verlag, 1966.

— *Hitlers Briefe und Notizen*, Düsseldorf: Econ Verlag, 1973.

Meißner, Hans Otto, und Wilde, Harry, *Die Machtergreifung*, Stuttgart: J. G. Cotta'sche Buchhandlung, 1958.

Meißner Otto, *Staatssekretär unter Ebert – Hindenburg – Hitler*, Hamburg: Hoffmann und Campe Verlag, 1950.

— Rolle MA 127/1, Institut für Zeitgeschichte, München.

Michaelis, Herbert, und Schraepler, Ernst, Hrsg., unter Mitwirkung von Günther Scheel, *Ursachen und Folgen*, 23 Bde., Berlin: Herbert Wendler & Co., 1958ff.

Militärgeschichtliches Forschungsamt, Hrsg., *Die Generalstäbe in Deutschland 1871–1945*, Stuttgart: Deutsche Verlags-Anstalt, 1962.

Mitchell, David, *1919 – Red Mirage*, New York: Macmillan, 1970.

Morgan, J. H., *German Atrocities – An Official Investigation*, New York: E. P. Dutton, 1916.

Mosse, Werner E., und Pauker, Arnold, *Entscheidungsjahr 1932*

Niekisch, Ernst, *Gewagtes Leben*, Köln: Kiepenheuer & Witsch, 1958.

Noske, Gustav, *Von Kiel bis Kapp*, Berlin: Verlag für Politik und Wirtschaft, 1920.

Nowak, Karl Friedrich, *Chaos*, München: Verlag für Kulturpolitik, 1923.

Orth, Wilhelm, *Walther Rathenau und der Geist von Rapallo*, Berlin: Buchverlag Der Morgen, 1962.

von Papen, Franz, *Der Wahrheit eine Gasse*, München: Paul List Verlag, 1952.

— *Vom Scheitern einer Demokratie 1930–1933*, Mainz: Hase & Koehler Verlag, 1968.

Phelps, Reginald H., »Hitler als Parteiredner im Jahre 1920«, in: *Vierteljahrshefte für Zeitgeschichte*, Juli 1963, S. 274–330.

Picker, Dr. Henry, *Hitlers Tischgespräche im Führerhauptquartier 1941–42*, Bonn: Athenäum-Verlag, 1951.

Pritzkoleit, Kurt, *Das kommandierte Wunder*, München: Verlag Kurt Desch, 1959.

Pryce-Jones, David, *Unity Mitford: A Quest*, London: Weidenfeld and Nicolson, 1976.

von Rabenau, Friedrich, *Seeckt. Aus seinem Leben*, Leipzig: Hase und Koehler, 1940.

Raeder, Erich, *Mein Leben*, Tübingen: Verlag Fritz Schlichtenmeyer, 1956.

Rassow, Peter, *Deutsche Geschichte im Überblick*, Stuttgart: Metzlersche Verlagsbuchhandlung, 1973.

Rathenau, Walter, *Walther Rathenau in Brief und Bild*, Berlin: Verlag Annedore Leber, 1967.

Read, James Morgan, *Atrocity Propaganda 1914–1919*, New Haven: Yale University Press, 1941.

Reck-Malleczewen, Friedrich Percyval, *Tagebuch eines Verzweifelten*, Stuttgart: Goverts, 1966.

Recktenwald, Johann, *Woran hat Hitler gelitten?*, München: Rheinhardt, 1963.

Remak, Joachim, *The Origins of World War I*, New York: Holt, Rinehart and Winston, 1967.

Riezler, Kurt, *Tagebücher, Aufsätze, Dokumente*, Göttingen: Vandenhoeck & Ruprecht, 1972.

Rittau, Martin, *Militärstrafgesetzbuch*, Berlin: Walter de Gruyter & Co., 1940.

Ritter, Gerhard, *Staatskunst und Kriegshandwerk*, 4 Bde., München: Verlag Oldenbourg, 1964.

Roos, Hans, »Die ›Präventivkriegspläne‹ Pilsudskis von 1933«, in: *Viertel-jahrshefte für Zeitgeschichte*, Oktober 1955, S. 344–363.

Rosinski, Herbert, *Die deutsche Armee*, Düsseldorf, 1970.

Rudin, Harry R., *Armistice 1918*, New Haven: Yale University Press, 1944.

von Salomon, Ernst, *Der Fragebogen*, Hamburg: Rowohlt Verlag, 1951.

Schlange-Schoeningen, Hans, *Am Tage danach*, Hamburg 1946.

Schüddekopf, Otto-Ernst, *Das Heer und die Republik*, Hannover: Nord-deutsche Verlags-Anstalt O. Goedel, 1955.

Schüssel, Therese, *Das Werden Österreichs*, Wien: Verlag für Geschichte und Politik, 1968.

Schulthess' Europäischer Geschichtskalender, München: C. H. Beck'sche Verlagsbuchhandlung, 1914–1942.

Schwarz, Albert, *Die Weimarer Republik*, Konstanz: Akademische Ver-lagsgesellschaft Athenaion, 1958.

Schwerin-Krosigk, Lutz Graf von, *Es geschah in Deutschland*, s. v. Krosigk

Scott, James Brown, *President Wilson's Foreign Policy*, London: Oxford University Press, 1918.

von Seeckt, Hans, *Hans von Seeckt – Aus meinem Leben*, hrsg. v. Friedrich von Rabenau. Leipzig: Hase & Koehler, 1938.

Seeckt-Papiere, München: Institut für Zeitgeschichte.

Severing, Carl, *Mein Lebensweg*, 2 Bde., Köln: Greven Verlag, 1950.

Seymour, Charles, *The Intimate Papers of Colonel House*, 2 Bde., Boston: Houghton Mifflin Company, 1926; dt.: *Die vertraulichen Dokumente des Obersten House* (Ausz.), Stuttgart 1932.

Simpson, Colin, *The Lusitania*, Boston: Little Brown, 1972; dt.: *Die Lusitania*, Frankfurt 1973.

Smith, Bradley F., *Adolf Hitler. His Family, Childhood and Youth*, Stan-ford: The Hoover Institution on War, Revolution and Peace, Stanford University, 1967.

Speidel, Helmut, »Reichswehr und Rote Armee«, in: *Vierteljahrshefte für Zeitgeschichte*, Januar 1953, S. 9–45.

Statistique générale de la France, *Annuaire Statistique, 1929*, Paris 1930.

Stieve, Friedrich, Hrsg., *Der Diplomatische Schriftwechsel Iswolskis 1911–1914*, Berlin: Deutsche Verlagsgesellschaft für Politik und Geschichte, 1925.

Stolper, G., Häuser, K., und Borchardt, K., *Deutsche Wirtschaft seit 1870*, Tübingen 1964.

Stresemann, Gustav, *Vermächtnis*, 3 Bde., Berlin: Verlag Ullstein, 1932.

Taylor, Robert Lewis, *Winston Churchill*, Garden City, N. Y.: Doubleday, 1952; dt.: *Winston S. Churchill. Das Leben des großen britischen Staats-mannes*, Bern 1954.

Thyssen, Fritz, *I Paid Hitler*, New York: Farrar & Rinehard, Inc., 1941.

Titus, Charles Hickmann, *Voting Behavior in the United States*, Berkeley: University of California, 1935.

Treviranus, Gottfried Reinhold, *Das Ende von Weimar*, Düsseldorf: Econ Verlag, 1968.

Trial of the Major War Criminals before the International Military Tribunal, Nuremberg, 14 November 1945–10 October 1946, 42 Bde. Nürnberg 1947–49; dt.: *Der Prozeß gegen die Hauptkriegsverbrecher vor dem Internationalen Militärgerichtshof*, Nürnberg 1947–49.

Turnbull, Colin, *The Mountain People*, New York: Simon & Schuster, 1972; dt.: *Das Volk ohne Liebe: der soziale Untergang der Ik*, Hamburg 1973.

Tyrell, Albrecht, »Führergedanke und Gauleiterwechsel«, in: *Vierteljahrshefte für Zeitgeschichte*, Oktober 1975, S. 341–374.

Usadel, Georg, *Zeitgeschichte in Wort und Bild*, Oldenburg: Kultur- und Aufbau-Verlag, 1942.

Vogelsang, Thilo, »Die Reichswehr in Bayern und der Münchner Putsch 1923«, in: *Vierteljahrshefte für Zeitgeschichte*, Januar 1957, S. 91–101.

— *Reichswehr, Staat und NSDAP*, Stuttgart: Deutsche Verlags-Anstalt 1962.

Wheeler-Bennet, John W., *The Forgotten Peace*, New York: Morrow, 1939.

— *The Nemesis of Power*, London: Macmillan & Co., Ltd., 1953; dt.: *Die Nemesis der Macht*, Düsseldorf 1954.

White, Lynn, jr., »Technology from the Stance of a Medieval Historian«, in: *The American Historical Review*, Bd. 79, Nr. 1, Februar 1974, S. 1–13.

Williams, Warren E., »Die Politik der Alliierten gegenüber den Freikorps im Baltikum, 1918–1919«, in: *Vierteljahrshefte für Zeitgeschichte*, April 1964, S. 147–169.

Wucher, Albert, *Die Fahne hoch*, München: Süddeutscher Verlag, 1963.

Zöllner, Erich, *Geschichte Österreichs*, München: Oldenbourg Verlag, 1966.

»Zum Sturz Brünings«, in: *Vierteljahrshefte für Zeitgeschichte*, Juli 1953, S. 261–288.

Augsburger Postzeitung
26. Juli 1919; 10. August 1919; 19. August 1919; 29. August 1919;
2. September 1919; 10. September 1919; 17. Januar 1920; 14.
März 1922; 17. April 1923; 1. Mai 1923; 17. August 1923; 22.
Januar 1924; 1. Februar 1933.
Berliner Tageblatt
24. April 1918; 25. November 1918; 15. April 1919; 16. April
1919; 5. Mai 1919; 6. Mai 1919.
Deutsche Tiroler Stimmen
7. März 1906; 30. Mai 1906; 27. März 1907; 11. Mai 1907.
Frankfurter Nachrichten
18. Mai 1913; 3. Juni 1913; 6. Juni 1913; 16. Juni 1913; 5. Juli
1913; 22. Juli 1913.
General Anzeiger
5. Januar 1920.
The German Tribune
11. Januar 1973.
L'Homme Libre
11. Februar 1923; 27. Februar 1923.
Lienzer Zeitung
12. November 1904; 7. Januar 1905.
Münchner Neueste Nachrichten
6. Juni 1913; 7. Juni 1913; 10. Juni 1913; 15. Juni 1913; 17. Juni
1913; 6. Februar 1919; 3. Januar 1920; 4. Januar 1920; 28. Januar
1920; 6. Februar 1920; 6. März 1920; 7. März 1920; 5. Dezember
1923; 5. Dezember 1932.
La Nation
5. Oktober 1926.
Le Petit Journal
21. Januar 1924.
Le Quotidien
23. Januar 1924.

Salzburger Lokal Anzeiger
   7. Juli 1902.
Salzburger Tagblatt
   13. Januar 1915.
Der Scherer
   5. Januar 1902.
Simplicissimus
   1. April 1919; 16. September 1919; 30. September 1919.
Der Tiroler
   3. Januar 1905.
Tiroler Post
   7. März 1903; 5. August 1903; 9. September 1903; 9. Dezember 1903; 16. November 1906.
Völkischer Beobachter
   27. Januar 1933; 28. Januar 1933.
Vorarlberger Volksfreund
   4. Februar 1905.

Kursiv gesetzte Zahlen beziehen sich auf die Anmerkungen

Kursiv gesetzte Zahlen beziehen sich auf die Anmerkungen

WERNER MASER

NÜRNBERG
Tribunal der Sieger
720 Seiten mit 23 Abbildungen und zahlreichen Dokumenten im
Text, gebunden

»Masers Buch, Ergebnis jahrzehntelanger Forschungsarbeit, ist ein
reifes, aber auch ein eigenwilliges Werk. In seinem fesselnd
geschriebenen Buch wartet Maser wieder mit einer Fülle interessanter, vielfach bislang unbekannter Details auf. Nicht zuletzt zerstört
Maser auch in diesem Buch wieder hartnäckige Legenden.«
Die Welt

HITLERS BRIEFE UND NOTIZEN
Sein Weltbild in handschriftlichen Dokumenten
400 Seiten mit zahlreichen Abbildungen und Faksimiles, gebunden

»Ein Quellenwerk von erstrangiger Bedeutung, und wem als Zeit-
genosse an der Kenntnis eines von phantasievollen Zutaten freien,
authentischen Führer-Bildes liegt, wer Fülle und Zuverlässigkeit der
Fakten höher schätzt als schriftstellerische Eloquenz, der wird die
Bücher Masers auch künftig erscheinenden Hitler-Biographien vor-
ziehen.«
Westermanns Monatshefte

DER STURM AUF DIE REPUBLIK
Frühgeschichte der NSDAP
526 Seiten, 16 Abbildungen, gebunden

ECON Verlag, Postfach 9229, 4000 Düsseldorf 1

FRANZ KUROWSKI

KRIEG UNTER WASSER
U-Boote auf den sieben Meeren 1939–45
480 Seiten, 16 Seiten Abbildungen, schwarzweiß, gebunden

»Kurowski liefert eine einmalige Dokumentation der U-Boot-Waffe
aller kriegführenden Länder – von den ersten Entwürfen auf dem
Reißbrett über Aufbau und Entwicklung in den einzelnen Ländern
bis zum Untergang der letzten japanischen U-Boote 1945. Dazu
Typenlisten, technische Daten und Verlusttabellen machen dieses
Buch zu einem umfassenden Informationsmittel für den zeit- und
kriegsgeschichtlich interessierten Leser.«
Das Buch zum Zeitgeschehen

DER LUFTKRIEG ÜBER DEUTSCHLAND
392 Seiten, 16 Seiten Abbildungen, gebunden

»Franz Kurowski entwirft ein Bild der erbitterten Kämpfe, die sich
am Himmel über Deutschland abspielten. Aus der Sicht der Alliierten wie aus der Sicht der Verteidiger. Vor allem zeigt er, was die
Menschen in den bombardierten Städten erlebten und erlitten.«
Neue Osnabrücker Zeitung

»Ein eindrucksvolles Dokument des Schreckens, ein Dokument
jener Zeit, da in Europa die Lichter verloschen und die Furie des
Krieges tobte.«
Der Tagesspiegel

ECON Verlag, Postfach 9229, 4000 Düsseldorf 1

Günter Alexander
SO GING DEUTSCHLAND IN DIE FALLE
Anatomie einer Geheimdienst-Operation
320 Seiten, 16 Seiten Bildteil, gebunden

Günter Böddeker/Ruediger Winter
DIE KAPSEL
Das Geheimnis um Görings Tod
220 Seiten, Broschur

Peter Gosztony
HITLERS FREMDE HEERE
Das Schicksal der nichtdeutschen Armeen im Ostfeldzug
548 Seiten, 16 Seiten Bildteil, 16 Karten, gebunden

Kenneth Macksey
GUDERIAN
Der Panzergeneral
Mit einem Vorwort von Heinz G. Guderian, Generalmajor a. D.
368 Seiten, 28 Abbildungen, gebunden

ECON Verlag, Postfach 9229, 4000 Düsseldorf 1